Avaliação de projetos
e investimentos
{ valuation }

```
T619a   Titman, Sheridan.
           Avaliação de projetos e investimentos : valuation /
        Sheridan Titman, John D. Martin ; tradução Heloísa Fontoura ;
        revisão técnica: Luiz Eduardo T. Brandão. – Porto Alegre :
        Bookman, 2010.
           584 p. ; 25 cm.

        ISBN 978-85-7780-573-0

           1. Investimento de capital – Avaliação. I. Título. II.
        Martin, John D.

                                                    CDU 658.152
```

Catalogação na publicação: Renata de Souza Borges CRB-10/1922

Sheridan Titman
University of Texas at Austin

John D. Martin
Baylor University

AVALIAÇÃO DE PROJETOS E INVESTIMENTOS
{valuation}

Tradução:
Heloísa Fontoura

Consultoria, supervisão e revisão técnica desta edição:
Luiz Eduardo T. Brandão, Doutor
Professor do Departamento de Administração da PUC-Rio

Assistente de revisão técnica:
Marta Dalbem
Mestre em Administração – PUC-Rio

2010

Obra originalmente publicada sob o título
Valuation – The Art Science of Corporate Investment Decisions

ISBN 978-0-821-33610-1

Copyright © 2008 by Pearson Education, Inc.

Tradução para a língua portuguesa publicada e vendida com permissão da Pearson Education, Inc., detentora de todos os direitos de publicação e venda desta obra.

Capa: *Paola Manica*

Leitura final: *Douglas Ceconello*

Editora Sênior: *Arysinha Jacques Affonso*

Editora Júnior: *Elisa Viali*

Editoração eletrônica: *Techbooks*

Reservados todos os direitos de publicação, em língua portuguesa, à
ARTMED® EDITORA S.A.
(BOOKMAN® COMPANHIA EDITORA é uma divisão da ARTMED® EDITORA S.A.)
Av. Jerônimo de Ornelas, 670 - Santana
90040-340 Porto Alegre RS
Fone (51) 3027-7000 Fax (51) 3027-7070

É proibida a duplicação ou reprodução deste volume, no todo ou em parte, sob quaisquer formas ou por quaisquer meios (eletrônico, mecânico, gravação, fotocópia, distribuição na Web e outros), sem permissão expressa da Editora.

SÃO PAULO
Av. Angélica, 1091 - Higienópolis
01227-100 São Paulo SP
Fone (11) 3665-1100 Fax (11) 3667-1333

SAC 0800 703-3444

IMPRESSO NO BRASIL
PRINTED IN BRAZIL
Impresso sob demanda na Meta Brasil a pedido de Grupo A Educação.

Os autores

SHERIDAN TITMAN ocupa a McAllister Centennial Chair in Financial Services, na Universidade do Texas. Ele tem o título de Bachelor of Science da Universidade do Colorado e o de Master of Science e PhD da Carnegie Mellon University. Antes de entrar no corpo docente da University of Texas, Titman era professor na UCLA, na Hong Kong University of Science na Technology e no Boston College, tendo passado os anos acadêmicos de 1988-1989 em Washington, D.C. como assistente especial ao Assistant Secretary of the Treasury for Economic Policy. Além disso, prestou consultoria para uma variedade de instituições e corporações financeiras. Trabalhou nas redações das principais revistas acadêmicas de finanças e de bens imobiliários, foi editor do *Review of Financial Studies* e o editor-fundador do *International Review of Finance*. Trabalhou como diretor do American Finance Association, da Asia Pacific Finance Association, do Western Finance Association e da Financial Management Association. Titman publicou mais de 50 artigos em revistas acadêmicas e profissionais, e um livro intitulado *Financial Markets and Corporate Strategy*. Recebeu muitos prêmios pela excelência de sua pesquisa e é Fellow of the Financial Management (Pesquisador da Associação da Administração Financeira) e sócio-pesquisador da National Bureau of Economic Research.

Sheridan e Meg vivem com seus três filhos e o cachorro (Mango) em Austin, no Texas.

JOHN MARTIN ocupa a Carr P. Collins Chair, na Hankamer School of Business, na Baylor University, onde leciona no programa EMBA Baylor. Ao longo de sua carreira, publicou mais de 50 artigos nas principais revistas financeiras e trabalhou em diversos cargos editoriais, inclusive como coeditor da FMA *Survey and Synthesis Series* na Oxford University Press. Além disso, foi coautor dos seguintes livros: *Financial Management*, 10ª edição (Prentice Hall Publishing Company); *Foundations of Finance*, 6ª edição (Prentice Hall Publishing Company); *Financial Analysis* (McGraw Hill Publishing Company); *The Theory of Finance* (Dryden Press); e *Value Based Management* (Harvrd Business School Press/Oxford University Press).

John e Sally têm dois filhos maravilhosos, a mais linda nora (seu filho mais novo não é casado) e dois lindos netos que os visitam frequentemente em sua fazenda perto de Crawford, no Texas, onde criam gado Brangus e pôneis.

Aos meus pais, a minha esposa (Meg) e aos meus filhos (Trevor, Elliot e Gordon)
—S.T.

*Às mulheres (Sally e Mel), aos homens (os filhos David e Jess)
e às crianças (os netos Luke e Burke) da família Martin.*
—J.D.M.

Agradecimentos

Agradecemos especialmente aos seguintes revisores e colegas, cujos comentários foram de grande valor quando escrevemos este livro.

Andres Almazan, University of Texas
Aydogan Alti, University of Texas
Christopher Anderson, University of Kansas
Sugato Bhattacharyya, University of Michigan
Elizabeth Booth, Michigan State University
Luiz Brandão, Pontifícia Universidade Católica, Rio de Janeiro
Soku Byoun, Baylor University
Su Han Chan, California State University, Fullerton
Ryan Davies, Babson College
Carlos T. de Arrigunaga, Golden Gate University
Ben Esty, Harvard Business School
Scott Fine, Case Western Reserve University
Sharon Garrison, University of Arizona
Scott Gibson, College of William & Mary
Todd Houge, University of Iowa
Keith Howe, DePaul University
Dawny Huh, Baylor University
Zeigham Khokher, University of Western Ontario
Robert Kieschnick, University of Texas, Dallas
Lloyd Levitin, University of Southern California
Per Olsson, Duke University
Chris Parsons, McGill University
Bill Petty, Baylor University
Julia Plotts, University of Southern California
Robert McDonald, Northwestern University
Steve Rich, Baylor University
Betty Simkins, Oklahoma State University
Colette Southam, University of Western Ontario
Mark Stohs, California State University, Fullerton
Alex Triantis, University of Maryland
Chishen Wei, University of Texas
Zhewei Zhang, Baylor University

Entre nossos revisores acadêmicos, um obrigado especial vai para: Scott Gibson, Edie Hotchkiss, Julia Plotts e Betty Simkins, que não apenas revisaram e testaram em aula o livro, mas também contribuíram com muitos dos minicasos encontrados ao final dos capítulos. Também gostaríamos de reconhecer a contribuição dos alunos de Baylor e Texas que sofreram com os rascunhos dos capítulos do livro e que ofereceram valiosos comentários. Entre esse grupo, um obrigado especial para as turmas de EMBA de 2006 da Baylor (em Austin e Dallas), que leram e usaram virtualmente o livro inteiro em suas aulas de finanças no curso de verão. Finalmente, reconhecemos a colaboração de Ravi Anshuman, do Indian Institute of Management, em Bangalore, que leu e comentou amplamente todo o livro ao longo de seus muitos rascunhos. Ravi é coautor, junto conosco, de um próximo livro de avaliação de mercados emergentes (Addison Wesley, 2008).

Também queremos agradecer aos seguintes profissionais de mercado, que foram muito gentis em dividir conosco a sabedoria de suas experiências na forma dos quadros de Visão dos Profissionais. São eles:

Jim Brenn, CFO, Briggs and Stratton Corporation, Milwaukee, Wisconsin

Kevin Cassidy, Moody's Investors Service, vice-presidente/analista sênior, New York, New York

Keith Crider, gestor financeiro de produtos novos, Frito-Lay, Dallas, Texas

Joe Cunningham, MD, diretor-gerente da Sante' Health Ventures, Austin, Texas

Jack D. Furst, cofundador da Hicks, Muse, Tate & Furst em 1989 (atual HM) e conselheiro sênior e membro do comitê de investimento da empresa

Trevor Harris, diretor na Morgan Stanley e codiretor do Center for Excellence in Accounting and Security Analysis na Columbia University School of Business

Jonathan Hook, vice-presidente e CIO da Baylor University, Waco, Texas

Roger Ibbotson, fundador e ex-presidente da Ibbotson Associates, Inc.

Vince Kaminski, Professor na H. Jones Graduate School of Management, Rice University, Houston, Texas

Steven McColl, coordenador de transações estratégicas, ConocoPhillips, Houston, Texas

Justin Petit, sócio, Booz Allen Hamilton, New York, New York

Jeffrey Rabel, vice-presidente—Global Financial Sponsors, Lehman Brothers, New York

J. Douglas Ramsey, Ph.D., vice-presidente & CFO, EXCO Resources, Inc., Dallas, Texas

Bennett Stewart III, sócio-fundador da Stern-Stewart and Company, New York, New York

Também agradecemos a ajuda substancial que recebemos de um formidável grupo de apoio editorial da Addison Wesley. Esse grupo foi liderado pela nossa competente amiga Mary Clare McEwing, que administrou todo o processo de desenvolvimento do livro. Durante o trabalho, ela se tornou a madrinha de um dos bezerros de John (que, apropriadamente, foi chamado de Mary Clare Martin). Ann Torbert, nossa editora de desenvolvimento, resistiu à leitura de nosso primeiro rascunho e nos guiou enquanto transformávamos aquele esforço inicial neste livro que vocês veem. E, por último, mas longe de ser menos importante, agradecemos à nossa editora, Donna Battista, que ajudou a conceber a visão inicial que resultou neste livro.

S.T.
J.D.M.

Apresentação à edição brasileira

O investimento em bons projetos e empreendimentos promissores é uma das formas mais eficazes de criação de valor. No entanto, a correta identificação e o apreçamento dessas oportunidades de investimento requer tanto o domínio da técnica quanto da arte da tomada de decisões corporativas.

Avaliação de projetos e investimentos – Valuation apresenta os conceitos fundamentais de *valuation* – começando pelo tradicional método do Fluxo de Caixa Descontado, seguindo pelo cálculo do Custo de Capital, avaliação por comparáveis e múltiplos – de modo intuitivo e de simples entendimento, além de ser repleto de exemplos práticos, exercícios e estudos de caso. A seguir, essas técnicas são estendidas para a avaliação de empresas e suas alternativas de financiamento como *project finance* e o *valuation* na visão do investidor privado. As consequências dos incentivos de remuneração e performance na seleção de projetos e qualidade das decisões gerenciais são também abordados, uma vez que se trata de uma prática cada vez mais comum nas empresas. Todo o texto é complementado com comentários e sugestões de especialistas da indústria em como esses conceitos são aplicados na prática.

Muitos livros nesta área focam um único aspecto de avaliação de projetos. Não é o caso deste, que tem a vantagem de oferecer ao publico brasileiro uma visão integrada de *valuation*, englobando tanto a teoria quanto a prática do dia a dia das empresas. Ferramentas como a Simulação de Monte Carlo para análise de risco de projetos, e avanços recentes na teoria de finanças como a avaliação de projetos com flexibilidade e o valor da estratégia gerencial, conhecida como teoria das opções reais, também são discutidos em detalhe e exemplos.

Com o aumento da inserção do Brasil nos mercados mundiais, há uma crescente demanda por profissionais que dominem as boas técnicas de *valuation* e saibam capturar o valor dessas oportunidades de investimento para o seu negócio. Embora existam no mercado brasileiro obras que tratam especificamente de cada uma das formas de avaliação aqui delineadas, esta é a primeira que concentra todos esses conceitos em um único texto de uma maneira integrada ao problema de avaliação de empreendimentos.

Para todos os estudantes e profissionais interessados na área de *valuation*, esta é uma referência essencial que será útil não somente para aprender as técnicas fundamentais, mas também para servir de consulta, qualquer que seja o problema de *valuation* que venha a ser abordado no futuro.

Luiz Eduardo T. Brandão
Julho 2009

Prefácio

Avaliação de projetos e empreendimentos

A maioria dos livros de avaliação foca a avaliação de empresas inteiras ou avaliação do *empreendimento*. A maior aplicação dos métodos de avaliação, porém, tem hoje como objetivo projetos de investimento específicos. Com isso em mente, desenvolvemos um livro voltado aos leitores interessados tanto em avaliação de *projetos* quanto em avaliação de *empreendimentos*. Esse foco amplo é mais adequado às realidades econômicas da empresa moderna, que adquire capacidade produtiva de uma entre duas maneiras básicas – por meio de crescimento interno, que requer a avaliação do projeto, ou pela aquisição de unidades operacionais de negócio, que envolve a avaliação do negócio ou do empreendimento.

Vemos nossos potenciais leitores como parte de dois grupos-chave:

- **Profissionais de negócios** que, devido a necessidades comerciais, precisam de um livro moderno sobre a implementação prática de métodos avançados de avaliação.
- **Estudantes** de mestrado em Administração de Empresas (MBA) e de disciplinas eletivas avançadas de graduação que focam a avaliação e análise de oportunidades de investimento. Esses cursos podem ser no formato de aula/exercícios ou de estudo de casos. Este livro seria apropriado como a principal fonte de informação para o primeiro tipo e como um suplemento para o último.

Avaliação no desafiador ambiente atual de negócios

Na última década, houve um número sem precedentes de falências entre algumas das maiores empresas globais. As atividades contábeis fraudulentas da Parmalat, Enron e WorldCom tiveram como palco os tribunais e a imprensa, mas outra história se esconde atrás das manchetes: o que fez com que essas empresas encobrissem tanto prejuízo em primeiro lugar? Em muitos casos, um histórico de abordagens pouco disciplinadas na avaliação de oportunidades de investimento foi a causa real dos problemas.

As exigências de um sistema mais rigoroso de informações e governança, resultado da Lei Sarbanes-Oxley[1], ajudam a assegurar que as informações financeiras divulgadas por empresas de capital aberto sejam precisas. Entretanto, essas novas políticas tratam apenas os sintomas e não as causas do problema, enquanto que melhores métodos de avaliação de projeto e empreendimentos podem evitar os problemas em

---

[1] Lei de Sarbanes-Oxley, 2002. Seção 406, "Code of Ethics for Senior Financial Officers".

sua origem. No entanto, a Sarbanes-Oxley cria novas responsabilidades legais para assegurar que não apenas as empresas de capital aberto cumpram as regras contábeis, mas também que suas demonstrações financeiras mostrem "de forma clara e precisa" a real posição financeira da empresa. Para cumprir essa responsabilidade, é necessária uma análise de avaliação mais rigorosa de todo o portfólio de investimentos da empresa. Neste livro, fornecemos uma abordagem que pode ser usada tanto para a elaboração de relatórios gerenciais quanto para a tomada de decisões.

Uma abordagem holística da avaliação

O objetivo deste livro é fornecer um método moderno e integrado de avaliação de oportunidades de investimento que consideram tanto a prática na indústria quanto os recentes avanços nos métodos de avaliação. Entendemos que os investimentos não podem ser avaliados isoladamente e que decisões inteligentes de investimento devem levar em conta o modo como eles se relacionam com as estratégias atuais e futuras da empresa em todas as suas dimensões:

- Quais são os riscos relevantes do projeto? A empresa pode se proteger desses riscos?
- Como o investimento pode ser financiado, e de que forma o financiamento contribui para o valor do investimento?
- Como o investimento afeta os demonstrativos financeiros da empresa?
- O investimento irá melhorar inicialmente o lucro por ação da empresa ou levará a uma redução nos lucros no curto prazo?
- Há flexibilidade na maneira como o projeto pode ser implementado, e como essa flexibilidade contribui para o valor?
- Se optarmos por atrasar o início do investimento, a oportunidade ainda estará disponível no futuro?
- As vantagens comparativas atuais da empresa estão sendo exploradas com a criação de novas vantagens comparativas que irão gerar projetos valiosos no futuro?

Além dessas visões, oferecemos um amplo espectro de abordagens de avaliação. Apesar dos economistas financeiros e dos profissionais do mundo dos negócios reconhecerem que a avaliação de oportunidades de investimento exige muito mais do que apenas fluxos de caixa descontados, geralmente presta-se pouca atenção aos demais elementos do processo de avaliação. Nosso foco é multifacetado, dado que enfatizamos áreas importantes que frequentemente recebem pouca atenção no processo de avaliação.

Características pedagógicas

Este livro inclui características pedagógicas que podem ajudar o analista financeiro experiente, assim como os alunos, a desenvolver um método para analisar desde os mais simples até os mais complexos problemas de avaliação.

Premissas realistas

Princípios de avaliação são mais bem ilustrados e aprendidos no contexto de situações realistas nas quais as decisões são efetivamente tomadas. Assim, fundamentamos nossos exemplos em casos práticos para fornecer uma noção do contexto no qual acontecem as tomadas de decisão. Sem nos aprofundarmos muito em argumentos teóricos, baseamo-nos no trabalho recente de economistas financeiros que fornecem as bases teóricas para a prática de finanças em um mundo "desordenado", em que as condições geralmente são diferentes do mundo idealizado das finanças clássicas. Também reconhecemos as limitações dos modelos que usamos e fazemos recomendações sobre como aplicá-los na prática.

Informações adicionais e dicas

Algumas inserções especiais enriquecem este texto:

- *Insight da Indústria*: aprofunda-se mais em como as ferramentas desenvolvidas neste livro são usadas na prática.
- *Insight Técnico*: fornecem explicações adicionais sobre as ferramentas matemáticas, metodológicas e analíticas.
- *Insight Comportamental*: focam as escolhas irracionais e as tendências que afetam a forma como as escolhas de investimento são feitas na prática.
- *Insight do Profissional*: apresentam a vivência de um espectro amplo de profissionais que usam as várias metodologias de avaliação discutidas neste texto.
- *Você sabia?*: inclui comentários sobre curiosidades financeiras interessantes.

Problemas de fim de capítulo e minicasos

Cada capítulo contém uma grande quantidade de problemas destinados a revisar os tópicos discutidos e a permitir que os leitores solidifiquem seu entendimento de conceitos-chave. Esses exercícios são intencionalmente práticos e variam em grau de dificuldade, incluindo desde pequenos problemas destinados a ilustrar um único ponto a minicasos em capítulos selecionados e até estudos de caso mais elaborados e divididos em várias fases, projetadas para uma análise mais profunda das questões.

Uso de planilhas eletrônicas e ferramental de apoio

A maioria dos problemas de fim de capítulo requer o uso de *software* de planilha eletrônica, assim como os exemplos usados ao longo de todo este livro. Fornecemos um grupo de planilhas que reproduzem os exemplos discutidos em cada capítulo e incluímos planilhas que podem ser usadas como base para a resolução dos problemas. Esses exemplos e as planilhas-modelo podem ser encontrados no *site* deste livro, em: http://www.aw-bc.com/titman_martin.

Uso de *software* de simulação

Quando aplicável, usamos a simulação Monte Carlo. Apesar de o livro poder ser usado sem esse recurso, a experiência de aprendizagem será muito enriquecedora se o leitor trabalhar diretamente com essa ferramenta. O Crystal Ball é um programa que, atrelado a planilhas eletrônicas, permite fazer simulações de Monte Carlo calculando automaticamente milhares de diferentes cenários do tipo "e se" e salvando as entradas e os resultados de cada cálculo como cenários individuais. A análise desses cenários revela a gama de possíveis resultados, suas probabilidades de ocorrência, quais as variáveis que têm maior impacto em seu modelo e onde você deve concentrar os seus esforços. Por outro lado, os leitores já familiarizados com outros pacotes de simulação (por exemplo, @Risk) podem usá-los também.

Suplemento

Fornecemos materiais de apoio para o instrutor, o aluno e o profissional de mercado.

Soluções Excel para os exercícios de fim de capítulo estão disponíveis para instrutores, além dos modelos de planilhas usadas. O programa *Power Point Lecture Outlines* (em inglês) apresenta os principais pontos do texto, bem como os *slides* das figuras e tabelas do livro. Planilhas para os exemplos apresentados em cada capítulo e gabaritos para problemas de fim de capítulo também estão disponíveis.*

Estrutura do livro

O Capítulo 1 fornece uma visão geral de avaliação de projeto e um roteiro para os demais capítulos. Usamos o Capítulo 1 para iniciar a discussão de nossa visão sobre a arte e a ciência de avaliação em geral, com ênfase na necessidade de um processo de decisão rigoroso.

Os Capítulos 2 a 12 são divididos em quatro partes. A Parte I (*Análise de projeto utilizando fluxo de caixa descontado*) compreende os Capítulos 2 e 3. No Capítulo 2 apresentamos a ferramenta básica de análise de fluxo de caixa descontado e estendemos a análise a outros modelos no Capítulo 3. A análise de fluxo de caixa descontado (FCD) tem sido a base da análise financeira desde os anos 50 e continua a ser o que a maioria dos analistas financeiros usa para avaliar projetos ou empreendimentos. Entretanto, a análise de FCD é muitas vezes excessivamente simplificada nas apresentações em sala de aula, de modo que, quando as várias nuances das aplicações práticas são encontradas na vida real, a correta aplicação de FCD quase sempre é confusa – mesmo para profissionais experientes. Focamos uma abordagem em três passos para a análise de FCD que inclui uma cuidadosa definição de projeção de fluxos de caixa, compatibilizando-os com a taxa de desconto apropriada, e usando o mecanismo correto para calcular o valor presente.

A Parte II (*Custo do capital*), que consiste nos Capítulos 4 e 5, aborda como calcular o custo de capital, elemento essencial no processo de avaliação. O custo de capital pode ser visto como o custo de oportunidade de financiar o investimento que, por sua vez, é a taxa de desconto apropriada para análise da avaliação. Avalia-

---

* N. de R.: Os professores que desejarem material de apoio disponível no Brasil devem acessar a Área do Professor no site www.bookman.com.br. Lá, encontrarão *slides* de PowerPoint (em inglês) e soluções e modelos de planilhas do Microsoft® Excel. As planilhas para os alunos estão disponíveis na página de Conteúdo Online deste livro também no site da Bookman.

mos o custo de capital para a empresa como um todo e para propostas ou projetos de investimento específicos. O primeiro é a taxa de desconto usada para avaliar um empreendimento, uma empresa inteira, enquanto o último é a taxa de desconto para avaliar apenas um projeto individual.

Nos Capítulos 6 a 9 da Parte III (*Avaliação de um empreendimento*) examinamos a desafiadora tarefa de calcular o valor de uma empresa. Esses capítulos combinam a metodologia desenvolvida em capítulos anteriores com a análise de vários índices contábeis. Calculamos o valor de um negócio já existente a partir da perspectiva dos seus acionistas atuais, bem como da perspectiva da empresa que pretende adquiri-lo. Além disso, observamos o valor da empresa pelos olhos do investidor em capital privado, incluindo tanto o capital de risco como as aquisições via alavancagem financeira (*Leveraged Buy-Out – LBO*). No Capítulo 9 examinamos o problema de avaliação de desempenho e a influência de um investimento nos lucros da empresa.

A Parte IV (*Futuros, opções e avaliação de investimentos reais* apresenta, nos Capítulos 10-12, a abordagem de investimentos como opções reais. Nesses capítulos, demonstramos como as opções são usadas, tanto no nível básico, em que se calcula o valor dos fluxos de caixa do projeto, quanto no nível estratégico, no qual os novos negócios são avaliados. No Capítulo 10 observamos que o rápido desenvolvimento de mercados para derivativos financeiros relacionados a *commodities* básicas, taxa de câmbio e taxas de juros permitiu às empresas reduzirem significativamente suas exposições a risco por meio de *hedging*, e como essa oportunidade mudou a forma como pensamos sobre avaliação. O Capítulo 11 trata do assunto principal na análise por opções reais: a avaliação de investimentos em que os gerentes têm flexibilidade para implementar o investimento de diferentes formas ou em estágios. No Capítulo 12 usamos os conceitos desenvolvidos nos Capítulos 10 e 11 para analisar o valor de estratégias de negócios.

Também incluímos um Epílogo que discute as disparidades observadas entre a teoria de avaliação e a prática na indústria, e fazemos algumas previsões sobre como essas lacunas podem ser reduzidas no futuro.

Sumário resumido

CAPÍTULO 1   Visão geral da avaliação   29

Parte I   Análise de projeto utilizando fluxo de caixa descontado (FCD)   49

CAPÍTULO 2   Projetando e avaliando fluxos de caixa   51
CAPÍTULO 3   Análise de risco do projeto   97

Parte II   Custo do capital   147

CAPÍTULO 4   Calculando o custo de capital de uma empresa   149
CAPÍTULO 5   Calculando as taxas de retorno exigidas para projetos   203

Parte III   Avaliação de um empreendimento   241

CAPÍTULO 6   Avaliação relativa utilizando ativos comparáveis de mercado   243
CAPÍTULO 7   Avaliação do empreendimento   303
CAPÍTULO 8   Avaliação sob a perspectiva de empresas de *private equity*   347
CAPÍTULO 9   Diluição de lucros, incentivos de remuneração e seleção de projetos   393

Parte IV   Futuros, opções e avaliação de investimentos reais   433

CAPÍTULO 10   Utilizando opções futuras e contratuais para avaliar investimentos reais   437
CAPÍTULO 11   Flexibilidade gerencial e a avaliação de projetos   481
CAPÍTULO 12   Opções estratégicas: avaliando oportunidades estratégicas   535

Epílogo   565
Créditos   569
Índice   571

Sumário

CAPÍTULO 1   Visão geral da avaliação 29

1.1 Introdução 29

1.2 A natureza das grandes decisões de investimento 31
Avaliação do projeto – investindo nos campos petrolíferos do Mar Cáspio 31
■ *Pontos a considerar ao avaliar um investimento 33* ■ *Avaliação do empreendimento – fusões e aquisições 36*

1.3 Lidando com complexidade – processo e disciplina 38
O processo de avaliação de investimento 38

1.4 Estudo de caso – CP3 Pharmaceutical Laboratories Inc. 41
Exemplo: Investindo em um novo sistema de manuseio de materiais 41
■ *Estudando a possibilidade de influência na decisão (viés) 44*

1.5 Resumindo e antecipando 45
Comentários finais – o processo de tomada de decisão do investimento 45
■ *Antecipando – a estrutura do resto do livro 46*

1.6 Resumo 47

Parte I   Análise de projeto utilizando fluxo de caixa descontado (FCD) 49

CAPÍTULO 2   Projetando e avaliando fluxos de caixa 51

2.1 Fluxos de caixa descontados e avaliação 51
Exemplo – lavadora de carros 52 ■ *O processo FCD em três passos 52*

2.2 Definindo os fluxos de caixa do investimento 53
Fluxos de caixa relevantes 54 ■ *Fluxos de caixa conservadores e otimistas 56*
■ *Fluxo de caixa livre do acionista versus fluxo de caixa livre do projeto 58*
■ *Fluxo de caixa livre do acionista (FCLA) para um projeto financiado exclusivamente com capital próprio 59* ■ *Fluxo de caixa livre para o acionista (FCLA) para um projeto alavancado 66* ■ *Alavancagem financeira e a volatilidade dos FCLAs 69* ■ *Fluxo de Caixa Livre do Projeto (FCLP) 70* ■ *Calculando o FCLP 71*

2.3 Exemplo completo – Prevendo fluxos de caixa livres do projeto (FCLP) 73
Lecion – Avaliação estratégica da oportunidade 75 ■ *Calculando o fluxo de caixa livre do projeto (FCLP) do investimento 76* ■ *Prevendo receitas incrementais 76*
■ *Calculando o custo das mercadorias vendidas e as despesas operacionais 78*

2.4 Avaliando os fluxos de caixa do investimento 82
Exemplo – Avaliando o fluxo de caixa do projeto da Lecion 82 ▪ *Utilizando o VPL e a TIR para avaliar o investimento 82* ▪ *Projetos mutuamente excludentes 85*

2.5 Resumo 90

Problemas 90

CAPÍTULO 3 Análise de risco do projeto 97

3.1 Introdução 97

3.2 Incerteza e análise de investimento 98
O processo de investimento quando os fluxos de caixa são incertos 98
▪ *Exemplo – A proposta Earthilizer 99* ▪ *Calculando os fluxos de caixa livres do projeto (FCLP) do Earthilizer 99* ▪ *Avaliando o FCLP do Earthilizer 102*
▪ *A decisão de investir (ou não) – VPL e TIR 103*

3.3 Análise de sensibilidade – sabendo mais sobre o projeto 103
Análise de cenário 103 ▪ *Análise de sensibilidade no ponto de equilíbrio (breakeven analysis) 104* ▪ *Análise de simulações 107* ▪ *Interpretando resultados da simulação 114* ▪ *Reflexões sobre o uso da simulação 120*

3.4 Árvores de decisão – avaliando a flexibilidade do projeto 123
Exemplo – Árvore de decisão de uma opção de abandono 124

3.5 Resumo 129

Problemas 129

Apêndice: Uma introdução à análise de simulações e ao Crystal Ball 141

Parte II Custo do capital 147

CAPÍTULO 4 Calculando o custo de capital de uma empresa 149

4.1 Introdução 149

4.2 Valor, fluxos de caixa e taxas de desconto 150
Definindo o WACC da empresa 150 ▪ *Fluxo de caixa descontado, valor da empresa e WACC 153* ▪ *Ilustração – Utilizando a análise do fluxo de caixa descontado para avaliar uma aquisição 153* ▪ *Avaliação do capital próprio 155*

4.3 Calculando o WACC 156
Avaliar o peso da estrutura de capital da empresa – Passo 1 156 ▪ *O custo da dívida – Passo 2 158* ▪ *Taxas de retorno prometidas versus esperadas 160*
▪ *O custo de ações preferenciais – Passo 2 (continuação) 162* ▪ *O custo do capital próprio – Passo 2 (continuação) 163* ▪ *Calculando o WACC (juntando tudo) – Passo 3 184* ▪ *Decidindo o que fazer – cálculo do custo de capital da empresa 186*

4.4 Resumo 187

Problemas 189

Apêndice: Extensões e aperfeiçoamentos na estimativa do WACC 195

Capítulo 5 Calculando as taxas de retorno exigidas para projetos 203

5.1 Introdução 204

5.2 Prós e contras de múltiplos custos do capital ajustados ao risco 205
Justificativa para o uso de múltiplas taxas de desconto 205 ▪ *As vantagens de utilizar uma única taxa de desconto 208* ▪ *Avaliando custos e benefícios de taxas de desconto únicas ou múltiplas 209*

5.3 Escolhendo a taxa de desconto de um projeto 211
Método nº 1: WACC Divisional (custos de capital divisional com base no setor da indústria) 211 ▪ *Método nº 2: WACCs específicos ao projeto 217*

5.4 Taxas de atratividade e custo de capital 231
Projetos mutuamente excludentes 231 ▪ *Altas taxas de atratividade podem fornecer melhor incentivo aos responsáveis pelos projetos 232* ▪ *Considerando projeções otimistas e viés de seleção 232*

5.5 Resumo 234

Problemas 234

Parte III Avaliação de um empreendimento 241

Capítulo 6 Avaliação relativa utilizando ativos comparáveis de mercado 243

6.1 Introdução 243

6.2 Avaliação utilizando ativos comparáveis 244
Avaliando imóveis residenciais utilizando ativos comparáveis 246 ▪ *Avaliando imóveis comerciais 248*

6.3 Avaliação de empreendimentos utilizando múltiplos EBITDA 256
Valor do empreendimento versus valor da empresa 257 ▪ *O múltiplo EBITDA da Airgas 257* ▪ *Exemplo – Avaliando uma empresa de capital fechado 258* ▪ *EBITDA e fluxo de caixa livre para a empresa 259* ▪ *Por que usar múltiplos EBITDA em vez de múltiplos de fluxo de caixa? 260* ▪ *Os efeitos do risco e o potencial de crescimento nos múltiplos de EBITDA 261* ▪ *Padronizando o EBITDA 262* ▪ *Ajustando o índice de avaliação para descontos de liquidez e prêmio de controle 263*

6.4 Avaliação do capital próprio utilizando o múltiplo preço/lucro 264
Exemplo – Avaliando a divisão química da ExxonMobil utilizando o método P/L 264 ▪ *Múltiplos P/L para empresas de crescimento estável 266* ▪ *Múltiplo P/L para uma empresa de alto crescimento 269*

6.5 Atribuição de preços de uma oferta pública inicial (IPO) 273

6.6 Outras considerações práticas 274
Escolhendo empresas comparáveis 274 ▪ *Escolhendo o índice de avaliação 276*
▪ *Índices de avaliação versus análise de FCD 281*

6.7 Resumo 281

Problemas 282

Capítulo 7 Avaliação do empreendimento 303

7.1 Introdução 303

7.2 Utilizando uma abordagem de dois passos para estimar o valor do empreendimento 304
Exemplo – A Immersion Chemical Corporation compra a Genetic Research Corporation 305 ▪ *Análise de sensibilidade 318* ▪ *Análise de cenários 320*

7.3 Usando o modelo de VPL para calcular o valor do empreendimento 321
Apresentando a abordagem VPA 322 ▪ *Utilizando a abordagem VPA para avaliar a GRC sob a estratégia de crescimento 322* ▪ *Utilizando um múltiplo EBITDA para calcular o valor terminal 328* ▪ *Comparando as estimativas de WACC e VPA do valor do empreendimento do GRC 329* ▪ *Um breve resumo das abordagens de avaliação de WACC e VPA 331* ▪ *Calculando o valor de uma dívida subsidiada 333*

7.4 Resumo 334

Problemas 334

Capítulo 8 Avaliação sob a perspectiva de empresas de *private equity* 347

8.1 Introdução 347

8.2 Visão geral do mercado de *private equity* 350
Mercado de private equity – intermediários financeiros 350 ▪ *Investidores – os provedores de recursos para o mercado de private equity 350* ▪ *Investimentos – a demanda por financiamento via private equity 353*

8.3 Avaliando investimentos em *start-ups* e estruturando negócios 353
O custo de capital de um venture capital 354 ▪ *Avaliando o investimento VC e estruturando o negócio 359* ▪ *Resumindo o método VC – venture capital 361*
▪ *Valores pré e pós-investimento do capital próprio da empresa 362*
▪ *Refinando a estrutura do negócio 363*

8.4 Avaliando investimentos LBO 368
Alternativas de estratégias de aquisição LBO – Bust-ups e build-ups 370
▪ *Exemplo – LBO build-up 370* ▪ *Uma limitação do método de avaliação private equity (LBO) baseado na indústria 377* ▪ *Avaliando a PMG, Inc. utilizando o método VPA híbrido 378*

8.5 Resumo 382

Problemas 383

Capítulo 9 Diluição de lucros, incentivos de remuneração e seleção de projetos 393

9.1 Introdução 393

9.2 Os lucros declarados são importantes? 395
Por que os gerentes se importam com os lucros 395

9.3 Análise do projeto – lucros por ação e seleção de projeto 396
Exemplo nº1 – um mau projeto com possibilidades de bons lucros: o problema do custo de capital próprio 398 ▪ Exemplo nº 2 – um bom projeto com possibilidades de lucros/fluxos backloaded 407

9.4 Lucro econômico e o desencontro entre o LPA e o VPL 408
Lucro econômico (também conhecido como EVA®) 409 ▪ Utilizando o lucro econômico para avaliar o problema capital-custo 414 ▪ Utilizando o lucro econômico para avaliar os problemas de lucro back e front-loaded 417

9.5 Soluções práticas – utilizando eficientemente o lucro econômico 420
Modificando o cálculo do lucro econômico 422 ▪ Modificando o método usado para pagamento de bônus baseado no lucro econômico 426

9.6 Resumo 427

Problemas 429

Parte IV Futuros, opções e avaliação de investimentos reais 433

Capítulo 10 Utilizando opções futuras e contratuais para avaliar investimentos reais 437

10.1 Introdução 438

10.2 O método de certeza equivalente 441
Preços a termo como fluxos de caixa de certeza equivalente 442

10.3 Usando preços a termo para avaliar projetos de investimento 444
Exemplo 444 ▪ Convencendo seu chefe cético 446

10.4 Utilizando preços de opção para avaliar oportunidades de investimento 449
Valor da opção e financiamento nonrecourse 452 ▪ Convencendo seu chefe cético 453

10.5 Advertências e limitações – erros de rastreamento 455
Qual é a liquidez dos mercados futuro, a termo e de opções? 456 ▪ Quantidades e custos operacionais incertos 456 ▪ Risco-base 457 ▪ Utilizando um

modelo de apreçamento de opções para avaliar o investimento 458 ■ Como a volatilidade afeta os valores da opção? 462 ■ Calibrando o modelo de apreçamento de opções 463

10.6 Resumo 464

Problemas 464

Apêndice A: Noções básicas de opções –uma rápida revisão 469

Apêndice B: Árvores de probabilidade multiperíodo e malhas 475

Apêndice C: Calibrando o modelo binomial de apreçamento de opções 477

CAPÍTULO 11   Flexibilidade gerencial e a avaliação de projetos 481

11.1 Introdução 481

11.2 Tipos de opções reais 483
Opções reais a considerar antes do início de um investimento 483 ■ Opções reais a considerar depois do início de um investimento 483

11.3 Avaliando investimentos que contêm opções reais embutidas 484
A opção de investir: investimentos em etapas 484 ■ Opção de abandonar 494

11.4 Analisando opções reais como opções americanas 496
Avaliando a opção de perfuração da National Petroleum 497 ■ Fórmula para avaliação de opções reais 506

11.5 Utilizando simulações para avaliar opções de troca 511

11.6 Erros comuns na avaliação de opções reais 519
Tentar adequar o problema ao de modelo Black-Scholes 519 ■ Utilizar a volatilidade errada 521 ■ Assumindo que o preço de exercício da opção real é fixo 522 ■ Superestimando o valor da flexibilidade 522 ■ Contando os riscos em dobro 522 ■ Falha em entender como as alternativas de investimento afetam a volatilidade dos preços 523 ■ Usar inadequadamente opções reais para justificar "investimentos estratégicos" 523

11.7 Resumo 523

Problemas 525

Apêndice: Construindo malhas binomiais 532

CAPÍTULO 12   Opções estratégicas: avaliando oportunidades estratégicas   535

12.1 Introdução 535

12.2 De onde vêm os investimentos com VPL positivo? 537

12.3 Avaliando a estratégia com investimentos em estágios 538
Descrição da nova tecnologia de carvão da Vespar 539 ■ *Análise do projeto independente da usina inicial 539* ■ *Analisando projetos como parte de uma estratégia 541* ■ *A anatomia da estratégia da usina de energia da Vespar 551* ■ *Análise de sensibilidade para a estratégia da usina térmica da Vespar 551*

12.4 Valor estratégico quando o futuro não está bem definido 556
Que investimentos geram opções estratégicas? 556 ■ *Como a estrutura corporativa afeta o valor da opção estratégica? 557* ■ *Incentivos aos gerentes, psicologia e o exercício de opções estratégicas 559*

12.5 Resumo 562

Problemas 563

Epílogo 565

Créditos 569

Índice 571

Capítulo 1
Visão geral da avaliação

> **Visão geral do capítulo**
>
> O Capítulo 1 foca os desafios inerentes à avaliação de investimentos, de grandes projetos à aquisição de empresas inteiras. Inicialmente revisamos a ideia de avaliação de projetos em termos de seu impacto esperado sobre a riqueza dos acionistas das empresas. Depois, utilizando o estudo de caso de um grande investimento feito por um grupo multinacional de empresas de petróleo, destacamos cinco desafios-chave que podem surgir na avaliação de uma grande proposta de investimento.
>
> Para tratar de forma eficaz os desafios envolvidos na avaliação de grandes investimentos, as empresas precisam ter uma abordagem disciplinada, fundamentada em um sólido processo de avaliação. Apresentamos um processo de avaliação de investimento em três fases para enfrentar essa necessidade. Esse processo começa com a identificação de uma ideia de investimento e termina com a aprovação final. O processo não elimina todos os maus investimentos, pois investir é intrinsecamente arriscado. Entretanto, ajuda a garantir que a empresa não seja vítima de erros de decisão devido a análises imperfeitas.

1.1 Introdução

Embora o sucesso ou o fracasso de uma empresa dependa de muitos fatores diferentes, a habilidade dos seus gerentes de avaliar e selecionar investimentos lucrativos é, certamente, um elemento-chave. Os investimentos que temos em mente podem incluir grandes investimentos de capital, como a decisão da Intel de construir uma nova instalação fabril ou a decisão da Wal-Mart de instalar um sistema automatizado de gerenciamento de estoque em seus centros de distribuição regionais. Também podem incluir a aquisição de empresas inteiras, como a compra do YouTube pelo

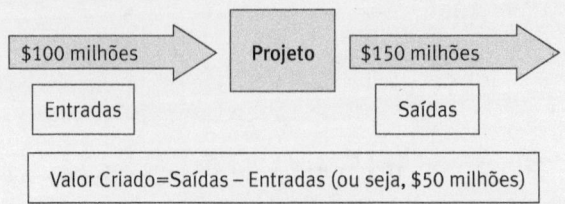

FIGURA 1-1   Avaliação de investimento.

Google ou do Shopping.com e do Skype.com pelo eBay. O que essas decisões têm em comum é o fato de as empresas investirem muitos recursos, tanto de tempo quanto financeiros, pela oportunidade de receber um retorno incerto no futuro.

Dependendo do estágio de desenvolvimento da empresa, suas despesas de investimento podem representar uma porção substancial de seu valor total. Por exemplo, em 2004 a Netflix, Inc. (NFLX) gastou $117,93 milhões em ativos para sustentar seu negócio de locação de DVDs, o que representava 47% de seus ativos totais (relatório da empresa, 2004). Uma empresa mais madura, a Home Depot, investiu $3,9 bilhões em dispêndios de capital e cerca de $2,5 bilhões em aquisições, o que representou apenas 14,4% de sua base total de ativos no final de 2005.[1]

Ao longo da maior parte deste livro, vamos considerar que o objetivo da empresa é criar riqueza através da implantação e do gerenciamento de novos investimentos que gerem fluxos de caixa futuros que valham mais do que os custos do investimento. A princípio, o processo parece bastante simples. Veja a ilustração na Figura 1.1: uma empresa tem a oportunidade de investir hoje $100 milhões em um projeto que gera fluxos de caixa que valem $150 milhões. Ao fazer o investimento, a empresa gera um incremento de $50 milhões em riqueza para seus acionistas. Na linguagem do analista financeiro, a empresa espera que o projeto valha $50 milhões mais do que custa (em moeda de hoje), o que, no jargão financeiro, significa que o projeto tem um *valor presente líquido* (VPL) de $50 milhões.[2]

Infelizmente, o fato é que mais da metade de todos os grandes projetos de investimento não atingem os resultados esperados.[3] O histórico da performance das fusões e aquisições é ainda mais problemático, como atesta a venda da Chrysler Corporation pela Daimler-Benz por menos de $7,4 bilhões em 2007, após ter pago $36 bilhões pela empresa em 1998. Se a avaliação de projetos é tão óbvia como descrita na Figura 1.1, por que tantos investimentos fracassam?

---

[1] http://ir.homedepot.com/downloads/HD_2005_AR.pdf (acessado em 8 de janeiro de 2006).

[2] Você vai lembrar que VPL é igual à diferença entre o valor esperado dos fluxos de caixa futuros produzidos pelo investimento e o custo para realizar o investimento.

[3] Nadim F. Matta e Ronald N. Ashkenas, 2003. Por que bons projetos também falham, Harvard Business Review (Setembro) 109-114.

Uma possível explicação para os investimentos fracassados é simplesmente que as empresas investem em projetos arriscados e, portanto, não devemos esperar que estejam sempre certas. Fazendo uma analogia com o esporte, quando você ataca muito, pode ser surpreendido na defesa. Entretanto, vamos argumentar ao longo deste livro que há mais do que risco de investimento e má sorte envolvidos. O fato é que a análise das alternativas de investimento de capital pode ser tanto complexa quanto entediante, e os gerentes devem tomar suas decisões de investimento com base em informações incompletas sobre eventos futuros que são incertos. Em face dessa complexidade e incerteza, os gerentes frequentemente apenas "seguem sua intuição" e escolhem os investimentos que acham corretos.

Concordamos que gerentes que possuem uma intuição bem desenvolvida (isto é, uma intuição capaz de separar o joio do trigo) e experiência para fazer julgamentos corretos irão – e deverão – ser os responsáveis pelas principais decisões de investimentos corporativos. Entretanto, ferramentas analíticas, bem como *softwares* sofisticados, ainda que baratos e de fácil utilização, podem ajudar os gerentes a vencer a complexidade e também a superar o tédio, inerentes à avaliação de um investimento de grande porte. Acreditamos que, por meio do uso dessas ferramentas e de uma abordagem de avaliação mais disciplinada, o julgamento dos gerentes será facilitado e eles farão melhores escolhas de investimento.

1.2 A natureza das grandes decisões de investimento

As empresas crescem e expandem suas operações por meio de uma entre duas maneiras: ou adquirem capacidade produtiva reunindo os ativos necessários, ou adquirem os ativos produtivos de uma empresa existente. No caso de uma empresa que reúne os ativos necessários, o problema da avaliação é chamado de **avaliação do projeto**. No caso de uma empresa que adquire ativos produtivos por meio da compra de uma empresa existente, nos referimos ao problema da avaliação como **avaliação do empreendimento**.

Nesta seção, examinamos exemplos de avaliações de projeto e de empreendimento e fornecemos um conjunto simples de princípios fundamentais que podem ser usados nos dois tipos de análise.

Avaliação do projeto – investindo nos campos petrolíferos do Mar Cáspio

A fim de compreender o nível de complexidade existente quando avaliamos a decisão de aplicar recursos em um grande projeto de investimento, considere a decisão com que se deparou um grupo de empresas multinacionais petrolíferas no início dos anos 90. Volte no tempo e imagine-se sentado à mesa no início do processo de análise, tentando compreender os riscos e as potenciais recompensas que a sua empresa poderá obter caso ela se decida por este investimento.

A oportunidade de investimento envolvia o desenvolvimento de campos petrolíferos do Mar Cáspio, no Azerbaijão, um novo país independente que fizera parte da

1998–1999	Início do projeto de petróleo
	▪ Desenvolver o campo Chirad por meio da reforma da plataforma de perfuração em alto mar e perfuração de novos poços. ▪ Construir oleoduto submarino para o terminal (169 quilômetros). ▪ Reconstruir dois oleodutos de exportação (total de 2.100 quilômetros) ▪ Custo estimado = $ 1 bilhão.
Início em 2000	Desenvolvimento da primeira fase
	▪ Desenvolver o campo Azeri. ▪ Custo estimado = entre $ 2,6 e $ 3,1 bilhões.
Início em 2002	Desenvolvimento da segunda fase
	▪ Desenvolver o campo de águas profundas Gunashli. ▪ Custo estimado = $ 3 bilhões.
Início em 2003-2004	Desenvolvimento da terceira fase
	▪ Desenvolvimento adicional do campo Azeri. ▪ Custo estimado = $ 2 bilhões.

Figura 1-2 Fases do investimento no desenvolvimento do projeto de petróleo no Mar Cáspio.

União Soviética.[4] O investimento previa a formação de um consórcio *joint-venture* de 11 empresas de petróleo. O consórcio, conhecido como Consórcio Petrolífero Internacional do Azerbaijão, inclui a empresa estatal de petróleo do Azerbaijão, a British Petroleum, a Amoco, as empresas nacionais de petróleo de Rússia e Turquia e diversas outras empresas estrangeiras. As 11 empresas reunidas têm o direito de desenvolver três campos petrolíferos na parte ocidental do Mar Cáspio, que se estimava conterem de 4,5 a 5 bilhões de barris de petróleo.[5]

O direito de desenvolver os três campos ficaria sujeito a certas condições. O consórcio desenvolveria uma pesquisa sísmica, um estudo do impacto ambiental e perfuraria uma série de poços de teste. Em seguida teria que submeter um plano de desenvolvimento para a empresa estatal de petróleo do Azerbaijão, descrevendo como seriam desenvolvidos os campos a partir de suas constatações preliminares. Após o trabalho inicial, o consórcio eventualmente submeteu um plano, envolvendo quatro fases, resumidas na Figura 1-2. Tanto a empresa estatal de petróleo do Azerbaijão quanto o consórcio teriam o direito de aprovar cada etapa do processo baseado nos resultados da fase anterior. Além disso, um acordo de produção compartilhada também definia o ajuste sobre o sistema de distribuição de lucros decorrentes do investimento, caso fosse bem-sucedido.

---

[4] Benjamin Esty e Michael Kane, BP Amoco (B): Financiando o desenvolvimento dos campos petrolíferos do Mar Cáspio, *Harvard Business School Press*, Caso no. 9-201-067, 2001.

[5] "Azerbaijan-Pipeline Knocked Back", *Project Finance International* (24 março 1999), p.45.

À medida que os resultados de cada fase do projeto tornavam-se conhecidos, a administração da empresa estatal de petróleo do Azerbaijão e o consórcio tinham que decidir se entrariam na próxima fase do projeto. Em princípio, ao prosseguir com o investimento inicial, o consórcio adquire a *opção* de fazer sucessivos investimentos em cada uma das três fases subsequentes do processo de desenvolvimento. Além disso, considerando que todas as fases do investimento fossem executadas com sucesso, o fato de que o consórcio havia desenvolvido *expertise* na região tornaria possível que cada membro do consórcio competisse em termos favoráveis com potenciais concorrentes em oportunidades futuras de investimento.

Pontos a considerar ao avaliar um investimento

O projeto de desenvolvimento de campos petrolíferos no Mar Cáspio ilustra a complexidade do ambiente no qual as companhias tomam decisões de investimento. Em qualquer situação na qual uma empresa deva avaliar um novo grande investimento, surgem cinco pontos-chave. A Figura 1-3 destaca esses pontos, que analisamos abaixo.

Ponto nº1: A "história" faz sentido?

Antes que a empresa faça qualquer investimento, a história ou estratégia do investimento deve ser plausível aos tomadores de decisão. Por "fazer sentido", queremos dizer que a administração deve estar convencida de que os potenciais ganhos do investimento são suficientemente grandes para justificar uma investigação inicial. A administração também deve acreditar que os gestores da empresa possuem (ou podem adquirir) a *expertise* exigida para colher os benefícios do investimento. Na terminologia da economia, a questão é *vantagem competitiva*. Ou seja: a empresa tem alguma vantagem, pelo conhecimento especializado ou pelas circunstâncias, vantagem essa que lhe permita colher frutos desse investimento?

No final, o sucesso ou fracasso de um investimento é, em grande parte, determinado pelas capacitações da empresa que se compromete com o investimento, em comparação com outras empresas. Essa noção é apreendida no conceito de *vantagem comparativa*. Além disso, o valor que a empresa pode captar para si mesma é afetado pelas ações e reações dos concorrentes. Portanto, uma análise completa de um investimento deve abranger os seguintes pontos estratégicos como parte de sua "história": a empresa e o projeto fornecem alguma vantagem comparativa em relação a outras empresas e outros projetos?

As vantagens comparativas da empresa são suficientes para desestimular os concorrentes a fazer investimentos semelhantes?

1. A "história" faz sentido?
2. Quais são os riscos envolvidos no investimento?
3. Como o investimento pode ser financiado?
4. Como o investimento afeta ganhos de curto prazo?
5. O investimento tem flexibilidades inerentes?

FIGURA 1-3 Pontos importantes a considerar ao fazer um grande investimento.

Ponto nº2: Quais são os riscos vinculados ao investimento e como eles podem ser avaliados e tratados na análise?

O velho ditado "olhe antes de pular" é um bom conselho ao avaliar oportunidades de investimento. De maneira especial, uma clara avaliação do *que pode dar errado* talvez seja ainda mais importante do que uma análise do que esperamos que dê certo. Por exemplo, projetos de investimentos internacionais que são feitos em lugares subdesenvolvidos do mundo expõem a companhia investidora a inúmeros riscos.

Aqui estão algumas questões que surgem frequentemente na avaliação e administração dos riscos: quais são os riscos subjacentes associados ao investimento? Como esses riscos devem ser incorporados na análise do projeto? Os riscos do investimento afetam a taxa de retorno que deve ser usada ao avaliar a possibilidade de assumir o investimento? Existem programas governamentais (nacionais ou estrangeiros) que podem garantir o investimento no caso de instabilidade política? Como a capacidade da firma em transferir o risco do investimento afeta o financiamento e a avaliação do projeto?

Ponto nº3: Como o investimento pode ser financiado?

Há várias maneiras de financiar um grande projeto de investimento. Além disso, a capacidade de conseguir um financiamento atrativo é um determinante-chave no valor do investimento. Por exemplo, algumas vezes as empresas podem obter subsídios na forma de garantias governamentais ou melhoria de crédito, especialmente quando estão envolvidos investimentos internacionais. Em outros casos, as empresas podem levantar capital privado (*private equity*) e novos financiamentos para investimentos que não são registrados em balanço, conhecidos como Sociedades de Propósito Específico (SPEs).

Assim, a avaliação de oportunidades de financiamento inclui as seguintes questões: como as características da empresa e do projeto (por exemplo, até que ponto os riscos do projeto podem ser administrados pela transferência do risco para outra parte por meio de um contrato financeiro) afetam a maneira que ele é financiado? Como o financiamento do projeto afeta a maneira pela qual o projeto é avaliado? Teremos mais a dizer sobre a relação entre financiamento e valor no Capítulo 4.

Além de questionar quanta dívida usar, a empresa também deve discutir que tipo de dívida usar. O projeto deve ser financiado dentro do balanço patrimonial da firma ou fora do balanço por meio de endividamento sem direito a recurso (isto é, *project financing*)[6]?

Ponto nº4: Como o investimento afeta os ganhos de curto prazo?

Investidores e analistas de capital utilizam o lucro declarado como um indicador do sucesso ou do fracasso da empresa. Ao considerar um grande investimento, os gestores estarão muito atentos aos seus efeitos sobre os lucros. Irão perguntar se o projeto está propenso a *diluir* (reduzir) ou *ampliar* (aumentar) o lucro por ação da empresa. Por exemplo, um grande projeto petrolífero, como o do Mar Cáspio, pode diluir os

---

[6] Dívida sem direito de recurso ou "*project financing*" referem-se a dívidas exclusivamente do projeto ou investimento, organizado em entidade separada da empresa patrocinadora do projeto. Dessa forma, a dívida é garantida unicamente pelos fluxos de caixa gerados pelo projeto e seus ativos; caso o projeto não gere caixa suficiente para isso, os credores não têm recurso contra a empresa que patrocinou o investimento.

ganhos nos primeiros anos devido às consideráveis despesas iniciais e aos fluxos de caixa postergados. Entretanto, os ganhos devem crescer com o tempo, quando se concretizarem os benefícios futuros do projeto.

O efeito do projeto nos lucros pode ser importante para determinar se os gestores estariam propensos a dar início a um investimento. Por exemplo, se os executivos da empresa estão sendo remunerados com referência em medidas de desempenho baseadas em lucros, ou se eles acreditam que os investidores focam em lucros por ação, eles podem relutar em investir em um projeto que afeta os lucros da empresa negativamente. Dessa maneira, a contabilidade e as políticas de remuneração variável dos executivos frequentemente influenciam as decisões de investimento de uma empresa. O Capítulo 9 explora profundamente a importância potencial dos lucros nas decisões de investimento de uma empresa, assim como a forma pela qual o lucro residual ou Valor Econômico Agregado (EVA, *Economic Value Added*^{TM})[7] pode ser usado para ajudar a resolver os problemas associados ao uso dos lucros como uma métrica do desempenho da gerência.

Ponto nº5: O investimento tem flexibilidades inerentes que permitam à empresa modificá-lo de acordo com as circunstâncias?

As empresas fazem investimentos com a expectativa de que um conjunto particular de resultados guiará o investimento para um resultado específico. Porém, a incerteza a respeito dos eventos futuros faz com que seja especialmente importante que o projeto forneça oportunidades para reagir, para adaptar o investimento a circunstâncias variáveis. Isso inclui o seguinte:

O investimento pode ser gradual? É comum, como no caso dos campos petrolíferos do Mar Cáspio, que as empresas se comprometam com grandes investimentos em fases. A divisão em fases permite que a empresa administre sua exposição ao risco fazendo uma série de desembolsos cada vez maiores, porém dependentes do sucesso do investimento anterior. Esse é exatamente o caso com os grandes projetos de prospecção de petróleo: eles geralmente têm uma fase inicial que fornece informação sobre as reservas de petróleo antes que sejam iniciadas as fases de desenvolvimento posteriores. Isso também é verdade para muitos outros novos produtos ou serviços para os quais a fase de teste de mercado revela importante informação sobre seu potencial de vendas.

Quando a empresa investe nas fases iniciais, ela essencialmente adquire a "opção" de investir nas demais fases do projeto (se os investimentos intermediários forem proveitosos). A flexibilidade para atrasar a implementação de um projeto, cortar suas perdas e até abandoná-lo ou, ainda, expandir um investimento bem-sucedido, são exemplos de escolhas que podem acrescentar valor a um projeto. Teremos mais a dizer sobre a avaliação de tais opções no Capítulo 11.

Os tomadores de decisão devem saber que, algumas vezes, o que parece ser uma opção torna-se uma obrigação. Ou seja, se não há possibilidade real de que uma opção *não* seja exercida, então não é uma opção. No caso do Mar Cáspio, por exemplo, pode ser muito difícil para os membros do consórcio recuar depois da fase 1.

---

[7] Valor Econômico Agregado EVA™ (*Economic Value Added*) é uma marca registrada de Stern Stewart and Company.

O investimento oferece a oportunidade de investimentos adicionais? A oportunidade de investir em um novo produto, mercado ou tecnologia pode proporcionar oportunidades de "investimentos sequenciais". A maioria de novos investimentos surge daqueles anteriores feitos pela empresa. No caso do Mar Cáspio provavelmente há novos negócios de petróleo e gás a explorar, inclusive a oportunidade de entrar no ramo de petroquímica na Ásia Central. Consequentemente, a avaliação dos investimentos que geram novas oportunidades exige uma reflexão de *dois conjuntos* de fluxos de caixa: os fluxos de caixa fornecidos pela oportunidade imediata e os fluxos de caixa dos possíveis projetos subsequentes. O ponto fundamental é o seguinte: como a empresa deve valorizar essas outras oportunidades e incorporá-las na análise da decisão inicial de investir? Teremos mais a dizer sobre isso no Capítulo 12.

O investimento fornece sinergias de produção e *marketing* com os produtos existentes? Na medida em que o novo investimento compartilha produção existente e/ou recursos de *marketing*, existe a oportunidade de ganhar uma vantagem comparativa sobre os concorrentes da empresa.

Avaliação do empreendimento – fusões e aquisições

Os cinco pontos fundamentais encontrados na análise do projeto de investimento do Mar Cáspio também se aplicam para a *avaliação do empreendimento* – a avaliação de uma empresa completa. Do ponto de vista do analista financeiro, a questão fundamental é a mesma: Quanto vale o investimento e como isso se compara com seu custo?

A Cisco Systems (CSCO) é conhecida por sua política de adquirir firmas existentes. Essa estratégia de expansão por meio de aquisições apresenta os mesmos problemas que encontramos no projeto de avaliação do Mar Cáspio. Por exemplo, em 20 de março de 2003, Cisco anunciou planos de adquirir The Linksys Group, Inc., de Irvine, Califórnia, por um preço total de compra de aproximadamente $500 milhões. Apesar de não termos informações detalhadas referentes à análise feita pela Cisco para essa aquisição, a seguinte discussão (baseada em um comunicado à imprensa)[8] destaca como a Cisco descreveu sua avaliação dos cinco pontos básicos identificados anteriormente.

Ponto nº 1: A "história" faz sentido?

"Estimulada pela adoção da banda larga pelos consumidores, a conectividade residencial teve uma massiva aceitação de mercado. Linksys obteve uma forte posição nesse crescente mercado por meio do desenvolvimento de uma linha de produtos abrangente e fácil de usar para os escritórios pequenos e *home offices*.[9]" A aquisição é um exemplo da estratégia da Cisco de aumentar seu portfólio de soluções de rede de ponta-a-ponta para mercados de alto crescimento como redes sem fio, voz sobre IP e armazenagem.

---

[8] Comunicado à imprensa da Cisco Systems, de 20 março de 2003 (hhttp://newsroom.cisco.com/dlls/corp_032003.html).

[9] Comunicado, "Cisco Systems anuncia acordo para aquisição do Linksys Group, Inc.", 20 de março de 2003.

Ponto nº 2: Quais são as fontes de risco do investimento e podem esses riscos ser administrados?

Uma importante fonte de risco para o investimento se relaciona a riscos tecnológicos. Por exemplo, existem tecnologias sem fio que poderiam se desenvolver e tornar os produtos Linksys não-competitivos? Esse risco é muito real para as empresas baseadas em tecnologia. Entretanto, a Cisco reduziu parcialmente esse risco por intermédio da aquisição de uma empresa reconhecida como a líder na indústria. O desafio da Cisco, no futuro, será manter a vantagem competitiva enquanto opera a empresa como uma divisão de uma empresa bem maior.

Ponto nº 3: Como o investimento pode ser financiado?

"De acordo com os termos do contrato, a Cisco emitirá ações ordinárias com um valor agregado de aproximadamente $500 milhões para adquirir o negócio Linksys e para assumir todas as opções de compra de ações pendentes dos funcionários."

Ponto nº 4: Qual é o efeito a curto prazo do investimento nos ganhos declarados da empresa?

"Sem os custos de aquisição, a Cisco antecipa que essa transação irá acrescentar aproximadamente $0,01 ao seu LPA projetado para o ano fiscal de 2004. A partir daí, a transação irá ampliar gradativamente tanto os lucros segundo os GAAP (*Generally Accepted Accounting Principles* [Princípios contábeis geralmente aceitos]) quanto aos lucros *pro forma*."

Ponto nº 5: O investimento tem flexibilidades inerentes que permitam à empresa modificá-las como resposta à alteração de circunstâncias? Principalmente,

O investimento pode ser gradual?

- A aquisição da Linksys pela Cisco é outro passo em uma ampla estratégia de expansão de sua linha de produtos para escritórios pequenos e *home offices*, com o objetivo de desenvolver uma posição dominante no mercado de rede desses escritórios.

O investimento oferece a oportunidade de investimentos adicionais?

- "Esta aquisição representa a entrada da Cisco no mercado de alto crescimento dos consumidores SOHO (*small office home office*, escritório pequeno em casa) para acesso à rede. As redes domésticas permitem aos consumidores compartilhar conexões de Internet de banda larga, arquivos, impressoras, música digital, fotos e jogos, todos por meio de uma LAN (rede de área local) com e sem fio".

A aquisição oferece sinergias de produção e/ou *marketing* com produtos existentes?

- Nitidamente, a Linksys oferece produtos que podem ser comercializados através de canais de distribuição semelhantes aos já utilizados pela Cisco. Além disso, similaridades entre pequenos negócios e aplicações domésticas devem fornecer sinergias com os ativos de *marketing* existentes da Cisco.

1.3 Lidando com complexidade – processo e disciplina

Quer o investimento seja como o do Mar Cáspio ou como a aquisição do The Linksys Group pela Cisco, sua avaliação pode se tornar muito complexa. Para tratar essa complexidade de uma maneira disciplinada, as empresas desenvolvem políticas e procedimentos que recomendam como avaliar novas oportunidades de investimento. O objetivo desses procedimentos é assegurar que os projetos recebam uma detalhada análise, e que o processo de seleção do projeto não seja subvertido pelos interesses específicos de um ou mais gestores.

O processo de avaliação de investimento

A Figura 1-4 resume um **processo de avaliação de investimento**. Esse processo de três fases captura os elementos críticos da avaliação do projeto *ou* do empreendimento, começando com a geração da ideia e terminando com uma decisão final de fazer ou não o investimento. O processo é muito geral e ilustra como os investimentos são avaliados em uma grande variedade de indústrias e em empresas de diversos tamanhos. Saiba que nessa discussão as etapas podem ser bastante amplas a ponto de incluir a avaliação do empreendimento ou restritas o suficiente para tratar da avaliação de projeto.

Fase I: Origem (ideia) do investimento e análise

As empresas tomam conhecimento das grandes oportunidades de investimento por diversas fontes. Uma das fontes comuns de ideias são os funcionários e clientes da empresa. Outra fonte são organizações externas que trazem propostas para que a empresa analise, tais como bancos de investimento e outras empresas que queiram comprar ou vender ativos específicos.

A fase inicial da análise inclui três atividades:

FASE I	Origem (ideia) do investimento e análise
Passo 1:	Realizar uma avaliação estratégica.
Passo 2:	Calcular o valor do investimento ("digerir os números").
Passo 3:	Preparar um relatório de avaliação do investimento e recomendações para a administração.
FASE II	**Revisão gerencial e recomendação**
Passo 4:	Avaliar as premissas estratégicas do investimento.
Passo 5:	Examinar e avaliar os métodos e hipóteses utilizados para calcular o valor presente líquido do investimento (VPL).
Passo 6:	Ajustar os eventuais erros de cálculo causados por viés na análise e formular uma recomendação relativa ao investimento proposto.
FASE III	**Decisão gerencial e aprovação**
Passo 7:	Decidir.
Passo 8:	Buscar a decisão gerencial final e possível aprovação do Conselho de Administração.

FIGURA 1-4 Processo de avaliação do investimento em três fases – abrangendo todas as etapas.

Passo 1: Realizar uma avaliação estratégica. Todas as oportunidades de investimento têm uma estratégia subjacente ("proposição de valor") que fornece a base para se fazer o investimento. A seleção inicial das propostas de investimento começa com uma avaliação da consistência dessa estratégia. Membros do grupo de desenvolvimento de negócios da empresa usualmente fazem essa avaliação. Se o investimento (projeto ou empreendimento) parece promissor depois da primeira análise, um grupo de análise de investimento investiga mais profundamente a oportunidade e faz as recomendações para a administração.

Passo 2: Calcular o valor do investimento ("digerir os números"). O objetivo da fase de estimativa do processo é determinar se o investimento tem potencial para criar valor para os acionistas da empresa. Tradicionalmente, essa análise envolve a aplicação de modelos de avaliação como fluxo de caixa descontado e análise de múltiplos (índices que facilitam a comparação com outras empresas ou projetos, tais como valor de mercado das ações/valor contábil, preço da ação/lucro por ação). Entretanto, quando o potencial do investimento para criar valor tem múltiplas fontes, a avaliação pode envolver muitos outros tipos de análises. Estas incluem (a) fluxos de caixa projetados das operações existentes ou propostas; (b) flexibilidades embutidas no projeto e que permitem que a administração modifique o investimento durante sua vida em resposta às mudanças das condições de mercado (opções reais); (c) oportunidades de administrar (isto é, controlar ou até eliminar) algumas das fontes de risco inerentes aos investimentos; (d) habilidade na estruturação da organização (alinhar autoridade de decisões e políticas de compensação) para aumentar o potencial de criação de valor do investimento; (e) alternativas de financiamento; e (f) efeito do investimento nos lucros a curto prazo da empresa.

Passo 3: Preparar um relatório de avaliação do investimento e recomendações para a administração. Combinando as análises estratégicas e quantitativas dos Passos 1 e 2, a equipe de análise de investimento prepara um relatório com um resumo de suas recomendações ao comitê de supervisão gerencial. No mínimo, o relatório irá conter (a) uma avaliação da estratégia do investimento no que se refere à criação de valor para o acionista, (b) uma estimativa do valor do investimento (valor presente líquido), e (c) as informações e premissas que foram utilizadas na análise.

Fase II: Revisão gerencial e recomendação

A revisão gerencial tem uma função de controle: procura identificar se a análise inicial contém potenciais fontes de erro e viés na seleção de investimentos. Um grupo diferente de funcionários, entre aqueles que não executaram a análise inicial, examina as novas propostas de investimento. Geralmente, as empresas utilizam um comitê de revisão de investimento (algumas vezes conhecidos como *comitê de planejamento estratégico*) para revisar as propostas.

A responsabilidade fundamental do comitê de revisão de investimento é, como o nome sugere, revisar a recomendação da equipe inicial de análise de investimento. O comitê de revisão se certificará de que as premissas da avaliação inicial são lógicas e que nada foi esquecido na análise. Se o processo de análise recomenda o investimento para a administração, o comitê de análise também avalia quanto investir. O comitê de revisão de investimento adiciona ao processo um sistema de controles e ponderações projetado para extrair maus investimentos e análises imperfeitas de investimento.

A Fase II envolve as atividades do Passo 4 ao 6.

Passo 4: Avaliar as premissas estratégicas do investimento. O processo de avaliação, assim como o exame inicial da oportunidade de investimento (Passo 1), começa com uma análise da proposta de valor do investimento ou estratégia. A história que defende o potencial de criação de valor faz sentido para o comitê de revisão gerencial? As oportunidades de *hedging* agregam valor para a empresa? As alternativas específicas de financiamento fazem sentido e têm possibilidades razoáveis de adicionar valor?

Passo 5: Examinar e avaliar os métodos e as hipóteses utilizadas para calcular o valor presente líquido do investimento (VPL). O comitê avalia a análise quantitativa realizada no Passo 2. As premissas que fundamentaram as estimativas iniciais de preço, custo e quantidade são razoáveis do ponto de vista dos preços observados no mercado e da participação no mercado das firmas e produtos concorrentes? Existem outras opções (investimentos sequenciais e outras importantes fontes de criação de valor) inerentes à proposta que não foram consideradas no relatório anterior? Finalmente, existem oportunidades para expandir ou reduzir o escopo do investimento (até mesmo abandoná-lo completamente)? Apesar de ser bastante difícil estimar seu valor, é fundamental que a empresa considere essas opções a fim de avaliar adequadamente o investimento.

Passo 6: Ajustar os eventuais erros de cálculo causados por viés na análise e formular uma recomendação relativa ao investimento proposto. O processo de originação pode estar carregado de potenciais estimativas tendenciosas do valor de um investimento. Depois de fazer ajustes adequados, o comitê de revisão gerencial transmite suas recomendações para o executivo responsável pela decisão final.

Fase III: Decisão gerencial e aprovação

A responsabilidade final de fazer o investimento fica com um executivo da empresa que tenha o nível de autoridade necessário. Normalmente, quanto mais comprometimento financeiro o investimento requer, mais alto o nível hierárquico exigido para a aprovação do compromisso. Consequentemente, na fase final da avaliação do investimento, as recomendações das equipes de revisão e avaliação vão para as equipes gerenciais da firma. A equipe gerencial aprova ou rejeita o investimento proposto e, se necessário, busca a aprovação do Conselho de Administração.

A Fase III refere-se aos dois últimos passos no processo de avaliação de investimento de oito passos.

Passo 7: Decidir. Combinando a percepção do nível hierárquico mais alto a respeito da estratégia geral de negócios da empresa com a recomendação do comitê de revisão de investimento, o executivo com o nível de autoridade apropriado toma a decisão. As escolhas são: rejeitar completamente a proposta ou aceitar o investimento proposto para implementação imediata ou futura.

Passo 8: Buscar a decisão gerencial final e possível aprovação do Conselho de Administração. Se a decisão é fazer o investimento, o tomador de decisão busca a aprovação final da equipe gerencial da empresa e, possivelmente, da diretoria.

O processo de avaliação do investimento em três fases fornece uma análise completa e integrada de todos os aspectos de avaliação de investimento, enquanto mantém as características de controle fundamentais. Entretanto, quando as firmas implementam esse processo em casos da vida real, um conjunto de problemas pode surgir para distorcer o resultado. Para demonstrar a utilidade desse processo de avaliação e mostrar algumas das complexidades que podem surgir, concluiremos este capítulo com um breve estudo de caso.

1.4 Estudo de caso – CP3 Pharmaceutical Laboratories Inc.

A Figura 1-4 apresentou um processo de oito passos em três fases de uma abordagem disciplinada da avaliação de investimentos e do processo de decisão. A necessidade de tal abordagem era evidente no amplo e complexo projeto de investimento do Mar Cáspio. As empresas podem – e devem – usar a mesma abordagem básica para fazer investimentos menores e mais focados, assim como na aquisição de empreendimentos.

Nesta seção, usaremos um exemplo hipotético para analisar uma típica avaliação de investimento para um projeto relativamente pequeno. Envolve o desejo da CP3 Pharmaceuticals Laboratories Inc. (um nome fictício para uma empresa real) de investir $547.000 para instalar um novo sistema de manuseio de materiais. O exemplo começa com a identificação da ideia e termina com a decisão final de fazer ou não o investimento.

Enquanto você lê a descrição do processo de tomada de decisão, lembre-se do processo de avaliação de investimento de oito passos, em três fases, como ilustrado na Figura 1-4. O processo de tomada de decisão do investimento CP3 não se alinha exatamente com o processo. Tais diferenças não são raras, pois as empresas frequentemente modificam seus processos para se adequarem às suas necessidades especiais. Entretanto, o processo utiliza todos os passos.

Exemplo: Investindo em um novo sistema de manuseio de materiais

A prática comercial geralmente diverge da teoria por razões compreensíveis. Quando você estiver lendo a história fictícia de um investimento conduzido pela CP3 Pharmaceutical Laboratories Inc., enfoque o processo e não os números (este é o assunto de quase todo o resto deste livro). Observe em particular como o investimento está sendo analisado. Se você já estudou finanças no passado, poderá até mesmo observar algumas situações onde a teoria que você aprendeu entra em conflito com a prática.

Susan Chambliss é vice-presidente para o desenvolvimento de negócios da CP3 Pharmaceuticals Laboratories Inc., localizada em Austin, no Texas. Os membros da equipe de desenvolvimento de negócios da CP3 procuram novas oportunidades de investimento para a empresa de modo permanente. A maioria das empresas, de qualquer tamanho, tem um grupo assim. Oportunidades de investimento para a CP3 poderiam incluir novos produtos ou novos mercados para produtos existentes.

Portanto, não é de maneira alguma raro que alguém desse grupo, nesse caso Susan, identifique uma potencial oportunidade de investimento.[10]

A CP3 produz embalagens para medicamentos em sua fábrica de Austin, que tem custos significativos de perda de produtos. Susan identificou um novo sistema de manuseio de materiais que oferece a possibilidade de uma substancial redução de custos por meio da diminuição de perdas, redução da mão-de-obra na área de fabricação e maior economia por intermédio da reciclagem de plástico. A Figura 1-5 fornece detalhes do projeto proposto na forma de um formulário de solicitação de aquisição de imobilizado.

Antes de iniciar uma análise formal do investimento proposto, entretanto, Susan tem discussões informais com os executivos de alto nível do comitê de planejamento estratégico da CP3. Esse comitê revisa todas as grandes propostas de investimento que a empresa recebe e faz recomendações para a administração sobre a viabilidade ou não dos projetos. A composição desse comitê na CP3 é igual à de comitês semelhantes em outras empresas: inclui o tesoureiro da empresa, os principais executivos financeiro e operacional e o CEO.

Como Susan irá, ao final, necessitar da aprovação desse comitê, faz sentido que ela comece por sugerir sua ideia para um ou mais membros, ainda no estágio de desenvolvimento. Considerando-se o tempo e o esforço associados à análise de uma nova oportunidade de investimento, ela irá precisar de uma indicação preliminar de que o projeto tem uma razoável chance de aprovação antes de seguir em frente. Por exemplo, talvez os executivos da empresa estejam considerando o possível fechamento ou venda das operações de embalagens médicas. Se fizerem isso, então não faria sentido Susan investir tempo ou energia para formar um grupo de trabalho para explorar mais a sua ideia.

Depois de algumas discussões informais, Susan conclui que o novo sistema de manuseio de materiais tem futuro, portanto ela inicia o estudo. Para um projeto tão pequeno como este, Susan o designa para um único analista financeiro. Para projetos muito grandes e complexos, ela poderia formar uma equipe constituída de diversas pessoas que possuam as habilidades necessárias para entender e avaliar a oportunidade de investimento.

Susan pede ao analista que prepare um relatório para uma apresentação formal do projeto ao comitê de planejamento estratégico. A informação na Figura 1-5 é uma versão abreviada de um típico relatório de avaliação de investimento de uma empresa. O relatório fornece uma detalhada análise do projeto. Começa com uma lista das várias razões pelas quais o grupo acredita na possibilidade de êxito do projeto. Além disso, inclui um resumo de medidas do valor do projeto, relatado nas medidas que a empresa utiliza – nesse caso, valor presente líquido, taxa interna de retorno e prazo previsto para recuperação do valor investido (*payback*). (Todos esses são conceitos que iremos examinar nos próximos capítulos.) O analista financeiro que preparou a análise também incluiu projeções específicas de custo e de fluxo de caixa para respaldar o sumário da análise. Essas estimativas consideram um período

---

[10] Isso não significa que todas as ideias de investimento originam-se na área de desenvolvimento de novos negócios. Ao contrário, em uma empresa saudável, as ideias de investimento vêm de todos os setores. Entretanto, em algum momento, se o investimento é significativo, o grupo de desenvolvimento de negócios ficará envolvido.

1. Sumário executivo

A fábrica CP3 Pharmaceutical Laboratories Inc., de Austin, Texas, solicita $547.000 para adquirir e instalar um novo sistema de manuseio de sucata de materiais para suas operações de embalagem de medicamentos. A compra do novo sistema proporcionará à fábrica atingir os seguintes objetivos:

- Reduzir o refugo nas operações de embalagem da firma, economizando cerca de $300.000 por ano.
- Reduzir o número de empregados na área de teste. Economia estimada de $35.000 por ano.
- Reciclar materiais plásticos que historicamente eram parte do refugo, com custos de destinação dos resíduos de $8.800 por ano.
- Obter uma taxa de retorno de 20% sobre o capital investido.

2. Proposta e justificativa

Estima-se que a unidade de embalagens de medicamentos da CP3 produza este ano mais de 400 milhões de frascos de drogas que são vendidas no mercado de balcão. A embalagem desses frascos irá gerar 681 toneladas de sobras de plástico. Desse total, um terço pode ser reciclado e o restante é sucata. Com o método atual, a sucata é coletada em tonéis no final de cada uma das seis linhas de produção. Esses tonéis são então recolhidos a cada 15 minutos e transferidos para uma sala onde a sucata é triturada para revenda ou transportada para o lixo. Atualmente, o custo para descarte de 454 toneladas de sucata de plástico é de $8.800 por ano.

O sistema de manuseio de sucata de materiais proposto envolve a colocação de um pequeno moedor no final de cada linha de produção para triturar o plástico e depois enviá-lo por meio de tubos a vácuo para um coletor de sucata em outro local da fábrica. A sucata triturada pode então ser vendida por $300.000 por ano e elimina os custos de descarte de $8.800 por ano.

3. Análise financeira

	2005	2006	2007	2008	2009	2010
Aquisição de imobilizado	(547.000)					
Impacto nas receitas/(despesas)						
Receita da sucata		300.000	300.000	300.000	300.000	300.000
Economia de mão-de-obra		35.000	35.000	35.000	35.000	35.000
Redução dos custos de reciclagem		8.800	8.800	8.800	8.800	8.800
Impacto total		343.800	343.800	343.800	343.800	343.800
Menos: Depreciação (5 anos)		(109.400)	(109.400)	(109.400)	(109.400)	(109.400)
Lucro operacional líquido antes dos impostos		234.400	234.400	234.400	234.400	234.400
Menos: Impostos (40%)		(93.760)	(93.760)	(93.760)	(93.760)	(93.760)
Renda operacional líquida depois dos impostos		140.640	140.640	140.640	140.640	140.640
Mais: Despesas de depreciação		109.400	109.400	109.400	109.400	109.400
Menos: aquisição de imobilizado	(547.000)	—	—	—	—	—
Fluxo de caixa livre do projeto (FCLP)	(547.000)	250.040	250.040	250.040	250.040	250.040

Valor presente líquido (VPL)	$200.773
Retorno do investimento (em anos)	2,19
Taxa interna de retorno (TIR)	35,8%

4. Riscos

Os trituradores e os sistemas de transporte a vácuo foram testados por cerca de um mês com apenas duas pequenas falhas. As falhas relacionaram-se a paradas no fim da linha 4, que transporta algumas das maiores peças de sucata. Esse problema foi resolvido com o aumento do tamanho do triturador naquela linha e com a instalação de sensores que avisavam que uma parada estava por ocorrer, de modo que o operador pudesse parar o processo e limpar o triturador e os tubos a vácuo.

5. Cronograma do projeto

O novo sistema levará três meses até estar instalado e funcionando, pois a instalação deve acontecer entre os turnos de produção já em funcionamento.

FIGURA 1-5   Formulário de solicitação de dispêndio para aquisição de imobilizado.

de cinco anos, até 2010. (As estimativas detalhadas encontram-se no final do Capítulo 2, Problema 2-6.)

Se esse projeto fosse maior, o relatório provavelmente também trataria de diversos outros problemas importantes. Por exemplo, poderia incluir um ou todos os seguintes problemas: uma estimativa do impacto esperado do investimento nos lucros da CP3 por diversos trimestres futuros; uma análise de vários cenários envolvendo os custos-chave e as principais fontes de direcionadores de receita, para destacar os riscos inerentes ao investimento; e uma discussão sobre como a empresa pode financiar o projeto, assim como questões relativas à administração de riscos.

Assim que o relatório de análise do projeto for para o comitê de planejamento estratégico, outro analista desse grupo fará uma avaliação independente dos méritos da proposta. Essa revisão verifica as hipóteses e a metodologia da avaliação original do projeto. Uma preocupação importante com respeito à integridade do processo de avaliação do investimento é que o grupo de análise e revisão do projeto seja completamente independente dos analistas que prepararam o relatório inicial do projeto e dos analistas designados pela administração para revisá-lo. Além disso, o comitê de planejamento estratégico deve ter autoridade e recursos necessários para realizar uma verificação independente do projeto.

Estudando a possibilidade de influência na decisão (viés)

Influências de vários tipos podem fazer parte da análise de novas propostas de investimentos. Usando o caso CP3 como exemplo, Susan e os membros da equipe de análise do projeto podem ser tendenciosos se tiverem *incentivos* para aprovar o negócio. Na verdade, a função de Susan é identificar boas oportunidades para a empresa, e sua remuneração, e até a manutenção do seu emprego, dependem da sua capacidade de ter suas ideias aprovadas. Influências também podem fazer parte do processo simplesmente devido à *natureza humana*: psicólogos descobriram que indivíduos tendem a ser extremamente confiantes e excessivamente otimistas sobre suas próprias ideias.

O papel do comitê de planejamento estratégico como um chefe cético

Levando em consideração o potencial de influências em favor de novos investimentos que seguem ao comitê de planejamento estratégico para revisão, torna-se responsabilidade desse comitê assumir o papel de chefe cético. Este comitê simplesmente tem a tarefa de revisar as grandes propostas de investimento para trazer à luz qualquer viés em sua análise que possa surgir da tendência natural dos defensores dos projetos de serem muito confiantes e excessivamente otimistas.

Os membros do comitê de planejamento estratégico têm experiência na avaliação de projetos. Eles sabem que os projetos normalmente são finalizados com o orçamento estourado em 50% e raramente são realizados por mais do que 10% abaixo do orçamento. Eles também sabem que as taxas de retorno observadas são quase sempre menores do que as taxas de retorno projetadas. Com isso em mente, o papel do comitê de planejamento estratégico exige que eles examinem cuidadosamente as premissas e análises e questionem tudo. Se os controles na empresa estiverem funcionando adequadamente, o comitê de planejamento estratégico precisa aprovar a análise antes que ela vá adiante.

Embora o comitê de planejamento estratégico vá revisar cuidadosamente a análise na qual o projeto é baseado, seus membros também podem ter uma perspectiva mais ampla. Eles podem considerar assuntos que vão além dos atributos desse projeto específico. Por exemplo, eles podem cogitar a possibilidade de mudar a operação para o exterior e fechar a fábrica de Austin e, nesse caso, o novo projeto não faz sentido.

Finalmente, o comitê de planejamento estratégico provavelmente irá considerar as alternativas da firma para o financiamento do projeto. Se o projeto pode ser facilmente financiado internamente, é mais provável que ele seja aprovado do que se ele exigir um financiamento externo. Se o projeto fosse tão grande que exigisse que a empresa emitisse ações, a aprovação final para o projeto dependeria de a diretoria executiva acreditar que é uma boa época para emitir ações – uma decisão que não tem nada a ver com as características especiais do projeto.

Se o comitê de planejamento estratégico aprovar o projeto, ele então envia a proposta ao executivo que tem autoridade para a aprovação do dispêndio necessário para viabilizar o projeto. No caso do sistema de manuseio de sucata de materiais, o presidente da CP3 é quem toma a decisão. Ele provavelmente vai considerar os mesmos aspectos que foram analisados pelo grupo de planejamento estratégico. Ele (ou ela) terá, certamente, menos tempo para revisar as especificações da proposta do que o comitê de planejamento estratégico e irá confiar na análise feita pelo grupo.

Se o projeto for tão grande que necessite de aprovação da diretoria, o CEO irá então levar o projeto para a diretoria. Geralmente, se o projeto tem o apoio do executivo principal da empresa, a diretoria dificilmente irá rejeitá-lo, mas os membros da diretoria podem questionar alguns aspectos da estrutura contratual do negócio ou questões relativas à governança corporativa. Eles também podem questionar como o projeto será financiado, especialmente se o projeto exigir uma emissão de ações no mercado.

1.5 Resumindo e antecipando

Comentários finais – o processo de tomada de decisão do investimento

Nossa discussão sobre o processo de tomada de decisão do investimento origina algumas observações importantes que irão influenciar o conteúdo e a estrutura do resto do livro:

- *O processo pode ser muito caro.* O processo de originação do projeto, avaliação e aprovação é caro e demorado. É claro que economizar na análise dos grandes projetos pode ser ainda mais caro se resultar em projetos fracassados ou oportunidades perdidas.
- *O processo pode estar sujeito a estimativas tendenciosas do valor do projeto, que surgem de conflitos de interesse e problemas de incentivo.* Indivíduos que participam do processo frequentemente têm motivos conflitantes. Por exemplo, é natural que membros da equipe que luta por uma proposta durante todo o processo de aprovação tornem-se pessoalmente comprometidos com o sucesso do projeto e, como resultado, suas análises podem se tornar parciais. Além

disso, muitas vezes há um incentivo financeiro para a aprovação do projeto. Por exemplo, comissões no fim do ano podem estar ligadas a ter os "negócios fechados". Este incentivo pode facilmente levar os funcionários a caracterizar futuros projetos de maneira mais otimista do que eles mereceriam. Por outro lado, os membros das várias unidades dentro da empresa que devem analisar e aprovar o projeto geralmente são céticos. Normalmente são membros da equipe cujo papel é desvendar tendências na análise de investimento e exercer controle sobre defensores superprotetores do projeto. Membros do grupo de controle interno não são recompensados pelo fechamento do negócio, mas podem sofrer consequências quando aprovam um negócio que fracassa.

- *O processo é afetado por problemas que surgem de diferenças nas informações disponíveis aos defensores do projeto e ao grupo interno de análise ou controle (o comitê de planejamento estratégico, em nosso exemplo anterior).* Especificamente, o grupo de controle na Fase II do processo geralmente é menos informado sobre as análises e cálculos feitos do que os proponentes do projeto da Fase I. Em benefício da eficiência, essa situação geralmente iria apoiar a delegação da autoridade de tomada de decisão para os gestores e defensores do projeto, que sabem mais sobre o mesmo. Entretanto, na realidade, os incentivos e tendências naturais que os defensores do projeto normalmente apresentam exigem que algum tipo de sistema de controle (como os comitês de planejamento estratégico e de revisão) seja executado e é exatamente isso o que vemos na prática corporativa.

Uma ênfase desequilibrada em qualquer uma das três fases da avaliação do projeto, mostrada na Figura 1-4, pode ter resultados desastrosos na empresa. Por exemplo, ênfase demais na fase de origem do investimento (ideia), em detrimento da revisão gerencial, pode levar a empresa a adotar investimentos de projeto questionáveis que têm pouca chance de sucesso. Igualmente perigosa é a ênfase excessiva na revisão gerencial (Fase II) em relação à fase de origem do investimento. Nesse momento, cuidado excessivo faz com que a empresa não empreenda novos investimentos promissores. Finalmente, se os executivos tentam micro-administrar a empresa, pode resultar em ênfase demais na fase final da análise. Isso pode reprimir a iniciativa dos funcionários que trabalham nas fases de origem e revisão. Em um caso extremo, as fases de origem e revisão tornam-se nada mais do que tentativas de adivinhar e endossar as preferências do(s) alto(s) executivo(s) da empresa.

Antecipando – a estrutura do resto do livro

Os acadêmicos que estudam finanças algumas vezes removem certas complexidades das decisões de investimento corporativas em um esforço para enfocar o cerne do que determina valor. Entretanto, ao fazer isso, podemos criar uma desconexão entre o que *deveria* ser feito na teoria e o que *é* realmente feito na prática. Por exemplo, acadêmicos têm teorias muito bem desenvolvidas que descrevem como as empresas devem determinar as **taxas de desconto** que utilizam para avaliar projetos de investimento. Em grande parte os executivos corporativos estão cientes dessas teorias, mas possuem **taxas mínimas de atratividade** corporativas (isto é, a taxa mínima de retorno para projetos serem considerados aceitáveis) que seguidamente excedem muito as taxas de desconto sugeridas pelas teorias acadêmicas. Essas altas taxas mínimas de atratividade podem ser usadas para neutralizar o excessivo otimismo dos gestores ou podem fornecer objetivos ambiciosos que servem para motivá-los. Ao longo deste livro, enfatizaremos *ambos* os fundamentos da avaliação, conforme descritos pelas teorias acadêmicas e também as complexidades da vida real que tornam sua implementação algo diferente.

Nossa abordagem do estudo da avaliação combina a análise de projetos individuais e empreendimentos inteiros, segundo duas dimensões. Como demonstrado nas discussões do processo de avaliação de investimento neste capítulo, reconhecemos que tanto a avaliação de projeto quanto a avaliação de empreendimento dependem da mesma base teórica. Nos Capítulos 2 e 3, introduzimos conceitos de avaliação dentro do contexto da mais simples das duas aplicações, *avaliação de projeto*. Essencialmente, avaliação de projeto origina-se da decisão da firma de crescer internamente. Depois, passamos a uma análise do *crescimento externo* ou aquisição de empresas inteiras: primeiro, na análise do custo do capital nos Capítulos 4 e 5 e, depois, na avaliação da empresa nos Capítulos 6 a 9.

As três últimas décadas forneceram inúmeros avanços na interpretação das forças econômicas que determinam a avaliação de investimento. Enquanto estivermos apresentando os avanços recentes em uma variedade de aspectos da avaliação de investimento, prestaremos especial atenção a de que forma as inovações recentes na avaliação de derivativos, como opções, são usadas para avaliar projetos reais de investimentos e estratégias de investimento. Discutiremos esses recentes desenvolvimentos nos Capítulos 10 a 12.

1.6 Resumo

Avaliação é mais do que simplesmente descontar fluxos de caixa futuros. A avaliação de novas oportunidades de investimento, desde o menor exercício de orçamento de capital até a aquisição de uma empresa inteira, progrediu bastante desde os estágios iniciais, quando o foco era exclusivamente no valor presente de prováveis fluxos de caixa futuros. Apesar da importância do valor presente líquido (VPL) não haver mudado, os analistas agora consideram um amplo conjunto de fatores. Por exemplo, quando uma empresa analisa a possibilidade de fazer um novo e significativo investimento, normalmente irá analisar os seguintes aspectos:

- *Estimativa de fluxo de caixa*. O primeiro passo ao avaliar um investimento é estimar futuros fluxos de caixa. Precisa-se saber quão exatas são essas estimativas, assim como quão sensíveis são as estimativas em relação a mudanças inesperadas no ambiente econômico.
- *Avaliação de risco*. Os novos grandes investimentos de empresas multinacionais frequentemente envolvem o comprometimento de recursos em regiões subdesenvolvidas do mundo. Tais investimentos sempre vêm com riscos adicionais significativos – riscos políticos, riscos relativos aos preços das *commodities*, risco de taxa de juros e cambial. O risco deve ser estimado e adminis-

trado, pois desempenha um papel importante na determinação da taxa pela qual os fluxos de caixa são descontados, bem como no financiamento do projeto de investimento.

- *Oportunidades de financiamento.* O financiamento pode representar uma importante fonte de valor para um projeto de investimento e pode ser um determinante-chave no custo de capital do investimento.
- *Os resultados nos lucros a curto prazo da empresa.* Apesar do valor do investimento ser criado pelos fluxos de caixa gerados por ele, os gestores são bastante atentos a como um projeto afeta os lucros. Na prática, o resultado de um investimento nos lucros de uma empresa terá grande influência na decisão de realizá-lo ou não.
- *Investimentos graduais.* A decisão de iniciar um investimento envolve essencialmente ter a "opção" de investir em estágios posteriores do projeto (considerando que os estágios intermediários revelem-se rentáveis). Assim, analistas podem usar técnicas de avaliação de opções para analisar se devem adiar, acelerar ou cancelar futuros investimentos.
- *Oportunidade de investimento adicional.* Investimentos anteriores são fontes primordiais de novas oportunidades de investir. Portanto, é importante que consideremos o impacto de grandes projetos em futuras oportunidades.

No início, reconhecemos que é difícil fazer uma análise correta de investimentos. Mesmo gerentes bem intencionados podem cometer erros, seja por um viés psicológico que os fazem ser extremamente otimistas, seja porque as avaliações de projetos apresentam problemas difíceis que nem sempre são bem compreendidos. Consequentemente, é fundamental que a empresa tenha um processo bem formulado que inclua controles adequados e equilíbrio nas tomadas de decisão. Além disso, enfatizamos a necessidade de buscar continuamente a quantificação, mesmo diante de problemas complicados que tornam a mensuração difícil.

Parte I

Análise de projeto utilizando fluxo de caixa descontado (FCD)

A percepção crítica que fundamenta a aplicação da análise de fluxo de caixa descontado (FCD) para a avaliação de projetos e de empresas é que os fluxos de caixa recebidos em diferentes períodos têm valores diferentes e só podem ser agregados depois de se ajustar corretamente para o valor do dinheiro no tempo. Esse conceito básico da teoria e da prática de avaliação deve ser dominado antes que possamos prosseguir com conceitos de avaliação mais sofisticados. As raízes da análise do FCD vêm desde o tempo dos gregos antigos, que calcularam e usaram os conceitos de juros simples e compostos. A aplicação moderna do FCD pode ser encontrada no trabalho seminal de Irving Fisher[1] e Joel Dean, que popularizaram a aplicação da análise de fluxo de caixa descontado no orçamento de capital.[2]

Nesta seção (Capítulos 2 e 3), discutimos os fundamentos da análise FCD, que tem sido o conceito-base para os analistas financeiros desde os anos 50, e continua a ser o que a maioria dos profissionais lembra quando pensa na avaliação de um projeto ou empreendimento. Apesar da análise de FCD ser frequentemente muito simplificada nas apresentações em salas

---

[1] Fisher I., *The Nature of Income and Capital* (New York: Macmillan, 1906), *The Rate of Interest: Its Nature, Determination and Relation to Economic Phenomena* (New York: Macmillan, 1907) e *The Theory of Interest: As Determined by Impatience to Spend Income and Opportunity to Invest it* (New York: Macmillan, 1930).

[2] Dean J., *Capital Budgeting* (New York: Columbia University Press, 1951).

de aula, na prática, a aplicação adequada do FCD pode ser tornar confusa devido às complexidades que surgem ao calcular os fluxos de caixa. O Capítulo 2 discute os problemas encontrados na definição e avaliação de fluxos de caixa e revisa a abordagem do "manual" padrão para FCD. O Capítulo 3 fornece uma análise detalhada da avaliação de fluxos de caixa futuros. Utilizamos duas abordagens básicas que podem ser usadas para avaliar a incerteza de fluxos de caixa futuros. Isso inclui a análise de sensibilidade do ponto de equilíbrio e a simulação de Monte Carlo.

Capítulo 2

Projetando e avaliando fluxos de caixa

Visão geral do capítulo

A análise de fluxo de caixa descontado (FCD) é um elemento-chave para o processo de avaliação. Este capítulo, que introduz o processo para aplicação da análise de FCD, descreve a relação entre os fluxos de caixa e as demonstrações financeiras da empresa. Primeiro definimos o fluxo de caixa para os acionistas e, depois, o fluxo de caixa disponível para distribuição tanto aos credores quanto aos proprietários. Depois de definir os fluxos de caixa, apresentamos um exemplo abrangente de previsão de fluxo de caixa que foca no processo para vincular a quantidade vendida, o custo unitário e a receita unitária ao fluxo de caixa do investimento. Finalmente, o capítulo apresenta a mecânica do desconto de fluxos de caixa de investimento para determinar o valor do projeto.

2.1 Fluxos de caixa descontados e avaliação

A ideia por trás da **análise de avaliação de fluxos de caixa descontados (FCD)** é simples. O valor de um investimento é determinado pela magnitude e pelo cronograma de pagamento ou recebimento dos fluxos de caixa esperados. A abordagem da avaliação FCD fornece uma base para estimar o valor desses fluxos de caixa e, consequentemente, é uma pedra fundamental da análise financeira.

Como a análise do FCD se enquadra no processo geral de avaliação de investimento exposto no capítulo anterior? Lembre que discutimos o processo de avaliação de investimento em termos de três fases de análise, que podem ser desdobradas em oito passos-chave (resumidos na Figura 1-4). O foco deste e do próximo capítulo está no Passo 2 da primeira fase – calculando o valor do investimento ou "triturando os números".

A popularização do FCD para análise de projeto é geralmente atribuída a Joel Dean (1951). Entretanto, as raízes da análise de FCD são bem mais antigas. Por

> **Você sabia?**
>
> **Prever é difícil: mesmo os especialistas têm problemas em identificar tendências de mercado.**
>
> Prever o futuro é difícil, especialmente quando se trata de nova tecnologia, como as seguintes citações do Hall of Forecasting Shame comprovam:
>
> "Eu acho que existe um mercado mundial para talvez cinco computadores."
> *Thomas Watson, presidente do conselho da IBM, 1943*
>
> "Não há razão para que alguém queira ter um computador em sua casa."
> *Ken Olson, presidente, presidente do conselho e Fundador da Digital Equipment Corporation, 1977*
>
> "640K deveria ser suficiente para qualquer um."
> *Bill Gates, 1981*

exemplo, a matemática financeira remonta aos primeiros manuscritos de Leonardo de Pisa (também conhecido como Fibonacci), em 1202. Gerações de diplomados em escolas de administração fizeram do FCD uma das ferramentas mais amplamente utilizadas no arsenal do profissional de finanças atual.

Exemplo – lavadora de carros

Para ilustrar o papel das avaliações FCD na análise de uma oportunidade de investimento, vamos considerar que você vai investir em uma lavadora de carros. A lavadora de carros gera *entradas de caixa*, cada vez que um cliente paga por uma lavagem, e *saídas de caixa*, quando a empresa compra suprimentos, paga impostos e salários e assim por diante. Além disso, algumas vezes, você tem que fazer consertos nos equipamentos, resultando em saídas de caixa não rotineiras.

Agora, vamos assumir que você abriu uma conta corrente para a empresa em um banco, que os recebimentos em dinheiro entram nessa conta e que os desembolsos saem dessa conta. Depois de um ano de operação, você construiu um saldo de caixa de, digamos, $10.000, depois de pagar todas as suas despesas (inclusive os consertos nos equipamentos). Se considerarmos, por enquanto, que você não tomou emprestado nenhum valor para investir na lavadora de carros, você tem $10.000 que pode distribuir para você mesmo como único proprietário. Esse dinheiro pode ser gasto imediatamente, ao fim do primeiro ano de atividades. Antecipando os próximos dois, três anos, e assim por diante, e fazendo um cálculo semelhante, podemos determinar fluxos de caixa futuros – calculados depois de pagar todas as despesas operacionais da firma e de fazer qualquer dispêndio adicional. Esses fluxos de caixa são os elementos-chave que determinam o valor do negócio.

O processo FCD em três passos

A partir desse simples exemplo da lavadora de carros, podemos desenvolver um processo de FCD que leva em consideração o cronograma de entradas e saídas dos fluxos de caixa. Basicamente, a utilização da avaliação de FCD exige um processo em três passos, como descrito na Figura 2-1: O primeiro passo envolve a previsão de valor e o cronograma dos recebimentos (ou pagamentos) esperados dos fluxos de caixa futuros. Aqui a questão principal é: "*quanto* dinheiro o projeto deve gerar e *quando?*" Esse passo é o foco principal deste capítulo e do Capítulo 3. Aqui ocorre o verdadeiro "trabalho pesado" da avaliação do projeto, pois nunca se pode conhecer o futuro com segurança e as previsões são sempre feitas com pouco ou nenhum dado histórico para orientar as análises.

PASSOS	AVALIAÇÃO DO INVESTIMENTO
Passo 1: Projetar o valor e o cronograma dos fluxos de caixa futuros. *"Quanto se espera que o projeto gere em termos de caixa e quando?"*	Projete os fluxos de caixa livre futuros do projeto (FCLP).
Passo 2: Estimar uma taxa de desconto apropriada ao risco (examinado nos Capítulos 4 e 5). *"Quão arriscados são os fluxos de caixa futuros e o que os investidores esperam receber por investimentos com riscos semelhantes?"*	Considere a taxa de desconto da dívida e do acionista (custo médio ponderado de capital, WACC).
Passo 3: Descontar os fluxos de caixa. *"Qual é o valor presente 'equivalente' do fluxos de caixa futuros esperados?"*	Desconte o FCLP utilizando o WACC para estimar o valor do projeto como um todo.

Figura 2-1 Passos na execução de uma análise de fluxo de caixa descontado.

Em segundo lugar, o analista deve determinar a taxa de desconto apropriada para descontar os fluxos de caixa futuros ao seu valor presente. A questão principal aqui é *"Quão arriscados são os fluxos de caixa futuros?"*. Esse tópico é um foco central de finanças, e o analisaremos nos Capítulos 4 e 5. Capturamos a ideia de risco na taxa de desconto – a taxa usada para calcular o valor presente nos fluxos de caixa futuros – mas, por enquanto, vamos apenas supor que as taxas de desconto são conhecidas.

Finalmente, o Passo 3 envolve o processo mecânico de desconto de fluxos de caixa futuros até o presente. Apesar de deixarmos os fundamentos dessa análise para os livros de introdução a finanças[1], oferecemos uma breve revisão na Seção 2.4

2.2 Definindo os fluxos de caixa do investimento

Para chegar a uma estimativa de valor de um investimento utilizando uma análise de FCD, é necessário que o analista tenha um bom conhecimento dos fluxos de caixa do investimento. Nesta seção, discutimos três questões-chave relacionadas com a adequada definição de fluxos de caixa do investimento:

1. Quais fluxos de caixa são relevantes para a avaliação de um projeto ou investimento?
2. As previsões de fluxo de caixa são conservadoras ou otimistas?
3. Qual é a diferença entre o fluxo de caixa do acionista e o fluxo de caixa do projeto?

---

[1] Por exemplo, Arthur J. Keown, John D. Martin e David F. Scott, Jr., *Financial Management: Principles and Practices*, 10a. ed. (Upper Saddle River, NJ: Pearson Prentice Hall, 2005), Capítulo 5.

A falha em tratar corretamente cada uma dessas questões tem levado a muitas confusões na hora de aplicar a análise do FCD.

Fluxos de caixa relevantes

Como primeiro passo na determinação do valor de um investimento, precisamos determinar os fluxos de caixa relevantes. Geralmente nos referimos a eles como fluxos de caixa incrementais, pois eles são os fluxos de caixa adicionais gerados para a empresa pelo investimento. Eles incluem os fluxos de caixa diretamente gerados pelo investimento, bem como os efeitos indiretos que o investimento pode causar em outros ramos de negócio da empresa. Por exemplo, quando a Frito-Lay avalia a introdução de um novo sabor na Tortilla Chips, da Doritos® (isto é sabor limão), os lucros projetados e os custos do novo produto são fundamentais para a análise. Entretanto, é importante saber até que ponto as vendas do novo produto podem canibalizar, ou originar vendas, de outros produtos existentes (como Doritos Nacho Cheese® sabor Tortilla Chips ou Doritos Cool Ranch® sabor Tortilla Chips), pois os verdadeiros fluxos de caixa, líquidos ou adicionais, são os fluxos de caixa do novo produto líquido dos efeitos da canibalização. Veja o quadro Insight do Profissional com a análise de fluxo de caixa incremental de três passos da Frito-Lay.

Um erro comum na avaliação dos fluxos de caixa adicionais está relacionado com o que conhecemos como custos afundados. Custos afundados são despesas que ou já foram feitos ou então serão realizados independente da decisão da firma em prosseguir com o projeto de investimento ou não. Como resultado, os gastos irreversíveis não são custos incrementais e, portanto, devem ser ignorados na análise do investimento.

Por exemplo, suponhamos que a Merck previamente investiu $10 milhões na pesquisa e no desenvolvimento de uma nova tecnologia de extração de células-tronco de células de doadores adultos que não requer o uso de embriões. O procedimento parecia muito promissor para o desenvolvimento de tratamentos contra o câncer; entretanto, durante as pesquisas médicas, deixou de apresentar qualquer melhoria significativa se comparado a tratamentos menos caros e mais convencionais. Suponha que pesquisadores subsequentes desenvolvam uma maneira de aplicar o novo procedimento para realizar transplantes de embriões de forma mais eficaz em gado de corte ou leiteiro. Como a Merck deveria considerar os gastos iniciais de $10 milhões em P&D ao calcular o valor de um investimento associado à comercialização?

Em geral, os custos de pesquisa e desenvolvimento (incorridos no passado) deveriam ser considerados como custos afundados e não devem ser relevantes à análise do projeto de comercializar o processo de transplante de embriões de gado. Entretanto, a pesquisa anterior se tornaria relevante se a Merck recebesse uma oferta da Pfizer para aquisição da tecnologia por $8 milhões, com a condição que a Merck desistisse de todos os direitos para desenvolvimento posterior e aplicações da tecnologia. Nesse caso, o custo relevante para a Merck, para uso da tecnologia no desenvolvimento de sua aplicação no mercado de transplante de embriões para gado, é agora igual à oferta de $8 milhões da Pfizer (considerando que essa é a maior oferta recebida), mas

> **INSIGHT DO PROFISSIONAL**
>
> ## Fluxos de caixa relevantes e canibalização das receitas*
>
> A Frito-Lay, uma das quatro divisões da PepsiCo, Inc., é atualmente a líder de mercado em batatas fritas e outros produtos de salgadinhos. Consequentemente, quando a Frito-Lay avalia um novo salgadinho, percebe que uma parte das vendas do novo produto virá da vendas perdidas pelos produtos existentes (isto é, canibalização da receita). Esse desafio é comum em firmas maduras com grande fatia de mercado. A avaliação dos fluxos de caixa incrementais é, portanto, uma questão extremamente importante para a Frito-Lay e tem levado a empresa a desenvolver uma abordagem formal para os efeitos incrementais de novas ofertas de produtos nos fluxos de caixa da empresa.
>
> Na Frito-Lay, eles utilizam a seguinte abordagem em três passos ao calcular fluxos de caixa adicionais:
>
> **Passo 1**: Calcule a receita total que será gerada pelo produto.
> **Passo 2**: Calcule que percentual da receita é a receita incremental real.
> **Passo 3**: Calcule o fluxo de caixa incremental.
>
> Para calcular o percentual da receita que é incremental, classificamos as ofertas de novos produtos em três grupos. O primeiro grupo contém projetos que têm uma grande possibilidade de canibalizar as vendas de produtos existentes. Exemplos disso incluem produtos como um novo sabor de Tortilla Chips da marca Doritos®. A expectativa aqui é que apenas uma pequena percentagem das vendas desse tipo de produto pode ser considerada como venda incremental do produto, com o saldo vindo da reduções nas vendas de produtos existentes. O segundo grupo de produtos fornece o potencial para espaço adicional nas gôndolas porque fornecem alguns novos benefícios (por exemplo, batatas assadas). Para esse tipo de produto, a Frito-Lay destina uma maior percentagem da receita como vendas adicionais reais. Finalmente, o terceiro grupo de produto, como a linha natural da Frito-Lay, fornece a oportunidade de entrar em novos canais e/ou desenvolver novos espaços nas gôndolas, em diferentes partes das lojas. Esses produtos têm o menor risco de canibalização e a eles são destinados a maior percentagem de vendas incrementais.
>
> * Baseada em uma entrevista com Keith Crider, Gerente Financeiro de Novos Produtos, Frito-Lay, Dallas, Texas.

não os $10 milhões que a Merck investiu em P&D para desenvolver a metodologia. A razão disso é que os $10 milhões originais foram gastos e não podem ser recuperados. Entretanto, se a Merck mantém os planos de aplicar a tecnologia no mercado de transplante de embriões, deve renunciar à oportunidade de vender a tecnologia para a Pfizer por $8 milhões. Claramente, os $8 milhões representam um custo de oportunidade para a Merck.[2]

---

[2] Uma maneira fácil de capturar custos adicionais é pegar a diferença entre os fluxos de caixa que irão surgir se o projeto for adotado e os fluxos de caixa livres que irão surgir se o projeto for rejeitado. Por exemplo, as despesas em P&D de $10 milhões ocorreriam em ambos os casos (projeto adotado ou rejeitado), enquanto a perda de oportunidade (custo) de $8 milhões somente surgiria se o projeto fosse rejeitado (e a tecnologia vendida para a Pfizer).

> **Você sabia?**
>
> **O excesso de confiança afeta mais os homens do que as mulheres.**
>
> Psicólogos mostraram que os homens tendem a ser mais confiantes do que as mulheres em uma série de situações, inclusive aquelas que envolvem previsões financeiras. Um estudo feito por Barber e Odean* mostra que, entre investidores individuais, os homens tendem a negociar mais do que as mulheres (mostrando mais confiança), mas têm pior desempenho!
>
> * BARBER B. M.; ODEAN T.
> Boys Will Be Boys: Gender Overconfidence and Common Stock Investment, *The Quarterly Journal of Economics*, Fevereiro, 2001.

Algumas vezes a determinação de fluxos de caixa relevantes pode ser muito difícil, como acabamos de mostrar. Entretanto, é fundamental que apenas as receitas e os custos adicionais, que são resultado direto da decisão da empresa de fazer o investimento, sejam considerados ao realizar da avaliação do projeto.

Fluxos de caixa conservadores e otimistas

Quando acadêmicos falam a respeito de avaliar um investimento descontando os fluxos de caixa, geralmente consideram que os fluxos de caixa representam os "fluxos de caixa esperados". No sentido estatístico, eles consideram que os gestores calculam os fluxos de caixa que a empresa *espera* realizar em diversos cenários e somam esses fluxos de caixa depois de ponderá-los pelas suas probabilidades de ocorrência. Por exemplo, se o gerente de uma empresa espera gerar um fluxo de caixa de $50.000 ou $100.000, cada um com 50% de probabilidade, o fluxo de caixa esperado é de $75.000. Em teoria, a empresa deveria descontar esses fluxos de caixa esperados, como observamos na Figura 2-1, utilizando uma taxa de juros ajustada ao risco que reflita o risco dos fluxos de caixa. (Falaremos mais sobre como essas taxas são calculadas nos Capítulos 4 e 5.) Na prática, entretanto, as projeções de fluxo de caixa que os gerentes utilizam frequentemente não representam os mesmos fluxos de caixa esperados que os acadêmicos descrevem em suas teorias. Dependendo da situação, as previsões de fluxos de caixa dos gerentes podem ser muito conservadoras ou muito agressivas. Algumas vezes essas tendências existem devido a incentivos gerenciais, outras vezes uma tendência otimista aflora devido ao excesso de confiança gerencial. (Veja o quadro Insight Comportamental intitulado "Excesso de confiança".)

A fim de entender como os gerentes fazem previsões de fluxo de caixa na prática, é útil rever o processo de investimento descrito no Capítulo 1 e considerar os incentivos dos diversos participantes envolvidos na produção das projeções. Suponha, por exemplo, que você está propondo um investimento que você vai gerenciar e que suas projeções de fluxo de caixa servirão para estabelecer as metas futuras que irão influenciar as bonificações que você receberá. Nesse caso, você poderá preferir fazer projeções relativamente conservadoras. Agora considere uma situação onde você recebe uma bonificação por identificar uma oportunidade de investimento promissora para a empresa executar. Quando esse é o caso, você talvez prefira optar por fazer projeções relativamente otimistas.

Acreditamos que altos executivos de empresa podem encorajar os seus gerentes a desenvolver projeções que representam fluxos de caixa *desejados* em vez de fluxos de caixa esperados, porque eles fornecem futuras metas que podem servir como motivação quando o projeto for implementado. Também observamos projeções de fluxo

> **INSIGHT COMPORTAMENTAL**
>
> ## Excesso de confiança
>
> Estudos psicológicos mostram que a maioria das pessoas é excessivamente confiante sobre suas habilidades e tendem a ser otimistas quanto ao seu futuro. Por exemplo, um estudo descobriu que a maioria das pessoas alega ser melhor motorista do que a média, ainda assim nós sabemos que, por definição, metade deles está acima e a outra metade está abaixo da média.* É possível que os executivos de empresas sejam mais otimistas e por demais confiantes do que a média dos indivíduos ou não? Argumentaríamos que, provavelmente, eles são mais otimistas e confiantes demais. Os psicólogos alegam que os indivíduos tendem a estar sujeitos ao que eles chamam de viés de autoatribuição, o que significa que eles querem atribuir a seu próprio esforço e capacidade as coisas boas que acontecem a eles. Isso sugere que altos executivos de empresas provavelmente atribuem o seu sucesso à sua própria capacidade, e não porque estavam no lugar correto, na hora certa, e podem, então, ter excesso de confiança em sua capacidade de continuar a ter sucesso. Também é provável que os gerentes mais otimistas sejam também os que trabalham mais (porque eles valorizam muito sua promoção), o que sugere que pessoas otimistas têm mais chance de ser promovidas. Isso significa que mesmo executivos bem-intencionados, que se propõem a projetar fluxos de caixa esperados, podem terminar com previsões de fluxo de caixa excessivamente otimistas.
>
> *SEVENSSON O., Are we all less risky and more skillful than our fellow drivers?, *Acta Psychologia* 47, p. 143-148, (1981).

de caixa de gerentes baseados no raciocínio: "Se tudo sair como planejado, estes são os fluxos de caixa que esperamos alcançar". Esses fluxos de caixa otimistas ignoram várias pequenas falhas inesperadas que podem surgir quando o projeto for implementado. Ao avaliar fluxos de caixa desejados, as firmas deveriam usar taxas de desconto muito altas para ajustar para a diferença entre os sonhos e a realidade.

Dois exemplos, onde podemos observar o que são fluxos de caixa desejados, ao invés de fluxos de caixa esperados, são os investimentos em mercados emergentes e os investimentos de capital de risco (*venture capital*). Nos dois casos, a empresa pode ter um parceiro estratégico, isto é o governo de um país em desenvolvimento em um caso, e um empreendedor no outro caso, que pode preferir um plano de negócios que não seja tão específico sobre possíveis eventos negativos que possam ocorrer. Por exemplo, em uma proposta de *joint venture* com o governo da Venezuela, você pode não querer considerar explicitamente a possibilidade de um colapso do regime atual. Você pode preferir calcular os fluxos de caixa desejados e considerar o risco de um colapso por meio de um ajuste na taxa de desconto exigida. Da mesma forma, colocando-se na posição de um investidor de risco, você pode não querer expressar explicitamente a falta de confiança na viabilidade do novo produto do empreendedor, mas pode conciliar os fluxos de caixa desejados por intermédio do uso de uma taxa de desconto muito alta para ajustar a diferença entre sonhos e realidade. Voltaremos à discussão de fluxos de caixa desejados no Capítulo 8. No restante deste capítulo, iremos considerar que todos os fluxos de caixa estimados representam fluxos de caixa *esperados*.

Fluxo de caixa livre do acionista *versus* fluxo de caixa livre do projeto

Lembre-se de que o fluxo de caixa de um projeto de investimento é simplesmente a soma das entradas e saídas de caixa do projeto. Entretanto, como já observado, os analistas geralmente elaboram as análises de fluxo de caixa do investimento utilizando demonstrações financeiras projetadas, comumente chamadas de demonstrações *pro forma*, para o projeto ou empresa que estão sendo avaliados. Isto é, eles desenvolvem a análise de fluxo de caixa primeiramente projetando a receita e as consequências de lucro do projeto (regime de competência – veja o quadro Insight Técnico) e depois usam essa informação para calcular os fluxos de caixa do projeto.

Duas definições fundamentais de fluxo de caixa são utilizadas na avaliação de projeto, e analisaremos ambas nas próximas páginas. A primeira, **fluxo de caixa livre para o acionista (FCLA)** enfoca o fluxo de caixa que está disponível para distribuição aos acionistas da empresa. Consequentemente, o FCLA é usado para avaliar os direitos dos acionistas no projeto. A segunda definição de fluxo de caixa é o **fluxo de caixa livre do projeto (FCLP).** Essa definição combina os fluxos de caixa disponíveis para distribuição tanto para os credores da firma quanto para os acionistas. O FCLP torna-se a base para cálculo do valor do projeto como um todo. A diferença entre o cálculo do FCLA e do FCLP é decisiva e os analistas frequentemente usam a definição errada de fluxo de caixa. Voltaremos a essa diferença novamente ao longo deste livro.

INSIGHT TÉCNICO
Regime de competência e regime de caixa na contabilidade

Receita contábil não é o mesmo que fluxo de caixa, pois é calculada utilizando a contabilidade em regime de competência. Diferentemente da contabilidade de caixa, **a contabilidade em regime de competência** faz uma distinção entre o registro dos custos e benefícios associados com as atividades econômicas e o efetivo pagamento e recebimento de valores. Por exemplo, sob o regime de competência, as receitas são organizadas (registradas) *quando auferidas*, não quando o dinheiro mudar efetivamente de mãos. Da mesma maneira, sob o regime de competência, as despesas são associadas às receitas que ajudaram a gerar, em vez de serem registradas quando o valor é efetivamente pago.

Por que regime de competência em vez de regime de caixa? A exigência dos investidores por *relatórios financeiros periódicos* que podem ser utilizados para avaliar o desempenho durante o período (por exemplo, trimestre ou ano) resultou na necessidade do sistema de competência. O problema com a contabilidade em regime de caixa é que o dispêndio de dinheiro feito em um período pode ter impacto nas receitas e lucros em múltiplos períodos futuros. A contabilidade em regime de competência é projetada para associar as despesas com as receitas. Por exemplo, o custo de um bem de capital que será produtivo durante muitos anos é estendido por diversos anos, em vez de ser totalmente lançado integralmente durante o período da compra. A contabilidade em regime de caixa lançaria o custo total do equipamento, o que causaria uma distorção no desempenho das operações da firma durante o período.

Fluxo de caixa livre do acionista (FCLA) para um projeto financiado exclusivamente com capital próprio

Para simplificar nosso debate, começamos por avaliar o fluxo de caixa gerado por um projeto que é totalmente financiado pelo sócios – isto é, um projeto que é financiado exclusivamente com capital próprio, ou não alavancado.[3] O projeto não irá incorrer em qualquer entrada de caixa proveniente de novas dívidas, nem fará pagamentos de amortização do principal ou de juros no futuro.

Deste ponto em diante, nós acrescentamos o qualificativo *livre* nas nossas definições de fluxo de caixa. A ideia *não* é de que a fluxo de caixa seja, em qualquer hipótese, sem custo. Em vez disso, *livre* se refere ao fato de que o fluxo de caixa em discussão está disponível – não sendo necessário para qualquer necessidade em particular. O fluxo de caixa é igual à quantidade de dinheiro que resta após o pagamento de todas as despesas, inclusive qualquer investimento adicional do projeto. A empresa pode, então, distribuir o saldo, pois não irá, por definição, precisar dele. Consequentemente, nossos cálculos de fluxo de caixa resultam em um número de fluxo de caixa que é *livre* de quaisquer ônus ou comprometimentos e pode, portanto, ser distribuído para as fontes de capital utilizadas para financiar o investimento. **Fluxo de caixa livre para o acionista (FCLA),** portanto, representa o caixa gerado pelo projeto que pode ser distribuído para os acionistas ou sócios. Essas distribuições podem ter a forma de dividendos em dinheiro ou recompra de ações.

Utilizando a demonstração de resultados contábeis podemos calcular o FCLA para um projeto financiado com capital próprio, como mostrado na Figura 2-2. O FCLA resultante para as empresas não alavancadas representa o fluxo de caixa residual depois de pagas as despesas e taxas operacionais da empresa, assim como qualquer novo investimento na fábrica ou equipamento (CAPEX, Capital Expenditure) e alterações no capital de giro líquido (CG, Capital de Giro). Observe que, como a firma é não alavancada, as despesas de juros, assim como os pagamentos do principal e as entradas de caixa de financiamentos, são iguais a zero.

Alternativamente, podemos escrever uma equação para calcular FCLA para as firmas não alavancadas, como segue:

$$FCLA_{\text{Firma não alavancada}} = LAJIR(1-T) + DA - CG - CAPEX \qquad (2.1)$$

Abreviaturas	Definição
LAJIR	Lucro antes dos juros e taxas
LAJIR (1 – T)	Receita operacional depois das taxas ou lucro líquido operacional depois das taxas (NOPAT)
T	Alíquota de imposto
DA	Depreciação e despesas com amortização

---

[3] O uso de endividamento para financiar um projeto é comumente chamado de *alavancagem financeira* nos Estados Unidos e de "*gearing*" na Grã-Bretanha. A ideia por trás do uso desses termos vem do fato de que o endividamento amplifica o retorno recebido sobre o capital próprio investido, aumentando o retorno do patrimônio líquido quando o projeto vai vem e reduzindo-o quando o projeto vai mal. Ilustramos isso no quadro Insight Técnico na página 71.

	Receitas
Menos:	Custo dos bens vendidos
Igual:	*Lucro bruto*
Menos:	Despesas operacionais (excluindo depreciação e despesas com amortização de intangíveis)
Igual:	(EBITDA) *Lucro antes dos juros, taxas, depreciação e amortização*
Menos:	Depreciação e amortização (DA)
Igual:	(LAJIR) *Lucros antes dos juros e impostos*
Menos:	Despesas com juros **(igual a zero para um projeto não alavancado)**
Igual:	*Lucros antes dos impostos de rendas* (LAIR)
Menos:	Impostos
Igual:	*Lucro líquido* (LL)
Mais:	Depreciação e amortização (DA)
Menos:	Investimentos de capital (CAPEX)
Menos:	Aumento no capital de giro líquido (CG)
Menos:	Pagamento do principal da dívida **(igual a zero nos projetos não alavancados)**
Mais:	Entradas de caixa de novos financiamentos **(igual a zero nos projetos não alavancados)**
Igual:	*Fluxo de caixa livre para o acionista (FCLA)*

FIGURA 2-2 Cálculo do fluxo de caixa livre para o acionista (FCLA) para projetos financiados exclusivamente com capital próprio, utilizando a demonstração de resultados.

CG   Alteração de capital de giro
CAPEX   Dispêndio de capital para aquisição de imobilizado

Você vai lembrar muito dos termos da Equação 2.1 baseado no seu conhecimento das demonstrações de resultados de uma empresa. Entretanto, algumas entradas exigem maiores explicações e as faremos na definição do FCLA nas próximas seções.

Despesa com depreciação e amortização* (DA) Como você sabe graças aos cursos de contabilidade, as despesas de depreciação e amortização não representam desembolsos de pagamentos à vista. Ao contrário, eles surgem do princípio de compatibilização, que determina que as despesas sejam compatibilizadas com as receitas sempre que for lógico e possível. Entretanto, as empresas utilizam *despesas de depreciação* para compatibilizar despesas feitas para ativo imobilizado (como fábrica, máquinas e equipamento) contra as receitas que elas ajudaram a gerar. Os dispêndios reais de dinheiro, no entanto, podem ter acontecido muitos anos antes, quando os ativos foram adquiridos. Assim, no entanto, *as alocações do custo original contra as receitas, na forma de depreciação ou despesas de amortização, não representam um pagamento real em dinheiro.*

Como a Secretaria da Receita Federal exige que os dispêndios para ativos imobilizados sejam compensados (isto é depreciados ou amortizados, dependendo do tipo de ativo) contra receitas ao longo de toda sua vida útil, e como que essas despesas são dedutíveis dos impostos, os incluímos em nosso cálculo de fluxo de caixa livre.

---

* N. de T.: Amortização em inglês refere-se à depreciação de ativos intangíveis e não ao repagamento do principal de uma dívida, como em português. Mantivemos o termo original uma vez que o termo EBITDA é de uso comum no Brasil.

Primeiro os abatemos ao calcular o lucro tributável (lucro real) e depois voltamos a adicioná-los ao lucro líquido de impostos para calcular o fluxo de caixa. O resultado líquido dessa operação é o de adicionar de volta ao FCLA um valor equivalente ao benefício fiscal das despesas de depreciação.[4]

Dispêndio de capital (CAPEX) Para manter a capacidade produtiva de uma empresa e possibilitar o crescimento dos fluxos de caixa futuros, a empresa deve, periodicamente, fazer investimentos em ativos imobilizados, que são chamados de ativo fixo. Isso inclui itens como aumento da capacidade da fábrica e substituição de equipamentos antigos. Esses dispêndios são chamados de investimentos ou dispêndios de capital para compra de imobilizado, com a abreviatura CAPEX.

O CAPEX pode ser calculado por meio da análise de como a conta do ativo imobilizado do balanço patrimonial muda ao longo do tempo (PPE líquido). Por exemplo, considerando a mudança do PPE líquido de 2006 para 2007.[5]

PPE líquido (2006)
Menos: Despesas com depreciação para 2007
Mais: CAPEX para 2007
Igual: PPE líquido (2007)

Portanto, o CAPEX para 2007 pode ser calculado como segue:[6]

$$CAPEX \text{ para } 2007 = PPE \text{ líquido}(2007) - PPE \text{ líquido } (2006) + \text{Despesas com depreciação para } 2007$$

Baseado na relação acima, é óbvio que o dispêndio de capital, para um ano em particular, é relacionado à despesa de depreciação da empresa para o ano, mas os valores normalmente não serão iguais. Por que eles são diferentes? A despesa com depreciação é determinada pelos dispêndios anteriores da empresa em ativo fixo, que são amortizados ou debitados contra as receitas da empresa ao longo de toda a vida útil da fábrica e dos equipamentos. O valor das despesas de depreciação é determinado tanto pelo valor que a empresa despendeu no passado quanto pelas regras contábeis e tributárias. Dispêndios de capital, por outro lado, refletem o atual período de dispên-

---

[4] Definindo EBITDA como lucro antes dos juros, impostos e depreciação ou LAJIR + DA, podemos repetir a formula FCLA da equação 2.1, como segue:

$$FCLA_{\text{Empresa não alavancada}} = (EBTIDA - DA)(1 - T) + DA - CG - CAPEX$$

ou reorganizando os termos

$$FCLA_{\text{Empresa não alavancada}} = (EBTIDA)(1 - T) + T \times DA - CG - CAPEX$$

Onde $T \times DA$ representa as economias de impostos que provêm à firma da depreciação e despesas de amortização.

[5] O ativo imobilizado é igual à diferença no custo acumulado de todo o ativo imobilizado (PPE bruto) menos a depreciação acumulada para esses ativos.

[6] Prever o CAPEX utilizando essa relação requer que se estime a mudança no PPE líquido para 2007 e as despesas de depreciação. Geralmente, a primeira envolve mudanças relacionadas no PPE líquido e mudanças previstas nas receitas dos projetos.

dios para novos ativos fixos.[7] O valor do CAPEX em qualquer período reflete o valor da fábrica e do equipamento que se desgasta fisicamente e necessita de reposição, em combinação com as exigências de receitas crescentes, que necessitam de capacidade adicional de fábrica e equipamento. Por exemplo, quando uma empresa antecipa oportunidades de crescimento, gasta mais em ativo imobilizado do que os valores que deprecia em ativos antigos. O valor do CAPEX também pode exceder a despesa de depreciação se o custo de novos ativos está aumentando ou se os ativos existentes são depreciados a uma taxa mais lenta do que a real taxa de deterioração física. Da mesma forma, há casos em que o CAPEX pode ser menor do que as despesas de depreciação. Assim, em geral, não devemos esperar que o CAPEX seja compatível com a despesa de depreciação da empresa.

Mudanças no capital de giro líquido (CG) Assim como uma empresa tem que investir em ativos fixos ao crescer, ela também tem que investir em ativos circulantes tais como estoques e contas a receber.[8] Entretanto, o investimento adicional em estoques e recebíveis é parcialmente financiado pelo aumento no crédito comercial da empresa que surge espontaneamente durante as compras de seus fornecedores. O resultado final é que a empresa incorre em um desembolso para capital de giro igual ao que vamos nos referir como a alteração do **capital de giro líquido operacional**. Definimos capital de giro líquido operacional como segue:

$$\begin{matrix}\text{Capital de} \\ \text{giro líquido} \\ \text{operacional}\end{matrix} = \left[\begin{pmatrix}\text{Ativo} \\ \text{circulante}\end{pmatrix} - \begin{pmatrix}\text{Caixa e títulos} \\ \text{mobiliários}\end{pmatrix} \right]$$

$$- \left[\begin{pmatrix}\text{Passivo} \\ \text{circulante}\end{pmatrix} - \begin{pmatrix}\text{Parcela corrente} \\ \text{da dívida onerosa}\end{pmatrix} \right]$$

O impacto no fluxo de caixa de qualquer investimento adicional que a empresa deve fazer em capital de giro então é medido pela *mudança* no capital de giro líquido operacional. Para cada ano arbitrário t, a mudança no capital de giro líquido operacional é calculada como segue:

$$\begin{matrix}\text{Mudança no} \\ \text{capital de giro} \\ \text{líquido operacional}_t\end{matrix} = \begin{pmatrix}\text{Capital} \\ \text{de giro} \\ \text{operacional}_t\end{pmatrix} - \begin{pmatrix}\text{Capital} \\ \text{de giro} \\ \text{operacional}_{t-1}\end{pmatrix}$$

Usamos o termo *mudança* no capital de giro líquido operacional em vez de *aumento*, pois a mudança tanto pode ser positiva quanto negativa. Por exemplo, à

---

[7] Algumas vezes é feita uma distinção entre depreciação e custo de manutenção dos ativos existentes, enquanto CAPEX representa dispêndios em capital e equipamento necessários para contribuir com o crescimento previsto.

[8] Isso também pode incluir caixa e valores mobiliários onde o crescimento exige que a firma tenha mais liquidez. Entretanto, isso não é tão importante quanto os estoques necessários para reforçar receitas de vendas adicionais e as contas a receber que surgem naturalmente das vendas a prazo.

medida que as receitas de uma empresa ou de um projeto aumentam, ela terá que investir mais em capital de giro para que a mudança seja positiva (representando uma saída de caixa). Entretanto, quando um projeto vai chegando ao fim e as receitas estabilizam e depois diminuem, a necessidade da empresa por capital de giro vai diminuir, o que significa que a alteração no capital de giro líquido operacional se torna negativa. Quando isso acontece, a alteração, na verdade, resulta em uma entrada líquida de caixa.

Observe que a incapacidade de avaliar a necessidade da empresa por capital de giro adicional e os fundos necessários para financiar essas necessidades resultarão em uma super estimativa do valor da empresa. Isso é especialmente verdade para projetos de alto crescimento que necessitam de frequentes aportes de capital adicional para financiar a crescente necessidade de estoques e contas a receber.

Exemplo – Fluxo de caixa livre para o acionista (FCLA) para um projeto financiado exclusivamente com capital próprio   Para ilustrar o cálculo do FCLA, vamos olhar para o investimento que está sendo analisado pela JC Crawford Enterprises, uma firma de capital fechado, localizada nos subúrbios de St Louis, no Missouri. A firma é uma *holding* com seis negócios de franquia, cada um vendendo e apoiando uma franquia diferente. A JC Crawford cresceu rapidamente, de receitas de U$16,5 milhões e 101 funcionários em 1999 para mais de U$150 milhões e 500 funcionários hoje.

No outono de 2006, a administração da JC Crawford estava analisando a construção de um centro regional de distribuição para sua franquia dedicada ao conserto de aparelhos elétricos, a Mr. Fix-it-up. Existem 50 franquias Mr. Fix-it-up na cidade e nos arredores de Miami, na Flórida; e esse centro de distribuição regional é necessário para reduzir o tempo e o custo no abastecimento das franquias por todo o sul da Flórida.

A Planilha *a* da Tabela 2-1 relaciona um total de 14 premissas e previsões que fundamentam o cálculo dos fluxos de caixa da JC Crawford para o centro de distribuição regional. Simplificamos a análise agregando vários itens da demonstração de resultados e do balanço patrimonial em um único item em uma só linha (por exemplo, as despesas operacionais totais estão agregadas em um único índice de despesas operacionais [líquido da depreciação] sobre vendas). Na prática, os analistas frequentemente incluem muitos outros detalhes (isto é mais linhas com itens nas demonstrações financeiras) além dos que fizemos na Tabela 2-1.

O investimento proposto requer um investimento inicial de U$550.000, composto de U$400.000 em ativos fixos (linha 10) e um adicional de U$150.000 em capital de giro (linha 11).[9] A JC Crawford espera que o projeto gere U$1 milhão em receitas durante o primeiro ano de operação (linha 7). Esse número deve crescer a uma taxa de 10% ao ano, ao longo dos cinco anos de vida útil do investimento (linha 1). Quando as vendas do projeto crescem, a necessidade da empresa por bens imobilizados (fábrica e equipamento) e por capital de giro crescerá a uma taxa de 40% e de 15% do crescimento das vendas, respectivamente (linhas 5 e 6). A JC Crawford Enterprises paga impostos a uma alíquota de 30% (linha 4), deprecia seus investimentos

---

[9] O capital de giro é, na verdade, "capital de giro líquido operacional", como definido antes.

Tabela 2-1 Calculando o fluxo de caixa livre para o acionista (FCLA) para um projeto financiado com recursos próprios

Planilha a. Premissas e previsões

1. Taxa de crescimento de vendas	10%
2. Margem de lucro bruto = Lucro bruto/Vendas	30%
3. Despesas operacionais (antes da depreciação)/vendas	20%
4. Alíquota de imposto	30%
5. Investimento de capital/Vendas	40% (da variação prevista nas vendas)
6. Capital de giro líquido/Vendas	15% (da variação prevista nas vendas)
7. Vendas no ano-base para 2007	$1.000.000
8. Prazo de depreciação para o ativo fixo (CAPEX)	10 anos
9. Método de depreciação	Linear
10. Investimento inicial em ativo fixo	$400.000
11. Necessidade inicial de novo capital de giro	$150.000
12. Índice de endividamento (dívida/ativos) desejado	0,0%
13. Taxa de juros (empréstimo)	10%
14. Valores residuais (capital de giro e ativo fixo)	Valor contábil no ano de 2001

Planilha b. Demonstrações de resultado *pro forma*

Demonstração de resultados ($000)	2007	2008	2009	2010	2011
Vendas	$1.000,00	$1.100,00	$1.210,00	1.331,00	1.464,10
Custo mercadorias vendidas	(700,00)	(770,00)	(847,00)	(931,70)	(1.024,87)
Lucro líquido	300,00	330,00	363,00	399,30	439,23
Despesas operacionais antes da depreciação	(200,00)	(220,00)	(242,00)	(266,20)	(292,82)
Despesas de depreciação	(40,00)	(44,00)	(48,40)	(53,24)	(58,56)
LAJIR	60,00	66,00	72,60	79,86	87,85
Despesas com juros	–	–	–	–	–
Receitas antes dos impostos	60,00	66,00	72,60	79,86	87,85
Impostos	(18,00)	(19,80)	(21,78)	(23,96)	(26,35)
Lucro líquido	$ 42,00	$ 46,20	$ 50,82	$ 55,90	$61,49

Tabela 2-1 Continuação

Planilha c. Balanço patrimonial *pro forma*

Balanço patrimonial ($000)	2006	2007	2008	2009	2010	2011
Capital de giro líquido	$150,00	$165,00	$181,50	$199,65	$219,62	$219,62
Ativo fixo bruto	400,00	440,00	484,00	532,40	585,64	585,64
Menos: depreciação acumulada	–	(40,00)	(84,00)	(132,40)	(185,64)	(244,20)
Ativo fixo líquido	400,00	400,00	400,00	400,00	400,00	341,44
Ativo total	$550,00	$565,00	$581,50	$599,65	$619,62	$561,05
Endividamento oneroso	$ –	$ –	$ –	$ –	$ –	$ –
Capital próprio	550,00	565,00	581,50	599,65	619,62	561,05
Passivo exigível	$550,00	$565,00	$581,50	$599,65	$619,62	$561,05

Planilha d. Fluxos de caixa livres para o acionista (FCLA) – Projeto financiado com capital próprio

FCLA ($000)	2006	2007	2008	2009	2010	2011
Receita líquida	$ –	$42,00	$46,20	$50,82	$55,90	$61,49
Mais: depreciação e amortização	–	40,00	44,00	48,40	53,24	58,56
Menos: aquisição de imobilizado*	(400,00)	(40,00)	(44,00)	(48,40)	(53,24)	341,44
Menos: mudanças no capital de giro líquido**	(150,00)	(15,00)	(16,50)	(18,15)	(19,97)	219,62
Menos: amortização do principal	–	–	–	–	–	–
Mais: Entrada de caixa de novos financiamentos	–	–	–	–	–	–
Igual: Fluxo de caixa livre para o acionista	$(550,00)	$27,00	$29,70	$32,67	$35,94	$681,11

* Estimamos que a vida do projeto esteja terminada no final de 2011 e que a empresa irá liquidar os ativos (capital de giro e ativos fixos líquidos). Como resultado, o balanço patrimonial mostrado aqui para 2011 é uma pré-liquidação. Como não há ganho na venda dos ativos em 2011, os impostos não são devidos.

** O FCLA para 2011 incorpora os valores contábeis do balanço patrimonial de capital de giro líquido e de ativos fixos líquidos como entradas de caixa. Isso reflete a "saída" de dinheiro correspondente ao término do investimento em 2011.

utilizando uma depreciação linear por um período de 10 anos (linhas 8 e 9) e não pretende contrair empréstimos para financiar o investimento (linha 12).[10]

As Planilhas *b* e *c* apresentam as demonstrações de resultado e balanços patrimoniais; a Planilha *d* relata os cálculos do FCLA. Observe que o projeto produz uma demonstração de resultado positivo no início de 2007 (o primeiro ano de operação) e tem lucros positivos até 2011. Entretanto, em 2006 os fluxos de caixa do investimento são negativos, refletindo o investimento de $550.000 feito em bens de capital e em capital de giro. O fluxo de caixa positivo, bastante grande em 2011, reflete os resultados da venda de ativos fixos do projeto e da liquidação do investimento acumulado em capital de giro ao longo da vida do investimento.

Fluxo de caixa livre para o acionista (FCLA) para um projeto alavancado

Quando uma firma utiliza capital de terceiros para financiar parcialmente seus investimentos, os fluxos de caixa são afetados de duas maneiras. Primeiro, quando ocorre a emissão da dívida, há uma entrada de dinheiro igual aos resultados líquidos da emissão. Segundo, a empresa precisa fazer desembolsos de caixa para pagamento do principal e dos juros enquanto durar o empréstimo. Como a despesa com juros (não o principal) é dedutível de imposto, reduz os impostos que a empresa precisa pagar. Consequentemente, podemos calcular o FCLA para um projeto alavancado como vemos na Figura 2-3.

Também podemos expressar o FCLA para um projeto alavancado da seguinte maneira:

$$FCLA = (LAJIR - I)(1 - T) + DA - CAPEX - CG - P + NP \qquad (2.3a)$$

Abreviaturas	Definição
(LAJIR – I)(1 – T)	Lucro depois dos impostos e taxas
LAJIR	Lucro operacional antes dos juros e taxas
LAJIR (1 – T)	Lucro operacional líquido após impostos ou renda operacional líquida após impostos (NOPAT).
T	Alíquota de imposto
DA	Depreciação e despesas com amortização
CG	Alteração no capital de giro
CAPEX	Investimento de Capital em imobilizado
P	Pagamentos do principal da dívida em aberto da empresa
NP	Resultados líquidos da emissão de novas dívidas

Reorganizando os termos para isolar as despesas com juros, temos:

$$FCLA = LAJIR(1 - T) - I(1 - T) + DA - CAPEX - CG - P + NP \qquad (2.3b)$$

---

[10] Depreciação em linha reta, você vai lembrar, envolve alocar um valor constante do custo do ativo ao longo da sua vida útil. Por exemplo, o CAPEX de $400.000 feito em 2003 vai levar a despesas de depreciação de $40.000 por ano nos próximos 10 anos, pois espera-se que os ativos adquiridos não valham nada no final do período de 10 anos.

	Receitas brutas
Menos:	Custo de mercadorias vendidas
Igual:	*Lucro bruto*
Menos:	Despesas operacionais (excluindo despesas de depreciação e amortização)
Igual:	*Lucro antes dos juros, taxas, depreciação e amortização (EBITDA)*
Menos:	Depreciação e amortização (DA)
Igual:	*Lucro antes dos juros e impostos (LAJIR)*
Menos:	Despesas com juros **(diferente de zero para um projeto alavancado)**
Igual:	*Lucro antes dos impostos (LAIR)*
Menos:	Impostos
Igual:	*Lucro líquido (LL)*
Mais:	Depreciação e amortização (DA)
Menos:	Investimento de Capital (CAPEX)
Menos:	Aumento no capital de giro líquido (CG)
Menos:	Pagamento do principal da dívida **(necessário o repagamento do principal no financiamento do débito, P)**
Mais:	Entrada de caixa de novos financiamentos **(rendimentos líquidos de novos empréstimos, NP)**
Igual:	*Fluxo de caixa livre para o acionista (FCLA)*

Figura 2-3 Cálculo do fluxo de caixa livre para o acionista (FCLA) para um projeto alavancado, utilizando a demonstração de resultado.

Essa relação destaca o fato de que o efeito da despesa de juros no FCLA é igual ao custo de juros pós-imposto, $I(1 - T)$. Isso deve-se à permissão, pela Secretaria da Receita Federal, para que a empresa deduza os seus pagamentos de juros do lucro tributável (diferentemente de dividendos, que são pagos depois do cálculo dos impostos).

Exemplo – FCLA para um projeto alavancado Para ilustrar o cálculo de um FCLA para um projeto que é parcialmente financiado por empréstimo, podemos retornar para nosso exemplo da JC Crawford Enterprises, na Tabela 2-1. Desta vez, vamos considerar que a JC Crawford financie 40% do investimento total do projeto por meio de empréstimos. Uma breve comparação do FCLA, na Planilha *d* da Tabela 2-1 (sem endividamento) e da Tabela 2-2 (com endividamento de 40%), revela as consequências de se usar endividamento nos fluxos de caixa dos investimentos. Primeiro, com endividamento, a saída de caixa inicial para 2006 é de apenas $330.000, comparado aos $550.000 no caso sem endividamento. A diferença, claro, reflete a entrada líquida de $220.000 recebida devido ao fato de se tomar emprestado 40% do desembolso de caixa inicial.[11] Os fluxos de caixa anuais (FCLA) na Planilha *d* da Tabela 2-2 também são menores do que os da Planilha *d* da Tabela 2-1. Mais uma vez, as diferenças refletem o fato de que, no último caso, a empresa está pagando juros e amortizando o principal da dívida.

---

[11] A empresa mantém um índice de endividamento de 40% de ativos a cada ano. Esse nível alvo de dívida sugere que novos endividamentos serão incorridos se os ativos estiverem crescendo e que o endividamento será reduzido ao final do projeto, quando os ativos começam a se reduzir. Por exemplo, em 2007 a soma dos ativos totais é de $565.00 – $550.000 = $15.000; assim, é necessário um novo endividamento de 0,4 × $15.000 = $6.000. Em 2011, os ativos caem de $619.620 para $561.050; portanto, a empresa deve reduzir o seu endividamento de um valor equivalente a 40% da redução nos ativos totais a fim de manter o índice de endividamento alvo de 40%.

Tabela 2-2 Calculando o fluxo de caixa livre para o acionista (FCLA) para um projeto alavancado

Planilha a. Premissas e previsões	
1. Taxa de crescimento de vendas	10%
2. Margem de lucro bruto = Lucro bruto/Vendas	30%
3. Despesas operacionais (antes da depreciação)/vendas	20%
4. Alíquota de imposto	30%
5. Investimento de capital/Vendas	40%
6. Capital de giro líquido/Vendas	15%
7. Vendas no ano-base para 2007	$1.000.000
8. Prazo de depreciação para o ativo fixo (CAPEX)	10 anos
9. Método de depreciação	Linear
10. Investimento inicial em ativo fixo	$400.000
11. Necessidade inicial de novo capital de giro	$150.000
12. Índice de endividamento (dívida/ativos) desejado	40%
13. Taxa de juros (empréstimo)	10%
14. Valores residuais (capital de giro e ativo fixo)	Valor contábil no 5º ano

Planilha b. Demonstrações de resultado *pro forma*

Demonstração de resultados ($000)	2007	2008	2009	2010	2011
Vendas	$1.000,00	$1.100,00	$1.210,00	1.331,00	1.464,10
Custo mercadorias vendidas	(700,00)	(770,00)	(847,00)	(931,70)	(1.024,87)
Lucro bruto	300,00	330,00	363,00	399,30	439,23
Despesas operacionais antes da depreciação	(200,00)	(220,00)	(242,00)	(266,20)	(292,82)
Despesas de depreciação	(40,00)	(44,00)	(48,40)	(53,24)	(58,56)
LAJIR	60,00	66,00	72,60	79,86	87,85
Despesas com juros*	(22,00)	(22,60)	(23,26)	(23,99)	(24,78)
Receitas antes dos impostos	38,00	43,40	49,34	55,87	65,06
Impostos	(11,40)	(13,02)	(14,80)	(16,76)	(18,92)
Lucro líquido	$ 26,60	$ 30,38	$ 34,54	$ 39,11	$ 44,14

* Consideramos que os pagamentos de juros na empresa alavancada são baseados nos valores de débito do início do ano.

O fato de os fluxos de caixa, no caso da dívida de 40%, serem mais baixos do que no caso totalmente financiado com capital próprio não significa que o projeto tenha menos valor. Lembre que estamos mensurando os fluxos de caixa para os acionistas do projeto e, no caso do projeto financiado com capital próprio, há mais capital próprio investido do que no caso com 40% de endividamento.

Tabela 2-2 Continuação

Planilha c. Balanço patrimonial *pro forma*

Balanço patrimonial ($000)	2006	2007	2008	2009	2010	2011*
Capital de giro líquido	$150,00	$165,00	$181,50	$199,65	$219,62	$219,62
Ativo fixo bruto	400,00	440,00	484,00	532,40	585,64	585,64
Menos: depreciação acumulada	–	(40,00)	(84,00)	(132,40)	(185,64)	(244,20)
Ativo fixo líquido	400,00	400,00	400,00	400,00	400,00	341,44
Ativo total	$550,00	$565,00	$581,50	$599,65	$619,62	$561,05
Endividamento oneroso**	$220,00	$226,00	$232,60	$239,86	$247,85	$224,42
Capital próprio	330,00	339,00	348,90	359,79	371,77	336,63
Passivo exigível	$550,00	$565,00	$581,50	$599,65	$619,62	$561,05

Planilha d. Fluxo de caixa livre para o acionista (FCLA) – Projeto financiado com endividamento e capital próprio (alavancado)

Balanço patrimonial ($000)	2006	2007	2008	2009	2010	2011
Lucro líquido	$ –	$26,60	$30,38	$34,54	$39,11	$44,14
Mais: depreciação e amortização	–	40,00	44,00	48,40	53,24	58,56
Menos: aquisição de imobilizado***	(400,00)	(40,00)	(44,00)	(48,40)	(53,24)	341,44
Menos: mudanças no capital de giro líquido***	(150,00)	(15,00)	(16,50)	(18,15)	(19,97)	219,62
Menos: amortização do principal ****	–	–	–	–	–	(224,42)
Mais: entrada de caixa de novos financiamentos	220,00	6,00	6,60	7,26	7,99	–
Igual: fluxo de caixa livre para o acionista	$(330,00)	$17,60	$20,48	$23,65	$27,13	$439,42

* Entendemos que a vida do projeto acaba no final de 2011 e a empresa liquida os ativos (capital de giro e ativo fixo líquido). Entretanto, o balanço patrimonial mostrado na Planilha c para 2011 é de pré-liquidação.

** O endividamento é tomado e amortizado de forma a manter um índice de endividamento constante em 40%.

***O FCLA para 2011 incorpora o balanço patrimonial ou os valores contábeis tanto do capital de giro líquido quanto dos ativos fixos líquidos como entradas de caixa. Como não há ganhos ou perdas em 2011, não há efeitos fiscais.

**** O pagamento do principal para 2011 é igual ao valor líquido das dívidas com incidência de juros pendentes no final do ano, como mostrado no balanço patrimonial da empresa de 2011.

Alavancagem financeira e a volatilidade dos FCLAs

Quando uma empresa toma emprestado uma parte dos fundos que utiliza para financiar um investimento, dizemos que ela usa uma *alavancagem financeira*. A ideia de alavancagem vem do fato de que os custos do empréstimo são geralmente fixos. Mesmo quando o lucro da empresa sobe e desce, os custos do empréstimo não mudam, o que significa que todo o risco associado com os fluxos de caixa incertos devem ser absorvidos pelos sócios. Isso, por sua vez, significa que os fluxos de caixa dos acionistas se tornam mais voláteis com o uso de alavancagem financeira (veja o quadro Percepção Técnica sobre alavancagem financeira). Para ver isso, compare o crescimento nos FCLAs do investimento da JC Crawford Enterprise para 2007 e 2010.

Capital próprio não alavancado (Tabela 2-1) ($000)

	2007	2010	Alteração percentual
LAJIR	$60,00	$79,86	33,1%
FCLA	27,00	35,94	33,1%

Capital próprio alavancado (Tabela 2-2) ($000)

	2007	2010	Alteração percentual
LAJIR	$60,00	$79,86	33,1%
FCLA	17,60	27,13	54,1%

No período de 2007-2010, os lucros antes dos juros e impostos (LAJIR) aumentaram 33,1% tanto para as empresas alavancadas quanto para as não alavancadas. O aumento é o mesmo para as duas empresas porque nem os juros, nem a amortização do principal afetam o LAJIR. O efeito da alavancagem financeira é evidente no crescimento ou na mudança do FCLA. Para a empresa não alavancada, o FCLA aumenta na mesma percentagem, isto é, 33,1%. Entretanto, para a empresa alavancada, o FCLA aumenta 54,1%, baseado no mesmo aumento de 33,1% no LAJIR! Essa volatilidade adicional no FCLA é resultado direto do fato de que o retorno ao credor é fixo. Assim, quanto mais cresce o LAJIR do projeto, uma fração maior do LAJIR mais alto vai para os acionistas da empresa.

A alavancagem financeira fará, necessariamente, com que os fluxos de caixa aumentem mais rapidamente – se os resultados operacionais do projeto piorarem, os fluxos de caixa do projeto alavancado passarão por uma *desvalorização ainda pior* do que se o projeto fosse não alavancado. Para ilustrar, apenas troque as datas dos dois FCLAs no exemplo acima. Considerando que o LAJIR cai 33,1%, o FCLA da empresa alavancada cai 54,1%, enquanto que os FCLAs dos projetos não alavancados caem apenas 33,1%.

O efeito da alavancagem financeira, então, é reduzir o investimento exigido pelos sócios e, ao mesmo tempo, aumentar o risco do investimento do acionista. Devido ao maior risco, os acionistas exigem maiores taxas de retorno para motivá-los a investir em projetos alavancados. O resto permanece constante.

Fluxo de Caixa Livre do Projeto (FCLP)

Até agora definimos fluxo de caixa em termos do caixa disponível para distribuição aos sócios, ou FCLA. Apesar desse conceito ser usado em algumas aplicações, a definição mais comum de fluxo de caixa, com o propósito de avaliar oportunidades de investimento, enfoca no fluxo de caixa disponível *do projeto* que pode ser distribuído

> **INSIGHT TÉCNICO**
>
> ## Utilizando a alavancagem financeira para aumentar o retorno do capital próprio
>
> A alavancagem financeira tem o potencial de aumentar os retornos residuais obtidos no capital social. Quando uma empresa toma emprestado uma parte do capital necessário para fazer um investimento a taxas menores do que a taxa obtida nesse investimento, o excesso contribui para aumentar o retorno do capital próprio. Por exemplo, imagine que tomamos emprestado $500 a uma taxa de 7% e investimos isso e outros $500 em fundos de ações em um investimento que lucra 10% por ano. A taxa de retorno obtida no investimento do acionista é igual a 10%? Devido à alavancagem, a taxa de retorno é ainda maior: é igual a 13%. Veja como é:
>
> | Capital investido | | |
> |---|---|---|
> | Dívida (7%) | $500 | |
> | Capital próprio | 500 | |
> | Total | $1.000 | |
>
> | Retorno do capital investido | 10% | 5% |
> |---|---|---|
> | Ganhos operacionais | 100 | 50 |
> | Menos: juros | (35) | (35) |
> | Receita líquida | $65 | $15 |
> | Retorno dos acionistas | 13,0% | 3,0% |
>
> No exemplo acima ignoramos os impostos e calculamos o retorno obtido pelo capital próprio no investimento de $1.000. Quando o projeto ganha 10%, ele proporciona efeitos "favoráveis" de alavancagem financeira; isto é, obtém mais do que os 7% do custo do endividamento. Isso, por sua vez, resulta em um retorno do capital próprio que é empurrado para 13% ($65 ffi $500). (Lembre-se que você paga aos credores apenas 7%, não importando quanto o investimento lucra, e o saldo vai para os sócios.)
>
> Entretanto, quando o investimento retorna apenas 5%, os efeitos da alavancagem financeira são "desfavoráveis", pois os credores devem receber seu retorno de 7% antes que os sócios recebam qualquer coisa. O retorno do capital próprio então é apenas de 3% ($15 ffi $500). O déficit no lucro é compensado pela redução no retorno do capital próprio.

tanto para os credores quanto para os sócios. Referimo-nos a essa ideia de fluxo de caixa como **fluxo de caixa livre do projeto (FCLP)**.

Calculando o FCLP

O fluxo de caixa livre do projeto (FCLP) combina o fluxo de caixa disponível para distribuição a todas as fontes de capital da empresa (por exemplo, credores, proprietários de ações preferenciais e ordinárias). Podemos calcular o FCLP de uma das seguintes maneiras: a primeira envolve somar os fluxos de caixa devidos a cada um dos demandantes do projeto (endividamento e capital próprio), como vemos na fórmula a seguir:

Demandante	Fluxos de caixa
Acionistas (FCLA)	NOPAT + DA – I(1 – T) – P + NP – CG – CAPEX
Credores (líquido do benefício fiscal)[12]	I(1 – T) + P – NP
Soma: Fluxo de caixa livre do projeto (FCLP) =	**NOPAT + DA – CG – CAPEX** (2.4)

Abreviatura	Definição
NOPAT	Lucro operacional depois das taxas = LAJIR(1 – T)
LAJIR	Lucro antes dos impostos e taxas
T	Alíquota do imposto
DA	Despesas de depreciação e amortização
I	Despesas com juros
P	Pagamento do principal da dívida
NP	Entradas de caixa de novo endividamento
CG	Alteração no capital de giro líquido
CAPEX	Investimento de Capital

Alternativamente, podemos pensar no FCLP como a soma de todos os fluxos de caixa, *depois* de pagas as despesas operacionais, os impostos e os novos investimentos de capital de giro e investimento em imobilizado, mas *antes* que qualquer pagamento seja feito aos demandantes do projeto (acionistas e credores). Essa soma, demonstrada na Figura 2-4, é igual à soma dos fluxos de caixa nos dois tipos de demandantes.

Observe que nos referimos ao lucro após os impostos do projeto utilizando o termo *lucro operacional líquido depois dos impostos* e a abreviatura NOPAT. Fazemos isso para reconhecer, explicitamente, que não estamos, na verdade, calculando as taxas como seriam devidas ao projeto, mas "como se" o projeto fosse financiado sem dívidas e, consequentemente, não tivesse nenhuma despesa com juros. Assim, a receita depois da taxa calculada acima é, na verdade, a receita operacional depois da taxa. Resumindo, o *FCLP é simplesmente o FCLA para um projeto que foi financiado exclusivamente com capital próprio*.

Exemplo da JC Crawford Enterprises A Tabela 2-3 contém cálculos para a oportunidade de investimento da JC Crawford Enterprises que analisamos anteriormente nas Tabelas 2-1 e 2-2. Uma rápida comparação dos FCLPs e FCLAs para um projeto financiado com recursos próprios (Tabela 2-1) revela que, como esperamos, eles são idênticos. Lembre que o FCLP é igual ao FCLA *quando não é usada nenhuma alavancagem financeira* (pois não é pago nenhum juro). Além disso,

---

[12] O fluxo de caixa do credor é igual a I + P – NP e o benefício fiscal do governo é igual a (T × I), sendo que o pagamento líquido aos credores é I (1 – T) + P – NP.

> **INSIGHT TÉCNICO** — **Manual de taxas de desconto e fluxos de caixa**
>
> Até agora, não tentamos avaliar a oportunidade de investimento da JC Crawford Enterprises. Entretanto, podemos fazer uma observação importante sobre o tipo de taxa de desconto que JC Crawford deve usar. Se estamos avaliando FCLAs, então a taxa de desconto deve corresponder a uma taxa de retorno exigida pelo acionista. Se estamos avaliando FCLP (que, como vimos, é a soma do FCLA e fluxos de caixa após impostos para os credores da empresa), devemos usar uma taxa de desconto que reflita o valor agregado da taxa de retorno exigida pelo acionista e a taxa de retorno esperada dos credores da empresa. No Capítulo 4 definimos o último como a média ponderada do custo do capital.

na Planilha *b* da Tabela 2-3, vemos que a diferença entre o FCLP e o FCLA para o projeto alavancado (projeto financiado com 40% de dívida) é atribuível aos fluxos de caixa pagos aos credores da empresa (isto é despesas com juros *menos* economia de taxa nos juros *mais* qualquer nova emissão de dívida *menos* os pagamentos do principal).

2.3 Exemplo completo – Prevendo fluxos de caixa livres do projeto (FCLP)

Prever fluxos de caixa para potenciais investimentos não é uma ciência exata, mas sim uma mistura de ciência, intuição e experiência. Para ilustrar as técnicas que as empresas usam para fazer projeções de fluxos de caixa, analisamos um investimento envolvendo um produto de alta tecnologia – monitores de cristal líquido (LCD) para televisores de tela plana.

	Receitas
Menos:	Custo das mercadorias vendidas
Igual:	*Lucro bruto*
Menos:	Despesas operacionais (excluindo despesas de depreciação e amortização)
Igual:	*Lucro antes dos juros, impostos, depreciação e amortização (EBITDA)*
Menos:	Depreciação e amortização (DA)
Igual:	*Lucro antes dos juros e impostos (LAJIR)*
Menos:	Impostos
Igual:	*Lucro operacional líquido depois das taxas (NOPAT)*
Mais:	Depreciação e amortização (DA)
Menos:	Investimento de Capital (CAPEX)
Menos:	Aumento em capital de giro líquido (CG)
Igual:	*Fluxo de caixa livre do projeto (FCLP)*

FIGURA 2-4 Cálculo do fluxo de caixa.

Tabela 2-3 Calculando fluxo de caixa livre do projeto (FCLP) para um projeto de investimento

a. Cálculo dos FCLPs – Método direto

($000)	2006	2007	2008	2009	2010	2011
Lucro antes dos juros e impostos (LAJIR)	$ –	$60,00	$66,00	$72,60	$79,86	$87,85
Menos: Impostos	–	(18,00)	(19,80)	(21,78)	(23,96)	(26,35)
Lucro operacional líquido após impostos (NOPAT)	$ –	$42,00	$46,20	$50,82	$55,90	$61,49
Mais: despesas com depreciação	–	40,00	44,00	48,40	53,24	58,56
Menos: Investimento de Capital (CAPEX)	(400,00)	(40,00)	(44,00)	(48,40)	(53,24)	341,44
Menos: Mudanças no capital de giro líquido	(150,00)	(15,00)	(16,50)	(18,15)	(19,97)	219,62
Igual: Fluxo de caixa livre do projeto	$(550,00)	$27,00	$29,70	$32,67	$35,94	$681,11

b. Cálculo de FCLPs – Método indireto

($000)	2006	2007	2008	2009	2010	2011
Fluxo de caixa livre para o acionista	$(330,00)	$17,60	$20,48	$23,65	$27,13	$439,34
Mais: Juros (1 – T)	–	15,40	15,82	16,28	16,79	17,35
Mais: Pagamento do principal*	–	–	–	–	–	224,42
Menos: Novas emissões de dívida	(220,00)	(6,00)	(6,60)	(7,26)	(7,99)	–
Igual: Fluxo de caixa livre do projeto (FCLP)	$(550,00)	$27,00	$29,70	$32,67	$35,94	$681,11

*O pagamento do principal para 2011 é igual ao valor líquido das dívidas com incidência de juros pendentes no final do ano, como mostrado no balanço patrimonial de 2011 da empresa. Nenhum principal é pago até 2011.

Ao final de 2003 era óbvio que as TVs de tela plana estavam se tornando o formato preferido para as TVs *top* de linha. Os modelos com tela de plasma eram a tecnologia mais popular para monitores com mais de 30 polegadas em diagonal. Entretanto, quando as telas de plasma são comparadas com as de cristal líquido (LCD), elas têm sérias limitações, inclusive uma vida útil mais curta (30.000 horas contra 50.000) e a tendência de criar "fantasmas" na tela. Com as telas de plasma, se a TV ficar ligada em um canal com um logo ou outra imagem fixa na tela por muitas horas, algumas vezes aparecem imagens "fantasmas" como sombras na tela. As de cristal líquido (LCD), por outro lado, tendem a ter uma melhor resolução em ambientes claros e não sofrem de problemas com "fantasmas". Entretanto, a tecnologia para fabricar *displays* de cristal líquido com mais de 30 polegadas estava apenas começando a se desenvolver.

A Lecion Electronics Corporation está envolvida na fabricação de painéis planos de LCD para monitores de computador há 19 anos. A empresa possui algumas das principais tecnologias, tanto para o *design* quanto para a fabricação de telas grandes de LCD. Atualmente, a empresa está analisando as consequências do fluxo de caixa de um investimento de $1,75 bilhão em uma nova fábrica na Coréia do Sul que pode produzir LCDs de 42 polegadas pelos próximos 20 trimestres (5 anos) usando a tecnologia-proprietária da empresa. O investimento iria, quase que da noite para o dia, tornar a Lecion um grande fornecedor de LCD de tela grande para venda no mercado de entretenimento doméstico. A equipe de *marketing* acredita que a empresa possa capturar uma fatia de mercado estimada em 20% quando a fábrica estiver funcionando na sua capacidade total.

Lecion – Avaliação estratégica da oportunidade

Muito cedo na análise de avaliação do projeto, a Lecion Electronics Corporation precisará se empenhar em uma cuidadosa avaliação da estratégia proposta. Esse processo de **avaliação estratégica** se concentra na "história" que sustenta o investimento. Especificamente, precisamos responder uma pergunta fundamental: quais são os recursos específicos da empresa e as circunstâncias competitivas que permitem que ela realize essa oportunidade positiva de VPL?

Tentar responder essa questão ajuda-nos a ter uma abordagem sistemática que incorpora todas as questões fundamentais que a empresa deve responder cada vez que contemplar um projeto. Um aspecto crítico de uma avaliação estratégica é que declaramos *explicitamente* as premissas que apoiam o plano de investimento. A equipe de administração do projeto da Lecion tratou das potenciais implicações estratégicas do novo investimento (utilizando as questões da avaliação estratégica apresentadas no Capítulo 1). Eles chegaram à seguinte conclusão:

- *Premissas referentes às respostas do concorrente.* Neste momento quatro grandes fabricantes têm capacidade tecnológica e condições de competir no mercado de telas planas grandes. Espera-se que cada um deles continue os esforços para competir pela sua fatia de mercado. Entretanto, a recessão que se seguiu ao desastre do mercado "ponto.com" em 2000 levou os fabricantes a reduzirem seus programas de desenvolvimento. A Lecion conseguiu obter uma clara liderança tecnológica que espera manter por, pelo menos, um ano e, possivelmente, dois. Além disso, a administração da Lecion acredita que sua vantagem tecnológica irá permitir que a empresa conquiste uma posição de liderança no setor ao longo dos primeiros 12 meses de produção. A fatia de mercado que a empresa espera conquistar durante esse período irá ajudar a superar qualquer leva de produtos concorrentes ao longo dos cinco anos previstos de vida útil do projeto de investimento em consideração.
- *Premissas referentes aos fabricantes de produtos complementares.* A Lecion tem trabalhado de perto com os fabricantes de produtos avançados de áudio para assegurar a compatibilidade dos seus LCDs com as mais novas ofertas. A empresa continua a monitorar os desenvolvimentos na nova tecnologia sem fio que irá reduzir muito o custo de instalação de sistemas de *home-theater*. A empresa espera que sua participação no mercado de *home-theater* aumente à medida que seus LCDs ganhem popularidade.
- *Premissas referentes às respostas dos clientes.* Espera-se que a procura pelos LCDs de 42 polegadas venha dos clientes nos níveis mais altos de receitas de consumo, que não devem se importar, particularmente, com o preço. Isso eventualmente irá mudar ao longo da vida útil de cinco anos do projeto, e a projeção do preço unitário dos seus LCDs leva em conta essa redução no preço do produto com o passar do tempo.

■ *Premissas referentes à maneira com que os funcionários vão responder.* Com a economia saindo de um período de recessão e o crescimento dos níveis de emprego, a Lecion espera que o mercado de trabalho se torne, progressivamente, mais competitivo e difícil. Como consequência, eles preveem que terão que pagar maiores salários aos seus funcionários. Entretanto, como a fábrica está localizada na Coreia do Sul, onde os salários são substancialmente mais baixos do que nos Estados Unidos, a pressão sobre a inflação dos salários não deve ser um fator significativo no modelo econômico do investimento da nova fábrica.

O ponto-chave, antes que comecemos nossa análise dos "números", é que eles devem se basear e ser coerentes com a história da avaliação estratégica que sustenta o investimento. Se a história for inconsistente com as previsões que servem de base para as estimativas de fluxo de caixa, então a análise será fatalmente imperfeita. O processo de análise estratégica é necessariamente subjetivo e parece ser rudimentar em comparação com a aparente precisão dos números do fluxo de caixa. Entretanto, é fundamental que tanto a história quanto os números se apoiem mutuamente para que a análise do projeto produza a informação necessária para tomar uma boa decisão sobre o projeto.

Calculando o fluxo de caixa livre do projeto (FCLP) do investimento

Nossa descrição anterior dos cálculos do FCLP para qualquer período t pode ser reapresentado como segue:

$$\text{FCLP}_t = \left[\left(\begin{array}{c} \text{receita bruta} \\ \text{da empresa}_t \end{array} \right) - \left(\begin{array}{c} \text{custo das} \\ \text{mercadorias} \\ \text{vendidas}_t \end{array} \right) - \left(\begin{array}{c} \text{despesas} \\ \text{operacionais}_t \end{array} \right) - \left(\begin{array}{c} \text{despesas com} \\ \text{depreciação}_t \end{array} \right) \right]$$
$$\times \left(1 - \begin{array}{c} \text{Alíquota} \\ \text{do imposto} \end{array} \right) + \left(\begin{array}{c} \text{despesas com} \\ \text{depreciação}_t \end{array} \right) - \text{CAPEX}_t - \begin{array}{c} \text{Variação no} \\ \text{capital de giro}_t \end{array} \quad (2.5)$$

Visto desta maneira, é evidente que o problema de projetar o fluxo de caixa da empresa envolve o desenvolvimento de estimativas para *cada* um desses componentes do FCLP em *cada ano* da vida útil prevista do projeto. Ao longo de nossa discussão, vamos fazer referência a esses componentes-chave como vetores de valor, pois eles determinam o valor do investimento.

Prevendo receitas incrementais

O primeiro vetor de valor encontrado no lado direito da Equação 2.5 são as receitas da empresa. Aqui nos referimos às receitas incrementais que resultam da realização do investimento do projeto LCD. Como o investimento no LCD somente proporcionará receitas se for realizado, todas as receitas da fábrica são incrementais para a Lecion e, portanto, são relevantes para nossa análise.

Para desenvolver nossa previsão de receitas do investimento na nova fábrica de LCD (ou apenas *fab*), começamos pela definição dos vetores-chave do fluxo de caixa das receitas da empresa. A fim de manter as coisas tão organizadas quanto possível, vamos assumir que a nova fábrica da Lecion irá produzir apenas um produto (painéis LCD de 42 polegadas). Isso significa que as receitas da fábrica para qualquer período são iguais ao produto do volume de unidades vendidos pela empresa multiplicado pelo preço de mercado recebido por cada unidade vendida. Além disso, também é importante pensar nas unidades produzidas e vendidas pela empresa como uma fração do total de unidades do produto vendidas por todas as empresas.

Em nosso exemplo, as receitas da Lecion para o período são iguais ao produto do total de unidades vendidas, para todas as empresas na indústria, multiplicado pela participação de mercado prevista pela Lecion, multiplicado pelo preço de mercado por unidade. Assim, definimos as receitas de Lecion para o período t como segue:

$$\text{Receitas da Lecion}_t = \begin{pmatrix} \text{total de unidades} \\ \text{vendidas}_t \end{pmatrix} \times \begin{pmatrix} \text{participação da} \\ \text{Lecion no} \\ \text{mercado}_t \end{pmatrix} \times \begin{pmatrix} \text{preço de} \\ \text{mercado por} \\ \text{unidade}_t \end{pmatrix} \quad (2.6)$$

A Tabela 2-4 contém as receitas projetadas para a fábrica de LCD da Lecion no período de 20 trimestres, começando com o primeiro trimestre de 2004. Para gerar a projeção de receitas da fábrica, precisamos calcular o total de unidades de LCDs de 42 polegadas vendidos por todos os fabricantes, a participação da empresa desse total de unidades e o preço por unidade. Apesar de não mostrarmos os detalhes que fundamentam essas projeções, os cálculos resultaram na definição dos números de demanda de mercado encontrados na segunda coluna da Tabela 2-4.

Depois, a equipe responsável pelo projeto estima que a Lecion irá manter uma participação no mercado de 20% das vendas totais da indústria dos LCDs de 42 polegadas em cada trimestre. Obviamente, essa fração está sujeita a um alto grau de incerteza, e seria adequado algum tipo de análise de sensibilidade nessa variável. (Voltaremos a esse assunto no Capítulo 3 quando simularemos fluxos de caixa de investimentos.)

O elemento final da projeção de receitas é a previsão do preço para os LCDs de 42 polegadas. A equipe prevê que o preço para esses painéis será de $9.995, no primeiro trimestre de 2004, e cairá para $4.094 ao final do período de 20 trimestres (Trim 4 2008). Essa previsão reflete a utilização de uma *função de queda de preço*, que é comumente utilizada na avaliação de preços para produtos de alta tecnologia, como semicondutores para computadores. Nesse momento, a função de queda supõe uma taxa de queda de preço de 15%. Isto significa que cada vez que o volume acumulado de mercado de LCDs produzidos dobra, o preço de um LCD cai aproximadamente 15%. Essa relação algumas vezes é referida como a *curva da experiência*. Essa relação funcional entre o preço do produto e as unidades de mercado acumuladas produzidas e vendidas tem sido observada repetidamente em uma ampla variedade de produtos de alta tecnologia.[13]

---

[13] Por exemplo, Lee et AL. (1997) observou que uma função de queda de preço de 20% explicava a variação de mais de 88% nos preços unitários dos semicondutores para um grande fornecedor de microprocessadores durante o início dos anos 90 (Winyih Lee, John Martin, e Hirofumi Matsuo, 1997 – "Valuing investments that reduce time-to-market in the semiconductor industry", *Advances in Financial Planning and Forecasting*, 7:19-23).

Tabela 2-4 Demanda de mercado e projeções de lucros para a fábrica de LCD da Lecion

Trimestre	Total de unidades vendidas (Mercado)	Unidades vendidas da empresa Total de unidades x Participação no mercado	Preço/unid	Receitas de empresa
Trim 1 2004	753.000	150.600	$9.995	$1.505.289.075
Trim 2 2004	984.000	196.800	8.216	1.616.945.553
Trim 3 2004	1.193.000	238.600	7.268	1.734.176.681
Trim 4 2004	1.380.000	276.000	6.639	1.832.430.542
Trim 1 2005	1.545.000	309.000	6.179	1.909.311.468
Trim 2 2005	1.688.000	337.600	5.823	1.965.720.217
Trim 3 2005	1.809.000	361.800	5.536	2.003.063.962
Trim 4 2005	1.908.000	381.600	5.301	2.022.674.378
Trim 1 2006	1.985.000	397.000	5.102	2.025.688.587
Trim 2 2006	2.040.000	408.000	4.934	2.013.044.041
Trim 3 2006	2.073.000	414.600	4.789	1.985.500.412
Trim 4 2006	2.084.000	416.800	4.663	1.943.664.577
Trim 1 2007	2.073.000	414.600	4.554	1.888.012.263
Trim 2 2007	2.040.000	408.000	4.458	1.818.905.071
Trim 3 2007	1.985.000	397.000	4.374	1.736.603.080
Trim 4 2007	1.908.000	381.600	4.301	1.641.273.530
Trim 1 2008	1.809.000	361.800	4.237	1.532.996.051
Trim 2 2008	1.688.000	337.600	4.182	1.411.764.732
Trim 3 2008	1.545.000	309.000	4.134	1.277.487.125
Trim 4 2008	1.380.000	276.000	4.094	1.129.980.055

Calculando o custo das mercadorias vendidas e as despesas operacionais

Para calcular o custo das mercadorias vendidas e as despesas operacionais na fábrica da Lecion, primeiro combinamos essas duas despesas e, depois, a equipe do projeto ira decompô-las nas suas componentes variáveis e fixas. Dessa maneira, definimos a soma do custo de mercadorias vendidas da empresa e as despesas operacionais para o período, como segue:

$$\text{Custo de vendas mais despesas operacionais}_t = \begin{pmatrix} \text{Custo} \\ \text{variável por} \\ \text{unidade}_t \end{pmatrix} \times \begin{pmatrix} \text{Total de} \\ \text{unidades} \\ \text{vendidas}_t \end{pmatrix} \quad (2.7)$$
$$\times (\text{Participação da Leciont no mercado}_t) + (\text{Custo fixo por trimestre}_t)$$

> **INSIGHT TÉCNICO**
>
> ## Valores de sucata e valores terminais
>
> Os termos *sucata e terminal* são frequentemente usados indistintamente quando nos referimos ao fluxo de caixa final que é realizado no final do período de avaliação de um investimento (isto é o período de análise). Entretanto, queremos inferir uma sutil, mas significativa, diferença entre esses termos para fins de análise do fluxo de caixa descontado. Especificamente, ao avaliar projetos individuais que têm uma vida limitada (como nos casos dos Capítulos 2 e 3), utilizamos o termo valor de sucata para se referir ao valor de alienação dos ativos do projeto no final do período de nossa análise. Esse valor é o que realmente o termo *sucata* dá a entender, referindo-se ao fato de que damos fim aos ativos do projeto e os rendimentos recebidos compõem o valor terminal do investimento.
>
> Entretanto, em alguns investimentos de prazo muito longo, onde se espera que a vida produtiva dos ativos do projeto permaneça indefinidamente, o valor terminal representa o valor presente de todos os fluxos de caixa do investimento que ocorrem após o período de análise. Nos Capítulos 7 e 8, quando avaliarmos o valor de uma empresa, a estimativa do valor terminal é fundamental, pois ele pode, muitas vezes, representar a maior parte do valor do investimento. Para nossos objetivos neste capítulo e no próximo, entretanto, vamos considerar que o período de análise é igual à vida útil do investimento e que o valor terminal do projeto é, na realidade, o valor de sucata dos ativos do investimento.

Na Equação 2.7 precisamos projetar o custo variável por unidade e o total de despesas operacionais fixas por trimestre. (Temos os outros valores da nossa análise anterior.) A Lecion calcula o custo variável por unidade utilizando a sua estimativa dos custos atuais de caixa de $11.752 de fabricação dos painéis LCD (veja Tabela 2-5), combinado com os benefícios esperados da redução de custos por unidade quando a empresa fabrica cada vez mais unidades.

Nesse caso específico, os analistas da Lecion estimam que o custo variável por unidade cairá 22% cada vez que o volume acumulado de produção duplica. Assim, o cálculo de custo reflete um *modelo de curva de aprendizado* de 78%.[14] Isto é, cada vez que a produção duplica, a Lecion calcula que o custo variável unitário irá cair até 78%, correspondendo à metade do volume atual. Por exemplo, se os custos variáveis fossem $10.000 para 500.000 unidades, a Lecion esperaria que eles caíssem aproximadamente 22%, para $ 7.800, quando o volume acumulado produzido alcançasse 1.000.000 de unidades. Claro que não há nenhuma mágica na ideia de uma curva de aprendizado. Ela simplesmente representa uma ferramenta para descrever os efeitos do aprendizado e na melhoria contínua do processo de fabricação no ciclo de vida do produto. Esse aprendizado, por sua vez, reduz o custo variável de produção.

---

[14] Willyard e McClees (1987) fornece algumas evidências empíricas de que, em aplicações de alta tecnologia, a curva de aprendizado reflete cerca de 78% (Charles H. Willyard e Cheryl W.McClees, 1987, "Motorola's technology roadmap process", *Research Management*, Setembro-Outubro, Vol.30, No. 5, pág. 13-19).

Tabela 2-5 Cálculo de custos fixos e variáveis para a fábrica de LCD da Lecion

Trimestre	Unidades vendidas	Custos variáveis por unidade	Custos fixos por unidade	Despesas com depreciação por trimestre	Despesas totais
Trim 1 2004	150.600	$(11.752)	$(166)	$(87.500.000)	$(1.881.285.054)
Trim 2 2004	196.800	(8.698)	(127)	(87.500.000)	(1.824.244.347)
Trim 3 2004	238.600	(7.206)	(105)	(87.500.000)	(1.831.753.190)
Trim 4 2004	276.000	(6.271)	(91)	(87.500.000)	(1.843.268.600)
Trim 1 2005	309.000	(5.616)	(81)	(87.500.000)	(1.847.863.819)
Trim 2 2005	337.600	(5.127)	(74)	(87.500.000)	(1.843.225.936)
Trim 3 2005	361.800	(4.745)	(69)	(87.500.000)	(1.829.161.574)
Trim 4 2005	381.600	(4.438)	(66)	(87.500.000)	(1.806.043.235)
Trim 1 2006	397.000	(4.186)	(63)	(87.500.000)	(1.774.356.688)
Trim 2 2006	408.000	(3.976)	(61)	(87.500.000)	(1.734.557.877)
Trim 3 2006	414.600	(3.798)	(60)	(87.500.000)	(1.687.030.778)
Trim 4 2006	416.800	(3.646)	(60)	(87.500.000)	(1.632.077.013)
Trim 1 2007	414.600	(3.515)	(60)	(87.500.000)	(1.569.918.085)
Trim 2 2007	408.000	(3.402)	(61)	(87.500.000)	(1.500.699.830)
Trim 3 2007	397.000	(3.305)	(63)	(87.500.000)	(1.424.496.656)
Trim 4 2007	381.600	(3.220)	(66)	(87.500.000)	(1.341.314.295)
Trim 1 2008	361.800	(3.147)	(69)	(87.500.000)	(1.251.090.564)
Trim 2 2008	337.600	(3.084)	(74)	(87.500.000)	(1.153.693.877)
Trim 3 2008	309.000	(3.030)	(81)	(87.500.000)	(1.048.919.235)
Trim 4 2008	276.000	(2.985)	(91)	(87.500.000)	(936.481.297)

Os analistas da Lecion fizeram quatro premissas simples ao compilar os cálculos de fluxos de caixa de investimentos: primeiro eles consideraram que não será necessário nenhum novo investimento em capital de giro líquido ao longo do projeto. Segundo, eles assumiram que a fábrica e os equipamentos serão depreciados utilizando um método de depreciação linear, o que resulta em um valor de sucata zero.

Terceiro, a fábrica é analisada como se não tivesse valor de continuacao ou terminal. Talvez isso seja uma premissa extremamente conservadora, pois a fábrica deve ter algum valor, seja como sucata ou, possivelmente, como uma instalação fabril para uma futura fábrica tecnológica. Todavia, para o fim da análise realizada aqui, o valor estimado de sucata é zero. Finalmente, o lucro do investi-

Tabela 2-6 Cálculo de fluxo de caixa livre do projeto para o investimento LCD da Lecion

Trimestre	Receitas da empresa	Despesas da empresa	Lucro operacional depois dos impostos	Despesas com depreciação	FCLP	Margem de contrib.
Trim 1 2004	$1.505.289.075	$(1.882.285.05)	$(263.897.18)	$(87.500.00)	$(176.397.186)	−17,6%
Trim 2 2004	1.616.945.553	(1.824.244.347)	(145.109.156)	(87.500.000)	(57.609.156)	−5,9%
Trim 3 2004	1.734.176.681	(1.831.753.190)	(68.303.556)	(87.500.000)	19.196.444	0,9%
Trim 4 2004	1.832.430.542	(1.843.268.000)	(7.586.641)	(87.500.000)	79.913.359	5,5%
Trim 1 2005	1.909.311.468	(1.847.863.819)	43.013.355	(87.500.000)	130.513.355	9,1%
Trim 2 2005	1.965.720.217	(1.843.225.936)	95.745.997	(87.500.000)	173.245.997	12,0%
Trim 3 2005	2.003.063.962	(1.829.161.584)	121.731.671	(87.500.000)	209.231.671	14,3%
Trim 4 2005	2.022.674.378	(1.806.043.235)	151.641.800	(87.500.000)	239.141.800	16,3%
Trim 1 2006	2.025.688.587	(1.774.356.588)	175.932.399	(87.500.000)	263.432.399	18,0%
Trim 2 2006	2.013.044.041	(1.734.557.877)	194.940.314	(87.500.000)	282.440.314	19,4%
Trim 3 2006	1.985.500.412	(1.687.030.778)	208.928.744	(87.500.000)	296.428.744	20,7%
Trim 4 2006	1.943.664.577	(1.632.077.013)	218.111.295	(87.500.000)	305.611.295	21,8%
Trim 1 2007	1.888.012.263	(1.569.918.085)	222.665.924	(87.500.000)	310.165.924	22,8%
Trim 2 2007	1.818.905.071	(1.500.699.830)	222.743.669	(87.500.000)	310.243.669	23,7%
Trim 3 2007	1.736.603.080	(1.424.496.656)	218.474.497	(87.500.000)	305.974.497	24,5%
Trim 4 2007	1.641.273.530	(1.341.314.295)	209.971.464	(87.500.000)	297.471.464	25,1%
Trim 1 2008	1.532.996.051	(1.251.090.564)	197.333.841	(87.500.000)	284.833.841	25,7%
Trim 2 2008	1.411.764.732	(1.153.693.877)	180.649.599	(87.500.000)	268.149.599	26,2%
Trim 3 2008	1.277.487.125	(1.048.919.235)	159.997.523	(87.500.000)	247.497.523	26,7%
Trim 4 2008	1.129.980.055	(936.481.297)	135.481.297	(87.500.000)	222.949.131	27,1%

mento deve ser calculado a uma taxa constante para todos os períodos e todos os níveis de receita.

Uma revisão dos cálculos FCLP da Tabela 2-6 indica que os analistas da Lecion esperam que o projeto tenha um fluxo de caixa positivo ao final do Trimestre 3 e que permaneça positivo por toda a vida do projeto. Além disso, a margem de contribuição na coluna final da Tabela 2-6 revela uma crescente margem de lucro durante a vida útil do projeto. (Define-se margem de contribuição como preço unitário menos custo variável por unidade dividido pelo preço unitário.) Essas projeções são, claro, meras estimativas e, portanto, sujeitas a erros. Voltaremos a discutir erros de projeção no Capítulo 3. Por enquanto, com as previsões dos FCLP em mãos, focamos o processo de avaliação dos fluxos de caixa futuros esperados como o próximo passo.

2.4 Avaliando os fluxos de caixa do investimento

Uma vez que o analista tenha feito uma estimativa dos fluxos de caixa futuros de um investimento, é hora de avaliá-los. Como você aprendeu em seu curso básico de finanças, o valor dos fluxos de caixa futuros é igual ao valor presente dos fluxos de caixa projetados. Simplesmente temos que descontar os fluxos de caixa futuros projetados de volta aos dias atuais, utilizando uma taxa de desconto que reflita de forma adequada os riscos esperados dos fluxos de caixa futuros.

A Figura 2-1 (pág. 53) resumiu o processo do FCD. Até aqui tratamos *apenas* do Passo 1, que envolve a avaliação dos fluxos de caixa do investimento. Agora, para facilitar, vamos considerar que realizamos o Passo 2 e que conhecemos a taxa de desconto destinada ao uso no cálculo do valor presente nos fluxos de caixa futuros.[15]

Exemplo – Avaliando o fluxo de caixa do projeto da Lecion

Para ilustrar o procedimento utilizado para realizar o Passo 3 do processo de avaliação do FCD, vamos avaliar os FCLP estimados para o projeto LCD da Lecion encontrados na Tabela 2-6. A seguir, fornecemos uma breve revisão de matemática financeira para quem necessitar. (Veja a análise no quadro Insight Técnico [pág. 88] sobre a mecânica do valor do dinheiro no tempo.) Entretanto, não vamos nos deter nesse assunto; se você necessitar mais do que uma refrescada de memória, consulte uma das muitas e excelentes abordagens desse assunto nos livros de introdução a finanças.

Consideramos que o custo de oportunidade de capital, para o projeto Lecion, é de 21,55% por ano, ou 5% por trimestre, pois os fluxos de caixa são recebidos trimestralmente.[16] O fator de desconto para cada fluxo de caixa trimestral é definido como segue:

$$\text{Fator de desconto por trimestre}_t = \left(\frac{1}{1+0{,}05}\right)^t$$

O valor presente de cada fluxo de caixa trimestral é simplesmente o produto do fluxo de caixa pelo fator de desconto para o trimestre. Somando os valores presentes dos fluxos de caixa gerados pelo projeto em cada trimestre de operação do projeto (dos Trimestres 1 a 20, encontrados na Tabela 2-6), a Lecion calcula que o valor do investimento seja de $2.113.170.300.

Utilizando o VPL e a TIR para avaliar o investimento

Se a Lecion investe $1,75 bilhão no projeto, como indicado na Tabela 2-7, então o projeto irá produzir mais $363.170.300, em termos de valor presente, do que ele

---

[15] Discutimos a escolha da taxa de desconto adequada e o cálculo do custo do capital nos Capítulos 4 e 5.

[16] A equivalência formal de 5% compostos trimestralmente e 21,55% compostos anualmente é baseada na igualdade:

$$(1 + 0{,}2155) = (1 + \text{Taxa composta})^4 = (1 + 0{,}05)^4$$

> **INSIGHT DA INDÚSTRIA**
>
> **Os executivos corporativos utilizam o FCD?**
>
> Quando questionados se sempre, ou quase sempre, utilizavam a TIR, 75,5% dos responsáveis financeiros responderam afirmativamente. Do mesmo modo, 74,9% disseram que sempre, ou quase sempre, utilizavam o VPL. Esses resultados vieram de uma pesquisa com 392 Diretores Financeiros, feita por John Graham e Campell Harvey,* e revelam um expressivo crescimento na confiança no VPL comparado com a TIR. Em uma pesquisa realizada em 1977, menos de 10% dos entrevistados confiavam no VPL como seu método principal, enquanto mais de 50% disseram que confiavam primeiramente na TIR.**
>
> *John Graham e Campell Harvey, "The Theory and Practice of Corporate Finance: Evidence from the Field", *Journal of Financial Economics*, 60 (2001)
>
> **L.Gitman e J. Forrester, Jr., "A Survey of Capital Budgeting Techniques Used by Major U.S. firms", *Financial Management* (1977), pp 66-71.

realmente custa.[17] Nos referimos a essa diferença entre o valor presente dos fluxos de caixa esperados do projeto e o custo inicial para fazer o investimento como **valor presente líquido**, ou simplesmente VPL.

Outro indicador popular da criação de valor esperado de um investimento é a **taxa interna de retorno**, ou TIR, do projeto. Definimos a TIR como a taxa de retorno obtida no investimento no regime de juros compostos e a calculamos pela seguinte fórmula:

$$\text{Desembolso com investimento}_0 = \sum_{t=1}^{N} \frac{\text{PFCF}_t}{(1 + \text{IRR})^t} \quad (2.8)$$

Resolvendo a Equação 2.8 para a TIR trimestral (pois os fluxos de caixa são trimestrais), os analistas da Lecion obtêm 6,55% por trimestre.[18] Tornando essa taxa anual, eles calculam que o investimento do LCD produzirá um retorno de 28,91% por ano.[19]

---

[17] Para facilitar, consideramos que o investimento total no projeto é feito imediatamente. Obviamente, isso não é o caso, pois levaria algum tempo para a construção de instalações industriais e para que os equipamentos fossem encomendados e colocados em funcionamento. Além disso, em investimentos como os considerados neste livro, as empresas geralmente dividem os investimentos em fases. Por exemplo, eles podem alocar a quantidade mínima de dinheiro necessária para aceitar a oportunidade de investimento e iniciar o projeto, mas deixam para decidir sobre as sucessivas fases do investimento FCD até que certos marcos importantes sejam alcançados.

[18] Entender a TIR pode ser muito trabalhoso se feito sem a ajuda de uma calculadora ou planilha. No Excel há uma função embutida que pode ser usada, e quase todas as pequenas calculadoras financeiras têm uma função similar. Se você está contando com essas ferramentas, deve saber, entretanto, que múltiplas TIR podem existir e, frequentemente, existem e que essas funções embutidas não lhe dirão que há mais de uma TIR. Veja o quadro Insight Técnico (Pág. 58) sobre múltiplas taxas de retorno internas para uma análise desse assunto.

[19] Você está questionando por que 28,91% não é igual a 4 × 6,55%? A razão é a combinação dos fluxos de caixa intermediários (trimestrais). Na verdade, o investimento obtém uma taxa de retorno composta anual de $(1 + 0,655\%)^4 - 1 = 28,91\%$.

Tabela 2-7 Avaliação e fluxos de caixa descontados

Trimestre	Fluxo de caixa estimado FCLP=FCLA	Fator de desconto	Valor presente
0	($1.750.000.000)	1,0000	($1.750.000.000)
1	(176.397.186)	0,9624	(167.997.320)
2	(57.609.156)	0,9070	(52.253.202)
3	19.196.444	0,8638	16.582.610
4	79.913.359	0,8227	65.744.919
5	130.513.355	0,7835	102.260.628
6	173.245.997	0,7462	129.278.830
7	209.231.671	0,7107	148.697.042
8	239.141.800	0,6768	161.860.584
9	263.432.399	0,6446	169.810.873
10	282.440.314	0,6139	173.393.852
11	296.428.744	0,5847	173.315.747
12	305.611.295	0,5568	170.175.805
13	310.165.924	0,5303	164.487.612
14	310.243.669	0,5051	156.694.135
15	305.974.497	0,4810	147.178.965
16	297.471.464	0,4581	136.275.105
17	284.833.841	0,4363	124.272.061
18	268.149.599	0,4155	111.421.697
19	247.497.523	0,3957	97.943.174
20	222.949.131	0,3769	84.027.183
Valor do projeto (valor presente dos fluxos de caixa dos Trim 1-20 =			$2.113.170.300
Custo inicial (dispêndios para Trim 0) =			($1.750.000.000)
Valor presente líquido =			$363.170.300

Comparando os 28,91% da TIR aos 21,55% do custo do capital que usamos como taxa de desconto ao calcular o valor do investimento, a Lecion conclui que o investimento deveria ser analisado favoravelmente.

Tanto o VPL quanto a TIR indicam que o investimento cria valor. Isso significa que a Lecion deve se comprometer com o projeto e investir $1,75 bilhão ao longo do próximo ano? Em um mundo de certezas, onde as previsões são feitas sem erro, a resposta é um sim incondicional. Entretanto, nesse caso particular, a análise é baseada em estimativas de fluxo de caixa muito incertas. Quando a incerteza está presente, haverá um erro de estimativa, e esse erro de estimativa poderá levar a erros sistemáticos na tomada de decisão.

É possível que gerentes excessivamente confiantes tenham fornecido previsões otimistas em vez de verdadeiros fluxos de caixa esperados. De outro modo, os números do fluxo de caixa podem ter sido gerados por gerentes com algum interesse particular em ter o projeto aprovado. Como consequência, as empresas não irão aceitar projetos apenas porque eles têm um VPL positivo ou porque tem uma TIR que excede o custo de capital apropriado. Por essas razões, é importante trabalhar muito para entender as incertezas que sustentam tanto as premissas quanto as projeções feitas na geração do VPL esperado antes de tomar a decisão final. No Capítulo 3 discutimos duas formas diferentes de análise de sensibilidade que são úteis para isso.

Projetos mutuamente excludentes

Até este ponto de nossa análise, avaliamos um projeto ou um investimento sozinho. Frequentemente, a análise irá envolver a consideração de múltiplas alternativas ou projetos conflitantes, quando a empresa deve selecionar apenas um. Essas alternativas são chamadas de **projetos mutuamente excludentes,** pois a escolha de um impede o investimento nos outros.

Quando a Duke Energy tem a oportunidade de construir uma nova usina de energia, a empresa tem um número de escolhas que pode fazer com respeito ao combustível que a usina irá queimar (por exemplo, gás natural, querosene, carvão, ou alguma combinação entre esses). Cada tecnologia tem suas vantagens e desvantagens particulares, mas, no fim das contas, a Duke deve selecionar uma, apenas uma. Ao classificar as alternativas, o VPL ainda fornece o melhor critério, pois ele mede a contribuição esperada do projeto ao valor do patrimônio da Duke Energy. Entretanto, em alguns casos, as empresas precisam escolher entre investimentos concorrentes (mutuamente exclusivos), pois sua capacidade para financiar novos investimentos é limitada. Nessa situação, o critério de VPL não é, necessariamente, a melhor maneira de avaliar a escolha entre os investimentos, e a empresa também pode querer considerar a taxa de retorno ou a TIR, bem como a rapidez com que os projetos retornam o seu investimento, de forma que o capital possa ser reciclado e investido em projetos adicionais.

Muitas oportunidades de investimento fornecem sua própria alternativa mutuamente exclusiva na forma do adiamento da sua execução ou implementação. Por exemplo, a oportunidade do investimento de LCD da Lecion foi analisada como se tivesse que ser implementada imediatamente, senão a oportunidade seria perdida. É comum ocorrer, porém, que a empresa que possui a vantagem tecnológica tenha algum grau de flexibilidade na rapidez com que se move para capitalizar essa vantagem. Se, por exemplo, a Lecion pudesse atrasar o início da fábrica de LCD por até

> **Você sabia?**
>
> **A função VPL do Excel não calcula o valor presente líquido**
>
> O Excel inclui uma função VPL com as seguintes justificativas:
>
> VPL(taxa, valor1, valor2,...)
>
> quando taxa é a taxa de desconto e valor1, valor2, e assim por diante, são os fluxos de caixa recebidos 1, 2 e mais períodos no futuro. Consequentemente, a função VPL calcula o valor presente de uma sucessão de fluxos de caixa futuros, sendo o primeiro recebido um período adiante. O valor presente líquido, por outro lado, incorpora a consideração por um desembolso inicial que não é descontado. Portanto, podemos usar a função VPL para calcular o valor presente líquido como segue:
>
> Valor presente líquido
> = VPL (taxa, valor1, valor2,...)
> − desembolso de dinheiro inicial$_0$

> **INSIGHT TÉCNICO**
>
> ## Múltiplas taxas internas de retorno (TIRs)
>
> A TIR é definida simplesmente como a taxa de retorno anual composta obtida em um investimento. Nas análises introdutórias de projetos de investimento, geralmente consideramos que os fluxos de caixa negativos associados a um projeto, como os custos de desenvolvimento, ocorrem no início da vida do projeto, e os fluxos de caixa positivos ocorrem depois. Na realidade, frequentemente acontece que fluxos de caixa positivos e negativos são intercalados. Quando esse é o caso, podem haver múltiplas taxas de retorno ou TIRs que fazem o VPL do investimento ser zero.
>
> Podemos usar o perfil (um gráfico de VPL para várias taxas de desconto) do valor presente líquido (VPL) para ilustrar o problema. Primeiro, considere um investimento típico com o seguinte padrão de fluxo de caixa:
>
> | Ano 0 | Ano 1 | Ano 2 | Ano 3 |
> |---|---|---|---|
> | $(500) | $400 | $300 | $50 |
>
> A TIR para esses fluxos de caixa é de 31,44%, que é claramente identificável no perfil VPL do projeto e considerada correta:
>
> Agora, considere o seguinte conjunto de fluxos de caixa do projeto:
>
> | Ano 0 | Ano 1 | Ano 2 | Ano 3 |
> |---|---|---|---|
> | $(200) | $1.200 | ($2.200) | $1.200 |
>
> Observe que esses fluxos de caixa trocam de sinal de ano para ano em três ocasiões. Ocorre que esse fato faz com que existam até três TIRs diferentes (veja à direita):
>
> Nesse exemplo há três TIRs que tornam o VPL igual a zero: 0%, 100% e 200%.
>
> Algumas vezes nenhuma TIR pode ser computada. Deixamos a ilustração para o leitor. Considere o seguinte padrão de fluxos de caixa:
>
> | Ano 0 | Ano 1 | Ano 2 |
> |---|---|---|
> | $100 | ($300) | $350 |
>
> Qual o seu cálculo da TIR para esse fluxo de caixa?

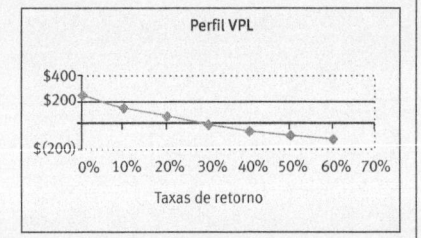

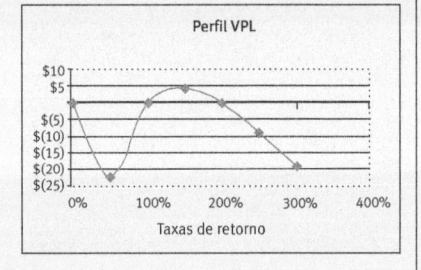

> **INSIGHT DA INDÚSTRIA**
>
> ## O método do Payback
>
> Apesar de ser amplamente ridicularizado entre acadêmicos e pesquisadores, o método do *Payback* é muito usado na prática corporativa como uma ferramenta para avaliar novos investimentos.* O método é direto e envolve a estimativa do número de anos de fluxos de caixa futuros esperados que são necessários para pagar o desembolso inicial do investimento. Por exemplo, um investimento de $4 milhões hoje que produz fluxos de caixa anuais de $1 milhão por ano durante sete anos tem um período de *payback* de quatro anos.
>
> O *Payback* tem três desvantagens bem conhecidas. Primeiro, não considera o valor do dinheiro no tempo. Segundo, ignora o valor dos fluxos de caixa recebidos depois do período de *payback*. Finalmente, o período de corte não tem relação com as condições do mercado. Ele depende do viés do gerente e, frequentemente, está defasado.
>
> Para responder ao primeiro problema, alguns calculam um *payback* descontado usando fluxos de caixa que são descontados para levar em conta o valor do dinheiro no tempo. Por exemplo, utilizando uma taxa de desconto de 10% e o primeiro exemplo, o *payback* seria calculado como segue:
>
> | | Anos | | | | | | |
> |---|---|---|---|---|---|---|---|
> | | 1 | 2 | 3 | 4 | 5 | 6 | 7 |
> | Fluxo de caixa livre para o acionista (FCLA) | $1.000.000 | $1.000.000 | $1.000.000 | $1.000.000 | $1.000.000 | $1.000.000 | $1.000.000 |
> | Valor presente do FCLA | 909.091 | 826.446 | 751.315 | 683.013 | 620.921 | 564.474 | 513.158 |
> | Valor presente cumulativo | $ 909.091 | $1.735.537 | $2.486.852 | $3.169.865 | $3.790.787 | $4.355.261 | $4.868.419 |
> | Retorno descontado | – | – | – | – | – | 5,63 | – |
>
> O *payback* descontado é de 5,63 anos em vez de 4 anos, quando o valor do dinheiro no tempo dos fluxos de caixa futuros é ignorado.
>
> Apesar de nunca ser indicado ignorar os pagamentos futuros, o *payback* pode proporcionar uma rápida seleção de risco do projeto, pois um *payback* mais rápido significa que o investimento da empresa está em risco por um período mais curto. Por isso, não é incomum as empresas adotarem um padrão de seleção de novos projetos que desconsidere aqueles com períodos de *payback* mais longos do que algum limite, como três anos.
>
> * Mais que 50% dos diretores financeiros que responderam à pesquisa de John Graham e Campell Harvey ("The Theory and Practice of Corporate Finance: Evidence from the Field", *Journal of Financial Economis* 60 [2001]) indicaram que eles sempre, ou quase sempre, utilizavam *payback* quando avaliavam novas propostas de investimento de capital.

> **INSIGHT TÉCNICO**
>
> ## Rápida revisão de matemática financeira
>
> A maioria dos projetos que analisamos neste livro é de vida longa, no sentido de que eles fornecem fluxos de caixa por muitos anos. Assim, um passo importante na avaliação desses projetos envolve trazer esses fluxos de caixa futuros ao seu valor presente, para que possamos comparar aquele valor com o custo de fazer o investimento. O valor presente de um conjunto de fluxos de caixa futuros é o equivalente em dinheiro de hoje ao conjunto de fluxos de caixa futuros prometidos pelo projeto.
>
> Para ilustrar, considere um projeto que oferece três anos de fluxos de caixa futuros: C_1, C_2 e C_3. Se considerarmos que os fluxos de caixa não têm risco, então a taxa de desconto apropriada para esses três fluxos de caixa é a taxa de juros correspondente à garantia sem risco de um, dois e três anos. Essas taxas podem ser "inferidas" dos preços de mercado de títulos sem risco de um, dois e três anos como seguem:
>
> $$P_{1-ano} = \frac{Face_{ano\,1}}{(1 + r_1)^1}, \quad P_{2-ano} = \frac{Face_{ano\,2}}{(1 + r_2)^2}, \quad e \quad P_{3-ano} = \frac{Face_{ano\,3}}{(1 + r_3)^3}$$
>
> onde P representa os valores de mercado atuais dos títulos de desconto de um, dois ou três anos, r representa as taxas correntes de mercado dos juros desses títulos, e *Face* é o vencimento ou valor de face nominal do título que é paga ao portador ao final de cada ano. Observe que os títulos não pagam juros, mas simplesmente retornam seu valor total principal (Face) no vencimento.
>
> Usando as taxas sem risco dos anos 1 a 3, encontramos o valor do investimento de três anos, pela seguinte fórmula:
>
> $$PV = \frac{C_1}{(1 + r_1)^1} + \frac{C_2}{(1 + r_2)^2} + \frac{C_3}{(1 + r_3)^3} \qquad (2A.1)$$

um ano, a informação obtida sobre a aceitação do mercado para produtos similares e a taxa de desvalorização poderiam tornar o projeto ainda mais valioso para a Lecion. Consequentemente, os analistas da empresa devem considerar não apenas tecnologias alternativas que sejam mutuamente excludentes, mas também a opção de atrasar o investimento. Voltamos à discussão da opção de atrasar ou diferir o investimento quando discutimos opções reais no Capítulo 11. Porém, por enquanto, é importante que o analista considere se a empresa tem ou não uma opção viável para atrasar e, se tiver, o que a empresa poderia aprender com o adiamento do início do investimento que tornasse a avaliação mais concreta.

Os problemas encontrados ao analisar a possibilidade de atrasar o início do projeto fornecem uma oportunidade de enfatizar um fato importante da vida que os analistas enfrentam diariamente. Isto é, não importa a sofisticação das ferramentas trazidas para se relacionar com o problema da avaliação, sempre há necessidade de se ter bom senso. O objetivo da análise é informar o analista para que, ao final, ele ou ela possa tomar uma decisão melhor.

Note que especificamos uma taxa de desconto diferente para cada fluxo de caixa anual. Para simplificar o assunto, e como estamos tratando de estimativas, é comum utilizar a mesma taxa de desconto, r, para todos os períodos futuros. Isto é,

$$PV = \frac{C_1}{(1+r)^1} + \frac{C_2}{(1+r)^2} + \frac{C_3}{(1+r)^3} = \sum_{t=1}^{3} \frac{C_t}{(1+r)^t} \qquad (2A.2)$$

A premissa da taxa de desconto única é particularmente conveniente onde consideramos os problemas associados com a estimativa da taxa de desconto apropriada para projetos arriscados. (Vamos discutir o custo do capital para projetos arriscados no Capítulo 5.)

Uma variante conhecida para a Equação 2A.2 descreve o valor presente de um feixe de fluxos de caixa que crescem numa taxa constante g, como $C_2 = C_1(1+g)^1$ e $C_3 = C_1(1+g)^2$. Se g é menor que r, então podemos reescrever a Equação 2A.2, como segue:

$$PV = \left(\frac{C_1}{r-g}\right)\left(1 - \frac{(1+g)^2}{(1+r)^3}\right) \qquad (2A.3)$$

Se o número de períodos nos quais são recebidos os fluxos de caixa é muito grande, então a Equação 2A.3 é aproximada por:

$$PV = \left(\frac{C_1}{r-g}\right) \qquad (2A.4)$$

A Equação 2A.4 é comumente referida como a **fórmula de crescimento de Gordon**, que leva o nome e que geralmente é associada a Myron Gordon.[20]

---

[20] O modelo de crescimento de Gordon é outra relação conhecida do FCD em finanças e representa a soma da seguinte progressão geométrica:

$$\sum_{t=1}^{\infty} \frac{C_0(1+g)^t}{(1+r)^t} = C_0 \sum_{t=1}^{\infty} \frac{(1+g)^t}{(1+r)^t},$$

que pode ser reduzida para

$$C_0\left(\frac{1+g}{r-g}\right) \text{ ou } C_1\left(\frac{1}{r-g}\right),$$

Onde $r > g$, e C_1 é igual a $C_0(1+g)$.

2.5 Resumo

O valor de um projeto de investimento é determinado pelos fluxos de caixa que produz. Neste capítulo discutimos a avaliação de oportunidades de investimento utilizando a análise de fluxo de caixa descontado (FCD), incorporando o processo em três passos, esquematizado abaixo:

Passos	Avaliação do projeto
Passo 1: Prever o valor e o cronograma dos fluxos de caixa futuros.	Prever fluxo de caixa livre do projeto.
Passo 2: Calcular a taxa de desconto com risco calculado (tratado nos Capítulos 4 e 5).	Combinar a taxa de desconto da dívida e capital próprio (custo médio ponderado do capital, WACC).
Passo 3: Descontar os fluxos de caixa.	Descontar FCLP utilizando o WACC para calcular o valor do projeto como um todo.

O foco principal deste capítulo é a identificação e a previsão das receitas *adicionais* e dos custos que são necessários para calcular os fluxos de caixa esperados. Apesar de a análise do fluxo de caixa ser um elemento-chave na avaliação do investimento, o processo utilizado para fazer as previsões é, necessariamente, subjetivo e repleto de potenciais erros de cálculo. Consequentemente, a previsão de fluxo de caixa é, em parte, arte e, em parte, ciência. Isso não significa que o analista deve simplesmente desconsiderar o cuidado e confiar na bola de cristal, pois boas previsões se baseiam em sólidas análises econômicas e rigorosa atenção aos detalhes da adequada definição de fluxo de caixa.

Um ponto-chave de aprendizagem neste capítulo é que prever é um trabalho difícil e sujeito a grandes erros. Para minimizar os efeitos desses erros de previsão, os bons analistas seguem uma abordagem baseada em três pontos: primeiro, eles levam muito a sério o problema das projeções e utilizam toda a informação e tecnologia que têm à sua disposição para fazer sua projeção. Segundo, como discutimos no Capítulo 3, eles fazem uma análise de risco pós-projeções, que os ajuda a se preparar para uma ampla gama de possíveis resultados. Finalmente, na medida do possível, eles tentam manter flexibilidade em como o investimento é implementado para que possam responder a eventos futuros imprevistos. Teremos mais a dizer sobre esse último ponto no Capítulo 3 e também no Capítulo 11.

Problemas

2-1 Calculando o FCLA Na primavera de 2007, a Jemison Electric estava analisando um investimento em um novo centro de distribuição. O diretor financeiro da Jemison projeta lucros adicionais antes dos juros e impostos (LAJIR) de $100.000 para o primeiro ano de operação do centro, em 2008, e a empresa calcula que esse valor crescerá a uma taxa de 5% por ano ao longo dos próximos cinco anos. O centro de distribuição vai necessitar um investimento inicial de $400.000, que será depreciado ao longo de um período de cinco anos para um valor de sucata de zero, utilizando uma depreciação linear de $80.000 por ano. Além disso, a Jemison espera investir um valor igual à despesa com a depreciação anual para manter a instalação física. Esses investimentos de capital adicionais também são depreciados ao longo de um período de cinco anos para um valor de sucata zero. O diretor financeiro da Jemison calcula que o novo centro de distribuição vai necessitar de um capital de giro líquido adicional equivalente a 20% do novo LAJIR (isto é a variação do LAJIR de ano para ano).

Considerando que a empresa tem uma alíquota de imposto de 30%, calcule o fluxo de caixa livre do projeto (FCLP) para cada um dos próximos cinco anos.

2-2 Calculando o FCLA Calcule o FCLA para os próximos cinco anos para o projeto do centro de distribuição do Problema 2-1. Considere que a despesa com juros da empresa para cada um dos próximos cinco anos é baseada em uma taxa de 10% sobre a dívida da empresa em aberto no final do ano. (Isto é, assume-se que todos os empréstimos e pagamentos do principal ocorrem no início do ano.) O empréstimo total atual da empresa é de $120.000. Essa dívida requer pagamentos do principal de $15.000 por ano ao longo de cada um dos próximos cinco anos. Além disso, a empresa pretende tomar emprestado mais $10.000 por ano para fazer os pagamentos de principal necessários. A taxa de juros de empréstimo da nova dívida é de 10% por ano.

2-3 FCLP completo A TCM Petroleum é uma empresa petrolífera integrada estabelecida em Forth Worth, no Texas. A demonstração de resultados para 2005 e 2006 está abaixo (em milhões):

	Dez 2006	Dez 2005
Vendas	$13.368,00	$12.211,00
Custo de mercadorias vendidas	(10.591,00)	(9.755,00)
Lucro bruto	2.777,00	2.456,00
Vendas, geral e despesas administrativas	(698,00)	(704,00)
Resultado operacional antes da depreciação	2.079,00	1.752,00
Depreciação, exaustão e amortização	(871,00)	(794,00)
Lucro operacional	1.208,00	958,00
Despesas com juros	(295,00)	(265,00)
Receita não operacional ou despesa	151,00	139,00
Itens especiais		20,00
Lucro antes do imposto de renda	1.064,00	852,00
Lucro total antes dos impostos	(425,60)	(340,80)
Receita líquida	$ 638,40	$ 511,20

Em 2005, a TCM realizou investimentos de capital de $875 milhões, seguido por $1,322 milhão em 2006. A TCM também investiu mais $102 milhões em capital de giro líquido em 2005, seguido de uma redução em seu investimento em capital de giro líquido de $430 milhões em 2006.

   a. Calcule o FCLP da TCM para 2005 e 2006. A alíquota de imposto da TCM é de 40%.
   b. Calcule o FCLP da TCM para 2007-2011 utilizando as seguintes premissas: as receitas operacionais continuam a crescer 10% por ano ao longo dos próximos cinco anos. Espera-se que o CAPEX seja $1.000 milhão por ano, novos investimentos em capital de giro líquido devem ser $100 milhões por ano e as despesas com depreciação são iguais ao total do ano anterior mais 10% do CAPEX do ano anterior. Observe que, como a TCM está indo bem, não precisamos nos preocupar com o valor de liquidação dos ativos da empresa no final de 2011.

2-4 Avaliação preliminar do projeto A Steve Sub Stop (Steve's) está pensando em investir em fornos para cada uma de suas 120 lojas localizadas no sudeste dos Estados Unidos. Os fornos de correia de alta capacidade de transporte, fabricados pela Lincoln, irão exigir um investimento inicial de $15.000 por loja, mais $1.500 em custos de instalação, para um investimento total de $1.860.000. O novo capital (incluindo os custos de instalação) será depreciado ao longo de cinco anos para um valor de sucata de zero utilizando depreciação linear. Além disso, A Steve's também vai ter despesas adicionais de manutenção totalizando $120.000 por ano para manter os fornos. No momento, as receitas da empresa para as 120 lojas totalizam $900.000.000, e a empresa estima que, acrescentando o forno, as receitas irão aumentar 10%.

   a. Se a Steve's tem uma alíquota de imposto de 30%, que fluxo de caixa livre do projeto (FCLP) esperado resulta do investimento nos fornos para cada um dos próximos cinco anos?
   b. Se a Steve's utiliza uma taxa de desconto de 9% para analisar os investimentos em suas lojas, qual é o VPL do projeto? O contrato deve ser aceito?

2-5 Avaliação preliminar de projeto A South Tel Communications está considerando a compra de um novo sistema de administração de *software*. O sistema é chamado de B-Image, e espera-se que ele reduza drasticamente o tempo que os técnicos da empresa gastam instalando novos *softwares*. Os técnicos da South Tel atualmente gastam 6.000 horas por mês em instalações, o que custa a South Tel $25 por hora. Os proprietários do sistema B-Image alegam que seu *software* pode reduzir o tempo da tarefa em, pelo menos, 25%. O sistema requer um investimento inicial de $55.000 e um investimento adicional de $10.000 para treinamento dos técnicos no novo sistema. Atualizações anuais custarão $15.000 por ano. Como o investimento é composto de *software*, pode ser integralmente levado a despesa no ano em que o investimento ocorre (isto é não há nenhuma depreciação). A South Tel tem uma alíquota de imposto de 30% e utiliza 9% do custo de capital para avaliar projetos desse tipo.

   a. Considerando que a South Tel tenha lucro tributável de outros projetos suficiente para que possa levar a despesa imediatamente o custo do *software*, quais são os fluxos de caixa livres do projeto (FCLP) para os anos 0 a 5?
   b. Calcule o VPL e a TIR para o projeto.

2-6 Avaliação preliminar de projeto A CT Computers está considerando se deve oferecer aos seus clientes a opção de terem seus velhos computadores pessoais reciclados quando compram um sistema de reciclagem. O sistema de reciclagem exigiria que a CT investisse $600.000 para a compra de moedores e imãs para serem usados no processo de reciclagem. A empresa calcula que geraria $1,50 em receitas adicionais da venda do refugo de metal e plásticos para cada sistema reciclado. O maquinário tem uma vida útil de cinco anos e será depreciado linearmente para um valor de sucata zero. A CT acredita que no Ano 1 irá reciclar 100.000 computadores pessoais e que os retornos irão aumentar 25% a cada ano, ao longo dos próximos cinco anos. A empresa utiliza uma taxa de desconto de 15% para analisar seus investimentos de capital e tem uma alíquota de imposto de 30%.

   a. Quais são os fluxos de caixa livres do projeto (FCLP) para esse projeto?
   b. Utilizando o VPL e a TIR, deveria a CT investir nesse projeto?
   c. Judy Dunbar, gerente do projeto, está preocupada com o fato de que a CT terá retornos de apenas 75.000 unidades no Ano 1. Se ela estiver certa, e considerando uma taxa de crescimento de 25%, ainda assim deve a CT considerar o investimento no projeto?

2-7 Avaliação de projeto A Glentech Manufacturing está considerando a compra de um manipulador automático de peças para as áreas de montagem e teste de sua fábrica de Phoenix, no Arizona. O manipulador irá custar $250.000 para ser comprado, mais $10.000 para instalação e treinamento de funcionários. Se a empresa assumir o investimento, irá automatizar uma parte da área de teste de semicondutores e reduzir o custo operacional em $70.000 por ano, pelos próximos 10 anos. Entretanto, depois de cinco anos do investimento, a Glentech terá que investir $100.000 adicionais para atualizar e restaurar o manipulador. O investimento no manipulador será depreciado utilizando depreciação linear ao longo de 10 anos, e os custos de restauração serão depreciados ao longo dos restantes cinco anos de vida do manipulador (também usando depreciação linear). Espera-se que o manipulador valha $5.000 dentro de 10 anos, apesar do fato de que o seu valor contábil será zero. A alíquota de imposto da Glentech é de 30% e o seu custo de oportunidade do capital é de 12%.

O Documento P2-7.1 contém cálculos de fluxo de caixa para o projeto que podem ser usados na avaliação de FCD da sua contribuição para o valor da empresa. Responda cada uma das seguintes perguntas relacionadas ao projeto:

   a. Esse é um bom projeto para Glentech? Por quê?
   b. O que podemos dizer sobre o projeto a partir do perfil do VPL encontrado no Documento P2-7.1?
   c. Se o projeto fosse parcialmente financiado por empréstimo, como isso afetaria os fluxos de caixa do investimento? Como o empréstimo de uma parte do desembolso do investimento afetaria o valor do investimento para a empresa?
   d. O projeto requer dois investimentos: um imediatamente e outro no final do Ano 5. Quanto a Glentech está ganhando em seu investimento, e como devemos explicar o desembolso de investimento adicional em nossos cálculos?
   e. Quais as considerações que tornam esse investimento arriscado e como você examinaria os riscos potenciais do investimento?

Documento P2-7.1 Cálculos de fluxo de caixa da Glentech Manufacturing Company

	0	1	2	3	4	5	6	7	8	9	10
Desembolsos de investimento											
Compra de equipamentos	(250.000)										
Custos de instalação	(10.000)										
Desembolso inicial	(260.000)										
Valor residual após impostos											3.500
Fluxos de caixa livres											
Economia nas despesas operacionais		70.000	70.000	70.000	70.000	70.000	70.000	70.000	70.000	70.000	70.000
Menos: despesas com depreciação		(26.000)	(26.000)	(26.000)	(26.000)	(26.000)	(26.000)	(26.000)	(46.000)	(46.000)	(46.000)
Receita operacional adicional		44.000	44.000	44.000	44.000	44.000	24.000	24.000	24.000	24.000	24.000
Menos: impostos		(13.200)	(13.200)	(13.200)	(13.200)	(13.200)	(7.200)	(7.200)	(7.200)	(7.200)	(7.200)
NOPAT		30.800	30.800	30.800	30.800	30.800	16.800	16.800	16.800	16.800	16.800
Mais: depreciação		26.000	26.000	26.000	26.000	26.000	46.000	46.000	46.000	46.000	46.000
Menos: CAPEX	(260.000)	–	–	–	–	(100.000)	–	–	–	–	–
Fluxo de caixa livre	(260.000)	56.800	56.800	56.800	56.800	(43.200)	62.800	62.800	62.800	62.800	66.300

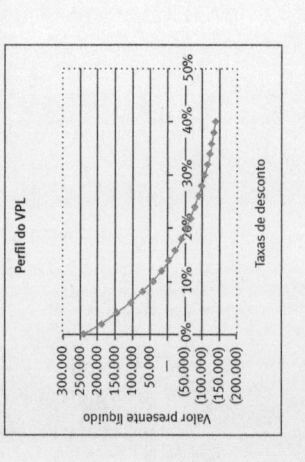

Perfil do VPL

2-8 Avaliação de projeto A HMG está considerando a fabricação de um novo composto químico que é usado para fazer contêineres de plástico de alta pressão. É necessário um investimento de $4 milhões em fábrica e equipamento. A empresa calcula que o investimento terá uma vida útil de cinco anos, utilizando depreciação linear com um valor de sucata zero. Entretanto, o investimento tem um valor de sucata esperado de 10% de seu custo original.

Documento P2-8.1 Análise do projeto HMG

Dados:

Investimento	4.000.000	
Vida útil da fábrica	5	
Valor de sucata	400.000	
Custo variável %	45%	
Custo operacional fixo	1.000.000	
Alíquota de imposto	38%	
Capital de giro	10%	Variações nas receitas
Taxa de retorno exigida	15%	

	0	1	2	3	4	5
Volume de vendas		1.000.000	1.500.000	3.000.000	3.500.000	2.000.000
Preço unitário		2,00	2,00	2,50	2,50	2,50
Receitas		2.000.000	3.000.000	7.500.000	8.750.000	5.000.000
Custos operacionais variáveis		(900.000)	(1.350.000)	(3.375.000)	(3.937.500)	(2.250.000)
Custos operacionais fixos		(1.000.000)	(1.000.000)	(1.000.000)	(1.000.000)	(1.000.000)
Despesas com depreciação		(800.000)	(800.000)	(800.000)	(800.000)	(800.000)
Receita operacional líquida		(700.000)	(150.000)	2.325.000	3.012.500	950.000
Menos: impostos		266.000	57.000	(883.500)	(1.144.750)	(361.000)
NOPAT		(434.000)	(93.000)	1,441.500	1,867.750	589.000
Plus: depreciation		800.000	800.000	800.000	800.000	800.000
Menos: CAPEX	(4.000.000)	–	–	–	–	248.000
Menos: capital de giro	(200.000)	(100.000)	(450.000)	(125.000)	375.000	500.000
Fluxo de caixa livre	(4.200.000)	266.000	257.000	2.116.500	3.042.750	2.137.000

Valor presente líquido	419.435
Taxa interna de retorno	18,01%

A quantidade de quilos do composto químico que a HMG espera vender ao longo dos cinco anos do projeto é a seguinte (em milhões): 0,5; 1; 1,5; 1,75 e 2. Para operar a nova fábrica, a HMG calcula que irá incorrer em despesas operacionais fixas adicionais de $1 milhão por ano e despesas operacionais variáveis iguais a 45% das receitas. Além disso, a HMG calcula que necessitará investir 10% do aumento projetado das receitas a cada ano em capital de giro líquido. Espera-se que o preço por quilo do novo composto seja $1 nos anos 1 e 2, depois $ 1,25 por quilo nos anos 3 a 5. A alíquota do imposto da HMG é de 38% e ela exige uma taxa de retorno de 15% em seus investimentos em novos produto.

O Documento P2-8.1 contém os fluxos de caixa projetados para a vida útil do investimento proposto. Observe que o fluxo de caixa do investimento é derivado das receitas e dos custos adicionais associados com o investimento proposto.

    a. Esse projeto cria valor para o acionista? Quanto? Deve a HMG assumir o investimento?
    b. E se as estimativas de custo variável aumentassem até 55%? O que isso afetaria em sua decisão?

2-9 Avaliação do projeto A Carson Electronics está, no momento, considerando se vai adquirir uma nova máquina de manuseio de materiais para seus processos de fabricação. A máquina custa $760.000 e será depreciada utilizando depreciação linear para um valor de sucata zero ao longo dos próximos cinco anos. Durante a vida da máquina, não serão necessários novos dispêndios de capital ou investimentos em capital de giro. A Carson espera economizar $250.000 por ano antes do imposto de 30% com o novo manipulador. O diretor financeiro da Carson recentemente analisou o custo de oportunidade de capital e estimou-o em 9%.

    a. Quais são os fluxos de caixa livres do projeto para esse projeto?
    b. Qual é o valor presente líquido do projeto e a taxa interna de retorno? A Carson deve aceitar o projeto?
    c. O novo chefe de produção estava preocupado sobre se o novo manipulador poderia proporcionar a economia prometida. Na realidade, ele ressaltou que a economia poderia ser 20% menor do que projetada.
    d. Quais são os VPL e TIRs para o projeto nesse cenário?

Capítulo 3

Análise de risco do projeto

> **Visão geral do capítulo**
>
> Neste capítulo, investigamos as fontes de *incerteza* nas previsões de fluxos de caixa futuros. Apesar de os fluxos de caixa do projeto serem baseados nas demonstrações de resultados contábeis, eles não são demonstrações históricas. São demonstrações *pro forma*, ou previstas, e, portanto, em muito representam meras estimativas. Este capítulo também descreve as várias abordagens usadas para analisar o risco e lidar com a incerteza. Sob o grande "guarda-chuva" da análise de sensibilidade, consideramos análise de cenários, análise de sensibilidade no ponto de equilíbrio e simulação de Monte Carlo. Finalmente, apresentamos uma discussão inicial sobre o papel que a flexibilidade de investimento pode ter nos fluxos de caixa esperados e de como as árvores de decisão podem ajudar a organizar a análise da flexibilidade de decisão. Voltaremos a essa discussão nos Capítulos 11 e 12, onde consideraremos a análise de opções reais.

3.1 Introdução

O uso do fluxo de caixa descontado (FCD) para avaliar grandes investimentos de longo prazo é atualmente uma prática aceita em todo o mundo. Em sua forma mais simples, a análise de dispêndios de capital, utilizando FCD, envolve estimar os fluxos de caixa esperados, descontá-los a Valor Presente e, depois, tomar a decisão baseada em apenas uma estimativa de VPL do investimento. Na prática, entretanto, as decisões de investimento acontecem em um mundo de resultados futuros incertos, onde há mais coisas que *podem* acontecer do que coisas que *vão* acontecer, o que torna a análise do investimento consideravelmente mais complexa.

Neste capítulo, explicitamente, enfrentamos o desafio da incerteza e enfocamos a análise de risco do investimento. Em especial, vamos considerar as várias técnicas que os analistas financeiros utilizam para saber mais sobre o que de fato gera valor ao investimento e sobre os riscos que eles geram.

Para entender como a incerteza é considerada em uma análise de investimento, achamos providencial pensar em como os analistas financeiros avaliam novas oportunidades de investimento, considerando duas fases:

- Na *Fase I* o analista procura prever os possíveis acontecimentos de um investimento e propor uma ideia daquilo que ele ou ela *acha* ou *espera* que aconteça. Essa análise forma a base para uma estimativa do valor esperado do investimento, assim como o VPL, a TIR e outras medidas do valor do investimento.
- Na *Fase II* o analista detalha as fontes de risco implícitas. Isso envolve identificar os geradores de valor para o investimento e suas incertezas inerentes. Uma vez identificados, o analista procurará uma maneira de diminuir alguns desses riscos, enquanto reconhece a exposição da empresa aos demais riscos e a necessidade de monitorá-los durante todo o projeto.

Assim, o desafio para o analista financeiro, ao implementar a análise de FCD, é duplo: primeiro, deve fazer todas as previsões e premissas necessárias para gerar uma estimativa do VPL do investimento – conforme ilustrado no Capítulo 2. Segundo, o analista deve desenvolver uma análise profunda das premissas utilizadas no cálculo do VPL para entender o que poderia acontecer ao projeto quando (e não "se") as coisas não saírem como planejado. Neste capítulo, descrevemos uma variedade de ferramentas que os analistas podem usar para testar e examinar suas estimativas do VPL esperado de um projeto proposto. Essas ferramentas incluem análise de cenários, análise de sensibilidade no ponto de equilíbrio e simulação de Monte Carlo.

As ferramentas para análise de investimento que discutimos neste capítulo podem dar a impressão de uma precisão científica de alto nível. Entretanto, a base para usá-las é naturalmente subjetiva, pois se baseia no julgamento da pessoa que está realizando a análise. Dar-se conta desse fato é, muitas vezes, desconcertante para os analistas financeiros "focados em números", que procuram respostas por meio de técnicas e ferramentas. Assim, um ponto-chave de aprendizado neste capítulo envolve enfrentar a natureza inerentemente subjetiva do processo de avaliação do investimento e o papel crítico que devem desempenhar o julgamento e a experiência.[1]

3.2 Incerteza e análise de investimento

Nossa discussão por todo este capítulo foca a avaliação de projetos – a avaliação de investimentos em projetos que estejam sendo considerados por uma pessoa ou uma empresa. Entretanto, as ferramentas e discussões também se aplicam, igualmente, à avaliação de empreendimentos – a avaliação para aquisição de empresas inteiras, que discutiremos nos Capítulos 6 e 7.

O processo de investimento quando os fluxos de caixa são incertos

A abordagem do Capítulo 2 envolveu o uso de um processo de avaliação em três passos:

1. Estimar o valor e o cronograma de fluxos de caixa futuros para cada ano de vida do investimento proposto.
2. Identificar a taxa de desconto ajustada ao risco.

---

[1] Aos nossos alunos com orientação mais "quantitativa", lembramos sempre que, se não houvesse necessidade de julgamento humano, não haveria necessidade de analistas financeiros!

3. Calcular o valor presente dos fluxos de caixa futuros. Se o valor presente líquido esperado (VPL) dos fluxos de caixa do projeto é positivo após considerar todas as entradas e saídas relevantes, a empresa deve realizar o projeto.

Na teoria, essa abordagem fornece a melhor estimativa do valor criado pelo projeto. Na prática, as estimativas de fluxo de caixa são, na melhor das hipóteses, suposições baseadas na experiência e no conhecimento do problema e, na pior das hipóteses, pura ficção. Assim, a análise inicial do FCD deveria ser vista apenas como a primeira fase do processo de avaliação. Esse cálculo é seguido pela Fase II, no qual a análise desempenha a forma de uma "cirurgia exploratória" no cálculo inicial. O objetivo dessa análise adicional é explorar os fatores que de fato geram valor ao investimento – aqueles que são os mais decisivos para o sucesso do projeto. O analista não pode eliminar incertezas, mas pode entender melhor quão sensível o VPL do projeto é, com relação às diferentes variáveis-chave.

Como ilustração, considere a seguinte oportunidade de investimento em um produto de fertilizante orgânico.

Exemplo – A proposta Earthilizer

A CSM, Inc. está analisando um projeto que exige um investimento inicial de $580.000 para produzir e comercializar um novo fertilizante orgânico feito com resíduos de uma fazenda de gado leiteiro. O produto, Earthilizer, foi desenvolvido pela divisão agrícola da CSM nos últimos dois anos em resposta a dois fatores: primeiro, há uma crescente demanda por parte de agricultores de produtos orgânicos e, segundo, produtores de laticínios enfrentam crescentes restrições ambientais com referência ao descarte de esterco de gado. A administração da CSM acha que, juntas, essas pressões por mudança criam uma promissora oportunidade de investimento.

A CSM fez testes em larga escala desse produto como fertilizante líquido, em substituição aos fertilizantes convencionais e mais caros que os fazendeiros têm usado desde a Segunda Guerra Mundial. O produto será comercializado de forma concentrada, com um galão do Earthilizer produzindo cerca de 100 galões de fertilizante utilizável.

O produto não é só totalmente orgânico, mas também é mais barato do que os fertilizantes químicos. Os fertilizantes químicos tradicionais são derivados do petróleo e custam aproximadamente $25 por acre* para produção de grama e feno; o Earthilizer utiliza resíduos da indústria de laticínios e custa menos de $20 por aplicação, não sendo necessárias mais aplicações durante toda a estação de cultivo.

Os analistas da CSM estimam que um investimento inicial de $580.000 colocará em funcionamento o projeto Earthilizer. Este investimento compreende $250.000 em capital de giro e mais $330.000 em ativo fixo.

Calculando os fluxos de caixa livres do projeto (FCLP) do Earthilizer

Se o projeto for aprovado, a divisão agrícola da CSM planeja iniciar imediatamente a construção das novas instalações. A fabricação e distribuição do Earthilizer estarão operando no final de 2007, sendo que o primeiro ano de receita do projeto será 2008.

---

* N. de T.: 1 acre = 4.000 m^2.

> **Você sabia?**
>
> **Animais do campo: uma importante fonte de energia verde***
>
> Esterco e outros dejetos de vacas, porcos e outros animais de fazenda são reconhecidos como uma fonte de poluição do lençol freático. Entretanto, novas tecnologias para converter esses dejetos em fonte de energia indicam que essa é uma fonte de energia ainda inexplorada nos Estados Unidos. Por exemplo, alimentada pelos resíduos de 900 vacas, uma fazenda de gado leiteiro, de Wisconsin, produz agora cerca de 6,5 milhões de quilowatts hora por ano – suficiente para fornecer energia para 600 casas, anualmente. Além disso, recentemente o frigorífico Swift & Co. assinou uma carta de intenção para construir uma fábrica de produção de biogás. O biogás de todas as sete fábricas da Swift tem potencial para gerar o equivalente a 25.000 barris de óleo combustível por dia.
>
> *http://news.com.com/Manufacturing+Power+from+manure/2009-11395_3-6057795.html.

A Tabela 3-1 contém um conjunto de projeções financeiras para o projeto. Elas consistem de: demonstrações de resultados *pro forma* (Planilha *a*), balanço patrimonial (Planilha *b*) e fluxos de caixa (Planilha *c*), abrangendo os cinco anos usados pela CSM para avaliar o investimento. Claro que, se for bem-sucedido, o projeto poderá operar por muitos anos. Entretanto, é uma prática padrão entre muitas empresas selecionar uma vida de investimento arbitrária e analisar o investimento como se ele fosse acabar no final daquele período.

A CSM, Inc. é uma empresa que se financia conservadoramente e todos seus investimentos são financiados pelos fluxos de caixa gerados internamente (isto é a empresa não toma empréstimos para financiar novos investimentos). Consequentemente, o projeto é financiado exclusivamente com capital próprio, como provado pelo fato de não haver despesas com juros nas demonstrações de resultados (Planilha *a* da Tabela 3-1), nem dívida de financiamento nos balanços patrimoniais *pro forma* do projeto (Planilha *b*).

A Planilha *c* da Tabela 3-1 detalha as estimativas dos fluxos de caixa livres do projeto feitas pelos gerentes da empresa. Observe que os gerentes da CSM esperam que o projeto tenha um fluxo de caixa positivo em 2008, que é o primeiro ano de operação, e em todos os anos seguintes.

Os cálculos de fluxo de caixa de 2008 a 2012 são baseados em determinadas estimativas e premissas:

- O projeto necessitará de um investimento inicial de $580.000 no final de 2007, sendo $250.000 em capital de giro líquido e $330.000 em ativo fixo.
- As receitas de vendas devem ser de $1.000.000 em 2008, com um crescimento a uma taxa anual de 10% durante o período de cinco anos de planejamento (Planilha *a*).
- O custo das mercadorias vendidas representa 67,40% das vendas[2], enquanto as despesas operacionais, antes da depreciação, são de 10% das receitas de vendas, mais um componente fixo igual a $115.000 por ano (Planilha *a*).
- A empresa utiliza depreciação linear, na qual se estima que o ativo fixo tenha uma vida útil de 10 anos e um valor de sucata zero (Planilhas *a* e *b*).
- Na análise é utilizada uma alíquota de imposto de 30%. (Planilha *a*).

---

[2] Observe que esse índice significa uma margem bruta de 32,6% = 100% – 67,4%.

Tabela 3-1 CSM. INC. Projeto de investimento do Earthilizer

Planilha a. Demonstração de resultados *pro forma* ($000)

Demonstração de resultados	2008	2009	2010	2011	2012
Vendas (crescimento de 10%aa)	$1.000,00	$1.100,00	$1.210,00	$1.331,00	$1.464,10
Custo das mercadorias vendidas	(674,00)	(741,40)	(815,54)	(897,09)	(986,80)
Lucro bruto	326,00	358,60	394,46	433,91	477,30
Despesas operacionais antes da depreciação	(215,00)	(225,00)	(236,00)	(248,10)	(261,41)
Despesas de depreciação	(33,00)	(33,00)	(33,00)	(33,00)	(33,00)
Lucro antes dos juros e taxas	78,00	100,60	125,46	152,81	182,89
Despesas com juros	–	–	–	–	–
Lucros antes dos Impostos	78,00	100,60	125,46	152,81	182,89
Impostos	(23,40)	(30,18)	(37,64)	(45,84)	(54,87)
Lucro líquido	$ 54,60	$ 70,42	$ 87,82	$ 106,96	$ 128,02

Planilha b. Balanço patrimonial *pro forma* ($000)

Balanço patrimonial	2007	2008	2009	2010	2011	2012
Capital de giro líquido	$250,00	$250,00	$275,00	$302,50	$332,75	$366,03
Ativo Imobilizado bruto	330,00	330,00	330,00	330,00	330,00	330,00
Menos: depreciação acumulada	–	(33,00)	(66,00)	(99,00)	(132,00)	(165,00)
Ativo Imobilizado líquido	$330,00	$297,00	$264,00	$231,00	$198,00	$165,00
Total	$580,00	$547,00	$539,00	$533,50	$530,75	$531,03

Planilha c. Fluxos de caixa livres do projeto, esperados ($000)

	2007	2008	2009	2010	2011	2012
LAJIR	$ –	$ 78,00	$ 100,60	$125,46	$152,81	$182,89
Menos: impostos	–	(23,40)	(30,18)	(37,64)	(45,84)	(54,87)
Lucro Operacional após Impostos (NOPAT)*	$ –	$ 54,60	$ 70,42	$ 87,82	$106,96	$128,02
Mais: despesas de depreciação	–	33,00	33,00	33,00	33,00	33,00
Menos: CAPEX	(330,00)	–	–	–	–	–
Menos: Alterações do capital de giro líquido	(250,00)	–	(25,0)	(27,50)	(30,25)	(33,28)
Mais: liquidação do capital de giro líquido						366,03
Mais: liquidação do imobilizado						165,00
Igual: fluxo de caixa livre do projeto (FCLP)	$(580,00)	$87,60	$78,42	$93,32	$109,71	$658,77

*NOPAT: Net Operation Profit After Tax (Lucro Operacional Após Impostos).

- De 2008 a 2012, a empresa estima que sua necessidade de capital de giro líquido será igual a 25% das vendas do Earthilizer. Estima-se o CAPEX* em $330.000 em 2007 e zero em todos os outros anos[3] (Planilha c).

A CSM considera que irá terminar o projeto em 2012 e que, nessa época, irá produzir um fluxo de caixa terminal de $692.050. Esse fluxo de caixa terminal é igual à soma do NOPAT (Lucro Operacional Após Impostos) mais despesas de depreciação para 2012 (isto é $128.020 + 33.000 = $161.020) mais o valor de liquidação (que deve igualar-se ao valor contábil) do investimento da empresa em capital de giro líquido (isto é $366.030 na Planilha b) e o valor contábil do ativo fixo ao final de 2012 (isto é $165.000 na Planilha b).[4]

Claro que o projeto pode não operar por todos os cinco anos, ou pode operar por mais tempo. Nossa análise segue práticas comerciais que "assumem" uma data de término para o projeto e calculam os fluxos de caixa que seriam realizados, quer da liquidação, quer da venda do negócio. Nos Capítulos 6 e 7, vamos discutir a avaliação do que geralmente é chamado de *valor terminal*. Entretanto, para simplificar nossa análise do investimento Earthilizer, consideramos que o valor terminal para os ativos Earthilizer é igual ao valor de sua liquidação (isto é capital de giro mais ativo fixo líquido), que consideramos ser igual ao seu valor contábil.

Avaliando o FCLP do Earthilizer

Nossas estimativas dos fluxos de caixa livres esperados do projeto (FCLP), gerados pela proposta do Earthilizer, encontram-se na Planilha c da Tabela 3-1. Agora, é hora de avaliar seu valor presente. Para fazer isso, descontamos os valores esperados dos FCLP utilizando uma taxa de desconto que reflita as características de risco operacional do projeto e o fato de que o projeto é totalmente financiado com capital próprio. Por enquanto, consideramos que a taxa de desconto apropriada (ajustada ao risco) para os FCLP não alavancados é 13,25%.[5] Usando essa taxa para descontar os FCLP da Planilha c da Tabela 3-1, estimamos o valor presente dos *fluxos de caixa livres esperados do projeto* em $623.070:

$$\$623.070 = \frac{\$87.600}{(1+0{,}1325)^1} + \frac{\$78.420}{(1+0{,}1325)^2} + \frac{\$93.320}{(1+0{,}1325)^3}$$
$$+ \frac{\$109.710}{(1+0{,}1325)^4} + \frac{\$658.770}{(1+0{,}1325)^5}$$

---

* Capex significa *Capital Expenditures*, isto é, investimento em ativo imobilizado. Como é um termo também muito difundido mesmo nos países de língua portuguesa, manteremos essa notação, para fins de simplicidade.

[3] Observe que estamos considerando que não há necessidade de expansões de capacidade ao longo do período de cinco anos de planejamento. A CSM despende apenas $330.000 em 2007.

[4] Consideramos que, quando o projeto parar de funcionar, a CSM irá obter um fluxo de caixa igual aos valores contábeis de seus investimentos no capital de giro líquido e no imobilizado. Se a empresa tiver melhores avaliações dos valores desses ativos, então eles (e os impostos relativos a qualquer ganho ou perda nesses ativos) deverão ser usados para calcular o fluxo de caixa terminal do investimento.

[5] Analisamos o cálculo da taxa de desconto nos Capítulos 4 e 5.

A decisão de investir (ou não) – VPL e TIR

Se o projeto proposto vale $623.070, ele deve ser realizado? A resposta imediata é sim. Estimamos um valor para os fluxos de caixa futuros do projeto que, afinal, excede o investimento inicial de $580.000. Em termos de valor presente líquido (VPL), o projeto oferece um VPL igual à diferença entre o valor esperado (seu valor estimado pelo FCD é igual a $623.070) e o custo para fazer o investimento ($580.000), ou seja, $43.070.

Um segundo critério que os gestores usam para avaliar um investimento é a *taxa de retorno* do projeto. No Capítulo 2, definimos a *taxa interna de retorno*, ou *TIR*, como a taxa de desconto que irá resultar num VPL igual a zero para o investimento. No exemplo acima, estimamos a TIR em 15,36%. Portanto, se a taxa de retorno necessária é 13,25%, o investimento lucra uma taxa de retorno excedente de 2,11%, que, como o VPL calculado acima, sugere que o investimento deve ser aceito.[6]

Deve ser enfatizado, entretanto, que essa análise não significa que um valor presente líquido de $43.070 é *garantido* ou que o retorno do investimento será de 15,36%. Como esse é um projeto arriscado e as coisas não irão correr exatamente como planejado, a CSM precisa saber mais sobre o projeto para ter um melhor entendimento sobre a confiança que devemos depositar no cálculo do VPL.

3.3 Análise de sensibilidade – sabendo mais sobre o projeto

A Fase I de nossa análise agora está completa: temos uma estimativa do VPL do investimento Earthilizer. Mas podemos confiar que o projeto irá se desenvolver como esperamos? Quais são os fatores-chave do projeto que a empresa deve monitorar por toda a vida do investimento para assegurar seu sucesso? Agora entramos na Fase II, na qual utilizamos algumas ferramentas para tratar dessas preocupações. Basicamente, iremos discutir três ferramentas: análise de cenários, análise de sensibilidade no ponto de equilíbrio e análise de simulação.

Análise de cenário

Análise de cenário é uma técnica que ajuda os analistas a explorarem a sensibilidade do valor de um investimento sob diferentes situações ou cenários que podem surgir no futuro. Aqui usamos o termo *cenário* para referir-nos a diferentes conjuntos de premissas sobre os valores possíveis de cada um dos fatores-chave, que são aqueles que têm maior influência sobre o valor do projeto.

Por exemplo, podemos perguntar o que aconteceria ao valor do projeto Earthilizer se o nível de vendas inicial caísse ao nível da estimativa mais pessimista feita pelo departamento de *marketing*, que é de apenas $500.000. Neste caso, o valor do FCD do projeto cai para $342.790 e o projeto se torna um investimento com

---

[6] Observamos no Capítulo 2 que a TIR não é sempre única, pois pode haver tantas TIRs quantas forem as alterações nos sinais dos fluxos de caixa. Para o projeto Earthilizer há apenas uma alteração de sinal (isto é o desembolso inicial é negativo e todos os demais FCLP são positivos); assim, só há uma TIR possível.

> **INSIGHT COMPORTAMENTAL**
>
> **Análises de cenários com uma ferramenta estratégica de planejamento na Shell**
>
> A Shell Oil (RDS) achou que a análise de cenários era um exercício valioso para ajudar seus executivos a deixarem de pensar que eram forçados pelo que Warren Buffet se refere como "o institucional autoritário". Essa é a tendência para que as empresas resistam às mudanças mesmo diante da clara evidência de que é errado prosseguir com a estratégia atual.
>
> A análise de cenários pode capacitar executivos-chave a prepararem uma história cuidadosamente imaginada sobre o futuro. O processo de escrever tal história proporciona aos executivos uma oportunidade de aprender o que pode acontecer a um investimento e, ao fazer isso, preparar-se adequadamente para o futuro. A ideia não é apenas para que você se torne um melhor previsor. Em vez disso, o valor do processo é que os gestores vão se tornar cientes de potenciais problemas e oportunidades, para que possam estar preparados para aproveitá-las quando, e se, aparecerem. O próprio fato de identificar condições sob as quais deve-se acionar o projeto, pode fazer com que os gestores saibam quando e por que isso deve acontecer.
>
> Fontes: Shell.com, Março 2004, e P.de Geus "Planning is Learning", *Harvard Business Review*, março-abril 1988.

VPL negativo, pois o investimento necessita de um comprometimento inicial de $580.000 (isto é o VPL do projeto cai para $342.790 – $580.000 = $237.210). Poderíamos também analisar cenários envolvendo *conjuntos diversos* de alterações nas premissas e previsões. Por exemplo, poderíamos avaliar o projeto primeiro utilizando as estimativas mais otimistas para os direcionadores de valor e, depois, as estimativas mais pessimistas. Apesar da análise de cenários ser muito útil, não há meios sistemáticos para definir os cenários. O número de cenários possíveis é limitado apenas à imaginação do analista que desenvolve a análise. Uma abordagem frequentemente utilizada para sistematizar a análise de sensibilidade é a chamada *análise de sensibilidade no ponto de equilíbrio*.

Análise de sensibilidade no ponto de equilíbrio (*breakeven analysis*)

Na **análise de sensibilidade no ponto de equilíbrio** fazemos a seguinte pergunta: que valor crítico de um fator-chave específico reduziria o VPL a zero? Apesar de podermos utilizar o método da tentativa e erro na planilha do projeto para determinar os valores críticos que respondem a essa pergunta, é mais fácil usar a função "Atingir meta" do Excel ou "Backsolver" do Lotus 1-2-3.[7]

Para ilustrar, considere a análise apresentada na Tabela 3-2. A primeira coluna da tabela identifica seis variáveis-chave que são importantes para determinar o VPL da oportunidade de investimento Earthilizer. A segunda coluna contém os valores

---

[7] O Excel tem uma ferramenta chamada "Atingir meta", no menu "Ferramentas", que torna esse tipo de análise muito fácil, uma vez que os fluxos de caixa e o VPL tenham sido modelados. Veja o quadro Insight Técnico na pág. 106.

Tabela 3-2 Análise do ponto de equilíbrio das premissas e previsões utilizadas no Projeto Earthilizer, da CSM, Inc.

Variável – previsão ou premissa (1)	Valor esperado (2)	Valor crítico* (breakeven) (3)	Alteração % (4)
Taxa de crescimento de vendas	10,00%	5,66%	–43,40%
Margem Bruta = Lucro bruto/Vendas	32,60%	31,12%	–4,54%
Despesas operacionais (antes da depreciação)	10,00%	11,48%	14,80%
Alíquota de imposto	30,00%	40,14%	33,80%
Capital de giro líquido/Vendas	25,00%	33,40%	33,60%
Vendas no ano-base 2008 ($000)	$1.000.000	$923.171	–7,68%

* Valor crítico para cada variável é o valor daquela variável que, mantendo todas as demais variáveis iguais ao seu valor esperado, resulta em um VPL igual a zero.

esperados para cada um desses fatores-chave que usamos em nossa análise do VPL esperado do projeto. A terceira coluna contém os valores críticos ou de ponto de equilíbrio para cada um desses fatores-chave, os quais resultam em um VPL igual a zero para o projeto. A coluna final da tabela compara os valores esperados e críticos para essas variáveis, calculando a "alteração percentual" no valor esperado de cada variável necessária para produzir VPL zero. Essa análise sugere que três variáveis são particularmente críticas para o resultado do investimento Earthilizer, dado que desvios muito pequenos de seus valores esperados têm um significativo impacto no VPL do projeto:

- Margem Bruta (% alteração para o ponto de equilíbrio = –4,54%).[8]
- Despesas operacionais como um percentual de vendas (% alteração para o ponto de equilíbrio = +14,80%).
- Vendas no ano-base 2008 (% alteração para o ponto de equilíbrio = –7,68%).

Por exemplo, se a margem bruta cai para 31,12%, o que representa apenas 4,54% abaixo do valor esperado de 32,60%, o VPL do projeto cairá para zero. Da mesma forma, se as despesas operacionais, como um percentual de vendas, aumentam do nível esperado de 10% para 11,48%, ou se as vendas do ano inicial são de apenas $923.171 em vez do projetado $1 milhão, então o VPL cairá para zero.

Sabendo que esses três fatores-chave são críticos para o sucesso do investimento Earthilizer, a administração da CSM pode procurar obter informações adicionais a respeito dos prováveis valores de cada um. Além disso, se a empresa fizer o investi-

---

[8] A margem bruta é, tecnicamente, um indicador do sucesso ou fracasso que é regido por dois importantes fatores-chave: custo de mercadorias vendidas e o múltiplo *markup* (aumento de preços) que a empresa consegue colocar em seus custos para chegar ao preço final. Assim, quando analisamos a margem bruta como um determinante do valor, estamos implicitamente avaliando os efeitos combinados dos custos das mercadorias vendidas (liderança em custos) e o *markup* no preço (diferenciação do produto).

> **INSIGHT TÉCNICO**
>
> **Utilizando a função "Atingir Meta" do Excel, da Microsoft**
>
> "Atingir Meta" é uma função do Excel (encontrada em "Ferramentas") que fornece uma poderosa ferramenta para executar análises do tipo "e se". Por exemplo, quando você sabe o resultado desejado da fórmula de uma só célula (por exemplo, VPL=0) mas não conhece o valor de entrada que a fórmula necessita para determinar esse resultado (por exemplo, taxa de crescimento de vendas ao longo da vida do projeto), você pode usar o recurso "Atingir Meta" para encontrar o valor crítico da variável de entrada. Nesse exemplo, "Atingir Meta" repete o valor da taxa de crescimento de vendas até que o VPL seja igual a zero.
> A ferramenta "Solver" do Excel é ainda mais geral do que "Atingir Meta". Basicamente, Solver nos permite determinar maximização, minimização ou problemas de análise do ponto de equilíbrio, na presença de múltiplas limitações.

mento, os gestores podem monitorar bem de perto cada um dos fatores-chave, para que possam tomar medidas corretivas rápidas assim que eles mostrarem sinais de deterioração.

A Figura 3-1 contém um gráfico do ponto de equilíbrio do VPL que ilustra a importância crítica da margem bruta para o sucesso do projeto Earthilizer. Nossa análise supõe que a margem bruta permaneça constante por toda a vida do projeto, e uma margem bruta de 31,12% em cada ano de vida do projeto produz um VPL zero. Observe que mesmo alterações muito pequenas na margem de lucro bruta podem ter efeitos dramáticos no VPL do projeto. Por exemplo, se a CSM, Inc. conseguir alcançar uma margem de lucro bruta de 36% (menos que um aumento

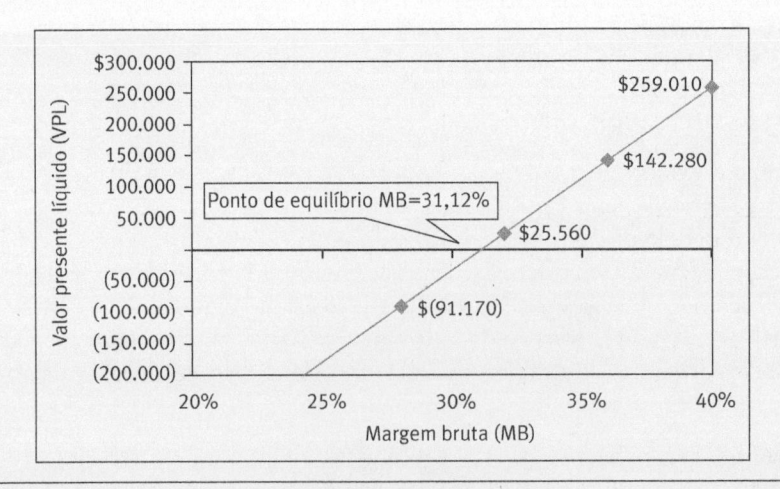

FIGURA 3-1 VPL-Gráfico do ponto de equilíbrio da margem bruta para a proposta de investimento Earthilizer ($000).

de 10,43% sobre os 32,6% projetados), o VPL estimado para o projeto irá mais do que triplicar em valor para $142.280. Infelizmente, alterações semelhantes ocorrem no VPL se a margem bruta cair abaixo do nível antecipado. A mensagem clara para o analista é que a margem bruta é um dos fatores mais críticos para o sucesso do projeto.

Apesar de a análise de sensibilidade no ponto de equilíbrio ser muito útil na identificação dos fatores-chave que são críticos para o sucesso do projeto, ela tem suas limitações. Primeiro, esse tipo de análise considera apenas *um* fator por vez, enquanto mantém todos os outros iguais aos seus valores esperados. Isso pode produzir resultados equivocados se dois ou mais dos fatores-chave são correlacionados uns com os outros. Por exemplo, se tanto a margem bruta quanto o nível inicial de vendas tendem a ser, ao mesmo tempo, menores (ou maiores) do que seus respectivos valores esperados, então a análise de sensibilidade no ponto de equilíbrio irá subavaliar os verdadeiros riscos do projeto.

Segundo, não temos ideia alguma sobre as probabilidades associadas com ultrapassar ou ficar muito abaixo dos pontos de equilíbrio de cada fator-chave. Por exemplo, qual a probabilidade de que a margem bruta será menor que 31,12% ou de que o nível de vendas iniciais do projeto será $923.171 ou menos? Seria muito útil ter alguma ideia sobre a probabilidade de não se atingir os pontos de equilíbrio de cada fator-chave.

Finalmente, não temos uma maneira formal de incluir na análise as inter-relações que existem entre as variáveis. Por exemplo, é quase certo que a margem bruta e a despesa operacional/vendas são inversamente relacionadas. É importante que sejamos capazes de considerar isso e outras inter-relações entre os fatores-chave em nossa análise do provável resultado de investir no projeto.

Para obter uma ideia da distribuição dos possíveis resultados (valores) do projeto, nos voltamos para a análise de simulações, que oferece aos analistas a possibilidade de contornar as três limitações da análise do ponto de equilíbrio citadas anteriormente.

Análise de simulações

A simulação de Monte Carlo fornece uma poderosa ferramenta que pode ajudar o analista a avaliar o que pode acontecer aos fluxos de caixa futuros de um investimento e resumir as possibilidades em uma distribuição de probabilidade.[9] A simulação é particularmente útil na análise de projetos, pois os resultados dos grandes projetos de investimento são, frequentemente, o resultado da interação dos fatores-chave. Essa configuração torna muito difícil determinar a distribuição de probabilidade de fluxos de caixa de um projeto, direta ou analiticamente. Entretanto, podemos simular a distribuição com bastante facilidade, como ilustramos nesta seção.

---

[9] O termo "Monte Carlo", como uma forma de simulação, vem dos famosos cassinos em Mônaco. Os jogos de azar, em sua forma mais pura, são baseados nas regras da aleatoriedade ou probabilidade, assim como ocorre nas simulações.

Utilizando uma análise de cenários como uma introdução à construção de um modelo de simulação

A análise de cenários e a simulação podem ser ferramentas complementares, pois uma análise de cenários pode ser uma boa introdução para a construção de um modelo de simulação. Observe que a análise de cenários depende exclusivamente da intuição do tomador de decisão; ela ajuda o analista a refletir sobre os possíveis resultados do projeto e identificar os fatores-chave para a geração de valor.

Preparando e executando uma simulação

A Figura 3-2 descreve o processo de simulação em três passos. No Passo 1 preparamos um modelo de planilha que define os fluxos de caixa do investimento. No Passo 2, caracterizamos cada um dos fatores-chave utilizando uma distribuição de probabilidade. Por exemplo, podemos pedir ao departamento de *marketing* que descreva suas estimativas – otimista, mais provável e pessimista – para a taxa de crescimento de vendas anual. A resposta poderia ser que a maior taxa de crescimento de vendas anu-

---

INSIGHT TÉCNICO

Duas populares distribuições de probabilidade para uso em modelos de simulação: as distribuições uniforme e triangular

Entre os conjuntos de distribuições que podem ser usados para dar forma à incerteza inerente a um investimento, as distribuições uniforme e triangular estão entre as mais populares. Uma importante razão para isso é que as variáveis necessárias para definir o formato dessas duas distribuições (conhecidas como seus parâmetros) são muito intuitivas. Consequentemente, quando o analista financeiro tenta obter informação sobre a distribuição adequada a usar, ele ou ela podem fazer perguntas diretamente aos indivíduos que entendem os fundamentos aleatórios das variáveis que estão sendo modeladas.

Uma segunda razão para a popularidade dessas distribuições refere-se ao fato de que, apesar de simples, elas são muito flexíveis e podem ser usadas para captar a essência da aleatoriedade de muitas variáveis. Isso é particularmente verdade na distribuição triangular, pois sua forma pode ser moldada e desenvolvida (pelo ajuste dos parâmetros) para captar distribuições tanto simétricas como assimétricas.

Por exemplo, na distribuição uniforme, podem acontecer todos os valores entre o mínimo e o máximo. Consequentemente, as únicas coisas que precisamos saber para definir completamente uma distribuição uniforme (isto é os parâmetros) são os valores mínimo e máximo que a variável aleatória pode adotar. A média da distribuição uniforme é simplesmente a soma dos

CAPÍTULO 3 ■ ANÁLISE DE RISCO DO PROJETO **109**

al (estimativa otimista) para o investimento Earthilizer é de 30% por ano, a menor taxa possível (estimativa pessimista) é de –10%, e a mais provável é de +10%. Essa informação "intuitiva" é suficiente para descrever uma distribuição de probabilidade triangular (veja o quadro de Insight Técnico sobre duas distribuições populares de probabilidade em simulações).

Para ilustrar como essa análise pode ser realizada, fornecemos, na Tabela 3-3, um conjunto de premissas para as distribuições de probabilidade usadas para descrever os fatores-chave na proposta de investimento Earthilizer, da CSM. Especificamente, há oito fatores-chave responsáveis pelas incertezas no resultado do investimento. Eles incluem (1) vendas no ano-base, (2-5) taxas de crescimento anual das receitas, de 2009 a 2012 (quatro taxas de crescimento aleatórias), (6) margem bruta, (7) despesas operacionais/vendas (antes das despesas de depreciação) e (8) o valor terminal do projeto em 2012, que é um múltiplo do valor contábil do capital investido no projeto. Consideram-se todos os outros dados como fixos.

---

valores máximo e mínimo dividida por dois, pois todos os valores na distribuição têm uma igual probabilidade de ocorrer. A figura superior, na página seguinte, descreve uma distribuição uniforme para Vendas com um valor mínimo de $90 e máximo de $110.

A distribuição triangular, por sua vez, pode ser descrita pelos valores máximo, mínimo e mais provável. A média da distribuição triangular é igual à soma dos valores mínimos, mais prováveis e máximos, dividida por três. A figura inferior descreve uma distribuição triangular para Vendas, onde o valor mínimo é $90, o mais provável, $100 e o máximo, $210.

Observe que a distribuição triangular mostrada aqui tem uma área maior na direção de valores maiores. Entretanto, a distribuição triangular é muito flexível e pode ser mais concentrada em qualquer direção, além de também poder ser simétrica. Por exemplo, você pode imaginar o que poderia acontecer ao gráfico se pudesse pegar o vértice do triângulo e esticá-lo para a direita ou esquerda (dentro do limite máximo e mínimo da distribuição), vendo assim a flexibilidade da distribuição triangular para refletir tanto probabilidades de distribuição assimétricas quanto simétricas.

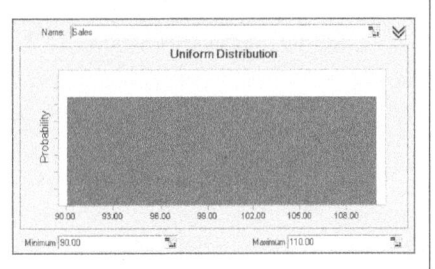

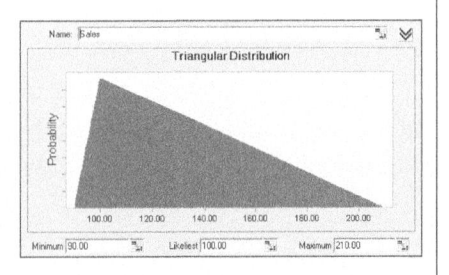

Passo 1 Prepare a planilha modelo no Excel

	2007	2008	2009	2010	2011	2012
LAJIR	$ –	$ 78,00	$ 100,60	$ 125,46	$ 152,81	$ 182,89
Menos: Impostos	–	(23,40)	(30,18)	(37,64)	(45,84)	(54,87)
NOPAT	$ –	$ 54,60	$ 70,42	$ 87,82	$ 106,96	$ 128,02
Mais: despesas de depreciação	–	33,00	33,00	33,00	33,00	33,00
Menos: CAPEX	(330,00)	–	–	–	–	–
Menos: alterações do capital de giro líquido	(250,00)	–	(25,00)	(27,50)	(30,25)	(33,28)
Mais: liquidação do capital de giro líquido						366,03
Mais: liquidação do Imobilizado						165,00
Igual: fluxo de caixa livre do projeto (FCLP)	$(580,00)	$87,60	$78,42	$93,32	$109,71	$658,77

Passo 2 Defina os fatores-chave, utilizando uma distribuição de probabilidade

(6) Lucro bruto/Vendas

(7) Despesas operacionais (antes da depreciação)/Vendas

(2-5) Taxa de crescimento de vendas

(1) Vendas no ano-base (2008)

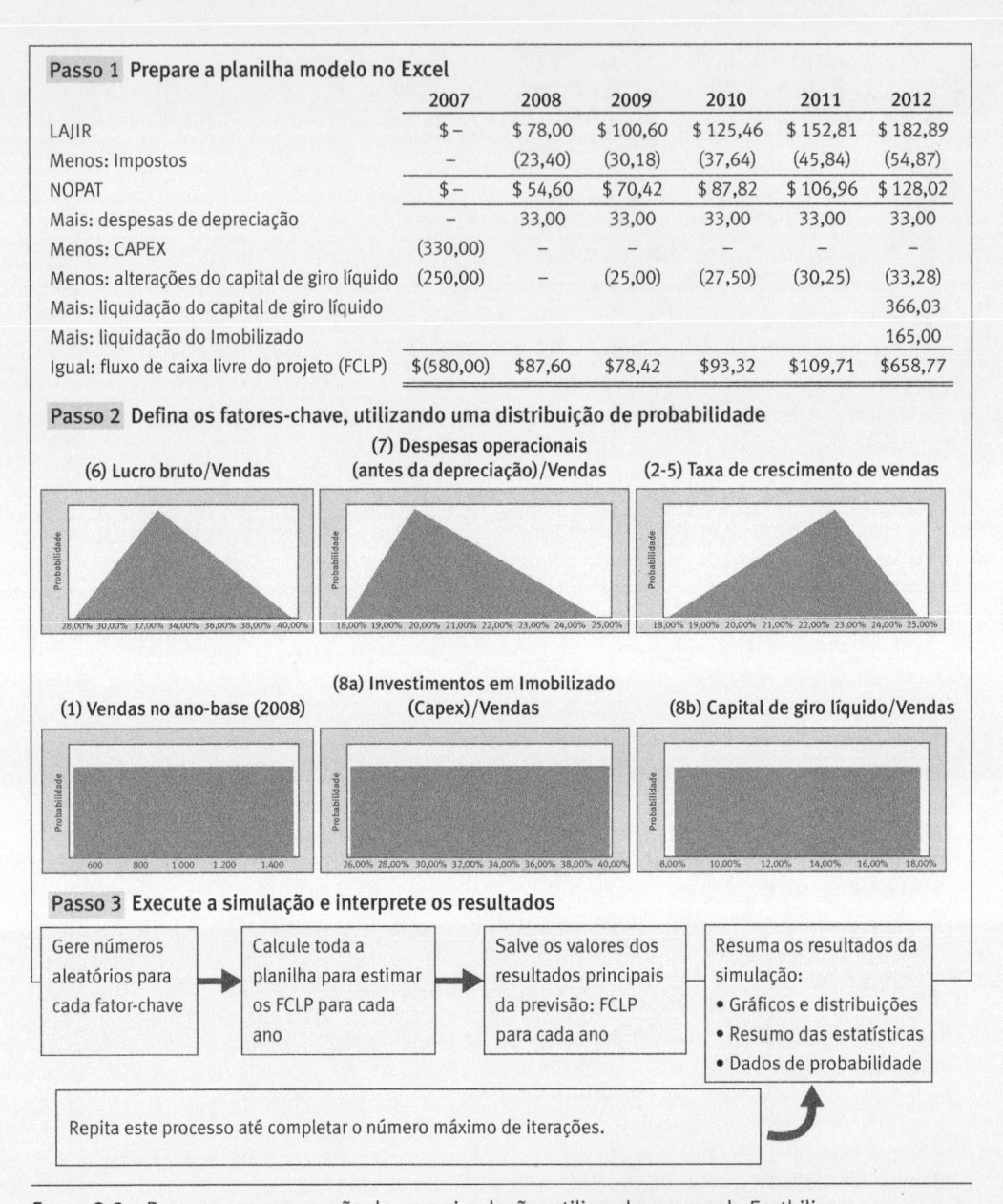

(8a) Investimentos em Imobilizado (Capex)/Vendas

(8b) Capital de giro líquido/Vendas

Passo 3 Execute a simulação e interprete os resultados

Gere números aleatórios para cada fator-chave → Calcule toda a planilha para estimar os FCLP para cada ano → Salve os valores dos resultados principais da previsão: FCLP para cada ano → Resuma os resultados da simulação:
• Gráficos e distribuições
• Resumo das estatísticas
• Dados de probabilidade

Repita este processo até completar o número máximo de iterações.

FIGURA 3-2 Passos para a execução de uma simulação, utilizando o exemplo Earthilizer.

Tabela 3-3 Premissas da simulação de Monte Carlo para o investimento Earthilizer da CSM, Inc.

Variável	Valor esperado	Premissas da distribuição	
		Distribuição	Estimativa dos parâmetros
Vendas ano-base 2008	$1.000.000	Uniforme	Mín = $500.000 e Máx = $1.500.000
Taxas de crescimento de vendas (2009-2012)*	10,0%	Triangular	Máx = 30%, Mais provável = 10% e Mín = −10%
Margem bruta = lucro bruto/ Vendas	32,6%	Triangular	Máx = 40%, Mais provável = 32,6% e Mín = 28%
Despesas operacionais (antes da depreciação)/Vendas	10,0%	Triangular	Máx = 15%, Mais provável = 10% e Mín = 15%
Valor terminal, como múltiplo do valor contábil	1,00	Uniforme	Mín = 0,5 e Máx = 1,5

* Na verdade, há quatro taxas de crescimento, uma para cada ano, começando com 2009 e terminando com 2012.

Intencionalmente, nos limitamos ao uso das distribuições *triangular* e *uniforme*. Os parâmetros das duas distribuições são muito intuitivos e, com isso, facilitam seu cálculo (veja o quadro Insight Técnico sobre a escolha da distribuição de probabilidades). Usamos a distribuição triangular para caracterizar a taxa de crescimento de vendas, a margem bruta e as despesas operacionais/vendas. Os parâmetros da distribuição triangular são os valores mínimo, mais provável e máximo para a variável aleatória. Usamos a distribuição uniforme para caracterizar as vendas do ano-base 2008 e o valor múltiplo terminal. Os parâmetros da distribuição uniforme são simplesmente os valores mínimo e máximo.[10]

Simulando as receitas do projeto Os fluxos de caixa anuais do investimento Earthilizer são determinados em grande parte pelas receitas do projeto, que foram modeladas utilizando dois importantes fatores: o nível de vendas inicial em 2008 e a taxa de crescimento das vendas de 2009 a 2012. O nível de vendas inicial em 2008 tem um valor esperado de $1 milhão. Entretanto, como as receitas de vendas do projeto são sujeitas a um alto grau de incerteza, consideramos que o nível de vendas segue uma distribuição uniforme com um valor mínimo de $500.000 e um valor máximo de $1,5 milhão. Essas estimativas são apenas isso, *estimativas*, e na maioria dos casos elas surgem da intuição e da experiência da equipe de *marketing* da empresa.

---

[10] Observe que os parâmetros estimados para as distribuições triangular e uniforme são compatíveis com os valores esperados utilizados na análise determinística do investimento. Você pode observar isso calculando o valor esperado para a distribuição triangular como a soma dos valores mínimos, mais prováveis e máximos, dividida por três; para a distribuição uniforme, a média é apenas a soma dos valores mínimos e máximos divididos por dois.

> **INSIGHT TÉCNICO**
> ## Escolhendo uma distribuição de probabilidade
>
> Ao construir um modelo de simulação, é necessário não apenas identificar as fontes da aleatoriedade (incerteza), que são os fatores-chave do modelo, mas também identificar uma distribuição de probabilidade que seja adequada para descrever a aleatoriedade e também para calcular os parâmetros dessa distribuição. Essa é uma tarefa difícil, mas existem algumas dicas práticas que podem ajudar o analista:
>
> - *Primeiro, se você tiver dados históricos relevantes, use-os.* Apesar de não utilizarmos neste livro o recurso *"distribution fit"* do Crystal Ball, que verifica qual distribuição que melhor descreve um conjunto de dados, o usuário mais avançado vai achar que esse é um excelente meio de beneficiar-se dos dados históricos relacionados à distribuição que está sendo estimada.
> - *Segundo, a variável que você está modelando pressupõe apenas valores discretos?* Por exemplo, se a variável que você está calculando só pode ser zero ou um (ou sim, ou não), então uma distribuição discreta, construída por meio da opção *custom* do Crystal Ball, irá funcionar para você.
> - *Terceiro, selecione distribuições que se adaptem ao bom senso dos especialistas de quem você irá obter os parâmetros.* Por exemplo, se seus especialistas apenas podem lhe dizer os valores mínimo e máximo de uma variável que você está calculando, então a distribuição uniforme pode ser uma escolha razoável, pois determina a mesma probabilidade para cada valor entre os valores mínimo e máximo. Por outro lado, se seu especialista está querendo calcular um valor mínimo e máximo, assim como o mais provável, então a distribuição triangular será uma boa alternativa. Nessa distribuição, a probabilidade associada a todos os valores abaixo do mínimo ou acima do máximo é zero, e as probabilidades entre o máximo e mínimo aumentam de maneira linear desde o máximo ponto ao valor mais provável (formando, portanto, um triângulo).
> - *Quarto, se existem razões teóricas para selecionar uma distribuição específica, então faça-o.* Por exemplo, é prática comum utilizar uma distribuição lognormal para caracterizar preços de mercado para títulos financeiros.
> - *Finalmente, o princípio KISS (Keep it Simple, Stupid)* sempre é apropriado.* Lembre que o analista deve obter informações dos especialistas que o ajudem a escolher a natureza da distribuição e a estimar os seus parâmetros. Como isso pode, frequentemente, suscitar discussões com pessoas não muito experientes na linguagem da probabilidade e das distribuições de probabilidade, provavelmente é melhor errar pelo lado da supersimplificação do que pelo lado da precisão e sofisticação.
>
> * N. de R.T.: Simplifique, estúpido.

O nível de vendas para 2009 é estimado usando o valor da receita simulado para 2008, multiplicado por um mais a taxa de crescimento em receitas para 2009. Consideramos que a taxa de crescimento em receitas para 2009 vem de uma distribuição triangular com um valor mínimo de -10%, um valor mais provável de 10% e um valor máximo de +30%. A dispersão nas taxas de crescimento mínimas e máximas reflete o grau de incerteza que o analista tem sobre crescimento de vendas. As receitas para 2010-2012 são calculadas de maneira semelhante.

Prevendo os fluxos de caixa do projeto   Uma vez obtidas as previsões das receitas anuais, calculamos os fluxos de caixa do projeto através da elaboração de um conjunto de demonstrações financeiras *pro forma*, como as apresentadas anteriormente na Tabela 3-1. Observe que a margem bruta e as despesas operacionais/vendas são variáveis aleatórias (descritas na Tabela 3-3), determinadas em cada uma das iterações da simulação. Com base nas receitas estimadas, na margem bruta e nas despesas operacionais, podemos calcular as demonstrações de resultados *pro forma* do projeto (encontradas na Planilha *a* da Tabela 3-1).

Para completar nosso cálculo do fluxo de caixa livre do projeto, devemos calcular qualquer novo investimento que possa ser necessário em bens de capital (isto é CAPEX) e no capital de giro líquido. A administração da CSM calcula que, depois do dispêndio de capital inicial de $330.000, o projeto não necessitará de nenhum outro CAPEX no período de 2008-2012. Entretanto, como as receitas da empresa se alteram com o tempo, eles estimam que a necessidade de capital de giro líquido também variará com o tempo; mais especificamente, a CSM estima que o projeto necessitará de um capital de giro líquido igual a 25% das receitas de vendas da empresa. Assim, incluímos 25% das receitas projetadas para 2008 como parte do desembolso inicial de investimento, a ser feito no final de 2007. Em 2008, ajustamos o capital de giro líquido para igualar 25% das vendas realizadas (simuladas). Da mesma forma, em 2009-2012 ajustamos o capital de giro líquido necessário ao projeto, igualando-o a 25% das vendas simuladas para cada ano.[11]

A seguir, os fluxos de caixa livres do projeto são calculados de acordo com o método detalhado na Planilha *c* da Tabela 3-1. Basicamente, de 2008 a 2011, adicionamos as despesas com depreciação ao lucro operacional líquido depois dos impostos, porém antes dos juros (LAJ), e subtraímos o investimento adicional em capital de giro líquido. Lembre que o CAPEX é considerado zero. Os cálculos de fluxo de caixa de 2012 envolvem um passo extra – readicionar o valor terminal estimado dos ativos do projeto Earthilizer.

---

[11] Ajustamos o investimento de 2007 em capital de giro líquido igual a 25% das vendas esperadas para 2008. Em 2008, simplesmente ajustamos o capital de giro líquido para refletir 25% das receitas efetivas. Um procedimento mais completo teria que envolver também estimativas das necessidades *esperadas* de capital de giro de 2009 em diante. No entanto, optamos por adotar esse modelo mais simplificado e fazer os ajustes ao capital de giro no final de cada ano, quando se sabe o nível de vendas que de fato ocorreu. Os efeitos de se incorporarem as necessidades *esperadas* de capital de giro no modelo têm pouco efeito prático nesse exemplo específico.

> **INSIGHT TÉCNICO** — *Softwares* de simulação que podem ser adicionados ao Excel
>
> Existem duas ferramentas muito utilizadas e fáceis de usar, que podem ser incorporadas ao seu programa de planilha eletrônica e que acrescentam a capacidade de simulação à sua planilha. São elas o **@Risk**, da Palisade Corporation (http://palisade.com/), e o **Crystal Ball Professional Edition**, da Decisioneering, Inc. (hhtp://crystalball.com/). Ambos os pacotes de *software* oferecem possibilidades semelhantes; escolhemos o Crystal Ball para todas as nossas ilustrações. Se você não conhece o Crystal Ball, a pequena apresentação de vídeo encontrada no *website* da Decisioneering lhe será muito útil para se familiarizar com a ferramenta.

Liquidando o investimento e o valor terminal O fluxo de caixa em 2012 inclui um componente operacional (exatamente como 2008-2011) e um componente de valor terminal. O último necessita de um pouco mais de explicação. Consideramos que em 2012, quando o projeto é encerrado, seu capital de giro acumulado (ativo circulante menos passivo circulante), mais o ativo fixo, pode ser vendido por um múltiplo de seu valor contábil. Esse múltiplo é considerado uma variável aleatória que tem uma distribuição uniforme com um valor mínimo de 0,5 e valor máximo de 1,5 (isso significa um valor esperado de 1,0). Observe que, se o múltiplo do valor terminal é igual a 1, então não há lucro tributável ou perda realizada na venda dos ativos. Entretanto, no caso do múltiplo ser maior do que 1, então a venda gera um lucro que é tributável à alíquota de imposto da empresa, de 30%. Se os ativos forem vendidos por um múltiplo menor que 1, o prejuízo resultante pode compensar receitas tributáveis em 2012 e, portanto, resulta em um crédito de imposto para a CSM.

Software de simulação A análise de simulação é realizada para o exemplo Earthilizer utilizando o programa conhecido como **Crystal Ball Professional Edition**. (Veja o Insight Técnico sobre *softwares* de simulação que podem ser adicionados ao Excel). Há muitas outras opções disponíveis, inclusive o @Risk, assim como *softwares* proprietários de simulação para uso em aplicações especializadas. No final do capítulo, um breve anexo resume o uso do Crystal Ball Professional Edition para o iniciante.

Interpretando resultados da simulação

A simulação utiliza 10.000 iterações para produzir estimativas das distribuições dos FCLP para 2008-2012. Para ilustrar a natureza dos resultados da simulação, considere a Planilha *a* da Figura 3-3, que contém a distribuição de FCLP simulada para 2008, como gerada pelo Crystal Ball. A distribuição de frequência reflete 10.000 valores de

FCLP caracterizados tanto em termos da frequência em que ocorreram (medida no eixo vertical do lado direito) quanto em termos da correspondente probabilidade de ocorrência (medida no eixo vertical do lado esquerdo).

A distribuição simulada dos FCLP para 2008 (encontrada na Planilha *a* da Figura 3-3) fornece algumas observações interessantes sobre os possíveis resultados do investimento. Primeiro, há uma dispersão substancial nos fluxos de caixa simulados para 2008, variando de um mínimo de ($29.140) para um máximo de $161.760, com um valor médio de $87.680. A célula *Certainty* (Certeza), encontrada na parte inferior do gráfico, indica que 99,47% da área total da distribuição de frequência dos FCLP está acima de $0,00 (isto é os FCLP simulados eram positivos em 99,47% do tempo). Apesar de não serem exibidas aqui, as distribuições de FCLP para os demais anos do projeto mostram características similares às descritas acima para 2008.

Dos fluxos de caixa simulados a cada ano, calculamos o fluxo de caixa médio para cada ano, de 2007 a 2012. Esses fluxos de caixa esperados são mostrados abaixo ($000):

	2007	2008	2009	2010	2011	2012
FCLP esperado (da simulação)	$ (580.000)	87.680	78.150	93.460	109.740	660.970
Valor esperado do projeto	$624.218,13					
VPL esperado	$44.218,13					
TIR esperada	15.42%					

Descontando os fluxos de caixa esperados a 13,25%, o custo de capital produz um valor presente de $624.218,13, e subtraindo o custo inicial do projeto em 2007 de $580.000, produz um VPL esperado de $44.218,13. Finalmente, baseado nos FCLP futuros e no investimento inicial, calculamos uma TIR esperada de 15,42%. Observe que os valores do VPL e da TIR, calculados utilizando a simulação, diferem levemente de nossas estimativas anteriores de VPL igual a $43.070 e TIR igual a 15,36%. Essas diferenças refletem o fato de que os valores simulados convergem, mas não irão, necessariamente, se igualar aos seus valores esperados.

Até agora, simplesmente repetimos nossa análise da avaliação do projeto pela simulação das distribuições de fluxos de caixa que sustentam os valores esperados, informados antes na Tabela 3-1. Mas isso é apenas o início de nossa análise. Agora vamos ver o que podemos aprender sobre o projeto pela análise das distribuições simuladas de VPL e TIR.

Analisando as distribuições de VPL e TIR

Pela simulação das distribuições de VPL e TIR, podemos calcular a probabilidade de que o investimento irá efetivamente gerar uma TIR que exceda o mínimo

Planilha a. Distribuição de FCLP para 2008 ($000)

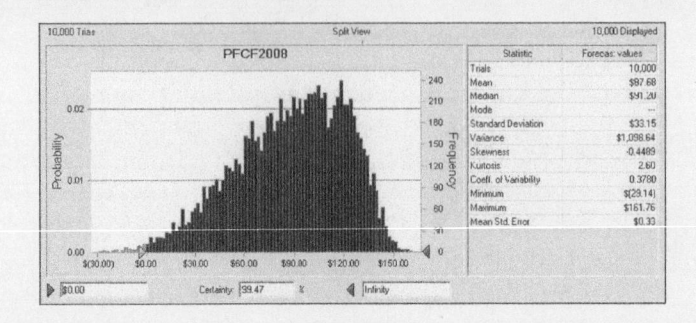

Planilha b. Distribuições de VPL e TIR da simulação

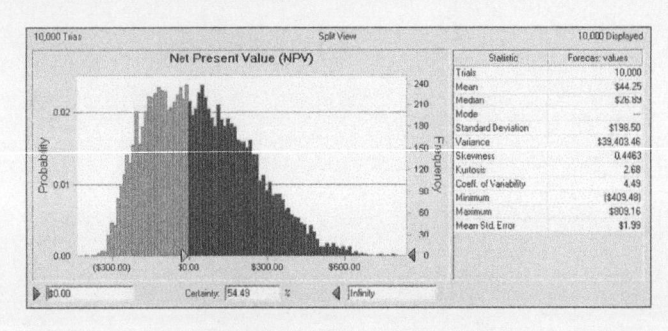

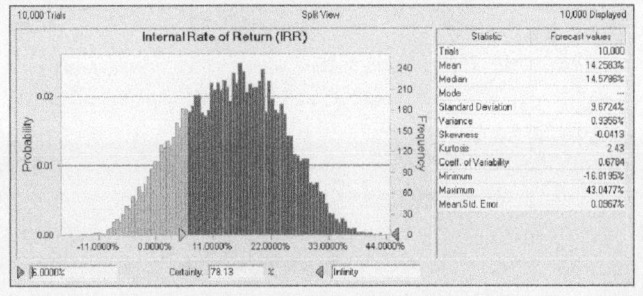

FIGURA 3-3   Análise de simulação do investimento Earthilizer.

Legenda:

Tentativas – o número de iterações na simulação

Reveladas – o número de iterações efetivamente refletidas na distribuição de frequência. Na análise acima, estão incluídas todas as 10.000 iterações. Entretanto, o Crystal Ball normalmente omite os resultados que ficam muito isolados dos demais (*outliers*) e, portanto, o número de observações reveladas é geralmente menor do que o número de tentativas.

Split view – Combina a distribuição de frequência com estatística descritiva. Além dessa opção de visualização dos resultados, outras opções são disponíveis, inclusive com gráficos de frequência cumulativa.

Probabilidade – Eixo vertical do lado esquerdo que descreve os valores simulados como aparecem em uma fração das 10.000 iterações.

Frequência – Eixo vertical direito que descreve os valores simulados em termos de número de ocorrências.

Certeza – Mostra o percentual da área, acima ou abaixo do valor crítico selecionado. Na Planilha *a*, o valor crítico é um FCLP de $0,00, e na Planilha *b*, é um VPL de zero e uma TIR igual à taxa livre de risco de 6%.

desejável, tal como, por exemplo, o custo do capital da empresa ou a taxa livre de risco. Para calcular esses valores – as distribuições de VPL e de TIR –, tratamos os fluxos de caixa anuais de 2008 a 2012 de cada uma das iterações da simulação como uma possível realização dos fluxos de caixa livres do projeto, e calculamos a TIR e o VPL realizados, considerando tais fluxos de caixa.[12] Daí em diante, se fizermos essa simulação 10.000 vezes, teremos uma distribuição de 10.000 VPLs e TIRs realizados.[13]

A Planilha b da Figura 3-3 apresenta as distribuições de VPL e TIR geradas de tal simulação. Desses valores simulados, vemos que há 54,49% de chance de que esse investimento gere fluxos de caixa suficientes para torná-lo um investimento de VPL positivo ao custo de capital da empresa (veja a caixa "Certeza" na parte de baixo da distribuição de frequência encontrada na Planilha b da Figura 3-3).[14] Entretanto, isso também indica que há 45,51% de chance de que o VPL realizado do projeto seja negativo. Observa-se, também, que há 78,13% de probabilidade de se obter-se uma TIR que exceda a taxa livre de risco de 6%.[15] Isso indica que o investimento tem de fato algum risco, pois há uma probabilidade não trivial de que esse investimento irá gerar menos que o retorno de um investimento considerado totalmente seguro, como, por exemplo, um investimento em Títulos do Tesouro americano.

O que aprendemos na simulação não fornece uma decisão clara de "investir ou não investir" para a CSM, com respeito ao projeto Earthilizer. Entretanto, podemos entender ainda melhor a sensibilidade do VPL do projeto a cada uma das variáveis aleatórias do modelo por meio de uma ferramenta conhecida como "diagrama tornado".

---

[12] O VPL e a TIR para cada uma das iterações são parte da mesma experiência de simulação que criou as distribuições dos FCLP. Simplesmente calculamos o valor para o VPL e a TIR para cada conjunto simulado de FCLPs.

[13] Precisamos ser um pouco cautelosos aqui, na maneira como interpretamos as distribuições de VPL e TIR. Note que a média da distribuição do VPL e da TIR que simulamos e relatamos na Planilha b da Figura 3-3 *não* é igual ao VPL calculado a partir dos fluxos de caixa esperados. A divergência nesses números vem de algo denominado desigualdade de Jensen. A desigualdade de Jensen se aplica às funções não-lineares de variáveis aleatórias. Portanto, se surgem incertezas que se multiplicam (por exemplo, Vendas (t) é Vendas (t – 1)(1 + g), onde tanto Vendas (t – 1) quanto o crescimento g são variáveis aleatórias – como no caso do Earthilizer), a desigualdade de Jensen é significativa. E FCLP e VPL são funções não-lineares de variáveis aleatórias. O importante a lembrar é que já calculamos os VPL e TIR esperados das distribuições simuladas de fluxos de caixa para o projeto. Desse ponto em diante estamos apenas investigando as determinantes subjacentes do VPL e TIR (e não seus valores esperados).

[14] Um leitor atento notará que a TIR média nessa simulação não é igual à TIR do investimento, calculada a partir dos fluxos de caixa esperados. A razão é a mesma discutida na nota de rodapé anterior.

[15] Deliberadamente, selecionamos a taxa livre de risco como o "patamar" que queremos que projeto ultrapasse, pois a análise tem como objetivo explorar o risco e não avaliar o projeto. Avaliamos o projeto quando calculamos os VPL e TIR esperados, utilizando os FCLP esperados obtidos da simulação.

Utilizando o diagrama tornado para fazer uma análise de sensibilidade

Anteriormente, usamos a análise de sensibilidade no ponto de equilíbrio para entender a importância dos fatores-chave, porém de uma forma simples, onde analisamos os impactos de possíveis alterações nos fatores-chave, um de cada vez. Agora introduzimos uma ferramenta mais poderosa, que combina análise de cenários e simulações, de modo a fornecer um meio sistemático de analisar como as alterações em cada fator-chave do investimento impactam o seu VPL. De fato, podemos avaliar a sensibilidade do valor do projeto a desvios em cada um dos fatores-chave usando o **diagrama tornado**, encontrado na Figura 3-4. As premissas que têm maior impacto no VPL do projeto são apresentadas no topo do diagrama, seguidas, sucessivamente, pelas de menor impacto, criando um diagrama em forma de funil, por isso o nome *diagrama tornado*. (Veja o quadro Insight Técnico sobre o diagrama tornado [pág. 120]).[16]

Aqui está como se interpreta os números refletidos no diagrama tornado: primeiro, como esperado, o nível inicial de vendas no ano-base 2008 tem o maior impacto no VPL do investimento Earthilizer. Por exemplo, se o nível de vendas de 2008 for igual ao percentil 90% de $600.000 (o valor esperado é $1 milhão), o VPL cai para ($181.160). Entretanto, se o nível de vendas em 2008 for igual ao seu percentil 10%, que é de $1,4 milhão, o VPL aumenta para $267.290. Claramente, o valor do investimento está bastante atrelado à resposta inicial do cliente ao produto, que é, portanto, crítica para seu completo sucesso.

Atrás do nível de vendas inicial em 2008, a próxima variável mais importante, que leva ao sucesso ou fracasso do investimento Earthilizer, é a relação despesas operacionais/vendas, seguida pela margem bruta e pelo múltiplo do valor contábil dos ativos que será possível obter como valor terminal. Esses resultados sugerem os seguintes planos de ação:

- Primeiro, na medida em que a viabilidade do investimento ainda está em questão, o analista pode investir mais tempo e dinheiro para aprender mais sobre esses fatores-chave mais críticos – especialmente sobre a resposta inicial do mercado que, afinal, impulsiona as vendas de 2008. Pode a CSM agir para aprender mais sobre o sucesso potencial de entrada no mercado (por exemplo, por meio de grupos de pesquisa com potenciais clientes ou programas-piloto)? O que a CSM poderia fazer para assegurar que as vendas iniciais (penetração no mercado) sejam maximizadas? Por exemplo, promover uma conscientização do mercado através de uma campanha inicial de publicidade pode ser uma ferramenta efetiva para melhorar as chances de sucesso do projeto.
- Segundo, como os custos operacionais são fator crítico, os gestores devem dar especial atenção a processos que podem ser usados para monitorar e melhorar a eficiência operacional.

---

[16] O diagrama tornado fornece uma forma de análise de sensibilidade "um por vez". O Crystal Ball também fornece uma ferramenta de análise de sensibilidade que usa os valores simulados para analisar a correção de posição entre as variáveis dependentes e cada uma das premissas.

CAPÍTULO 3 ■ ANÁLISE DE RISCO DO PROJETO **119**

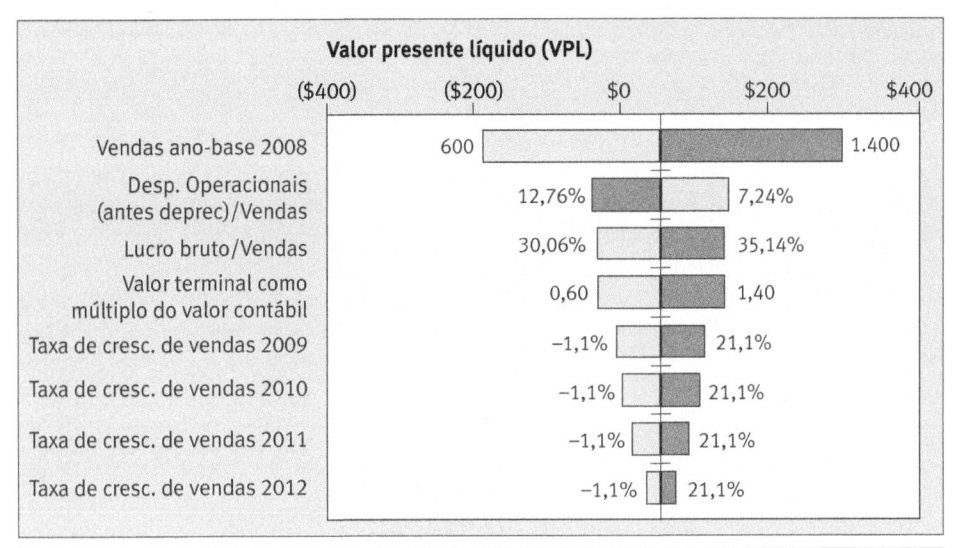

	Valor presente líquido (VPL)			Dado de entrada		
Variável	Cenário desfavorável	Cenário favorável	Cenário dispersão	Cenário favorável	Valor desfavorável	Valor esperado
Vendas ano-base 2008	($181,16)	$267,29	$448,44	600	1.400	1.000
Despesas oper. (antes depreciação)/Vendas	$123,72	($37,59)	$161,31	12,76%	7,24%	10,00%
Lucro bruto/Vendas	($31,14)	$117,27	$148,41	30,06%	35,14%	32,60%
Valor terminal como múltiplo do valor contábil	($29,60)	$115,74	$145,34	0,60	1,40	1,00
Taxa de cresc. vendas 2009	($1,83)	$87,96	$89,79	−1,1%	21,1%	10,0%
Taxa de cresc. vendas 2010	$9,29	$76,85	$67,56	−1,1%	21,1%	10,0%
Taxa de cresc. vendas 2011	$20,08	$66,05	$45,97	−1,1%	21,1%	10,0%
Taxa de cresc. vendas 2012	$30,57	$55,56	$24,99	−1,1%	21,1%	10,0%

FIGURA 3-4   Diagrama tornado para a proposta de investimento Earthilizer (VPL $000).

Legenda:

Diagrama tornado – mede o impacto da entrada de cada variável, uma por vez, independentemente, no resultado final da simulação (VPL, nesse exemplo).

Barras de dispersão – ilustram o impacto de cada variável de entrada (Lucro bruto/Vendas, etc.) no VPL quando as variáveis de entrada são definidas como seus percentis 10% e 90%. Por exemplo, se o índice Lucro bruto/Vendas cair para seu percentil 10%, de 30,06%, o VPL fica igual a ($31.140). Por outro lado, se o índice Lucro bruto/Vendas for igual ao percentil 90%, de 35,14%, então o VPL sobe para $148.410. A cor da barra indica se a alteração na entrada é positiva ou negativa. Por exemplo, um aumento no índice Lucro bruto/Vendas produz um efeito positivo no VPL, enquanto que um aumento no índice Despesas operacionais (antes da depreciação)/Vendas resulta em um declínio no VPL. A ordem das variáveis no gráfico mostra as que têm maior impacto no VPL.

> **INSIGHT TÉCNICO**
>
> **Diagrama tornado**
>
> O diagrama tornado pode ser usado para avaliar a relação de cada premissa/fator-chave com os resultados da simulação. Na Figura 3-4, as premissas assumem os valores equivalentes aos seus percentis 10% e 90%, e esses valores extremos são usados para calcular a variável dependente de interesse (por exemplo, VPL e TIR). Observe que o valor da variável dependente é lida no eixo horizontal no topo do diagrama, e os valores dos percentis 10% e 90% relativos a cada premissa são impressos no final da barra que identifica seu impacto na variável dependente. As premissas/fatores-chave que têm o maior impacto na variável dependente são colocadas no topo do diagrama, seguidas pelas premissas que têm o próximo grande impacto.

Resumindo os resultados da simulação

O que aprendemos sobre o investimento Earthilizer através da análise de simulações? Primeiro e mais importante, é provável que o projeto seja um empreendimento que agregue valor (isto é tem um VPL esperado positivo). Entretanto, o resultado é incerto. De fato, com base em nossa análise, parece que há 78,13% de chances de que o projeto remunerará mais do que a taxa de retorno de 6% que se pode obter em Títulos do Tesouro americano, considerados livres de risco (21,87% de chance, portanto, de que o projeto remunerará menos). Além disso, aprendemos que os fatores-chave são o nível inicial de vendas em 2008; o nível de despesas operacionais/vendas; o quanto o valor terminal representará do valor contábil do capital de giro e ativos fixos que serão vendidos ao final da vida do projeto; e a margem bruta. Consequentemente, um determinante-chave para o sucesso ou fracasso do investimento será a habilidade dos gestores da empresa em comercializar agressivamente o produto desde o início e controlar os custos de fabricação, que compõem o custo das mercadorias vendidas, e os custos operacionais relacionados ao negócio.

No final, entretanto, a decisão de fazer o investimento é uma questão de julgamento e dependerá da disponibilidade ou não de outros projetos, do valor do capital em risco e das pessoas envolvidas. A análise de simulação é simplesmente outra ferramenta para acrescentar informação sobre a natureza da incerteza subjacente ao projeto e suas chances de sucesso. Deve ser encarada como uma ferramenta de decisão e não como um tomador de decisões que fornece claros critérios "sim/não". Essa informação enfatiza, mais uma vez, a importância de aprender o máximo possível sobre os fatores críticos para o projeto.

Reflexões sobre o uso da simulação

Construir um modelo de simulação requer que o analista pense profundamente sobre as fontes subjacentes de incerteza que afetam os lucros do investimento. Isso leva o analista a ser muito explícito sobre as premissas – que poderiam, de outra forma,

> ### INSIGHT DO PROFISSIONAL
> ### Análise de sensibilidade na ConocoPhillips: uma conversa com Steven McColl*
>
> A análise de sensibilidade tem sido uma técnica consagrada na indústria de petróleo e gasolina ao analisar investimentos de vários milhões de dólares. A construção de modelos de simulação para avaliar investimentos inclui a formação de equipes multidisciplinares de engenheiros, especialistas comerciais e *experts* financeiros para identificar e quantificar os riscos e incertezas presentes em cada investimento.
>
> A ConocoPhillips, como muitas empresas do seu setor, desenvolveu um processo para a avaliação de riscos e incertezas de modo a assegurar a validade dos números dos modelos financeiros. O processo de avaliação inclui:
>
> - Estabelecer um grupo de especialistas para entender as características do problema.
> - Desenvolver modelos técnicos e financeiros para analisar riscos e incertezas.
> - Fazer com que as principais conclusões (*insights*) e a interpretação desses modelos sejam acessíveis aos gestores, a fim de maximizar o lucro e diminuir o risco.
>
> Os analistas de investimento na ConocoPhillips utilizam a simulação para calcular fluxos de caixa esperados por meio da inclusão de variabilidade nos preços de petróleo e gasolina, nos dispêndios de capital, nos custos operacionais, no montante das reservas, nas taxas de produção e nos regulamentos fiscais. Os resultados desses modelos são mostrados como Valor Monetário Esperado (VME), TIR, Índice de Rentabilidade, Prazo para Recuperação do Investimento (*payback*) e várias outras medidas típicas da empresa ou peculiares da indústria, usadas para descrever o risco e o retorno do projeto.
>
> *Coordenador de transações estratégicas, ConocoPhillips, Houston, no Texas.

estar apenas implícitas. Consequentemente, há benefícios à análise que surgem do próprio processo de simulação, assim como do resultado de fato da simulação.

Por exemplo, um analista poderia prever os fluxos de caixa gerados pelo investimento Earthilizer sem o benefício de um modelo de simulação. Essas estimativas se apoiariam em estimativas dos valores esperados de cada um dos fatores-chave (isto é, taxa de crescimento de vendas, margem bruta, índices de despesas operacionais e assim por diante). Entretanto, sem a necessidade de modelar as distribuições dos fatores-chave, o analista poderia simplesmente confiar no "palpite" para seus valores esperados. Tal previsão "intuitiva" pode funcionar razoavelmente bem para investimentos muito simples, mas é problemática para casos mais complexos onde há muitas fontes de incerteza interagindo entre si para determinar a distribuição de fluxos de caixa do projeto.

Algumas vezes se discute que a dificuldade encontrada para estabelecer essas premissas sobre as distribuições de probabilidade é uma boa razão para não as fazer. Entretanto, o fato é que o analista que falha em lidar explicitamente com as complexidades subjacentes dos fluxos de caixa do investimento está simplesmente fazendo premissas implicitamente na análise. Como regra geral, pensamos que é melhor ser tão explícito quanto possível ao avaliar investimentos de grande porte.

Extensões do modelo Earthilizer

Há virtualmente infinitas possibilidades de refinar e modificar o modelo de simulação que usamos para analisar a proposta de investimento Earthilizer. Uma importante oportunidade para melhorar nosso modelo refere-se à incorporação de dependência entre as fontes de aleatoriedade que afetam os fluxos de caixa do projeto. Basicamente, há duas formas de dependência que são importantes na modelagem dos fluxos de caixa de projeto: a primeira refere-se à dependência que aparece ao longo do tempo. Por exemplo, se as receitas do projeto em 2008 são maiores do que o esperado, isso pode sugerir que o projeto crescerá mais rapidamente do que se a receita anual inicial for menor do que esperado.

A segunda forma de dependência refere-se à possibilidade de que, em qualquer ano, algumas das despesas podem variar conjuntamente. Por exemplo, o custo de mercadorias vendidas (que são capturadas na margem bruta) e as despesas operacionais como um percentual das vendas da empresa podem se mover juntas. Esse seria o caso se os fatores que afetam a capacidade da empresa em operar eficientemente e a um custo relativamente baixo (mão-de-obra, etc.) também estão relacionados aos fatores que afetam o custo de mercadorias vendidas da empresa.

Se as dependências dos tipos descritos acima são importantes, então a simulação pode ser modelada de tal forma que possa capturá-las. Não vamos nos aprofundar nas técnicas que poderiam ser usadas, mas basta dizer que o analista pode modelar a dependência diretamente pela inclusão de um fator na fórmula de cálculo do outro fator ou pela incorporação de índices de correlação utilizando o Crystal Ball.

A última extensão da modelagem que mencionaremos está relacionada à noção de **reversão à média** das taxas de crescimento de receitas, ano a ano. Com isso, referimo-nos ao fato de que é bastante comum que as taxas de crescimento das receitas e dos lucros apresentem o seguinte comportamento: se a taxa de crescimento das receitas para 2009 está acima da taxa de crescimento esperada para aquele ano, é provável que a taxa de crescimento das receitas para 2010 seja menor do que o esperado. Esse padrão especial de taxas de crescimento pode ser induzido no modelo de simulação.

Utilizando simulações para estimar a contribuição do investimento em termos da diversificação que ele traz ao risco da empresa e ao risco de mercado

A simulação fornece uma poderosa ferramenta de aprendizado a respeito do potencial de criação de valor de um investimento proposto. Basicamente, a simulação fornece um método para incorporar, simultaneamente, múltiplas e interagentes fontes de incerteza na análise de distribuição de fluxos de caixa de um investimento. Consequentemente, podemos usar a simulação para resolver problemas que, de outra maneira, seriam de difícil avaliação. Devemos observar, entretanto, que em nosso exemplo, assim como na maioria das aplicações industriais, os riscos do projeto são considerados isoladamente.

Para ter uma melhor visão do risco do investimento, devemos fazer simulações que examinem como o risco do projeto contribui para o risco total da empresa e, talvez, para a economia como um todo.[17] Por exemplo, poderíamos considerar a realização dos fluxos de caixa totais da empresa em diferentes cenários e, depois, usar simulações para determinar a covariância entre os fluxos de caixa do investimento propostos e os fluxos de caixa totais da empresa. Um investimento com menor covariância seria considerado menos arriscado porque ajuda a diversificar a empresa.

3.4 Árvores de decisão – avaliando a flexibilidade do projeto

Até agora, consideramos que a empresa tem um plano definido para implementar o projeto de investimento e não se desviará desse plano. Embora isso simplifique muito a análise, na realidade a maioria dos projetos de investimento oferece à empresa alguma flexibilidade quanto aos meios de produção utilizados e até mesmo quanto aos produtos finais. Por exemplo, em vez de seguir com um cronograma de produção fixo, as empresas tendem a expandir a capacidade e, com isso, gerar maiores fluxos de caixa quando a demanda do mercado é maior e, do mesmo modo, podem diminuir a capacidade quando a demanda do mercado é menor.

O aluno de finanças inteligente reconhecerá que estamos falando sobre *opções* associadas aos investimentos. Vamos estudar essas opções reais no Capítulo 11, onde analisaremos seus valores com maior profundidade. Por enquanto, vamos introduzir o assunto para que os leitores reconheçam como a flexibilidade na implementação de um investimento afeta os fluxos de caixa esperados que são usados na análise de FCD.

Uma árvore de decisão é uma ferramenta muito útil que ilustra o grau de flexibilidade na implementação de um projeto e como decisões futuras podem afetar seu valor. Por exemplo, a árvore de decisão encontrada na Figura 3-5 descreve as consequências da decisão de investir no lançamento de um novo produto no próximo ano, em vez de agora. Se a empresa atrasa o lançamento, existe a possibilidade de que um concorrente entre no mercado, enquanto a oferta imediata do produto reduz a possibilidade de concorrência, mas também reduz as chances de um lançamento bem-sucedido.

Observe que a árvore de decisão contém, identificados por linhas verticais, círculos e quadrados. As linhas verticais identificam um *nó terminal* que sinaliza o final do processo de decisão. Os círculos significam um *nó de evento* e representam um ponto onde a natureza intervém e alguma coisa sujeita à aleatoriedade acontece. Nesta árvore de decisão só há dois resultados possíveis (Alta Demanda e Baixa Demanda). Finalmente, o quadrado na origem da árvore de decisão descreve um *nó de decisão* que representa um ponto onde o tomador de decisão determina o que acontece. Por exemplo, o novo produto será lançado imediatamente ou adiado por um ano?

Apesar de não incluirmos nós de decisão adicionais, é possível que haja muitas oportunidades para decidir ao longo da vida do investimento. Por exemplo,

---

[17] Através do exame de como os fluxos de caixa do projeto se relacionam com a economia como um todo, podemos indiretamente avaliar o risco sistemático do projeto, que é determinante para definir qual deveria ser sua taxa de retorno. Discutimos a relação entre risco sistemático e taxas de retorno no Capítulo 4.

```
                                    ┌─── Alta demanda
                    Concorrente entra ─┤
                    no mercado        └─── Baixa demanda
    Lançar no próximo ano ─┤
                    Concorrente não ──┤
                    entra no mercado   ├─── Alta demanda
                                       └─── Baixa demanda
    Lançar agora ─┤
                  ├─── Alta demanda
                  └─── Baixa demanda
```

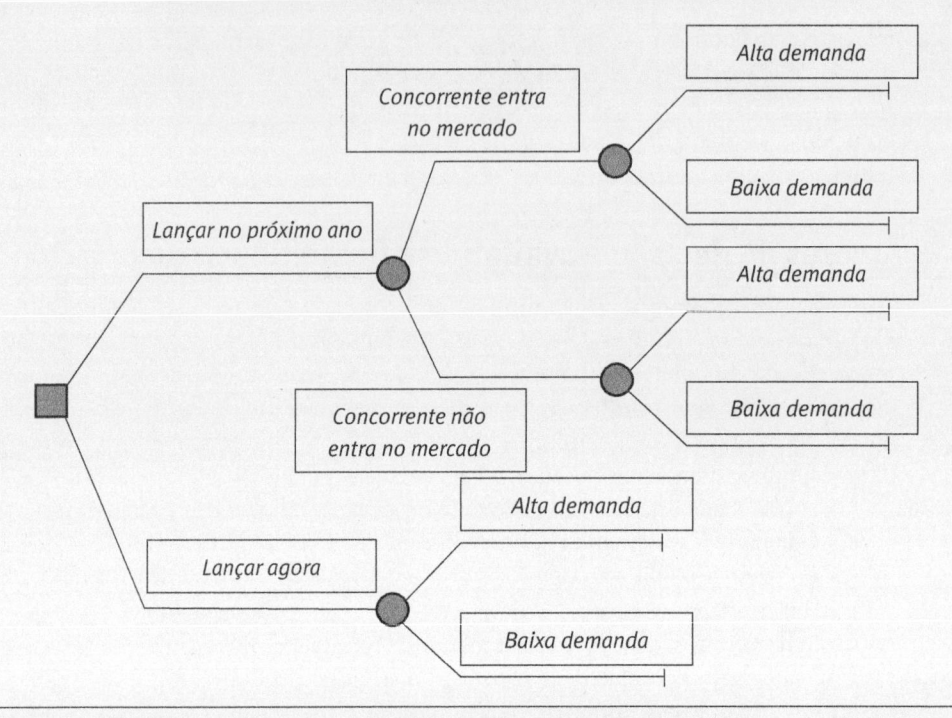

FIGURA 3-5   Árvore de decisão para programar quando ofertar um novo produto.

se o produto é lançado agora e a empresa enfrenta baixa demanda, ela pode ter a opção de continuar a comercializar o produto ou abandonar o investimento completamente.

Exemplo – Árvore de decisão de uma opção de abandono

Para ilustrar como podemos usar a árvore de decisão para incorporar considerações de flexibilidade na análise de projetos de investimento, considere a seguinte "modificação" do exemplo Earthilizer. Considere que a CSM, Inc. tenha que passar por um teste da agência de proteção ambiental americana (EPA- *Environmental Protection Agency*) sobre os efeitos de escoamento do Earthilizer no lençol freático. Se, ao final de um ano, a EPA determinar que o projeto não apresenta nenhum risco, dará sua aprovação ao Earthilizer para venda regular na forma atual. Não haverá nenhum efeito nos fluxos de caixa esperados do projeto.

Se, por outro lado, a EPA achar que o Earthilizer provoca um efeito prejudicial no lençol freático, serão necessários mais testes, que custarão à CSM um valor aproximado de $80.000 por ano em custos de gerenciamento (depois dos impostos). Baseados em seus próprios estudos, os gestores da CSM "têm um palpite" de que há 20% de chances de que a EPA fará com que a empresa gaste recursos adicionais.

Avaliando o projeto Earthilizer revisado, sem a opção de abandono

Vamos avaliar os fluxos de caixa do projeto e o VPL correspondentes do investimento Earthilizer, revisado de modo a considerar o teste da EPA. Para ilustrar a importância da opção de abandono depois de um ano, se a decisão da EPA for contra a empresa, vamos primeiro avaliar os fluxos de caixa revisados de modo a considerar que a empresa continuará a funcionar, mesmo sujeita aos custos adicionais impostos pela EPA.

Nesse caso, os fluxos de caixa esperados são iguais à média ponderada dos fluxos de caixa originais da Planilha c da Tabela 3-1 e dos fluxos de caixa revisados. Os últimos equivalem, simplesmente, aos fluxos de caixa originais esperados menos os $80.000 dos custos de gerenciamento adicionais. Os pesos que aplicamos aos dois fluxos de caixa são iguais, respectivamente, à probabilidade de que a decisão da EPA seja favorável e à probabilidade de que seja desfavorável à empresa (isto é, 1 menos a probabilidade de um resultado favorável). Consequentemente, para 2008 a estimativa revisada do FCLP esperado é calculada como segue:

$$\text{FCLP revisado}_{2008} = 0{,}8 \times \$87.600 + (1 - 0{,}8)(\$87.600 - 80.000) = \$71.600$$

A Planilha a da Tabela 3-4 apresenta um jogo completo dos FCLP revisados para cada ano. O VPL esperado, para o projeto Earthilizer utilizando esses fluxos de caixa revisados é negativo ($12.872). Em outras palavras, o risco de ter que incorrer em $80.000 de custos adicionais torna o VPL do projeto negativo. Isso sugere que o projeto não deverá ser feito de maneira nenhuma. Observe, entretanto, que estamos considerando que o projeto continuará pelo período planejado de cinco anos, qualquer que seja a decisão da EPA. Vamos ver o efeito da opção de abandono.

O valor da opção de abandono

A Planilha a da Figura 3-6 descreve a situação enfrentada pelo Earthilizer: a empresa tem a opção de abandono depois de um ano, caso a decisão desfavorável da EPA exija que a empresa gaste $80.000 adicionais por ano (depois dos impostos). Se a CSM decidir fechar sua operação Earthilizer, ela antecipa que pode recuperar $380.000 de seu investimento inicial de $580.000, mais seu fluxo de caixa livre do projeto do primeiro ano, de $87.600. As perspectivas do investimento no Earthilizer mudam substancialmente quando acrescentamos essa fonte adicional de incerteza ao problema, junto com a possibilidade de fechar a operação e recuperar a maior parte do investimento inicial da empresa.

Na Planilha b da Figura 3-6 avaliamos os VPL de cada uma das quatro circunstâncias possíveis que a empresa pode enfrentar depois de um ano:

- Se a decisão da EPA for favorável, então a operação do projeto Earthilizer, ao longo dos cinco anos de sua vida, tem um VPL de $43.062.
- Além disso, se a CSM abandonar o projeto depois de um ano, o VPL esperado será negativo em ($167.108)[18].

---

[18] Observe que esse é o VPL se o projeto for abandonado ao final do Ano 1, quer a EPA decida favorável ou desfavoravelmente.

Tabela 3-4   Fluxos de caixa revisados e VPLs do projeto Earthilizer

Planilha a. Sem opção de abandono

	2007	2008	2009	2010	2011	2012
Decisão da EPA favorável – FCLP esperados	$(580.000)	$87.600	$78.420	$93.320	$109.710	$658.770
VPL (decisão da EPA favorável)	$43.062					
Decisão da EPA desfavorável- FCLP esperados	$(580.000)	$7.600	$(1.580)	$13.320	$29.710	$578.770
VPL (Decisão da EPA desfavorável)	$(236.608)					
FCLP esperados revisados	(580.000)	71.600	62.420	77.320	93.710	642.770
E[VPL] sem opção de abandono	$ (12.872)					

Planilha b. Opção de abandono

	2007	2008	2009	2010	2011	2012
Projeto não abandonado (EPA favorável)	(580.000)	87.600	78.420	93.320	109.710	658.770
VPL (decisão da EPA favorável)	43.062					
Projeto abandonado (EPA desfavorável)	(580.000)	467.600	–	–	–	–
VPL (decisão da EPA desfavorável)	$ (167.108)					
E[VPL] com opção de abandono	$ 1.028,31					

Obviamente, dadas essas duas opções, se a decisão da EPA for favorável, a CSM irá querer operar o projeto. Essa alternativa é destacada e a alternativa inferior (abandono) é cancelada.

E se a decisão da EPA for desfavorável? Mais uma vez, a Planilha *b* da Tabela 3-6 apresenta os números:

- Se a decisão da EPA for desfavorável, o VPL esperado, considerando a continuação das operações, é ($236.608).
- O VPL, caso o projeto seja abandonado, é de apenas ($167.108).

Planilha a. Árvore de decisão para o investimento Earthilizer

Ano 0   **Ano 1**

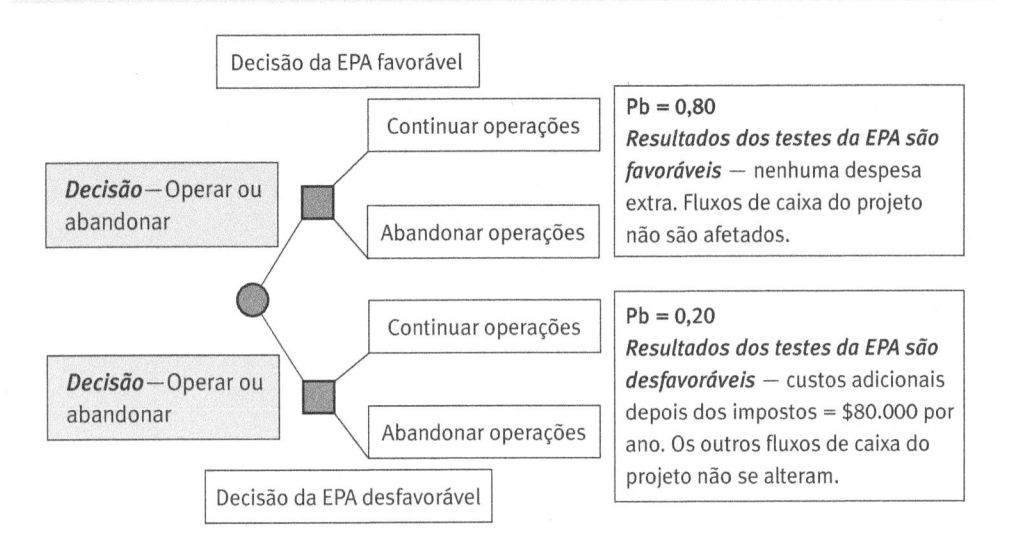

Decisão da EPA favorável

Decisão — Operar ou abandonar
- Continuar operações
- Abandonar operações

Pb = 0,80
Resultados dos testes da EPA são favoráveis — nenhuma despesa extra. Fluxos de caixa do projeto não são afetados.

Decisão — Operar ou abandonar
- Continuar operações
- Abandonar operações

Decisão da EPA desfavorável

Pb = 0,20
Resultados dos testes da EPA são desfavoráveis — custos adicionais depois dos impostos = $80.000 por ano. Os outros fluxos de caixa do projeto não se alteram.

Planilha b. VPLs do projeto para cada ramo da Árvore de Decisão

Melhor → *Continuar operações* $VPL_{continuar} = \$43.062$

~~Abandonar operações~~   ~~$VPL_{abandonar} = (\$167.108)$~~

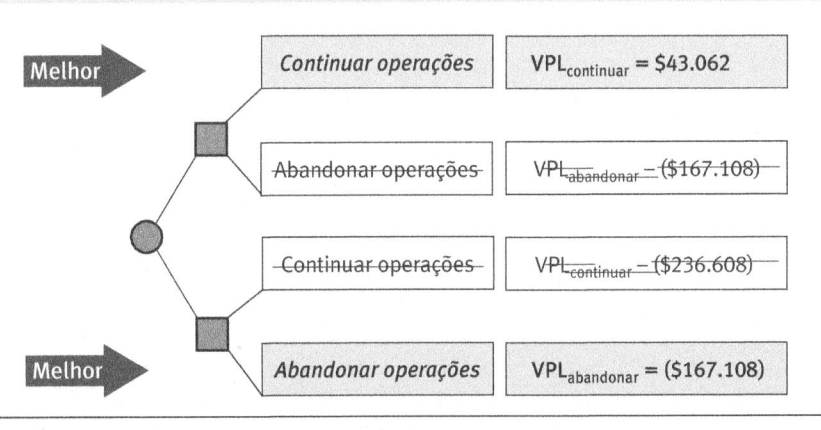

~~Continuar operações~~   ~~$VPL_{continuar} = (\$236.608)$~~

Melhor → *Abandonar operações* $VPL_{abandonar} = (\$167.108)$

FIGURA 3-6   Árvore de Decisão – Opção de abandono.

Assim, no caso de uma decisão desfavorável, a CSM deve abandonar o projeto. Uma vez mais, a alternativa superior está destacada enquanto a alternativa inferior está cancelada.

Se a probabilidade de uma decisão favorável for de 50%, o VPL esperado para o projeto na presença da opção de abandono passa a ser de:

$$\begin{matrix} \text{Valor} \\ \text{presente líquido} \\ \text{(com a opção de abandono)} \end{matrix} = \begin{bmatrix} \text{Valor presente líquido esperado} \\ \text{da continuação das operações} - \\ \text{resposta favorável da EPA]} \end{bmatrix} \times \begin{bmatrix} \text{Probabilidade} \\ \text{de decisão} \\ \text{favorável} \end{bmatrix}$$
$$+ \begin{bmatrix} \text{Valor presente líquido esperado} \\ \text{das operações descontinuadas} - \\ \text{resposta desfavorável da EPA} \end{bmatrix} \quad (3.1)$$

Portanto,

$$\begin{matrix} \text{Valor presente} \\ \text{líquido (com a} \\ \text{opção de abandono)} \end{matrix} = (\$43.062 \times 0{,}80) + [-\$167.108 \times (1 - 0{,}80)] = \$1.028.$$

No caso de uma decisão negativa da EPA, a opção de fechar ou abandonar o projeto Earthilizer no final do Ano 1 torna positivo o VPL esperado do projeto. A chave aqui é que a empresa pode *abandonar o projeto* a fim de evitar as perdas incorridas na operação.

O abandono trunca a extremidade inferior da distribuição do VPL de um projeto. O truncamento elimina resultados negativos do VPL e, como resultado, aumenta a média da distribuição para $1.028. Sem a opção de abandonar, o VPL era negativo e igual a ($12.872). Essencialmente, a opção de abandono diminui algum risco de uma decisão desfavorável da EPA. Claramente, considerar os efeitos da flexibilidade do projeto (nesse caso, a flexibilidade para reconsiderar o investimento e possivelmente abandoná-lo, caso a decisão da EPA seja desfavorável) durante a análise tem um efeito material na avaliação do projeto.

Utilizando a teoria de apreçamento de opções para avaliar a opção de abandono

No Capítulo 11, reconsideramos a opção de abandonar um investimento usando um modelo de apreçamento de opções. Em nosso exemplo atual, simplesmente consideramos que sabíamos o que valeria o projeto com e sem uma resposta favorável da EPA. No Capítulo 11, analisamos problemas mais complexos nos quais o investimento pode ser abandonado em muitas datas futuras. Fique ligado!

3.5 Resumo

Determinar o valor de uma oportunidade de investimento é fácil quando os fluxos de caixa futuros são conhecidos. Entretanto, vivemos em um mundo muito incerto e poucos investimentos geram fluxos de caixa que podem ser previstos com algum grau de precisão. Enquanto a incerteza claramente complica o processo de avaliação, algumas ferramentas ajudam o analista a lidar com essa complexidade de forma mais eficaz.

Este capítulo introduziu três ferramentas básicas que são usadas para avaliar o impacto da incerteza nos resultados dos projetos: análise de cenários, análise de sensibilidade no ponto de equilíbrio e análise de simulações. As três ferramentas fornecem informações que o analista pode usar para entender os fatores-chave que levam o projeto ao sucesso ou fracasso. Essas informações ajudam o analista a avaliar melhor o quão confiante a empresa pode ser em relação ao futuro do projeto.

Este capítulo também introduziu o papel importante desempenhado pela *flexibilidade do projeto*, isto é, pelas oportunidades que a empresa tem de modificar um investimento ao longo de sua vida em resposta a novas circunstâncias. Discutiremos opções reais mais adiante neste livro, mas é útil começar a pensar agora sobre como a flexibilidade pode afetar os fluxos de caixa esperados, assim como os riscos associados a eles.

Problemas

3-1 Análise de sensibilidade no ponto de equilíbrio A Clayton Manufacturing Company está pensando em fazer um investimento em um novo sistema de estoque automatizado para seu depósito que irá propiciar economia para a empresa nos próximos cinco anos. O diretor financeiro da empresa espera um aumento do lucro antes de juros, impostos, depreciação e amortização (EBITDA)[19] da ordem de $200.000 no primeiro ano de operação do centro; para os demais quatro anos, a empresa calcula que esse valor crescerá a uma taxa de 5% ao ano. O sistema necessitará de um investimento inicial de $800.000, que será depreciado por um período de cinco anos utilizando uma depreciação linear de $160.000 por ano e um valor terminal estimado em zero.

    a. Calcular os fluxos de caixa livres do projeto (FCLP) para cada um dos próximos cinco anos, considerando que a alíquota de imposto é 35%.

    b. Se o custo do capital para o projeto é 12%, qual o VPL projetado para o investimento?

    c. Qual é a mínima economia no Ano 1 (isto é EBITDA) necessária para se conseguir um VPL no ponto de equilíbrio (VPL = 0)?

---

[19] EBIDTA é uma medida amplamente utilizada para medir os lucros da empresa, que você vai encontrar muitas vezes até o fim do livro. É apenas o lucro antes dos juros e impostos (LAJIR), somado às despesas de depreciação e amortização de intangíveis.

3-2 Análise de risco do projeto – análise de sensibilidade Volte ao exemplo da HMG no Problema 2-8 (pág. 95) e responda às seguintes perguntas:

a. Quais as principais fontes de risco que você vê nesse projeto?
b. Use a função "Atingir Meta" do Excel para encontrar os valores do ponto de equilíbrio (isto é, valores que fazem o VPL do projeto igualar-se a zero) para cada uma das seguintes variáveis: o CAPEX inicial, o capital de giro adicional (como percentagem do crescimento de receita), percentagem de custo variável de vendas/vendas (%) e volume de vendas. (Dica: altere o volume de vendas para todos os cinco anos, para cima e para baixo pela mesma percentagem.)
c. Quais das variáveis analisadas na Parte b você acha que é a maior fonte de preocupação? O que você poderia fazer para reduzir o risco do projeto?
d. Você deve sempre procurar reduzir o risco do projeto?

3-3 Análise de risco do projeto Bridgeway Pharmaceuticals fabrica e vende medicamentos genéricos no mercado de balcão em instalações localizadas por todo o Hemisfério Ocidental. Uma de suas fábricas está tentando decidir se deve automatizar uma parte de seu processo de embalagem através da compra de uma máquina de eliminação de resíduos e reciclagem.

O investimento proposto é de $400.000 para comprar o equipamento necessário e colocá-lo em funcionamento. A máquina terá uma vida esperada de cinco anos e será depreciada a uma taxa de $80.000 por ano, chegando a um valor esperado de sucata igual a zero. Os analistas da empresa calculam que a compra do novo sistema de manuseio de resíduos trará uma economia anual de $40.000 em redução da mão-de-obra, $18.000 por ano em redução de custos de eliminação de resíduos e $200.000 por ano em venda de resíduos reaproveitáveis de plástico, já líquido de despesas com vendas. A Bridgeway exige um retorno de 20% sobre o capital investido e paga impostos a uma alíquota de 35%.

a. Utilizando as estimativas acima, a Bridgeway deve comprar o novo sistema automatizado de eliminação de resíduos?
b. O gerente da fábrica onde o sistema de manuseio deve ser utilizado levantou algumas questões com referência às potenciais economias do sistema. Ele pediu ao analista financeiro responsável pela preparação da proposta para avaliar o impacto das variações no preço dos refugos de plástico que, no passado, provou ser volátil. Basicamente, qual seria o impacto de reduções nos preços de refugo que levassem as receitas da venda de refugo à metade dos valores estimados nos Anos 1 a 5?
c. (*Simulação*) Modele o novo investimento, cujo valor é determinado pelas seguintes variáveis aleatórias: as receitas anuais do refugo reaproveitável no Ano 1 seguem uma distribuição triangular com um valor mínimo de $100.000, um valor provável de $200.000 e um valor máximo de $300.000. No Ano 2 (e em todos os anos seguintes), a distribuição ainda é triangular; entretanto, o valor mais provável é agora igual ao valor observado no ano anterior, o valor mínimo é igual a 50% do valor observado no ano anterior e o valor máximo é igual a 150%

do valor observado no ano anterior. Além disso, as receitas do refugo reaproveitável exibem um coeficiente de correlação de 0,90, de ano a ano. A economia no custo de mão-de-obra pode ser prevista com um alto nível de segurança, pois ela representa a economia de um operário que não será mais necessário quando o novo sistema de manuseio de refugo começar a funcionar. A redução no custo de eliminação de resíduos vem de uma distribuição uniforme com um valor mínimo de $15.000 e um valor máximo de $21.000. Os custos de eliminação de resíduos são considerados como não correlacionados ao longo do tempo.

  i. Qual a probabilidade de um fluxo de caixa menor que $150.000 no Ano 1? E no Ano 5? Dica: Defina os FCLP anuais para os Anos 1 a 5 como variáveis de previsões (*forecast variables*). Você irá usar apenas as distribuições de fluxos de caixa dos Anos 1 e 5 para esta pergunta, mas utilizará todos eles para responder a parte iii.
  ii. Quais os VPL e TIR esperados para o projeto?
  iii. (Opcional) Quais as médias e os desvios-padrão das distribuições simuladas dos fluxos de caixa para os Anos 1 a 5? Qual o efeito da correlação positiva entre as variáveis que afetam os fluxos de caixa do projeto? (Dica: observe os desvios-padrão dos fluxos de caixa anuais ao longo do tempo.)

3-4 Análise de risco do projeto – análise de sensibilidade no ponto de equilíbrio A TitMar Motor Company está pensando em fabricar um novo veículo de transporte pessoal que seria chamado de PTV. O PTV competiria diretamente com o novo e inovador Segway. O PTV utilizará uma plataforma de três rodas capaz de carregar um passageiro por até seis horas por carga de bateria, graças a um novo sistema de baterias desenvolvido pela TitMar. O PTV da TitMar será vendido por muito menos que o Segway, mas terá características equivalentes.

As demonstrações financeiras para o projeto PTV proposto, inclusive as previsões e premissas que o fundamentam, estão especificadas no Documento P3-4.1. Observe que a receita é calculada da seguinte forma: preço unitário × participação no mercado (%) × tamanho do mercado, e unidades vendidas = receitas/preço por unidade. O projeto oferece um VPL esperado de $9.526.209 e uma TIR de 39,62%. Com uma taxa de retorno exigida pela TitMar de 18%, o projeto parece vencedor.

Apesar de o projeto parecer muito bom baseado nas estimativas gerenciais, ele é arriscado e pode mudar de um investimento de VPL positivo para um negativo com algumas poucas mudanças nos fatores-chave. Desenvolva uma planilha-modelo para a avaliação do projeto e responda as seguintes questões:

  a. Se a participação no mercado da empresa ficar em apenas 5%, o que acontece com o VPL e a TIR do projeto?
  b. Se a participação no mercado permanecer em 15% e o preço do PTV cair para $4.500, qual o VPL resultante?

3-5 Análise de simulação Use seu modelo do Problema 3-4 para construir um modelo de simulação para o PTV da TitMar. Incorpore duas variáveis aleatórias (isto é, estocás-

Documento P3-4.1 Projeto de veículo de transporte pessoal (PTV) da TitMar Motor Company

Premissas e Projeções	Estimativas
Preço unitário	$ 4.895
Participação no mercado (%)	15,00%
Tamanho do mercado (Ano 1)	200.000 unidades
Taxa de crescimento do tamanho do mercado iniciando no Ano 2	5,0%
Custo variável unitário	$ 4.250
Custo fixo	$ 9.000.0000
Alíquota de imposto	50,0%
Custo do capital	18,00%
Investimento em Capital de Giro	5,00% da mudança prevista na receita da empresa
Investimento inicial em Imobilizado	$7.000.000
Depreciação anual (5 anos de vida, sem valor residual)	$1.400.000

Solução

Análise do projeto

		Fluxos de caixa				
	Ano 0	Ano 1	Ano 2	Ano 3	Ano 4	Ano 5
Investimento	(7.000.000)					
Receita		146.850.000	154.192.500	161.902.125	169.997.231	178.497.093
Custo variável		(127.500.000)	(133.875.000)	(140.568.750)	(147.597.188)	(154.977.047)
Custo fixo		(9.000.000)	(9.000.000)	(9.000.000)	(9.000.000)	(9.000.000)
Depreciação		(1.400.000)	(1.400.000)	(1.400.000)	(1.400.000)	(1.400.000)
Lucro operacional líquido		8.950.000	9.917.500	10.933.375	12.000.044	13.120.046
Impostos		(4.475.000)	(4.958.750)	(5.466.688)	(6.000.022)	(6.560.023)
Lucro operacional líquido após impostos (NOPAT)		4.475.000	4.958.750	5.466.688	6.000.022	6.560.023
Mais: despesas com depreciação		1.400.000	1.400.000	1.400.000	1.400.000	1.400.000
Menos: CAPEX	(7.000.000)	—	—	—	—	—
Menos: mudança no capital de giro líquido	(7.342.500)	(367.125)	(385.481)	(404.755)	(424.993)	8.924.855
Fluxo de caixa livre	(14.342.500)	5.507.875	5.973.269	6.461.932	6.975.029	16.884.878

Valor presente líquido	$ 9.526.209
Taxa interna de retorno	39,82%

ticas) em seu modelo para capturar o tamanho do mercado para lambretas. Cada uma dessas variáveis é modelada diferentemente, como segue:

Participação no mercado A participação no mercado segue uma distribuição triangular com um valor mais provável de 15%, um mínimo de 10% e um máximo de 20%.

Taxa de crescimento no tamanho do mercado A taxa de crescimento do mercado para o Ano 1 é considerada como tendo uma distribuição normal com uma média de 5% e um desvio padrão de 2%. Para o Ano 2, a taxa de crescimento esperada do mercado é igual à taxa de crescimento simulada para o Ano 1 e tem um desvio-padrão de 2%. As taxas de crescimento para os Anos 3 e posteriores seguem o padrão descrito para o Ano 2.

Faça 10.000 testes aleatórios e defina dois resultados (*outputs*) – valor presente líquido e taxa interna de retorno. Qual a probabilidade de que o VPL seja zero ou menos? Qual a probabilidade de uma TIR menor que 18%?

3-6 Árvore de decisão e análise de sensibilidade no ponto de equilíbrio Reavalie a análise da árvore de decisão da Earthilizer encontrada na Tabela 3-4, em que o valor do abandono é de apenas $350.000. Qual é o VPL esperado do projeto sob essas circunstâncias? Qual é o valor mínimo de abandono necessário para produzir um VPL esperado de zero para o projeto com a opção de abandono? (Dica: use a função "Atingir meta" para solucionar o valor de abandono que produz um VPL esperado de zero.)

3-7 Exercícios preliminares de simulação Construa uma planilha-modelo para cada um dos seguintes exercícios e, então, use o modelo para fazer simulações.

a. A Jason Enterprises terá vendas futuras incertas. Basicamente, para o próximo ano, o diretor financeiro da empresa descreveu suas expectativas de vendas da seguinte forma: "As vendas poderiam ser tão altas quanto $10.000.000 e tão baixas quanto $7.000.000, mas não posso dizer nada mais". Como você poderia caracterizar as vendas da empresa utilizando uma distribuição de probabilidade? Se os ganhos operacionais da Jason geralmente são 25% das vendas da empresa, como você pode calcular os ganhos para o próximo ano? Construa um modelo de planilha e inclua informações sobre a incerteza nas receitas futuras para calcular o lucro bruto esperado para a empresa.

b. Na primavera de 2008, a Aggiebear Dog Snack, Inc. estava projetando seus lucros brutos (receita menos custo das mercadorias vendidas) para 2009. O diretor financeiro da empresa havia participado recentemente de um seminário sobre o uso de simulações e pediu ao seu analista para construir um modelo de simulação para fazer o cálculo. Para orientar o analista, o diretor financeiro preparou a seguinte tabela:

Demonstração de resultados	Descrição da variável
Receita	Mínimo = $18 milhões; mais provável = 25 milhões; máximo = $35 milhões
Custo das mercadorias vendidas	70 a 80% da receita

i. Construa uma planilha-modelo para o lucro bruto da Aggiebear.
ii. Use a informação fornecida acima para converter sua planilha em um modelo de simulação.
iii. Faça 10.000 iterações no modelo de simulação. Qual o nível esperado de lucro bruto para 2008? Qual a probabilidade de que o lucro bruto caia abaixo de $ 3,5 milhões?

3-8 Análise de risco do projeto usando simulação A Rayner Aeronautics está pensando em um investimento de $12,5 milhões que tem um fluxo de caixa livre do projeto (FCLP) de $2 milhões em seu primeiro ano de operações. O projeto tem uma vida de cinco anos e a Rayner necessita de um retorno de 18% a fim de justificar o investimento.

a. Que taxa de crescimento em FCLP para os Anos 2 a 5 é necessária para o projeto equilibrar as finanças (isto é ter um VPL = 0)?
b. Construa um modelo de simulação para a oportunidade de investimento para calcular os valores esperados de FCLP para os Anos 1 a 5. O fluxo de caixa do primeiro ano tem uma distribuição normal, com um valor esperado de $2 milhões e um desvio padrão de $1 milhão. Além disso, a taxa de crescimento do FCLP para os Anos 2 a 5 segue uma distribuição triangular com os seguintes parâmetros estimados:

Ano	Taxa de crescimento mais provável (MP)	Taxa de crescimento mínima	Taxa de crescimento máxima
2	40%	1/2 do MP	2 vezes o MP
3	Taxa de crescimento real no ano anterior	1/2 da taxa de crescimento real no ano anterior	2 vezes a taxa de crescimento real no ano anterior
4	Taxa de crescimento real no ano anterior	1/2 da taxa de crescimento real no ano anterior	2 vezes a taxa de crescimento real no ano anterior
5	Taxa de crescimento real no ano anterior	1/2 da taxa de crescimento real no ano anterior	2 vezes a taxa de crescimento real no ano anterior

c. Quais os VPL e TIR esperados para o projeto, baseados na análise de simulação da Parte b?

Problema 3-9 MINICASO **Projeto de aquisição de gás da ConocoPhillips**[20]

A ConocoPhillips (COP) Natural Gas and Gas Products Department (NG&GP) administra todas as atividades da empresa relacionadas à coleta, aquisição, processamento e venda de gás natural e gás liquefeito. Chris Simpkins, um recém-formado, foi recentemente contratado como analista financeiro para auxiliar o departamento da NG&GP.

---

[20] Preparado por Betty Simkins, Oklahoma State University.

Documento P3-9.1 Análise do projeto de compra de gás da ConocoPhillips

Ano	0	1	2	3
Investimento	$1.200.000			
Aumento de capital de giro líquido (NWC)	145.000			
Taxa de depreciação usando o critério MACRS, americano (7 anos)		0,1429	0,2449	0,1749
Preço do gás natural no poço (por MCF- mil pés cúbicos)		$6,00	$6,00	$6,00
Volume (MCF/dia)		900	720	576
Dias por ano		365		
Comissão ao produtor de gás natural (por MCF)		$3,00	$3,00	$3,00
Custo de compressão & processamento (por MCF)		0,65	0,65	0,65
Cálculos de fluxo de caixa				
Receita do gás natural, na boca do poço		$1.971.000	$1.576.800	$1.261.400
Despesas de arrendamento		985.500	788.400	630.720
Custos de compressão & processamento		213.525	170.820	136.656
Despesas de depreciação		171.480	293.880	209.880
Lucro operacional líquido		600.495	323.700	284.184
Menos impostos(40%)		(240.198)	(129.480)	(113.674)
Lucro operacional líquido após Impostos (NOPAT)		360.297	194.220	170.510
Mais depreciação		171.480	293.880	209.880
Liquidação do capital de giro líquido				
Fluxo de caixa livre do projeto	(1.345.000)	531.777	488.100	380.390

Uma das primeiras tarefas de Chris era revisar as projeções para um projeto de compra de gás que havia sido feito por um dos engenheiros de campo da empresa. As projeções de fluxo de caixa para o projeto de 10 anos estão no Documento P3-9.1 e são baseadas nas seguintes premissas e projeções:

- O investimento necessário para o projeto é formado por dois componentes: primeiro, há o custo de $1.200.000 para colocar o duto de gás natural. Espera-se que o projeto tenha uma vida de 10 anos e que seja depreciado ao longo de sete

4	5	6	7	8	9	10
0,1249	0,0893	0,0893	0,0893	0,0445		
$6,00	$6,00	$6,00	$6,00	$6,00	$6,00	$6,00
461	369	295	236	189	151	121
$3,00	$3,00	$3,00	$3,00	$3,00	$3,00	$3,00
0,65	0,65	0,65	0,65	0,65	0,65	0,65
$1.009.152	$807.322	$645.857	$516.686	$413.349	$330.679	$264.543
504.576	403.661	322.929	258.343	206.674	165.339	132.272
109.325	87.460	69.968	55.974	44.779	35.824	28.659
149.880	107.160	107.160	107.160	53.400	–	–
245.371	209.041	145.801	95.209	108.495	129.516	103.613
(98.148)	(83.616)	(58.320)	(38.083)	(43.398)	(51.806)	(41.445)
147.223	125.425	87.480	57.125	65.097	77.710	62.168
149.880	107.160	107.160	107.160	53.400	–	–
						145.000
297.103	232.585	194.640	164.285	118.497	77.710	207.168

anos utilizando uma MACRS[21] de sete anos. Segundo, o projeto demandará um aumento de $145.000 no capital de giro líquido, que, se prevê, será recuperado no final do projeto.

---

[21] *Modified Accelerated Cost Recovery System* (MACRS) – Regime Acelerado de Recuperação de Custos – utiliza uma vida depreciável mais curta para ativos, assim proporcionando reduções de impostos e fluxos de caixa maiores nos primeiros anos de vida do projeto, comparado com a depreciação linear.

- O poço deve produzir 900 MCF (mil pés cúbicos) por dia de gás natural durante o Ano 1, diminuindo gradativamente a produção ao longo do período de nove anos (365 dias de operação por ano). A produção de gás natural deve diminuir a uma taxa de 20% por ano, depois do Ano 1.
- Além dos dispêndios iniciais para o duto e o capital de giro adicional, haverá duas outras despesas. Primeiro, uma comissão equivalente a 50% do preço de mercado do gás natural no poço deverá ser paga ao produtor. Em outras palavras, se o preço de mercado no poço é $6,00 por MCF, 50% (ou $3,00 por MCF) é pago ao produtor. Segundo, haverá um custo de processamento e compressão de $0,65 por MCF.
- Não há valor residual para o equipamento ao final do período de arrendamento do gás natural.
- O preço do gás natural no poço é atualmente de $5,00 por MCF.
- O custo de capital para este projeto é 15%.

Perguntas

1. Quais são os VPL e TIR para o projeto proposto, baseados nas previsões feitas acima? Deve Chris recomendar que seja feito o projeto? Por que, ou por que não? Que reservas Chris deve ter, se tiver alguma, a respeito de recomendar o projeto para seu chefe?
2. Desenvolva uma análise de sensibilidade do projeto proposto para determinar o impacto no VPL e na TIR para cada um dos seguintes cenários:
   a. Melhor caso: um preço de gás natural de $8,00 e uma taxa de produção no Ano 1 de 1.200 MCF por dia, que diminui cerca de 20% por ano depois disso.
   b. Caso mais provável: um preço de gás natural de $6,00 e uma taxa de produção no Ano 1 de 900 MCF por dia, que diminui cerca de 20% por ano depois disso.
   c. Pior caso: um preço de gás natural de $3,00 e uma taxa de produção no Ano 1 de 700 MCF por dia, que diminui cerca de 20% por ano depois disso.
3. Faça a análise de sensibilidade no ponto de equilíbrio para encontrar cada um dos seguintes:
   a. Ponto de equilíbrio do preço do gás natural para um VPL = 0.
   b. Ponto de equilíbrio do volume de gás natural no Ano 1 para um VPL = 0.
   c. Ponto de equilíbrio do investimento para um VPL = 0.
4. Conforme os dados de sua análise de risco nas Questões 2 e 3, você recomenda esse projeto? Por que, ou por que não?

Problema 3-10 MINICASO **Projeto Southwest Airlines Winglet**[22]

Como uma companhia aérea de baixa tarifa, a Southwest Airlines constantemente enfoca maneiras de melhorar a eficiência de suas operações e manter uma estrutura de custo abaixo de sua concorrência. Na primavera de 2002, Scott Topping, diretor corporativo, foi abordado pela Aviation Partners Boeing (APB) a respeito de uma maneira inovadora de economizar no custo do combustível – a instalação de uma nova tecnologia conhe-

---

[22] Preparado por Betty Simkins, Oklahoma State University.

cida como Blended Winglet. Os aerofólios (*winglets*), feitos de carbono-grafite, foram projetados para a aeronave Boeing 737-700. A Southwest atualmente tem 142 aviões desse modelo em sua frota.

O sistema Blended Winglets foi desenvolvido pela APB, uma *joint venture* entre a Aviation Partners Inc. e a The Boeing Company. O objetivo principal do aerofólio era reduzir a turbulência, levando a uma maior eficiência no vôo. Como resultado, os aerofólios propiciaram três importantes benefícios, que permitiram que o avião aumentasse seu alcance, tivesse mais carga útil e economizasse no consumo de combustível. Os aerofólios permitem isso através do aumento da amplitude de bordo de fuga das asas e da criação de mais elevação na ponta da asa.

Para completar sua análise financeira, Scott precisava verificar custos e benefícios potenciais, assim como obter aprovação do Departamento de Engenharia de Manutenção, do Departamento de Operações de Vôo e do Departamento de Infraestrutura. Entretanto, Scott sabia bem que, independentemente dos potenciais benefícios financeiros, a segurança era a primeira prioridade. Esse processo levou diversos meses devido à sua complexidade.

Depois de discutir o projeto com os departamentos necessários, Scott fez as seguintes estimativas dos custos e benefícios do sistema de aerofólio para a Southwest:

- Os aerofólios, que custam $700.000 o par, podem ser instalados a um custo adicional de $56.000 por aeronave. A instalação pode ser programada em cada departamento de manutenção para coincidir com a manutenção regular. Como resultado, cada aeronave ficaria parada por apenas um dia extra, ao custo de $5.000.
- Depois de analisar os efeitos a curto e longo prazo dos aerofólios, o Departamento de Engenharia de Manutenção estima que, na média, os custos de conserto seriam de $2.100 anuais por aeronave, devido principalmente a danos incidentais.
- A envergadura aumentada permitiria que cada uma das aeronaves da Southwest voasse mais 115 milhas náuticas e diminuísse o uso de combustível de 4 a 6%. Isso significava que a Southwest poderia economizar 178.500 galões de combustível por aeronave, por ano.
- Operações de Vôo[23] estimaram que a capacidade adicional de alçar vôo proporcionada pelo aerofólio reduziria os custos da Southwest no uso de pistas de decolagem restritas, com uma economia estimada de $500 por aeronave, por ano.
- O Departamento de Infraestrutura avaliou o efeito da envergadura adicional em cada um dos 59 aeroportos que a Southwest utiliza em sua rede atual de rotas. O departamento estimou que as modificações necessárias na estrutura de apoio poderiam ser obtidas ao custo de um desembolso único de $1.200 por aeronave.
- O projeto Blended Winglet se capacita para os benefícios de redução de impostos previsto por programa de incentivo fiscal criado pelo governo americano em 2002, de modo a estimular investimentos que criem empregos em

---

[23] A Southwest Airlines estimou o valor de liquidação em aproximadamente 15% do custo dos aerofólios; entretanto, este valor de sucata é muito incerto pois se trata de uma nova tecnologia, sem dados históricos para basear a estimativa. Scott achou que os aerofólios, definitivamente, teriam um valor residual; assim, 15% parecia ser um valor de liquidação razoável para se usar, baseado nos poucos dados disponíveis. Na análise, os aerofólios deveriam ser depreciados a zero e o valor de liquidação no Ano 20 deveria ser considerado como lucro tributável.

solo americano (*Job Creation and Worker Assistance Act*). Com uma alíquota marginal de imposto de 39% e utilizando um cronograma de depreciação de sete anos (veja a tabela a seguir), seria permitido à Southwest depreciar mais 50% do projeto no primeiro ano.

Detalhes da depreciação

Ano	Tabela MARCS normal	Tabela normal × 50%	Ano 1 (50% adicionais)	Total (tabela modificada)
1	14,29%	7,15%	50,00%	**57,15%**
2	24,49%	12,25%		**12,25%**
3	17,49%	8,75%		**8,75%**
4	12,49%	6,25%		**6,25%**
5	8,93%	4,47%		**4,47%**
6	8,92%	4,46%		**4,46%**
7	8,93%	4,47%		**4,47%**
8	4,46%	2,23%		**2,23%**

- O projeto Blended Winglet tem uma vida prevista de, pelo menos, 20 anos, no final da qual espera-se que o valor de liquidação seja de $105.000. Considere um custo de combustível de $0,80 por galão e um custo de capital de 9,28% em sua análise. Estima-se que os demais itens, além do combustível, aumentem progressivamente a uma taxa de 3%. Conduza a análise com base em custos e receitas "por avião".

Avalie o projeto analisando as seguintes questões:

a. Calcule o fluxo de caixa livre anual do projeto (FCLP) para cada um dos próximos 20 anos, assim como o fluxo de caixa inicial.
b. Calcule o valor presente líquido (VLP) e a taxa de retorno interna (TIR) do projeto Blended Winglet.
c. Qual é o ponto de equilíbrio do custo de combustível para o projeto? Qual é o ponto de equilíbrio da economia de combustível, em galões, para o projeto, considerando o custo de $0,80 por Galão?
d. Quão sensível é o VPL do projeto Blended Winglet a mudanças nas premissas referentes a custos futuros de combustível e economia de combustível? Utilize a análise de cenários para avaliar um melhor cenário (preço do combustível de $1,10 por galão e economia de combustível de 214.000 galões por ano) e o pior cenário (preço do combustível de $0,50 por galão e economia de combustível de 142.000 galões por ano).
e. Quais riscos e benefícios potenciais você nota que não estão incorporados na análise quantitativa?
f. Qual é o impacto dos VPL e TIR do projeto se os aerofólios não tiverem valor de liquidação?
g. Você sugere que a Southwest Airlines faça esse projeto? Por quê?

APÊNDICE

Uma introdução à análise de simulações e ao Crystal Ball

O que é simulação?

Simulação é o processo de construção de um modelo que imite uma situação real, como, por exemplo, os fluxos de caixa resultantes da operação de uma estação hidrelétrica.

Por que construir modelos de simulação?

Quando os fluxos de caixa são determinados por diversas fontes de incerteza, a definição de fluxos de caixa esperados é extremamente complexa. Nesses casos, a simulação proporciona uma ferramenta que pode ser usada para especificar a solução. Essencialmente, usa-se o poder da computação para desenvolver uma distribuição de possíveis soluções que reflitam as fontes de incerteza subjacentes ao problema.

O que é o *software* Crystal Ball?

O Crystal Ball é um pacote de *software* que pode ser adicionado a planilhas eletrônicas e que permite construir modelos de simulação dentro do *software* de planilhas Excel da Microsoft. O Crystal Ball é um produto da Decisioneering, Inc.[24] Apesar de usarmos o Crystal Ball em todo este texto, existe um pacote alternativo, da Palisade Corporation, chamado @Risk.[25]

Como construir um modelo de simulação utilizando o Crystal Ball?

Os modelos Excel são **determinísticos**, o que significa que as variáveis de entrada são fixas (um valor para cada célula). Você só pode ver uma solução por vez. Se você quiser ver resultados alternativos, precisa mudar as variáveis de entrada do modelo manualmente. O *software* Crystal Ball proporciona ao usuário a possibilidade de fazer alterações dinâmicas nos dados de entrada de maneira que várias soluções podem ser calculadas e armazenadas para uma análise posterior. Para con-

---

[24] http://www.crystalball.com/índex.html.
[25] http://www.palisade.com.

verter um modelo de planilha determinístico em um modelo de simulação dinâmico, são necessários três passos:

- Primeiro, devemos identificar as variáveis de entrada do modelo que são sujeitas à incerteza e atribuir uma distribuição de probabilidade a cada uma delas. No Crystal Ball essas variáveis incertas ou estocásticas são chamadas de **assumptions (premissas)**.
- Segundo, as variáveis de saída/resultados que são importantes para a análise do problema devem ser identificadas. O Crystal Ball refere-se a elas como **forecasts (previsões)**.
- Finalmente, uma vez que as premissas e previsões tenham sido identificadas (em seguida comentaremos de que maneira isso é feito), podemos iniciar a simulação. Esse processo envolve a seleção de um valor para cada uma das premissas no modelo, calcular o valor de cada uma das previsões e armazenar o resultado. Esse processo é repetido pelo número de iterações que tiver sido especificado no modelo.

O resultado da simulação consiste em todos os valores armazenados das variáveis de previsão (por exemplo, VPL e TIR). Os dados das variáveis de previsão armazenados podem ser resumidos utilizando-se estatísticas descritivas tais como média, mediana e desvio-padrão, ou construindo-se um histograma ou distribuição de frequência.

Para ilustrar o uso do Crystal Ball em um cenário muito simples, considere a situação enfrentada pela WyseData Corp. A empresa está avaliando um investimento em uma nova linha de produtos na qual espera obter receita de vendas durante apenas um ano. Os gestores da empresa tentam prever o lucro bruto a ser produzido pelo investimento (como parte de sua análise de fluxos de caixa do projeto). A estimativa inicial do lucro bruto feita pelos gestores é de $20.000 e encontra-se abaixo em um modelo Excel estático:

	2008
Vendas	$100.00,00
Menos: custo dos produtos vendidos	$(80.000,00)
Lucro bruto	$ 20.000,00

Entretanto, os gestores reconhecem que tanto o nível de vendas quanto o custo dos produtos vendidos não são conhecidos com segurança, por isso o lucro bruto também é incerto. Para modelar o lucro bruto utilizando a simulação e avaliar sua incerteza subjacente, os gestores estimaram a incerteza das vendas e o custo dos produtos vendidos, como segue:

Variável (Premissa)	Descrição da incerteza	Distribuição de probabilidade
Vendas	Poderia ser tão baixa quanto $40.000 ou tão alta quanto $150.000, mas o valor mais provável é $100.000.	Triangular com um valor mínimo de $40.000; valor mais provável de $100.000; e valor máximo de $150.000.
Custo dos produtos vendidos	Poderia ser tão pequeno quanto 70% das vendas ou tão grande quanto 90%.	Distribuição uniforme com um valor mínimo de 70% e um valor máximo de 90%.

Observe que os gestores da empresa identificaram no modelo as variáveis que são sujeitas à incerteza, descreveram a natureza da incerteza (talvez com os dados fornecidos por pessoas da empresa mais familiarizadas com o problema) e traduziram a descrição da incerteza subjacente em uma adequada distribuição de probabilidade. Cada um destes passos exige habilidade e julgamento administrativo que podem ser desenvolvidos com a prática ao longo do tempo.

O Crystal Ball adiciona ícones à barra de ferramentas da planilha que facilitam o processo de definição das premissas e de identificação das previsões. A tela contendo o modelo final – depois de colocar o cursor na célula C8 (vendas) e de selecionar ⌂ e informar as estimativas de parâmetros mínimo, mais provável e máximo para a distribuição triangular –, aparece como segue:

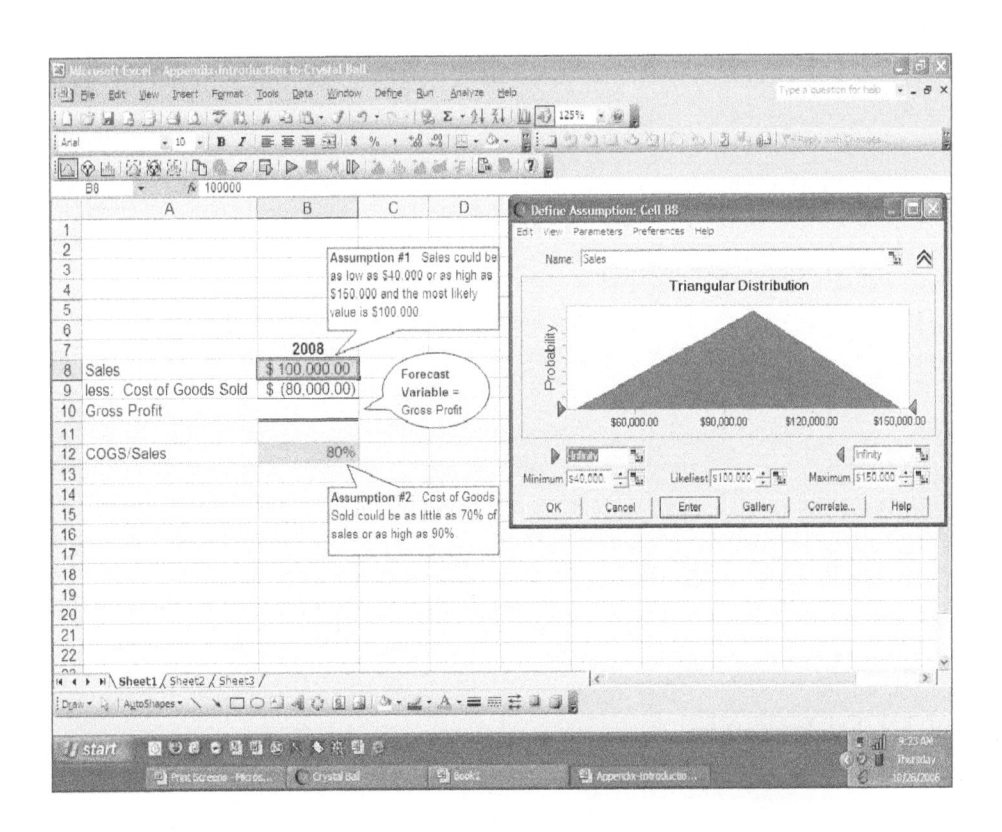

Atribuímos uma distribuição uniforme para a Célula B8 a fim de tornar estocástica a razão custo dos produtos vendidos/vendas, seguindo o mesmo procedimento usado anteriormente para a definição das vendas. Observe que no modelo final (acima) as células sombreadas em verde identificam as premissas (isto é variáveis aleatórias ou estocásticas), que incluem vendas e custo dos produtos vendidos como uma porcentagem das vendas, enquanto a célula azul identifica o único resultado ou variável de previsão no modelo que também é objeto da análise. Para definir a variável de previsão, selecionamos o ícone [ícone] na barra de ferramentas. A tela Excel aparece como segue:

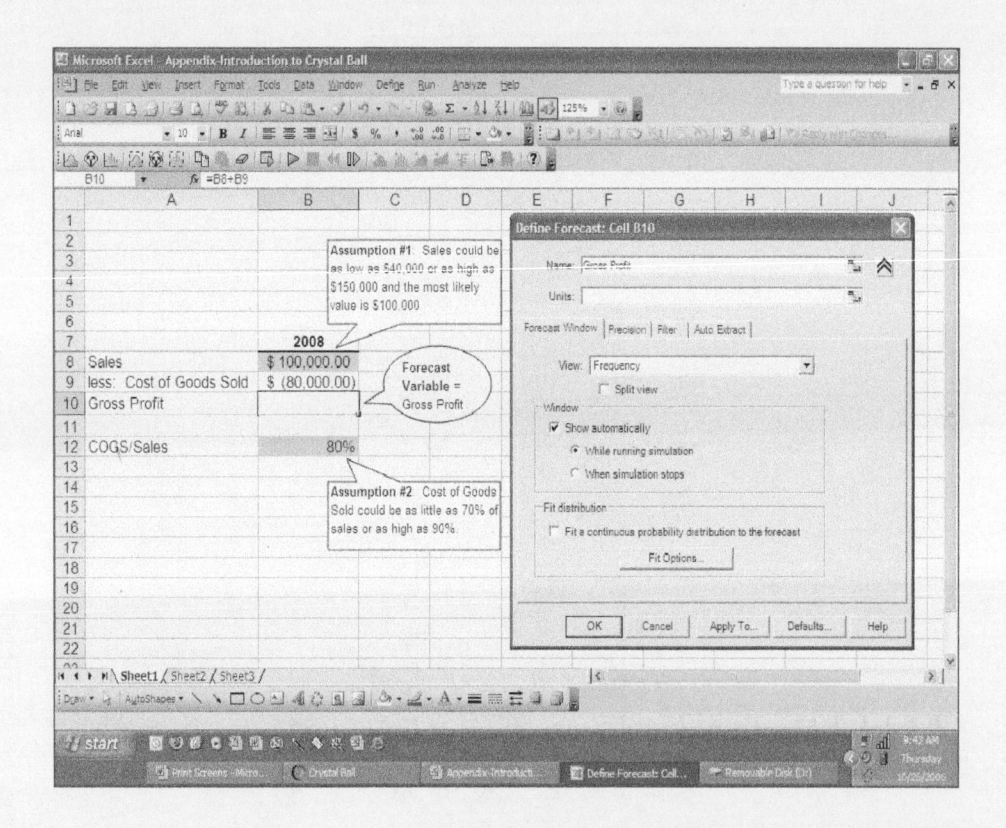

O passo final, antes de rodar a simulação, envolve a seleção do ícone [ícone] na barra de ferramentas para definir o número de iterações na simulação. A tela Excel aparece como segue:

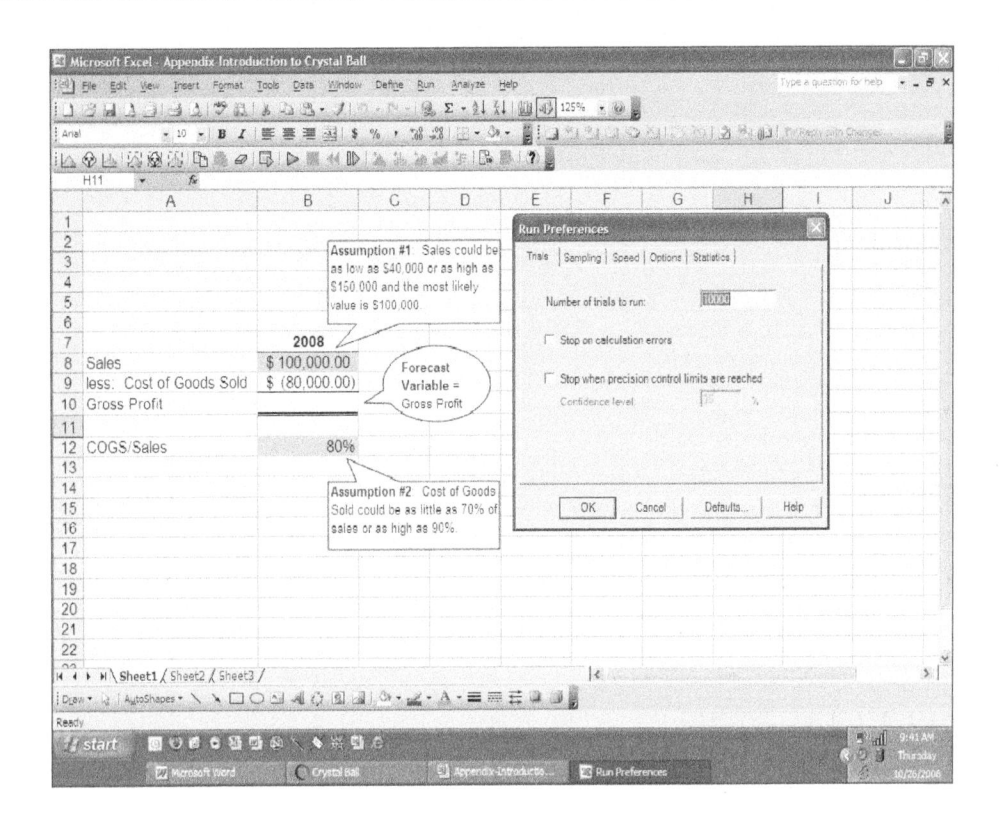

Para rodar a simulação, selecionamos o ícone ▷ na barra de ferramentas. Rodamos a simulação 10.000 vezes (iterações) e o Crystal Ball compilou as 10.000 estimativas resultantes do lucro bruto no seguinte histograma (distribuição de frequência):

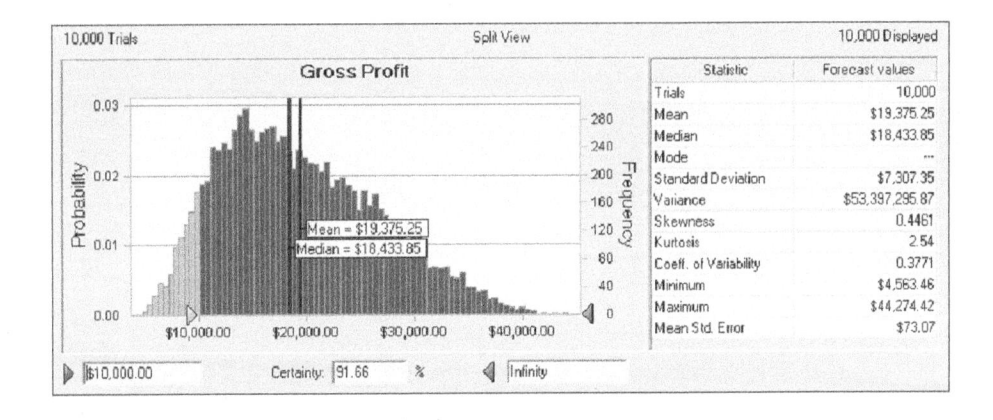

Vamos revisar os elementos básicos do histograma do Lucro Bruto. Primeiro, essa é a "vista detalhada" dos resultados, contendo tanto a frequência de distribuição quanto as estatísticas. O Crystal Ball oferece outras opções para os dados de previsão/saída, que não serão analisados aqui. Depois, note que há 10.000 tentativas de simulação e 10.000 iterações reveladas no gráfico. Na parte de baixo da distribuição de frequência há três números: $10.000,00, 91,66% e Infinito. O primeiro número refere-se ao ponto de truncamento na distribuição de frequência que aparece acima e a "Certeza" de 91,66% é a chance de que o lucro bruto será de pelo menos $10.000, ou uma chance de 8,34% de que será menos de $10.000.

Parte **II**

Custo do capital

Até agora focamos a projeção dos fluxos de caixa. Para atribuir um valor a esses fluxos de caixa em uma determinada data, precisamos de uma taxa de desconto ou um custo do capital que reflita os riscos desses fluxos de caixa. Nesta seção, introduzimos a ideia de custo de oportunidade do investimento, que definimos como a taxa de retorno que o investidor pode esperar receber de um investimento em valores mobiliários com riscos equivalentes.

O Capítulo 4 analisa a determinação da taxa de desconto e o custo do capital para a empresa como um todo. Essa análise foca no WACC da empresa, que é a média ponderada do custo da dívida e do custo do capital próprio. O WACC da empresa fornece a taxa de desconto apropriada para avaliação de toda a empresa. Entretanto, como explicaremos, o WACC de uma empresa não é adequado para determinar o custo do capital para projetos de investimento individuais que a empresa possa estar analisando.

No Capítulo 5, tratamos do problema da estimativa do custo do capital para um projeto individual. Na teoria, cada projeto de investimento individual pode ter uma taxa de desconto específica que reflita seus riscos específicos. Entretanto, na prática, muitas empresas avaliam todos os seus projetos de investimento com um custo do capital único para toda a empresa. Além disso, as empresas que utilizam múltiplas taxas de desconto muitas vezes usam um número limitado de taxas que corresponde a cada uma das divisões operacionais da empresa. Neste capítulo discutimos algumas razões organizacionais desse procedimento e oferecemos algumas alternativas básicas que podem ser usadas para adaptar o custo do capital estimado aos riscos relacionados aos projetos individuais. Esses métodos equilibram os custos organizacionais que podem surgir da utilização de taxas de desconto múltiplas, comparados aos benefícios de se usar o custo de oportunidade de capital adequado ao risco na análise de projetos.

Capítulo **4**

Calculando o custo de capital de uma empresa

> **Visão geral do capítulo**
>
> Nos capítulos anteriores nos referimos à *taxa de desconto* simplesmente como a taxa de desconto utilizada para calcular valores presentes. Para descrever a taxa de desconto adequada que deve ser usada para calcular o valor dos fluxos de caixa futuros de um investimento, os economistas financeiros usam o termo *custo de oportunidade do capital* ou, simplesmente, *custo de capital*. Neste capítulo vamos focar o custo médio ponderado de capital total da empresa (ou WACC – *weighted average cost of capital*), que é a taxa de desconto que deve ser usada para avaliar toda a empresa. Além de descrever o WACC, consideramos os determinantes de seus vários componentes – o custo da dívida e o custo do capital próprio.

4.1 Introdução

O **custo médio ponderado de capital** (ou **WACC**) é a média ponderada das taxas de retorno esperadas, depois dos impostos, das várias fontes de capital da empresa. Como vamos examinar neste capítulo, o WACC é a taxa de desconto que deve ser usada para converter os fluxos de caixa livre esperados para calcular o valor da empresa.

O WACC da empresa pode ser visto como seu **custo de oportunidade do capital**, que é a taxa de retorno esperada que seus investidores teriam em outras oportunidades de investimento com risco equivalente. Isso pode parecer "economês", mas ilustra um conceito muito importante. Dado que os investidores poderiam investir seu dinheiro em outros negócios, investir nos valores mobiliários (títulos ou ações negociados em bolsa) de uma determinada empresa tem, de fato, um custo de oportunidade. Isto é, se uma investidora coloca seus recursos nas ações do Google (GOOG), ela abre mão do retorno que teria se investisse na Microsoft (MSFT). Isso quer dizer que se Google e Microsoft têm riscos equivalentes, a taxa de retorno esperada nas ações da Microsoft pode ser vista como o custo de oportunidade do capital do Google, e o retorno esperado nas ações do Google pode ser visto como o custo de oportunidade do capital da Microsoft.

Além de o WACC ser a taxa de desconto apropriada para avaliar o valor das empresas, elas normalmente o controlam e o usam como *benchmark* para determinar a taxa de desconto adequada a novos projetos de investimento, para avaliar candidatos à aquisição e para avaliar seu próprio desempenho (voltaremos a esse assunto no Capítulo 9).

4.2 Valor, fluxos de caixa e taxas de desconto

A Figura 4-1 analisa a metodologia de avaliação em três passos do FCD que descrevemos nos Capítulos 2 e 3. Até aqui, enfocamos apenas a avaliação de projetos (coluna à direita). Agora, introduzimos a avaliação do capital próprio (coluna do meio) e a avaliação da empresa.

O ponto-chave de aprendizado das colunas dois e três é que os cálculos de fluxo de caixa e as taxas de desconto devem ser compatíveis. Se você quiser calcular o valor do capital próprio investido no projeto (isto é, **valor patrimonial**), como fazemos no Capítulo 8, você irá calcular os fluxos de caixa livres para o acionista e usar uma taxa de desconto adequada para esses investidores. Por outro lado, se você está calculando o valor de uma empresa inteira, o que equivale ao valor combinado do capital próprio e do capital de terceiros, então o fluxo de caixa apropriado é a combinação dos fluxos de caixa relativos à dívida e ao capital próprio. Nesse caso, a taxa de desconto adequada é a combinação das taxas de retorno esperadas pelos credores e acionistas, que iremos denominar custo médio ponderado de capital.

Devemos enfatizar que, em todos esses casos, consideramos que os fluxos de caixa estimados são o que definimos no Capítulo 2 como fluxos de caixa esperados. Se usarmos fluxos de caixa conservadores, então usaremos também uma taxa de desconto menor. Da mesma forma, se os fluxos de caixa estimados na verdade refletirem apenas as nossas "aspirações" ao que gostaríamos que acontecesse, então precisaremos de uma taxa de desconto maior para compensar essas previsões otimistas de fluxo de caixa.

Definindo o WACC da empresa

O **custo médio ponderado de capital (WACC)** é uma média ponderada dos custos, após impostos, das várias fontes de capital arrecadado pela empresa para financiar suas operações e investimentos. Definimos o **capital investido da empresa** como o capital arrecadado através da emissão de dívida sujeita a juros e da emissão de capital (preferencial e ordinário). Observe que a definição acima de capital investido, especificamente, exclui todos os passivos não onerosos sobre os quais não incidem juros, tais como contas a pagar, bem como passivos previdenciários de fundo de pensão privada não integralizados e operações de arrendamento mercantil. Isso porque estaremos calculando o que se conhece como **valor do empreendimento**, que é igual

| | Objeto do exercício de avaliação ||
Passos	Avaliação do capital próprio	Avaliação do projeto ou empresa (direitos dos detentores da dívida e do capital)
Passo 1: Calcule o valor e o cronograma dos fluxos de caixa futuros (analisados no Capítulo 2).	Fluxo de caixa livre para o acionista (FCLA).	Fluxo de caixa livre do projeto (empresa) (isto é FCLP = FCLE).
Passo 2: Calcule a taxa de desconto ajustada ao risco (analisada nos Capítulos 4 e 5).	Taxa de retorno exigida para o acionista.	Combine as taxas de retorno exigidas pelos credores e acionistas (custo médio ponderado do capital – WACC).
Passo 3: Desconte os fluxos de caixa (analisados no Capítulo 2).	Calcule o valor presente dos FCLA usando a taxa de desconto (retorno exigido pelos acionistas) para avaliar o valor do capital próprio investido no projeto.	Calcule o valor presente do FCLP (FCLE) usando o WACC para calcular o valor do projeto (empresa).

Figura 4-1 Combinando fluxos de caixa e taxas de desconto na análise do FCD.

à soma do valor do capital próprio da empresa e da dívida onerosa, sujeita a juros. Observe, entretanto, que essas fontes de capital que foram excluídas (por exemplo, as obrigações referentes a fundos de pensão não integralizadas e a operações de arrendamento) influenciam no valor do empreendimento, pois afetam os fluxos de caixa futuros da empresa.

A Equação 4.1 define o WACC como a média das taxas de retorno requeridas pela dívida onerosa da empresa (k_d), pelas ações preferenciais (k_p) e pelas ações ordinárias (k_e). Os pesos usados para cada fonte de recursos são iguais às proporções que elas representam do total de recursos captados. Isto é, w_d é o peso associado à dívida, w_p é o peso associado à ação preferencial, e w_e é o peso associado ao capital próprio.

$$\text{WACC} = k_d(1 - T)w_d + k_p w_p + k_e w_e \qquad (4.1)$$

Observe que o custo de financiamento da dívida é a taxa de retorno exigida pelos credores da empresa, k_d, ajustado para baixo por um fator igual a 1 menos a alíquota de imposto corporativa $(1 - T)$ para refletir o fato de que a despesa com juros da empresa é dedutível de impostos. Assim, os credores recebem um retorno igual a k_d, mas a empresa incorre em um custo líquido de apenas $k_d(1 - T)$. Como o custo das ações preferenciais e ordinárias não é dedutível de impostos, não há necessidade de ajustar as taxas nesses custos.

A mecânica de cálculo do WACC de uma empresa pode ser resumida pelo seguinte procedimento de três passos:

- **Passo 1:** Avalie a estrutura de capital da empresa e determine a importância relativa de cada componente no total.
- **Passo 2:** Calcule o custo de oportunidade de cada uma das fontes de financiamento e ajuste-o para efeitos de impostos, se necessário.
- **Passo 3:** Finalmente, calcule o WACC da empresa computando a média ponderada dos custos após os impostos das fontes de capital usadas pela empresa (isto é substituindo na Equação 4.1).

Como você pode suspeitar, surgem alguns problemas que precisam ser tratados, tanto com relação à estimação dos pesos quanto dos custos de oportunidade. Vamos analisar um de cada vez.

Use pesos de mercado Primeiro, com respeito aos pesos na estrutura do capital, é importante que os componentes usados para calcular a fórmula do WACC reflitam a importância atual de cada fonte de financiamento para a empresa. Basicamente, isso significa que os pesos devem se basear no valor de mercado, em vez de no valor contábil dos títulos da empresa, porque os valores do mercado, diferentemente dos valores contábeis, representam os valores pelos quais os títulos da empresa são apreçados na época da análise (e não algum tempo antes, quando os títulos foram emitidos).

Use custos de oportunidade com base no mercado O segundo problema de avaliação, ao calcular o WACC da empresa, refere-se às taxas de retorno ou custos de oportunidade de cada fonte de capital. Assim como aconteceu com os pesos da estrutura do capital, esses custos devem refletir as taxas de retorno exigidas agora, em vez de taxas históricas, na época em que o capital foi levantado. Isso reflete o fato de que o WACC é uma estimativa da oportunidade do custo de capital no dia de hoje.

Use pesos e custos de oportunidade condizentes com o que se espera para o futuro
As empresas normalmente atualizam suas estimativas de custo do capital anualmente, ou até trimestralmente, para refletir as mudanças nas condições de mercado. Entretanto, na maioria dos casos, os analistas aplicam o WACC assumindo-o como constante para todos os períodos futuros. Isso significa que eles, implicitamente, consideram que os pesos para cada fonte de financiamento, os custos de capital da dívida e do capital e a alíquota de imposto corporativo são constantes. Apesar de ser razoável acreditar que os componentes do WACC sejam constantes desde que as políticas financeiras da empresa permaneçam fixas, há circunstâncias nas quais as políticas financeiras mudarão de maneira previsível ao longo da vida do investimento. Encontramos um desses casos no Capítulo 8, quando analisamos aquisições alavancadas, ou LBOs (*leverage buyouts*). O financiamento LBO normalmente envolve um alto nível de endividamento que é pago mais adiante. Nesse caso, veremos que será útil aplicar outra variante do modelo de FCD (o modelo do valor presente ajustado), que analisaremos em detalhe no Capítulo 7.

Fluxo de caixa descontado, valor da empresa e WACC

A conexão do WACC com a estimativa do fluxo de caixa descontado (FCD) do valor da empresa é mostrada na Equação 4.2, a seguir:[1]

$$\frac{\text{Valor da}}{\text{Empresa}_0} = \sum_{t=1}^{N} \frac{E(\text{Fluxo de caixa livre da empresa}_t)}{(1+\text{WACC})^t} \quad (4.2)$$

E(Fluxo de caixa livre da empresa$_t$) é o fluxo de caixa esperado acumulado pela empresa no período t, lembrando que o fluxo de caixa livre da "empresa" (FCLE) é análogo ao fluxo de caixa livre do "projeto" (FCLP). Para nossos objetivos, um projeto pode ser considerado como uma miniempresa, e uma empresa é apenas a combinação de muitos projetos. Consequentemente, os fluxos de caixa livres do projeto e da empresa são calculados exatamente da mesma maneira.

A Equação 4.2 expressa o Valor da Empresa com um "0" subscrito para indicar que estamos determinando o valor da empresa *hoje* ("instante zero"), baseados em fluxos de caixa que começam em um período depois. Em geral, os analistas consideram o prazo de um ano e ignoram o fato de que os fluxos de caixa aumentam ao longo do ano. Vamos seguir a *convenção de fim do ano* por todo o livro; entretanto, reconhecemos que muitos analistas financeiros consideram que os fluxos de caixa acontecem no meio do ano, de modo a refletir o fato de que, na maioria dos projetos, o fluxo de caixa é gerado ao longo de todo o ano.

Ilustração – Utilizando a análise do fluxo de caixa descontado para avaliar uma aquisição

Para ilustrar a conexão entre o WACC e a avaliação, considere a situação enfrentada por um analista da Morgan Stanley, que tinha um cliente interessado na aquisição da OfficeMart, Inc., uma revendedora de equipamentos de escritório. Esse cliente está interessado na compra de toda a empresa, o que significa que ele irá adquirir todo o capital próprio existente e assumir as suas dívidas. Apesar das avaliações de aquisição de empresas poderem ser bastante complicadas, o analista da Morgan Stanley fez uma análise simplificada, preliminar, do valor intrínseco da OfficeMart seguindo o processo de três passos do fluxo de caixa descontado, conforme o Capítulo 2:[2]

Passo 1: *Faça a previsão dos valores e do cronograma dos fluxos de caixa livres.* Como estamos interessados em avaliar a empresa como um todo (incluindo tanto o capital próprio quanto o de terceiros), estimamos os fluxos de caixa livres da empresa (FCLE) da mesma maneira que calculamos os fluxos de caixa livres do projeto (FCLP) no Capítulo 2. Assim, para o próximo ano, o analista da Morgan Stanley calcula que o fluxo de caixa da OfficeMart será de $560.000, como segue:

---

[1] A Equação 4.2 não reflete o valor dos ativos não operacionais da empresa nem captura o valor do excesso de liquidez da empresa (isto é recursos em caixa e aplicações financeiras). Voltaremos a considerar esses pontos nos Capítulos 6 e 7.

[2] Nos Capítulos 7 e 8 nos aprofundaremos nos detalhes da avaliação de empresas.

Vendas	$ 3.000.000
Custo das mercadorias vendidas	(1.800.000)
Depreciação	(500.000)
Lucro antes dos juros e impostos (LAJIR)	700.000
Impostos[3] (20%)	(140.000)
Lucro operacional líquido depois dos impostos	560.000
Mais: Depreciação	500.000
Menos: Investimentos em Imobilizado (CAPEX)	(500.000)
Menos: Alteração no capital de giro (WC)	(0)
Fluxo de caixa livre do projeto (empresa) (FCLP = FCLE)	$ 560.000

Passo 2: *Estime a taxa de desconto apropriada.* Como estamos avaliando a empresa como um todo (capital próprio e de terceiros), a taxa de desconto que escolhemos deve representar uma combinação das taxas que são apropriadas para a dívida (capital de terceiros) e para o capital próprio, ou seja, o custo médio ponderado de capital.

A OfficeMart financia 40% de seus ativos utilizando capital de terceiros a um custo de 5%; os investidores em capital próprio em empresas similares à Office-Mart (tanto em termos do setor como em termos da estrutura de capital) exigem um retorno de 14% em seu investimento. Combinando o custo do empréstimo depois dos impostos da OfficeMart (as despesas com juros são dedutíveis para fins de imposto de renda e a alíquota do imposto da empresa é de 20%) com o custo estimado do capital próprio, calculamos o custo médio ponderado de capital para a empresa de 10% (isto é 5%(1 − 20%) 0,4 + 14% × 0,6 = 10%).

Passo 3: *Desconte os fluxos de caixa projetados.* Os fluxos de caixa projetados da OfficeMart formam uma perpetuidade sem crescimento, isto é, o fluxo de caixa de cada ano é igual ao fluxo de caixa do ano anterior, ou seja, $560.000. Consequentemente, podemos calcular o valor presente dos fluxos de caixa futuros da empresa como segue:

$$\text{Valor da OfficeMart, Inc.} = \frac{\$560.000}{0,10} = \$5.600.000$$

Assim, a análise preliminar sugere que o valor da OfficeMart é de $5.600.000.

Lembre-se de que estimamos o valor da empresa, que é a soma dos direitos tanto dos detentores da dívida quanto dos detentores do capital próprio da empresa. Se quisermos calcular o valor apenas do capital próprio da empresa, precisamos subtrair o valor da dívida do valor total da empresa de $5.600.000. Como a OfficeMart tem uma dívida de $2.240.000, o valor do capital próprio da empresa é $5.600.000 − $2.240.000 = $3.360.000.

---

[3] Lembre-se da nossa discussão anterior, no Capítulo 2, de que isso não é uma real obrigação de pagamento de impostos da empresa, pois ela é baseada nos ganhos antes que as despesas com juros tenham sido deduzidas. Veja o quadro Insight Técnico sobre a economia fiscal proporcionada pelas despesas financeiras.

INSIGHT TÉCNICO
Como tratar o benefício fiscal dos juros?

Observe que as taxas nos cálculos de FCLP e FCLE são baseadas nos níveis de lucros operacionais ou ganhos *antes* da dedução dos juros. Em outras palavras, calculamos os fluxos de caixa depois dos impostos da empresa como se ela fosse financiada exclusivamente com capital próprio. Entretanto, as despesas com juros e sua dedutibilidade fiscal não são ignoradas em nossa avaliação. Usamos o custo de dívida *depois dos impostos* para calcular o custo médio ponderado de capital que, portanto, considera a economia fiscal associada à dedutibilidade dos juros. Por exemplo, se a taxa de retorno exigida para a dívida é 7% e a empresa paga impostos a uma taxa de 30%, o custo da dívida depois dos impostos é 4,9% – isto é, 0,07(1 − 0,30) = 0.049, ou 4,9%, enquanto o custo da dívida antes dos impostos é 7%.

Avaliação do capital próprio

Entretanto, espere um minuto. A Figura 4-1 não mostrava que o valor do capital próprio poderia ser calculado como o valor presente dos fluxos de caixa livres para o acionista (FCLA)? Acima, no entanto, obtivemos o valor do capital próprio simplesmente calculando o que sobrava do valor total da empresa, após a dedução da dívida.

Para estimar o valor do capital próprio do projeto, primeiro calculamos o FCLA, como segue:

LAJIR	$ 700.000
Menos: Despesas com juros	(112.000)
Lucro antes dos impostos (LAIR)	588.000
Menos: Impostos	(117.600)
Receita líquida	$470.400
Mais: Despesas com depreciação	500.000
Menos: CAPEX	(500.000)
Mais: Novas dívidas	–
Menos: Dívidas liquidadas	–
Fluxo de caixa livre do acionista (FCLA)	$470.400

Para calcular o capital próprio do projeto, descontamos os fluxos FCLA (observe que os FCLA são uma perpetuidade sem crescimento – um fluxo de caixa constante recebido anualmente, para sempre) usando o custo do capital próprio, anteriormente considerado como 14%, isto é:

$$\text{Valor do capital próprio da OfficeMart} = \frac{\$470.400}{0,14} = \$3.360.000$$

Assim, o valor do capital próprio da OfficeMart é igual ao valor residual restante depois de deduzidas as dívidas do valor da empresa (isto é $5.600.000 − $2.240.000 = $3.360.000) e é também igual ao valor presente dos fluxos de caixa livres para o acionista! Se o valor do capital próprio é calculado diretamente pelo desconto dos FCLA ou indiretamente pela dedução do valor da dívida do valor total da empresa, isso é uma questão de ordem prática. Por exemplo, como destacamos no Capítulo 8, é uma prática comum entre investidores de capital privado (*private equity*) avaliar o capital próprio diretamente. Entretanto, ao avaliar empresas no contexto de fusões e aquisições, a avaliação inicial geralmente enfoca a empresa como um todo.

4.3 Calculando o WACC

Nesta seção, introduzimos técnicas para calcular o WACC de uma empresa. Em nossa discussão, frequentemente vamos nos referir às práticas da Ibbotson Associates, que é uma importante fonte de informação (veja o quadro Insight Técnico na página 155). Ibbotson segue o mesmo processo de três passos que abordamos anteriormente para o cálculo do WACC de uma empresa, mas aplica o procedimento para *setores de indústrias*. O argumento para focar no custo de capital setorial é baseado nas crenças de que: (1) a variância do custo de capital entre empresas de um mesmo setor é pequena se comparada com a variância observada entre diferentes setores e (2) erros de estimativas são minimizados se enfocarmos em grupos de empresas similares do mesmo setor.[4]

Avaliar o peso da estrutura de capital da empresa – Passo 1

O primeiro passo em nossa análise do WACC envolve a determinação dos pesos que devem ser usados para cada componente da estrutura de capital da empresa. Esses pesos representam a fração do **capital investido** da empresa relativa a cada uma das fontes de capital. Observe que precisamos ser um pouco cuidadosos quando falamos sobre capital investido, pois ele não inclui tudo o que aparece no lado direito do balanço patrimonial da empresa. Em particular, o capital investido da empresa é a soma *somente* da dívida onerosa (sobre a qual incidem juros), das ações preferenciais e das ações ordinárias da empresa.

Em teoria, devemos calcular os pesos utilizando os preços de mercado observados para cada título da empresa (sejam eles de dívida ou de capital próprio), multiplicados pelo número de títulos em aberto. Na prática, entretanto, os pesos na estrutura de capital são calculados utilizando-se os valores de mercado apenas para o capital próprio (ações preferenciais[5] ou ordinárias). Os preços de mercado das ações

---

[4] Para uma discussão completa de sua metodologia, veja Ibbotson Associates, *Cost of Capital – Yearbook*.

[5] Nos EUA, ações preferenciais têm características distintas das ações preferenciais negociadas no mercado brasileiro. Naquele mercado, embora sejam também consideradas parte do capital próprio das empresas, as ações preferenciais têm rendimentos preestabelecidos e nem sempre os preços são observáveis. O autor alerta que, neste livro, usa-se o valor contábil das ações preferenciais da empresa para se determinar o seu peso na estrutura de capital da empresa, como faz a Ibbotson Associates. Entretanto, quando os preços das ações preferenciais são observáveis, o preço de mercado é que deve ser usado.

> **INSIGHT DO PROFISSIONAL**
>
> **Roger Ibbotson, sobre a avaliação de um negócio e sobre o custo de capital***
>
> A avaliação de uma empresa utilizando-se fluxo de caixa descontado é um processo relativamente objetivo. O procedimento padrão envolve a estimativa do custo de capital e dos fluxos de caixa futuros da empresa e, depois, o desconto dos fluxos de caixa de volta ao presente utilizando o custo de capital. Infelizmente, as estimativas de fluxos de caixa, assim como das taxas de desconto, envolvem erros. A probabilidade de erros de cálculo provavelmente é maior nas estimativas de fluxo de caixa porque não existem valores máximos e mínimos que possam ser usados como orientação, isto é, que nos ajudem a manter nossas estimativas dentro de limites que façam sentido. Ao fazer estimativas de custo do capital, por outro lado, o analista tem acesso aos retornos históricos do mercado de títulos livres de risco e do mercado de ações (total ou específico da indústria), os quais fornecem alguma indicação da faixa em que pode estar o custo de capital da empresa. Na Ibbotson Associates, fornecemos o histórico de retornos de ações e títulos, os quais servem como referencial para estimar as taxas de retorno adequadas a investimentos, de acordo com os riscos envolvidos. Também fornecemos modelos alternativos que podem ser usados para calcular o custo de capital. Alguns desses modelos podem ser considerados excessivamente complexos quando apresentados à alta administração, a membros da diretoria ou a outros sem experiência financeira. Além disso, os custos de capital estimados (especialmente o relativo ao capital próprio) podem variar muito, e isso muitas vezes acontece. Minha experiência sugere que as seguintes orientações podem ser úteis ao se estimar o custo de capital de uma empresa:
>
> - *Sempre que possível, use o modelo mais simples.* Nossa experiência mostra que alguns dos modelos mais sofisticados para estimar o custo do capital próprio apresentam os maiores erros de cálculo.
> - *Considere o tamanho da empresa e da indústria.* Essas variáveis são obtidas facilmente e sem risco de erros e tem-se demonstrado que elas estão relacionadas ao custo de capital da empresa.
> - *Calcule o custo de capital utilizando diversos métodos.* Mesmo que você se baseie especialmente nos modelos mais simples, cada novo método agrega mais informação.
>
> *Roger Ibbotson é o fundador e antigo presidente da Ibbotson Associates. A Ibbotson Associates é a maior fornecedora de informação sobre custo de capital nos Estados Unidos. Atualmente, seu *Cost of Capital Quarterly* (relatório trimestral sobre os custos de capital) inclui análises do custo de capital de mais de 300 setores industriais estabelecidos nos Estados Unidos, ajudando a realizar análises de fluxos de caixa descontados. Os dados incluem os betas dos setores industriais, os custos do capital próprio, os custos médios ponderados de capital e outras importantes estatísticas financeiras de cada setor.

estão facilmente disponíveis, de forma que o analista pode simplesmente multiplicar o preço de mercado atual da ação pelo número de ações, de modo a obter os valores de mercado totais. Para títulos de dívida, os valores contábeis geralmente são usados como substitutos dos valores de mercado, pois os preços de mercado das dívidas da empresa são frequentemente difíceis de obter (veja o quadro Insight da Indústria). Entretanto, quando os valores de mercado das dívidas estiverem disponíveis, eles devem ser usados no lugar dos valores contábeis.

> **INSIGHT DA INDÚSTRIA**
>
> **Calculando o custo de dívida, na prática**
>
> A Ibbotson Associates calcula o custo de dívida de cada setor industrial utilizando a curva de juros para os diversos graus de risco, com base no *Merrill Lynch U.S. Domestic Bond Indices*. Os títulos são classificados em um dos três grupos a seguir (veja Figura 4-2): grau de investimento (classificação S&P de AAA, AA, A e BBB), abaixo do grau de investimento (classificação S&P de BB, B, CCC, CC e D) e "não classificado". Calcula-se, então, a média dos juros associados a cada grupo – e para cada prazo de vencimento –, para se chegar a uma estimativa da curva de juros. Usam-se as médias dos juros pagos pelos dois grupos inferiores como *proxies* para o custo dos títulos de dívida que não são classificados. Um custo médio ponderado da dívida pode, então, ser calculado para cada empresa de uma indústria, utilizando os juros aplicáveis ao grau de risco da empresa, para cada prazo, e ponderado-os pelo percentual da dívida total que vence em cada ano. Para obter o custo de endividamento de um setor, calcula-se a média dos *custos médios de dívida* de cada empresa. A Ibbotson Associates utiliza as dívidas que vencem em cada um dos próximos cinco anos e, então, considera que as dívidas remanescentes vencem todas no Ano 6.

O custo da dívida – Passo 2

Em teoria, gostaríamos de calcular o retorno que os investidores esperam obter dos títulos de dívida da empresa. Na prática, os analistas geralmente utilizam o *rendimento até o vencimento (yield to maturity)* das dívidas em aberto da empresa, que reflete a taxa contratual ou prometida, como estimativa do custo esperado de financiamento da dívida.

Rendimentos até o vencimento (yield to maturity) de títulos de dívida

Estimar os rendimentos até o vencimento (YTM) de um título de dívida emitido no mercado é bastante simples quando o analista tem acesso às informações referentes ao vencimento do título, ao seu preço atual de mercado, à taxa de juros contratual (cupom) e ao cronograma de pagamentos do principal. Por exemplo, na primavera de 2006, a Home Depot (HD) tinha um título de dívida que vencia em 2016 (isto é vencimento em 10 anos), possuía uma taxa de cupom anual de 5,4%, pagava juros semestrais e, portanto, tinha 20 pagamentos pendentes, além de ter um preço de mercado de $968,65. O YTM desse título de dívida é aquele que resolve a seguinte equação de avaliação de título:

$$\$968,65 = \frac{(0,054/2) \times \$1.000}{(1 + \text{YTM})^1} + \frac{(0,054/2) \times \$1.000}{(1 + \text{YTM})^2} + \frac{(0,054/2) \times \$1.000}{(1 + \text{YTM})^3} + \cdots$$

$$+ \frac{(0,054/2) \times \$1.000 + \$1.000}{(1 + \text{YTM})^{20}}$$

Moody's	S&P	Fitch	Definições
Aaa	AAA	AAA	Prime (máxima segurança)
Aa1	AA+	AA+	Grau alto, alta qualidade
Aa2	AA	AA	
Aa3	AA–	AA–	
A1	A+	A+	Grau médio superior
A2	A	A	
A3	A–	A–	
Baa1	BBB+	BBB+	Grau médio inferior
Baa2	BBB	BBB	
Baa3	BBB–	BBB–	
Ba1	BB+	BB+	Grau de não investimento
Ba2	BB	BB	Especulativo
Ba3	BB–	BB–	
B1	B+	B+	Altamente especulativo
B2	B	B	
B3	B–	B–	
Caa1	CCC+	CCC	Em situação financeira fraca
Caa2	CCC	—	In poor standing
Caa3	CCC–	—	
Ca	—	—	Extremamente especulativo
C	—	—	Pode estar inadimplente
—	—	DDD	Inadimplente
—	—	DD	
—	D	D	

FIGURA 4-2 Guia para classificações de títulos corporativos.

O YTM semestral é 2,91%, que se torna um YTM anual de 5,9%.[6] Considerando uma alíquota de imposto de 35%, o custo depois dos impostos do título de dívida da Home Depot é de 3,835% = 5,9% (1 − 0,35).

É difícil calcular o YTM da dívida de uma empresa com grande quantidade de dívidas tomadas diretamente dos financiadores e que, portanto, não têm preços de mercado rapidamente disponíveis. Por isso, é uma prática comum calcular o custo do endividamento utilizando o YTM de uma carteira de títulos com classificações de crédito e prazos de vencimento semelhantes aos das dívidas pendentes da empresa.

---

[6] YTM anual = $(1 + \text{YTM semestral})^2 - 1 = (1 + 0{,}0291)^2 - 1 = 0{,}059$ ou 5,9%. Essa taxa é frequentemente referida como a taxa efetiva anual ou apenas rendimento.

Classificação	Ano 1	Ano 2	Ano 3	Ano 5	Ano 7	Ano 10	Ano 30
Aaa/AAA	5	10	15	20	25	33	60
Aa1/AA+	10	15	20	30	35	42	66
Aa2/AA	15	25	30	35	44	52	71
Aa3/AA-	20	30	35	45	52	59	78
A1/A+	25	35	40	50	55	65	85
A2/A	35	44	55	60	65	73	90
A3/A-	45	59	68	75	80	89	110
Baa1/BBB+	55	65	80	90	94	104	123
Baa2/BBB	60	75	100	105	112	122	143
Baa3/BBB-	75	90	110	115	124	140	173
Ba1/BB+	115	125	140	170	180	210	235
Ba2/BB	140	180	210	205	210	250	300
Ba3/BB-	165	200	230	235	235	270	320
B1/B+	190	215	250	250	275	335	360
B2/B	215	220	260	300	315	350	450
B3/B-	265	310	350	400	435	480	525
Caa/CCC	1125	1225	1250	1200	1200	1275	1400

FIGURA 4-3 Prêmios de risco (*spreads*) publicados pela Reuters (em pontos-base – *basis points*) para empresas industriais, em 2004*.

A Reuters fornece *spreads* médios, acima da remuneração oferecida pelos Títulos do Tesouro americano, que são atualizados diariamente e categorizados conforme o risco de inadimplência e o prazo de vencimento, como pode ser visto na Figura 4-3. Utilizando nosso título da Home Depot, podemos estimar o YTM para um título de 10 anos com grau de risco Aa3/AA–. Tal título tem um *spread* acima do título de 10 anos do Tesouro de 0,59%, ou 59 pontos-base (veja o valor destacado na Figura 4-3). Considerando que o YTM de 10 anos do Tesouro era 5,02% na época em que escrevemos isso, podemos estimar em 5,02% + 0,59% = 5,61% o YTM dos títulos da Home Depot.

Taxas de retorno prometidas *versus* esperadas

O YTM é calculado utilizando os juros e o cronograma de pagamentos do principal, da forma como foram prometidos; assim, o YTM pode ser considerado uma estimativa ra-

---

* Metodologia – A *Reuters Pricing Service* (RPS) tem oito avaliadores experientes responsáveis por atribuir preços a aproximadamente 20.000 títulos de empresas em grau de investimento. Os títulos são divididos em quatro setores: industrial, financeiro, transporte e concessionárias de serviço público. A RPS apreça títulos corporativos atribuindo um *spread* (remuneração adicional, um prêmio para compensar o risco maior) acima do que os Títulos do Tesouro americano de prazo equivalente pagam. Os avaliadores obtêm os *spreads* de corretores e operadores de várias companhias financeiras. É criado um *spread* genérico para cada setor, utilizando informações obtidas de contratos já negociados e da experiência do avaliador. Uma matriz é, então, desenvolvida, baseada no setor, no grau de risco e no prazo de vencimento.

zoável do custo de financiamento da dívida apenas quando o risco de inadimplência é tão baixo que os fluxos de caixa prometidos são razoavelmente próximos dos fluxos de caixa esperados. Para dívidas com classificação de risco inferiores, entretanto, os fluxos de caixa prometidos e esperados não são os mesmos, e torna-se necessário um ajuste que considere explicitamente a perspectiva de perda em caso de inadimplência.

Para entender melhor a diferença entre rendimentos prometidos e o retorno esperado de títulos de dívida, considere o cálculo do rendimento até o vencimento (YTM) de um título que vencerá em um ano, como na Equação 4.3a:

$$\text{Preço do título} = \frac{\text{Juro} + \text{Principal}}{(1 + \text{YTM})} \qquad (4.3a)$$

Observe que os fluxos de caixa utilizados para determinar o YTM são os pagamentos contratuais ou prometidos, que são equivalentes aos fluxos de caixa esperados *apenas* quando se trata de títulos livres do risco de inadimplência. Para dívidas com risco de inadimplência, os fluxos de caixa devem refletir a probabilidade de inadimplência (Pb) e a taxa de recuperação (Re) de dívida, no caso de inadimplência. Para nosso título de um ano, o custo da dívida k_d pode ser calculado utilizando os fluxos de caixa esperados pelo credor (ou investidor), como segue:

$$\text{Preço do título} = \frac{[\text{Juro} + \text{Principal}] \times (1 - Pb) + [\text{Juro} + \text{Principal}] \times Pb \times Re}{(1 + k_d)} \qquad (4.3b)$$

O fluxo de caixa esperado pelo credor da dívida são os pagamentos prometidos do principal e juros, ponderados pela probabilidade de inadimplência $(1 - Pb)$, mais o fluxo de caixa que se espera receber no caso de inadimplência, ponderado pela probabilidade de inadimplência (Pb). Para ilustrar isso, considere um título de valor nominal (de face) de $1.000 e um ano até o vencimento, que agora está sendo vendido por $985,00 e pagando um juro anual de 9%. Utilizando a Equação 4.3a, calculamos os títulos YTM em 10,66%, isto é:

$$\text{Preço do título} = \frac{\text{Juro} + \text{Principal}}{(1 + \text{YTM})^1} = \frac{0{,}09 \times \$1.000 + \$1.000}{(1 + 0{,}1066)} = \$985$$

O YTM de 10,66% representa a taxa de retorno que um investidor obteria se o título fosse integralmente pago, sem inadimplências. Se, entretanto, a probabilidade de inadimplência do título fosse de 15% e a taxa de recuperação, 75%, a taxa de retorno esperada para o investidor, utilizando a Equação 4.3b, seria 6,51%.

Na prática, as diferenças entre YTM e k_d são relativamente modestas para dívidas classificadas como *grau de investimento* (isto é a dívida classificada como BBB ou mais alta), e o YTM fornece uma estimativa razoável do custo de endividamento. Entretanto, para empresas com dívidas abaixo do grau de investimento, pode haver uma significativa diferença entre o *rendimento até o vencimento prometido* e o *retorno esperado* ou custo da dívida (como demonstramos no exemplo acima).

Há duas maneiras de calcular o custo do endividamento para dívidas abaixo do grau de investimento. O primeiro método envolve a estimativa de fluxos de caixa esperados da dívida usando taxas de inadimplência esperadas e taxas de recuperação, utilizando esses fluxos de caixa esperados para calcular a taxa interna de retorno da dívida. No Anexo mostramos como isso pode ser feito. O segundo método aplica o modelo de apreçamento de ativos de capital (CAPM – *Capital Asset Pricing Model*), que discutiremos mais detalhadamente no capítulo em que analisaremos o custo de capital próprio. Explicando apenas rapidamente, o CAPM requer uma estimativa do beta da dívida, além do prêmio de risco esperado do mercado de ações. Por exemplo, betas de títulos com baixa classificação são aproximadamente 0,4, enquanto que títulos classificados AAA geralmente têm betas da ordem de 0,1. Se considerarmos o prêmio de risco de mercado de 5%, então a diferença entre os retornos esperados de um título AAA e um título abaixo do grau de investimento é de aproximadamente (0,4 − 0,1) vezes 5%, o que é igual a 1,5%. Portanto, se o rendimento atual e o retorno esperado de um título AAA (nosso *proxy* para a taxa livre de risco) é 6%, então o retorno esperado do título com baixa classificação é de cerca de 7,5%.

Calculando o custo de títulos de dívida conversíveis em ações

Títulos conversíveis representam uma forma híbrida de financiamento, dado que tanto podem ser considerados dívida quanto capital próprio, pois o proprietário do título pode, a seu critério, transformar o título em certo número de ações ordinárias. Como têm essa possibilidade de conversão, esses títulos geralmente carregam uma menor taxa de juros e, consequentemente, seu YTM subestima o custo real da dívida. Isso significa que o custo do financiamento via emissão de títulos conversíveis é uma função tanto do título subjacente (debênture, por exemplo) quanto da opção de compra de ações. Consequentemente, o custo de capital de títulos conversíveis pode ser considerado como a média ponderada do custo de debêntures sem opção de conversão e do custo do mecanismo que permite a conversão (opção de compra), em que os pesos refletem as contribuições relativas desses dois componentes ao valor total do título. Analisaremos com maior profundidade a estimativa do custo de dívidas conversíveis no Anexo.

O custo de ações preferenciais – Passo 2 (continuação)

Calcular o custo de ações preferenciais não conversíveis é simples, pois paga ao titular um dividendo fixo a cada período (trimestralmente), para sempre.*[7] O valor de tal fluxo de dividendos pode ser calculado como segue:

$$\text{Preço da ação preferencial, } P_{ps} = \frac{\text{Dividendo preferencial, } Div_{ps}}{\text{Retorno exigido, } k_{ps}} \qquad (4.4a)$$

---

* N. de T.: Embora comum no mercado americano, essa modalidade não é usualmente adotada no Brasil.

[7] No Anexo, analisamos um método para avaliar a possibilidade de conversão em ações de alguns títulos de dívida corporativos. Uma abordagem semelhante pode ser adotada para a avaliação de ações preferenciais conversíveis, negociadas no mercado americano.

Utilizando o dividendo preferencial e o preço observado da ação preferencial, podemos inferir a taxa de retorno exigida pelo investidor, como segue:

$$k_{ps} = \frac{Div_{ps}}{P_{ps}} \tag{4.4b}$$

Para ilustrar, considere as ações preferenciais emitidas pela Alabama Power Company (ALP-PP), que pagam um dividendo anual de 5,3% sobre um valor de face de de $25,00, ou $1,33 por ação. Em 24 de maio de 2006, tais ações preferenciais estavam sendo negociadas a $ 23,35/ação. Consequentemente, os investidores exigem um retorno de 5,6% nessas ações, calculado como segue:

$$k_{ps} = \frac{\$1,33}{23,35} = 0,0567 \text{ ou } 5,67\%$$

Observe que o dividendo preferencial também é um dividendo *prometido*, da mesma maneira que o juro nos títulos corporativos é um juro *prometido*, e assim *não* representa necessariamente o dividendo que o acionista preferencial espera receber. Isso significa que o retorno de 5,67%, calculado acima, fornece um limite superior no custo da ação preferencial, pois a empresa pode decidir suspender o pagamento ou mesmo ir à falência.[8]

O ponto-chave a lembrar aqui é que o método padrão para calcular o custo da ação preferencial, que utiliza a Equação 4.4a, é tendencioso para cima, isto é, resulta em custos maiores do que os custos esperados. Entretanto, é uma prática padrão usar o dividendo prometido, dividido pelo preço da ação preferencial, como fizemos na Equação 4.4b.

O custo do capital próprio – Passo 2 (continuação)

O custo do capital próprio (k_e) é o cálculo mais difícil na avaliação do custo do capital de uma empresa. A dificuldade surge do fato de que os acionistas ordinários são os últimos a terem direitos sobre os lucros da empresa. Em outras palavras, os acionistas ordinários recebem sua remuneração a partir do que sobra depois que todos os outros credores e investidores (debenturistas e acionistas preferenciais) tiverem sido pagos. Assim, não há um retorno prometido ou pré-estabelecido, baseado em um contrato financeiro (como é o caso dos debenturistas).

O custo de capital próprio é simplesmente a taxa de retorno que os investidores *esperam* do investimento nas ações da empresa. Esse retorno vem sob a forma de distribuição em dinheiro (isto é dividendos e recursos obtidos com a venda das ações). Analisaremos duas abordagens que são muito usadas para calcular o custo do capital próprio. A primeira consiste no que os economistas financeiros

---

[8] Ao contrário do que ocorre quando se trata de títulos de dívida, a empresa emitente de ações preferenciais pode suspender os pagamentos do dividendo preferencial sem ser forçada à falência. Isso faz com que a diferença entre rendimentos prometidos e esperados seja mais dramática no caso de ações preferenciais (nos EUA) do que no caso de títulos de dívida, nos quais é menos provável que a empresa emitente suspenda os pagamentos dos juros e do principal.

chamam de *modelos de apreçamento de ativos*. Basicamente, apresentaremos três variações do Modelo de Apreçamento de Ativos de Capital (CAPM – *Capital Asset Pricing Model*).

A segunda abordagem tem uma tradição mais antiga em finanças e vem do trabalho pioneiro de John Burr Williams (1938) e, mais tarde, de Myron Gordon (1962).[9] Essa abordagem, que geralmente é chamada de *abordagem do fluxo de caixa descontado*, primeiramente estima o fluxo esperado de dividendos e, depois, calcula o custo do capital próprio implícito, ou seja, a taxa interna de retorno, que faz o valor presente do fluxo de dividendos ser igual ao preço da ação da empresa.

Método 1 – Modelos de apreçamento de ativos

As teorias de apreçamento de ativos estrearam na literatura financeira nos anos 60, com a introdução do **modelo de apreçamento de ativos de capital**, ou **CAPM**. O CAPM tradicional foi seguido por uma quantidade de versões modificadas que afrouxaram algumas das premissas mais rigorosas sobre as quais a teoria original se baseava. Consideramos três versões: o CAPM tradicional, o CAPM ajustado ao tamanho e os modelos multifatorais.

CAPM tradicional Um dos princípios básicos de finanças é que, se os investidores são avessos ao risco, então eles irão exigir taxas de retorno mais altas para fazer investimentos mais arriscados. A pergunta importante que o CAPM procura responder é como alguém pode medir os riscos. A intuição básica do CAPM é que o risco relevante de uma ação é determinado pela maneira como a ação contribui para a volatilidade total de uma carteira bem diversificada. Como se sabe, há algumas ações que são bastante voláteis, isto é, seus retornos variam muito de mês a mês, mas, independentemente de sua volatilidade, elas contribuem muito pouco para a volatilidade de uma carteira bem diversificada. De acordo com o CAPM, essas ações deveriam exigir taxas de retorno mais baixas do que outras ações que podem até ser menos voláteis, mas que contribuem mais para a volatilidade das carteiras bem diversificadas.

Para entender a relação entre risco e retorno, é útil decompor o risco associado a um investimento em dois componentes. O primeiro componente consiste na variabilidade que contribui para o risco de uma carteira diversificada, e a segunda fonte consiste da variabilidade que não contribui para o risco de uma carteira diversificada. O primeiro componente é geralmente referido como **risco sistemático** ou **risco não diversificável** e a segunda fonte geralmente é referida como **risco não sistemático** ou **risco diversificável**. As fontes de risco sistemático incluem fatores de mercado como alterações nas taxas de juros e preços de energia que influenciam quase todas as ações. A lógica do CAPM sugere que ações muito sensíveis a essas fontes de risco deveriam ter taxas de retorno exigidas mais altas, pois essas

---

[9] J.B. Williams, *Theory of Investment Value* (Cambridge, MA, Harvard University Press, 1938), e M. Gordon, *The investment Financing, and Valuation of the Corporation* (Homewood, IL, Irwin, 1962).

ações contribuem mais para a variabilidade das carteiras diversificadas. Fontes de risco não-sistemático incluem eventos aleatórios característicos da empresa, tais como processos judiciais, defeito nos produtos e inovações tecnológicas. A lógica do CAPM sugere que essas fontes de risco deveriam ter pouco efeito nas taxas de retorno exigidas porque elas contribuem muito pouco para a variabilidade total de carteiras diversificadas.

O CAPM pode ser expresso pela seguinte equação, que relaciona o retorno exigido de um investimento a seu risco sistemático:

$$K_e = k_{rf} + \beta_e (k_m - k_{rf}) \qquad (4.5)$$

onde

k_{rf} = *taxa de juros livre de risco*.
β_e = o beta, ou risco sistemático da ação ordinária da empresa, que é estimado pela regressão do retorno da ação menos a taxa livre de risco, em relação ao retorno do mercado (por exemplo, o retorno do S&P 500), menos a taxa livre de risco.
k_m = o retorno esperado de uma carteira de mercado, composta por todos os ativos de risco.
$k_m - k_{rf}$ = o prêmio de risco de mercado esperado (o retorno esperado da carteira de mercado, menos a taxa livre de risco).

A Figura 4-4 ilustra a conexão entre o risco sistemático e a taxa de retorno esperada na ação ordinária. Por exemplo, para determinar o custo do capital próprio da Dell Corporation, vamos considerar que seu coeficiente beta é 1,20, a taxa de juros

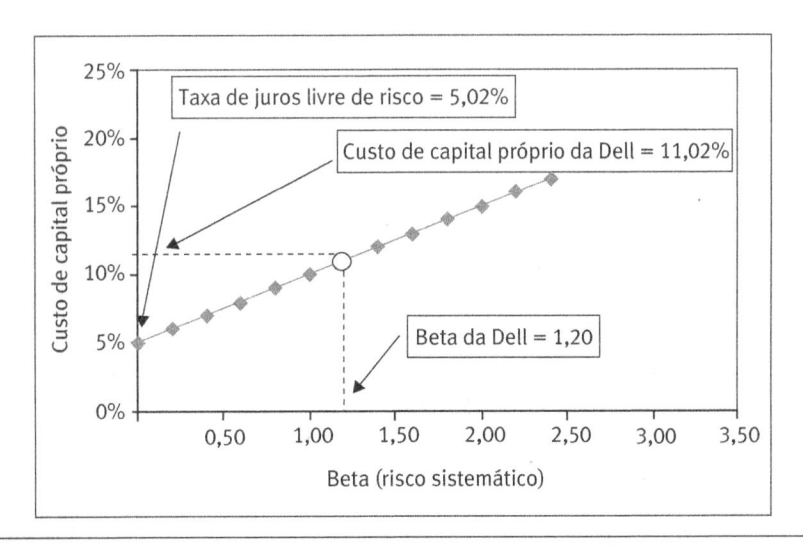

FIGURA 4-4 Estimando o custo de capital próprio da Dell Corporation usando o CAPM.

livre de risco é 5,02% e o prêmio de risco do mercado é aproximadamente 5%.[10] Podemos substituir tais dados na Equação 4.5 para estimar o custo de capital próprio esperado para a empresa, no caso 11,02%.

Selecionando a taxa de juros livre de risco A taxa de juros livre de risco é a estimativa menos controversa que temos que fazer, entre os dados de entrada do CAPM. Entretanto, há duas questões que precisamos analisar: primeiro, o que é um título livre de risco e, segundo, que vencimento devemos usar? Infelizmente, o CAPM fornece pouca orientação para responder a essas questões.

Identificando a taxa livre de risco: os analistas geralmente utilizam os retornos dos Títulos do Tesouro dos EUA para definir as taxas de juro livres de risco quando avaliam o custo de capital nos Estados Unidos.[11] Ao aplicar o CAPM em outras economias, é comum usar suas taxas livres de risco locais para capturar diferenças nas taxas de inflação entre os Estados Unidos e essas economias.

Escolhendo um vencimento: como regra geral, queremos compatibilizar o vencimento livre de risco com o vencimento dos fluxos de caixa a serem descontados. Na prática, entretanto, dificilmente são feitas compatibilizações de vencimentos. A maioria dos livros sugere que taxas de curto prazo sejam usadas como a taxa livre de risco, pois elas são compatíveis com a versão mais simples do CAPM. Entretanto, como o custo do capital próprio é basicamente usado para descontar fluxos de caixa longínquos, é prática comum utilizar uma taxa de longo prazo, vamos dizer, com vencimento em 10 ou 20 anos, como a taxa livre de risco.[12] Concordamos com essa prática. Entretanto, como observamos abaixo, o beta estimado usado na equação CAPM deveria também refletir essa taxa livre de risco com vencimento mais longo.

Calculando o beta O **beta** da empresa representa quão sensível é o seu retorno de capital às variações nas taxas de retorno da carteira de mercado, como um todo. Isto é, se uma carteira de mercado, composta de investimentos com risco, tiver um desempenho que supere o de Títulos do Tesouro em 10% durante um mês em particular, então uma ação com um coeficiente beta de 1,25 deveria superar os Títulos do Tesouro em 12,5%. O beta de uma ação deve ser estimado pela regressão dos retornos excedentes das ações da empresa em relação aos retornos excedentes de uma carteira de mercado; retornos excedentes são aqui definidos como os retornos acima do retorno livre de risco, como mostrado na seguinte equação:

$$(k_e - k_{rf})_t = \alpha + \beta_e (k_m - k_{rf})_t + e_t \tag{4.6}$$

---

[10] Analisaremos o prêmio de risco de mercado em detalhe mais tarde, neste capítulo.

[11] Como os Títulos do Tesouro são especialmente atraentes para os bancos centrais estrangeiros e estão isentos de taxas estaduais, não podemos esperar que uma ação com beta igual a zero tenha um retorno tão baixo quanto o rendimento de um Título do Tesouro. Devido a isso, pode-se querer usar o rendimento de uma ação corporativa AAA ou de um *commercial paper* equivalente, em vez da taxa do Tesouro. Entretanto, seguimos a prática da indústria e usamos a taxa de longo prazo do Tesouro americano.

[12] Por exemplo, a Ibbotson Associates utiliza a taxa dos títulos de longo prazo do governo como estimativa da taxa livre de risco, usada nos seus cálculos de custo de capital.

onde

k_e = a taxa de retorno (observada) que se obtém ao investir em ações da empresa, no período t,
k_{rf} = a taxa de juros livre de risco observada no período t,
α = um termo constante (intercepto),
β_e = o beta das ações ordinárias da empresa,
$(k_m - k_{rf})$ = prêmio de risco de mercado e
e_t = o termo de erro (a parte do retorno de capital que não é explicada pelos movimentos do mercado como um todo)

Observe que muitos analistas cometem um erro comum. Eles deixam de fazer coincidir o prazo de vencimento da taxa livre de risco usada na Equação 4.6 para calcular o beta com o prazo da taxa usada para calcular o prêmio de risco do mercado. Colocando de forma simples, se você usar o rendimento de um papel do Tesouro americano de longo prazo como a taxa livre de risco, então o retorno excedente de mercado, utilizado para calcular o beta, deve ser o retorno da carteira de mercado que exceder o retorno da ação do Tesouro de longo prazo.[13]

Apesar de normalmente estimarmos o beta da empresa usando retornos históricos, devemos estar sempre atentos ao fato de que nosso objetivo é estimar o coeficiente beta que reflita a relação entre risco e retorno no futuro. Infelizmente, o cálculo do beta é apenas uma estimativa e, portanto, sujeito a erros de cálculo. Felizmente, há muitas maneiras de tentar reduzir os erros de cálculos (veja o quadro Insight da Indústria [pág. 170] sobre métodos alternativos para estimativa do beta).

A maneira mais comum de tentar resolver o problema envolve o uso da média de uma amostra de estimativas beta para empresas semelhantes, o que tem o efeito de reduzir a influência de erros aleatórios. Entretanto, não é suficiente apenas selecionar empresas semelhantes, isto é, do mesmo setor industrial. Os coeficientes beta variam não apenas por setor da indústria (ou pelo risco dos negócios) mas também devido a estrutura de capital da empresa. Empresas mais alavancadas financeiramente têm betas mais altos. Consequentemente, calcular o beta a partir de uma amostragem de betas de empresas semelhantes é um processo que deve seguir vários estágios. Primeiro, temos que identificar uma amostra de empresas que enfrentam riscos de negócios semelhantes (geralmente do mesmo setor industrial). Por exemplo, na Tabela 4-1 usamos quatro empresas do setor de medicamentos para estimar o beta da Pfizer. Segundo, devemos desalavancar os betas de cada uma das empresas, a fim de remover a influência de suas estruturas de capital específicas de seu coeficiente beta. A relação entre o beta alavancado e o beta desalavancado é definida na Equação 4.7, na Tabela 4-1. Terceiro, obtemos a média dos coeficientes beta desalavancados e, finalmente, realavancamos o valor anteriormente obtido, de modo a refletir a estrutura de capital da empresa em questão.

Na Tabela 4-1, o beta desalavancado médio para a Pfizer e as outras empresas de medicamentos é 0,498. Se nós realavancarmos este beta médio (Passo 3) utilizan-

---

[13] Entendemos que os betas disponíveis na maior parte das fontes públicas de informação são estimados usando as taxas livres de risco de curto prazo ou, então, pela regressão dos retornos das ações em relação aos retornos do mercado.

Tabela 4-1 Calculando o coeficiente beta da Pfizer usando uma amostragem de empresas de medicamentos comparáveis – alavancando e desalavancando os coeficientes beta

Passo 1:	Identifique um conjunto de empresas que operem na mesma linha de negócios da empresa em questão (isto é Pfizer). Para cada uma, ou calcule diretamente ou localize estimativas publicadas de seus betas alavancados do capital próprio, $\beta_{alavancado}$, o valor contábil das dívidas sujeitas à incidência de juros da empresa e o valor de mercado do capital da empresa.[14]

Nome da empresa	Beta alavancado do capital próprio	Índice de capitalização Dívida/ Capital Próprio	Beta da Dívida (presumido)	Beta desalavancado do capital próprio
Abbott Laboratories	0,3600	9,66%	0,30	0,3566
Johnson & Johnson	0,3500	1,56%	0,30	0,3495
Merck	0,8100	7,25%	0,30	0,7881
Pfizer	0,7100	6,58%	0,30	0,6969
		6,26%	Média	0,4981

Passo 2:	Desalavanque o beta do capital próprio de cada empresa, de modo a obter uma estimativa do que seriam seus betas (inclusive o da Pfizer) caso não se utilizassem de alavancagem financeira (isto é $\beta_{desalavancado}$), e calcule a média dos betas desalavancados. Nós desalavancamos o beta do capital próprio usando a seguinte correspondência entre o beta alavancado ($\beta_{alavancado}$) e o beta desalavancado ($\beta_{desalavancado}$):[15]

do o quociente de capitalização endividamento/capital próprio da Pfizer de 6,58%, obtemos um beta alavancado estimado para a Pfizer de 0,2734. Nesse cálculo, atribuímos à Pfizer o mesmo peso que usamos para cada uma das outras empresas. Entretanto, como a Pfizer é obviamente a melhor referência para si mesma, o analista pode querer aumentar o peso destinado à ela, fazendo por exemplo, com que seu

---

[14] Geralmente, a dívida é estimada como o valor contábil das dívidas onerosas da empresa (notas a pagar de curto prazo, parcela da dívida de longo prazo que está vencendo no curto prazo, mais a dívida de longo prazo). Apesar de, tecnicamente, devermos usar o valor de mercado da dívida da empresa, é comum usar os valores contábeis, pois a maioria das dívidas corporativas raramente são negociadas no mercado aberto. O valor do capital próprio da empresa é calculado utilizando-se o preço de mercado atual das ações da empresa, multiplicado pelo número de ações em circulação. Betas para ações individuais podem ser obtidos através de várias fontes de informação públicas, inclusive de *sites* de investimento *online* como Yahoo Finance ou Microsoft's Money Central Web site.

[15] Devemos observar que os analistas frequentemente aplicam a Equação 4.7 considerando que o beta da dívida é zero.

Tabela 4-1 Continuação

$$\beta_{desalavancado_j} = \frac{\beta_{alavancado_j} + \left(1 - \text{Alíquota de imposto marginal}\right)\left(\frac{\text{Valor contábil da dívida}_j}{\text{Valor de mercado do capital próprio}_j}\right)\beta_{dívida}}{1 + \left(1 - \text{Alíquota de imposto marginal}\right)\left(\frac{\text{Valor contábil da dívida}_j}{\text{Valor de mercado do capital próprio}_j}\right)} \quad (4.7)$$

onde o Valor de Mercado do Capital Próprio$_j$ é igual ao preço atual da ação vezes o número de ações em circulação. Consideramos uma alíquota de imposto de 38% e um beta da dívida de 0,30 para todas as empresas.[16]

No exemplo anterior, o beta não alavancado médio é de 0,4981.

Passo 3: Realavancar o valor obtido anteriormente (isto é, a média dos betas desalavancados), de modo a refletir a meta da empresa para seu índice Dívida/Capital Próprio e sua alíquota de imposto corporativo.

O processo de realavancar o beta do capital próprio é simplesmente o inverso do processo de desalavancagem. Tecnicamente, resolvemos a Equação 4.7 para o $\beta_{desalavancado_j}$, como segue:[17]

$$\beta_{alavancado_j} = \beta_{desalavancado_j}\left(1 + \left[\left(\frac{\text{Valor contábil da dívida}_j}{\text{Valor de mercado do capital próprio}_j}\right)\left(1 - \text{Alíquota de imposto}\right)\right]\right)$$
$$- \beta_{dívida}\left[\left(\frac{\text{Valor contábil da dívida}_j}{\text{Valor de mercado do capital próprio}_j}\right)\left(1 - \text{Alíquota de imposto}\right)\right]$$

então substitua o beta desalavancado médio de 0,4981 e o índice Dívida/Capital Próprio da Pfizer de 6,58% e resolva para $\beta_{Alavancado} = 0{,}5061$.

---

peso seja igual ao peso conjunto de todas as outras empresas. Se usarmos esse esquema de pesos, vamos obter um beta desalavancado de 0,398, que resulta em um beta alavancado de 0,406.

Calculando o prêmio de risco de mercado Determinar o prêmio de risco de mercado exige que se preveja a diferença que haverá, no futuro, entre o retorno da carteira de mercado e o retorno livre de risco. Lembre-se de que a taxa de desconto deve refletir o custo de oportunidade do capital, que, por sua vez, é determinado pela taxa

---

[16] O beta da dívida de fato é perto de zero nos casos em que a inadimplência não é tão provável e quando a dívida da empresa tem aproximadamente o mesmo vencimento que o da dívida livre de risco usada para calcular os betas. Como a maioria dos analistas tende a usar retornos excedentes que foram calculados utilizando dívidas de curto prazo para calcular os betas, os betas relevantes dos títulos de dívida corporativos acabam ficando entre 0.2 e 0.4, dependendo de sua classificação de inadimplência e do prazo de vencimento.

[17] Se o beta da dívida corporativa é considerado como zero (como muitos analistas pensam), então o último termo do lado direito dessa expressão é eliminado.

> **INSIGHT DA INDÚSTRIA** — Métodos alternativos para a estimativa de betas
>
> Os problemas que observamos no cálculo de coeficientes-beta a partir de dados históricos de retorno levaram ao desenvolvimento de métodos alternativos de previsão de betas. Apresentaremos dois desses métodos que ganharam uma ampla utilização: o modelo BARRA e o modelo Bloomberg.
>
> O *modelo BARRA* tem o nome de seu idealizador, o professor de finanças Barr Rosenberg, da Universidade da Califórnia. A tese básica que fundamenta a metodologia Barra é de que o beta de uma ação não é fixo ao longo do tempo, mas varia com as alterações nos atributos fundamentais da empresa. Consequentemente, o BARRA desenvolveu uma estimativa do beta futuro que leva em consideração as características da empresa em seu cálculo.
>
> O método é baseado em pesquisa que mostra que os betas estimados apenas com base nos retornos históricos não foram tão bons previsores dos betas futuros como os betas que também levaram em conta algumas variáveis estruturais, tais como: a indústria a que a empresa pertence ou outras características típicas da empresa. O método BARRA utiliza uma variável do setor, pois sabe-se que algumas indústrias (como agricultura, água e luz) apresentam baixos betas, enquanto outras (eletrônica, transporte aéreo e corretoras) são indústrias com alto beta. Além disso, variáveis obtidas das demonstrações de resultado e dos balanços patrimoniais são incluídas no modelo como previsores. Por exemplo, desembolsos altos de dividendos são um indicador de empresas com betas baixos, enquanto alta covariância das receitas da empresa com os ganhos da economia como um todo indicam betas mais altos.
>
> Uma segunda alternativa de modelo para estimar betas é o usado pela empresa Bloomberg. O modelo Bloomberg ajusta betas que foram originalmente estimados utilizando dados históricos, de modo a incorporar a tendência dos betas históricos em relação à média. Para considerar essa tendência, a Bloomberg faz o seguinte ajuste:
>
> $$\text{Beta ajustado Bloomberg} = 0{,}33 + 0{,}67 \left(\text{Beta histórico não ajustado} \right)$$
>
> Os coeficientes do modelo acima são calculados utilizando valores passados de betas atuais estimados.

de retorno associada a outros investimentos arriscados. Afinal, se acreditamos que o mercado de ações vai gerar grandes retornos nos próximos 10 anos, a taxa de retorno exigida da ação de uma empresa também será bastante alta.

Estimativas históricas   Não podemos negar o fato de que os prêmios de risco de mercado, usados na aplicação do CAPM, são simplesmente palpites. Entretanto, deveriam ser palpites fundamentados, baseados em argumentos sólidos.

A abordagem adotada por muitos analistas é usar o passado como guia para a estimativa do prêmio de risco de mercado futuro. A Figura 4-5 contém estatísticas das taxas históricas de retorno para ações e títulos americanos abrangendo o período de 1926 a 2005. Observe que as médias geométricas são sempre menores do que as médias aritméticas.[18] Apesar de a maioria dos livros utilizar as médias aritméticas, os profissionais geralmente preferem médias geométricas (para uma discussão sobre médias geométricas versus aritméticas, veja o quadro Insight Técnico).

Dados históricos sugerem que o prêmio de risco da carteira de mercado foi em média de 6 a 8% por ano, durante os últimos 75 anos. Entretanto, há boas razões para acreditar que o prêmio de risco não será tão alto no futuro. Na verdade, as previsões recentes para o prêmio de risco podem ser tão baixas como 3%. Para os exemplos neste livro usaremos um prêmio de risco de 5%, geralmente usado na prática.

	Média		Desvio padrão
	Geométrica	Aritmética	
Ações de grandes empresas	10,4%	12,3%	20,2%
Ações de pequenas empresas	12,6%	17,4%	32,9%
Títulos de longo prazo corporativos	5,9%	6,2%	8,5%
Títulos de longo prazo do governo	5,5%	5,8%	9,2%
Títulos de médio prazo do governo	5,3%	5,5%	5,7%
Títulos do Tesouro americano	3,7%	3,8%	3,1%
Inflação	3,0%	3,1%	4,3%

Figura 4-5   Retornos históricos de ações e títulos: resumo das estatísticas, de 1926 a 2005.

Fonte: Ibbotson Associates *SBBI 2006 Yearbook*.

---

[18] Isso reflete o fato de que a média geométrica captura os efeitos de juros compostos, ao contrário da média aritmética.

> **INSIGHT TÉCNICO**
>
> **Média geométrica *versus* média aritmética**
>
> Considere o seguinte investimento em ações da Carebare, Inc. Em 31 de dezembro de 2006, as ações da empresa estavam sendo negociadas a $100 a ação. Um ano depois, as ações haviam caído a apenas $50. Entretanto, em 2007, a empresa passou por um ano excepcional, que dobrou o valor das ações, levando-as a $100 em 1 de janeiro de 2008. Se você comprasse as ações da Carebare em 1 de janeiro de 2006, que taxa de retorno teria quando as vendesse em 1 de janeiro de 2008?
>
> A resposta óbvia (sem considerar os custos de transação) é 0%, pois você terminou exatamente onde começou. Isto é,
>
> $$\text{Preço da ação}_{2008} = \text{Preço da ação}_{2006}(1 + HPR_{2007})(1 + HPR_{2008})$$
> $$= \text{Preço da ação}_{2006}(1 + HPR_{médio})^2$$
>
> Assim, o retorno médio anual no período (HPR), para o período de dois anos, é encontrado resolvendo para o $HPR_{médio}$:
>
> $$\text{Preço da ação}_{2006} = (1 + HPR_{2007})(1 + HPR_{2008}) = \text{Preço da ação}_{2006} = (1 + HPR_{médio})^2$$
>
> ou
>
> $$HPR_{médio} = [(1 + HPR_{2007})(1 + HPR_{2008})]^{1/2} - 1$$
>
> Acontece que o $HPR_{médio}$ é também a média geométrica dos HPRs. Por exemplo, podemos calcular esse retorno estimando a média geométrica dos retornos ganhos em 2007 e 2008, como segue:
>
> $$\text{Média geométrica} = [(1 + -0{,}50)(1 + 1{,}00)]^{1/2} - 1 = 0\%$$

CAPM com um prêmio também em função do tamanho da empresa O modelo de apreçamento de ativos de capital (CAPM) é ensinado em quase todas as grandes escolas de administração em todo o mundo. Infelizmente, a teoria tem uma sustentação empírica fraca. Na realidade, as pesquisas acadêmicas falharam em encontrar significativas relações transversais entre os betas estimados das ações e suas taxas de retorno futuras. Pesquisas revelam que características das empresas, como capitalização do mercado e valor contábil/valor de mercado (*book-to-market*), fornecem melhores previsões de retornos futuros do que os betas. Em resposta a essas observações, acadêmicos propuseram modificações no CAPM que incorporam, na análise das diferenças de retorno das ações, as características dessas empresas.

Por outro lado, a média aritmética dos HPRs para 2006 e 2007 é calculada como segue:

$$\text{Média aritmética} = \frac{-50\% + 100\%}{2} = 25\%$$

A diferença entre as médias geométricas e aritméticas geralmente não é tão nítida como nesse exemplo, mas ele serve para enfatizar os pontos que queremos esclarecer. O retorno pela média geométrica é a maneira adequada para medir a taxa de retorno obtida durante uma determinada sequência histórica de retornos. Entretanto, a média geométrica não é o melhor estimador de retornos futuros, a não ser que esperemos que essa trajetória se repita no futuro.

Quando todas as trajetórias futuras têm iguais chances de acontecer, a melhor estimativa dos retornos futuros é a média aritmética. Tecnicamente, estamos considerando que cada HPR é uma observação independente de uma distribuição de probabilidade que lhe é subjacente. Assim, se observarmos retornos anuais de 10, −5, 25 e 20% e essas taxas de retorno anuais forem consideradas amostras aleatórias de uma única distribuição subjacente de retornos anuais, então a melhor estimativa da média dessa distribuição é a média aritmética, isto é:

$$\text{Média aritmética} = \frac{10\% - 5\% + 25\% + 20\%}{4} = 12,5\%$$

Observe que calculamos a taxa de retorno esperada para um ano (não para quatro anos) de 12,5%. E se quiséssemos estimar a taxa de retorno anual esperada para os próximos cinco anos? Nesse caso poderíamos estimar a taxa de retorno anual realizada nos cinco anos anteriores utilizando a média geométrica para esse período de cinco anos, para os cinco anteriores a eles, e assim por diante. Vamos dizer que você calculou dez dessas médias geométricas para períodos de cinco anos, não sobrepostos, nos últimos 50 anos. Agora, para calcular a taxa de retorno anual esperada para os próximos cinco anos, calcularíamos a média aritmética das taxas de retorno geométricas desses cinco anos.[19]

A ideia, mais uma vez, é que a média geométrica é a maneira apropriada para medir um retorno histórico. Entretanto, se os retornos são amostras de distribuições identicamente distribuídas e independentes, o melhor estimador dessa distribuição é a média aritmética.

---

[19] É óbvio que nossa metodologia para calcular os retornos de cinco anos é limitada pela quantidade de períodos de cinco anos, não superpostos, que temos disponíveis. O problema fica ainda mais sério quando tentamos estimar a distribuição de retornos de períodos mais longos (por exemplo, 10 ou 20 anos). Na prática, os analistas restringem sua atenção aos retornos anuais, devido à convenção de se cotar retornos como taxas anuais.

Para ilustrar como o efeito "tamanho da empresa" pode ser adicionado ao CAPM, considere a metodologia seguida pela Ibbotson Associates em seu relatório de 2005, que divide as empresas em quatro grupos diferentes com base no valor total de mercado de seu capital próprio: *empresas de grande porte*, aquelas com mais de $4,794 bilhões em capitalização de mercado, não incorporam prêmio de risco relativo ao tamanho (*size premium*). *Empresas de médio porte*, entre $4,794 bilhões e $1,167 bilhão em valor patrimonial, incorporam um prêmio de risco relativo ao tamanho de 0,91%. *Empresas de pequeno porte*, com valor patrimonial entre $1,167 bilhão e $331 milhões, recebem um prêmio de risco relativo ao tamanho de 1,70%, e *microempresas*, com valor patrimonial abaixo de $331 milhões, recebem um prêmio de risco de 4,01%. Assim, a taxa de retorno esperada do capital próprio, utilizando o CAPM ajustado, pode ser descrita pela Equação 4.8 a seguir:

$$k_e = k_{rf} + \beta (k_m - k_{rf})$$
$$+ \begin{cases} \text{Empresa de grande porte: 0,0\%, se capitalização de mercado} > \$4,794 \text{ bilhões} \\ \text{Empresa de médio porte: 0,91\% se } \$4,794 \text{ bilhões} \geq \text{cap. mercado} \geq \$1,167 \text{ bilhão} \\ \text{Empresa de pequeno porte: 1,70\% se } \$1,167 \text{ bilhão} > \text{cap. mercado} > \$331 \text{ bilhões} \\ \text{Micro empresa: 4,01\% se capitalização de mercado é} \leq \$331 \text{ bilhões} \end{cases} \quad (4.8)$$

Modelos fatoriais Uma segunda abordagem que foi introduzida nos anos 80 é o uso de modelos de risco multifatoriais, que capturam os riscos de investimentos por meio de múltiplos betas e vários prêmios de risco associados a fatores específicos (fatores de risco). Esses fatores de riscos podem provir de variáveis macroeconômicas, como alterações em taxas de juros, inflação ou PIB, ou de retornos conhecidos como fatores específicos de portfólios. Os fatores específicos de portfólios podem ser obtidos utilizando procedimentos exclusivamente estatísticos, como análise fatorial ou análise por componentes principais (*principle components analysis*), ou agrupando ações de acordo com suas características.

O modelo fatorial mais usado é o *modelo de três fatores de Fama-French*, que tenta capturar os determinantes dos retornos de capital próprio utilizando três prêmios de risco:[21] o prêmio de risco do capital próprio do CAPM, um prêmio de risco relativo ao tamanho e um prêmio de risco relacionado ao valor de mercado da empresa versus seu valor contábil (valor histórico). A Equação Fama-French para o custo do capital próprio inclui três fatores e seus respectivos prêmios de risco (por isso, o uso do termo "modelo de três fatores") conforme a Equação 4.9:

$$k_e = k_{rf} + b(\text{PRM}) + s(\text{PmG}) + h(\text{AmB}) \quad (4.9)$$

onde k_e é a taxa de retorno exigida para as ações ordinárias da empresa; k_{rf} é a taxa de juros livre de risco dos títulos de longo prazo do governo (5,02% na data em que estamos escrevendo); b, s e h são coeficientes estimados para a empresa cujo custo de capital próprio está sendo avaliado; PRM é o prêmio de risco de mercado, igual à diferença

---

[20] E.Fama e K.French, "The Cross-section of expected Stock Returns", *Journal of Finance* 47 (1992), 427-465.

[21] E.Fama e K.French, "Common Risk Factors in the Returns on Stocks and Bonds", *Journal of Financial Economics* 33, 3-56.

na taxa de retorno esperada de um investimento na carteira de mercado (portfólio de ações) e a taxa de juros livre de risco de longo prazo (como observado anteriormente, usamos um PRM de 5%); PmG é a diferença entre o retorno de pequenas empresas e o retorno de grandes empresas, calculado a partir das diferenças de retorno históricas entre ações de empresas de grande e pequeno porte (3,36%); e o AmB é calculado como a diferença entre a média histórica dos retornos anuais obtidos no portfólio com altos índices *book-to-market* (carteira *valor*) e a média histórica dos retornos do portfólio de baixos índices *book-to-market* (carteira *crescimento*), de 4,4%.[22]

A chave para a implementação do modelo Fama-French envolve a estimativa dos coeficientes de três fatores (isto é b, s e h). Para fazer isso, usamos a seguinte regressão múltipla dos retornos de ações ordinárias de uma empresa, em relação aos valores históricos de cada uma das variáveis de prêmios de risco. Ilustramos o uso do modelo de três fatores de Fama-French usando o exemplo da Dell Computer Corporation. As estimativas b, s e h estão abaixo, utilizando retornos para o período de 48 meses, que termina em 31 de dezembro de 2005, e usando o modelo de regressão da Equação 4.10.

$$(R_{Dell} - R_f)_t = \alpha + b(R_m - R_f)_t + s(R_P - R_G) + h(R_A - R_B)_t + \epsilon_t \qquad (4.10)$$

onde $(R_m - R_f)_t$ é o prêmio de risco de mercado (PRM) para o mês t; $(R_P - R_G)_t$ é a diferença entre o retorno da carteira de ações de empresas de pequeno e de grande porte para o mês t (isto é PmG); $(R_A - R_B)_t$ é a diferença entre os retornos das carteiras de alto e baixo *book-to-market* para o mês t (isto é AmB); e ϵ_t é o termo de erro da regressão. Os valores mensais históricos para as três variáveis de prêmios de risco, desde 1927, assim como os dados diários, desde 1963, podem ser encontrados no *website* de Kenneth Frech.[23] (Veja o quadro Insight Técnico sobre como calcular o prêmio de risco Fama-French.)

Calculamos o custo do capital próprio da Dell substituindo na Equação 4.10, como segue:

Coeficientes	Estimativa de coeficientes	Premio de risco	Produto
b	1,1726	5,00%	5,86%
s	0,1677	3,36%	0,56%
h	−0,7085	4,40%	−3,12%
		Prêmio de risco =	3,31%
		+ taxa livre de risco =	5,02%
		Custo do capital próprio	8,33%

O resultado das estimativas do custo do capital próprio da Dell nesse exemplo é de 8,33%, que é muito diferente dos 11,02% que obtivemos utilizando o CAPM padrão.

---

[22] O prêmio de risco do mercado de capitais (PRM) utilizado aqui é estimativa nossa, enquanto que os dois prêmios de risco restantes são prêmios de risco médios, como reportados no Ibbotson Associates, *Cost of Capital Yearbook for 2005*, p. 40.

[23] http://mba.dartmouth.edu/pages/faculty/ken.french/data_library.html.

> **INSIGHT TÉCNICO**
>
> **Calculando o prêmio de risco Fama-French**
>
> Estimativas anuais, mensais e diárias para cada uma das três fontes de risco, no modelo de três fatores Fama-French, podem ser encontradas no *website* de Ken French. Cada um dos fatores é definido como segue:
>
> - $R_m - R_f$, o retorno excedente do mercado, é o retorno ponderado pelo valor de mercado de todas as ações da NYSE, AMEX e NASDAQ (de CRSP), menos a taxa da letra do Tesouro americano de um mês (da Ibbotson Associates).
> - $R_P - R_G$ é o retorno médio de três carteiras de pequenas empresas, menos o retorno médio de três carteiras de grandes empresas.
>
> $$R_S - R_B = 1/3 \text{ (pequenas,}\textit{valor}\text{ + pequenas,}\textit{neutro}\text{ + pequenas,}\textit{crescimento}\text{)} \\ - 1/3 \text{ (grandes,}\textit{valor}\text{ + grandes,}\textit{neutro}\text{ + grandes,}\textit{crescimento}\text{)}$$
>
> - $R_A - R_B$ é o retorno médio de duas carteiras *valor*, menos o retorno médio de duas carteiras *crescimento*,
>
> $$R_H - R_L = 1/2 \text{ (pequenas,}\textit{valor}\text{ + grandes,}\textit{valor}\text{)} - 1/2 \text{ (pequens,}\textit{crescimento}\text{ + grandes,}\textit{crescimento}\text{)}$$
>
> Veja E. Fama e K. French, 1993, "Common Risk Factors in the Returns on Stocks and Bond", *Journal of Financial Economics* 33, 3–56, para uma descrição completa dos fatores usuais de risco nos retornos de ações e títulos.

Para explorar diferenças entre o custo do capital próprio utilizando o modelo em três fatores Fama-French, apresentamos o custo do capital próprio usando cada método para uma variedade de ações na Tabela 4-2. Uma rápida análise das duas estimativas do custo do capital próprio (Fama-French e CAPM tradicional), encontrados nessa tabela, indica que as estimativas são muito semelhantes para a maioria das empresas, mas há notáveis exceções. Por exemplo, o custo do capital próprio do modelo de três fatores é um pouco menor para Dell e um pouco maior para General Motors. Essas diferenças refletem o fato de que o modelo de três fatores é programado para considerar que o CAPM tem, historicamente, superestimado os retornos de ações de crescimento, como a Dell, e tem subestimado os retornos de ações de valor, como a General Motors.

Qual dos modelos fornece a melhor estimativa do custo do capital próprio? A evidência empírica mostra que o modelo de três fatores explica melhor os retornos históricos do que o tradicional CAPM de um fator, o que não surpreende, pois o modelo foi programado justamente para explicar esses retornos. Entretanto, o custo do capital próprio é um conceito futuro, e só os consideramos retornos históricos porque eles fornecem alguma orientação sobre o que podemos esperar no futuro. Se acreditarmos que o passado é um bom indicador para o futuro, então devemos usar o modelo de três fatores. Entretanto, pode-se pensar que os retornos relativamente

Tabela 4-2 Estimativas do custo do capital próprio Fama-French *versus* CAPM

Nome da empresa	Coeficientes Fama-French (FF)			Custo do capital próprio (FF)	CAPM Beta	Custo do capital próprio CAPM	Custo do capital próprio (CAPM menos FF)
	b	*s*	*h*				
Dell Computers	1,1726	0,1677	−0,7085	8,33%	1,2	11,02%	2,69%
General Motors	0,9189	0,5838	0,9102	15,58%	1,2	11,02%	−4,56%
IBM	1,5145	0,0203	0,3632	14,26%	1,01	10,07%	−4,19%
Merck	0,8035	−1,6398	0,3546	5,09%	0,42	7,12%	2,03%
Pepsico	0,4834	−0,4545	−0,2429	4,84%	0,33	6,67%	1,83%
Pfizer	0,6052	−0,4841	−0,1223	5,88%	0,46	7,32%	1,44%
WalMart	0,6691	−0,2622	−0,0327	7,34%	0,6	8,02%	0,68%

altos de ações de valor e os retornos baixos das ações de crescimento representam uma ineficiência do mercado que não deve persistir no futuro, agora que o "efeito valor" é bem conhecido. Nesse caso, pode-se preferir o CAPM tradicional, mais bem fundamentado na teoria.

Limitações das estimativas do custo do capital próprio baseado em retornos históricos
Os problemas que surgem com o uso de retornos históricos para calcular o custo do capital próprio se relacionam ao fato de que os retornos passados e, consequentemente, os prêmios de risco, não são prognosticadores muito eficientes dos prêmios de risco futuros. Em particular, há três problemas associados com o uso de retornos históricos como a base para estimar o prêmio de risco do capital próprio: (1) retornos históricos variam muito ao longo do tempo, resultando em erros de estimação; (2) recentes mudanças nos impostos sobre os retornos de capital próprio, assim como a rápida expansão do acesso a mercados de capital globais, provavelmente baixaram os prêmios de risco do capital próprio; (3) finalmente, retornos históricos de longo prazo, ao menos nos Estados Unidos, podem ser muito altos, comparados ao que podemos esperar no futuro; a economia americana foi excepcionalmente bem no século passado e não esperamos que esse desempenho, necessariamente, se repita.

Os retornos históricos de títulos e valores mobiliários têm sido altamente voláteis. Na Figura 4-5 vemos que a média de retornos históricos em uma carteira de grandes ações, no período de 1926 a 2005, era de 12,3%. Nesse período, o retorno médio de longo prazo de títulos do Tesouro era de 5,8%, significando que o retorno excedente em ações de grandes empresas era de aproximadamente 6,5%. O desvio padrão dessa amostra de retornos era de 20,2%, o que simplesmente significa que o erro padrão do prêmio de risco do capital próprio é de aproximadamente 2%.[24] Isso significa que o intervalo de confiança de 95% do prêmio de risco de capital próprio é de 2,5 a 10,5%. Claramente,

---
[24] O erro padrão da distribuição amostral dos retornos médios é calculado como segue: $\sigma_{\text{Retornos anuais}} \div \sqrt{n-2}$, onde o desvio padrão dos retornos anuais é 20,2% e *n* é o número de retornos anuais da amostra, que aqui é 78, resultando em uma estimativa do erro padrão amostral das médias de 2,2%.

a amplitude desse intervalo de confiança sugere que a ação mais prudente é interpretar os dados históricos apenas como *sugestões*, em vez de entendê-los como definitivos.

As condições de mercado estão mudando. Olhando para frente, podemos dizer que há, pelo menos, três fatores-chave de mercado que mudaram ao longo do tempo e que podem, potencialmente, levar a um prêmio de risco do capital próprio que será menor no futuro do que era no passado. O primeiro tem a ver com impostos; o segundo, com a crescente participação no mercado de ações; e o terceiro, com a crescente globalização dos mercados mobiliários.

A alíquota de imposto aplicável a dividendos, receitas de juros e ganhos de capital flutua ao longo do tempo, fazendo com que o capital próprio seja mais ou menos favorecido em termos tributários conforme a época. Quando o capital próprio é mais favorecido pelo imposto, o prêmio sobre o capital próprio deveria ser menor, comparado às taxas de retorno das obrigações do Tesouro. Nos Estados Unidos, o capital próprio é mais favorecido pelos impostos hoje do que em qualquer outra época nos tempos recentes. O Jobs and Growth Tax Relief Reconciliation Act de 2003^{NT} (Lei de Reconciliação e Isenção de Impostos por Trabalho e Crescimento de 2003) reduziu a alíquota máxima de imposto sobre dividendos para 15%. Anteriormente, os dividendos eram taxados como receitas ordinárias, sujeitos a impostos de até 35%. Trinta anos atrás, os dividendos sofriam um imposto de 70%.

Uma segunda alteração nas condições do mercado, que provavelmente irá afetar o prêmio de risco do capital próprio no futuro, relaciona-se ao crescente número de pessoas que participam do mercado de ações, seja através de investimentos diretos, seja investindo indiretamente por meio de seu fundo de previdência privada. Enquanto os mercados de ações eram, antigamente, dominados por um número limitado de investidores ricos, esse não é mais o caso. Um fator importante que sustenta essa mudança foi a aprovação do Employment Retirement Income Security Act (ERISA) (Lei Social de Emprego, Aposentadoria e Rendimento), em 1974, e o conseqüente crescimento dos planos de previdência. Hoje, mais de metade das ações transacionadas nos Estados Unidos está nas mãos de investidores institucionais, incluindo fundos de pensão e planos de previdência. A crescente participação de investidores individuais no mercado aberto de ações tem levado a uma distribuição do risco de propriedade do capital e pode ter reduzido o prêmio de risco do capital próprio.

Outro fator que pode levar a um menor prêmio de risco de capital no futuro se relaciona ao acesso mais fácil dos investidores aos mercados globais. Esse crescente acesso tende a baixar as taxas de retorno exigidas (e, consequentemente, o prêmio de risco do capital) devido às crescentes oportunidades de diversificação e à maior participação de mais investidores que repartem os riscos associados aos investimentos em capital acionário.[25]

Retornos históricos apresentam viés, pois incluem apenas os sobreviventes. O problema final que encontramos, ao usar retornos históricos para estimar prêmios de risco futu-

---

[25] Por exemplo, Rene Stulz sugere que esse ambiente de crescentes oportunidades de investimento reduziria o prêmio de risco esperado para cerca de 2/3 da média observada desde 1926 (Rene Stulz, "Globalization of Capital Markets and the Cost of Capital: The Case of Nestlé", *Journal of Applied Corporate Finance* 8, Edição 3, Outono, 1995).

ros, relaciona-se ao fato de que os retornos históricos que geralmente estão disponíveis refletem o desempenho de mercados de ações que têm se comportado relativamente bem. Isto é, apenas os mercados financeiros vencedores, como os dos Estados Unidos e o Reino Unido, sobreviveram para serem analisados e incorporados nos registros de retornos históricos. Na verdade, há poucos mercados que têm um período ininterrupto de sobrevivência por mais de 75 anos. A história nos ensina que não podemos prever com segurança que os próximos 75 anos serão igualmente bem-sucedidos.

Método 2 – Fluxo de caixa descontado ou abordagens que consideram as taxas de retorno embutidas

Até agora estimamos taxas de retorno esperadas utilizando a história de retornos passados como orientação. Entretanto, como a discussão acima indica, retornos passados podem ser um indicador excessivamente otimista dos retornos futuros. Nesta seção, vamos descrever um método de calcular o retorno do mercado que usa estimativas do *prêmio de risco de capital* baseadas *em um olhar para o futuro*, em vez de uma perspectiva *histórica*.

Nossa abordagem baseada no futuro começa com o conhecido modelo de fluxo de caixa descontado. Entretanto, em vez de usar o modelo de FCD para determinar o valor de um investimento, o método leva em consideração os valores observados e os fluxos de caixa projetados e usa o modelo do FCD para estimar a taxa interna de retorno, ou seja, o custo de capital próprio implícito. Como discutiremos abaixo, os analistas aplicam essa metodologia de duas maneiras. Alguns usam o método para obter uma estimativa de prêmio de retorno do mercado, que pode ser usado para gerar uma estimativa do custo do capital próprio, baseada no CAPM. Outros usam o método para estimar diretamente o custo do capital próprio futuro das empresas, individualmente.

Modelo do FCD considerando um único estágio de crescimento Examinaremos duas variantes do modelo de fluxo de caixa descontado. O primeiro é o modelo com crescimento de Gordon, que considera que os dividendos da empresa crescem sempre a uma taxa constante (isto é que há uma taxa de crescimento única ou um estágio único de crescimento). O modelo do fluxo de caixa descontado considerando um estágio único de crescimento pode ser facilmente deduzido do modelo geral do fluxo de caixa descontado, encontrado na Equação 4.11a, a seguir:

$$\text{Preço da ação}_0 = \sum_{t=1}^{\infty} \frac{\text{Div}_{\text{ano } t}}{(1 + k_e)^t} \tag{4.11a}$$

onde

Preço da ação$_0$ = o preço atual de mercado das ações da empresa,

Div$_{\text{ano } t}$ = dividendo esperado para o ano t, e

k_e = o custo do capital próprio.

Quando se espera que os dividendos da empresa cresçam a uma taxa constante, g, para sempre, e essa taxa é menor do que o custo do capital próprio, a expressão de avaliação acima pode ser reduzida para:

$$\text{Preço da ação}_0 = \frac{\text{Div}_{\text{ano } 0}(1 + g)}{k_e - g} = \frac{\text{Div}_{\text{ano } 1}}{k_e - g} \tag{4.11b}$$

Consequentemente, o custo do capital próprio pode ser encontrado resolvendo para k_e, na Equação 4.11c:

$$k_e = \frac{Div_{ano\,1}}{Preço\ da\ ação_0} + g \qquad (4.11c)$$

Os analistas em geral calculam o K_e através da observação dos dividendos mais recentes, pagos nos últimos 12 meses, Div_{Ano0}, junto com o Preço da ação$_0$ da negociação mais recente, usando a taxa de crescimento dos lucros estimada pelos analistas para calcular a taxa de crescimento dos dividendos da empresa. Dependendo de como a estimativa do custo do capital próprio será usada, as empresas vão utilizar as estimativas de crescimento de dividendos feitas pelos corretores que cobrem a empresa ou usarão suas próprias estimativas internas.

Para ilustrar, considere o caso da Duke Energy Corporation (DUK). A Duke está envolvida em vários negócios, incluindo transporte de gás natural e produção de energia elétrica. Em 2005, a empresa pagou dividendos de $1,24 por ação e, em 24 de maio de 2006, o preço da ação da empresa, no fechamento do pregão, era de $27,50. Os analistas esperam uma taxa de crescimento dos lucros de 5% ao ano no período 2007–2011.[26] A Equação 4.11c considera que os dividendos da empresa crescem em perpetuidade a uma taxa constante, mas usamos a estimativa disponível de cinco anos para calcular o custo do capital próprio da Duke, como segue:

$$k_e = \frac{Div_{ano\,0}(1+g)}{P_E} + g = \frac{\$1,24(1+0,05)}{\$27,50} + 0,05 = 0,09735\ ou\ 9,735\%$$

Agregando os prêmios de risco do capital próprio, estimados a partir do que se espera no futuro O método que acabamos de usar para definir a taxa de retorno do capital próprio exigida para uma empresa em particular também pode ser usado para calcular o prêmio de risco do mercado de ações. O método exige que o prêmio de risco do capital próprio para uma ampla amostra de empresas individuais seja estimado e que, depois, os dados sejam agregados. Alguns estudos recentes desenvolveram essa análise, e a principal evidência empírica com respeito aos prêmios de risco de capital próprio, usando essa abordagem que enfoca o futuro, é que eles são muito menores do que as estimativas baseadas em dados históricos.[27] Em geral, a maioria dos analistas financeiros que calcula prêmios de risco do capital próprio por essa perspectiva futura os coloca em uma faixa de 3 a 5%.

---

[26] Baseado na taxa de crescimento dos rendimentos em cinco anos, estimada pelo Yahoo Finance (http://finance.yahoo.com/q/ae?s=DUK).

[27] Recentemente, os prêmios de risco que têm sido estimados para o futuro, no que se refere ao mercado americano de ações, têm sido de 3% ou menos. Além disso, alguns pesquisadores têm contestado que as estimativas históricas de um prêmio de risco de capital de 8% (usando letras do Tesouro para sinalizar a taxa livre de risco) e 5% (quando títulos de longo prazo do Tesouro americano são usados para sinalizar a taxa livre de risco) nunca são realistas, exceto em períodos de baixa do mercado ou em épocas de crise (isto é guerras).

| INSIGHT COMPORTAMENTAL | Otimismo gerencial e custo de capital |

A tendência dos gestores de serem excessivamente otimistas a respeito do futuro de suas empresas é um viés comportamental bem documentado. Entretanto, essa tendência pode não ser um problema sério quando se trata da estimativa do custo do capital da empresa, se for utilizado um modelo de fluxo de caixa descontado, tal como o modelo de crescimento de Gordon. Essa abordagem, na avaliação do custo de capital próprio de uma empresa, tem um aspecto vantajoso potencialmente importante quando o custo do capital próprio é calculado por um membro da administração da empresa. O excesso de otimismo por parte de um membro da administração ao estimar a taxa de crescimento dos lucros e dividendos da empresa levará a um viés que tende a aumentar também o custo do capital próprio e, consequentemente, o custo de capital estimado.

Para ilustrar, vamos considerar o custo do capital próprio da Duke Energy Corporation (DUK) do exemplo acima. Se os analistas internos da Duke fizerem suas próprias estimativas sobre o crescimento futuro dos lucros e dividendos da empresa, eles podem achar que 7% é uma estimativa razoável, enquanto os analistas de mercado usam 5%. O efeito da estimativa otimista da Duke para a taxa de crescimento futuro de lucros e dividendos é aumentar o custo de capital de 9,735% para 11,825%. Essa taxa de desconto maior tende a se opor aos efeitos do otimismo excessivo que esses mesmos analistas podem manifestar ao calcular os fluxos de caixa futuros das oportunidades de investimento da Duke.

Modelo de crescimento em três estágios A segunda variante do modelo de fluxo de caixa descontado difere do primeiro apenas porque fornece *três* taxas de crescimento diferentes, correspondendo a três estágios do crescimento da empresa. Basicamente, esse modelo fornece diferentes taxas de crescimento de dividendos dos Anos 1 a 5, 6 a 10 e de 11 em diante. O modelo de três estágios correspondente pode ser escrito como segue:

$$\text{Preço da ação}_{\text{ano}_0} = \sum_{t=1}^{5} \frac{\text{Div}_{\text{ano } 0}(1 + g_{\text{anos 1 em 5}})^t}{(1 + k_e)^t}$$

$$+ \sum_{t=6}^{10} \frac{\text{Div}_{\text{ano } 0}(1 + g_{\text{anos 1 em 5}})^5 (1 + g_{\text{anos 6 em 10}})^{t-5}}{(1 + k_e)^t}$$

$$+ \left(\frac{\text{Div}_{\text{ano } 0}(1 + g_{\text{anos 1 em 5}})^5 (1 + g_{\text{anos 6 em 10}})^5 (1 + g_{\text{anos 11 em diante}})}{k_e - g_{\text{anos 11 em diante}}} \right)$$

$$\times \frac{1}{(1 + k_e)^{10}} \quad (4.12)$$

Com as estimativas das três taxas de crescimento ($g_{\text{anos 1 a 5}}$, $g_{\text{anos 6 a 10}}$, e $g_{\text{anos 11 em diante}}$), o dividendo relativo ao período atual ($\text{Div}_{\text{ano } 0}$) e o preço atual da ação (preço da ação$_{\text{ano } 0}$), podemos resolver para o custo do capital próprio (k_e).

> **INSIGHT DO PROFISSIONAL**
>
> **Prêmios de risco de mercado implícitos (ex-*ante*) – entrevista com Justin Petit***
>
> Os analistas de Wall Street calculam o prêmio de risco de mercado (doravante PRM) de uma das duas maneiras a seguir. O PRM é geralmente calculado como o prêmio médio que se observa ao comparar os retornos históricos do mercado de capitais com os rendimentos dos títulos do Tesouro americano. Como esse método utiliza apenas dados históricos, podemos considerá-lo como um método baseado no que já aconteceu, ou seja, ex-*post*. O PRM também é calculado usando as expectativas dos analistas profissionais do mercado acerca dos desempenhos futuros e o modelo de crescimento de Gordon (Veja a Equação 4.11b), o que é um método ex-*ante*.
>
> O modelo de Gordon de desconto de dividendos é um modelo de crescimento de um só estágio (veja a Equação 4.11b), que pode ser reescrito com o objetivo de calcular o PRM. Se aplicarmos o modelo de Gordon ao mercado que engloba todas as ações ordinárias, calcularmos a taxa de retorno exigida do capital e subtrairmos a taxa de juros livre de risco, teremos calculado o PRM, como segue:
>
> $$PRM = \left(\frac{Div_{ano\,0}\,(1 + g)}{\text{Capitalização do mercado}} + g \right) - k_f$$
>
> onde $Div_{ano\,0}$ são os dividendos anuais pagos pelo mercado como um todo, no ano em questão; a Capitalização de mercado é o valor de mercado de um portfólio com todas as ações e g é a taxa de crescimento de dividendos de longo prazo estimada para todas as ações na economia. Apesar da premissa de taxa de crescimento constante no modelo Gordon de um só estágio ser problemática quando aplicada a uma única empresa, os analistas a acham mais útil quando se considera o mercado como um todo.[28]
>
> * Justin Petit é um associado da Booz Allen Hamilton, Nova York, NY.

A vantagem do modelo de três estágios é sua flexibilidade em incorporar diferentes taxas de crescimento durante o ciclo de vida da empresa. A desvantagem correspondente, claro, é que ela exige que essas taxas de crescimento sejam estimadas. A Ibbotson Associates usa a taxa de crescimento esperada I/B/E/S para calcular a primeira taxa de crescimento e sua média, baseada nos rendimentos históricos

---

[28] O modelo ex-*ante* descrito aqui segue uma abordagem "de baixo para cima", pois foca no retorno agregado para o mercado de ações como um todo. Um método alternativo que discutimos no texto começa por calcular o Prêmio de Risco (PR) das ações individualmente e, depois, agregá-los para formar um cálculo do PRM para todas as ações.

Geralmente os analistas calculam a taxa de crescimento como o produto do retorno médio sobre o patrimônio líquido (ROE – *return on equity*) e da taxa de reinvestimento para todas ações; a taxa de reinvestimento é simplesmente um menos a fração dos rendimentos da empresa distribuídos aos acionistas na forma de dividendos e recompra de ações. Essa é uma abordagem ex-*ante* para o cálculo das taxas de crescimento futuro, pois usa a informação corrente no mercado para atribuir o prêmio de risco de mercado (PRM) esperado. Por exemplo, um ROE de 10% e uma taxa de reinvestimento de 65% implicam uma taxa de crescimento de 6,5%. Observe que estamos usando aqui o rendimento "distribuído", em vez do rendimento na forma de "dividendos", pois, cada vez mais, as empresas têm distribuído rendimentos na forma de recompra de ações, em vez de dividendos. Independentemente do mecanismo de distribuição, esses recursos não são reinvestidos.

A seguinte tabela mostra uma série de potenciais prêmios de risco de mercado como uma função das supostas taxas de crescimento perpétuo e das taxas de distribuição de rendimentos (isto é, o quociente entre os rendimentos distribuídos através de dividendos e de recompra de ações, dividido pela capitalização de mercado atual):

Prêmio de risco de mercado		Taxa de crescimento nominal perpétuo				
		4%	5%	6%	7%	8%
	1%	0,3%	1,3%	2,3%	3,3%	4,3%
Taxa de distribuição	2%	1,3%	2,3%	3,3%	4,3%	5,3%
	3%	2,3%	3,3%	4,3%	5,3%	6,3%
	4%	3,3%	4,3%	5,3%	6,3%	7,3%

Os analistas geralmente chegam a uma estimativa de 4 a 5% para o prêmio de risco do mercado quando usam as premissas de taxas de crescimento de 5 a 7% e taxa de distribuição de 3 a 4%. O consenso nas estimativas de 5 a 7% para as taxas de crescimento (nominais) de longo prazo são compatíveis com a inflação esperada de 2 a 3% e o crescimento real do PIB de 3 a 4%.

observados na indústria à qual a firma pertence, para calcular a segunda taxa. Para a terceira taxa de crescimento, usam uma taxa que reflete o crescimento de longo prazo do PIB e a previsão de inflação de longo prazo. Para 2004, essa taxa de crescimento foi de 3%.[29]

---

[29] Outra ressalva deve ser feita com respeito ao modelo de crescimento em três estágios da Ibbotson. Como muitas empresas não pagam dividendos, a Ibbotson Associates substitui os dividendos por fluxos de caixa nos dois primeiros períodos e utiliza o lucro/ação, antes de itens extraordinários, no terceiro período. No último período, a substituição do fluxo de caixa pelo lucro reflete a premissa de que a depreciação e os dispêndios de capital tendem a se igualar com o tempo e, portanto, o fluxo de caixa tende a se igualar ao lucro.

Para ilustrar essa metodologia, considere a Rushmore Electronics, uma empresa pequena, mas em rápido crescimento, estabelecida em Portland, Oregon. A empresa abriu capital dois anos atrás e as ações da empresa atualmente são vendidas a $24,00 a ação, com dividendos de $2,20 por ação. Durante os últimos 10 anos, os lucros da Rushmore cresceram a uma taxa anual composta de 10% ao ano. Os analistas projetam que os lucros da empresa crescerão a uma taxa de 14% ao ano pelos próximos cinco anos. Além disso, espera-se que a economia cresça a uma taxa de 6,5%. Substituindo essas expectativas na Equação 4.12, temos a seguinte equação, onde apenas desconhecemos o custo do capital próprio, k_e:

$$\$24,00 = \sum_{t=1}^{5} \frac{\$2,20(1 + 0,14)^t}{(1 + k_e)^t} + \sum_{t=6}^{10} \frac{\$2,20(1 + 0,14)^5(1 + 0,10)^{t-5}}{(1 + k_e)^t}$$
$$+ \left(\frac{\$2,20(1 + 0,14)^5(1 + 0,10)^5(1 + 0,065)}{k_e - 0,065} \right) \frac{1}{(1 + k_e)^{10}}$$

Resolvendo esta expressão para k_e, obtém-se a estimativa do custo de capital próprio da Rushmore, 20,38%.[30]

Nesse exemplo seguimos a abordagem de Ibbotson Associates, fazendo os dois primeiros períodos de crescimento com duração de cinco anos. Se o analista tem boas razões para acreditar que a extensão dos períodos de crescimento ou as taxas de crescimento específicas deveriam ser diferentes, essas estimativas devem ser usadas.

Calculando o WACC (juntando tudo) – Passo 3

O passo final no cálculo do WACC da empresa envolve uma média ponderada dos custos estimados dos títulos em aberto da empresa. Para ilustrar o processo em três passos, utilizado para calcular o WACC, considere o caso da Champion Energy Corporation, que foi fundada em 1987 e está localizada em Houston, no Texas. A empresa fornece serviços de energia, como coleta de gás natural, transmissão interestadual e processamento nas regiões do sudoeste de Louisiana e da costa do golfo do Texas. Em 31 dezembro de 2005, a empresa operava com coleta de gás natural e dutos de transmissão em aproximadamente 8.900 quilômetros e em sete fábricas de processamento de gás natural.

Avaliando a estrutura de capital da Champion

Uma versão condensada do passível exigível da Champion e do capital próprio está nas duas primeiras colunas da Tabela 4-3.

A Champion quer reavaliar seu custo de capital à luz de seus planos de fazer uma significativa aquisição para expandir suas operações em janeiro, para a qual precisa de $1,25 bilhão adicional. Conforme discussões com o banco de investimentos da empresa, a administração da Champion decidiu aumentar sua dívida do nível atual de $0,75 bilhões para até $2 bilhões. Considerando as atuais condições de mercado,

---

[30] Esse problema é facilmente resolvido usando uma planilha eletrônica (por exemplo, no Excel basta usar a função "Atingir Meta").

Tabela 4-3 Dívida e capital próprio da Champion Energy Corporation

	31 de dezembro de 2006	
Passivo exigível e patrimônio líquido ($000)	Balanço patrimonial (Valores contábeis)	Capital investido (Valores de mercado)
Passivo circulante		
Contas a pagar	$150.250,00	
Títulos a pagar	–	$ –
Outros passivos circulantes	37.250,00	
Total do passivo circulante	$187.500,00	$ –
Endividamento de longo prazo (juros de 8% pagos semestralmente, a vencer em 2015)	750.000,00	2.000.000,00
Passivo Exigível Total	$ 937.500,00	2.000.000,00
Patrimônio líquido		
Ações ordinárias (valor nominal de $1 por ação)	$ 400.000,00	
Capital integralizado	1.250.000,00	
Lucro acumulado	2.855.000,00	
Capital acionário total	$4.505.000,00	$8.000.000,00
Passivo Exigível Total e Patrimônio Líquido	$5.442.500,00	$10.000.000,00

eles podem emitir novos títulos de dívida à taxa de 8,25% ao ano. A administração da Champion está interessada em aumentar o volume de endividamento, pois as despesas com juros são dedutíveis do lucro tributável sobre o qual incide a alíquota de imposto de 25%, aplicável à empresa.

O diretor financeiro da Champion convocou sua analista financeira e solicitou-lhe que fizesse uma estimativa inicial do WACC da empresa, considerando que a Champion fosse em frente com a nova oferta de títulos de dívida no valor de $1,25 bilhão. Além disso, pediu-lhe que considerasse que a natureza das operações e do risco de negócios da empresa não seria afetada pelo uso dos novos recursos. A analista começou sua análise pela avaliação da estrutura de capital da empresa, considerando que a nova captação de dívida já estava consumada. Como o efeito da nova oferta no valor do capital próprio da empresa era incerto, ela pensou, como primeira medida, que simplesmente consideraria que o valor total de mercado das ações da empresa não seria afetado. Com base no preço de mercado atual de $20,00 a ação, ela calculou que o valor de mercado do capital próprio da empresa fosse $8 bilhões.

A terceira coluna, no lado direito da Tabela 4-3, contém os resultados da investigação da analista sobre como ficaria a estrutura de capital da Champion depois da nova emissão de dívida. O capital total investido é igual a $10 bilhões, o que inclui um endividamento oneroso de $2 bilhões e uma capitalização a mercado de $8 bilhões ($20,00 por ação, multiplicado por 400 milhões de ações). Consequentemente, o peso na estrutura de capital é de 20% de endividamento e 80% de capital.

Calculando os custos da dívida e do capital próprio da Champion

Baseados nos YTMs para novas emissões de dívida da Champion, calculamos o custo da dívida, antes dos impostos, em 8,25%. Como os títulos da Champion são classificados como grau de investimento, podemos usar o YTM como uma aproximação razoável para o custo do novo financiamento da dívida. O ajuste do custo de 8,25% pela alíquota de imposto de 25% aplicável à empresa produz um custo de dívida, após impostos, de 6,19% = 8,25% (1 − 0,25).

Para calcular o custo do capital próprio, foram usadas três estimativas: o CAPM, o modelo de três fatores de Fama-French e o modelo em três estágios do FCD.[31] As estimativas encontradas estão abaixo:

Modelo de custo de capital	Custo de capital estimado
CAPM	8,37%
Três fatores de Fama-French	10,02%
Fluxo de caixa descontado (3 estágios)	11,60%

A média das três estimativas do custo do capital é 10,0%, e a analista decidiu usar isso como sua estimativa inicial do custo de capital próprio para calcular o WACC da empresa.

Calculando o WACC da empresa

O WACC para a estrutura de capital proposta pela Champion é calculada como segue:

Fonte de capital	Peso na estrutura de capital (Proporção)	Custo após impostos	Custo ponderado após impostos
Dívida	20%	6,19%	0,01238
Capital Próprio	80%	10,00%	0,07997
		WACC =	9,23%

Portanto, estimamos que o WACC da Champion seja 9,23%, com base no que se planeja usar de dívida e planos operacionais.

Decidindo o que fazer – Cálculo do custo de capital da empresa

Nossa discussão sobre a estimativa do custo de capital começou com a enumeração de três tópicos básicos a serem tratados. No processo de análise de todos os detalhes do processo de avaliação, é claro que os analistas devem tomar muitas

---

[31] Estas estimativas de custo de capital próprio referem-se ao grupo de grandes indústrias e a empresas classificadas sob o código SIC 4924 (Distribuição de gás natural), como calculado por Ibbotson and Associates, *Cost of Capital 2006 Yearbook* (dados até março de 2006).

decisões que podem ter um efeito relevante na estimativa do custo de capital. Aqui recapitulamos rapidamente cada um dos tópicos que devem ser abordados e resumimos os procedimentos que achamos serem representativos do melhor de cada assunto.

A Figura 4-6 compila uma listagem dos tópicos básicos que abordamos ao falar da estimativa do custo de capital, até agora. Os pontos importantes são os seguintes:

- Use valores de mercado para definir os pesos na estrutura de capital da empresa e exclua os endividamentos não onerosos dos cálculos. Se a empresa pretende alterar sua estrutura atual de dívida e capital próprio, os pesos que refletem a estrutura de capital pretendida devem substituir os pesos atuais.
- Se o custo de capital for usado para descontar fluxos de caixa distantes no futuro, use o rendimento de um título de longo prazo no cálculo do prêmio de risco do mercado, assim como no cálculo dos retornos excedentes de mercado que são usados na estimativa do beta.
- Quando a empresa emite títulos de dívida classificados como grau de investimento, use o rendimento até o vencimento – o YTM (calculado utilizando os preços de mercado atuais e os juros e amortizações do principal, prometidos) – para estimar o custo do endividamento. Entretanto, quando a dívida da empresa é de nível especulativo, o YTM da dívida da empresa (que representa o retorno prometido, não o esperado) irá superestimar o custo do endividamento.
- Use múltiplos métodos para estimar o custo do capital próprio. Essa é a estimativa mais difícil que a empresa terá que fazer. A utilização de modelos de apreçamento de ativos e modelos de fluxos de caixa descontados fornecem estimativas independentes do custo do capital.
- Como o custo de capital é usado para descontar fluxos de caixa a serem recebidos no futuro, o foco de nossa análise deve ser o futuro. Isso não significa que devemos ignorar os dados históricos. Entretanto, significa que os dados históricos são apenas úteis se nos ajudarem a entender melhor o futuro. Na realidade, o prêmio de risco de capital do mercado é geralmente estimado como uma média de retornos passados, o que implica em um prêmio de risco de mercado de 6 a 8%. Entretanto, alguns estudos recentes têm utilizado as expectativas de profissionais da área de investimentos para inferir um prêmio de risco do mercado de capitais e encontraram valores bem menores. As estimativas do prêmio de risco de mercado, quando se olha para o futuro, ficam no intervalo de 3 a 4%.

4.4 Resumo

O custo médio ponderado de capital (WACC) fornece a taxa que é usada para descontar os fluxos de caixa futuros da empresa e determinar como provavelmente ela está sendo avaliada pelo mercado financeiro. A estimativa do WACC de uma empresa envolve três atividades fundamentais: avaliar a composição da estrutura de ca-

Tópico	Problemas	Melhores práticas
(1) Definindo a estrutura de capital da empresa	Que obrigações devem ser incluídas na definição da estrutura de capital da empresa?	Inclua apenas aquelas obrigações que têm um custo de juros explícito. Mais especificamente, exclua passivos e dívidas sobre os quais não incidam juros, tais como Contas a Pagar.
	Que pesos devem ser atribuídos às várias fontes de capital, na estrutura de capital?	Os pesos devem refletir a importância atual das fontes de financiamento que, por sua vez, se refletem nos valores de mercado correntes. Entretanto, como não há tantos títulos de dívida corporativos sendo negociados com frequência em mercado, ou sequer sendo negociados, e uma grande parte das dívidas corporativas é na verdade endividamento privado (isto é, empréstimos bancários), que não tem um valor de mercado observável, seguidamente são usados valores contábeis para a dívida.
(2) Escolhendo a taxa de juros livre de risco apropriada	Que prazo de vencimento é apropriado para os títulos livres de risco do governo? Como você calcula a taxa de retorno esperada na dívida de grau de investimento?	A dívida do governo dos EUA é a melhor representação de um título livre de risco. Entretanto, a teoria de precificação dos ativos fornece pouca orientação quanto a qual Título do Tesouro americano deve ser usado: curto, médio ou longo prazo? A prática padrão, atualmente, é usar um título do governo de longo prazo.
(3) Estimando o custo de financiar-se com dívida (custo da dívida)	Como você calcula a taxa de retorno esperada de dívida considerada especulativa ou abaixo do grau de investimento?	Os rendimentos até o vencimento (YTM) correntes servem como *proxy* para o custo esperado da dívida.
		Ajustes para incorporar o risco de inadimplência e as taxas de recuperação se tornam importantes quando a possibilidade de inadimplência é significativa. O ajuste leva a uma estimativa (da taxa de retorno esperada para os credores da empresa) que é baseada em fluxos de caixa esperados, em vez de fluxos de caixa prometidos.
(4) Estimando o custo de financiar-se com capital próprio (custo do capital próprio)	Que modelo deve ser usado para calcular o financiamento do custo do capital próprio?	Duas classes de modelos são amplamente usadas no cálculo do custo do capital próprio. Uma é baseada na teoria de apreçamento dos ativos, e a outra é baseada em fluxos de caixa descontados. Considerando as dificuldades inerentes à estimativa do custo de capital próprio, é prudente usar os dois tipos de modelo, em um esforço para definir em que intervalo o custo de capital próprio pode potencialmente estar.
	Para estimar o custo das ações ordinárias, deve-se usar dados históricos ou estimativas com base no que se espera no futuro?	Os dados históricos só são úteis para cálculo do custo de capital na medida em que esses dados forem informativos sobre os retornos futuros. Assim, em geral, informações com base no futuro são mais consistentes com o objetivo da análise do que os dados históricos.
	Qual o tamanho do prêmio de risco?	Os dados históricos sugerem que o prêmio de risco do capital para a carteira do mercado tem sido, em média, de 6 a 8% por ano, durante os últimos 75 anos. Entretanto, há boas razões para acreditar que essa estimativa é alta demais. De fato, o prêmio de risco do capital, de acordo com recentes estimativas, ficaria em torno de 3 a 4%. Recomendamos um prêmio de risco do capital de 5% para a carteira de mercado.

FIGURA 4-6 Problemas e recomendações para estimar o custo de capital de uma empresa.

pital da empresa, avaliar o custo de oportunidade de cada fonte de capital e calcular a média ponderada do custo após impostos de cada fonte de capital.

O WACC é usado amplamente por empresas em todo o mundo. As empresas usam seu próprio WACC para calcular se estão sub ou super avaliadas. Assim, o WACC de uma empresa influenciará a maneira como as empresas respondem a ofertas de aquisição e, como as empresas são relutantes em emitir títulos subavaliados, o cálculo do WACC também pode influenciar as escolhas sobre como se financiar. Finalmente, como discutiremos no Capítulo 9, as empresas seguidamente utilizam seu WACC para avaliar se seus gestores geram retornos que de fato excedem os custos de capital de suas empresas.

O foco principal deste livro está em como as empresas avaliam oportunidades de investimento. A esse respeito, o WACC tem um papel-chave. Quando as empresas avaliam oportunidades de aquisição de outras empresas, elas calculam o WACC da empresa em questão. Analisaremos isso com mais detalhes no Capítulo 7. Quando avaliam um projeto de investimento, as empresas também precisam de uma taxa de desconto, à qual nos referiremos como WACC *do projeto*. Uma análise do WACC do projeto é o foco do Capítulo 5.

Problemas

4-1 Processo de três passos para estimar o WACC de uma empresa A Compano Inc. foi fundada em 1986 em Baytown, no Texas. A empresa fornece serviços para campos petrolíferos na região da costa do golfo do Texas, inclusive aluguel de barcaças para

	31 de dezembro de 2006	
Passivo exigível e patrimônio líquido	Balanço patrimonial (Valores contábeis)	Capital investido (Valores de mercado)
Passivo circulante		
Contas a pagar	$8.250.000	
Títulos a pagar	–	
Outros passivos circulantes	7.266.000	
Total do passivo circulante	$15.516.000	$ –
Endividamento de longo prazo (juros de 8,5% pagos semestralmente, a vencer em 2015)	$420.000.000	$434.091.171
Passivo Total	$435.516.000	$434.091.171
Patrimônio Líquido		
Ações ordinárias (valor nominal de $1 por ação)	$40.000.000	
Capital integralizado	$100.025.000	
Lucro acumulado	$255.000.000	
Patrimônio Líquido	$395.025.000	$900.000.000
Passivo Exigível Total e Patrimônio Líquido	$830.541.000	$1.334.091.171

perfuração. Seu balanço patrimonial, no final de 2006, descreve uma empresa com ativos no valor de $830.541.000 (valores contábeis) e capital investido de mais de $1,334 bilhão (baseado em valores de mercado):

A equipe de executivos da Compano tem a preocupação de que seu novo investimento supere a taxa mínima de atratividade exigida antes que haja comprometimento de capital no projeto. Consequentemente, o diretor financeiro iniciou um estudo do custo de capital através de um de seus analistas financeiros sênior, Jim Tipolli. A primeira providência de Jim foi contatar o banco de investimentos da empresa para obter informações sobre os custos de capital correntes.

Jim soube que, apesar da dívida atual da empresa exigir um cupom de 8,5% (com pagamentos de juros anuais e nenhuma amortização de principal até 2015), o custo de dívidas similares cairia para 8% se as empresas tivessem que contratar endividamento hoje. Quando perguntou sobre o beta da dívida da Compano, disseram-lhe que era uma prática comum assumir um beta de 0,30 para dívidas de empresas como a Compano.

a. Qual o capital investido total da Compano e quais os pesos da dívida e do capital próprio na sua estrutura do capital?
b. Com base na alíquota de imposto de renda de 40% da Compano, na estrutura de capital corrente e em um beta desalavancado estimado em 0,90, qual o beta alavancado do capital próprio da Compano?
c. Considerando o rendimento de Títulos do Tesouro americano de longo prazo de 5,42% e um prêmio de risco de mercado estimado de 5%, qual deve ser a estimativa de Jim para o custo de capital da Compano se ele usar o CAPM?
d. Qual é sua estimativa do WACC da Compano?

4-2 Calculando o YTM esperado A International Tile Importers, Inc. é uma empresa próspera que importa e comercializa pisos de azulejo para uso na construção de casas e prédios comerciais. A empresa cresceu tão rápido que sua administração está analisando a emissão de um título de dívida de 5 anos. Os títulos teriam um valor principal de $1.000 e pagariam 12% de juros a cada ano, com vencimento do principal no final do Ano 5. O banco de investimento que atende a empresa concordou em ajudá-la a colocar os títulos e estimou que eles poderiam ser vendidos a $800 cada um nas condições atuais de mercado.

a. Qual o rendimento até o vencimento (YTM) prometido, com base nas condições sugeridas pelo banco de investimentos?
b. *(Dica: veja o Anexo, para esta análise.)* A administração da empresa recebeu com desânimo o YTM estimado acima, pois estava muito além do cupom de 12%, que já é muito maior do que os rendimentos correntes de dívidas em grau de investimento. O banqueiro explicou que, para uma empresa pequena como a International Tile, a classificação dos títulos de dívida estaria provavelmente em grau especulativo, que requer um rendimento mais alto para atrair os investidores. Também sugeriu que a empresa recalculasse o YTM esperado da dívida considerando as seguintes premissas: o risco de inadimplência do Ano 1 até o Ano 5 é 5% ao ano, e a taxa de recuperação no caso de inadimplência é de apenas 50%. Qual o YTM esperado sob essas condições?

4-3 Calculando o YTM prometido Em 2005, a Eastman Kodak Corporation (EK) tinha títulos de dívida emitidos no mercado e ainda em vigor, com vencimento em 8 anos. Os títulos atualmente estão sendo vendidos a 108.126 ou $1.081,26 por título e pagam juros semestrais baseados em um cupom de 7,25% (anual). Considerando que os títulos permaneçam pendentes até o vencimento e que a empresa efetue todos os pagamentos prometidos de juros e principal em tempo hábil, qual o rendimento até o vencimento (YTM) para os detentores dos títulos?

4-4 Calculando o YTM prometido Calcule o rendimento até o vencimento prometido para os títulos emitidos por Ford (F) e General Motors (GM) em fevereiro de 2005. Você pode presumir que o juro é pago semestralmente. Para o cálculo de juros compostos, arredonde também o número de períodos para o período semestral mais próximo.

Ford Motor Co.
Cupom:	6,3750%
Vencimento:	01/02/2029
Classificação:	Baa1/BBB−
Preço:	92,7840

General Motors Corp.
Cupom:	8,375%
Vencimento:	15/07/2033
Classificação:	Baa2/BBB−
Preço:	106,1250

Observando que esses dois títulos têm classificações de risco semelhantes, comente o uso do YTM que você acabou de calcular como uma estimativa do custo da dívida das duas empresas.

4-5 Calculando o custo do capital próprio A Smaltz Enterprises está envolvida atualmente na revisão anual do seu custo de capital. Historicamente, a empresa tem se baseado no CAPM para estimar seu custo de capital próprio. A empresa estima que seu beta do capital próprio é 1,25 e o rendimento atual de Títulos do Tesouro americano de longo prazo é 4,28%. O diretor financeiro da empresa está discutindo atualmente com um consultor da empresa de um banco de investimento a respeito do nível do prêmio de risco do mercado de capitais. Historicamente, Smaltz tem usado 7% como uma estimativa aproximada do prêmio de risco do mercado de capitais. Entretanto, o consultor de investimentos argumenta que esse prêmio diminuiu dramaticamente nos anos recentes e é mais provável que esteja entre 3 e 4%.

   a. Calcule o custo do capital próprio da Smaltz usando um prêmio de risco de mercado de 3,5%.
   b. A estrutura de capital da Smaltz é composta de 75% de capital próprio (baseado em preços atuais de mercado) e 25% de dívida, sobre as quais a empresa paga juros de 5,125% antes do imposto de 25%.

Qual o WACC da empresa, considerando cada uma das duas premissas sobre o prêmio de risco do mercado?

4-6 Processo de três passos para calcular o WACC de uma empresa A Harrison Electronics produz circuitos impressos para uma variedade de aplicações em equipamentos industriais. A empresa foi fundada em 1983 por dois engenheiros elétricos que deixaram seus empregos na General Electric (GE) Corporation. Seu balanço patrimonial para o ano de 2006 descreve uma empresa com ativos (valores contábeis) de $1.184.841.000 e capital investido de aproximadamente $2,2 bilhões (baseado em valores de mercado):

	31 de dezembro de 2006	
Passivo exigível e patrimônio líquido	Balanço patrimonial (Valores contábeis)	Capital investido (Valores de mercado)
Passivo circulante		
Contas a pagar	$17.550.000	
Títulos a pagar	20.000.000	20.000.000
Outros passivos circulantes	22.266.000	
Total do passivo circulante	$59.816.000	$ 20.000.000
Endividamento de longo prazo (juros de 7,5% pagos semestralmente, a vencer em 2012)	$650.000.000	$624.385.826
Passivo exigível total	$709.816.000	$644.385.826
Patrimônio líquido		
Ações ordinárias (valor nominal de $1 por ação)	$ 20.000.000	
Capital integralizado	$200.025.000	
Lucro acumulado	$255.000.000	
Patrimônio Líquido	$475.025.000	$1.560.000.000
Passivo exigível total e patrimônio líquido	$1.184.841.000	$2.204.385.826

A diretora financeira da Harriston, Helen L. Hines, está preocupada com que seus novos investimentos atinjam a taxa média de atratividade exigida pela empresa antes mesmo de comprometer o capital necessário. Consequentemente, ela iniciou um estudo do custo de capital através de um de seus analistas financeiros sênior, Jack Frist. Logo após receber a tarefa, Jack contatou o banco de investimentos da empresa para ter dados sobre os custos de capital atuais.

Jack soube que, apesar da dívida atual da empresa exigir um cupom de 7,5% (com pagamentos de juros anuais e nenhum pagamento de principal até 2012), o atual YTM para dívidas semelhantes tinha aumentado para 8,5%, de tal maneira que o valor de mercado corrente dos títulos da empresa havia caído para $624.385.826. Além disso, dado que os títulos de curto prazo da empresa haviam sido emitidos nos últimos 30 dias, a taxa de contrato desses títulos, 9%, era igual ao custo corrente desses mesmos títulos.

a. Qual é o capital total investido e quais são os pesos da dívida e do capital próprio na estrutura de capital da Harrison? (Dica: a empresa tem alguns títulos a pagar de curto prazo [Títulos a Pagar], sobre os quais também incidem juros.)
b. Considerando um rendimento de Títulos do Tesouro americano de longo prazo de 5,42% e um prêmio de risco de mercado estimado de 5%, qual o custo de capital da Harrison, baseado no CAPM, se o beta alavancado do capital próprio da empresa é de 1,2?
c. Qual sua estimativa para o WACC da Harrison? A alíquota de imposto da empresa é 35%.

4-7 Desalavancando e realavancando betas do capital próprio

Em 2006, as maiores transportadoras aéreas, com exceção da Southwest Airlines (LUV), continuavam em condição financeira difícil, em função dos ataques ao World Trade Center em 2001.

a. Considerando os seguintes dados da Southwest Airlines e de três outras companhias aéreas (em 29 de novembro de 2006), calcule o beta não alavancado do capital próprio para a Southwest Airlines utilizando os procedimentos descritos na Tabela 4-1. Para os cálculos você pode considerar uma alíquota de imposto de 38%.

Nome da empresa	Beta alavancado do capital próprio	Capitalização da dívida/capital próprio	Beta da dívida (estimado)
American Airlines (AMR)	3,2400	205,16%	0,30
Delta Airlines (DALR.PK)	4,0500	5663,67%	0,40
Jet Blue (JBLU)	(0,1100)	106,22%	0,30
Southwest Airlines (LUV)	(0,0100)	14,93%	0,20

b. Baseado em sua estimativa do beta desalavancado do capital próprio da Southwest Airlines, realavanque o beta para obter uma estimativa do beta alavancado da empresa.
c. As empresas aéreas estão, obviamente, em uma posição peculiar no final de 2006. Você teria alguma preocupação especial no que se refere à estimativa do custo de capital próprio da Southwest Airlines, utilizando o procedimento aqui descrito?

4-8 Estimando o custo de capital próprio utilizando o método Fama-French

O Setor de Telecomunicações está passando por uma rápida transformação à medida que serviços de telefonia, Internet e televisão estão se fundindo em uma única tecnologia. No outono de 2006, o analista de telecomunicações da HML Capital, uma empresa de investimento privado, estava tentando avaliar o custo de capital de duas gigantes na indústria de telecomunicações dos Estados Unidos: SBC Communications (AT&T) e Verizon Communications. Basicamente, ele queria ver dois métodos alternativos para fazer a estimativa: o CAPM e o modelo de três fatores de Fama-Frech. O CAPM utiliza apenas um prêmio de risco para o mercado como um todo, enquanto o modelo Fama-French utiliza três (um para cada um dos três fatores). Os fatores são: (1) um prêmio de risco de mercado; (2) um prêmio de risco relacionado ao tamanho da empresa; e (3) um prêmio de risco relacionado ao índice *market-to-book*. Os dados dos parâmetros que medem as sensibilidades aos fatores de risco (b, s e h), assim como os coeficientes beta para o CAPM, estão abaixo:

Nome da empresa	Coeficientes Fama-French(FF)			Beta CAPM
	b	s	h	
SBC Communications (AT&T)	1,0603	−1,4998	1,0776	0,62
Verizon Communications	1,1113	−0,9541	0,639	0,79

Os prêmios de risco para cada um dos fatores de risco são os seguintes:

Coeficientes	Prêmios de risco
Prêmio de risco do mercado	5,00%
Prêmio de risco conforme o tamanho	3,36%
Prêmio de risco *market-to-book*	4,40%

a. Se a taxa de juros livre de risco é 5,02%, qual o custo do capital próprio estimado para as duas empresas, utilizando o CAPM?

b. Qual o custo do capital próprio estimado para as duas empresas utilizando o modelo de três fatores de Fama-French? Interprete o significado dos sinais (+/−) em cada um dos fatores (isto é b, s e h).

4-9 Calculando o custo de dívida conversível em ações (Dica: este exercício se baseia no Anexo.) A Eastman Kodak Corporation tem uma emissão de títulos de dívida conversíveis ainda em aberto na primavera de 2005, com um cupom de 6 3/4% e sendo negociados a $1.277,20 por título. Os pagamentos dos juros são feitos semestralmente. Se o custo de uma dívida não conversível é igual ao YTM dos títulos descritos no Problema 4-3 e o custo de novo capital próprio obtido pela venda da opção de conversão é de 13,5%, qual o custo estimado dos títulos conversíveis para a empresa?

4-10 YTM prometido *versus* YTM esperado (Dica: este exercício se baseia no Anexo.) Em maio de 2005, as agências de classificação de crédito rebaixaram a dívida da General Motors (GM) para a categoria *junk*.

a. Discuta o efeito dessa queda de classificação no WACC da empresa.

b. Se você estiver usando o YTM para os títulos da empresa como sua estimativa do custo da dívida e continuar usando o mesmo procedimento após o rebaixamento da dívida, sua estimativa se torna mais, ou menos, confiável? Explique.

APÊNDICE

Extensões e aperfeiçoamentos na estimativa do WACC

Nossa análise do WACC nesse capítulo tratou das questões básicas encontradas em situações bastante simples. Nesta seção abordamos alguns problemas que surgem na análise do WACC de uma empresa e que são geralmente desconsiderados nas discussões iniciais. Basicamente, discutimos: (1) a estimativa do custo de dívidas abaixo do grau de investimento, em que o YTM prometido quase sempre é muito maior do que o rendimento esperado; (2) a estimativa do custo de dívidas conversíveis, uma forma de financiamento híbrida que contém elementos tanto de dívida quanto de capital; e (3) a análise de fontes de financiamento de itens não registráveis no balanço patrimonial, inclusive entidades para fins especiais.

Estimando o custo esperado de financiamento de dívidas abaixo do grau de investimento

Observamos anteriormente no capítulo que o YTM prometido (calculado utilizando os pagamentos prometidos de principal e juros) exagera o custo da dívida da empresa se ela estiver abaixo do grau de investimento. Para saber a razão, considere como o YTM de um título é calculado. O YTM, como definido tradicionalmente, é simplesmente a taxa interna de retorno ganha na compra de um título pelo seu preço de mercado corrente, considerando que se receberá todos os juros e pagamentos de principal, conforme prometidos, ao longo da vida do título. Como usa juros e pagamentos de principal *prometidos* e não os recebimentos de caixa *esperados* (que permitem a possibilidade de inadimplência e a recuperação de menos de 100% do valor nominal do título), esse cálculo produz uma estimativa do YTM *prometido* da dívida[32] e não o YTM *esperado*.

---

[32] No Capítulo 2, usamos o termo fluxos de caixa "desejados" como fluxos de caixa otimistas, em comparação com fluxos de caixa esperados. Em essência, os pagamentos prometidos de principal e juros de títulos que são arriscados (isto é que têm um risco de inadimplência não desprezível) são os fluxos de caixa "desejados" pelos detentores dos títulos. Assim, o termo fluxo de caixa *prometido* é sinônimo de fluxo de caixa "desejado".

Calculamos o YTM prometido obtido a taxa de desconto, $Y_{Prometido}$, que satisfaz à seguinte equação de fluxo de caixa descontado:

$$\text{Preço do título hoje} = \$1.000 = \frac{\text{Principal e juros prometidos em 1 ano}}{(1 + Y_{Prometido})^1}$$

$$= \frac{\$1.100}{(1 + Y_{Prometido})^1}$$

O $Y_{Prometido}$ é 10%, nesse exemplo. Esse retorno prometido é igual ao retorno esperado pelo investidor apenas quando o pagamento prometido de $1.100 é efetuado. Em outras palavras, $Y_{Prometido}$ é a taxa de retorno esperado pelo investidor (ou o custo da dívida da empresa) apenas quando não há risco de inadimplência.

Quando a dívida de uma empresa é sujeita ao risco de inadimplência, o rendimento prometido é uma estimativa *exagerada* do rendimento esperado pelo detentor da dívida. Para ver como a possibilidade de inadimplência causa uma grande diferença entre os rendimentos prometidos e esperados, considere o caso simples de um título que vence em um ano e paga ao detentor o valor nominal de $1.000 mais $100 de juros. O título com risco tem um preço corrente de $800 e promete pagar ao detentor $1.100 de principal e juros, em um ano. Calculamos o rendimento prometido achando a taxa de desconto, $Y_{Prometido}$, que satisfaz à seguinte equação de fluxo de caixa descontado:

$$\text{Preço do título hoje} = \$800 = \frac{\text{Principal e juros prometidos em 1 ano}}{(1 + Y_{Prometido})^1}$$

$$= \frac{\$1{,}100}{(1 + Y_{Prometido})^1}$$

Resolvendo a equação para $Y_{Prometido}$, encontramos 37,5%.

Agora, considere que a probabilidade de inadimplência do emissor do título é de 20% (isto é há uma probabilidade de 80% de que o detentor do título receberá o total de $1.100). Também, no caso de inadimplência, o detentor do título receberá 60% do pagamento prometido de $1.100 ou $660. O fluxo de caixa esperado, então, é (0,80 × $1.100) + (0,20 × $660) = $1.012. Agora podemos calcular o rendimento esperado utilizando o fluxo de caixa esperado, como segue:

$$\text{Preço do título hoje} = \$800 = \frac{\text{Pagamento esperado do título em 1 ano}}{(1 + Y_{Esperado})^1} = \frac{\$1{,}012}{(1 + Y_{Esperado})^1}$$

A estimativa do $Y_{Esperado}$ é de apenas 26,5%. Isso é o que representa o custo esperado da dívida da empresa, não o rendimento prometido de 37,5% calculado acima. A diferença entre o rendimento prometido e o esperado, nesse exemplo, é bastante grande, pois a probabilidade de inadimplência é muito alta e a taxa de recuperação é de 60%.

Taxas de inadimplência, taxas de recuperação e rendimentos das dívidas corporativas

A fim de determinar o retorno esperado de um instrumento de dívida, necessitamos tanto de taxas de inadimplência quanto de recuperação. A Moody's Investors Services fornece uma pesquisa histórica referente a essas duas taxas e também previsões de taxas futuras.

Por exemplo, a Tabela 4A-1 resume as taxas cumulativas de inadimplência de títulos corporativos no período de 1983 a 2000. Observe que há uma dramática diferença no risco de inadimplência para títulos em grau de investimento *versus* títulos em grau especulativo. De fato, o risco cumulativo de inadimplência para títulos em grau de investimento é menor do que 2% mesmo depois de 10 anos, enquanto que a taxa comparável para títulos em grau especulativo excede 30%.

Na Tabela 4A-1 é importante notar o seguinte: para empresas que emitem dívidas em grau de investimento, o risco de inadimplência é tão baixo que a diferença entre os rendimentos prometidos e os esperados é insignificante para objetivos práticos. Entretanto, para dívidas de grau especulativo, a inadimplência do emitente é mais provável e tem um efeito significativo no custo da dívida.

O que acontece com as taxas de recuperação no caso de inadimplência? Cálculos de taxas esperadas de recuperação (assim como das taxas esperadas de inadimplência) são baseados em experiência histórica e a Moody's mantém registro dessas taxas de recuperação. A Moody's usa a relação entre preço de mercado/valor nominal do título, um mês após o inadimplemento, como aproximação da taxa de recuperação. A taxa de recuperação média em 2000 era 28,8% do valor nominal, taxa já abaixo dos 39,7% apresentados um ano antes e da média pós-1970 de 42%.[33]

Uma complicação no processo de previsão é o fato de que taxas de recuperação são inversamente correlacionadas às taxas de inadimplência. Colocando de forma simples, taxas de inadimplência mais altas frequentemente estão associadas a taxas de recuperação mais baixas. Entretanto, para nosso objetivo nos exemplos seguintes, consideraremos uma taxa de recuperação constante.

Estimando o rendimento esperado (YTM) para um título de longo prazo

Para ilustrar como podemos estimar o rendimento esperado de um título que tem risco de inadimplência, considere o exemplo proposto na Tabela 4A-2. O título vence em 10 anos, paga um cupom de 14% e tem um valor principal de $1.000. Esse título, que tem um preço corrente de $829,41, tem um rendimento prometido de

Tabela 4A-1 Média das taxas de inadimplência cumulativas para 1 a 10 anos – 1983-2000

	Ano 1	Ano 2	Ano 3	Ano 4	Ano 5	Ano 6	Ano 7	Ano 8	Ano 9	Ano 10
Grau de investimento	0,05%	0,17%	0,35%	0,60%	0,84%	1,08%	1,28%	1,47%	1,62%	1,73%
Grau especulativo	3,69%	8,39%	12,87%	16,80%	20,39%	23,61%	26,44%	29,04%	31,22%	32,89%

Fonte: Moody's Investors Service, *Default and Recovery Rates of Corporate Bond Issuers: 2000*, Global Credit Research (Fevereiro 2001), Documento 42, pág 47.

---

[33] D.Hamilton, G.Gupton e A. Berthault, *Default and Recovery Rates of Corporate Bond Issuers:2000*, Moody's Investors Service Global Credit Research (Fevereiro 2001), pág 3.

Tabela 4A-2 Calculando o custo esperado da dívida, de um título de longo prazo (classificado Caa/CCC)

Cupom	14%	Classificação do título Caa/CCC
Principal	$1.000,00	Rendimento do Tesouro de 10 anos = 5,02%
Preço	$829,41	
Vencimento	10 anos	
Taxa de recuperação	50%	

Fluxos de Caixa, caso a inadimplência ocorra no Ano x

Ano	Ano 1	Ano 2	Ano 3	Ano 4	Ano 5	Ano 6	Ano 7	Ano 8	Ano 9	Ano10	Fluxos de caixa prometidos
0	(829,41)	(829,41)	(829,41)	(829,41)	(829,41)	(829,41)	(829,41)	(829,41)	(829,41)	(829,41)	(829,41)
1	570,00	140,00	140,00	140,00	140,00	140,00	140,00	140,00	140,00	140,00	140,00
2		570,00	140,00	140,00	140,00	140,00	140,00	140,00	140,00	140,00	140,00
3			570,00	140,00	140,00	140,00	140,00	140,00	140,00	140,00	140,00
4				570,00	140,00	140,00	140,00	140,00	140,00	140,00	140,00
5					570,00	140,00	140,00	140,00	140,00	140,00	140,00
6						570,00	140,00	140,00	140,00	140,00	140,00
7							570,00	140,00	140,00	140,00	140,00
8								570,00	140,00	140,00	140,00
9									570,00	140,00	140,00
10										570,00	1.140,00
Rendimento (YTM) esperado se a inadimplência ocorrer neste ano	−31,28%	−8,23%	0,98%	5,85%	8,80%	10,76%	12,12%	13,12%	13,87%	14,44%	17,76%
Probabilidade de inadimplência em cada ano	3,69%	4,70%	4,48%	3,93%	3,59%	3,22%	2,83%	2,60%	2,18%	1,67%	67,11%
YTM ponderado = E (YTM) × probabilidade de inadimplência	−1,15%	−0,39%	0,04%	0,23%	0,32%	0,35%	0,34%	0,34%	0,30%	0,24%	11,92%
YTM médio baseado nos fluxos de caixa esperados	12,54%										

YTM esperado = custo da dívida

YTM prometido

17,76%, que é, certamente, substancialmente maior do que o rendimento esperado de 12,54%, que considera a probabilidade de inadimplência e uma taxa de recuperação inferior a 100%.[34]

Para considerar a probabilidade de inadimplência, relacionamos nas colunas os fluxos de caixa que o detentor dos títulos receberia, caso a inadimplência dos títulos ocorra em cada um daqueles anos, até o vencimento. A probabilidade de inadimplência aplicável a cada um desses cenários está explicitada abaixo de cada coluna de "Ano".[35] Além disso, consideramos que a taxa de recuperação, no caso de inadimplência, é de 50%, não importando o ano em que ocorre o inadimplemento. Isso significa que, no caso de inadimplência, o fluxo de caixa para os detentores de títulos é $570 (isto é $1.140 de principal+juros prometidos, multiplicados pela taxa de recuperação estimada de 50%).

Calcular o rendimento esperado para o título de 10 anos é um processo de 2 passos. O primeiro passo envolve estimar o rendimento considerando os fluxos de caixa em cada cenário. Por exemplo, se o título tivesse ficado inadimplente no primeiro ano depois de sua emissão, o detentor do título teria recebido um retorno, um ano depois, de apenas $570 (50% do principal+juros prometidos), resultando em uma taxa de retorno ou rendimento de −31,28% sobre seu investimento original de $829,41.

Uma vez calculado o rendimento para cada um dos anos em que a inadimplência poderia ocorrer (isto é os cenários de inadimplência), podemos combiná-los para determinar o rendimento esperado para o título. Consideramos um total de 11 cenários de inadimplência diferentes, correspondentes à inadimplência nos Anos 1 a 10, além do cenário de não inadimplência. O rendimento esperado do título é igual à média ponderada desses possíveis rendimentos, em que os pesos são iguais à probabilidade de inadimplência em cada ano, além da probabilidade de não ocorrer inadimplência. O resultado do rendimento até o vencimento esperado para esse título é 12,54%, que é substancialmente menor do que o rendimento até o vencimento esperado de 17,76%.

Em nosso exemplo, consideramos uma taxa de recuperação de 50%. Entretanto, informamos anteriormente que as taxas de recuperação médias vêm caindo e agora são de aproximadamente 30%. Com essa taxa de recuperação mais baixa, o YTM esperado é de apenas 9,13%. Consequentemente, taxas de recuperação mais baixas resultam em diferenças ainda mais dramáticas entre o YTM prometido e o esperado.

Estimando o custo de fontes de financiamento híbridas – títulos conversíveis

As empresas geralmente emitem títulos, chamados de **títulos híbridos**, que têm as características tanto de dívida como de capital próprio, ou então de debêntures e ações. Por exemplo, *obrigações conversíveis* ou *debêntures conversíveis* representam uma classe muito importante de títulos híbridos que dão ao portador a opção de

---

[34] O YTM prometido de 17,76% está consistente com o prêmio de 12,75%, acima do YTM dos Títulos do Tesouro americano de 10 anos (5,02% YTM), que se espera para títulos Caa/CCC, conforme Figura 4-3.

[35] A probabilidade de inadimplência é igual ao percentual adicional da dívida abaixo do grau de investimento que pode inadimplir a cada ano, como referido na Tabela 4A-1.

troca, à sua escolha, do título ou debênture por um número determinado de ações. Apesar desses títulos não serem grandes fontes de capital para empresas que possuem grau de investimento, eles fornecem uma importante fonte de financiamento para muitas empresas emergentes de alta tecnologia e outras empresas menores.

O valor de um título conversível pode ser visto como o valor da obrigação ou debênture, mais o valor da possibilidade de conversão, que tecnicamente é uma opção de compra.[36] Para ilustrar, considere o caso de um título conversível cujo valor é definido pela Equação 4A.1:

$$\begin{pmatrix} \text{Valor de título} \\ \text{conversível} \end{pmatrix} = \begin{pmatrix} \text{Valor de título} \\ \text{não conversível} \end{pmatrix} + \begin{pmatrix} \text{Valor da opção} \\ \text{de compra} \end{pmatrix} \quad (4A.1)$$

Essa "dupla" fonte de valor significa que o custo do financiamento via emissão de conversíveis é uma função tanto do título correspondente (obrigação ou debênture) quanto da opção de compra. Consequentemente, o custo do capital obtido pela emissão de títulos conversíveis pode ser considerado como uma média ponderada do custo de emissão de títulos não conversíveis e do custo do mecanismo de conversão (opção de compra), em que os pesos equiparam as contribuições relativas dos dois componentes ao valor do título.

Para ilustrar como podemos estimar o custo da dívida conversível, considere a dívida conversível emitida pela Computer Associates (CA), com vencimento em 15 de março de 2007. Os títulos foram vendidos por $1.066,19 em 3 de fevereiro de 2005, pagando cupom semestral baseado em uma taxa de juros anual igual a 5%. Cada título pode ser convertido em 41,0846 ações ordinárias da Computer Associates a partir de 21 de março de 2005. A emissão dos títulos conversíveis, como todos os títulos da empresa, é classificada pela Standard and Poor's como BB+.

Antes de descrever como determinar o custo de capital apropriado que deve ser atribuído a esse título conversível, primeiro observamos que o rendimento prometido do título, considerando que ele não seja convertido, é de apenas 1,61%. Também devemos observar que o rendimento prometido de uma dívida não conversível da empresa é 4,25%. Claramente, o retorno esperado do título conversível excede o retorno da dívida tradicional, mas por quanto?

Para calcular o custo de financiamento de uma emissão de títulos conversíveis para a Computer Associates, calculamos a média ponderada do custo da dívida tradicional e do custo de aumentar o capital através da venda das opções de compra associadas ao título conversível. Estimamos a taxa de retorno exigida nos títulos conversíveis utilizando um procedimento de três passos:

Passo 1: *Calcule os valores componentes da emissão de títulos conversíveis: a dívida não conversível e a opção de conversão (uma opção de compra).* Os títulos conversíveis da Computer Associates eram vendidos a $1.066,19 na data de nossa análise, assim, se avaliarmos o componente de dívida não conversível, podemos calcular o valor que o mercado está atribuindo ao componente "opção de compra".

---

[36] A partir do Capítulo 10, analisaremos em detalhe as opções e suas avaliações. Entretanto, por enquanto é suficiente que entendamos o que representa uma opção de compra.

Para avaliar o componente *dívida não conversível*, precisamos de uma estimativa do rendimento (YTM), a mercado, de uma dívida não conversível da Computer Associates, se ela a emitisse hoje. A empresa tem uma emissão de dívida não conversível em circulação, com um vencimento semelhante ao dos títulos conversíveis. O título não conversível sinaliza um rendimento, a mercado, de 4,25% para os detentores dos títulos. Consequentemente, o componente *título não conversível* da emissão de títulos conversíveis pode ser avaliado por meio do desconto dos pagamentos de juros e de principal prometidos, utilizando a taxa de 4,25%:

$$\text{Valor do título não conversível} = \frac{\$25,00}{(1 + 0,0425/2)^1} + \frac{\$25,00}{(1 + 0,0425/2)^2} + \frac{\$25,00}{(1 + 0,0425/2)^3} + \frac{\$25,00 + \$1.000,00}{(1 + 0,0425/2)^4} = \$1.014,24$$

Portanto, o valor do componente *opção de compra* é $51,95 = $1.066,19 − 1.014,24

Passo 2: *Calcule os custos da dívida não conversível e da opção de compra, que estão embutidos na emissão do título conversível.* Já calculamos o custo da dívida não conversível para a Computer Associates, utilizando o rendimento de obrigações com classificações semelhantes emitidas pela empresa, que têm um prazo de vencimento semelhante (isto é, 4,25%)[37]. Entretanto, calcular o custo da possibilidade de conversão (ou seja, o componente relativo à opção de compra) é mais difícil e exige um entendimento de opções de compra, que analisaremos no Capítulo 11. Como as opções de compra podem ser vistas como uma versão alavancada das ações ordinárias da empresa, sabemos que o custo de capital associado ao componente da opção de conversibilidade excede o custo das ações ordinárias da empresa emissora. Neste exemplo, vamos considerar que o custo de capital relativo à opção é de 20%.

Passo 3: *Calcule o custo da dívida conversível.* Aqui, simplesmente calculamos a média ponderada da dívida e do capital angariado através da característica de conversibilidade. Os pesos vinculados a cada fonte de financiamento refletem a sua importância relativa (a valores de mercado):

	$ Valor	% do valor
Título não conversível	$1.014,24	95,1%
Opção de conversão	51,95	4,9%
Preço atual da obrigação	$1.066,19	100,0%

---

[37] Tecnicamente, o rendimento até o vencimento de 4,25% da dívida não conversível da Computer Associates é o rendimento *prometido*; essa taxa é uma estimativa exagerada do custo da dívida, como explicado anteriormente.

Considerando que a opção de conversão tem uma taxa de retorno exigida de 20% e utilizando os 4,25% como custo da dívida não conversível, calculamos o custo da dívida conversível, como segue:

	Fração do valor do título	Custo de capital	Produto
Título não conversível	0,9513	4,25%	0,0404
Opção de conversão em capital próprio	0,0487	20,00%	0,0097
Custo de capital dos títulos conversíveis=			5,01%

Assim, estimamos o custo de captação via títulos conversíveis em aproximadamente 5%, que é maior do que o custo de emissão de dívidas, mas menor do que o custo de emitir novas ações. Isso faz sentido porque títulos conversíveis são menos arriscados do que capital próprio, porém mais arriscados do que dívidas não conversíveis.

Financiamentos não reportados em balanço e WACC

Depois dos estrondosos escândalos financeiros da última década, os analistas foram dolorosamente conscientizados da importância das fontes de financiamento extrapatrimonial – isto é, fontes de financiamento que não estão relacionadas entre os passivos corporativos da empresa, mas que são, sem dúvida, passivos muito reais. Aqui, discutimos entidades para fins específicos.

Entidades para fins específicos

A sigla SPE, que significa *Special Purpose Entity*, tornou-se sinônimo das transgressões que levaram ao colapso da Enron Corp. Infelizmente, o uso das SPEs pela Enron manchou um conceito muito útil e que era extremamente valioso em uma ampla gama de indústrias. Basicamente, uma SPE é uma entidade criada por uma firma patrocinadora para realizar um objetivo específico, atividade ou série de transações que estão diretamente relacionadas ao objetivo específico.[38]

A questão que queremos discutir surge do fato de que muitas SPEs não são consolidadas com as demonstrações financeiras da empresa e, consequentemente, seus ativos e estruturas financeiras são extrapatrimoniais. Devem as estruturas de capital das SPEs extrapatrimoniais ser incorporadas no cálculo do WACC da empresa? No caso da Enron, muitas das SPEs não satisfaziam às regras definidas para os relatórios de atividades extrapatrimoniais, de forma que a resposta para a pergunta acima é, obviamente, sim. Entretanto, nos casos em que as SPEs são entidades realmente separadas (o termo técnico é *falência remota*), seus passivos não têm recurso contra a empresa original e, consequentemente, eles não são relevantes para o cálculo do WACC da empresa.

---

[38] Essa discussão baseia-se em Cheryl de Mesa Graziano, "Special Purpose Entities:Understanding the Guidelines", *Issues Alert, Financial Executives International* (Janeiro 2002).

Capítulo **5**

Calculando as taxas de retorno exigidas para projetos

Visão geral do capítulo

O método mais utilizado para identificar a taxa de desconto de novos investimentos é usar o WACC da empresa. Entretanto, essa abordagem apresenta alguns problemas sérios quando uma empresa investe em projetos com características de risco muito diferentes. Neste capítulo, vamos analisar dois métodos para adequar a taxa de desconto às características específicas do projeto. Começamos analisando o WACC divisional. A abordagem do WACC divisional envolve o cálculo de um custo de capital diferente para cada uma das divisões operacionais da empresa, utilizando uma extensão direta da abordagem do WACC corporativo da empresa discutida no Capítulo 4. O WACC específico do projeto é a abordagem final que consideramos para identificar a taxa de desconto para novos investimentos. Essa abordagem enfoca as características de risco específicas e os componentes financeiros de projetos individuais. Consideramos duas versões do WACC específico do projeto: (1) projetos de *project finance*, que possuem dívidas não garantidas pela empresa* e (2) os projetos financiados através do financiamento corporativo da empresa.

Apesar de apoiados na teoria, permitir que um gerente ajuste o custo do capital à sua divisão ou às particularidades de um projeto especial tem seus custos. A concessão de liberdade aos gerentes para escolher a taxa de desconto lhes dá oportunidade de abusar dessa liberdade e buscar seus próprios projetos favoritos. Consequentemente, em um esforço para restringir o problema causado por esse incentivo, muitas empresas não dão nenhuma liberdade aos gerentes e adotam uma mesma taxa de desconto para todos os projetos (como o WACC corporativo), enquanto outras permitem uma liberdade limitada (por exemplo, na forma de um WACC divisional).

Terminamos o capítulo com a discussão sobre o conceito de taxa de atratividade. Algumas empresas exigem que seus investimentos tenham uma taxa interna de retorno esperada que exceda uma taxa mínima de atratividade, que é maior do que o WACC corporativo da empresa.

---

* N. de R. T.: Em inglês, *nonrecourse debt*.

5.1 Introdução

No Capítulo 4, introduzimos o conceito de custo de capital de uma empresa (isto é o custo médio ponderado de capital, ou WACC). O WACC corporativo da empresa é um determinante-chave do valor da empresa, como veremos no Capítulo 7, mas também é muito usado como um elemento importante na avaliação do desempenho da empresa, como mostraremos no Capítulo 8. Além disso, o WACC corporativo é geralmente usado como o ponto de partida para a identificação das taxas de desconto usadas para avaliar novos investimentos que a empresa possa estar considerando. Nosso foco neste capítulo são esses projetos de investimento.

As taxas de desconto que as empresas usam para avaliar projetos de investimento individuais não são, necessariamente, o mesmo que seu WACC. A maioria das empresas dispõe de muitas oportunidades de investimento e, se esses investimentos têm riscos diferentes e podem ser financiados de maneiras diferentes, então faz sentido que sejam avaliados com diferentes taxas de desconto. Em especial, os projetos de investimento menos arriscados e que tem maior possibilidade de arrecadar um capital de endividamento deveriam necessitar de uma taxa de desconto menor. Neste capítulo descrevemos como as empresas podem determinar essas diferentes taxas de desconto.

Antes de prosseguir, devemos destacar que não é fácil implementar uma política de avaliação de investimento que permita aos gerentes usar diferentes taxas de desconto para diferentes oportunidades de investimento. Questões técnicas, bem como questões políticas, devem ser tratadas dentro da organização de uma empresa, o que pode fazer com que o uso de múltiplas taxas de desconto traga mais problemas do que o necessário. Talvez devido a essas questões, mais de 50% das empresas pesquisadas em um estudo em 2001 utilizavam uma *única taxa de desconto para toda a empresa* para avaliar todas as propostas de investimento.[1] Entretanto, podem haver ganhos substanciais associados ao uso de diferentes taxas de desconto para projetos com riscos diferentes e, como mostramos neste capítulo, podemos abordar as questões técnicas. E, apesar de não sermos especialistas em políticas internas de empresas, acreditamos que corporações bem administradas podem enfrentar as questões políticas, desde que tenham ciência do problema.

Este capítulo é organizado como segue: a Seção 5.2 mostra a importância de se lidar com as diferenças entre o custo do capital do projeto e o da empresa ao avaliar propostas de novos investimentos. A Seção 5.3 analisa dois métodos para determinar taxas de desconto que são customizadas, em diferentes níveis, aos riscos específicos dos projetos que estão sendo avaliados, que também minimizam os problemas de cálculo e as questões administrativas envolvidas no uso de múltiplas taxas de desconto. Estas são o WACC divisional e o WACC específico do projeto. A Seção 5.4 discute a Taxa Mínima de Atratividade e o custo do capital. Finalmente, a Seção 5.5 contém um resumo de comentários.

---

[1] John Graham e Campbell Harvey, 2001, "The Theory and Practice of Corporate Finance: Evidence from the Field", *Journal of Financial Economics 60, 187-243*.

5.2 Prós e contras de múltiplos custos do capital ajustados ao risco

A decisão de usar uma única taxa de desconto para toda a empresa, comparada com uma estimativa mais refinada, especialmente ajustada aos riscos do projeto que está sendo avaliado, é, no final das contas, uma questão de julgamento gerencial. Cada abordagem tem seus benefícios e custos e, como iremos analisar aqui, os benefícios e custos irão variar de empresa para empresa.

Justificativa para o uso de múltiplas taxas de desconto

A teoria financeira é bem explícita a respeito da taxa apropriada a ser utilizada para descontar os fluxos de caixa de projetos de investimento. A taxa de desconto apropriada deve refletir o custo de oportunidade do capital que, por sua vez, reflete o risco do investimento. A justificativa para essa abordagem é intuitiva quando se consideram os custos de oportunidade apropriados, como as taxas de retorno esperadas em ações e títulos negociados em bolsas de valores. Ninguém iniciaria um projeto de investimento com retornos esperados menores do que os retornos que podem ser gerados com investimentos em ações e títulos negociados em bolsas de valores com riscos equivalentes. Por isso, investimentos menos arriscados, cujos fluxos de caixa se assemelham aos fluxos de caixa de uma carteira de títulos, terão um custo de oportunidade de capital menor do que investimentos mais arriscados, cujos fluxos de caixa se assemelham aos fluxos de caixa de uma carteira de ações.

A Figura 5-1 mostra que, quando uma única taxa de desconto é utilizada (o WACC corporativo da empresa), a empresa tende a realizar projetos de investimento relativamente arriscados (Projeto B), que parecem ser atraentes porque geram taxas internas de retorno maiores que o WACC corporativo. Da mesma forma, a empresa tenderá a recusar projetos de investimento relativamente seguros (Projeto

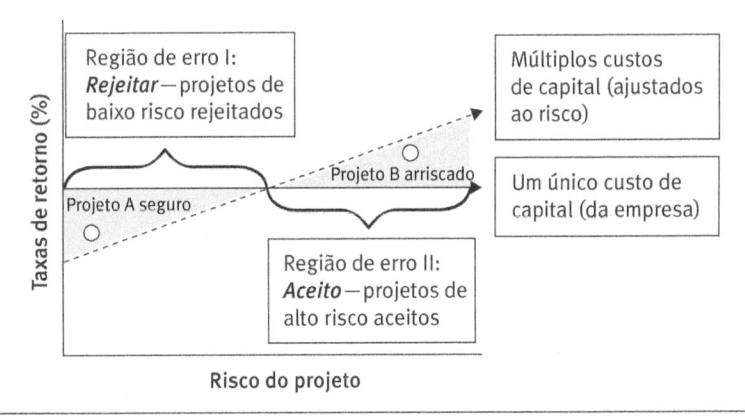

FIGURA 5-1   Usar um único custo de capital pode influenciar decisões de investimento para projetos arriscados.

A), mas que geram taxas internas de retorno menores do que o WACC corporativo. Se não for controlado, esse viés em favor de projetos de alto risco deixará a empresa mais suscetível a riscos ao longo do tempo.

Convencendo seu chefe cético – projetos de baixo risco podem ser bons investimentos

Para ilustrar as vantagens do uso de múltiplas taxas de desconto, considere a situação enfrentada por uma hipotética empresa fabricante de alta tecnologia, a Huson Packer Inc., ou HPI, onde a maior parte de suas receitas é gerada por produtos de alta tecnologia que possuem taxas de retorno relativamente altas. Esse é um negócio arriscado e, como tal, a empresa é totalmente financiada com capital próprio, com um custo de capital acionário e retorno esperado para a empresa de 12%. Alguns dos engenheiros da HPI projetaram uma nova tecnologia a laser e propuseram que a empresa invista $300 milhões para lançar uma linha de impressoras a laser para comercializar a tecnologia. Baseados em uma análise semelhante à descrita nos Capítulos 2 e 3, os engenheiros estimam que o investimento irá gerar uma taxa interna de retorno esperada de 10,5%. Apesar do retorno esperado ser menor do que o WACC corporativo de 12% da empresa, devemos notar que o projeto também é menos arriscado do que a atividade-fim da empresa. Na realidade, o beta do negócio de impressoras é de apenas 0,80, enquanto que o beta da atividade-fim da HPI é de 1,40.

Depois de analisar a proposta, o diretor financeiro da HPI respondeu: "Não entendo como se pode empreender um investimento que gera 10,5% de retorno quando nossos acionistas esperam um retorno de 12% em seu investimento". Como você poderia convencer seu chefe cético de que o negócio faz sentido? Como explicamos abaixo, para entender como um negócio que tem um retorno de 10,5% faz sentido para uma empresa com um WACC de 12%, temos que entender a diferença entre o custo de capital marginal e o custo de capital médio.

Vamos considerar que o retorno esperado da carteira de mercado é 10% e a taxa livre de risco é 5%. Assim, o prêmio de risco do mercado é $10 - 5 = 5\%$. Nessas condições, a HPI estima que o seu custo do capital próprio utilizando o CAPM seja de 12% (isto é $5\% + 1,4 \times 5\%$). Agora, vamos considerar que, caso o investimento seja feito, o negócio de impressoras corresponderá a 20% do valor da HPI. Com o negócio de impressoras, o novo beta da HPI será a média ponderada do beta do negócio de impressoras e de sua atividade-fim, que corresponderá a 80% do valor da nova empresa. Consequentemente, o beta da HPI, depois do investimento no negócio de impressoras, cairá para 1,28 (isto é, $0,80 \times 1,4 + 0,20 \times 0,8 = 1,28$) e, com esse beta menor, a taxa de retorno exigida pela HPI em seu patrimônio (e WACC, pois se considera que a empresa é financiada totalmente com capital próprio) cairá para $5\% + 1,28 \times 5\% = 11,4\%$. (Veja o quadro Insight Técnico sobre carteiras beta.)

Uma maneira de avaliar se o negócio de impressoras faz sentido é perguntar se a HPI, com o acréscimo do negócio de impressoras, irá gerar uma taxa de retorno esperada que supere a taxa de retorno de 11,4%, que será o custo do capital da empresa se ela entrar no negócio de impressoras. Para calcular se isso é importante, combinamos a taxa de retorno esperada de 10,5% no negócio de impressoras (que foi o custo de entrar no negócio) com a taxa de retorno esperada no negócio existente da empresa

> **INSIGHT TÉCNICO**
>
> ### Beta de carteiras
>
> O retorno de uma carteira é simplesmente uma média ponderada (refletindo os valores relativos do investimento) das taxas de retorno obtidas por cada ativo da carteira. Ocorre que o risco de uma carteira, medido pelo seu beta, também é uma média ponderada dos ativos na carteira. Considere uma carteira simples, com dois ativos, A e B, onde cada ativo representa 50% do valor da carteira. O Ativo A tem um beta de 1,00 e o Ativo B tem um beta de 2,00. A figura a seguir mostra como a taxa de retorno que cada ativo espera obter varia quando o mercado gera taxas de retorno que variam de −5% a +5%. Observe que o retorno da carteira é mais volátil do que o Ativo A, mas menos do que o Ativo B, ou seja, o Beta da carteira é 1,5 = 0,5 × 2 + 0,5 × 1.

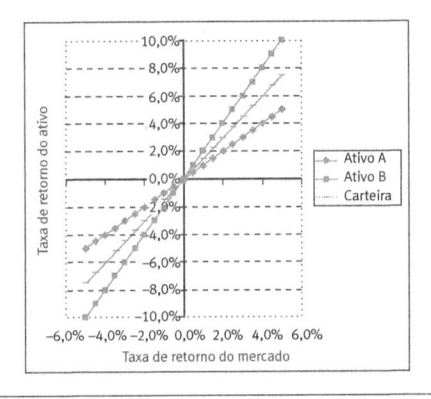

(que é baseada em 12% do valor de mercado atual da empresa). Com a inclusão do novo projeto, a empresa irá gerar um retorno esperado de 0,80 × 12% + 0,20 × 10,5% = 11,7%, que supera a taxa de retorno exigida de 11,4%. Isso significa que a inclusão do negócio de impressoras irá fazer com que o preço da ação da HPI aumente o suficiente para derrubar sua futura taxa de retorno esperada para um retorno esperado de 11,4%. Em outras palavras, o negócio de impressoras é um investimento que agrega valor.

Na prática, avaliar um projeto de investimento pelo cálculo do WACC corporativo, com ou sem o projeto em consideração, seria cansativo. Entretanto, isso não é necessário. Chegaríamos à mesma conclusão ao avaliar o projeto isoladamente utilizando uma taxa de desconto que reflita o beta de 0,80 do projeto. Basicamente, deveríamos avaliar o projeto descontando seus fluxos de caixa esperados a uma taxa calculada através do CAPM, em que a taxa livre de risco e o prêmio de risco do mercado são iguais a 5%, isto é, 5% + 0,8 × 5% = 9%.

Devemos observar que o exemplo anterior é relativamente objetivo, pois a HPI e o projeto de impressoras são considerados como sendo financiados com capital próprio. Como o capital de terceiros é uma fonte de recursos mais barata devido ao benefício fiscal do endividamento, devemos também considerar em que medida o projeto contribui para a capacidade de endividamento da empresa. Como nossa discussão demonstra no restante do capítulo, a consideração de financiamento de dívida definitivamente acrescenta alguns artifícios à nossa análise.

As vantagens de utilizar uma única taxa de desconto

Apesar das vantagens de se usar múltiplas taxas de desconto que melhor refletem o risco do projeto, mencionadas anteriormente, cerca de seis em cada dez empresas usam uma única taxa de desconto corporativa na hora de avaliar projetos de investimento. Uma razão para isso é que muitas empresas se envolvem em um estreito espectro de atividades e, nesse caso, uma única taxa de desconto funciona muito bem para elas. Uma segunda razão é que o uso de múltiplas taxas de desconto é difícil e, até recentemente, os benefícios da utilização de diferentes taxas de desconto para diferentes projetos de investimento não eram bem claros. Finalmente, como analisaremos mais detalhadamente, o uso de múltiplas taxas de desconto acarreta um custo administrativo quando gerentes excessivamente otimistas ou oportunistas têm excesso de liberdade para definir os parâmetros-chave que determinam a avaliação do investimento em análise.

O último problema surge do fato de que gerentes têm incentivos para obter a aprovação de projetos que os beneficiam pessoalmente. Isso pode, por sua vez, encorajá-los a inflar projeções de fluxos de caixa e tentar obter taxas de desconto menores para seus projetos preferidos. O incentivo para inflar as projeções de fluxos de caixa é minimizado, de alguma forma, pelo fato de que fluxos de caixa realizados do investimento podem, mais tarde, ser comparados com as projeções originais. Entretanto, não se pode fazer uma avaliação *ex post* para determinar se foi usada uma taxa de desconto apropriada quando o projeto estava sendo avaliado. Portanto, há um incentivo maior para que os gerentes subavaliem os riscos do projeto (e consequentemente o custo do capital para o projeto) em vez de superestimar os fluxos de caixa dos projetos de investimento que eles propõem.

Custos de influência

Para entender melhor os custos potenciais associados com o uso das múltiplas taxas de desconto, é importante explicar o que os economistas chamam de **custos de influência**. (Veja o quadro Insight Comportamental sobre os custos de influência e a liberdade dos gerentes.) Esses custos adicionais incluem o tempo extra e os esforços que o defensor do projeto gasta tentando justificar uma taxa de desconto menor, assim como o tempo gasto pelos gerentes encarregados de avaliar o projeto, que precisam descobrir a extensão do viés.

Para entender os problemas advindos dos custos de influência, considere os incentivos do gestor responsável pelo desenvolvimento de novas oportunidades de investimento na Bolívia. Como o gestor se beneficia pessoalmente ao ter o projeto aprovado, ele tem um claro incentivo em mostrar a proposta de investimento da forma mais favorável possível.[2] Assim, além de fornecer previsões otimistas

---

[2] Há inúmeras razões para que isso seja verdade, incluindo: (1) a compensação do gerente está ligada à descoberta de investimentos rentáveis; (2) o gerente desenvolve habilidades especiais associadas ao projeto que podem realçar o valor de seu capital humano; e (3) o gerente simplesmente obtém benefícios intangíveis ao administrar grandes projetos.

> **INSIGHT COMPORTAMENTAL**
>
> ### Limitando a flexibilidade administrativa para controlar os custos de influência
>
> Os economistas referem-se aos custos de influência como custos que surgem das tendências dos funcionários em gastar tempo e esforço tentando convencer os altos executivos a fazer escolhas que são benéficas para eles e para seu grupo ou divisão. O benefício das decisões de distribuição de capital de uma empresa vem na maneira de aumentar a extensão de poder, prestígio, visibilidade e, claro, remuneração dos funcionários. Enquanto algumas dessas escolhas realmente criam valor, a maior parte do tempo dedicado ao *lobby* é, provavelmente, uma perda de tempo não só dos funcionários, mas também de outros empregados e da direção.[3]
>
> Devido aos custos potenciais associados ao comportamento na busca de influência, as corporações muitas vezes estabelecem regras e procedimentos que limitam sua flexibilidade administrativa. Muitas vezes essas regras são consideradas obstáculos burocráticos que podem levar a escolhas subotimas. Entretanto, ao limitar a liberdade dos gerentes, a capacidade dos gerentes de perder tempo e recursos também se reduz.

de fluxos de caixa, o gestor tem um incentivo para *subavaliar* os riscos, a fim de justificar uma taxa de desconto menor que aumenta o valor presente líquido do projeto.

A liberdade associada ao uso de múltiplas taxas de desconto pode levar à seleção de projetos inferiores se alguns gerentes, por serem mais ligados à organização ou simplesmente mais persuasivos, conseguem justificar taxas de desconto menores para os seus projetos, mesmo quando eles são bastante arriscados. Quando as taxas de desconto são arbitrárias, abre-se a possibilidade de que gerentes "preferidos" ou mais persuasivos sejam capazes de usar taxas de desconto artificialmente baixas para seus projetos, fazendo com que se torne relativamente fácil de atingir seus *benchmarks*. Essa visível falta de justiça pode custar muito caro para uma empresa e, potencialmente, gerar rivalidade e falta de cooperação entre os empregados. (Veja o quadro Insight do Profissional sobre como manter o WACC simples.) Assim, utilizar uma única taxa de desconto para todos os projetos pode aumentar a percepção de que todos os empregados são avaliados corretamente, melhorando a motivação dos funcionários à medida que se remove uma fonte dos custos de influência.

Avaliando os custos e benefícios de taxas de desconto únicas ou múltiplas

No início deste capítulo notamos que existem prós e contras associados tanto ao uso de taxas de desconto múltiplas quanto de taxa única que as empresas devem levar em consideração de acordo com as suas circunstâncias particulares. Os benefícios associados ao uso de múltiplas taxas de desconto são mais acentuados quando

---

[3] Os custos de influência são discutidos em detalhe por Paul Milgrom e John Roberts em seu artigo "Bargaining Costs, Influence Costs, and the Organization of Economic Activity", na *Perspectives in Positive Political Economy*, J. Alt e K.Shepsle, Ed. (Cambridge: Cambridge University Press, 1990).

> **INSIGHT DO PROFISSIONAL**
>
> ### A importância de manter o WACC simples e compreensível – uma conversa com Jim Brenn*
>
> Nossa empresa foi pioneira na adoção e no uso de uma medida de bônus de desempenho baseada na comparação do retorno do capital investido da empresa com seu custo de capital. Quando implementamos o sistema, estávamos muito preocupados sobre se os funcionários subalternos confiariam nele e em como isso poderia influenciar seu comportamento de modo a contribuir para a criação de valor para nossos acionistas. Logo, aprendemos que, para ser uma medida de desempenho confiável, ela teria que ser compreensível e objetiva.
>
> A importância de fazer com que a medida de desempenho e o padrão de desempenho da empresa (o custo de capital) fossem transparentes e compreensíveis significava que estávamos querendo sacrificar algumas sofisticações técnicas. Por exemplo, queríamos que nossos funcionários duplicassem nossa estimativa de custo de capital da empresa e, por isso, usamos pesos de valores contábeis baseados em nosso balanço patrimonial mais recente, para calcular o custo médio ponderado de capital. Se tivéssemos usado os pesos de valor de mercado tecnicamente corretos, o custo de capital, calculado a qualquer tempo, refletiria os preços correntes de mercado, sobre os quais nossos funcionários podem exercer controle. Portanto, usamos pesos de valores contábeis em um esforço para fornecer uma estimativa estável e fácil de calcular do custo médio ponderado de capital.
>
> *Responsável financeiro pela Briggs and Stratton Corporation, Milwaukee, no Wisconsin.

as características de risco dos projetos que a empresa analisa têm grande variação, como deve ser o caso de empresas que operam em diferentes ramos de negócio ou em diferentes países. Por exemplo, as empresas que operam em múltiplas divisões com perfis de risco muito diferentes são obviamente melhores candidatas a usar múltiplas taxas de desconto do que as empresas que operam uma única e homogênea divisão.

Os problemas de incentivo que surgem quando os gerentes têm mais liberdade para escolher as taxas de desconto são muito reais, mas extremamente nebulosos e difíceis de identificar e avaliar. Entretanto, esses problemas de incentivo podem ser reduzidos se houver uma maneira sistemática e objetiva de estimar o custo do capital. Em particular, recomendamos que, quando são usadas múltiplas taxas de desconto, a determinação dessas taxas de desconto tenha ligação com as tendências de mercado externas à empresa que não estão sob o controle dos gerentes que poderiam se beneficiar da seleção dos projetos de investimento. Com isso em mente, recomendamos as seguintes abordagens:

5.3 Escolhendo a taxa de desconto de um projeto

A escolha da taxa de desconto apropriada para um projeto de investimento pode parecer uma tarefa intimidadora e não há como negar que é uma tarefa que exige muita análise e ponderação por parte das pessoas envolvidas. Analisamos agora três abordagens que podem ser usadas para escolher taxas de desconto que refletem diferenças nos níveis de risco do projeto. Os três métodos satisfazem os seguintes critérios: são consistentes com a teoria financeira; são relativamente fáceis de entender e de implementar; e usam taxas de desconto baseadas em retornos do mercado.

As abordagens descritas na Figura 5-2 incluem: (1) o WACC corporativo da empresa (tema do Capítulo 4), (2) o WACC divisional e (3) o WACC específico do projeto. Analisamos duas variações do WACC específico do projeto: uma onde a dívida é *nonrecourse*, isto é, garantida apenas pelos fluxos de caixa do projeto (conhecida como *project finance*) e outra onde a dívida tem recurso também a outros ativos da empresa (conhecida como *corporate finance*, ou financiamento corporativo).

Método nº 1: WACC Divisional (custos de capital divisional com base no setor da indústria)

A maioria dos investimentos é financiada através de financiamentos corporativos, o que significa que a dívida usada para financiar o investimento vem de dívidas corporativas garantidas pela corporação como um todo. A determinação da taxa de desconto apropriada para um projeto nessas condições pode ser bastante desafiadora, pois o custo de financiamento do projeto não pode ser identificado diretamente. A maioria das empresas que enfrenta essa situação tenta isolar o custo de capital de cada uma de suas unidades de negócio ou divisões estimando WACCs divisionais. O objetivo é que as divisões assumam projetos de investimento com níveis de risco específicos e, consequentemente, o WACC usado em cada divisão é potencialmente exclusivo daquela divisão. Geralmente, as divisões são definidas ou por sua região geográfica (por exemplo, divisão da América Latina), ou por áreas de negócios. Na discussão que segue, vamos considerar que as divisões são definidas ao longo de linhas setoriais e que os WACCs divisionais podem ser aproximados utilizando o WACC médio da empresa dentro de um setor.

As vantagens de usar um WACC divisional incluem o seguinte:

- Ele fornece diferentes taxas de desconto que refletem diferenças no risco sistemático em cada uma das divisões da empresa. O objetivo é que as divisões individuais assumam projetos de investimento com diferentes níveis de risco nas divisões.
- Envolve apenas um custo de capital estimado por divisão (em vez de taxas de desconto distintas para cada projeto), minimizando dessa forma o tempo e esforço despendido na estimativa do custo de capital.

Método		Descrição	Vantagens	Desvantagens	Quando usar
WACC corporativo da empresa (analisado no Capítulo 4)		Calcule o WACC da empresa como uma entidade e utilize-o como a taxa de desconto em todos os projetos.	• É um conceito conhecido para a maioria dos executivos • Diminui os custos de cálculo, pois há apenas um cálculo de custo de capital para a empresa • Não cria problemas de custos de influência.	• Não adapta as taxas de desconto para as diferenças nos riscos do projeto. • Não fornece flexibilidade no ajuste das diferenças nas capacidades de endividamento do projeto.	• Os projetos têm riscos semelhantes para a empresa como um todo. • A utilização de taxas de desconto múltiplas cria significativos custos de influência.
Método nº 1: WACC Divisional		Calcule o WACC para unidades de negócio individuais. Utilize esses cálculos como as únicas taxas de desconto em cada divisão.	• Utiliza risco a nível de divisão da empresa para adaptar taxas de desconto para projetos individuais. • Minimiza os custos de influência nas divisões.	• Não captura diferenças de risco intradivisão nos projetos. • Não considera as diferenças nas capacidades de endividamento do projeto nas divisões. • Pode apresentar custos de influência em potencial na escolha de taxas de desconto entre as divisões. • Dificuldade em encontrar empresas de uma só divisão para *proxy* das divisões.	• Projetos individuais em cada divisão têm risco e endividamento semelhantes. • O critério de taxa de desconto cria significativa influência nos custos dentro das divisões, mas não entre as divisões.
Método nº 2: WACC específico do projeto	Project Finance	Calcule o WACC para cada projeto individual utilizando o custo de capital associado à estrutura de financiamento do projeto.	• Fornece uma taxa de desconto única que reflete os riscos e o mix de financiamento do projeto.	• Sinalizadores de mercado para riscos do projeto podem ser difíceis de encontrar. • Cria o potencial para altos custos de influência quando os gerentes procuram manipular os dados para que seus projetos preferidos sejam aceitos. • Os pesos da estrutura do capital são problemáticos, pois o valor patrimonial do projeto não é perceptível.	• O endividamento do projeto é garantido apenas pelos fluxos de caixa do projeto (*nonrecourse debt*). • O custo de gerenciar múltiplas taxas de desconto não é muito grande.
	Financiamento corporativo	Calcule o WACC para cada projeto individual utilizando o custo de capital associado à capacidade de endividamento do projeto.	• Fornece uma taxa de desconto única que reflete os riscos e o mix de financiamento do projeto.	• Todas as opções acima, além de: • A capacidade de endividamento do projeto deve ser alocada, pois não é facilmente observada.	• O projeto tem tanta importância que tem um impacto material na capacidade de endividamento da empresa.

FIGURA 5-2 Escolhendo o WACC correto - taxas de desconto e risco do projeto.

- O uso de uma taxa de desconto comum ao longo da divisão limita a abrangência administrativa e o consequente custo de influência.[4]

Para ver como as empresas podem estimar os WACCs divisionais, considere o problema enfrentado pela ExxonMobil (XOM), uma companhia de petróleo totalmente integrada. Por "totalmente integrada" queremos dizer que a empresa participa de todas as atividades associadas ao seu produto, desde a exploração e a produção de petróleo até o abastecimento de gasolina nos automóveis dos consumidores. A Tabela 5-1 descreve a maneira como a empresa divide seus negócios em três grupos: *Upstream* (Exploração e Produção), *Downstream* (Refino e Distribuição) e Químicos. Cada um deles tem seus próprios riscos particulares e, por isso, o custo de oportunidade de capital para cada um é diferente.

Uma abordagem que pode ser feita para tratar das diferenças nos custos de capital para cada uma das unidades de negócio da ExxonMobil envolve a identificação do que chamaremos de **empresas de comparação** (ou *comps*) que atuam em apenas um dos negócios individuais (em que é possível). Assim, a ExxonMobil pode usar os WACCs dessas empresas de comparação para calcular uma estimativa do WACC divisional. Por exemplo, para calcular o WACC para sua unidade de negócios *Upstream*, a ExxonMobil pode usar um WACC calculado para as empresas que operam no setor de Extração de Petróleo e Gás (SIC 1300). Essas empresas abrangem uma grande variedade de subindústrias relacionadas à exploração de petróleo e gás, desenvolvimento e produção. Do mesmo modo, os analistas poderiam usar empresas de Petróleo e Indústrias Relacionadas (SIC 2900) para estimar o WACC relevante

Tabela 5-1 Divisões da ExxonMobil (unidades de negócio) – 2005 resultados operacionais

	Upstream – Exploração e produção de petróleo e gás	Downstream – Refino de petróleo e óleo para uso como energia	Químicos – Conversão de petróleo bruto em plásticos e outros produtos fora da área de energia
Receitas	$24,349 bilhões	$7,992 bilhões	$3,943 bilhões
Retorno do capital médio empregado*	45,7%	32,4%	28,0%
Dispêndios de capital	$14,47 bilhões	$2,495 bilhões	$0,654 bilhão

Fonte: Relatório anual ExxonMobil 2005

*O retorno do capital médio empregado é um índice de medida de desempenho. Do ponto de vista dos segmentos de negócio, esse retorno é a receita anual do segmento de negócio dividida pela média de capital empregado (média dos valores no início e no final do ano). Os rendimentos desse segmento incluem a parcela de rendimentos das empresas de capital da ExxonMobil, compatíveis com nossa definição de capital empregado, e exclui os custos de financiamento.

---

[4] Entretanto, esperamos que os gerentes divisionais ainda possam investir recursos para tentar obter taxas de desconto menores para suas divisões, de forma que os custos de influência associados à maior liberdade dos gerentes para escolher as taxas de desconto ainda existam de alguma maneira.

para a unidade de negócios *Downstream* e empresas de Químicos e Produtos Associados (SIC 2800) para determinar o WACC da unidade de negócios de Produtos Químicos.

A Tabela 5-2 resume o custo de capital para cada uma dessas indústrias utilizando a estimativa trimestral da Ibbotson Associates 2006: *Cost of Capital*. Os procedimentos utilizados pela Ibbotson, que foram analisados no Capítulo 4, podem ser descritos resumidamente como segue:

- O custo do capital próprio para cada uma das empresas no setor é calculado de cinco modos diferentes. Seguimos a Ibbotson Associates e calculamos o valor mediano para a indústria utilizando cada uma das cinco abordagens.[5]

Tabela 5-2 Resumo dos custos de capital divisional estimados para ExxonMobil

	Upstream – Exploração e produção de petróleo e gás (SIC 1300)[a]	*Downstream* – Refino de petróleo e óleo para uso de energia (SIC 2900)[b]	*Químicos* – Producao de plásticos e outros produtos fora da área de energia (SIC 2800)[c]
Custo de capital próprio[d]	9,96%	9,85%	10,07%
Indice de endividamento[e]	13,78%	4,66%	10,85%
WACC[f]	9,47%	9,68%	9,65%

Fonte: Ibbotson Associates, *Cost of Capital:2006 Yearbook* (dados até março de 2006).

Legenda:

[a]SIC 1300 – Extração de petróleo e gás. Esse grupo de empresas está originalmente empenhado em: (1) produzir petróleo bruto e gás natural; (2) extrair petróleo de areias petrolíferas e xistos petrolíferos; (3) produzir gasolina natural e ciclo condensado; e (4) produzir gás e líquidos hidrocarbonetos de carvão no local da mina.

[b]SIC 2900 – Petróleo e indústrias relacionadas. Esse importante grupo inclui empresas envolvidas principalmente no refino do petróleo, fabricação de materiais para pavimentação e cobertura de telhados, composição química de óleos lubrificantes e graxas a partir de insumos comprados.

[c]SIC 2800 – Produtos químicos e afins. Esse grupo inclui empresas que produzem substâncias químicas básicas, assim como empresas que fabricam produtos, predominantemente através de processos químicos.

[d]A Ibboston descreve cinco diferentes estimativas do custo do capital próprio, como analisado no Capítulo 4. Entretanto, descrevemos o retorno estimado para a amostra composta baseada no CAPM.

[e]O índice de endividamento é igual ao valor contábil da dívida dividido pela soma do valor contábil da dívida e o valor de mercado do capital próprio da empresa. Mais uma vez, esse índice reflete uma média das empresas classificadas como grandes-compostas.

[f]Informamos o WACC para o grupo grande-compostas do setor industrial, que é calculado utilizando o custo de capital próprio determinado através do CAPM.

---

[5] Por exemplo, entre todas as empresas na indústria *Upstream* (SIC 1300), a estimativa mais baixa do custo do capital próprio resultou do uso do modelo de fluxo de caixa descontado em três estágios, no qual o valor mediano era 9,40%. A maior estimativa para o custo do capital próprio para a divisão *Upstream* veio do modelo de fluxo de caixa descontado de um estágio (o modelo de crescimento Gordon descrito no Capítulo 4), que tinha um valor mediano de 18,85%. Esse último não é uma grande surpresa, pois esse método projeta padrões de crescimento recentes (que têm sido muito altos) para um longo prazo no futuro.

Para essa finalidade, consideramos que o custo de capital da divisão é a média simples dos cinco custos de capital próprio estimados.
- O custo do financiamento da dívida reflete tanto as taxas atuais de juros quanto a classificação de crédito das dívidas da empresa.
- O índice de endividamento do setor reflete o valor contábil dos passivos onerosos da empresa (de curto e longo prazo) dividido pela soma do valor contábil do endividamento da empresa mais o valor de mercado do capital próprio da empresa. Por exemplo, em novembro de 2006, a Valero Energy Corp (VLO) tinha uma dívida ativa de $5,13 bilhões. O valor de mercado do capital próprio da Valero (isto é sua capitalização de mercado) era de $ 32,18 bilhões. Assim, o índice de endividamento era $5,13 bilhões ÷ ($5,13 bilhões + 32,18 bilhões) = 13,75%. O índice de endividamento indica o peso do custo da dívida após impostos da empresa, sendo que o peso do custo do capital próprio usado para o cálculo do WACC corporativo da empresa é 1 menos esse índice.

Uma breve revisão da Figura 5-2 revela os WACCs divisionais para a ExxonMobil que, neste momento, estão muito próximos um do outro, variando de 9,47%, para a divisão *Upstream*, a 9,68%, para a divisão *Downstream*. Mesmo assim, se a empresa usasse um único WACC para todas as divisões, tenderia a exagerar no investimento na divisão *Upstream* e a investir pouco na divisão *Downstream*.

WACC divisional – Problemas de cálculo e limitações

Apesar da abordagem do WACC divisional geralmente representar um progresso significativo comparado a um WACC único para toda a empresa, a maneira como é geralmente implementada, utilizando empresas de comparação do setor, apresenta algumas desvantagens potenciais:

- A *amostra das empresas de um determinado setor pode incluir empresas que não refletem as características da empresa ou de uma das suas divisões*. Por exemplo, o analista da ExxonMobil pode ser capaz de selecionar um subconjunto mais limitado de empresas cujo perfil de risco seja mais compatível com a divisão que está sendo analisada (por exemplo, no caso da ExxonMobil, as empresas comparáveis para a divisão *Upstream* consistiam em 114 empresas do SIC 1300, para as divisões de Químicos incluíam as 293 empresas do SIC 2800 e para a divisão *Downstream* incluíam as 15 empresas do SIC 2900). Os gerentes da empresa podem resolver esse problema facilmente, selecionando empresas comparáveis apropriadas. Entretanto, o fato de que a seleção de diferentes empresas comparáveis afeta nosso cálculo do custo de capital divisional significa que, se os gerentes das divisões participam do processo de seleção, eles têm a oportunidade de exercer influência sobre seu próprio custo de capital.
- A *divisão que está sendo analisada pode não ter uma estrutura de capital semelhante à da amostra das empresas que estão sendo usadas como empresas comparáveis*. A divisão pode ser mais ou menos alavancada do que as empresas cujos custos de capital são usados como *proxy* para o custo de capital divisional. Por exemplo, a ExxonMobil capta muito pouco de seu capital através de

financiamento de dívidas, enquanto a Valero Energy (VLO) captou 13,75% de seu capital com dívidas.[6]

A solução desse problema é mais difícil do que pode parecer à primeira vista: empresas com múltiplas divisões geralmente não distribuem as dívidas corporativas nas divisões individuais, então não podemos identificar as estruturas de capital divisionais. Portanto, utilizar as estruturas de capital das empresas comparáveis pode ser o melhor que a empresa tem a fazer para tentar estimar seu WACC divisional.[7] Além disso, tentativas de alocar dívidas nas suas divisões podem dar margem para que os gerentes das divisões tenham oportunidade de fazer *lobby* por uma distribuição maior na esperança de que resulte em um custo de capital menor e, dessa maneira, crie outra oportunidade na qual os custos de influência podem entrar no processo de cálculo do WACC divisional.

- *Pode haver diferenças de risco significativas nos projetos de investimento dentro de uma mesma divisão.* Empresas, por definição, estão envolvidas em uma variedade de atividades e pode ser muito difícil identificar um grupo de empresas que estejam envolvidas primordialmente em atividades realmente comparáveis a determinado projeto. Mesmo dentro das divisões, os projetos individuais podem ter perfis de risco muito diferentes. Isso significa que, mesmo que *sejamos capazes* de compatibilizar os riscos divisionais rigorosamente, ainda assim podem existir significativas diferenças nos riscos de projetos sob a responsabilidade de uma divisão. Por exemplo, alguns projetos podem acarretar aumento da capacidade de produção existente, enquanto outros envolvem desenvolvimento de novos produtos. Os dois tipos de investimento acontecem em uma determinada divisão, mas eles têm perfis de risco potencialmente diferentes.

- *Pode ser difícil de encontrar empresas comparáveis que tenham uma boa compatibilidade com uma determinada divisão.* A grande maioria das empresas de capital aberto revela múltiplas linhas de negócios, mas, mesmo assim, cada empresa é classificada em um grupo único de indústria. No caso da ExxonMobil, encontramos três diferentes divisões (*Upstream, Downstream* e Químicos) e identificamos um *proxy* industrial para cada uma delas. Entretanto, nosso *proxy* industrial *Downstream* (Petróleo e indústrias relacionadas – SIC 2900) continha, na verdade, a ExxonMobil, pois é o grupo industrial dominante da empresa.

A discussão anterior sugere que, apesar de o uso do WACC divisional para determinar taxas de desconto do projeto poder representar um aperfeiçoamento sobre o uso de um único WACC corporativo para toda a empresa, essa metodologia está longe de ser uma solução ideal. Entretanto, se a empresa tem oportunidades de investimento

---

[6] Essa estimativa é baseada nas demonstrações financeiras do final de 2005, utilizando valores contábeis da dívida onerosa de curto e longo prazo e o valor de mercado do capital próprio da empresa em 16 de fevereiro de 2006.

[7] Mesmo quando a empresa pode alocar suas dívidas para suas divisões individuais, ainda resta o problema da avaliação (alocação) do valor de mercado da empresa para as várias divisões. O analista pode usar múltiplos dos lucros para a divisão que reflitam as condições atuais de mercado a fim de calcular valores de mercado. Entretanto, essa metodologia tem suas limitações, pois presume que a empresa com múltiplas divisões é avaliada pelo mercado como a soma de suas divisões (isto é que não há sinergias para as empresas multidivisionais). Além disso, quanto mais problemático e complexo for o procedimento de cálculo, maior é o risco de que o WACC divisional se torne um jogo político onde os gerentes de divisões tentam ganhar uma melhor alocação de capital para suas divisões.

com riscos que são associados às características de risco de um setor industrial, o uso de um WACC divisional tem claras vantagens em comparação ao uso do WACC corporativo. O WACC divisional fornece uma metodologia que permite o uso de diferentes taxas de desconto e evita alguns dos custos de influência associados à concessão de total liberdade aos gerentes para selecionar taxas de desconto específicas dos projetos.

Método nº 2: WACCs específicos ao projeto

Consideramos agora como determinar o WACC para um projeto individual. O objetivo é fazer um ajuste fino na nossa estimativa de custo de capital para reflitir as particularidades de um projeto específico, e não de uma divisão ou da empresa como um todo. Um WACC específico de um projeto necessita dos mesmos *inputs* do WACC corporativo. Isto é, necessita de estimativas para o custo do endividamento e para o custo do capital próprio e os pesos de cada fonte de capital. Como vamos ver, há muitos desafios associados à determinação de cada um desses *inputs*.

Primeiro consideramos uma situação na qual o investimento é feito na modalidade de *project finance*, usando dividas *nonrecourse* (não garantidas pela empresa). Com a dívida *nonrecourse*, o projeto é a única fonte de garantia, e os detentores da dívida não têm recurso contra os ativos da empresa responsável em caso de inadimplência. Investimentos realizados na modalidade de *project finance* são muito semelhantes a uma empresa independente, pois os credores emprestam dinheiro baseado apenas na capacidade de pagamento dos fluxos de caixa do projeto e dos ativos. Uma característica crítica do *project finance* e da dívida *nonrecourse* refere-se a algo chamado de "falência remota", que significa que, caso o tomador fosse à falência, seus credores não teriam nenhum direito aos bens do ativo do projeto objeto do *project finance*. Apesar de não nos aprofundarmos nos detalhes legais, queremos enfatizar que os credores são muito cautelosos quando oferecem financiamento *nonrecourse* para um projeto. Basicamente, eles querem se assegurar de que os credores da empresa patrocinadora do projeto não têm nenhum direito sobre os ativos do projeto no caso de a empresa patrocinadora ir à falência. Lembre-se de que os credores do projeto não têm direito aos outros ativos do patrocinador e, da mesma maneira, querem que os credores do patrocinador também não tenham direitos sobre os ativos do projeto.

Calcular o WACC apropriado específico do projeto para um investimento na modalidade de *project finance* é algo mais direto, pois as fontes de financiamento são definidas especificamente para o projeto e podem, portanto, ser observadas. Em particular, esse tipo de projeto envolve um valor específico de endividamento, o que não é o caso quando o projeto faz parte do balanço patrimonial da empresa e é financiado com recursos corporativos. Conhecer o valor do endividamento de um investimento é útil, mas, como vamos ver, não é o suficiente para determinar os pesos da divida e do capital próprio, pois, para esses pesos, necessitamos do valor de mercado do capital próprio.

Investimentos que são financiados no balanço patrimonial da empresa acrescentam outra complexidade à análise, pois, nesse caso, o financiamento do projeto é mesclado com o financiamento dos outros investimentos da empresa. Como vamos debater, determinar o que vamos chamar de capacidade de endividamento de um projeto financiado no balanço patrimonial da empresa não é algo totalmente arbitrário, mas requer julgamento da parte do gestor.

Exemplo: Determinando o WACC específico para projetos de project finance

Para ilustrar o calculo do WACC específico ao projeto, primeiramente vamos considerar um investimento de *project finance* que está sendo avaliado pelo produtor independente de energia elétrica Catalina, Inc. Como demonstrado no balanço patrimonial da Catalina, Inc., representado na Planilha *a* da Figura 5-3, atualmente a Catalina tem ativos no total de 1,2 bilhão. Está sendo analisada a construção e operação de uma grande usina de geração de energia de $200 milhões no sul do Texas. O projeto é de grande porte e irá exigir que a Catalina arrecade $200 milhões em recursos adicionais.

A Planilha *b* da Figura 5-3 destaca os efeitos do investimento de $200 milhões no balanço patrimonial da empresa se a Catalina decidir utilizar um financiamento corporativo (*corporate finance*), no qual ela toma emprestado 80% dos recursos necessários e levanta o restante por meio de uma oferta pública de ações. Nesse caso os ativos totais da Catalina aumentam de $200 milhões para $1,4 bilhão; o endividamento da empresa aumenta de $160 milhões para $769 milhões; e seu capital aumenta de $40 milhões para $640 milhões.

Alternativamente, a Catalina poderia adotar um *project finance* que envolve a criação de uma nova entidade corporativa, como demonstrado na Planilha *c* da Figura 5-3. A entidade é uma nova empresa, a Power Project, que é a dona e responsável por operar o projeto. Entretanto, como os $40 milhões do financiamento do capital próprio vêm da Catalina, o balanço patrimonial da empresa mostra um aumento de $40 milhões em ativos (correspondente ao capital próprio do projeto) e um aumento do mesmo valor na conta do capital da Catalina, refletindo a emissão de capital usada para financiar a parte do capital próprio do investimento.

Calculando diretamente o valor do capital próprio do projeto – o modelo fluxo-para-o-acionista O foco dos investimentos em *project finance* é geralmente no capital próprio investido no projeto, que é avaliado pela abordagem **fluxo-para-o-acionista**. Essa abordagem é simplesmente um modelo de fluxo de caixa descontado que foca diretamente na avaliação do capital próprio investido no projeto em vez do valor do projeto como um todo. Utilizando essa abordagem, calculamos o valor presente dos fluxos de caixa livres do acionista (FCLA) usando o custo de capital próprio do projeto e comparando o valor do capital próprio estimado ao capital investido no projeto.[8] Observe que essa abordagem não exige o cálculo do WACC do projeto, mas depende do custo de capital próprio e dos FCLAs.

Acreditamos que a abordagem fluxo-para-o-acionista é apropriada para estimar o valor de um projeto específico Entretanto, com o objetivo de comparar os investimentos pelas diferentes linhas de negócio, as empresas também podem querer saber os WACCs apropriados do projeto para seus diferentes investimentos. Consequentemente, estendamos a nossa análise do valor do capital próprio investido em um projeto para incluir o valor do projeto como um todo e o correspondente WACC específico ao projeto que, no caso especial, em que é usado *project finance*, nos referimos como **WACC do project finance**.

---

[8] Os fluxos de caixa livres do projeto foram definidos no Capítulo 2.

CAPÍTULO 5 ■ CALCULANDO AS TAXAS DE RETORNO EXIGIDAS PARA PROJETOS **219**

Planilha a. Empresa antes do investimento

Catalina, Inc.
Balanço patrimonial
31 de dezembro de 2007

Ativos $1.200 milhões	Títulos	$ 600 milhões
	Capital	600 milhões
	Total	$1.200 milhões

Planilha b. Alternativa nº1 – *Corporate Finance*

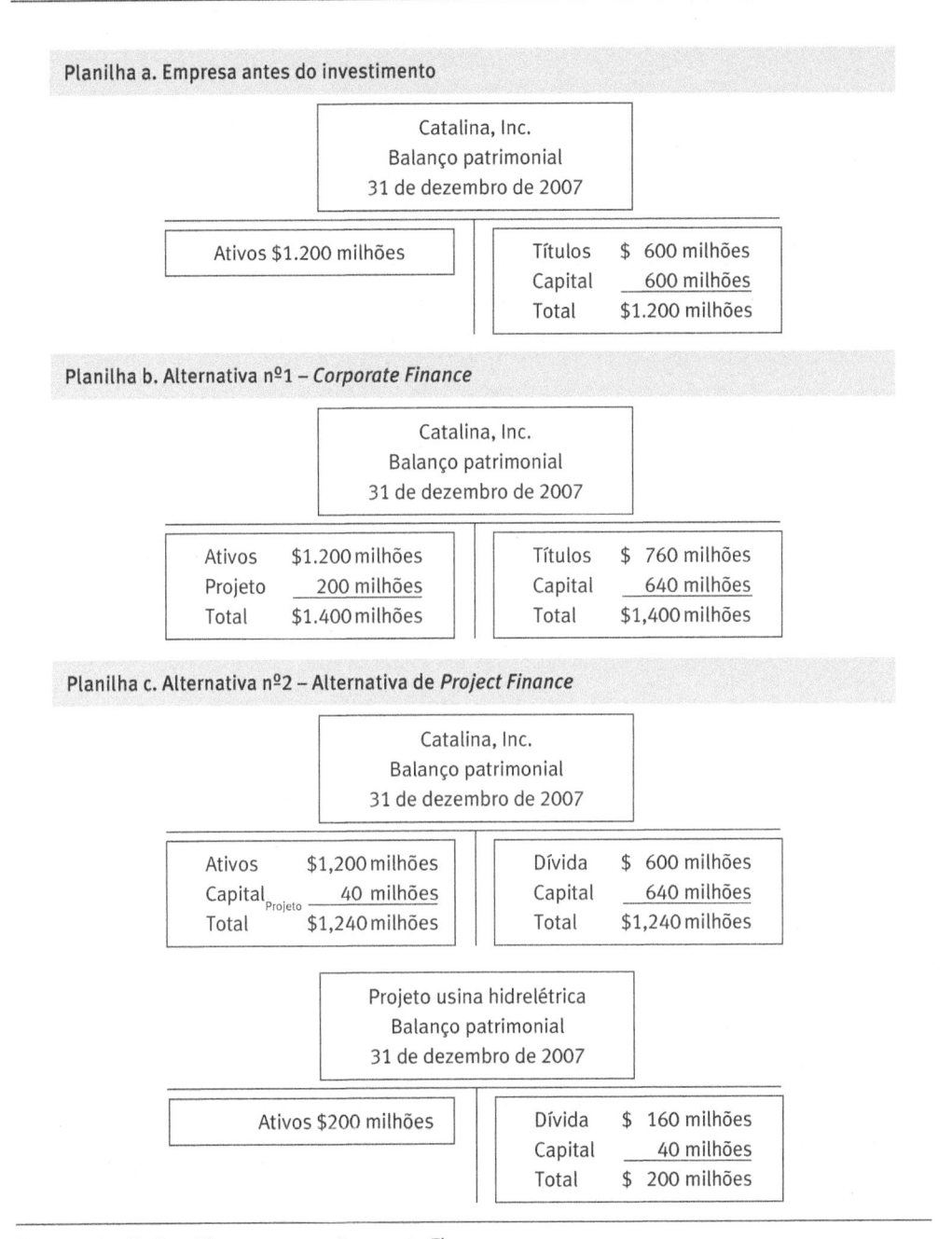

Catalina, Inc.
Balanço patrimonial
31 de dezembro de 2007

Ativos	$1.200 milhões	Títulos	$ 760 milhões
Projeto	200 milhões	Capital	640 milhões
Total	$1.400 milhões	Total	$1,400 milhões

Planilha c. Alternativa nº2 – Alternativa de *Project Finance*

Catalina, Inc.
Balanço patrimonial
31 de dezembro de 2007

Ativos	$1,200 milhões	Dívida	$ 600 milhões
Capital$_{Projeto}$	40 milhões	Capital	640 milhões
Total	$1,240 milhões	Total	$1,240 milhões

Projeto usina hidrelétrica
Balanço patrimonial
31 de dezembro de 2007

Ativos $200 milhões	Dívida	$ 160 milhões
	Capital	40 milhões
	Total	$ 200 milhões

FIGURA 5-3 Project Finance *versus* Corporate Finance.

Tabela 5-3 Retornos e fluxos de caixa projetados para o projeto de geração de energia da Catalina

Planilha a. Premissas e projeções

Investimento inicial = $200 milhões no Ano 0

Ativos fixos depreciáveis = $200 milhões

Depreciação linear em $200 milhões do equipamento de capital (sem capital de giro) que é depreciado para $0,00 em 40 anos

Dispêndio de capital (CAPEX) = Despesa de depreciação = $5 milhões por ano

Mix de financiamento: $160 milhões em dívida e $40 milhões em capital próprio

Termos e condições do financiamento de dívida:

  a. Tipo de endividamento – *nonrecourse Project Finance*
  b. Vencimento – infinito
  c. Termos – apenas juros, para sempre
  d. Taxa de juros – 6,52%
  e. Beta (dívida) = 0,30

Lucros operacionais estimados do projeto (LAJIR) =

$20.109.419 por ano (Ano 1 ao infinito)

Alíquota de imposto corporativo = 38%

Cálculos e premissas do mercado de capital:

  a. Retorno livre de risco dos títulos de longo prazo do governo americano = 5,02%
  b. Prêmio de risco do mercado = 5,00%

Calculando o custo do capital próprio e fluxos de caixa livres do projeto A Planilha *a* da Tabela 5-3 resume as premissas que fundamentam as projeções para o projeto da usina de geração de energia. Um detalhe especial é o fato de que um consórcio de bancos se ofereceu para emprestar $160 milhões para o projeto a uma taxa de 6,52%, que é 52 pontos-base acima da taxa de juros preferencial do mercado, que atualmente é de 6%. A Planilha *b* contém as demonstrações de resultado *pro forma* para o projeto que, para facilitar, espera-se que opere para sempre fornecendo um fluxo de retornos constante. Assumimos que o investimento total de $200 milhões compreende a fábrica e equipamentos que tem depreciação linear ao longo de 40 anos para um valor residual de zero. Além disso, consideramos que a empresa investe um valor igual à depreciação observada no seu investimento de capital (CAPEX), a fim de manter a capacidade produtiva da empresa.

Espera-se que o projeto produza uma receita operacional líquida (isto é lucros antes dos juros e taxas) de $20.109.419 por ano e pague $10.432.000 em despesas de juros. Com a dedução dos impostos, há um rendimento líquido anual estimado

Tabela 5-3 Continuação

Planilha b. Demonstração de resultados *pro forma* e projeções de fluxos de caixa

Demonstração de resultados *pro forma*		Anos 1 – infinito
Lucro antes dos juros e impostos (LAJIR)		$ 20.109.419
Menos: despesa com juros		(10.432.000)
Lucro antes dos impostos (LAIR)		$ 9.677.419
Menos: impostos		(3.677.419)
Lucro líquido		$ 6.000.000
Cálculo do fluxo de caixa livre do acionista	**Ano 0**	**Anos 1 – infinito**
Lucro líquido		$ 6.000.000
Mais: despesa de depreciação		5.000.000
Menos: CAPEX	(200.000.000)	(5.000.000)
Menos: amortização do principal	–	–
Mais: Novos empréstimos	160.000.000	–
Fluxo de caixa livre do acionista	$ (40.000.000)	$ 6.000.000
Cálculo dos fluxos de caixa livre do projeto	**Ano 0**	**Anos 1 – infinito**
Lucro antes dos juros e impostos		$ 20.109.419
Menos: impostos		(7.641.579)
NOPAT		$ 12.567.840
Mais: despesa de depreciação		5.000.000
Fluxo de caixa livre do projeto (FCLP)	$(200.000,000)	$ 12.567.840

de $6.000.000 por ano em perpetuidade. Como espera-se que o CAPEX seja igual às despesas de depreciação e não há amortização do principal ou emissão de novas dívidas, os fluxos de caixa livres do acionista (FCLA) para o projeto são calculados como sendo iguais a $6.000.000 por ano (para sempre). Os fluxos de caixa livres do projeto correspondentes (FCLP) são iguais a $12.467.840 por ano, uma vez que não refletem o *mix* de financiamento da empresa (isto é eles não refletem o pagamento de juros nem do principal).

Calculando o valor do capital próprio e o custo de capital acionário usando a interação Até agora seguimos um procedimento simples, de três passos, para implementar a análise de fluxo de caixa descontado:

Passo 1: Calcular os fluxos de caixa futuros.
Passo 2: Calcular uma taxa de desconto.
Passo 3: Calcular o valor presente dos fluxos de caixa utilizando a taxa de desconto estimada no Passo 2.

Entretanto, temos um pequeno problema com esse procedimento quando a taxa de desconto não é conhecida.

O problema que surge quando calculamos o custo do capital próprio para um projeto é que o beta do projeto e, portanto, seu custo de capital, é determinado pela extensão com que o projeto é alavancado. Se o projeto é mais alavancado, o beta do capital próprio será maior, o que significa que o custo de capital é maior, e o valor do capital próprio é menor. Na primeira tentativa, os analistas geralmente usam o valor do capital próprio investido no projeto (isto é o valor contábil do investimento patrimonial) para calcular a alavancagem do projeto e o custo de capital da empresa. Por exemplo, no projeto da Catalina, o analista consideraria um valor de capital de $40 milhões e calcularia seu custo de capital correspondente. Como vemos abaixo, se o valor do capital é maior do que $40 milhões, esse procedimento superestima o custo de capital e, portanto, subestima o valor do capital próprio do projeto.

O fato de haver a possibilidade de superestimar o risco de um projeto de VPL positivo ao usar o capital investido em vez do valor de mercado do capital não é um grande problema. Em primeiro lugar, não nos levará a concluir, incorretamente, que um projeto de VPL positivo tem um VPL negativo, ou vice versa. Em vez disso, leva-nos a subestimar o VPL de investimentos com VPL positivo e subestimar (tornar mais negativo) o VPL de investimentos com VPL negativos. Em segundo lugar, como descrevemos a seguir, um simples procedimento interativo pode ser usado para determinar o VPL correto.

Para entender essas questões, vamos calcular o valor do capital próprio do projeto da Catalina. Como ilustramos na Tabela 5-4, iniciamos com um exemplo de empresas comparáveis para calcular betas de capital próprio desalavancados para os projetos de geração de energia. Você vai lembrar que usamos esse mesmo processo anteriormente, na Tabela 4-1, para calcular o beta de capital próprio desalavancado da Pfizer. Primeiro, o processo envolve desalavancar os betas de capital próprio para as empresas *proxy* e, depois, determinar a média dos betas desalavancados, a fim de usar como nosso cálculo do beta de capital próprio desalavancado para o projeto de geração de energia da Catalina. O beta de capital próprio desalavancado estimado resultante para o projeto é de 0,2755.

Para calcular o custo de capital próprio para o projeto de hidrelétrica de Catalina, precisamos realavancar esse beta a fim de determinar o beta alavancado e o custo de capital próprio do projeto. Como primeiro passo, para realavancar o beta de capital próprio desalavancado, substituímos o índice valor contábil da dívida/capital próprio do projeto (isto é $160 milhões/$40 milhões = 4) na equação (i) na Planilha c da Tabela 5-4. O beta alavancado estimado é, então, usado para calcular o custo de capital próprio alavancado e, consequentemente, o valor do capital próprio do projeto. Essa análise gera um custo de capital de 7,33% e um valor de capital um pouco maior do que $81 milhões. Como $81 milhões é maior do que $40 milhões, sabemos que o projeto cria valor e, além disso, que o beta alavancado atual do projeto é menor e o valor do capital é maior do que indicado por esse cálculo.

Para ter uma melhor estimativa, tanto do custo de capital quanto do valor desse investimento de capital, podemos usar o valor de capital estimado ($81 milhões) em lugar do capital investido ($40 milhões) e repetir os cálculos acima. Ao fazer isso, calculamos um custo de capital um pouco menor (6,86%) e um va-

Tabela 5-4 Calculando o valor do projeto e o custo de capital para um projeto de geracao de energia

Planilha a. Calculando o beta desalavancado do projeto utilizando empresas *proxy*

Nome da empresa	Betas de capital próprio alavancados	Endividamento/ capital próprio	Betas de dívidas presumido	Betas de capital próprio desalavancados
Ameren Corp.	0,2500	60,95%	0,20	0,2363
American Electric Power	0,3660	85,23%	0,20	0,3086
Dominion Resources	0,3320	65,81%	0,20	0,2937
Exelog Corp.	0,2800	42,52%	0,20	0,2633
PPL Corp.	0,6710	70,32%	0,20	0,5280
			Média	0,2755

Planilha b. Procedimento interativo para o cálculo de custo de capital, valor de capital, valor do projeto e WACC do *project finance*

(A) Passos da interação	(B) Beta do capital próprio desalavancado	(C) Índice de Endividamento Divida/capital	(D) Beta alavancado estimado	(E) Estimativa do custo de capital	(F) Valor estimado do capital próprio
Pesos contábeis	0,2755	4,0000	0,4627	7,333%	$81.816.334
Interação 1	0,2755	1,9556	0,3670	6,855%	$87.526.326
Interação 2	0,2755	1,8280	0,3610	6,825%	$87.909.187
Interação 3	0,2755	1,8201	0,3607	6,823%	$87.933.190
Interação 4	0,2755	1,8196	0,3606	6,823%	$87.934.688
Interação 5	0,2755	1,8195	0,3606	6,823%	$87.934.782
Interação 6	0,2755	1,8195	0,3606	6,823%	$87.934.787

Legenda da coluna	Descrição
(A)	*Passos da interação* – o processo de repetição se inicia pela substituição do valor contábil do quociente de endividamento/capital próprio na equação (i) no Painel c para resolver o beta de capital próprio alavancado para o projeto.
(B)	*Beta de capital próprio desalavancado* – esta estimativa representa a média simples dos betas de capital próprio desalavancados encontrados na Planilha a acima.
(C)	*Quociente endividamento/capital próprio* – dado principal da realavancagem do beta que deveria representar os valores de mercado. Como não sabemos o valor de mercado do capital próprio investido no projeto, começamos nossa análise repetida usando valor contábil desse índice.
(D)	*Beta alavancado estimado* – o beta do capital próprio alavancado, estimado usando a equação (i) da Planilha c abaixo.
(E)	*Custo de capital estimado* – Calculado usando o CAPM encontrado na equação (ii) da Planilha c abaixo, e a estimativa da beta do capital próprio alavancado da atual repetição.
(F)	*Valor de capital estimado* – o valor do capital próprio investido no projeto, estimado usando a equação (iii) de Planilha c abaixo.

(*continua*)

Tabela 5-4 Continuação

Planilha c. Equações usadas no cálculo do valor do projeto e no custo de capital do projeto

(i)
$$\beta_{Alavancado} = \beta_{Deslavancado}\left(1 + \left[\left(\frac{\text{Valor contábil da dívida}}{\text{Valor de capital do projeto}}\right)\left(1 - \text{Alíquota marginal de imposto}\right)\right]\right)$$

$$-\beta_{Endividamento}\left[\left(\frac{\text{Dívidas contábeis}}{\text{Valor de capital do projeto}}\right)\left(1 - \text{Alíquota marginal de imposto}\right)\right]$$

onde $\beta_{Endividamento}$ é o beta de endividamento estimado para o projeto.

(ii)
$$\text{Custo de capital alavancado } (k_e) = \text{Taxa livre de risco } (r_f) + \left(\text{Beta do capital alavancado } (\beta_{Endividamento})\right)\left(\text{Prêmio de risco de mercado}\right)$$

(iii)
$$\frac{\text{Valor de capital}}{\text{do projeto}} = \frac{\text{Fluxo de caixa livre do projeto (FCLE)}_t}{\text{Custo de capital alavancado } (k_e)}$$

lor de capital um pouco maior ($87.526.326). Você pode então usar a estimativa desse novo valor de capital e, mais uma vez, repetir esses cálculos, estimando um novo valor de capital. Você pode continuar esse processo, repetindo entre novos valores de capital e betas alavancados, até que o valor do custo de capital do projeto e o valor do capital se concentrem em um nível estável. Uma breve revisão dos resultados do processo repetido encontrado na Planilha *b* da Tabela 5-4 revela que eles convergem muito rápido. O custo de capital próprio do projeto converge para 6,8% e o valor do capital, na sexta repetição, converge para $87.934.787. Incluímos seis repetições para demonstrar que as convergências acontecem muito rapidamente.

Calculando o valor do projeto e o WACC do *project finance* Tendo calculado o valor do capital, é fácil avaliar o projeto simplesmente somando o valor estimado de capital do projeto (da sexta repetição na Planilha *b* da Tabela 5-4), $87.934.787, para o endividamento do projeto, $160 milhões, para chegar a um valor de projeto igual a $247.934.787. Utilizando esse valor, podemos calcular o WACC financiado pelo projeto como a média ponderada dos custos de endividamento e do capital próprio após impostos usando como pesos o valor estimado do capital próprio do projeto e o valor nominal do endividamento da empresa:[9]

---

[9] Alternativamente, o WACC do *project finance* é igual à taxa de desconto na seguinte equação de valor do projeto:

Valor do projeto = Valor de capital do projeto + Valor contábil da dívida

$$= \frac{\text{Fluxo de caixa livre do projeto (FCLP)}_t}{\text{WACC do } project\ finance} = \$247.934.787 = \frac{\$12.467.840}{\text{WACC do } project\ finance}$$

O WACC do *project finance* é 5,03%. Observe que, se tivéssemos resolvido para a taxa de desconto que torna o valor presente igual ao custo do projeto de $200 milhões (em vez do valor do projeto de $247.934.787), o resultado teria sido uma estimativa da TIR do projeto, que nesse caso é 6,23%.

	Valores	Pesos	Custo de capital	Produto
Endividamento	$160.000.000	0,6453	4,04%	2,61%
Patrimônio	87.934.787	0,3547	6,82%	2,42%
	$ 247.934.787	1,0000		

WACC financiado pelo projeto = 5,03%

WACC específico ao projeto com financiamento corporativo (Corporate Finance)

As empresas financiam a maioria de seus projetos de investimento em seus balanços patrimoniais, o que torna particularmente desafiador propor uma abordagem para estimativa de WACCs específicos ao projeto. Essa tarefa pode ser difícil, pois devemos determinar o montante da dívida e do capital que podem ser atribuídos ao projeto e, depois, calcular os custos das fontes de financiamento. Como mencionamos anteriormente, isso é mais difícil quando os investimentos são financiados no balanço patrimonial da empresa, pois esse financiamento se mistura com outros investimentos da empresa. Como resultado, a determinação do peso apropriado para cada fonte de capital, para um investimento em particular, exige o exercício de julgamento gerencial.

Capacidade de endividamento do projeto – quanto endividamento o projeto suporta? A determinação dos pesos apropriados para as fontes de financiamento de um projeto exige que, primeiro, entendamos o conceito de capacidade de endividamento. Definimos a **capacidade de endividamento** de um projeto como o montante de *endividamento adicional* que a empresa pode assumir como resultado de empreender um projeto, sem reduzir o grau de risco de crédito da empresa. Em geral, os projetos mais arriscados terão menos capacidade de endividamento, pois exigem mais capital próprio para compensar seu risco maior. Por exemplo, um investimento no desenvolvimento de um novo produto pode ser bastante arriscado e fornecer uma capacidade de endividamento muito pequena. Entretanto, a renovação das atuais instalações da empresa, que são usadas para apoiar as linhas de produção existentes, é menos arriscada e, por isso, tem uma capacidade de endividamento maior.

Devemos observar que a capacidade de endividamento de um projeto não é, necessariamente, igual ao montante da dívida que a empresa assume para financiar o projeto. O acréscimo real ao endividamento da empresa pode ter mais a ver com outros projetos de investimento iniciados na mesma época e, também, os executivos da empresa acreditarem que a empresa tem, na ocasião, um endividamento muito grande ou muito pequeno.

Para entender como se pode determinar a capacidade de endividamento de um investimento, considere uma empresa que atualmente tem uma classificação BBB+ e conta com uma oportunidade que exige um investimento de $100 milhões. Como se espera que o investimento gere fluxos de caixa positivos, ao assumir o projeto a empresa irá aumentar sua classificação de crédito, caso seja financiada totalmente com capital próprio. Isso indica que o projeto tem, pelo menos, alguma capacidade de endividamento. Entretanto, como o investimento é arriscado, financiá-lo totalmente com a dívida – ou, ainda, esgotar os saldos de caixa – resultaria em uma redução na classificação de crédito da empresa. Se, por exemplo, as agências classificadoras indicarem que a empresa no exemplo acima terá uma queda em sua classificação de BBB+ para BBB no caso de financiar seu investimento de $100 milhões com mais de $45 milhões em dívidas, a capacidade de endividamento do projeto será de $45 milhões.

O que determina a capacidade de endividamento de um projeto? Provavelmente, o primeiro determinante é a volatilidade dos fluxos de caixa do projeto. Eles são mais ou menos voláteis que os fluxos de caixa totais do projeto? Se eles são mais voláteis, então o projeto pode ter uma capacidade de endividamento de apenas 20%. Também devemos considerar a extensão em que o projeto de investimento contribui para a diversificação da empresa. Se o acréscimo do projeto reduz a volatilidade dos fluxos de caixa da empresa devido ao efeito de diversificação, então o projeto terá uma capacidade de endividamento maior. Finalmente, vale a pena observar que investimentos que podem ser vendidos facilmente, com um valor de perda mínimo, também podem ter capacidades de endividamento maiores. Tais projetos tornam as empresas mais atrativas para as agências de classificação, pois as empresas podem converter facilmente esses ativos em dinheiro no caso de uma adversidade financeira e, assim, ajudar a empresa a impedir a inadimplência e a falência.

Está claro que estimar a capacidade de endividamento de um projeto é subjetivo, mas, para grandes investimentos, as empresas podem ter uma ideia bastante boa da capacidade de endividamento do projeto através de consulta aos seus bancos de investimento ou falando diretamente com as agências de crédito. (Veja o quadro Insight do Profissional, descrevendo a interação entre os mutuários e as agências de classificação de crédito.) Se o projeto é considerado muito arriscado, esses observadores podem sugerir que a empresa utilize mais capital e menos endividamento no pacote de financiamento, para reduzir o potencial de um efeito prejudicial na classificação de crédito da empresa. Por outro lado, os banqueiros e os analistas de crédito das agências de classificação podem sugerir que o projeto suporte um endividamento adicional. O importante é que pessoas de fora da empresa, que não têm nenhum interesse direto em o projeto ser aceito ou não no final, podem ajudar a empresa, imparcialmente, a avaliar a sua capacidade de endividamento.

> **Você sabia?**
>
> **A história de classificações de obrigações**
>
> Em 1914, John Moody começou a expandir sua cobertura de classificação de obrigações emitidas por cidades americanas e outras municipalidades. Por volta de 1924, as classificações de Moody alcançavam cerca de 100% do mercado americano de títulos.
>
> Em 1916, a Standard Statistics (uma antecessora da Standard & Poor's Corporation) começou a determinar classificações de endividamento aos títulos corporativos. A empresa introduziu as classificações para os títulos municipais em 1940.

Quais os custos apropriados de endividamento e capital próprio para um projeto individual? O processo que recomendamos para determinar as capacidades de endividamento do projeto fornece o peso apropriado para a dívida e o capital próprio que são usados na fórmula de WACC. Agora, precisamos determinar os custos relevantes de dívida e capital próprio para o projeto. Nossa solução para esse problema é muito simples: recomendamos calcular o WACC do projeto utilizando estimativas de custos de dívida e capital próprio da empresa, mas usando pesos diferentes para a dívida e o capital que reflitam as capacidades de endividamento dos projetos. Obviamente que isso é um atalho, mas, como vamos mostrar, se a capacidade de endividamento é escolhida adequadamente, obtém-

> ### INSIGHT DO PROFISSIONAL
> ## O processo de classificação de crédito – uma entrevista com Kevin Cassidy*
>
> O processo de classificação de crédito começa quando uma empresa solicita que seu endividamento seja avaliado por uma das agências especializadas, como a *Moody*. As empresas geralmente solicitam essa classificação ou porque é exigido por um credor, ou por querem vender sua dívida nos mercados públicos. Uma vez que o endividamento de uma empresa tenha recebido uma classificação de crédito, a agência continua a monitorar o crédito da empresa de modo permanente enquanto a informação é disponibilizada para determinar se a classificação estipulada ainda é válida ou se deve ser aumentada ou diminuída. Na *Moody*, as classificações de crédito são determinadas por comitês de classificação e não por analistas individuais. A composição do comitê de classificação é baseada em *expertise* e diversidade de opinião, e sua decisão é tomada pelo voto majoritário, em que os votos de cada membro do comitê têm igual valor.
>
> Além de revisões regulares, a agência de classificação de crédito monitora cada uma das empresas cujas dívidas eles classificam para eventos especiais que podem acionar uma mudança no risco de inadimplência. Exemplos de tais eventos incluem a aquisição de outra empresa ou uma mudança na política financeira como, por exemplo, o estabelecimento de um programa de recompra de ações. Por exemplo, em 29 de novembro de 2006, a Moody's Investors Service anunciou a desvalorização da dívida da família corporativa da Aleris International Inc. ("Aleris") de uma classificação B1 para B2. O anúncio dizia que a desvalorização refletia: (1) o crescimento substancial na dívida resultante da aquisição alavancada da empresa, (2) o enfraquecimento das suas medidas de proteção de endividamento e (3) os riscos de execução para a desalavangen a tempo, especialmente para uma empresa com margens relativamente pequenas e grande sensibilidade aos níveis de volume (http:www.Moodys.com). O importante aqui é que as empresas podem tomar, e efetivamente tomam, atitudes que resultam em uma mudança em sua classificação de crédito!
>
> *Kevin Cassidy, Moody's Investors Service, vice-presidente/analista sênior, Nova York, Nova York.

se uma razoável estimativa das diferenças entre os custos de capital dos diferentes projetos, utilizando os mesmos custos de dívida e capital próprio para cada projeto. Na verdade, essa abordagem proporciona as taxas de desconto apropriadas se as diferenças nas capacidades de endividamento ao longo dos projetos também refletem diferenças em riscos sistemáticos no decorrer dos projetos (isto é, projetos com mais riscos sistemáticos têm menor capacidade de endividamento).

Apesar de esse método ser apenas uma indicação, ele gera maiores estimativas de WACC para projetos mais arriscados, que tenham menor capacidade de endividamento, e menores estimativas de WACC para projetos menos arriscados, que tenham maior capacidade de endividamento. Para ilustrar, suponha que o custo de capital próprio da empresa é 12% e seu custo de endividamento é 4%. Considere também que o Projeto n° 1 é bastante arriscado e tem uma capacidade de endividamento de apenas 20%, enquanto o Projeto n° 2 é muito menos arriscado e tem uma capacidade de endividamento de 60%. Consequentemente, o WACC para o Projeto n° 1 é

$$(0,20 \times 4\%) + (0,80 \times 12\%) = 10,4\% \qquad WACC\ Projeto\ n^{\underline{o}}\ 1$$

enquanto que o WACC para o Projeto n° 2 é de apenas

$$(0,60 \times 4\%) + (0,40 \times 12\%) = 7,2\% \qquad \text{WACC Projeto n}^o 2$$

Como vemos nesse simples exemplo, a abordagem do WACC específico ao projeto fornece uma maneira objetiva para permitir que os responsáveis pelo projeto exijam diferentes taxas de desconto para projetos diferentes, enquanto, ao mesmo tempo, colocam limites na capacidade dos gerentes de argumentar por uma taxa de desconto menor.

A Figura 5-4 mostra os efeitos nas variações de capacidade de endividamento no WACC de projetos que variam de 0 a 100%. Na prática, a variação provavelmente é muito mais estreita, mas as implicações são as mesmas. Dentro desses limites, o WACC do projeto que calculamos é uma função da capacidade de endividamento do projeto e dos custos de dívida e capital próprio estimados para a empresa (ou divisão). A premissa-chave que estamos fazendo aqui é que, ao considerarmos as diferenças nas capacidades de endividamento do projeto, estamos considerando as diferenças no seu risco.

Resumo – Ajustando o WACC do projeto utilizando a capacidade de endividamento A premissa-chave que estamos fazendo na abordagem que assumimos na análise do WACC específico ao projeto é que, ao considerar as diferenças na capacidade de endividamento do projeto, estamos considerando as diferenças no risco do projeto. Essa é uma premissa razoável para projetos que estão na mesma área de negócios e, portanto, estão sujeitos aos mesmos fatores de risco, mas que tem estruturas de custo e margens de lucro diferentes e, assim, distintas sensibilidades a esses fatores de risco.[10] Por exemplo, devido à tecnologia aprimorada, usinas de geração de energia construídas com a tecnologia mais recente são mais eficientes no consumo de com-

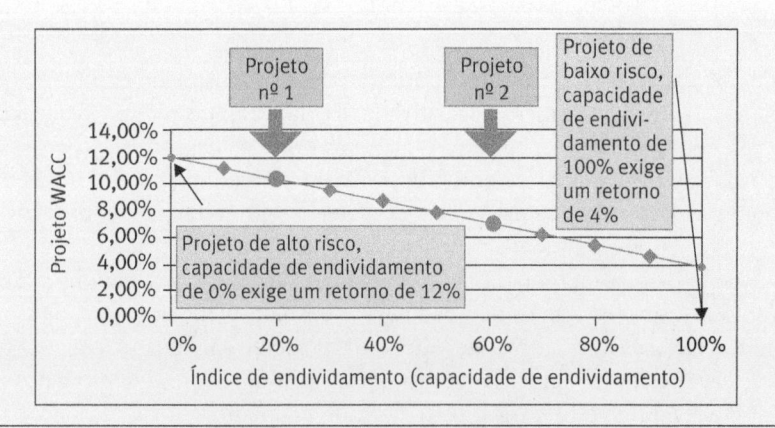

FIGURA 5-4   Capacidade de endividamento e o WACC de um projeto.

---

[10] Lembre-se conforme nossas discussões anteriores, de que as empresas na mesma área de negócio podem ter diferentes níveis de alavancagem operacional, podendo ter diferentes níveis de risco. Em geral, empresas com maior alavancagem operacional utilizarão menos alavancagem financeira.

bustível e tem menores custos operacionais por kWh do que as fábricas construídas com tecnologias mais antigas. Devido a isso, as usinas de geração de energia de nova tecnologia têm maior margem de lucro, o que as torna menos arriscadas e lhes dá maior capacidade de endividamento.

Para ilustrar a maior capacidade de endividamento proporcionada pela tecnologia mais eficiente, considere um exemplo no qual uma empresa está pensando em construir uma nova usina de geração de energia elétrica com a mais nova tecnologia (Usina Nova) ou com uma tecnologia mais tradicional (antiga), isto é, (Usina Antiga). A Tabela 5-5 contém as características das duas alternativas. Na Planilha a observamos que as duas usinas tem capacidade de produzir 1.100.000 kWh por ano; entretanto, a Usina Nova terá um custo total de $8.990.000, enquanto a Usina

Tabela 5-5 Utilizando a capacidade de endividamento para ajustar ao risco do projeto – Usina Nova *versus* Usina Antiga

Planilha a. Custos operacionais, riscos operacionais e capacidade de endividamento		
	Usina nova	Usina antiga
Capacidade em kWh por ano	1.100.000	1.100.000
Custos operacionais fixos	$8.000.000	$8.000.000
Custos operacionais variáveis/kWh	$0,90	$2,00
Total dos custos operacionais até o limite	$8.990.000	$10.200.000

		Despesas operacionais (ROL)			% mudança (ROL)	
Preço/kWh	Receitas	Usina nova	Usina antiga	% de mudança na receita	Usina nova	Usina antiga
$10,00	$11.000.000	$2.010.000	$800.000			
12,00	13.200.000	4.210.000	3.000.000	20,0%	109%	275%
14,00	15.400.000	6.410.000	5.200.000	16,7%	52%	73%
16,00	17.600.000	8.610.000	7.400.000	14,3%	34%	42%

Planilha b. Capacidade de endividamento e risco do capital próprio		
Dívida	$25.125.000	$10.000.000
Taxa de juros	8,0%	8,0%
Despesa com juros	$2.010.000	$800,000
Alíquota de imposto	30%	30%

	Receita líquida	
Preço/kWh	Usina nova	Usina antiga
$10,00	$ –	$ –
12,00	1.540.000	1.540.000
14,00	3.080.000	3.080.000
16,00	4.620.000	4.620.000

Antiga terá custos de $10.200.000 para ter essa capacidade de produção.[11] Se o preço unitário é de $12 por kWh, então as duas usinas geram rendas brutas de $13.200.000 por ano, com a usina mais nova e mais eficiente lucrando $4.210.000 em lucros operacionais comparada com apenas $3.000.000 para a usina menos eficiente e mais antiga. Sem outras alterações, a Usina Nova é claramente mais valiosa e terá uma maior capacidade de endividamento total devido ao seu valor maior. Entretanto, além disso, a Usina Nova terá uma maior capacidade de endividamento como um percentual de seu valor, pois seus lucros são menos voláteis como resposta a mudanças nos preços de energia elétrica.[12] Para ver isso, considere os efeitos de uma queda no preço de $12,00 para $10,00 por kWh (uma queda de 16,7%). Considerando que as duas usinas continuam a operar até o limite, os lucros operacionais da Usina Nova cairão cerca de 52%, mas na Usina Antiga cairão cerca de 73%. Essa maior sensibilidade à alteração de preços na usina mais antiga significa que sua capacidade de cobrir o serviço da dívida é menor do que a da usina nova.

Na Planilha b da Tabela 5-5 consideramos que a Usina Antiga é financiada com $10 milhões em dívidas, com uma taxa de juros de 8%. Observe que, se o financiamento de dívida da Usina Nova é estabelecido como igual a $25.125.000 dos 8% da dívida, a Usina Nova e a Usina Antiga irão produzir o mesmo nível de renda líquida sem levar em consideração o preço da energia elétrica. Consequentemente, se for o caso, os fluxos de caixa do capital próprio para ambas as usinas serão os mesmos, o que significa que a probabilidade de inadimplência para as duas emissões de dívida será a mesma, e o custo apropriado da dívida e do capital próprio será o mesmo para as duas usinas. Entretanto, como discutimos anteriormente, os WACCs específicos ao projeto para as duas usinas serão diferentes; a nova usina terá um WACC menor, pois é financiada com menos dívidas, proporcionalmente ao seu valor

O exemplo anterior mostra que a abordagem do WACC específico ao projeto provavelmente irá funcionar muito bem para projetos semelhantes em todos os aspectos, exceto o risco. Para projetos em áreas de negócio muito diferentes, entretanto, a abordagem é muito imperfeita. Por exemplo, diferenças na capacidade de endividamento de um negócio de refinaria de uma companhia de petróleo integrada e seus negócios de produtos químicos podem fornecer um bom indicador de diferenças no seu custo de capital. Entretanto, devemos enfatizar que isso é apenas um indicador, pois pode haver diferenças inerentes entre os betas dos negócios de produtos químicos e de refinaria que não são totalmente capturadas em suas respectivas capacidades de endividamento.

Antes de concluir nossa discussão a respeito dessa abordagem, devemos observar que, mesmo para empresas com apenas uma linha de negócios, a capacidade de endi-

---

[11] Estes cálculos são baseados na premissa de que as duas usinas terão um custo de $8 milhões por ano em custos operacionais fixos, mas a usina nova terá um custo de apenas $0,90 kWh para produzir energia enquanto a Usina Antiga (que é muito menos eficiente no consumo de combustível) terá um custo de $2,00 por kWh. Observe que definimos a capacidade de produção de tal maneira que as alterações nos lucros operacionais são baseadas exclusivamente no preço da energia elétrica por kWh, enquanto que os custos totais para produção de 1.100.000 kWh de energia são definidos para cada usina.

[12] Considera-se que as duas usinas continuam a operar até o limite a despeito das alterações nos preços da energia.

vidamento de qualquer projeto de investimento individual pode parecer muito diferente do índice de endividamento da empresa. Por exemplo, considere uma empresa industrial com um valor de mercado de 2,5 bilhões que possui algumas fábricas com um valor agregado de $1,5 bilhão. Por que o valor de mercado da empresa é tão mais alto do que o valor de seus ativos? A resposta é que o valor de mercado da empresa não apenas reflete o valor dos ativos da empresa, mas também o valor acumulado de todas as oportunidades futuras da empresa de assumir investimentos de VPL positivo. Nesse caso, o valor da empresa de $1 bilhão é representado pelo fato de que tenha oportunidades de assumir, no futuro, investimentos de VPL positivo.

Se a empresa tem $500 milhões de dívidas ativas, seu quociente de endividamento (em valores de mercado) é $500 milhões/$2,5 bilhões = 20%. Ao calcular o WACC da empresa, utilizamos pesos em valor de mercado de 0,20 para endividamento e 0,80 para capital próprio. Entretanto, se cada nova fábrica pode ser financiada com 33% da dívida da mesma forma que as fábricas existentes, o WACC específico do projeto colocaria mais peso na dívida e, portanto, seria menor do que o WACC da empresa. Dito de maneira diferente, as oportunidades de crescimento da empresa podem ter capacidade de endividamento zero, e a capacidade de endividamento dos ativos operacionais da empresa pode ser de 33%.

5.4 Taxas de atratividade e custo de capital

Neste capítulo discutimos algumas maneiras pelas quais as empresas podem definir o custo de capital associado a um determinado projeto de investimento. A teoria tradicional sugere que, para avaliar um projeto, as empresas devem descontar o fluxo de caixa do projeto ao custo de capital do projeto e aceitar o projeto se o VPL resultante for positivo. Na prática, entretanto, as empresas tendem a descontar fluxos de caixa utilizando taxas de desconto, chamadas de *taxas de atratividade*, que superam o custo de capital apropriado para o projeto que está sendo avaliado. Por exemplo, não é raro vermos taxas de atratividade corporativas de até 15% para empresas com WACCs corporativos, bem como WACCs de projetos de apenas 10%. Em outras palavras, as empresas geralmente exigem que os projetos aceitos tenham um VPL com uma folga substancial ou margem de segurança. Por exemplo, a maioria dos gerentes prefere não investir em um projeto com um investimento inicial de $100 milhões se o VPL do projeto for de apenas $200.000. Em teoria, esse é um projeto de VPL positivo que irá acrescentar $200.000 ao valor da empresa. Na prática, a maioria dos gerentes consideraria muito pequena uma margem de segurança no VPL de apenas 0,2% do investimento inicial.

Projetos mutuamente excludentes

Há diversas razões que justificam a exigência de uma margem de segurança no VPL ou, igualmente, de uma taxa de atratividade que supere o custo de capital do projeto. A primeira razão e, provavelmente, a mais importante é que a maioria das empresas não acredita que o WACC, que é o custo de oportunidade que calculamos do mercado de capital, seja o custo de oportunidade apropriado. Os mercados de capital fornecem o custo de oportunidade apropriado para empresas que não têm restrições e que podem implementar todos os seus investimentos de VPL positivos. Entretanto, para as empresas com restrições que limitam o número de projetos que podem ser aceitos, o custo de oportunidade do capital reflete o retorno nos investimentos alternativos que possam ter sido preteridos. Mais precisamente, o custo de oportunidade do capital deve refletir a taxa de retorno no próximo melhor projeto que deve ser rejeitado, se o projeto atualmente em avaliação for aceito. Por exemplo, suponha que a empresa está escolhendo entre dois projetos com riscos equivalentes. O primeiro projeto pode gerar uma taxa interna de retorno esperada de 18%. Se a realização do segundo projeto implicar na não realização do primeiro, então o custo de oportunidade do capital apropriado para avaliar o segundo projeto é de 18% e não o custo de capital.

Altas taxas de atratividade podem fornecer melhor incentivo para os responsáveis pelos projetos

Ao exigir altas taxas de atratividade, as empresas podem sinalizar que têm boas oportunidades de investimento, o que pode ter a vantagem adicional de motivar os responsáveis a encontrar projetos melhores. Por exemplo, se a alta administração define uma taxa de atratividade corporativa de 12%, os responsáveis pelos projetos podem se contentar em propor um projeto com uma taxa interna de retorno de 13%. Entretanto, com uma taxa de atratividade de 15%, o responsável terá que se empenhar mais e negociar melhor com fornecedores e parceiros estratégicos para criar um plano de investimento que alcance a taxa maior. Na verdade, podemos prever situações em que uma taxa de atratividade alta ajuda muito no processo de negociação. Por exemplo, suponha que um projeto rentável necessite da participação de duas empresas que estejam montando um negócio e que, na prática, dividam os lucros do projeto. Agora, suponha que somente a primeira empresa necessite de uma taxa de atratividade muito alta para os projetos de investimento. Nesse caso, a segunda poderá fazer concessões para a primeira para ter o projeto aprovado.

Considerando projeções otimistas e viés de seleção

Em geral, as previsões de fluxo de caixa não são muito precisas mesmo quando são estimativas imparciais. Entretanto, o processo usado para selecionar projetos muitas vezes induz a um viés otimista nas previsões do fluxo de caixa dos projetos que eventualmente são selecionados. Como resultado, faz sentido utilizar uma taxa de atratividade alta para compensar as previsões de fluxo de caixa otimistas.

Para entender como esses vieses podem acontecer, considere um investimento que muitas empresas estão competindo para obter. Por exemplo, um conglomerado pode estar vendendo uma de suas divisões e a venderá para a maior oferta. Nesse caso, podemos esperar que 5 a 10 empresas irão avaliar a divisão e fazer uma oferta um pouco mais baixa do que os valores estimados. A oferta mais alta provavelmente tem a previsão mais otimista dos fluxos de caixa futuros da divisão e, portanto, a avaliação mais alta para o negócio.

Os teóricos de leilão inventaram o termo "a maldição do vencedor" para transmitir a ideia de que a oferta vencedora, sendo a mais otimista de todas as ofertas,

> **INSIGHT COMPORTAMENTAL**
>
> **A maldição do vencedor**
>
> A maldição do vencedor é uma próspera parte de nossa cultura. Isto é mostrado em um comentário feito, certa vez, por Groucho Marx: "Eu nunca faria parte de um clube que me aceitasse como membro". Woody Allen (no filme *Noivo Neurótico, Noiva Nervosa*) mais tarde aplicou a mesma lógica a respeito da sua relutância em entrar num relacionamento com uma mulher que estivesse interessada nele. Allen achava que essa tendência era uma de suas muitas neuroses. Entretanto, os economistas reconhecem a nossa tendência de desvalorizar as coisas que estão disponíveis para nós como uma resposta racional a um ambiente em que não temos informação perfeita.

deve ser otimista demais e, por isso, representa um preço exagerado. (Veja o quadro Insight Comportamental a respeito da "maldição do vencedor".) Para neutralizar essa tendência de pagar a mais em ambientes tipo leilão, os teóricos recomendam que as empresas reduzam seus lances para refletirem sobre o fato de que é provável que tenham sido excessivamente otimistas se ganharem a oferta. Uma maneira de conseguir isso é exigir taxas de atratividade muito altas ao avaliar os projetos em ambientes tipo leilão. Para negócios que são mais difíceis de avaliar e em situações onde possa haver mais competidores, a "maldição do vencedor" é mais severa. Em tais situações se justifica uma taxa de atratividade ainda maior.

Uma situação semelhante surge sempre que uma empresa faz a sua escolha a partir de um conjunto de projetos de investimento propostos. Nesse caso, a empresa pode selecionar aqueles projetos que parecem mais atrativos; em geral, eles tendem a ser os melhores projetos, mas também podem não ser tão atrativos como parecem. Mais uma vez, uma taxa de atratividade alta permite compensar o fato de que as previsões de fluxo de caixa de projetos selecionados devem ser otimistas.

Para entender a importância desse viés de seleção, imagine uma universidade que selecione apenas alunos com pontuações muito altas nos SAT – Scholastic Aptitude Test (exames de admissão). Na média, os alunos podem ser muito inteligentes, mas talvez não tão inteligentes como suas pontuações no SAT podem sugerir. Ao selecionar os alunos baseada nas altas pontuações no SAT, a universidade irá receber alunos que são certamente mais inteligentes que a média, mas que também têm mais sorte do que a média. Alunos que possuem capacidade de pontuar 1525 no SAT, mas que não tiveram sorte e fizeram apenas 1450 pontos, serão rejeitados; enquanto os alunos com habilidades na faixa de 1425 no SAT, mas que têm sorte e pontuam 1500, serão selecionados. Por isso, na média, os alunos admitidos nessa universidade tendem a ter pontuações SAT que ultrapassam suas reais habilidades. Pelas mesmas razões, esperamos que projetos de investimento selecionados tenham previsões de fluxos de caixa que ultrapassem seus reais fluxos de caixa esperados, o que sugere que eles devem ser avaliados utilizando uma taxa de atratividade que ultrapasse o real custo de capital.

5.5 Resumo

A avaliação de fluxo de caixa descontado necessita de dois importantes *inputs*: estimativas de fluxos de caixa e taxas de desconto. Nos Capítulos 2 e 3 tratamos de fluxos de caixa e, no Capítulo 4, focamos nas taxas de desconto que podem ser usadas para avaliar empresas inteiras. Este capítulo examinou a taxa de desconto apropriada que as empresas devem usar para avaliar projetos de investimento individuais.

Em geral, as taxas de desconto de projetos originadas de teoria acadêmica divergem consideravelmente da prática na indústria. A teoria sugere que as empresas devem avaliar cada projeto de investimento com taxas de desconto individuais que reflitam tanto a capacidade de endividamento quanto os riscos específicos do investimento. Na prática, as empresas geralmente utilizam seu WACC corporativo para avaliar seus investimentos. Há duas razões muito práticas para isso: primeiro, o custo de capital é um conceito subjetivo, difícil de estimar para empresas de capital aberto e ainda mais difícil de estimar para um projeto individual; segundo, fornecer liberdade aos defensores dos projetos para selecionar a taxa de desconto apropriada pode gerar vieses gerenciais piores do que os criados pela utilização de apenas uma taxa de desconto. Isto é, gerentes excessivamente otimistas ou oportunistas podem despender tempo e recursos valiosos para convencer os avaliadores a analisar seus projetos com taxas de desconto menores, fazendo com que os projetos pareçam melhores do que realmente são.

Na prática, as empresas usam uma das três abordagens para determinar a taxa de desconto na avaliação de alternativas de investimento. A abordagem mais comum envolve o uso de um único WACC corporativo para todos os projetos. Para as empresas que operam com múltiplas divisões e cujos riscos de projeto e padrões de financiamento tem características próprias, geralmente é usado um WACC divisional. Finalmente, algumas empresas estimam um WACC específico ao projeto no qual o projeto é tão importante para a empresa que os custos de desenvolver um WACC customizado e sob medida se justifica. Discutimos duas importantes versões do WACC do projeto: o primeiro envolveu projetos financiados na modalidade de *project finance* (com dividas *nonrecourse*); o segundo envolveu projetos que foram financiados por fontes corporativas. No último caso, o analista tem a tarefa adicional de estimar a capacidade de endividamento do projeto.

Problemas

5-1 O Otimismo do investidor e o custo do capital Projetos de investimento na Indonésia e em outros mercados emergentes geralmente têm baixo risco sistemático, indicando que as taxas de desconto apropriadas aos projetos são bastante baixas. Na prática, a maioria das empresas (com algumas exceções) usa taxas de desconto muito altas para esses projetos. Uma explicação que tem sido usada para justificar essa prática é que as empresas investidoras adotam essas altas taxas de desconto na tentativa de balancear os efeitos de estimativas otimistas de fluxos de caixa. É uma boa ideia ajustar para o risco de previsões de fluxo de caixa extremamente otimistas alterando-se as taxas de desconto ou os próprios fluxos de caixa deveriam ser ajustados?

5-2 Calculando o WACC de uma empresa e de um projeto A atual estrutura de capital da Amgel Manufacturing Compay compreende 30% de endividamento e 70% de capital próprio (em valores de mercado). O beta do capital próprio da Amgel (baseado em seu nível atual de endividamento) é 1,20, e o beta do endividamento é 0,29. Da mesma forma, a taxa de juros livre de risco medido pelos títulos de longo prazo do governo atualmente é de 4,5%. O banco de investimento da Amgel informou à empresa que, de acordo com suas estimativas, o prêmio de risco de mercado é de 5,25%.

   a. Qual é a sua estimativa para o custo de capital próprio da Amgel (baseado no CAPM)?
   b. Se a alíquota de imposto marginal da Amgel é 35%, qual é o custo médio ponderado de capital total da empresa (WACC)?
   c. A Amgel está considerando uma grande expansão em suas atuais operações de negócios. O banco de investimentos da empresa estima que a Amgel poderá tomar emprestado até 40% dos recursos necessários e manter sua classificação de crédito e custo de endividamento atual. Calcule o WACC para esse projeto.

5-3 Exercício conceitual O termo "taxa de atratividade" é geralmente usado no contexto da avaliação de projetos e, algumas vezes, para referir-se à taxa de desconto ajustada ao risco, isto é, a taxa de retorno exigida de um projeto com determinado nível de risco. A taxa de desconto ajustada ao risco refere-se ao custo de capital ou custo de oportunidade da captação de recursos para financiar um investimento, e as taxas de atratividade são geralmente mais altas do que o custo de capital. Por que empresas utilizariam taxas de atratividade que excedem seus custos de capital?

5-4 Exercício conceitual A Smith Inc. é uma empresa de capital aberto controlada rigidamente por Joe Smith, neto do fundador. O Sr. Smith confia em sua capacidade de avaliar investimentos em todas as áreas do negócio. A situação na Smith Inc. é totalmente diferente da Jones Inc., apesar de compartilharem uma linha de negócios semelhante. Jones Inc. tem um presidente muito menos poderoso, que delega um controle maior aos dirigentes das várias unidades da empresa. Na realidade, Fred Jones, o presidente da empresa, reúne-se com os chefes das várias unidades de negócio e eles fazem escolhas de alocação de capital como um grupo. Analise como e por que Smith Inc. e Jones Inc. poderiam ter diferentes abordagens para determinar as taxas de desconto usadas para avaliar seus projetos.

5-5 WACC divisional Em 2006, a Anheuser-Busch Companies, Inc. produziu e distribuiu cerveja em todo o mundo, operando através de quatro segmentos de negócios: Cerveja Doméstica, Cerveja Internacional, Embalagem e Entretenimento. O segmento de Cerveja Doméstica oferece cervejas nos Estados Unidos com as marcas Budweiser, Michelob, Busch e Natural, além de algumas cervejas especiais, como cervejas sem álcool, licor de malte e também bebidas energéticas. O segmento de Cerveja Internacional comercializa e vende Budweiser e outras marcas fora dos Estados Unidos e tem cervejarias no Reino Unido e na China. Além disso, o segmento de Cerveja Internacional negocia e administra acordos de licença e contrato com várias cervejarias estrangeiras. O segmento de embalagem fabrica latas e tampas de latas de bebidas, compra, vende e recicla embalagens usadas de alumínio. Finalmente, o segmento de Entretenimento possui e administra parques temáticos.

Em 2005, a Anheuser-Busch divulgou os seguintes lucros líquidos e receitas nos diferentes segmentos:

($ milhões)	Cerveja doméstica	Cerveja internacional	Embalagem	Entretenimento
2005				
Vendas brutas	$10.121,00	$864,00	$1.831,50	$904,40
Lucro antes do imposto de renda	2.293,40	70,10	120,40	215,10
Lucro de capital	–	147,10	–	–
Lucro líquido	$1.421,90	$433,70	$ 74,60	$133,40

Considere que você acabou de assumir a responsabilidade de avaliar o custo de capital divisional para cada um dos segmentos do negócio.

a. Faça um esboço de uma abordagem geral para avaliar o custo de capital para cada um dos segmentos do negócio.
b. O fato de que $1.156 milhão das receitas do segmento de Embalagem provém de vendas internas para outros segmentos da Anheuser-Busch afeta sua análise? Caso positivo, de que maneira?

5-6 WACC específico do projeto Em 2005, a capacidade mundial de geração de energia eólica estava abaixo de 60.000 *megawats*. Isso representa menos de 1% do uso mundial de eletricidade, mas, na Dinamarca, a energia eólica fornece mais de 20% da eletricidade. Além disso, o uso de energia eólica cresceu rapidamente nos últimos anos, quadruplicando entre 1999 e 2005. A característica-chave da energia eólica é sua alta intensidade de capital e seus baixos custos permanentes, pois o vento não custa nada. Aliando isso aos avanços na tecnologia de geração de energia eólica, esta fonte alternativa de energia parece ser uma das mais promissoras fontes de energia renovável para o futuro.

A Gusty Power Company (GPC), de Amarillo, no Texas, constrói e opera parques eólicos produtores de energia elétrica, que, mais tarde, é vendida para o sistema de distribuição. A GPC recentemente foi contatada pela Plains Energy Company of Plainville, do Texas, para implantar um dos maiores parques eólicos jamais construídos. A Plains Energy é uma produtora independente de energia que, normalmente, vende toda a energia elétrica que produz para o sistema a preços de mercado. Entretanto, neste momento, a Plains planeja vender toda sua produção a um consórcio de empresas de energia elétrica da região a um preço fixo contratual de longo prazo. Considere que o projeto gere fluxos de caixa perpétuos (FCLP anuais de $8.000.000), que o principal da dívida nunca é amortizado, que os investimentos de capital (CAPEX) são iguais à depreciação em cada período e que a alíquota de imposto é de 35%.

O projeto exige um investimento de $100 milhões e a Plains conseguiu um empréstimo de $80 milhões que não é garantido pelos outros ativos da Plains (*nonrecourse project finance*). O empréstimo tem uma taxa de juros de 7%, que reflete as atuais condições de mercado para empréstimos desse tipo. A Plains investirá $10 milhões nesse projeto e o saldo será suprido por duas companhias de energia locais que são parte do consórcio que irá comprar a energia elétrica produzida.

  a. Qual é o WACC específico do projeto calculado com a utilização do valor contábil do endividamento e do capital próprio, como uma proporção do custo do projeto de $100 milhões? Considerando essa estimativa do WACC, qual é o valor do projeto?
  b. Reavalie o WACC específico do projeto utilizando sua estimativa do valor do projeto no item acima como base para seus pesos. Use esse WACC para reestimar o valor do projeto e, depois, recalcular os pesos para o WACC do *project finance* utilizando essa estimativa revisada do WACC. Repita esse processo até que o valor do projeto chegue a um valor estável. Qual é o valor do projeto? Qual é o WACC do *project finance*?
  c. Reavalie o WACC específico do projeto e o valor do projeto em que o contrato exija uma taxa de crescimento de 2,5% no fluxo de caixa livre do segundo ano de vida em diante.

5-7 WACC do projeto utilizando financiamento corporativo (*corporate finance*) No outono de 2008, a Pearson Electronics, fabricante de placas de circuito impresso usadas para uma grande variedade de aplicações, desde automóveis até máquinas de lavar, estava considerando a possibilidade de investir ou não em dois grandes projetos. O primeiro era uma nova fábrica, em Omaha, no Nebraska, que substituiria uma fábrica menor em Charleston, na Carolina do Sul. A construção da fábrica custaria $50 milhões e incorporaria os equipamentos de produção e montagem mais modernos disponíveis. O investimento alternativo envolvia a expansão da antiga fábrica de Charleston para que ela pudesse se igualar em capacidade à fábrica de Omaha, além da modernização do equipamento de manuseio, a um custo de $30 milhões. Considerando a localização da fábrica de Omaha, não seria possível modernizá-la totalmente devido a limitações de espaço. O resultado final, então, é que a alternativa de modernização de Charleston não consegue atingir o mesmo nível de despesas operacionais por unidade que a alternativa da nova e moderna fábrica de Omaha.

A analista financeira sênior da Pearson, Shirley Davies, fez extensas previsões dos fluxos de caixa para as duas alternativas, mas ficou em dúvida quanto à taxa, ou taxas, de desconto que deveria usar para avaliá-las. O WACC da empresa foi estimado em 9,12%, baseado em um custo de capital próprio estimado de 12%, e o custo de endividamento após impostos em 4,8%. Entretanto, esse cálculo reflete um índice de endividamento de 40% para a empresa, que ela acredita não ser realista para os investimentos das duas fábricas. Na realidade, conversações com o banco de investimento da empresa indicaram que a Pearson poderia tomar emprestado até $12 milhões para financiar a nova fábrica em Omaha, mas nada mais do que $5 milhões para financiar a modernização e expansão da fábrica de Charleston, sem colocar em risco a classificação de crédito atual. Apesar de não ficar completamente claro o que estava levando à diferença na capacidade de endividamento das duas fábricas, Shirley entendeu que um fator importante era o fato de que a fábrica de Omaha era mais eficiente em termos de custos e tinha a perspectiva de fluxos de caixa maiores.

a. Considerando que o banco de investimento esteja certo, use os pesos dos valores contábeis para estimar os custos de capital específicos do projeto para os dois projetos. (*Dica*: a única diferença nos cálculos do WACC se refere à capacidade de endividamento de cada projeto.)
b. Como sua análise dos WACCs específicos ao projeto seria afetada se o presidente da Pearson decidisse desalavancar a empresa ao utilizar o capital próprio para financiar a melhor das duas alternativas (isto é a nova fábrica de Omaha ou a expansão da fábrica de Charleston)?

5-8 WACC específico ao projeto utilizando *corporate finance* A Lampkin Manufacturing Company tem dois projetos. O primeiro, Projeto A, envolve a construção de um anexo às instalações fabris da empresa. A expansão da fábrica aumentará os custos operacionais fixos em $200.000.000 por ano e terá custos variáveis iguais a 20% das vendas. O Projeto B, por outro lado, envolve a terceirização da capacidade adicional necessária para uma empresa industrial especializada do Vale do Silício. O Projeto B tem custos fixos menores de apenas $50.000 por ano e, portanto, menos alavancagem operacional que o Projeto A, enquanto seus custos variáveis de cerca de 40% das vendas são mais altos. Finalmente, o Projeto A tem um custo inicial de $3,20 milhões, enquanto o Projeto B custará $3,4 milhões.

Quando surgiu a questão sobre quais taxas de desconto a empresa deveria usar para avaliar os dois projetos, o diretor financeiro de Lampkin, Paul Keown, chamou seu velho amigo Arthur Laux, que trabalha para o banco de investimento da empresa.

"Art, estamos tentando decidir qual dos dois grandes investimentos devemos realizar, e eu preciso de sua avaliação dos custos de capital e da capacidade de endividamento dos dois projetos. Já pedi que minha assistente lhe envie um e-mail com as descrições de cada um. Precisamos expandir a capacidade de nossa unidade fabril e esses dois projetos representam abordagens muito diferentes para realizar essa tarefa. O Projeto A envolve a tradicional expansão da fábrica, totalizando 3,2 milhões, enquanto o Projeto B conta com acordos de terceirização e terá um custo inicial um pouco maior, de 3,4 milhões, mas terá custos operacionais fixos menores a cada ano. O que eu quero saber é quanto endividamento podemos usar para financiar cada projeto sem colocar em risco nossa classificação de crédito. Eu entendo que isso é uma coisa muito subjetiva, mas sei que você tem analistas brilhantes que podem nos dar opiniões valiosas".

Resposta de Art:

"Paul, eu não tenho resposta às suas perguntas de imediato, mas pedirei que um de nossos analistas verifique e o informe até o final do dia".

No dia seguinte, Art deixou a seguinte mensagem para Paul:

"Paul, tenho sugestões para você com respeito à capacidade de endividamento de seus projetos e ao custo de capital atual para a Lampkin. Nosso pessoal acha que você poderia tomar emprestado $1.200.000 se fizer o projeto de expansão tradicional da fábrica (isto é o Projeto A). Se você optar pelo Projeto B, calculamos que você pode tomar emprestado até $2.400.000 sem sofrer fortes pressões das agências de classificação de crédito. Além disso, se as agências de crédito cooperarem como esperamos, podemos fazer a colocação no mercado dessa dívida para você a um custo de endividamento de 5%. Nossos analistas também fizeram um estudo do custo de capital próprio de sua empresa e estimam que seja de cerca de 10%. Ligue para mim se eu puder ajudar em algo mais".

a. Considerando que o banco de investimento da Lampkin esteja correto, utilize os pesos contábeis para calcular os custos de capital específico do projeto para os dois projetos. (*Dica*: a única diferença nos cálculos do WACC se refere às capacidades de endividamento para os dois projetos.)

b. Como sua análise do WACC específico ao projeto seria afetada se o presidente da Lampkin decidisse desalavancar a empresa utilizando capital próprio para financiar a melhor das duas alternativas (isto é Projeto A ou B)?

Parte **III**

Avaliação de um empreendimento

Estimar o valor de um empreendimento é uma tarefa desafiadora. Na Parte III, utilizamos uma combinação dos múltiplos baseados no mercado (Capítulo 6) e a metodologia FCD (Capítulo 7), desenvolvidas nos capítulos anteriores, para estimar o valor do empreendimento. No Capítulo 8, olhamos o problema da avaliação de empreendimentos da perspectiva de um investidor em capital privado. Isso inclui investidores de capital de risco que estão tentando negociar com um empreendedor a troca de capital por uma participação no negócio, assim como empresas de aquisição alavancadas (*Leveraged Buyout*) que usam considerável quantidade de empréstimos combinados com um capital próprio relativamente pequeno para adquirir unidades inteiras de negócios. Apesar de haver importantes diferenças entre todas essas abordagens, o princípio básico para cada uma delas é baseado na metodologia tradicional do FCD.

No Capítulo 9, mudamos bastante nosso foco e analisamos o fato de que, além de avaliar os projetos de investimento baseados na análise do

VPL, os gestores frequentemente analisam como um projeto de investimento proposto pode influenciar o lucro por ação divulgado de sua empresa. Discutimos por que os gestores recebem um incentivo para aumentar o lucro por ação em vez de criar valor de longo prazo, o que leva à discussão da avaliação de desempenho.

A grande discrepância entre a criação de valor no longo prazo e a evolução dos lucros por ação há tempos foi reconhecida pelos consultores que usam a lógica da análise do FCD para criar métodos de avaliar e recompensar os gerentes.

Capítulo 6
Avaliação relativa utilizando ativos comparáveis de mercado

> **Visão geral do capítulo**
>
> Neste capítulo, analisaremos a *avaliação relativa* ou avaliação utilizando *ativos comparáveis de mercado* – uma técnica que geralmente é usada para avaliar negócios, unidades de negócio e outros grandes investimentos. Introduzimos o uso de avaliação relativa no contexto de um problema de avaliação enfrentado por praticamente todos – a avaliação de imóveis residenciais. Apesar desse exemplo ser bastante simples, ele mostra os princípios básicos do uso da avaliação relativa. Os critérios de avaliação relativa são geralmente vistos como substitutos para a análise de fluxo de caixa descontado (FCD) que descrevemos nos capítulos anteriores. Como mostramos aqui, a abordagem do FCD pode ser vista como a base conceitual para a maioria dos critérios de avaliação relativa, e as duas abordagens devem ser vistas como complementares.

6.1 Introdução

A **avaliação relativa** usa os preços de mercado de transações já realizadas para atribuir valor a uma empresa ou oportunidade de negócio. Se você está pensando em vender sua casa, pode estimar o preço de venda considerando **ativos comparáveis de mercado**. Por exemplo, você pode chegar ao índice dos preços das vendas realizadas recentemente nas redondezas pela metragem das casas, para calcular o preço por metro quadrado e, então, multiplicar esse número pelo número de metros quadrados de sua casa, obtendo uma estimativa do valor pelo qual deveria vendê-la. Para investimentos que geram renda, os analistas consideram índices adicionais, que incluem valores de mercado relativos aos vários indicadores de lucro e fluxo de caixa, vendas ou o valor contábil de transações recentes.

Até agora, estimamos o valor de um investimento descontando fluxos de caixa, o que exige que o analista desenvolva uma projeção dos fluxos de caixa futuros esperados, bem como uma taxa de desconto apropriada. Como iremos mostrar neste capítulo, avaliar investimentos utilizando *ativos comparáveis de mercado* (ou *comps*) geralmente resolve esse mesmo problema utilizando informações diferentes. Geralmente, em vez de tentar calcular fluxos de caixa futuros, essa abordagem usa informações dos preços de mercado de transações comparáveis. A premissa básica que sustenta essa abordagem de avaliação é que as transações "comparáveis" devem ser realmente comparáveis ao investimento que está sendo avaliado.

Apesar da ciência por trás da avaliação relativa ser bastante fácil de compreender, para a aplicação bem-sucedida dessa metodologia de avaliação é necessária uma habilidade importante. Para ajudá-lo a desenvolver essa habilidade, organizamos o capítulo como segue: na Seção 6.2, introduzimos a avaliação relativa usando exemplos tanto de imóveis residenciais quanto comerciais. Aqui apresentamos os elementos essenciais do processo de avaliação de ativos comparáveis e demonstramos o vínculo entre os múltiplos da avaliação relativa e a avaliação de FCD. Na Seção 6.3, discutimos o uso de comparáveis para avaliar uma empresa completa ou um empreendimento. Aprendemos que um dos índices de avaliação mais populares é o índice do valor do empreendimento no EBITDA (lucro antes dos juros, impostos, depreciação e amortização). Na Seção 6.4, mostramos o uso do múltiplo preço/lucro para avaliar as ações ordinárias da empresa, que é, comprovadamente, o uso mais comum da avaliação relativa. A Seção 6.5 discute a avaliação do capital próprio da empresa quando suas ações são vendidas ao público pela primeira vez (isto é, uma oferta pública inicial). Na Seção 6.6, analisamos alguns problemas importantes que surgem do uso de avaliação relativa utilizando ativos comparáveis. Finalmente, a Seção 6.7 contém um resumo dos comentários.

6.2 Avaliação utilizando ativos comparáveis

A avaliação relativa utilizando ativos comparáveis envolve um processo de quatro passos. Para ilustrar os passos, considere a avaliação de um posto de gasolina em Tulsa, em Oklahoma.

Passo 1: *Identifique investimentos similares ou comparáveis e os preços de mercado para cada um deles.* Este é o passo mais crítico do processo; a qualidade da estimativa de valor depende de quão compatíveis as empresas comparáveis são em relação ao investimento que está sendo avaliado.

Exemplo: Nos últimos seis meses, dois outros postos de gasolina foram vendidos em Tulsa. Os preços de venda e outras informações relativas às vendas estão disponíveis para análise.

Passo 2: *Calcule uma "métrica de avaliação" para uso na avaliação do ativo.* Isso envolve a identificação de um atributo-chave do investimento em avaliação e sua divisão em preços de mercado dos ativos comparáveis para calcular um índice de avaliação. Exemplos de atributos que são comumente usados incluem o lucro por ação (quando se avaliam ações ordinárias), a metragem (quando se avalia uma casa ou um prédio) e o lucro antes dos juros, impostos, depreciação e amortização (quando se avalia um empreendimento comercial). Depois de calcular os índices de avaliação para os ativos comparáveis, tiramos a média para estimar o índice usado na avaliação do ativo.

Exemplo: A avaliação de negócios, como o posto de gasolina de Tulsa, geralmente usa um índice de avaliação baseado em alguma definição de receita. Para fins de ilustração, vamos usar as receitas operacionais e definir o índice de avaliação como o preço de venda ou de transação, dividido pelas receitas operacionais líquidas do posto. Temos a seguinte informação para os dois postos de gasolina que identificamos como ativos comparáveis:

Posto	Preço de venda	Receitas operacionais líquidas	Índice de avaliação
A	$ 900.000	$450.000	2
B	$ 1.200.000	$100.000	12
		Índice médio de avaliação	7

Passo 3: *Faça uma estimativa inicial de valor.* Multiplique o índice da avaliação (geralmente um conjunto de ativos comparáveis) pelo "atributo-chave" do investimento cujo valor está sendo estimado.

Exemplo: As receitas operacionais do posto de gasolina de Tulsa no último ano eram de $150.000. Aplicando o índice médio de avaliação de 7 a essas receitas, se produz um valor inicial estimado de $1.050.000.

Passo 4: *Ajuste ou adapte sua estimativa de avaliação inicial às características específicas do investimento.* Ao "ajustar a estimativa", analisamos e, se for necessário, adaptamos o índice de avaliação para refletir as peculiaridades do investimento que está sendo avaliado.

Exemplo: A primeira preocupação que temos sobre a estimativa inicial para o posto de gasolina de Tulsa se refere à excepcional disparidade nos índices de avaliação para as duas vendas comparáveis. Por que o Posto B vendeu por um múltiplo de 12 vezes as receitas operacionais, enquanto o Posto A teve um múltiplo de apenas 2? Neste momento queremos nos certificar que os números utilizados para chegar aos índices de avaliação comparáveis são razoáveis. Por exemplo, pode ser que o Posto B na verdade tenha gerado receitas operacionais de apenas $100.000 no ano da análise; entretanto, no ano da venda, as receitas operacionais caíram devido ao fechamento parcial de sua entrada principal por seis meses por causa de obras de melhoria na rua. Se normalizarmos as receitas operacionais da empresa, para refletir nossa estimativa de como teriam sido as receitas operacionais se não tivesse havido a obra, o Posto B teria tido receitas operacionais de $200.000. Com os números de receitas normalizados, o índice de avaliação para o Posto B teria sido de apenas 6 (não 12). Utilizando o índice de avaliação revisado para o Posto B e, assumindo que o Posto A não foi afetado da mesma maneira, temos uma avaliação média de 4,0 e uma estimativa de valor para o posto que está sendo analisado de apenas $600.000 (4,0 × $150.000), que é consideravelmente mais baixo do que a estimativa inicial.

Para obter uma visão adicional dos problemas que surgiram no exemplo de avaliação do posto de gasolina, incluímos dois exemplos de avaliação de imóveis. O primeiro indica a análise de uma residência e o segundo é um exemplo mais complicado, de imóvel comercial.

Avaliando imóveis residenciais utilizando ativos comparáveis

Qualquer pessoa que tenha vendido ou comprado uma casa por meio de uma imobiliária já vivenciou o uso da avaliação relativa baseada no método de comparáveis. A abordagem de avaliação padrão para imóveis residenciais é ver qual o preço por metro quadrado pelo qual propriedades semelhantes foram vendidas recentemente. Como o nosso exemplo de posto de gasolina, a avaliação de uma casa começa por transações de vendas comparáveis. Talvez a melhor maneira para se fazer uma análise das nuances dessa metodologia seja o uso de um exemplo simples.

Exemplo: Considere a avaliação de uma casa com uma área de 358,1 metros quadrados localizada em McGregor, no Texas (8 quilômetros a leste da fazenda do Presidente George W. Bush, em Crawford, no Texas). A casa tem apenas um ano, está situada em um terreno enorme e tem uma piscina. O proprietário estabeleceu um preço de venda de $385.000, mas mostrou disposição em ser flexível. Nosso problema é calcular por quanto a casa poderia ser vendida, considerando a informação de duas recentes transações na vizinhança.

A casa está localizada em uma área popular onde, recentemente, foram realizadas algumas vendas. O loteamento onde a casa está tem menos de cinco anos e, assim, todas as casas têm aproximadamente a mesma idade e as mesmas condições. Nos seis meses anteriores, foram efetuadas duas vendas na proximidade da casa. Seguem os detalhes dessas vendas:

	Comp # 1	Comp # 2
Preço de venda	$330.000	$323.000
Metragem	355,6	414,3
Preço de venda/m^2	$928,00	$779,60
Tempo no mercado	97 dias	32 dias

Podemos usar o preço de venda por metro quadrado para as duas *comps* a fim de calcular o valor da casa, multiplicando a área de 358,1 m^2 pelo preço de venda correspondente para as *comps*.

Avaliação utilizando comps	Comp #1	Comp #2	Comp #3
Preço de venda comparável por m^2	$928,0	$778,6	$853,8
Área da casa em avaliação	358,1	358,1	358,1
Valor estimado	$332.317	$279.175	$305.746

As estimativas de valor variam de $279.175, conforme o preço de venda da *Comp* #2, para $332.317, baseada no preço de venda da *Comp* #1. A média das duas estimativas de preço é $305.746.

Até agora, não levamos em consideração duas das características próprias da casa que estamos avaliando. Basicamente, ela está localizada em um terreno um pouco maior do que os lotes médios do loteamento, que podem valer de $15.000 a $20.000 a mais do que o lote médio. Além disso, a casa tem uma piscina nova, cuja construção custou $30.000.

Avaliação utilizando *comps*	Comp #1	Comp#2	Comp #3
Valor estimado	$332.317	$279.175	$305.746
Ajustes			
Mais lote Premium	20.000	20.000	20.000
Mais piscina	15.000	15.000	15.000
Valor estimado de mercado	$367.317	$314.175	$340.746

Para ajustar essas duas diferenças, adicionamos $20.000 pelo tamanho do lote, mais metade do custo de instalação da piscina, de $15.000. (Nem todo o mundo quer uma piscina e, geralmente, a piscina aumenta o preço da casa em metade de seu valor quando a casa é vendida.). Isso aumenta nosso valor médio estimado da casa para $340.746.

A casa vale $340.746? A resposta é um enfático *talvez*. A razão dessa hesitação é que sempre há intangíveis que influenciam o valor de uma casa (ou empresa) que não são capturados na precificação de propriedades semelhantes (*comps*). Por exemplo, não é raro que casas construídas em terrenos especiais tenham mais conforto ou características especiais. Apesar de não sabermos se esse é o caso, é importante considerar os atributos especiais da casa antes de chegar ao seu valor final estimado.

Esse simples exemplo de avaliação de casa ilustra três pontos-chave relativos ao uso do método de comparáveis.

- **Ponto nº 1:** *É indispensável a identificação de* comps *apropriadas.* A estimativa da avaliação é tão boa quanto o conjunto de comparáveis escolhidas para terminar o múltiplo da avaliação. Consequentemente, deve ser feito um esforço real para a identificação de comparáveis apropriadas.
- **Ponto nº 2:** *A estimativa inicial deve ser adaptada aos atributos específicos do investimento.* A estimativa inicial de valor é apenas o começo da análise. Mesmo comparáveis selecionadas cuidadosamente quase sempre são réplicas imperfeitas do investimento que está sendo analisado. Como resultado, o método de comparáveis requer que o analista faça algum ajuste. Nesse caso, podemos fazer ajustes nas diferenças conhecidas entre a casa que estamos avaliando e as casas comparáveis. Entretanto, mesmo depois que esse processo esteja concluído, há outras diferenças intangíveis que podem levar a diferenças de opinião quanto ao real valor da casa. Esses tipos de ajustes podem ser extremamente importantes quando um negócio ou um grande projeto de investimento está sendo avaliado.
- **Ponto nº 3:** *O indicador específico usado como base para a avaliação pode variar de uma aplicação para outra.* Em nossa avaliação de imóveis residenciais, por exemplo, usamos a metragem como a "característica" comparável, enquanto no exemplo do posto de gasolina usamos as receitas operacionais. Em geral, quando medidas confiáveis estão disponíveis, os analistas usam múltiplos de fluxos de caixa ou alguma medida de receita, mas, em outros casos, contam com medidas menos diretas do potencial de receita de um investimento. No caso de uma casa residencial, o proprietário recebe "benefícios" que podem ser vistos como os lucros que aufere da propriedade. Quando usamos a área como base para comparação das

casas (comparado com fluxos de caixa), estamos considerando que o fluxo de benefícios está diretamente relacionado ao tamanho da casa. Do mesmo modo, ao analisar empresas de TV a cabo, os analistas geralmente usam o número de assinantes como indicador-chave para a avaliação. O importante é que selecionemos um indicador de avaliação que esteja intimamente relacionado com a capacidade do investimento em gerar fluxos de caixa ou outros benefícios.

Avaliando imóveis comerciais

O exemplo de imóveis residenciais envolvendo a casa em McGregor, no Texas, deveria dar uma ideia de como usar a abordagem de mercado comparável. Agora, vamos considerar imóveis comerciais. Apesar de os imóveis comerciais serem avaliados com os mesmos múltiplos ou comparáveis que os residenciais, os analistas geralmente os avaliam por meio da análise de índices de fluxos de caixa, bem como preços por metro quadrado. Como mostramos abaixo, o múltiplo de avaliação de fluxos de caixa usado na prática tem uma relação direta com a abordagem do FCD que discutimos nos capítulos anteriores.

Índices de avaliação (múltiplos) e avaliação do FCD

Para mostrar a conexão entre a avaliação do FCD e a avaliação relativa, vamos considerar o problema de avaliar um fluxo de caixa perpétuo de $100 por ano, no qual a taxa usada para descontar os fluxos de caixa é 20%. No Capítulo 2, observamos que o valor presente desse feixe de fluxo de caixa é calculado como segue:[1]

$$\text{Valor} = \frac{\text{Fluxos de caixa}}{\text{Taxa de desconto } (k)} \quad (6.1)$$

Substituindo na Equação 6.1, estimamos o valor de $500, isto é:

$$\text{Valor} = \frac{\$100}{0{,}20} = \$500$$

Com uma leve adaptação dos termos, podemos expressar a avaliação do FCD como o produto do fluxo de caixa anual de $100 e um múltiplo, ou seja:

$$\text{Valor} = \$100 \times \left(\frac{1}{0{,}20}\right) = \$100 \times 5 = \$500$$

---

[1] Pode ser demonstrado que o valor presente de uma perpetuidade constante com fluxo de caixa periódico X e taxa de desconto k é igual a X/k. Esse resultado é bem conhecido em finanças e constitui a soma da seguinte progressão geométrica:

$$\sum_{t=1}^{\infty} \frac{X}{(1+k)^t} = X \sum_{t=1}^{\infty} \frac{1}{(1+k)^t} = X\left(\frac{1}{k}\right)$$

Essa expressão analítica tem uma base muito intuitiva. Pense na seguinte situação: você quer gerar um fluxo de caixa de X, todos os anos, para sempre, quanto teria que depositar no banco se a taxa de juros paga é k? A resposta é X/k, pois o juro que você ganhou a cada ano é $k(X/k)$ – exatamente X. Assim, investir um montante de X/k é equivalente a gerar um fluxo de caixa de X a cada ano, para sempre.

Nesse modelo reconhecemos que o multiplicador usado para avaliar a perpetuidade de $100 é (1/0,20) = 5. É comum, ao avaliar imóveis comerciais, definir o que conhecemos como capitalização ou taxa "*cap*". A **taxa de capitalização** é a recíproca do múltiplo usado para avaliar a propriedade. Nesse caso, a taxa *cap* é 1/5 = 0,20, que nesse exemplo (uma perpetuidade sem crescimento) é apenas a taxa de desconto. Entretanto, a *taxa cap* nem sempre é a taxa de desconto. Na verdade, é algo menor do que a taxa de desconto, quando se espera que os fluxos de caixa cresçam, e supera a taxa de desconto quando se tem a expectativa que os fluxos de caixa encolham e se reduzam com o tempo.

Para ilustrar como a taxa *cap* pode se diferenciar da taxa de desconto, vamos analisar o caso no qual o fluxo de caixa de $100 cresce a uma taxa de 5% por ano, para sempre, e a taxa de desconto é de 20%. Lembre-se, conforme nossas discussões anteriores nos Capítulos 2 e 4, que a fórmula da avaliação do FCD para essa situação (Equação 6.2) é conhecida como o **modelo de crescimento de Gordon**. Isto é,[2]

$$\text{Valor} = \frac{\text{Fluxo de caixa}_0 \,[1 + \text{Taxa de crescimento } (g)]}{\text{Taxa de desconto } (k) - \text{Taxa de crescimento } (g)} \quad (6.2)$$

Substituindo na Equação 6.2 produz uma estimativa de valor igual a $700, isto é:

$$\text{Valor} = \frac{\$100 \,(1 + 0,05)}{0,20 - 0,05} = \$700$$

Mais uma vez podemos repetir a fórmula de FCD acima em termos de múltiplos de fluxos de caixa da empresa, isto é:

$$\text{Valor} = \text{Fluxo de caixa}_0 \times \left(\frac{[1 + \text{Taxa de crescimento } (g)]}{\text{Taxa de desconto } (k) \, 2 \, \text{Taxa de crescimento } (g)} \right) \quad (6.3)$$

Onde o termo entre parênteses é o múltiplo da avaliação que reflete um crescente feixe de fluxos de caixa. Mais uma vez, substituindo na Equação 6.3, temos o seguinte:

$$\text{Valor} = \$100 \times \left(\frac{1 + 0,05}{0,20 - 0,05} \right) = \$100 \times 7 = \$700$$

---

[2] Você vai lembrar que o modelo de crescimento Gordon é simplesmente a soma da seguinte progressão geométrica, conforme analisamos no Capítulo 2:

$$\sum_{t=1}^{\infty} \frac{X_0 \,(1+g)^t}{(1+k)^t} = X_0 \sum_{t=1}^{\infty} \frac{(1+g)^t}{(1+k)^t}$$

que pode ser reduzido para

$$X_0 \left(\frac{1+g}{k-g} \right) \text{ ou } X_1 \left(\frac{1}{k-g} \right)$$

onde $k > g$ e X é igual a $X_0 (1 + g)$.

O múltiplo de avaliação nesse exemplo é igual ao quociente de 1 mais a taxa de crescimento em fluxos de caixa futuros, dividido pela diferença entre a taxa de desconto e a taxa de crescimento esperado em fluxos de caixa futuros. No exemplo da perpetuidade com crescimento calculada acima, o múltiplo de avaliação é 7. Como o múltiplo é igual a 7, a taxa *cap* é 1/7 ou 14,29%, que é menos do que a taxa de desconto de 20%.

Utilizando a taxa *cap*, avaliamos o fluxo de caixa crescente "como se fosse uma perpetuidade constante" como segue:

$$\text{Valor} = \text{Fluxo de caixa}_0 \times \left(\frac{[1 + \text{Taxa de crescimento }(g)]}{\text{Taxa de desconto }(k) - \text{taxa de crescimento }(g)} \right)$$

$$= \text{Fluxo de caixa}_0 \left(\frac{1}{\text{Taxa } cap} \right) = \$100 \times \left(\frac{1}{0,1429} \right) = \$700$$

A diferença entre a taxa de desconto e a taxa de capitalização aumenta com a taxa de crescimento dos fluxos de caixa futuros. A Tabela 6-1 mostra esta situação: a Planilha *a* inclui os múltiplos de avaliação que correspondem às taxas de desconto, que variam de 5% a 22,5%, e as taxas de crescimento, que variam de 0 a 5%.[3] Observe que as taxas de desconto e de capitalização são iguais somente quando há um crescimento esperado de zero nos fluxos de caixa futuros (como vimos na primeira coluna). Além disso, enquanto a taxa de crescimento aumenta, a diferença entre a taxa *cap* e a taxa de desconto se amplia. Na realidade, a taxa *cap* é aproximadamente igual à diferença entre a taxa de desconto (k) e a taxa de crescimento (g), mas não exatamente, pois a taxa de crescimento também aparece no numerador do múltiplo de avaliação, isto é, $(1 + g)/(k - g)$.[4]

Exemplo de um prédio de escritórios

Para demonstrar a avaliação de um investimento com múltiplos de mercado, vamos considerar um prédio de escritórios que está gerando fluxos de caixa de $3 milhões por ano no momento. Para avaliar o prédio utilizando a abordagem de FCD, você precisa estimar tanto as taxas de crescimento esperadas (g) quanto a taxa de desconto apropriada (k), sendo que nenhuma das duas é facilmente observável. Em

---

[3] Incluimos apenas um caso onde a taxa de desconto de 5% é igual à taxa de crescimento de 5%. Nesse caso, e sempre que a taxa de crescimento superar a taxa de desconto, o modelo de Gordon "explode" e indica um valor infinito para a oportunidade de investimento. O modelo de Gordon não pode ser aplicado, pois a taxa de crescimento nos fluxos de caixa superaria os efeitos dos descontos. Obviamente, isso faz pouco sentido econômico. Na prática, enquanto as taxas de crescimento podem superar as taxas de desconto por certos períodos de crescimento muito altos, nunca serão maiores do que as taxas de desconto em base permanente, pois tal taxa de crescimento não é sustentável. O investimento atrairia novo capital e a concorrência entre novos participantes levaria as margens de lucro para baixo e, consequentemente, as taxas de crescimento nos fluxos de caixa.

[4] Também é comum definir o modelo de crescimento de Gordon utilizando o fluxo de caixa projetado para o final do primeiro período (isto é Fluxo de caixa$_1$ = Fluxo de caixa$_0$ $[1 + g]$ quando o múltiplo de avaliação se torna $\left[\frac{1}{k - g} \right]$ e as taxas de capitalização ou *cap* são iguais a $[k - g]$).

Tabela 6-1 Taxas de capitalização, taxas de desconto, taxas de crescimento e múltiplos de avaliação

Planilha a. Múltiplo de avaliação $= \left(\dfrac{1+g}{k-g}\right)$

Taxas de desconto (k)	Taxas de crescimento (g)					
	0%	1%	2%	3%	4%	5%
5,0%	20,00	25,25	34,00	51,50	104,00	infinito
7,5%	13,33	15,54	18,55	22,89	29,71	42,00
10,0%	10,00	11,22	12,75	14,71	17,33	21,00
12,5%	8,00	8,78	9,71	10,84	12,24	14,00
15,0%	6,67	7,21	7,85	8,58	9,45	10,50
17,5%	5,71	6,12	6,58	7,10	7,70	8,40
20,0%	5,00	5,32	5,67	6,06	6,50	7,00
22,5%	4,44	4,70	4,98	5,28	5,62	6,00

Planilha b. Taxa de capitalização implícita $= 1 \Big/ \left(\dfrac{1+g}{k-g}\right) = \left(\dfrac{k-g}{1+g}\right)$

Taxas de desconto (k)	Taxas de crescimento (g)					
	0%	1%	2%	3%	4%	5%
5,0%	5,00%	3,96%	2,94%	1,94%	0,96%	NM
7,5%	7,50%	6,44%	5,39%	4,37%	3,37%	2,38%
10,0%	10,00%	8,91%	7,84%	6,80%	5,77%	4,76%
12,5%	12,50%	11,39%	10,29%	9,22%	8,17%	7,14%
15,0%	15,00%	13,86%	12,75%	11,65%	10,58%	9,52%
17,5%	17,50%	16,34%	15,20%	14,08%	12,98%	11,90%
20,0%	20,00%	18,81%	17,65%	16,50%	15,38%	14,29%
22,5%	22,50%	21,29%	20,10%	18,93%	17,79%	16,67%

NS = não significativo

contrapartida, a abordagem dos múltiplos do fluxo de caixa exige apenas uma informação, que pode ser inferida de transações anteriores. Por exemplo, se um prédio de escritórios semelhante que gerava $4 milhões por ano foi vendido recentemente por $40 milhões, poderíamos dizer que o múltiplo de mercado é 10 e que a taxa *cap* é 10%. Se o prédio em questão é realmente comparável, você pode dizer que seu valor é $3 milhões vezes 10, ou $30 milhões. Esse é um exercício simples no caso dos prédios serem realmente comparáveis. O desafio está na determinação da extensão em que os prédios são comparáveis e também em definir como suas diferenças podem influenciar os múltiplos apropriados.

Avaliação quando os prédios não são idênticos Na prática, dois investimentos nunca são idênticos. Por isso você precisa avaliar em que extensão essas diferenças afetam os múltiplos de avaliação. Para ver como as pequenas diferenças entre os *comps* e o investimento que está sendo avaliado podem ser muito importantes, considere a avaliação dos dois prédios de escritórios descritos abaixo:

	Por metro quadrado		Total	
	Prédio A	Prédio B	Prédio A	Prédio B
Tamanho do prédio	–	–	5.000 m^2	5.000 m^2
Aluguel	$ 300,00/m^2	$ 210,00/m^2	$ 1.500.000	$ 1.500.000
Manutenção	(100,00)/m^2	(100,00)/m^2	(500.000)	(500.000)
Lucro operacional líquido	$ 200,00/m^2	$ 110,00/m^2	$ 1.000.000	$ 550.000
Informação sobre preços de venda				
Múltiplo de vendas para LOL	10/m^2	?/m^2	10	?
Taxa *cap* = 1/múltiplo de vendas	10%/m^2	?/m^2	10%	?
Valor estimado da propriedade	$ 82.000/m^2	?/m^2	$ 10.000.000	?

O Prédio A foi vendido por $2000 por metro quadrado ou $10.000.000, o que reflete um múltiplo de vendas de 10 vezes o lucro operacional líquido anual de $1.000.000 do prédio (LOL) e uma taxa de capitalização de 10%. Os dois prédios são idênticos em tamanho (5.000 metros quadrados) e nos custos de manutenção ($100 por metro quadrado ou $500.000 por ano), mas há uma diferença muito importante. As taxas de aluguel ($300 *versus* $210 por metro quadrado) são muito desiguais, refletindo suas diferentes localizações. Diferentemente do Prédio B, o Prédio A está no coração do distrito comercial, no centro da cidade. Entretanto, os fatores econômicos locais que determinam as taxas de aluguel afetam os dois prédios de maneira similar. Assim, as receitas de aluguel de cada prédio são semelhantes no que se refere a *risco e taxas de crescimento esperadas*. Essa é uma importante premissa que iremos utilizar mais tarde.

Os dois prédios e seus custos operacionais são praticamente idênticos. Como os inquilinos pagam suas próprias contas de luz e gás e despesas operacionais diárias, o custo de manutenção do proprietário do prédio não varia com o tempo ou com a oscilação na ocupação e nas taxas de aluguel. É tentador simplesmente adotar o múltiplo LOL do Prédio A (de 10) ao Prédio B, o que produziria uma valoração de $1.100 por metro quadrado ou $5.500.000 pelo prédio. Mas essa avaliação é correta? O Prédio B deveria ser vendido pelo mesmo múltiplo e, consequentemente, ter a mesma taxa *cap* do Prédio A?

À primeira vista parece que os dois prédios são muito similares; eles têm o mesmo tamanho, suas receitas de aluguel são determinadas pelas mesmas flutuações econômicas locais e ambos têm os mesmos custos de manutenção. Porém, como veremos agora, as localizações diferentes e o impacto dessas localizações nos valores dos aluguéis têm um efeito significativo nas características de riscos operacionais dos dois prédios. Basicamente, como os aluguéis (receitas) são menores para o Prédio B, ele tem maior **alavancagem operacional**, o que significa que seus fluxos de caixa são mais sensíveis a mudanças nas receitas. Como resultado, os riscos e as taxas de crescimento dos fluxos de caixa dos dois prédios não são iguais, o que, por sua vez, significa que eles deveriam ser vendidos por múltiplos diferentes de seus fluxos de caixa.

Alavancagem operacional e risco do investimento Para entender as diferenças na alavancagem operacional entre os dois prédios, observe que o Prédio A é alugado por $300 por metro quadrado e tem um custo de manutenção de $100 por metro quadrado, enquanto o Prédio B está mais perto do equilíbrio, é alugado por apenas $210 por metro quadrado e tem o mesmo custo de manutenção de $100 por metro quadrado que o Prédio A. Isso significa que o Prédio A tem custos fixos maiores em relação às receitas, o que significa que ele tem uma alavancagem operacional significativamente maior do que o Prédio B. Para mostrar como a alavancagem operacional afeta o risco, veja o que acontece ao LOL para o Prédio A quando suas receitas de aluguel aumentam ou diminuem em 20%:

	Prédio A		
Alteração % nas receitas	−20%	0%	20%
Receitas	$1.200.000	$1.500.000	$1.800.000
Manutenção (custo fixo)	(500.000)	(500.000)	(500.000)
Lucro operacional líquido	$700.000	$1.000.000	$1.300.000
Alteração % nas receitas	−20%	0%	20%
Alteração % no LOL	−30%	0%	30%

Uma redução de 20% nas receitas resulta em uma queda de 30% no LOL do Prédio A. Da mesma forma, quando as receitas crescem em torno de 20%, o LOL do Prédio A aumenta cerca de 30%. Essa dinâmica reflete o fato de que, para o Prédio A, o índice de alteração percentual no LOL, dividido pela alteração percentual nas receitas, é de 1,5. Observe, entretanto, que esse relacionamento especial entre a alteração percentual nos ganhos e receitas não é constante para um investimento particular, mas varia conforme o nível das receitas e LOL da empresa. De fato, quanto mais perto do equilíbrio estiver o nível de receitas (isto é, LOL igual a zero), maior será o múltiplo. As alterações percentuais no LOL são maiores do que as correspondentes alterações percentuais em receitas porque os custos de manutenção dos prédios não crescem proporcionalmente com as receitas. Nesse caso em particular, os custos de manutenção não se alteram quando as receitas aumentam ou diminuem.

	Prédio B		
Alteração % nas receitas	−20%	0%	20%
Receitas	$840.000	$1.050.000	$1.260.000
Manutenção (custo fixo)	(500.000)	(500.000)	(500.000)
Lucro operacional líquida	$340.000	$550.000	$760.000
Alteração % nas receitas	−20,00%	0,00%	20,00%
Alteração % no LOL	−38,18%	0,00%	38,18%

Agora vamos examinar a relação entre as receitas e o LOL para o Prédio B: uma redução de 20% em receitas leva a uma redução de 30% em seu LOL. Quando as receitas aumentam cerca de 20%, o LOL aumenta em torno de 30%. Por conseguinte, a receita operacional do Prédio B é mais sensível a alterações em receitas de aluguel do que a do Prédio A. Resumindo, o Prédio B tem uma alavancagem operacional mais alta do que o Prédio A e, como resultado, esperamos que sua receita operacional seja mais volátil em resposta às alterações em receitas de aluguel.

Investigando os determinantes dos fluxos de caixa Apesar de termos concordado que os dois prédios *não* são perfeitamente comparáveis, ainda assim é possível fazer uma análise comparável adaptada para avaliar o Prédio A, baseada no preço de venda do Prédio B. Para fazer isso, precisamos primeiro ter uma melhor percepção do que determina o valor dos dois prédios, aprofundando-nos um pouco mais nos determinantes de seus fluxos de caixa. Basicamente, podemos decompor o LOL de cada prédio em receitas de aluguel e custos de manutenção. Além disso, podemos também pensar em diferentes *multiplicadores de receitas* e *multiplicadores de custos de manutenção* em vez de um multiplicador LOL composto. Essa decomposição nos ajuda a analisar como cada componente do LOL influencia os valores dos dois prédios. A Equação 6.4 define o valor do prédio baseado no LOL enquanto diferença entre o valor das receitas de aluguel do prédio e o valor dos custos de manutenção:

$$\text{Valor do prédio} = \left(\text{LOL} \times \frac{\text{Múltiplo}}{\text{LOL}} \right) = \left(\text{Receitas de aluguel} \times \text{Múltiplo receita} \right)$$
$$- \left(\text{Custos de Manutenção} \times \text{Múltiplo de manutenção} \right) \quad (6.4a)$$

ou, utilizando taxas de capitalização:

$$\text{Valor do prédio} = \left(\frac{\text{LOL}}{\text{Taxa } cap \text{ LOL}} \right) = \left(\frac{\text{Receitas de aluguel}}{\text{Taxa } cap \text{ das receitas}} \right)$$
$$- \left(\frac{\text{Custos de manutenção}}{\text{Taxa } cap \text{ de manutenção}} \right) \quad (6.4b)$$

Usamos a formulação taxa-*cap* e assumimos que as taxas aplicáveis à manutenção e às receitas do Prédio A também são apropriadas para o Prédio B. Como os dois prédios têm o mesmo custo de manutenção, parece razoável utilizar taxas *cap* idênticas para esse item. Além disso, como consideramos que as receitas de aluguel para cada prédio são similares, tanto em termos de crescimento quanto de risco, é possível aplicar uma única taxa *cap* de receita para os arrendamentos dos dois prédios.

Se a proporção de aluguel para as despesas fosse a mesma para os dois prédios (resultando em alavancagem operacional idêntica), então essas premissas significariam que as taxas *cap* para cada prédio também seriam idênticas. Entretanto, como iremos mostrar, quando dois prédios se diferenciam em sua alavancagem operacional, geralmente vão se diferenciar nas taxas *cap* totais. O método de decomposição que mostramos aqui permite ao analista comparar prédios que diferem apenas em suas alavancagens operacionais. Se os Prédios A e B diferirem em outras características é necessária uma análise adicional.

Como consideramos que os custos de manutenção são fixos, eles são mais fáceis de avaliar e são um ponto de partida lógico de nossa análise. Lembre que a taxa *cap* e a taxa de desconto são as mesmas para o caso de uma perpetuidade. Consideramos que a taxa de desconto (e a taxa *cap*) para manutenção, que se considera como certa, é a taxa de juros passiva associada ao Prédio A, que é de 8%. Assim, podemos calcular o valor dos custos de manutenção do Prédio A utilizando a Equação 6.1, como segue:

$$\text{Valor dos custos de manutenção do Prédio A} = \frac{\$500.000}{0,08} = \$6.250.000$$

Considerando o valor de $10.000.000 do Prédio A e a estimativa do valor de seus custos de manutenção acima, o valor das receitas do prédio deve ser igual a $16.250.000. Essa quantia é o valor do prédio mais os custos de manutenção. Isso significa uma taxa de capitalização para as receitas de aluguel anual do Prédio A de 9,23% após arredondamento (pois $1.500.000/0,0923 = $16.250.000).

Agora utilizamos as taxas de capitalização do Prédio A para avaliar o Prédio B. Basicamente, iremos usar a taxa *cap* de 9,23% inferida da avaliação das receitas do Prédio A para avaliar as receitas do Prédio B, como segue:

$$\frac{\$1.050.000}{0,0923076} = \$11.375.000$$

Além disso, utilizamos a taxa *cap* dos custos de manutenção do Prédio A para avaliar os custos do Prédio B, como segue:

$$\frac{\$500.000}{0,08} = \$6.250.000$$

O resultado da avaliação do Prédio B é $5.125.000 (que é calculado como $11.375.000 − $6.250.000). Os detalhes de nossa análise do Prédio B estão resumidos na próxima página:

	Por metro quadrado		Total	
	Prédio A	Prédio B	Prédio A	Prédio B
Taxa de empréstimo	8%	8%	8%	8%
Valor dos custos de manutenção	(1.250,00)	(1.250,00)	(6.250.000)	(6.250.000)
Valor de receita implícito	$3.250,00	$2.275,00	$16.250.000	$11.375.000
Múltiplo da receita implícito	10,833	10,833	10,833	10,833
Taxa *cap* da receita implícita	9,23%	9,23%	9,23%	9,23%
Valor da propriedade	$2.000,00	$1.025,00	$10.000.000	$5.125.000
Múltiplo do LOL implícito	10,000	9,318	10,000	9,318
Taxa *cap* do LOL implícito	10,0%	10,732%	10,0%	10,732%

Baseado nessa análise, estimamos que o Prédio B, na realidade, vale apenas $5.125.000 em vez do valor estimado anteriormente de $5.500.000, que havia sido baseado em aplicações mais simplistas de múltiplos. O valor mais baixo reflete o fato de que o Prédio B tem mais alavancagem operacional, sendo, portanto, mais arriscado, o que, por sua vez, significa que ele deve ter uma taxa *cap* maior.

Principais pontos de aprendizagem Podemos inferir dois pontos de aprendizagem importantes do exercício de avaliação dos imóveis comerciais, que podem ser generalizados para quase todos os investimentos. O primeiro ponto é que os investimentos que parecem muito semelhantes à primeira vista podem gerar fluxos de caixa com taxas de risco e crescimento muito diferentes e, portanto devem ser vendidos por múltiplos diferentes. Como vemos nesse exemplo, a alavancagem operacional é um determinante importante de valor e deve ser considerada ao se escolher ativos comparáveis. E, quando a alavancagem operacional é diferente, é importante adaptar os comparáveis a essas diferenças. Finalmente, o exemplo mostra a importância de tomar muito cuidado e utilizar maneiras criativas para aplicar apropriadamente o método de ativos comparáveis. É muito tentador considerar que, como o uso de ativos comparáveis como uma ferramenta de avaliação parece ser muito simples, a análise é simples. O fato é que a avaliação, utilizando ativos comparáveis, exige a mesma inteligência e o mesmo cuidado que a análise de fluxo de caixa descontado.

6.3 Avaliação de empreendimentos utilizando múltiplos EBITDA

A abordagem mais popular usada por profissionais de negócios para estimar o valor de uma empresa envolve o uso de um múltiplo de uma conta de lucro contábil geralmente chamado de **EBITDA**, que se refere ao lucro antes de juros, impostos, depreciação e amortização. Os analistas geralmente veem o EBITDA como uma medida rudimentar de um fluxo de caixa da empresa e, por isso enxergam os múltiplos da EBITDA como muito parecidos com os múltiplos dos fluxos de caixa usados no setor imobiliário. Como a nossa discussão nesta seção irá mostrar, essa analogia nem sempre é boa.

Valor do empreendimento *versus* valor da empresa

Você vai lembrar, conforme nossa discussão sobre o custo de capital da empresa no Capítulo 4, que o valor de empreendimento de uma empresa é definido como a soma dos valores do endividamento oneroso da empresa e do seu capital próprio, menos o caixa da empresa na data da avaliação. Por exemplo, em agosto de 2005, a Airgas, Inc. (ARG)[5] tinha um valor de empreendimento de $2,96 bilhões, consistindo nos seguintes componentes:

Elementos do balanço patrimonial da empresa	Valores
Endividamento não oneroso	$ 669.056.000
Endividamento oneroso (curto e longo prazo)	808.635.000
Ações ordinárias (valor de mercado = preço por ação × ações em circulação)	2.180.000.000
Valor da empresa	$ 3.657.691.000
Menos: endividamento não oneroso	(669.056.000)
Menos: caixa e equivalentes	(32.640.000)
Igual: valor do empreendimento	$ 2.955.995.000

Podemos calcular o valor patrimonial da Airgas, Inc. a partir do valor do empreendimento, como segue:

$$\text{Capital Próprio} = \text{Valor do empreendimento} - (\text{endividamento oneroso} - \text{caixa}) \quad (6.5a)$$

$$= \text{valor do empreendimento} - \text{endividamento líquido}$$

$$\$2,18 \text{ bilhões} = \$2,96 \text{ bilhões} - 0,78 \text{ bilhões} \quad (6.5b)$$

onde o termo *endividamento líquido* refere-se a passivos onerosos da empresa, sobre os quais incidem juros, menos o caixa.

O múltiplo EBITDA da Airgas

Para calcular o múltiplo EBITDA da Airgas, resolvemos a seguinte equação:

$$\text{Valor do empreendimento}_{\text{Airgas 2005}} = \text{EBITDA}_{\text{Airgas 2005}} \times \frac{\text{Múltiplo}}{\text{EBITDA}} \quad (6.6)$$

Por exemplo, em 1º de agosto de 2005 o EBITDA da Airgas era de $340 milhões e seu valor de empreendimento era $2.955.995.000; isso resulta em um múltiplo EBITDA para a Airgas de 8,69. Na próxima seção, veremos como o múltiplo EBITDA da Airgas, junto com os múltiplos de empresas similares, pode ser usado para avaliar uma empresa de capital fechado.

---

[5] A Airgas, Inc. e suas subsidiárias distribuem nos Estados Unidos produtos industriais, médicos, gases, soldas especiais e equipamentos relacionados.

Exemplo – Avaliando uma empresa de capital fechado

Para investigar o uso de um múltiplo EBITDA, consideramos a avaliação da Helix Corporation, uma empresa fechada que opera em Phoenix, no Arizona, que é uma potencial candidata à aquisição. Como é uma empresa de capital fechado, um comprador em potencial não pode saber seu valor de mercado. Entretanto, o comprador pode usar empresas similares que *são* negociadas publicamente para inferir um valor à Helix utilizando o índice de avaliação EBITDA apropriado.

Primeiro, identificamos empresas comparáveis das quais podemos calcular um múltiplo EBITDA apropriado e depois aplicar esse múltiplo ao EBITDA da Helix, chegando a uma estimativa inicial do valor do empreendimento da empresa.[6] O segundo passo no processo envolve refinar nossas estimativas do múltiplo EBITDA e do EBITDA da empresa. Esse passo é uma cuidadosa avaliação dos elementos básicos da avaliação (EBITDA ou múltiplo EBITDA ou índice de avaliação) a fim de adaptar a análise à empresa que está sendo avaliada. Nas próximas páginas analisaremos cada passo da análise.

Inicialmente observamos que a Helix é uma fornecedora regional de gases especiais, incluindo nitrogênio, oxigênio, argônio, gás acetileno, óxido de carbono, óxido nitroso, hidrogênio, gases de soldagem e misturas puras e comuns. Identificamos quatro empresas de âmbito nacional que são as principais concorrentes da Helix. Elas são Air Products (APD), Airgas (ARG), PRAXAIR (PX) e Applied Industrial Technologies (AIT). Consequentemente, começamos por identificar os múltiplos EBITDA para essas empresas.

A Tabela 6-2, que descreve as informações financeiras das quatro empresas de capital aberto que estão envolvidas na mesma área de negócios que a Helix, revela que o múltiplo EBITDA médio para empresas comparáveis é 10,48. Se a Helix espera lucrar $10 milhões em EBITDA este ano, nossa estimativa inicial do valor de empreendimento da empresa é $10 milhões × 10,48 = $104,8 milhões. A Helix tem um saldo de caixa de $2,4 milhões e um endividamento oneroso totalizando $21 milhões. Consequentemente, estimamos o valor do capital da Helix em $86,2 milhões.

Tabela 6-2 Múltiplos EBITDA de empresas comparáveis para Helix Corporation

($ milhões)	Air Products	Praxair, Inc.	Applied Industrial Technologies, Inc	Airgas	Média
Enterprise value	$16.100	$19.450	$10.800	$29.560	
EBITDA	1.390	1.810	99	340	
EBITDA multiple	11,58	10,75	10,91	8,69	10,48

---

[6] Estamos considerando que o EBITDA da Helix para o ano recém acabado é conhecido. Esse seria o caso se a Helix e a Airgas tivessem entrado em negociação.

Tabela 6-3 EBITDA e fluxo de caixa

Comparando os cálculos de FCLE e EBITDA		Diferença
Fluxo de caixa livre para a empresa	EBITDA	FCLE − EBITDA
LAJIR (Lucro antes dos juros e impostos)	(LAJIR)	0
Menos: impostos = T × LAJIR	–	−T × LAJIR
Mais: depreciação e amortização	Mais: depreciação e amortização	0
Menos: investimentos de capital (CAPEX)	–	− CAPEX
Menos: alteração no capital de giro líquido (CGL)	–	− CGL
Soma: FCLE	EBITDA	− T × LAJIR − CAPEX − CGL

Exatamente como fizemos antes com nossos exercícios de avaliação de bens imobiliários, agora passamos para a segunda fase do processo de avaliação, que diz respeito à adaptação da análise para o caso da Helix. Em outras palavras, consideramos a necessidade de fazer ajustes tanto ao EBITDA quanto ao múltiplo EBITDA usado no Passo 1. Para termos uma visão dos problemas que surgem no segundo passo do processo de avaliação, primeiro precisamos fazer uma pausa e revisar a relação entre o EBITDA e o fluxo de caixa livre.

EBITDA e fluxo de caixa livre para a empresa

Quando iniciamos nossa discussão sobre a abordagem do EBITDA da avaliação do empreendimento, observamos que os analistas geralmente consideram o EBITDA como uma estimativa grosseira de fluxo de caixa. Tecnicamente, apesar das duas medidas serem relacionadas, o EBITDA não é o mesmo que fluxo de caixa livre para a empresa (FCLE). A Tabela 6-3 mostra a diferença entre o EBITDA e o fluxo de caixa livre de um projeto ou empresa, que pode nos ajudar a entender quando a abordagem de avaliação EBITDA funciona ou não. Ela mostra que o EBITDA está aquém das expectativas do fluxo de caixa livre da empresa no valor equivalente ao total da parte inferior da coluna na extrema direita da Tabela 6-3. Basicamente, o EBITDA é uma medida antes dos impostos, não inclui dispêndios para novos bens de capital (CAPEX) e não considera alterações em capital de giro (CGL).

EBITDA	$10.000.000
Valor do empreendimento = 10,48 × $10.000.000	104.800.000
Mais: caixa	2.400.000
Menos: endividamento oneroso	(21.000.000)
Valor patrimonial	$86.200.000

Resumindo a Figura 6-1, vemos que todos os itens relacionados fazem o EBITDA superar o FCLE.

$$EBITDA = FCLE + (T \times LAJIR + CAPEX + CGL) \quad (6.7a)$$

Do mesmo modo, resolvendo para FCLE,

$$FCLE = EBITDA - (T \times LAJIR + CAPEX + CGL) \quad (6.7b)$$

Essa última expressão mostra que o FCLE geralmente é mais volátil do que o EBITDA. A razão é que o FCLE inclui o interesse por novos investimentos em bens de capital (CAPEX) e capital de giro líquido, que são arbitrários de diversas maneiras[7] e variam ao longo do ciclo do negócio, aumentando nas épocas boas e encolhendo nas épocas más. Assim, na época em são feitos grandes investimentos, o EBITDA supera significativamente o fluxo de caixa livre da empresa, e vice versa.

Por que usar múltiplos EBITDA em vez de múltiplos de fluxo de caixa?

Apesar de o EBITDA proporcionar uma estimativa rudimentar de fluxos de caixa de uma empresa, ele fornece uma medida relativamente boa dos fluxos de caixa antes de impostos que são gerados pelos ativos existentes da empresa. Para ver isso, reexamine a Equação 6.6 e considere que a empresa não irá pagar impostos e não irá investir e crescer. Dessa forma, como a empresa não irá crescer, também não irá experimentar nenhuma mudança no capital de giro. Com essas premissas, o FCLE será igual ao EBITDA, como podemos ver na Equação 6.7b. Podemos avaliar esses fluxos de caixa utilizando o modelo de crescimento de Gordon (Equação 6.2), mas temos que reconhecer que, sem novos investimentos, os fluxos de caixa dos negócios existentes da empresa devem diminuir com o tempo, à medida que os concorrentes entram no mercado da empresa e suas instalações e equipamentos vão se tornando obsoletos.

Lembre-se, entretanto, de que, como o EBITDA avalia apenas os lucros dos ativos que já estão operando, ele ignora o valor dos novos investimentos da empresa. Isso, claramente, é uma desvantagem dessa ferramenta de avaliação. Pode-se pensar que seria melhor avaliar o potencial de receitas de toda a empresa utilizando um múltiplo FCLE do que avaliar apenas seus ativos usando um múltiplo EBITDA. Entretanto, como observamos anteriormente, para a maioria das empresas, o FCLE é muito volátil, pois reflete dispêndios arbitrários para investimento de capital e para capital de giro que podem mudar drasticamente a cada ano. Na realidade, o FCLE geralmente é negativo, pois os investimentos de capital geralmente superam o capital gerado internamente. Como resultado, os múltiplos FCLE não são tão confiáveis como os múltiplos baseados no EBITDA e, por essa razão, não são tão usados na prática.

---

[7] Por exemplo, na medida em que os investimentos de capital podem ser adiados ou antecipados, e as condições de crédito permitem alguma liberdade de ação às empresas sobre quando pagar pelos créditos a curto prazo, esses dispêndios estão sob o controle dos gestores.

Pode-se questionar, entretanto, se é lógico simplesmente ignorar os investimentos de capital da empresa, o que está implicitamente sendo feito no cálculo do EBITDA.[8] A resposta é que podemos ignorar dispêndios de capital se acreditarmos que os investimentos da empresa têm, em média, valor presente líquido igual a zero. No entanto, enquanto isso pode ser uma premissa razoável para muitas empresas maduras, certamente não queremos ignorar oportunidades de crescimento que têm VPLs positivos. Considerando isso, em qualquer avaliação que utilize múltiplos de EBITDA, é importante levar em consideração as diferenças entre o valor das oportunidades de crescimento da empresa que está sendo avaliada (isto é, na medida em que a empresa tem investimentos com VPL positivos) e as oportunidades de crescimento das empresas comparáveis.

Em resumo, os múltiplos de EBITDA proporcionam uma boa ferramenta de avaliação para negócios nos quais a maior parte do valor vem dos ativos já existentes da empresa. Por essa razão, na prática, vemos os múltiplos de EBITDA sendo usados principalmente na avaliação de negócios estáveis e maduros. Os múltiplos de EBITDA são muito menos úteis para avaliação de negócios cujo valor provém principalmente de futuras oportunidades de crescimento.

Os efeitos do risco e o potencial de crescimento nos múltiplos de EBITDA

Como acabamos de mencionar, o EBITDA reflete os fluxos de caixa gerados pelos ativos que a empresa possui e opera no momento e, em geral, esses fluxos de caixa tendem a diminuir ao longo do tempo. Entretanto, a redução tende a ser menor em alguns negócios do que em outros, e em alguns negócios esperamos ver aumentos nos fluxos de caixa, ao invés de reduções. Consequentemente, ao usar um múltiplo de EBITDA, devemos considerar o potencial de crescimento da empresa que está sendo avaliada e selecionar um conjunto de empresas comparáveis para estimar o índice de avaliação EBITDA que as mesmas interessadas compartilham. Além disso, devem ser consideradas as diferenças de risco entre as empresas que estão sendo avaliadas e as empresas comparáveis para determinar como isso deve refletir nas taxas de desconto e, por conseguinte, nos múltiplos.

É uma prática comum selecionar empresas dentro do mesmo setor como comparáveis de mercado, pois elas provavelmente têm as maiores semelhanças com a

---

[8] O cálculo do EBITDA claramente ignora os investimentos de capital; entretanto, o múltiplo do EBITDA (que reflete preços de mercado vigentes) provavelmente reflete os investimentos de capital e seus efeitos esperados no valor da empresa. Por exemplo, se uma empresa utiliza mais capital para gerar o mesmo EBITDA como qualquer outra empresa na mesma indústria, a primeira pode ter um múltiplo maior. Isso acontece porque o VE (valor do empreendimento) reflete o VP (FCLE), que reflete investimentos de capital. Na realidade, para ser coerente, esse deve ser o caso. Considere o caso simples de crescimento contínuo no FCLE. Observe que $VE = VP (FCLE_t) = FCLE_0(1 + g)/(k - g)$. Como M (múltiplo) = $EV/EBITDA_0$, resultando que M = $FCLE_0(1 + g)/[EBITDA_0(k - g)]$ para coerência entre as duas equações. Se o múltiplo M for exato, ele reflete o investimento de capital (implícito na taxa de crescimento g para esse caso simples de taxa de crescimento constante). O múltiplo M é o produto de dois índices: $[FCLE_0/EBITDA_0]$ e $[(1 + g)/(k - g)]$.

empresa que está sendo avaliada. Entretanto, podem haver divergências substanciais nas características de risco e oportunidades de crescimento entre as empresas dentro de um setor, e os múltiplos do EBITDA devem ser adaptados para refleti-las. As diferenças no risco nas empresas surgem, em grande parte, devido às variações na alavancagem operacional e, como vimos em nosso exemplo de imóveis comerciais, podem surgir discrepâncias na alavancagem operacional devido a diferentes margens de lucro. Além disso, as desigualdades podem ser causadas pelas diferenças entre os custos operacionais fixos e variáveis. As empresas que estão sujeitas a custos operacionais fixos com níveis mais altos, mas custos variáveis menores, vão experimentar variações em lucros mais voláteis, pois suas vendas oscilam durante o ciclo do negócio. As diferenças nas taxas de crescimento esperadas tendem a ser um pouco mais subjetivas; entretanto, os analistas podem considerar taxas de crescimento passadas como indicadoras de taxas de crescimento futuras. Apesar de geralmente ser bastante difícil fazer ajustes objetivos aos múltiplos do EBITDA que permitam diferenças em risco e oportunidades de crescimento, é fundamental que essas considerações entrem na seleção de empresas comparáveis. Vamos voltar à nossa análise anterior do múltiplo do EBITDA apropriado para avaliação da Helix Corporation, para ver como podemos fazer esses ajustes. Podemos, por exemplo, comparar as oportunidades de crescimento e risco da Helix com cada uma das empresas na Tabela 6-2. O múltiplo do EBITDA, relativamente baixo para a Airgas, pode refletir o fato de que seu risco (como refletido no custo de capital da empresa) é alto e/ou suas oportunidades de crescimento são baixas quando comparadas às das outras empresas. Isso levanta a questão sobre se a Helix se parece mais com a Airgas ou com as demais empresas comparáveis. Apesar de não podermos responder essa pergunta sem maiores informações sobre a Helix e as empresas comparáveis, essa análise é exatamente o que necessitamos para obter a melhor estimativa possível do múltiplo de avaliação do EBITDA para avaliar a Helix.

Padronizando o EBITDA

Argumentamos anteriormente que a vantagem do EBITDA sobre o fluxo de caixa diz respeito à sua relativa estabilidade quando comparado com o FCLE. Entretanto, o EBITDA varia ao longo do tempo, e o EBITDA de qualquer ano pode ser influenciado por efeitos especiais que devem ser considerados quando for usado o modelo de avaliação EBITDA. Por exemplo, no exemplo da Helix Corporation, utilizamos o EBITDA de $10 milhões da empresa do seu ano mais recente para sua avaliação. Nossa premissa era de que esse EBITDA não havia sido influenciado por nenhum evento especial não recorrente durante o último ano. Se o EBITDA fosse afetado por qualquer evento, seríamos levados a estimar um valor da Helix que não reflete o poder de faturamento futuro da empresa. Por exemplo, se o EBITDA de 2005 para a Helix refletisse os resultados de uma única transação com um cliente que contribuíra com $500.000 ao EBITDA, mas que não deve se repetir nos próximos anos, talvez quiséssemos fazer um ajuste do EBITDA para baixo, para $9.500.000. Do mesmo modo, se o EBITDA de 2005 reflete baixas extraordinárias de $250.000, então poderíamos querer fazer um ajuste para cima do EBITDA, para $10.250.000.

Ajustando o índice de avaliação para descontos de liquidez e prêmio de controle

Deve-se observar que o valor calculado no exercício anterior não é, necessariamente, o preço que um comprador está disposto a pagar. Um comprador genuinamente financeiro, isto é, um investidor de capital privado ou fundo *hedge*, provavelmente irá pedir um desconto nesse valor. Por outro lado, um comprador estratégico, que pode realizar sinergias ao adquirir e controlar o investimento, pode estar disposto a pagar um prêmio de controle.

A justificativa para o possível desconto é que a Helix é uma empresa de capital fechado e os múltiplos do EBITDA, tendo como referência o mercado que usamos na nossa avaliação original, foram baseados em um modelo de empresa de capital aberto. As empresas fechadas geralmente são vendidas com um desconto comparado às suas contrapartes de capital aberto, visto que elas não podem ser vendidas tão facilmente. Não é raro um desconto de 20 a 30% nessas circunstâncias, sendo que o desconto é basicamente atribuído ao fato de que as ações de empresas de capital fechado têm menor liquidez (isto é são mais difíceis de vender) do que as das empresas de capital aberto. Portanto, se aplicamos um desconto de 30%, nossa estimativa do valor do empreendimento da Helix reduz-se para $73.360.000 = 10,48 × $10.000.000 (1 − 0,3). Nesse caso, o valor estimado do capital próprio da Helix é $54.760.000, isto é

Valor do empreendimento (revisado)	$73.360.000
Mais: caixa	2.400.000
Menos: endividamento oneroso	(21.000.000)
Valor patrimonial (capital próprio)	$54.760.000

Se a Helix está sendo adquirida pela Airgas, que é uma empresa de capital aberto, o desconto de liquidez pode ser um problema? Como a própria Airgas é uma empresa de capital aberto e é pouco provável que esteja predisposta a vender a Helix no futuro, a relevância do desconto de liquidez está sujeito à discussão. O preço real que será pago nessa transação depende do poder relativo de negociação do comprador e do vendedor (isto é quão motivada está a Airgas pela aquisição e quão interessados na venda estão os proprietários da Helix). Isso, por sua vez, depende das sinergias e dos aperfeiçoamentos que a Airgas espera obter quando adquirir o controle da Helix.

A aquisição da Helix poderia ser considerada uma "aquisição estratégica", que é uma maneira estranha de dizer que há benefícios (ou sinergias) de controle. Em comparação com as aquisições puramente financeiras, que quase sempre requerem descontos de liquidez, as aquisições estratégicas geralmente apresentam prêmios de controle, o que pode aumentar o valor fixado da aquisição em cerca de 30% ou mais. Mais uma vez, ao adquirir uma empresa de capital fechado como a Helix, o valor pago por qualquer prêmio de controle dependerá do poder relativo das posições de negociação do comprador e do vendedor. O ponto que queremos reforçar aqui é que os ajustes para desconto de liquidez e prêmio de controle variam conforme o caso.

6.4 Avaliação do capital próprio utilizando o múltiplo preço/lucro

Até agora, nosso foco esteve na avaliação tanto de grandes projetos de investimento quanto no valor de empreendimento de uma empresa completa. Para essas aplicações, é comum que os analistas financeiros utilizem múltiplos do EBITDA juntamente com a abordagem do FCD. Nesta seção, investigamos como os analistas determinam o valor do capital próprio de uma empresa.

Uma maneira de abordar o problema seria usar os múltiplos de EBITDA para estimar o valor do empreendimento, conforme descrito na última seção, e depois subtrair o endividamento oneroso da empresa para determinar o valor de seu capital próprio. Apesar dessa abordagem ser usada na prática, não é a principal abordagem usada para avaliar o capital próprio de uma empresa. Em vez disso, os analistas tendem a focar sua atenção na estimativa de lucros das empresas que avaliam e então usar o **índice preço/lucro (P/L)** para avaliar o preço das ações ordinárias.

A abordagem de avaliação de múltiplo preço/lucro (P/L) está definida na Equação 6.8, a seguir:

$$\left(\frac{\text{Preço por ação para uma empresa comparável}}{\text{Lucro por ação para uma empresa comparável}} \right) \times \begin{array}{l} \text{Lucro por ação para a empresa} \\ \text{que está sendo avaliada} \end{array}$$

$$= \begin{array}{l} \text{Valor estimado do capital} \\ \text{próprio da empresa} \end{array} \qquad (6.8)$$

Como acabamos de mencionar, a abordagem da avaliação P/L é usada para estimar o valor do *capital próprio da empresa*. Ela não é usada para encontrar o valor do empreendimento, como fizemos ao utilizar o método de avaliação EBITDA.

Exemplo – Avaliando a divisão química da ExxonMobil utilizando o método P/L

Para ilustrar o uso da abordagem da avaliação do índice preço/lucro, vamos imaginar que a ExxonMobil (XOM) estivesse considerando a venda de sua divisão química. Apesar de ser um caso hipotético, ele fornece um cenário realista no qual o uso da abordagem de avaliação do múltiplo P/L pode se mostrar útil. Se a divisão química é vendida ao público como uma companhia independente, a ExxonMobil poderia usar uma oferta pública inicial (IPO) para vender as ações da nova empresa. Alternativamente, a divisão poderia ser vendida para outra empresa. De qualquer maneira, a ExxonMobil precisa estabelecer um valor para a divisão.

Em 2004, a divisão química da ExxonMobil era a terceira maior companhia química no mundo, classificada atrás da BASF AG (BF) e da DuPont (DD), baseado nas receitas totais.[9] A divisão química auferiu $3,428 bilhões em 2004, comparado

---

[9] Nem todas as empresas disponibilizam seus relatórios de divisão em seus relatórios públicos. Esse tipo de análise seria muito difícil de realizar por um analista externo se nenhum relatório das divisões estivesse disponível. Entretanto, a empresa poderia desenvolver a análise internamente, como propomos aqui, desde que ela mantenha relatórios financeiros da divisão.

Tabela 6-4 Índices Preço/lucro de empresas químicas (16 de agosto de 2005)

	Preço da ação	÷	LPA	=	Índice P/L
BASF AG (BF)	$ 70,47		$5,243		13,44
Bayer AG (BAY)	35,64		1,511		23,59
Dow Chemical (DOW)	47,40		4,401		10,77
E I DuPont (DD)	41,00		2,572		15,94
Eastman Chemical (EMN)	51,69		5,75		8,99
FMC(FMC)	59,52		5,729		10,39
Rohm & Hass (ROH)	45,02		2,678		16,81
			Média		14,28

a $1.432 bilhão em 2003 e $830 milhões em 2002. Se a empresa resolvesse vender a divisão através de uma oferta pública inicial, uma pergunta chave que ela teria que responder seria: "Quanto podemos esperar receber pela venda do capital próprio?". Podemos ter uma rápida ideia da magnitude do valor desse capital próprio aplicando o índice P/L médio aos lucros da divisão química de empresas semelhantes. A Tabela 6-4 contém índices P/L para sete das maiores companhias químicas do mundo. Elas têm um múltiplo P/L médio de 14,28, o que significa que, como uma primeira indicação, a divisão química da ExxonMobil deve valer cerca de $48,94 bilhões = 14,28 × $3.428 bilhões.

Para aprimorar a estimativa de valor da divisão química da ExxonMobil (XOM), queremos examinar os comparáveis de mercado e avaliar em que extensão são realmente similares à divisão química da ExxonMobil. Por exemplo, observamos acima que os lucros da divisão química da ExxonMobil a tornam a terceira maior companhia química do mundo. Se o tamanho da empresa é um determinante importante dos índices P/L, então o grupo de comparação apropriado consistiria das maiores empresas do setor. Baseado em suas capitalizações de mercado, que é igual ao preço por ação multiplicado pelo número de ações ordinárias em circulação (como na Tabela 6-5), as quatro maiores empresas incluem BASF AG, Bayer AG, Dow Chemical e E I Dupont. O múltiplo de P/L médio para essas quatro empresas é de 15,935 e, se aplicarmos esse múltiplo para a avaliação do capital próprio da ExxonMobil na divisão química, nossa avaliação aumenta a estimativa para $54,63 bilhões. Esse é o número que os gestores de ExxonMobil vão preferir!

Entretanto, há uma considerável dispersão nos índices de P/L nesse setor. Assim, para avaliar a divisão química da ExxonMobil, precisamos saber se seu risco e seu potencial de crescimento são mais parecidos com os da Bayer AG, que tem um índice de P/L de 23,59, ou com os da Dow, que tem um índice de P/L de apenas 10,77. Uma resposta completa para essa pergunta exigiria uma análise mais profunda das diferenças e similaridades entre a divisão química da ExxonMobil e cada uma das empresas comparáveis, que certamente incluiria uma análise das possibilidades de crescimento e alavancagem operacional das diferentes empresas.

Tabela 6-5 Capitalização de mercado e índices P/L para comps da indústria química

	Índice P/L	Capitalização de mercado (bilhões)
BASF AG (BF)	13,44	$38,25
Bayer AG (BAY)	23,59	25,63
Dow Chemical (DOW)	10,77	45,25
E I Dupont (DD)	15,94	40,61
Eastman Chemical (EMN)	8,99	4,10
FMC (FMC)	10,39	2,20
Rohm & Hass (ROH)	16,81	10,01
Média (4 maiores)	15,94	$37,44
Média (3 menores)	12,06	5,44

O restante de nossa discussão de P/L examina o impacto das possibilidades de crescimento de uma empresa em seu índice P/L, tanto no contexto de uma empresa estável, que cresce a uma taxa constante para sempre, quanto para uma empresa com alta taxa de crescimento, que passa por um período de altas taxas de crescimento seguido de uma redução para uma taxa de crescimento sustentável, porém menor.

Múltiplos P/L para empresas de crescimento estável

Uma empresa de crescimento estável é uma empresa que se espera que cresça indefinidamente a uma taxa constante. O múltiplo P/L de tal empresa é determinado por sua constante taxa de crescimento e pode ser calculado resolvendo o modelo de crescimento de Gordon, aplicado à avaliação do capital próprio de uma empresa, encontrado na Equação 6.9 a seguir:[10]

$$P_0 = \frac{\text{Dividendo por ação}_0(1 + g)}{k - g} = \frac{\text{Lucro por ação}_0(1 - b)(1 + g)}{k - g} \quad (6.9)$$

onde b é o índice de retenção ou a fração dos lucros da empresa que a empresa retém, significando que $(1 - b)$ é a fração dos lucros da empresa pagos em dividendos; g é a taxa de crescimento desses dividendos; e k é a taxa de retorno exigida do capital próprio da empresa. Reorganizando os termos dessa equação, podemos expressar o índice P/L como segue:

$$\text{Índice P/L} = \frac{(1 - b)(1 + g)}{k - g} \quad (6.10A)$$

Para analisar mais profundamente a determinação dos índices de P/L, inicialmente observamos que as empresas podem aumentar seus lucros ao reinvestir lucros

---

[10] Observe que essa equação é simplesmente a Equação 6.2 aplicada ao capital próprio da empresa em vez de aplicada ao valor do empreendimento.

> **INSIGHT TÉCNICO**
>
> ## Lucros atuais *versus* lucros futuros e índice de P/L
>
> O índice preço/lucro (P/L) é um conceito simples: o preço atual de mercado de uma ação ordinária de uma empresa dividido pelo lucro anual da empresa por ação. Apesar de o preço atual de mercado ser uma variável clara, os lucros não são. Por exemplo, os lucros variáveis representam os lucros por ação no ano anterior. Nesse caso, nos referimos ao índice P/L como *índice P/L atual* ou *índice P/L anterior*. Também há outra definição comumente usada do índice P/L, que define os lucros por ação pela utilização de previsões dos analistas dos lucros do próximo ano. Esse é o *índice P/L futuro*.
>
> Para ilustrar, vamos considerar o exemplo de empresas químicas usadas na avaliação da divisão química da ExxonMobil. Os índices atuais (anteriores) e futuros dessas empresas estão abaixo:
>
> | | Preço da ação | Lucro atual por ação | Índice P/L atual/anterior | Previsão do lucro por ação | Índice P/L futuro |
> |---|---|---|---|---|---|
> | BASF AG (BF) | $ 70,47 | $5,243 | 13,44 | $7,27 | 9,69 |
> | Bayer AG (BAY) | 35,64 | 1,511 | 23,59 | 2,69 | 13,27 |
> | Dow Chemical (DOW) | 47,40 | 4,401 | 10,77 | 5,71 | 8,30 |
> | E I DuPont (DD) | 41,00 | 2,572 | 15,94 | 3,04 | 13,48 |
> | Eastman Chemical (EMN) | 51,69 | 5,75 | 8,99 | 5,93 | 8,71 |
> | FMC (FMC) | 59,52 | 5,729 | 10,39 | 5,66 | 10,51 |
> | Rohm&Hass (ROH) | 45,02 | 2,678 | 16,81 | 3,12 | 14,44 |
> | | | Média | 14,28 | | 11,20 |
>
> Os índices P/L futuros são menores que os P/L atuais (anterior) nos seis casos em que se espera que os lucros cresçam e sejam maiores como em um caso (FMC) no qual os lucros por ação devem cair. Apesar das diferenças nos P/Ls não serem expressivas nesses exemplos de empresas, elas podem ser dramáticas em casos de reorganização ou no caso de empresas que estão enfrentando grandes alterações em suas possibilidades de lucro no futuro. Para esses casos, é importante que o analista enxergue mais adiante os P/Ls atuais e futuros, ao tentar comparar a avaliação atual de mercado de uma ação com aquelas de empresas comparáveis.

acumulados em projetos de valor presente líquido positivo. Vamos considerar que esses investimentos com VPL positivo obtêm uma taxa de retorno, à qual iremos nos referir como r, que supera a taxa de retorno exigida pela empresa. Empresas bem posicionadas, com vantagens competitivas, propriedade intelectual, patentes e capacidade gerencial, podem gerar tanto taxas de retorno mais altas em novos investimentos quanto oportunidades de reinvestir uma parte maior dos seus lucros. É a combinação pela qual r supera k, e a parte dos lucros da empresa que podem ser vantajosamente reinvestidos a cada ano $(1 - b)$, que determina o índice P/L da empresa.

Para ilustrar, suponha que a empresa com um capital investido de $100 milhões gere retornos de 20% por ano nesse capital. Se a empresa paga 100% de seus lucros a cada ano, então o dividendo será de $20 milhões anuais. Nesse caso, a taxa de crescimento dos dividendos da empresa, g, é zero. Agora, suponha que a empresa distribua apenas 40% de seus lucros em forma de dividendos e reinvista os restantes 60% em suas operações. Nesse caso, o primeiro dividendo será D_1 = $100M × (0,2) × (0,4) = $8 milhões, deixando a empresa com uma base de capital de $112 milhões. Se a empresa continuar a gerar o mesmo retorno de 20% na sua base ampliada de capital e continuar a pagar 40% e reter 60% de seu lucro, o dividendo no segundo ano será de D_2 = $112M × (0,2) × (0,4) = $8,96 milhões. Os dividendos continuarão a crescer ($8,96 − $8,00)/$8,00 = 12% anualmente enquanto se mantiver a política de distribuir dividendos e o retorno sobre o capital da empresa permanecer igual a 20%.

Sob essas condições, podemos expressar a taxa de crescimento dos dividendos da empresa como o produto de sua taxa de retenção, b, e a taxa de retorno que ela pode fornecer sobre capital recém investido, r. Agora podemos repetir o múltiplo P/L da Equação 6.10a, como segue:

$$\text{Múltiplo P/L} = \frac{(1-b)(1+g)}{k-g} = \frac{(1-b)(1+br)}{k-br} \qquad (6.10b)$$

Utilizando a Equação 6.10a, vemos que, para uma empresa de crescimento estável, o múltiplo P/L é determinado pela política de pagamento de dividendos da empresa (isto é um menos o índice de retenção ou 1 − b); a taxa de retorno exigida dos acionistas, k; e a taxa de retorno que a empresa espera receber nos lucros reinvestidos, r. Assim, podemos usar a Equação 6.10b para explorar a relação entre o múltiplo P/L e cada uma dessas variáveis-chave.

Para mostrar o efeito das diferenças nas taxas de crescimento antecipadas e da retenção nos índices P/L, vamos considerar os dois exemplos de empresas (A e B) descritos na Tabela 6-6. A empresa A tem a oportunidade de criar valor para os acionistas pela retenção e reinvestimento de seus lucros. Isso se reflete no fato de que o retorno do capital investido da empresa, r, é de 10%, que é maior do que a taxa de retorno exigida do acionista, k, de 8%. A empresa B, por outro lado, se investir, irá prejudicar seus acionistas, pois seu retorno no capital investido (10%) é menor do que a taxa de retorno exigida do acionista (12%).

Observe que o múltiplo P/L aumenta para a Empresa A enquanto também aumenta a parte de seus lucros que pode ser retida e reinvestida com vantagem. Isso reflete a criação de riqueza para o acionista, que acontece quando uma empresa com uma taxa de retorno exigida de 8% ganha 10% em seu novo investimento. Entretanto, o múltiplo P/L encontrado na Equação 6.10b se torna infinito quando o índice de retenção alcança 80%. Com um índice de retenção de 80%, a taxa de crescimento da empresa (que é igual ao produto de b e r) é igual a 8%. Um rápido olhar para a Equação 6.10b nos mostra por que isso acontece: tanto a taxa de crescimento quanto a taxa de retorno exigida no capital próprio são 8%; por isso o capital próprio da empresa é indefinido. A situação com a Empresa B é o contrário da situação da Em-

Tabela 6-6 A política de múltiplo P/L e dividendo para uma empresa de crescimento estável

Empresa A: $r = 10\%$ $k = 8\%$			Empresa B: $r = 10\%$ $k = 12\%$		
Índice de retenção (b)	Taxa de crescimento (g)	Múltiplo P/L	Índice de retenção (b)	Taxa de crescimento (g)	Múltiplo P/L
0%	0%	12,50	0%	0%	8,33
10%	1%	12,99	10%	1%	8,26
20%	2%	13,60	20%	2%	8,16
30%	3%	14,42	30%	3%	8,01
40%	4%	15,60	40%	4%	7,80
50%	5%	17,50	50%	5%	7,50
60%	6%	21,20	60%	6%	7,07
70%	7%	32,10	70%	7%	6,42
80%	8%	Indefinido*	80%	8%	5,40
90%	9%	Indefinido*	90%	9%	3,63
100%	10%	Indefinido*	100%	10%	0,00

Legenda

r = retorno sobre lucros reinvestidos

k = taxa de retorno exigida pelos acionistas

*Estas células tem múltiplos P/L negativos. Aqui a fórmula para múltiplo P/L $(1 - b)(1 + g) (k - g)$ não se aplica porque, para $k < g$, a série (perpetuidade) não converge. Intuitivamente, essa situação significa que os lucros estão crescendo mais rapidamente do que o custo de capital para sempre. Essa situação não pode existir em uma economia competitiva, em que a livre entrada de novos competidores empurrará para baixo altas taxas de crescimento para o intervalo viável (onde $k < g$).

presa A: o múltiplo P/L diminui quando a empresa retém uma fração maior de seus lucros (isto é quando b aumenta). Isso, claro, reflete o fato de que a empresa poderá ganhar apenas 10% se reinvestir os lucros, comparado ao retorno de 12% exigido pelos acionistas.

Múltiplo P/L para uma empresa de alto crescimento

Podemos relacionar o múltiplo P/L de uma empresa de alto crescimento aos fundamentos da empresa, do mesmo modo que fizemos para uma empresa de crescimento estável – com uma diferença importante. Como não esperamos que uma empresa seja capaz de obter um alto crescimento para sempre, a descrição de possibilidades de crescimento da empresa necessita de dois períodos. Consideramos que a empresa passe por amplo crescimento que dure um período de n anos, seguido de um período de crescimento menor, porém estável.[11] A Equação 6.11 captura a avaliação do capital próprio dessa empresa:

---

[11] Você vai lembrar que estamos descrevendo um modelo de crescimento de dois estágios, semelhante ao que discutimos no Capítulo 4. A diferença, aqui, é que definimos valor patrimonial como valor presente de dividendos futuros esperados (não fluxo de caixa livre para o acionista).

$$P_0 = \frac{\text{LPA}_0(1+g_1)(1-b_1)}{k-g_1}\left(1-\frac{(1+g_1)^n}{(1+k)^n}\right)$$

$$+ \frac{\text{LPA}_0(1+g_1)^n(1-b_2)(1+g_2)}{k-g_2}\left(\frac{1}{(1+k)^n}\right) \qquad (6.11)$$

Nessa equação, abreviamos lucro por ação$_0$ como LPA$_0$, e tanto a taxa de retenção (*b*) quanto a taxa de crescimento (*g*) estão agora subscritas para refletir o fato de que a política de dividendos da empresa e suas possibilidades de crescimento podem ser diferentes para os dois períodos de crescimento.[12]

Podemos interpretar a Equação 6.11 como segue: o primeiro termo, no lado direito, expressa o valor presente de um fluxo de dividendos recebidos nos próximos *n* anos. Para a empresa de alto crescimento, os dividendos crescem em um ritmo rápido igual a g_1 por *n* anos, após os quais os dividendos do enésimo ano crescem em um ritmo g_2 constante (e menor), para sempre.

Agora, podemos resolver para o múltiplo P/L simplesmente dividindo os dois lados da Equação 6.11 por LPA$_0$. O resultado está baixo:

$$\frac{P_0}{\text{EPS}_0} = \frac{(1-b_1)(1+g_1)}{k-g_1}\left(1-\frac{(1+g_1)^n}{(1+k)^n}\right)$$

$$+ \frac{(1-b_2)(1+g_1)^n(1+g_2)}{k-g_2}\left(\frac{1}{(1+k)^n}\right) \qquad (6.12)$$

Vamos analisar os determinantes do múltiplo P/L para a empresa de alto crescimento. Lembrando que $g_1 = b_1 r_1$ e $g_2 = b_2 r_2$, vemos que o múltiplo P/L é uma função da política de dividendos da empresa nos dois períodos (isto é b_1 e b_2), o retorno no capital próprio que a empresa ganha de seu capital investido (r_1 e r_2) e a taxa de retorno exigida para os acionistas (*k*). Mais uma vez, a relação entre *r* (tanto r_1 e r_2) e *k* – o retorno nos lucros reinvestidos e a taxa de retorno exigida pelos acionistas, respectivamente – é o determinante-chave do múltiplo P/L. Se $r > k$, o múltiplo P/L da empresa cresce, e o valor do aumento é determinado por sua taxa de retenção, *b*.

---

[12] Os lucros cresceriam a g_1, por *n* anos e a g_2 a partir daí. Em comparação, os dividendos crescerão a g_1, por *n* anos e a um g_2 menor depois de (n + 1) anos. Porém, no período intermediário, (n, n +1) haverá uma descontinuidade no crescimento dos dividendos, como mostrado abaixo:

Ano	Lucros	Crescimento dos lucros atribuídos	Dividendos	Taxa atribuída do crescimento dos dividendos
(n − 1, n)	LPA$_0(1+g_1)^n$	g_1	LPA$_0(1+g_1)^n(1-b)$	g_1
(n, n + 1)	LPA$_0(1+g_1)^n (1+g_2)$	g_2	LPA$_0(1+g_1)^n(1+g_2)(1-b_2)$	$[(1+g_2)(1-b_2)]/(1-b_1)-1$
(n + 1, n + 2)	LPA$_0(1+g_1)^n (1+g_2)^2$	g_2	LPA$_0(1+g_1)^n(1+g_2)^2(1-b_2)$	g_2

Novamente, a relação entre r (tanto r_1 e r_2) e k – o retorno nos lucros reinvestidos e a taxa de retorno exigida pelos acionistas, respectivamente – é o determinante-chave do múltiplo P/L. Se $r > k$, o múltiplo P/L da empresa aumenta, e o total do aumento é determinado por sua taxa de retenção, b.

Para ilustrar o uso do índice P/L para uma empresa de alto crescimento, considere a Google, Inc., que foi constituída em 1998 e oferece o Google *WebSearch* para acessar as páginas Web. A companhia abriu seu capital em 2004 e, em 11 de julho de 2006, o preço de suas ações era de $424,56, o que dava à empresa um múltiplo P/L de 74,5, baseado nos lucros de 2005, de $5,70 por ação. Para avaliar se esse alto índice P/L pode ser justificado, usaremos a Equação 6.12, que proporciona dois períodos de crescimento: um período limitado de alto crescimento seguido de um período de crescimento estável.

Para analisar o índice P/L da Google usando a Equação 6.12, utilizamos a informação da Planilha a da Tabela 6-7, junto com as estimativas de duração do período de alto crescimento (n na Equação 6.12), a taxa de distribuição de dividendos depois do ano n (isto é $[1 - b_2]$) e a taxa de crescimento previsto nos lucros (g_2) depois do ano n. Lembre-se de que a taxa de crescimento dos lucros depois do ano n pode ser estimada como o produto da fração dos lucros da empresa que são retidos (isto é que não são pagos como dividendos) e a taxa de retorno obtida nos lucros reinvestidos ou o retorno no capital próprio. Assim, o determinante-chave dos P/Ls da Google é a duração do período de alto crescimento, em combinação com o índice de pagamento de dividendos e o retorno no capital próprio durante o período pós-alto crescimento. A Tabela 6-6 contém três cenários que incluem conjuntos desses parâmetros-chave, em que cada um deles produz o P/L de 74,5. Claro que essas não são as únicas combinações possíveis dos parâmetros que irão produzir um índice de P/L de 74,5 para a Google. Entretanto, elas representam a viabilidade de obter um índice P/L que seja consistente com o P/L observado de mercado.

Para determinar como se pode avaliar a plausibilidade desses cenários, vamos considerar o Cenário n°1 com mais profundidade. O Cenário n°1 considera que a Google poderá reinvestir todos os seus lucros pelos próximos 12 anos ao valor atual de retorno do capital próprio de 24,7%. Como a empresa retém todos os seus lucros, a taxa de crescimento nos lucros também é de 24,7% (lembre-se de que a taxa de crescimento é igual ao produto do retorno do capital próprio e ao índice de retenção). Assim, em 12 anos, os lucros estimados da Google, por ação, serão de $80,61 = $5,70(1 + 0.247).[12] Nessa data futura, o índice P/L da empresa será de 14,93, que é muito mais baixo do que o índice P/L atual de 74,5. A razão para o declínio no índice P/L é que a taxa de crescimento da Google naquela data cai de 24,7% para apenas 4,93%. Multiplicando essa estimativa do índice P/E em 2018, pela estimativa dos lucros futuros por ação, $80,61, calculamos que o preço da ação da Google deve valorizar para $1.203,38 no final do período de alto crescimento de 12 anos.

Será possível que a Google possa manter o retorno de 24,7% em seus lucros reinvestidos por 12 anos? Se a Google pode verdadeiramente conseguir isso, ganhará $24,43 bilhões em 2018, o que representará quase o dobro do lucro de $13,47 bilhões da Microsoft em 2005. Alguém pode achar que esse conjunto de premissas seja excessivamente otimista e concluir que as ações da Google estão supervalorizadas. Por

Tabela 6-7 Analisando a relação P/L de uma empresa de alto crescimento – Google, Inc.

Planilha a. Informação sobre preço e lucro atual da ação

Relação P/L	74,5	Retorno do capital próprio	24,7%
Beta	0,81	Distribuição de dividendos	0,0%
Taxa livre de risco	5,02%	Custo do capital próprio	9,07%
Prêmio de risco do mercado	5,00%		

Planilha b. Análise de cenário

	Período de crescimento, n	Distribuição de dividendos $(1-b_2)$	Retorno do capital	Taxa de crescimento, g_2	Relação P/L	LPA	P/L	Estimativas para 2018 Preço da ação	Lucro líquido
Cenário nº 1	12	58,94%	12,00%	4,93%	74,484	$ 80,61	14,93	$ 1.203,38	$ 24.432.218.360
Cenário nº 2	5	31,98%	12,00%	8,16%	74,484	$ 29,77	38,12	$ 1.135,04	$ 9.023.395.570
Cenário nº 3	5	58,94%	18,05%	7,41%	74,484	$ 28,35	38,13	$ 1.080,86	$ 8.592.575.505

outro lado, pode-se avaliar se os Cenários n^{os}2 e 3 são mais plausíveis. Esses cenários têm premissas menos otimistas sobre a duração do período de alto crescimento, mas justificam o múltiplo P/L atual da Google ao considerar uma previsão de crescimento de longo prazo mais alto. Por exemplo, no Cenário n°2 os lucros da Google depois de 12 anos (em 2018) são muito menores do que no Cenário n°1[13] e menores do que os lucros atuais da Microsoft, mas seu índice P/L é 38,12, que é mais alto do que o P/L 14,93 no Cenário n°1. Essa diferença nos índices P/L reflete o fato de que no Cenário n°2 espera-se que os lucros da Google cresçam a 8,16% durante o segundo período de crescimento, comparados com os 4,93% do Cenário 1.

Como vemos neste exemplo da Google, o uso de múltiplos P/L, como todas as abordagens que analisamos, fornece avaliações de capital próprio que são tão boas quanto as do analista que realiza a análise. A abordagem de múltiplos P/L proporciona uma ferramenta útil para realizar um conjunto de premissas e traduzi-las em uma estimativa de preço da ação. Ao realizar uma análise de avaliação, deve-se considerar uma variedade de cenários plausíveis e determinar quão sensível é o resultado do modelo de avaliação para a duração do período de alto crescimento, assim como a taxa de reinvestimento e de retorno do capital que irá prevalecer depois do período de alto crescimento.

6.5 Atribuição de preços de uma oferta pública inicial (IPO)

Quando uma empresa vende suas ações no mercado pela primeira vez, esse processo é geralmente chamado de *oferta pública inicial* ou IPO (*Initial Public Offering*). Como vamos analisar brevemente, a abordagem de mercados comparáveis usada neste capítulo tem uma função importante na determinação de preços das IPOs.

Como primeiro passo no processo de IPO, o subscritor principal (isto é, o banco de investimento que administra o processo de IPO para a empresa que está abrindo capital) determina uma estimativa inicial de um conjunto de valores para as ações do emissor. Geralmente, a estimativa é basicamente o resultado da análise da avaliação de comparáveis que utiliza diversos índices como os que discutimos neste capítulo. Por exemplo, o subscritor pode estimar um valor de empreendimento utilizando um múltiplo EBITDA e depois subtrair o endividamento líquido da empresa (isto é endividamento oneroso menos as reservas de caixa da empresa) para obter uma estimativa do valor do capital próprio do emissor. O preço por ação é, então, o valor do capital próprio dividido pelo número de ações que a empresa está emitindo. Devido à variedade de índices comparáveis e de avaliação normalmente usados nessa análise, o exercício resultará em um conjunto de preços de ações (digamos $10 a $15 por ação) para a nova emissão e não apenas um preço de venda.

Depois de definir a faixa de preço inicial, os subscritores passam pelo que é chamado de processo "*book building*", no qual avaliam o nível de interesse do investidor. Especificamente, nas semanas que antecedem a data da oferta, o subscritor principal

---

[13] No Cenário n° 2, o LPA da Google deve crescer 24,7% por apenas cinco anos e, daí em diante, 8,16%.

e os executivos da empresa viajam por todo o país reunindo-se com potenciais investidores. Essas visitas são conhecidas como "*road show*". Durante as visitas, a equipe de vendas do subscritor coleta informações de potenciais investidores institucionais em relação ao interesse na compra de ações a diferentes preços dentro da faixa de avaliação inicial. Essa informação forma a base para o "*book*", que contém expressões de interesse sem compromisso firme para a compra de ações da IPO a diversos preços, geralmente dentro da faixa inicial.

Finalmente, durante o encontro de fixação de preços, na véspera da IPO, o banco de investimento e os executivos da empresa se reúnem para decidir o preço de venda inicial. Reduzir a faixa inicial para um preço único é o resultado da decisão dos executivos da empresa, de acordo com as seguintes considerações:

- Uma avaliação atualizada, baseada na informação de fixação de preço daquele dia para as empresas comparáveis, e as recentes transações de IPO em combinação com as mais recentes medidas de desempenho da empresa (isto é EBITDA).
- Uma análise do nível de interesse na nova oferta que é determinada no processo de *book building*. Obviamente, altas expressões de interesse encorajarão a empresa a mover o preço de venda em direção ao nível mais alto da faixa inicial, e vice-versa.
- Finalmente, os subscritores gostam de fixar o preço da IPO com um desconto nos valores pelos quais as ações provavelmente serão negociadas no mercado, geralmente de 10 a 25%. Os subscritores argumentam que isso ajuda a gerar um estímulo pós-venda para a oferta.

6.6 Outras considerações práticas

Nesta seção, encerramos nossa análise de avaliação relativa aprofundando-nos em alguns temas práticos que surgem quando realizamos um exercício de avaliação utilizando múltiplos. Basicamente, as duas primeiras etapas no procedimento em quatro passos são as mais decisivas para o sucesso total do esforço. Essas etapas envolvem escolhas que o analista deve fazer com referência à série de empresas comparáveis e à métrica de avaliação especial usada para determinar o valor relativo. Além disso, iniciamos uma discussão, que irá continuar no Capítulo 7, sobre o uso de avaliação de múltiplos e avaliação de FCD.

Escolhendo empresas comparáveis

Agora voltamos ao Passo 1 – escolhendo empresas comparáveis – para explorá-lo mais detalhadamente. Apesar de ser a primeira tarefa do analista, talvez seja a mais difícil. Empresas comparáveis compartilham de características operacionais e financeiras semelhantes. Em particular, deveriam ter possibilidades de crescimento e custos de estrutura operacional e de capital semelhantes.

> **INSIGHT DO PROFISSIONAL**
>
> **A fixação de preços de novas ações em uma oferta pública inicial (IPO) – uma entrevista com J. Douglas Ramsey, Ph.D.***
>
> Em 2006, abrimos o capital da EXCO Resources (NYSE:XCO) com uma oferta pública inicial. A EXCO era uma empresa de capital privado desde 2003, quando abrimos o capital depois de nos registrar no Nasdaq, com a ajuda da empresa de capital privado Cerberus Capital Management, LP. O motivo para abrir o capital, naquela época, era aumentar o capital necessário para financiar algumas grandes aquisições de propriedades de petróleo e gás e reduzir o valor da dívida no balanço patrimonial. Essa medida seguiu o modelo de uma aquisição de capital alguns meses antes quando foram resgatados certos investimentos em capital privado da transação de fechamento de capital em 2003. A aquisição do capital foi financiada com uma combinação de endividamento e novo capital privado.
>
> A fixação de preço das novas ações é feita pelo principal banco de investimento (no nosso caso, o J.P.Morgan), utilizando preços de mercado comparáveis para empresas similares. Basicamente, nosso banqueiro examinou seis diferentes índices iguais ao valor do empreendimento, dividido por uma das seis métricas de avaliação que são comumente usadas em nosso setor.** Essa análise, em combinação com os valores das próprias métricas de avaliação da EXCO, nos deram uma ideia do tipo de valor de empreendimento que poderíamos esperar uma vez completada a IPO. A partir dessa avaliação e do número de ações que planejamos vender, pudemos fixar um preço para nossas ações.
>
> O preço real pelo qual as novas ações foram oferecidas não foi determinado até o dia anterior da IPO, em uma reunião de preços. Nessa reunião, nosso banco de investimento trouxe uma analise atualizada de mercados comparáveis e também o "*book*". Este último compreende uma lista das indicações de interesse na aquisição de nossas ações na oferta inicial. O "*book*" é montado nas semanas que antecedem a IPO, durante o que geralmente nos referimos como o "*road show*", no qual os gestores da empresa e representantes da equipe do "*book*", em nosso caso J.P.Morgan, Bear Stearns e Goldman Sachs, percorrem o país falando sobre a oferta aos potenciais investidores institucionais.
>
> * Responsável financeiro para a EXCO Resources, Inc., Dallas, Texas (EUA).
>
> ** As métricas de avaliação incluem características específicas da empresa que, acredita-se, sejam indicadores importantes do valor de empreendimento da empresa. No caso de uma empresa E&P, elas geralmente incluem itens como produção do ano corrente, reservas comprovadas de petróleo e gás natural, fluxo de caixa livre do ano corrente e estimativa de lucros antes de juros, taxas, depreciação e amortização, além das despesas de desenvolvimento e manutenção (EBITDAX) para os próximos dois anos.

A abordagem comum usada, quando da seleção de empresas comparáveis, exige o uso de representantes do mesmo setor. Isso faz sentido por muitas razões. Primeiro, empresas de determinado setor tendem a utilizar convenções contábeis semelhantes, o que permite ao analista comparar diretamente os vários índices contábeis. Segundo, empresas do mesmo setor tendem a ter perspectivas de riscos e de crescimento semelhantes.[14] Entretanto, como já vimos, empresas diferentes do mesmo setor geralmente têm filosofias administrativas distintas, o que leva a perfis de risco e crescimento muito diferentes. Além disso, as empresas geralmente fazem negócio em múltiplos setores, tornando difícil definir a qual deles elas pertencem. Por exemplo, em nossa análise anterior da ExxonMobil (XOM), vimos que havia três divisões operacionais localizadas em diferentes setores.[15] Quando isso ocorre, o analista pode achar necessário utilizar uma média dos índices de avaliação do setor correspondente a cada uma das unidades operacionais da empresa.

Escolhendo o índice de avaliação

Apesar de os lucros e índices de avaliação EBITDA costumarem ser os mais usados, algumas empresas têm lucros zero ou negativos. Quando esse é o caso, os analistas tendem a considerar outros índices de avaliação para se orientar. Por exemplo, como discutimos anteriormente, as avaliações de bens imobiliários geralmente incluem uma análise do preço das propriedades comparáveis por metro quadrado. Em alguns negócios, os analistas utilizam índices de avaliação baseados em vendas ou valores contábeis. A Tabela 6-8 (pág. 278-280) fornece uma relação de alguns dos índices de avaliação mais comuns. A Planilha *a* foca nos índices de avaliação do capital e a Planilha *b* relaciona alguns índices de avaliação de empreendimentos mais populares.

Mantendo consistência ao selecionar um índice de avaliação

Um guia simples, mas importante, para o uso de índices de avaliação é que o numerador e o denominador do índice devem ser compatíveis. Por compatível queremos dizer que, se o preço ou a métrica de valor no numerador está baseado no capital próprio (por exemplo, preço por ação), o denominador deve refletir uma característica da empresa diretamente relacionada ao preço da ação. Por exemplo, lucro líquido por ação ou lucro por ação podem estar diretamente ligados ao preço da ação, pois as receitas representam o lucro disponível para distribuição aos acionistas ou para reinvestimento em seu nome. Entretanto, algumas vezes temos visto analistas reportarem preço da ação em relação ao EBITDA e índice de preço por ação sobre índice de vendas por ação (isto é, preço por ação dividido por vendas por ação), que são índices incompatíveis, pois o EBITDA e as vendas são gerados por todos os ativos da empresa, não apenas pela parcela do capital próprio do balanço patrimonial da empresa. Consequentemente, se alguém quer comparar empresas baseado em índices que envolvem uma variável como vendas por ação, deve ter cuidado ao selecionar

---

[14] Esses resultados são baseados na comparação dos preços observados e dos preços estimados (com base nas várias maneiras de formação de grupos de empresas comparáveis e avaliando a importância do desvio absoluto, medido como um percentual do preço observado). Veja A.Alford, "The Effect of the Set of Comparable Firms on the Accuracy of the Price-Earnings Valuation Method", *Journal of Accounting Research* (Primavera 1992): 94-108.

[15] Essas divisões incluem *Upstream* – exploração e desenvolvimento de petróleo e gás, *Downstream* – refino de petróleo e gás para uso de energia, e Químicos – conversão de óleo cru em plástico e outros produtos fora da área de energia.

empresas comparáveis que compartilhem alavancagem operacional e alavancagem financeira semelhantes às da empresa avaliada.

Tratando com informação financeira não confiável

Em qualquer ano, muitas vezes os lucros reportados por uma empresa fornecem uma medida imperfeita da capacidade do negócio de gerar fluxos de caixa futuros. Isso é particularmente verdade para empresas jovens que estão muito longe de alcançar seu potencial (isto é tem um significativo potencial de crescimento) ou, por assim dizer, quase todas as empresas que estão passando por uma fase de transição. Sob essas circunstâncias, o EBITDA ou lucro por ação são geralmente negativos, tornando impossível confiar nos índices baseados nos lucros. Em outros casos, ou a contabilidade é duvidosa, ou o negócio é capaz de gerar valor para seus proprietários, talvez pelo pagamento de altos salários, de maneira que não apareçam nas demonstrações de resultado da empresa.

Para essas situações, os lucros reportados pela empresa são indicadores não confiáveis de seu valor. Nessas circunstâncias, o analista pode tomar uma de duas iniciativas possíveis. A primeira envolve o uso de outros índices de avaliação que podem utilizar medidas mais confiáveis da capacidade da empresa em gerar fluxos de caixa futuros. A maioria dessas alternativas são medidas do tamanho do negócio e são, portanto, semelhantes à avaliação de bens imobiliários com base em preços por metro quadrado. A medida de tamanho mais popular é o faturamento da empresa (ou as vendas), seguida de perto pelo valor contábil dos ativos da empresa. Por exemplo, na Planilha a da Tabela 6-8, o índice do valor contábil sobre valor de mercado do capital próprio pode ser usado se o objetivo é estimar o valor do capital próprio da empresa, ou o índice do valor do empreendimento sobre vendas pode ser usado para estimar o valor do empreendimento. Também há medidas de tamanho, comumente usadas, que são exclusivas para setores especiais. Por exemplo, jornais, revistas e companhias de TV a cabo são quase sempre avaliados em relação ao número de assinantes, e empresas de investimento e outras instituições financeiras são geralmente avaliadas em relação ao total de ativos que administram.

A segunda linha de ação à disposição do analista que acha que os lucros corporativos não refletem o potencial de lucros da empresa envolve o ajuste ou a padronização dos lucros divulgados para que possam fornecer uma ideia mais lógica do potencial de lucros da empresa. Por exemplo, ao avaliar negócios pequenos e familiares, não é raro que o proprietário se remunere com um salário não competitivo, como uma maneira de conseguir um valor adicional dedutível de imposto.[16] Quando enfrenta a possibilidade de avaliar tal negócio, o analista deve fazer ajustes adequados aos lucros da empresa antes de usá-los para avaliar o empreendimento. Não vamos nos aprofundar nesse processo, pois há excelentes livros sobre análise de demonstrações financeiras que detalham as circunstâncias que motivam uma necessidade de padronizar os lucros e explicam como fazer.

---

[16] Por exemplo, um salário de $500.000 custa para a empresa apenas $350.000 se a empresa estiver em um grupo de renda de 30%.

Tabela 6-8 Índices de avaliação alternativos

Planilha a. Índice de avaliação do capital próprio

Índice de avaliação	Definição	Questões de medição	Quando usar	Modelo de avaliação
Preço/lucro (P/L)	$\dfrac{\text{Preço por ação}}{\text{Lucro por ação}}$ Preço por ação = Preço de mercado por ação para ações ordinárias Lucro por ação = Lucro anual ÷ Ações em circulação	*Preço por ação* – geralmente é usado o preço mais recente da ação. Entretanto, se o preço da ação é muito volátil, pode ser usado um preço padronizado (por exemplo, uma média dos preços iniciais e finais do mês). *Lucro por ação* – Apesar de ser possível usar o lucro do ano corrente ou lucro trimestral anualizado (anterior), não é raro usar as expectativas sobre lucros dos analistas. Além disso, os lucros são geralmente medidos antes de itens especiais e podem incluir apenas lucros das operações básicas da empresa.	Empresas com um histórico estabelecido de lucros, que não tenham dispêndios significativos que não envolvem caixa.	Preço da ação estimada = $(\text{LPA})_{\text{Empresa}} \times \left(\text{Índice } P/L\right)_{\text{Indústria}}$
Preço sobre lucro sobre crescimento (PLC)	$\dfrac{\text{Preço por ação}}{\dfrac{\text{Lucro por ação (LPA)}}{\text{Taxa de crescimento em LPA}}}$ *Taxa de crescimento em LPA* = Taxa de crescimento esperada em PLA para o próximo ano	*Taxa de crescimento em LPA* – estimativas de taxas de crescimento podem ser feitas com a utilização de estimativas históricas de lucros ou podem ser obtidas das estimativas dos analistas.	Empresas que tem perspectivas de crescimento futuro estável em LPA, assim como estruturas de capital semelhantes e condições de risco similares.	Preço da ação estimado = $\left(\text{Taxa de crescimento em LPA}\right)_{\text{Empresa}} \times \left(\text{Índice PLC}\right)_{\text{Indústria}}$

Capítulo 6 ■ Avaliação relativa utilizando ativos comparáveis de mercado

Valor de mercado sobre valor contábil do capital próprio	Valor de mercado do capital próprio Valor contábil do capital próprio *Valor de mercado do capital próprio* = Preço por ação × Ações em circulação *Valor contábil do capital próprio* = Ativos totais − Total do passivo	*Valor de mercado do capital próprio* – os mesmos problemas que surgem ao definir um preço se aplicam aqui. *Valor contábil do capital próprio* – apesar de ser fácil retirar o valor contábil do capital próprio do balanço patrimonial da empresa, diferenças nas idades dos ativos da empresa (data da aquisição e taxa de depreciação), outras diferenças em como outros ativos são considerados (justo valor de mercado – remarcação ao mercado – ou custo) e o conservadorismo empregado em práticas contábeis podem levar a variações entre as empresas.	Empresas cujos balanços patrimoniais são reflexos lógicos dos valores de mercado de seus ativos. Um caso clássico são as instituições financeiras.	Valor do capital próprio estimado = $\left(\dfrac{\text{Valor contábil do}}{\text{capital próprio}}\right)_{\text{Empresa}}$ $\times \left(\dfrac{\text{Índice do valor}}{\text{de mercado/}}\atop{\text{Valor patrimonial}}\right)_{\text{Indústria}}$

Planilha b. Índices de avaliação do empreendimento

Valor do empreendimento (VE) sobre EBITDA	Valor do empreendimento EBITDA *Valor do empreendimento* = Preço por ação × Ações em circulação *EBITDA* = Lucro antes dos juros, impostos, depreciação e amortização	*Valor do empreendimento* – VE é geralmente calculado como o valor de mercado do capital próprio × ações em circulação (preço por ação × ações em circulação) mais o valor contábil do endividamento oneroso da empresa. Consequentemente, os problemas que surgem na determinação do preço da ação (mais recente *versus* padronizado) também surgem aqui. *EBITDA* – esses números de lucros são facilmente obtidos da demonstração de resultados da empresa. Entretanto, variações cíclicas nos lucros e variações incomuns nas receitas da empresa podem exigir alguma padronização para refletir melhor o potencial de lucros futuros da empresa.	Empresas que têm significativas despesas que não envolvem caixa (isto é depreciação e amortização). Os exemplos incluem indústrias com grandes investimentos em ativos fixos, inclusive assistência à saúde, serviços de óleo e gás e telecomunicações.	Valor estimado do empreendimento = $(\text{EBITDA})_{\text{Empresa}} \times \left(\dfrac{\text{Índice do VE}}{\text{sobre EBITDA}}\right)_{\text{Indústria}}$

(Continua)

Tabela 6-8 Continuação

Índice de avaliação	Definição	Questões de medição	Quando usar	Modelo de avaliação
Valor do empreendimento (VE) sobre fluxo de caixa	Valor do empreendimento / Fluxo de caixa por ação Valor do empreendimento = Preço por ação × Ações em circulação mais Endividamento oneroso Fluxo de caixa = Fluxo de caixa livre da empresa (FCLE)	*Fluxo de caixa* – o FCLE adapta EBITDA para considerar impostos e investimentos adicionais necessários para bens de capital (CAPEX). Consequentemente, os problemas que surgem com o FCLE incluem os problemas aplicáveis ao EBITDA, mais qualquer padronização do CAPEX necessária para se adequar a circunstâncias extraordinárias em qualquer ano.	Empresas com crescimento estável e, portanto, investimentos de capital previsíveis. Exemplos incluem químicos, produtos de papel, silvicultura e metais industriais.	Valor do empreendimento estimado $(FCLE)_{Empresa} \times \left(\dfrac{\text{Índice do VE}}{\text{sobre FCLE}} \right)_{Indústria}$
Valor do empreendimento (VE) sobre vendas	Valor do empreendimento / Vendas Vendas = Receitas anuais da empresa	*Vendas* – as receitas da empresa estão no topo da demonstração de resultados da empresa. Entretanto, elas também podem não mostrar o potencial de lucros da empresa se eles são excepcionalmente grandes ou reduzidos devido a fatores não recorrentes.	Empresas jovens ou iniciantes que ainda não tenham uma história de lucros estabelecida.	Valor do empreendimento estimado $(Vendas)_{Empresa} \times \left(\dfrac{\text{Índice VE}}{\text{sobre FCLE}} \right)_{Indústria}$

Índices de avaliação *versus* análise de FCD

Ao avaliar grandes investimentos é aconselhável fazer tanto a análise de FCD (que discutimos em detalhe no Capítulo 7) quanto uma avaliação que empregue um número de diferentes múltiplos baseados na comparação. Uma vez que a análise esteja completa, o analista ainda tem o problema de classificar as várias estimativas de valor e usar seu julgamento profissional para chegar a uma avaliação final. Esse julgamento irá depender tanto da qualidade da informação disponível quanto do objetivo da avaliação.

Para entender o que queremos dizer por objetivo da avaliação, vamos considerar um investidor que tenha interesse em adquirir uma usina de energia elétrica movida a carvão. Suponha que esse investidor em particular está considerando a compra de uma usina específica que é bastante semelhante, tanto em idade quanto em tecnologia, a outras cinco usinas que foram vendidas nos últimos três meses e outras duas que estão à venda. Nessa situação, a qualidade dos dados comparáveis de mercados é bastante boa, o que significa que o comprador deve comparar as usinas baseado em índices de avaliação em vez de projetar fluxos de caixa para futuras usinas, estimar uma taxa de desconto apropriada e, então, fazer uma análise do FCD. Mais uma vez, estamos considerando que as tecnologias e a idade das usinas são similares, fazendo com que seus valores, relativos a seus lucros, fluxos de caixa ou capacidades de geração de eletricidade, sejam bem semelhantes. De certa maneira, a pergunta a ser respondida nessa avaliação é: "O que posso esperar pagar pela usina a carvão nas condições atuais de mercado?"

Apesar da abordagem de comparáveis fornecer a metodologia apropriada para analisar se uma determinada usina elétrica está corretamente avaliada, é muito menos útil para uma empresa que quer decidir se faz sentido ou não adquirir usinas de energia elétrica em geral. A questão básica nesse caso é: "Quanto deve valer hoje uma usina movida a carvão em termos absolutos?" Observe que estamos fazendo uma pergunta básica. Não estamos apenas querendo saber como uma usina a carvão é avaliada em comparação a outras, mas se as usinas a carvão, em geral, são um bom investimento. Para responder a essa pergunta podemos ainda considerar a comparação dos índices EBITDA das usinas de energia elétrica e refinarias de petróleo como um ponto de partida na avaliação do tipo de investimento que pode ser mais atrativo. Entretanto, para essa pergunta mais geral, o analista deve confiar muito mais na análise de FCD, que envolve projeções da geração de energia futura, de preços de eletricidade e dos custos de geração.[17]

6.7 Resumo

Neste capítulo, apresentamos índices de avaliação baseados no mercado como uma alternativa ao método do fluxo de caixa descontado (FCD) para avaliar um investimento. Apesar da abordagem do FCD ser geralmente enfatizada pelos acadêmicos, os profissionais preferem usar múltiplos baseados no mercado nas em-

---

[17] Se a empresa também extrair seu próprio carvão, o passivo trabalhista decorrente de cuidados médicos relacionados à doença pulmonar conhecida como "pulmão negro", pode ser uma consideração muito importante.

presas comparáveis ou nas transações para avaliação de negócios. Uma vantagem importante na utilização de índices de avaliação é que eles fornecem ao analista um método para avaliar o valor de um investimento sem fazer estimativas claras dos fluxos de caixa futuros ou da taxa de desconto. Entretanto, uma razão ainda mais importante para a utilização das avaliações comparáveis é que elas fazem uso direto de informação de preços observados no mercado. Intuitivamente, se você pode observar diretamente como o mercado avalia tal investimento em transações comparáveis, não faz sentido utilizar estimativas rudimentares da taxa de desconto e fluxos de caixa futuros para sugerir uma estimativa do valor de mercado de um investimento.

O fato é que a utilização de transações comparáveis não é tão fácil como pode parecer. Há dois passos importantes em sua aplicação e cada um deles é fundamental. Primeiro, o analista deve identificar um conjunto de transações comparáveis nas quais estão disponíveis preços de mercado. O principal defeito na avaliação de comparáveis baseada no mercado é que quase nunca temos transações realmente comparáveis. Os investimentos geralmente têm características exclusivas e, na maioria dos casos, aqueles que são usados como comparáveis são, de certa forma, um desafio. Por isso, é importante que pensemos cuidadosamente ao determinar os múltiplos apropriados. Por exemplo, devemos usar múltiplos mais altos quando os fluxos de caixa de um investimento têm possibilidade de crescer mais rápido do que os dos investimentos comparáveis, e devemos usar múltiplos mais baixos quando o risco do investimento é maior. Em outras palavras, você deve usar a percepção aprendida na avaliação de FCD para ampliar sua implementação da abordagem de múltiplos.

O segundo passo importante ao usar comparáveis de mercado envolve a seleção de um índice de avaliação ou critério apropriado. Por apropriado, queremos dizer que o valor do investimento pode ser considerado simplesmente como um valor padrão onde a característica do investimento (por exemplo, lucros, fluxo de caixa, área) é a escala variável. Por exemplo, quando o índice P/L é usado como critério de avaliação, estamos considerando que o valor do capital próprio da empresa é igual aos lucros da empresa medidos pelo índice do preço de ação aos lucros. Ou, se estivermos avaliando uma empresa inteira, poderíamos usar o múltiplo do valor de empreendimento sobre o EBITDA, multiplicando o EBITDA da empresa pelo múltiplo para obter uma estimativa do valor do empreendimento.

Problemas

6-1 Avaliando imóveis residenciais Sarah Fluggel está pensando em comprar uma casa localizada em Tarter Circle, nº 2121, Frisco, Texas. A casa tem 300,00 m^2 de área aquecida e refrigerada, e os atuais proprietários querem receber $375.000 por ela.

a. Use a informação fornecida na tabela a seguir para determinar uma estimativa inicial de valor para a casa que Sarah está considerando:

	Comp nº 1	Comp nº 2
Preço de venda	$240.000	$265.000
Metragem	224,00	214,50
Preço de venda/m^2	$1071,40	$1235,40
Tempo no mercado	61 dias	32 dias

b. Depois de fazer sua estimativa inicial do valor da casa, Sarah decidiu investigar se o preço que o proprietário estava pedindo podia ser justificado com base nas características específicas da residência. Que tipo de detalhes você poderia recomendar que Sarah procurasse para justificar o preço?

c. E se a casa que Sarah está considerando tivesse um preço de venda de $315.000? O que você recomendaria a Sarah fazer?

6-2 Avaliando imóveis comerciais A BuildingOne Properties é uma sociedade limitada formada com o objetivo claro de investir em imóveis comerciais. A empresa está atualmente analisando a aquisição de um edifício de escritórios ao qual vamos nos referir como Prédio B. O Prédio B é muito semelhante ao Prédio A, que recentemente foi vendido por $36.960.000.

A BuildingOne reuniu informações gerais sobre os dois prédios, inclusive informação sobre a avaliação do Prédio A:

	Por metro quadrado		Metragem total	
	A	B	A	B
Tamanho do prédio (pés quadrados)			8.000	9.000
Aluguel	$1.000/m^2	$1.200/m^2	$8.000.000	$10.800.000
Manutenção (custo fixo)	230/m^2	300/m^2	(1.840.000)	(2.700.000)
Lucro operacional líquido	$770/m^2	$90/m^2	6.160.000	8.100.000

Os Prédios A e B são semelhantes em tamanho (8.000 e 9.000 metros quadrados). Entretanto, os dois prédios diferem nos custos de manutenção ($230 e $300 por metro quadrado) e taxas de aluguel ($1.000 *versus* $1.200 por metro quadrado). Não sabemos o porquê dessas diferenças. Não obstante, a diferença existe e deve, de alguma maneira, ser "considerada" na análise do valor do Prédio B, utilizando dados baseados na venda do Prédio A.

O Prédio A foi vendido por $4.620 por metro quadrado, ou $36.960.000. Isso reflete um múltiplo de vendas de seis vezes o lucro operacional líquido (LOL) do prédio, de $6.160.000 por ano e uma taxa de capitalização de 16,67%.

   a. Utilizando o múltiplo do lucro operacional, determine que valor a BuildingOne deve alocar ao Prédio B.
   b. Se a taxa de juros livre de risco é 5,5% e os custos de manutenção do prédio são conhecidos com um alto grau de certeza, que valor a BuildingOne deve colocar nos custos de manutenção do Prédio B? Que valor a BuildingOne deve colocar nos lucros do Prédio B e, consequentemente, na empresa?

6-3 Avaliando uma empresa de capital fechado O negócio de peças de automóveis tem três grandes empresas de capital aberto: a O'Reilly Automotive Inc. (Orly), a Advance Auto Parts Inc. (AAP) e a AutoZone Inc. (AZO). Além dessas empresas de capital aberto, a Carquest é a maior empresa de capital fechado do setor. Considere que, no verão de 2006, o banco em que você trabalha está pensando se deveria contatar a diretoria executiva da O'Reilly para sugerir que eles deveriam fazer uma proposta de compra da Carquest, que possui mais de 4.000 lojas de auto-peças nos Estados Unidos. Como um passo preliminar na avaliação da possível aquisição, você montou uma equipe de analistas para preparar uma análise preliminar de múltiplos de preços de aquisição que poderiam ser utilizados com base nas condições atuais de mercado.

A equipe de analistas iniciou o trabalho imediatamente e compilou as seguintes informações financeiras e índices de avaliação potenciais:

Informação financeira (milhões)	O'Reilly	Advance	Auto Zone
Receitas	$ 2.120,00	$ 4.400,00	$ 5.890,00
EBITDA	321,86	544,38	1.130,00
Lucro líquido	171,62	240,16	562,44
Lucro por ação	1.507	2,183	7,301
Endividamento oneroso	120,00	560,00	1.720,00
Ações ordinárias	1.145,77	939,51	641,16
Total de ativos	1.713,90	2.615,73	4.401,85
Índices financeiros			
Endividamento/capital próprio	10,5%	59,6%	269,3%
Margem bruta	44,0%	47,3%	49,1%
Margem operacional	12,47%	9,42%	16,77%
Crescimento esperado em LPA (5 anos)	18,5%	16,0%	13,0%

Avaliações de mercado (milhões)			
Capitalização de mercado	$ 3.240	$ 3.040	$ 6.290
Valor do empreendimento	3.360	3.600	8.010
Índices de avaliação			
Valor do empreeendimento/EBITDA	10,44	6,61	7,09
Índice P/L (anterior)	19,42	13,30	11,56
Índice P/L (futuro)	15,24	11,21	10,21
Beta	1,24	1,79	1,25

a. Como você usaria essa informação para avaliar uma potencial oferta para adquirir o capital próprio da Carquest?

b. O que você acha que está contribuindo para que as três empresas tenham índices de avaliação tão diferentes?

6-4 Padronizando o EBITDA Jason Kidwell está analisando se deve ou não adquirir um fabricante de brinquedos local, a Toys'n Things, Inc. As demonstrações de resultado anuais da empresa para os últimos três anos são as seguintes:

	2006	2005	2004
Receitas	$ 2.243.155	$ 2.001.501	$ 2.115.002
Custo de mercadorias vendidas	(1.458.051)	(1.300.976)	(1.374.751)
Lucro bruto	$ 785.104	$ 700.525	$ 740.251
Despesas gerais e administrativas	(574.316)	(550.150)	(561.500)
Lucro líquido operacional	$ 210.789	$ 150.375	$ 178.751

a. Jason sabe que pequenas empresas de capital fechado como essa geralmente são vendidas por três a quatro vezes os múltiplos EBITDA. As despesas com depreciação são de $50.000 por ano. Que valor você recomendaria que Jason colocasse na empresa?

b. O proprietário atual da Toys'n Things informou a Jason que não aceitaria menos do que seis vezes o EBITDA de 2006 para vender tudo. Jason decidiu que, baseado no que ele conhecia da empresa, o preço não se justificava. Entretanto, após uma análise posterior, Jason soube que a esposa do proprietário havia recebido $100.000 por ano por serviços administrativos que Jason achava que poderiam ter sido feitos por uma assistente com um salário de $50.000. Além disso, para administrar o negócio, o proprietário havia remunerado a si mesmo com um salário anual de $250.000 que, segundo Jason, baseado nas necessidades do negócio, estava pelo menos $50.000 acima do valor aceitável. Além disso, Jason acha que, se ele pudesse terceirizar a matéria prima da Ásia, poderia reduzir em cerca de 10% o custo das mercadorias vendidas. Depois de fazer ajustes nos salários excessivos, que valor Jason deveria colocar no negócio? Jason pode justificar o valor que o proprietário está colocando no negócio?

6-5 Alavancagem operacional e flutuações nos lucros operacionais Considere que Jason Kidwell (do Problema 6-4) pode comprar a Toys'n Things, Inc. por $2,2 milhões. Jason calcula que, depois de iniciar mudanças nas operações da empresa (isto é redução nos salários e a terceirização descritas no Problema 6-4), o custo das mercadorias vendidas da empresa será de 55% das receitas e as despesas operacionais serão iguais a um componente fixo de $250.000, mais um componente de custo variável igual a 10% das receitas.

a. Considerando as circunstâncias acima, calcule o lucro operacional líquido para níveis de lucro de $1 milhão, $2 milhões e $4 milhões. Qual é a mudança percentual no lucro operacional se os lucros vão de $2 para $4 milhões? Qual é a mudança percentual no lucro operacional se os lucros se alteram de $2 para $1 milhão?

b. Considere agora que Jason pode modificar a estrutura de custo da empresa de tal modo que o componente fixo de despesas operacionais diminua para $50.000 por ano, mas o custo variável aumente 30% das receitas de empresa. Responda a Parte a acima, considerando essa estrutura de custo revisada. Qual das duas estruturas de custo gera o maior nível de alavancagem operacional? Qual deve ser o efeito da mudança na estrutura de custo no beta do capital próprio da empresa?

6-6 Avaliando o capital próprio de uma empresa de crescimento estável A Emerson Electric Company (EMR) foi fundada em 1890 e está localizada em St. Louis, Missouri. A empresa fornece tecnologias de produto e serviços de engenharia para os mercados industrial, comercial e consumidor em todo o mundo. Ela opera em cinco segmentos de mercado: gestão de processo, automação industrial, rede de energia, tecnologia de clima e aparelhos e ferramentas.

A empresa tem uma longa história de pagamento de dividendos e de crescimento constante. Nos anos recentes, a distribuição de dividendos foi de 40% dos lucros em média. Para 2008, os lucros estão estimados em $5,69 por ação e, em 7 de dezembro de 2006, as ações da Emerson estavam sendo negociadas a $86,01, o que representa um índice preço/lucro de 19,276. Os dados para a indústria, o setor, a Emerson e quatro empresas concorrentes estão relacionadas na página 287.

a. O preço atual das ações ordinárias da Emerson é razoável, considerando seu setor, indústria e empresas comparáveis?

b. O coeficiente beta da Emerson é de 1,27. Considerando uma taxa livre de risco de 5,02% e um prêmio de risco de mercado de 5%, qual é a sua estimativa da taxa de retorno exigida para a ação da Emerson utilizando o CAPM? Qual taxa de crescimento nos lucros é consistente com a política da Emerson de distribuir 40% de seus lucros em dividendos e o retorno histórico ao capital da empresa? Utilizando sua taxa de crescimento estimada, qual é o valor das ações da Emerson, seguindo o modelo de crescimento de Gordon (de um estágio)? Analise a razoabilidade de seu valor por ação estimado utilizando o modelo de Gordon.

Descrição	Capitalização de mercado	P/L	Retorno do capital %	Retorno dos dividendos %	Índice de endividamento de longo prazo	Valor de mercado/ valor patrimonial contábil	Margem de lucro líquido	Preço de mercado/ fluxo de caixa livre
Setor: Bens industriais		16,606	14,94%	1,48%	0,87	50,471	5,40%	75,481
Indústria: Equipamento & componentes industriais		15,900	18,40%	1,41%	0,649	10,11	7,90%	−134,9
Emerson Electric Co.	$34,61B	19,276	23,72%	2,40%	0,494	4,257	9,54%	65,156
Parker-Hannifin Corp.	9,81B	14,150	18,16%	1,20%	0,308	2,298	8,25%	34,392
Roper Industries Inc.	4,44B	24,685	14,27%	0,50%	0,603	3,122	11,89%	232,735
Pentair Inc.	3,23B	17,943	11,56%	1,70%	0,485	1,974	4,48%	147,667
Walter Industries Inc.	2,19B	23,537	15,70%	0,30%	4,036	2,731	7,38%	−10,682

c. Utilizando sua análise na Parte b acima, que taxa de crescimento é compatível com o preço atual da ação da Emerson de $86,01?

6-7 Empresa de alto crescimento ou de crescimento estável? A Intel Corporation é uma empresa de ponta na fabricação de *chips* semicondutores. A empresa foi fundada em 1968, em Santa Clara, Califórnia, e representa uma das maiores histórias de sucesso da era da computação.

Apesar de a Intel continuar a crescer, a indústria na qual ela opera amadureceu; por isso, surge uma dúvida sobre se a empresa deve ser avaliada, de agora em diante, como uma empresa de alto crescimento ou de crescimento estável. Por exemplo, em dezembro de 2007, as ações da empresa eram negociadas a $20,88, o que representa um índice preço/lucro de apenas 17,61. Comparado ao índice preço/lucro da Google, Inc. de 53,71 na mesma data, parece que a decisão já foi tomada pelo mercado.

Os lucros esperados da Intel para 2007 são $1,13 por ação, e o índice de distribuição é de 48%. Além disso, os dados financeiros selecionados para o setor, a indústria e para sete das maiores empresas (inclusive Intel) estão no Documento 6-7.1

a. O preço atual da ação da Intel de $20,88 é compatível com seu setor, indústria e empresas comparáveis?
b. A Intel tem um coeficiente beta igual a 1,66. Se considerarmos uma taxa livre de risco de 5,02% e um prêmio de risco de mercado de 5%, qual é a sua estimativa da taxa de retorno exigida para a ação da Intel utilizando o CAPM? Que taxa de crescimento nos lucros é consistente com a política da Intel de distribuir 40% de seus lucros como dividendos e o retorno histórico obtido pelo capital próprio da empresa? Usando sua taxa de crescimento estimada, qual o valor das ações da Intel, utilizando o modelo de crescimento de Gordon (de um estágio)? Analise a razoabilidade de seu valor estimado por ação utilizando o modelo de Gordon.
c. Utilizando sua análise na Parte b acima, que taxa de crescimento é compatível com o preço atual da ação da Intel de $20,88?
d. Os analistas esperam que os lucros da Intel cresçam a uma taxa de 12% ao ano, pelos próximos cinco anos. Que taxa de crescimento é necessária, do Ano 6 em diante (para sempre), para garantir o preço atual da ação da Intel (utilize sua estimativa CAPM da taxa de retorno exigida no capital proprio)? (*Dica:* Use um modelo de dois estágios no qual os lucros da Intel cresçam 12% por cinco anos e, a partir do Ano 6, a uma taxa constante.)

6-8 Múltiplos de avaliação e mudanças nas taxas de juros – questão para pensar
Tanto o EBITDA do valor do empreendimento quanto os índices P/L podem ser associados a taxas de juros através da taxa de desconto usada na avaliação do fluxo de caixa descontado. Mantendo todo o resto sem alteração, quando as taxas de desconto são mais altas, os índices de avaliação são menores. Talvez, por causa disso, tendemos a ver tanto os preços das ações quanto o valor da compra e venda de empresas de capital fechado diminuir quando as taxas de juros aumentam.

Os macroeconomistas gostam de descrever taxas de juros como consistindo de dois componentes: a taxa de juros real e um componente de inflação esperada. Em algumas situações, os aumentos nas taxas de juros são o resultado de uma crescente taxa de juros

Documento 6-7.1 Indústrias comparáveis à Intel Corporation

Descrição	Capitalização de mercado	P/L	Retorno do capital próprio %	Retorno dos dividendos %	Índice de endividamento de longo prazo	Valor de mercado/ valor patrimonial contábil	Margem de lucro líquido	Preço de mercado/ fluxo de caixa livre
Setor: Tecnologia	5344,81B	27,716	14,77%	1,90%	0,691	5,588	10,39%	55,435
Indústria: Semicondutor – linha completa	252,89B	19,9	16,20%	1,30%	0,096	3,42	15,50%	193,3
Intel Corp.	120,51B	17,622	19,63%	1,90%	0,064	3,437	18,72%	121,039
Texas Instruments Inc.	44,62B	11,08	22,94%	0,50%	0,004	3,71	18,67%	−5577,55
STMicroelectronics NV	16,35B	24,959	7,81%	0,70%	0,209	1,764	8,24%	−11,219
Advanced Micro Devices Inc.	11,79B	21,152	12,61%	0,00%	0,138	2,088	10,13%	−58,916
Analog Devices Inc.	11,48B	22,667	15,42%	1,90%	NA	3,342	21,48%	311,392
Maxim Integrated Products Inc.	10,28B	23,025	16,93%	1,90%	NA	3,681	21,39%	NA
National Semiconductor Corp.	8,04B	18,49	25,67%	0,60%	0,012	4,481	22,18%	154,483

real; e, em outras situações, a causa do aumento de uma taxa de juros é um aumento na inflação esperada. Como irão reagir os índices de avaliação a um aumento da taxa de juros gerado pela inflação esperada *versus* um aumento da taxa de juros que representa um aumento nas taxas de juros reais?

Problema 6-9 MINICASO **Preços de ações para a Framco Resources IPO**

A Framco Resources é uma empresa independente de petróleo e gás natural envolvida em aquisição, desenvolvimento e exploração de áreas de petróleo e gás natural na América do Norte. A empresa seguiu uma estratégia de crescimento por meio do desenvolvimento das áreas de perfuração e projetos de exploração do seu estoque de propriedades e buscando aquisições seletivamente. Inicialmente, a atual administração da empresa comprou, em dezembro de 2007, os direitos de propriedade na Framco (que era uma entidade de capital aberto) e, desde então, tem conseguido considerável crescimento em reservas e produção. Em 2003, a empresa financiou o fechamento do seu capital com endividamento e capital próprio aportado por um investidor. No final de 2005, a administração da Framco decidiu que era a hora certa para, mais uma vez, se tornar uma empresa de capital aberto por meio de uma oferta pública inicial de suas ações.

A administração da Framco escolheu um banco de investimento que preparou uma análise preliminar de possíveis preços de venda para as ações da empresa, mostrada nos Documentos P6-9.1 e P6-9.2 (pág. 291). A análise utiliza índices de avaliação baseados nos valores atuais de empreendimento de cinco empresas independentes de petróleo e gás, além de três métricas de avaliação-chave que são comumente usadas na indústria: reservas estimadas; lucros estimados antes dos juros, impostos, depreciação, amortização e investimentos de capital de manutenção (EBITDAX); e fluxo de caixa livre da empresa.

O Documento P6-9.2 contém as estimativas da avaliação do capital próprio e do empreendimento da Framco que corresponderiam a diferentes preços de venda de IPO. Essa análise é baseada na premissa de que a Framco irá vender 51,6 milhões de quotas de ações ao preço de $20 a $30 por ação. Para completar a análise comparativa, o responsável financeiro da Framco forneceu ao banqueiro de investimento as estimativas necessárias das reservas comprovadas da sua empresa para 2005, EBITDAX para 2006 e 2007 e o fluxo de caixa livre. Essas estimativas estão a seguir:

Métrica de avaliação	Estimativas da Framco
Reservas comprovadas 2005E	$700 milhões
EBITDAX 2006E	$302 milhões
EBITDAX 2007E	$280 milhões
Fluxo de caixa livre da empresa	$191 milhões

Capítulo 6 ■ Avaliação relativa utilizando ativos comparáveis de mercado

Documento P6-9.1 Indústrias comparáveis utilizadas na análise de preços de IPO da Framco Resources

Empresa	Características da empresa (milhões)					Índices de avaliação da empresa			
	Valor do empreendimento	Reservas 2005E	EBITDAX 2006E	EBITDAX 2007E	Fluxo de caixa livre da empresa[1]	Reservas 2005E	EBITDAX 2006E	EBITDAX 2007E	Fluxo de caixa livre da empresa[1]
Empresa nº 1	$20.547	7.311	$3.210	$2.873	$2.940	$2,81	6,40	7,15	6,99
Empresa nº 2	21.280	7.220	3.806	3.299	3.502	2,95	5,59	6,45	6,08
Empresa nº 3	4.781	1.411	601	602	450	3,39	7,96	7,94	10,62
Empresa nº 4	2.508	1.222	380	342	252	2,05	6,60	7,33	9,95
Empresa nº 5	2.355	798	460	399	241	2,95	5,12	5,90	9,77
					Média	2,83	6,33	6,96	8,68
					Mediana	2,95	6,40	7,15	9,77

[1]O fluxo de caixa livre da empresa é calculado da maneira usual e inclui as estimativas da empresa de investimentos de capital para manutenção.

Documento P6-9.2 Estimativas de valor do empreendimento para a Framco baseadas nos preços de ações de OPI alternativa

	Preço esperado de ações de OPI						
	$20,00	$22,00	$24,00	$26,00	$28,00	$30,00
Ações diluídas em circulação (milhões)	51,60	51,60	51,60	51,60	51,60	51,60
Valor do capital próprio (milhões)	$1.032	$1.135	$1.238	$1.342	$1.445	$1.548
Mais: Endividamento líquido (milhões)[1]	740	688	637	585	534	482
Valor do empreendimento (milhões)	$1.772	$1.824	$1.875	$1.927	$1.978	$2.030

[1]Endividamento líquido é igual ao endividamento oneroso menos o caixa($250.000). O endividamento oneroso total diminui com o aumento dos preços das ações da IPO, pois metade dos lucros adicionais, resultado de um preço maior, é usada para baixar a dívida da Framco.

a. Calcule os índices de avaliação encontrados no Documento P6-9.1 utilizando as métricas de avaliação da Framco para cada um dos preços alternativos de IPO, como se vê no Documento P6-9.2.
b. Baseado em seus cálculos (e considerando que as métricas de avaliação são usadas pelos investidores para fazer comparações de valor entre empresas independentes de petróleo e gás), que preço você acha que as ações da Framco terão por ocasião da IPO?
c. O preço de venda real para as ações da Framco não será definido antes da reunião com o banco de investimento, na noite anterior à data da oferta. Nessa reunião, o banqueiro não tem apenas os dados comparáveis como os que vimos no Documento P6-9.1, mas também indicações sobre interesse na compra das novas ações (*the book*). Nessa reunião, o banco de investimento examinou as mais recentes estimativas das métricas de avaliação da Framco, que eram praticamente idênticas às estimativas do Documento P6-9.1. A Framco deveria tentar aumentar o preço de venda fora do limite original estabelecido no Documento P6-9.2? Por quê?

Problema 6-10 MINICASO Avaliando o preço da ação da IPO da Google[18]

A Google, Inc., de Mountain View, Califórnia, opera a ferramenta de busca mais popular e poderosa da Web. A empresa abriu seu capital em 19 de agosto de 2004, utilizando um método de leilão holandês não convencional. A oferta redundou na maior IPO da internet de todos os tempos, gerando $1,67 bilhão e deixando a empresa com 271.219.643 de ações ordinárias.

Enquanto tem uma grande vantagem sobre seus concorrentes no mercado de buscadores, a Google está testemunhando uma crescente pressão de entidades rivais bem-estabelecidas. A Yahoo! Inc., com uma capitalização de mercado de aproximadamente $38,43 bilhões, é geralmente vista como seguidora de um modelo de negócio muito semelhante ao da Google.

a. Utilizando o método de múltiplos baseado tanto no índice P/L quanto no índice EBITDA do valor do empreendimento, a que preço a ação deveria ser oferecida? Use os dados do Documento P6-10.1 para as seguintes empresas como comparáveis em sua análise: Earthlink, Yahoo, eBay e Microsoft. Compute o valor da IPO para as ações da Google utilizando cada uma das empresas comparáveis separadamente e, depois, use um "múltiplo" médio para as empresas comparáveis. Utilize os balanços patrimoniais do final do ano de 2003 e as demonstrações de resultado das empresas comparáveis para fazer a análise. Considere que os valores da Google previstos na época da IPO são os seguintes: EBITDA de aproximadamente $800 milhões, caixa e equivalentes de $430 milhões e endividamento oneroso (total de curto e longo prazo) de apenas $10 milhões.[19]
b. Quais das quatro empresas comparáveis você considera como a melhor para comparação com a Google? Por quê?

---

[18] Feito por Betty Simkins, da Universidade do Estado de Oklahoma.

[19] Essas estimativas para a Google são aproximadas e baseadas no prospecto.

Documento P6-10.1				
Informação financeira	Earthlink (ELINK)	Yahoo (YHOO)	eBay (EBAY)	Microsoft (MSFT)
Ações em circulação 2003	159.399.000	655.602.000	646.819.000	10.800.000.000
Preço da ação (fechamento fiscal 2003)	$ 10,00	$ 45,03	$ 64,61	$ 25,64
Capitalização do mercado	$ 1.593.990.000	$29.521.758.060	$41.790.975.590	$276.912.000.000
Endividamento de curto prazo	$ 900.000	$ 0	$ 2.800.000	$ 0
Endividamento de longo prazo	$ 0	$ 750.000.000	$ 124.500.000	$ 0
Caixa e equivalentes	$ 349.740.000	$ 713.539.000	$ 1.381.513.000	$ 6.438.000.000
Investimentos de curto prazo	$ 89.088.000	$ 595.975.000	$ 340.576.000	$ 42.610.000.000
EBITDA	$ 218.100.000	$ 455.300.000	$ 818.200.000	$ 14.656.000.000
Lucro líquido	$ (62.200.000)	$ 237.900.000	$ 441.800.000	$ 9.993.000.000
LPA calculado	(0,39)	0,36	0,68	0,93

c. Como se executa a ação desde a IPO? Você acredita que a Google está corretamente avaliada no mercado de ações atualmente? Por quê?

Problema 6-11 MINICASO **Avaliando a aquisição dos recursos da Burlington pela ConocoPhillips**[20]

Você foi recentemente contratado pela Wall Street Valuation Consultants como um analista de capital próprio e recebeu a tarefa de avaliar a aquisição proposta no seguinte comunicado à imprensa:

> Houston, Texas (12 de dezembro de 2005) – A ConocoPhillips (NYSE:COP) e a Burlington Resources Inc. (NYSE:BR) anunciaram hoje que assinaram um acordo definitivo pelo qual a ConocoPhillips irá adquirir a Burlington Resources em uma transação de $33,9 bilhões. A transação, após aprovação dos acionistas da Burlington Resources, proporcionará à ConocoPhillips uma extensa quantidade de ativos de exploração de gás natural de alta qualidade e de produção, localizados principalmente nos Estados Unidos. O portfólio da Burlington Resources fornece um poderoso complemento ao portfólio global da ConocoPhillips nas operações integradas de exploração, produção, refino e transporte de energia, posicionando dessa forma a empresa resultante da fusão para crescimento futuro. (Fonte: HTTP://www.conocophillips.com/NR/rdonlyres/86E7B7A6-B953-4D0D-B945-E4F1016DD8FD/0/cop_burlingtonpressrelease.pdf).

---

[20] Feito por Betty Simkins, da Universidade do Estado de Oklahoma.

Documento P6-11.1 Os valores da demonstração de resultado e balanço patrimonial estão em milhares

	XTO Energyy	Chesapeake Energy	Devon Energy	Apache	Burlington Resources
Ticker	XTO	CHK	DVN	APA	BR
FIM DO PERÍODO	31-dez-04	31-dez-04	31-dez-04	31-dez-04	31-dez-04
Demonstração de resultado ($000)					
Receita total	1.947.601	2.709.268	9.189.0000	5.332.577	5.618.0
Custo da receita	436.998	204.821	1.535.000	946.639	1.040.0
Lucro bruto	1.510.603	2.504.447	7.654.000	4.385.938	4.578.00
Despesas operacionais					
Despesas de vendas, gerais e administrativas	165.092	896.290	1.616.000	173.194	215.00
Depreciação, exaustão e amortização	414.341	615.822	2.334.000	1.270.683	1.137.0
Outros	11.830	–	–	162.493	640.00
Lucro ou perda operacional	919.281	992.335	3.704.000	2.779.568	2.586.00
Lucro de operações normais					
Total de outras receitas/despesas (líquido)	–	–20.081	64.000	857	–
Lucro antes dos juros e impostos	919.281	972.254	3.768.000	2.780.425	2.586.00
Despesas com juros	93.661	167.328	475.000	117.342	282.00
Receita antes dos impostos	825.620	804.926	3.293.000	2.663.083	2.304.00
Despesa com imposto de renda	317.738	289.771	1.107.000	993.012	777.00
Receita líquida de operações normais	507.882	515.155	2.186.000	1.670.071	1.527.0
Eventos não recorrentes					
Efeitos de mudanças contábeis	–	–	–	–1.317	–
Lucro líquido	507.882	515.155	2.186.000	1.668.757	1.527.00
Ações preferenciais e outros ajustes	–	–	–10.000	–5.680	–
Lucro líquido aplicável às ações ordinárias	$507.882	$515.155	$2.176.000	1.663.074	$1.527.00

Balanço patrimonial ($000)				
Ativos				
Ativo circulante				
Caixa e equivalentes	9.700	6.896	1.152.000	111.093	217.900
Investimentos de curto prazo	14.713	51.061	968.000	–	–
Líquido de contas a receber	364.836	477.436	1.320.000	1.022.625	994.00
Estoque	–	32.147	–	157.293	124.00
Outros ativos circulantes	47.716	–	143.000	57.771	158.000
Total de ativos circulantes	**436.965**	**567.540**	**3.583.000**	**1.348.782**	**3.455.00**
Investimentos de longo prazo	–	136.912	753.000	–	–
Imobilizado	5.624.378	7.444.384	19.346.000	13.860.359	1.103.300
Goodwill	–	–	5.637.000	189.252	105.400
Outros ativos	49.029	95.673	417.000	–	202.000
Custos de ativos de longo prazo diferidos	–	–	–	104.087	–
Total de ativos	**6.110.372**	**8.244.509**	**29.736.000**	**15.502.480**	**15.744.00**
Passivos				
Passivos circulantes				
Contas a pagar	425.173	872.539	1.722.000	1.158.181	118.200
Dívidas de Curto prazo/parcela corrente da dívida de longo prazo	75.534	91.414	1.378.000	21.273	2.000
Outros passivos circulantes	259	–	–	103.487	41.500
Total dos passivos circulantes	**500.966**	**963.953**	**3.100.000**	**1.282.891**	**1.599.00**
Endividamento de longo prazo	2.053.911	3.076.405	7.796.000	2.619.807	3.887.00
Outros passivos	199.753	107.395	366.000	1.022.880	851.00
Passivos diferidos de longo prazo	756.369	933.873	4.800.000	2.372.481	2.396.00
Total de passivos	**3.510.999**	**5.081.626**	**16.062.000**	**7.298.059**	**8.733.00**

(Continua)

Documento P6-11.1 Continuação

Ticker FIM DO PERÍODO	XTO Energyy XTO 31-dez-04	Chesapeake Energy CHK 31-dez-04	Devon Energy DVN 31-dez-04	Apache APA 31-dez-04	Burlington Resources BR 31-dez-04
Capital próprio do acionista					
Ações preferenciais	–	490.906	1.000	98.387	–
Ações ordinárias	3.484	3.169	48.000	209.320	5.000
Lucros acumulados	1.239.553	262.987	3.693.000	4.017.339	4.163.00
Ações em Tesouraria	–24.917	–22.091	–	–97.325	–2.208.00
Reserva de capital	1.410.135	2.440.105	9.087.000	4.106.182	3.973.00
Outro capital próprio	–28.882	–12.193	845.000	–129.482	1.078.00
Total do capital próprio dos acionistas	2.599.373	3.162.883	13.674.000	8.204.421	7.011.00
Passivo total e capital dos titulares das ações	6.110.372	8.244.509	29.736.000	15.502.480	15.744.00
Outros dados financeiros					
Despesas de exploração (milhões)	$599,5	$184,3	$279,0	$2.300,0	$258,0
Ações em circulação (milhões)	332,9	253,2	482,0	327,5	392,0
Preço de fechamento final do ano 2004	$35,38	$16,50	$38,92	$50,57	
Capitalização de mercado (milhões)	$11.778,00	$4.177,80	$18.759,44	$16.561,68	

Breve descrição das empresas

XTO Energy

A XTO Energy, Inc. e suas subsidiárias ocupam-se com aquisição, desenvolvimento e exploração de propriedades de produção de petróleo e gás nos Estados Unidos. A empresa também produz, processa, comercializa e transporta petróleo e gás natural. Suas reservas estão localizadas principalmente na Região Oriental, incluindo a Bacia East Texas e o noroeste da Lousianna; Barnett Shale, do norte do Texas; as Bacias San Juan e Raton, do Novo México e Colorado; Permian e região sul do Texas; Mid-Continent e Rocky Mountains, região de Wyoming, Kansas, Oklahoma e Arkansas; e Middle Ground Shoal Field, do Cook Inlet, no Alaska. Em 31 de dezembro de 2005, a empresa calculou reservas comprovadas de 6,09 trilhões de pés cúbicos de gás natural, 47,4 milhões de barris de líquidos de gás natural e 208,7 milhões de barris de petróleo.

Cheasapeake Energy

A Cheasapeake Energy Corporation ocupa-se do desenvolvimento, aquisição, produção, exploração e comercialização de propriedades de petróleo e gás natural *onshore* nos Estados Unidos. Suas propriedades estão localizadas em Oklahoma, Texas, Arkansas, Louisianna, Kansas, Montana, Colorado, Dakota do Norte, Novo México, West Virginia, Kentucky, Ohio, Nova York, Maryland, Pennsylvania, Tenessee e Virgínia. Em 31 de dezembro de 2005, tinha reservas desenvolvidas e subdesenvolvidas de aproximadamente 7.520.690 milhões de pés cúbicos de equivalentes de gás, incluindo, aproximadamente, 103.323 mil barris de petróleo e 6.900.754 milhões de pés cúbicos de gás natural. Nessa data, também possuía participação em aproximadamente 30.600 poços produtores de petróleo e gás.

Devon Energy

A Devon Energy Corporation desenvolve primordialmente exploração, desenvolvimento e produção de petróleo e gás. Possui propriedades de petróleo e gás localizadas principalmente nos Estados Unidos e Canadá. As operações da empresa nos Estados Unidos estão principalmente na Bacia Permian, Mid-Continent, nas Rocky Mountains e nas regiões *onshore* e *offshore* da Costa da Golfo. No Canadá, as propriedades estão focadas na bacia sedimentar do Canadá ocidental, em Alberta e British Columbia. A Devon Energy também possui propriedades no Azerbaijão, China e Egito, assim como em áreas na África Ocidental incluindo Guiné Equatorial, Gabão e Costa do Marfim. Além disso, a empresa comercializa e transporta petróleo, gás e líquidos de gás natural; e constrói e opera dutos, instalações de armazenagem e tratamento, além de plantas de processamento de gás. Em 31 de dezembro de 2005 suas reservas comprovadas eram de 2.112 milhões de barris de equivalente de petróleo. A Devon Energy vende sua produção de petróleo para vários clientes, inclusive dutos, concessionárias, empresas de comercialização de petróleo, usuários industriais e empresas locais de distribuição.

Apache

A Apache Corporation ocupa-se com exploração, desenvolvimento e produção de gás natural, óleo cru e líquidos de gás natural, principalmente nos Estados Unidos. Tem participação na exploração e produção no Golfo do México, na Costa do Golfo, no Texas oriental, na Bacia Permiano, na Bacia Anadarko e na Bacia Sedimentar ocidental do Canadá. A empresa também tem participação na exploração e produção *onshore* no Egito e na Argentina e *offshore* na Austrália Ocidental, no Mar do Norte do Reino Unido e na República Popular da China. Em 31 de dezembro de 2005, tinha um total estimado de reservas comprovadas de 976 milhões de óleo cru, condensado e líquidos de gás natural, além de 6,8 trilhões de pés cúbicos de gás natural.

Junto com o relatório anual de 2005 da empresa, o presidente Jim Mulva encaminhou uma correspondência aos acionistas da ConocoPhillips descrevendo a justificativa para a proposta de aquisição da Burlington, como segue:

O perfil de produção de curto prazo da Burlington é sólido e crescente. Além disso, a Burlington possui uma grande lista de possíveis clientes e significativas áreas nas bacias mais promissoras dos Estados Unidos, principalmente em terra. Com esse acesso a reservas de alta qualidade e longa vida, a aquisição valoriza o aumento de nossa produção tanto de recursos de gás convencional quanto não convencional.

Basicamente, nosso portfólio será reforçado com as oportunidades para aumentar a produção e ganhar sinergias operacionais na Bacia de San Juan, nos Estados Unidos, e por uma maior presença e melhor utilização de nossos ativos no Canadá Ocidental. Além das possibilidades de crescimento, esses ativos fornecem um significativo potencial de geração de recursos no futuro.

Além de aumentar a produção e as reservas, a Burlington também traz uma experiência técnica reconhecida que, junto com as capacidades *upstream* existentes da ConocoPhillips, criará uma organização superior para capitalizar na crescente base de ativos. Não esperamos que a aquisição de $33,9 bilhões exija a venda de ativos na ConocoPhillips ou na Burlington, nem ela deve alterar nossos planos de crescimento para a empresa. Esperamos alcançar sinergias e redução de custos antes do imposto de renda de aproximadamente $375 milhões anuais, depois que as operações das duas empresas estiverem totalmente integradas.

Prevemos que essa transação gere recursos imediatos e futuros que ajudarão na rápida redução da dívida incorrida por ocasião da aquisição e na realocação dos recursos em áreas de crescimento estratégicas. Os acionistas da Burlington irão votar pela transação proposta em uma reunião em 30 de março de 2006. (Fonte:http://wh.conocophillips.com/about/reports/ar05/letter.htm.)

Entretanto, em uma reunião de analistas, o presidente Mulva mencionou que o preço que ConocoPhillips pagou por Burlington poderia ser considerado por alguns como alto:

Em termos de aquisições, fusões e aquisições, se torna cada vez mais um mercado de vendedores, e os termos e condições não são atraentes para os compradores (Fonte: http://news.softpedia.com.news/ConocoPhillips-Plans-To-Acquire-Burlington-14628.shtml).

Sua tarefa é responder à seguinte pergunta básica: "A Burlington Resources vale os $35,6 bilhões oferecidos pela ConocoPhillips?" Apesar de você ser novo na indústria de exploração e produção (E&P), você aprendeu rapidamente que o método de múltiplos ou comparáveis baseados no mercado e, principalmente, o índice do valor do empreendimento (VE) do EBITDAX são geralmente usados como *benchmarks* para avaliar empresas de E&P. EBITDAX significa "lucros antes dos juros, impostos, depreciação, amortização e despesas com exploração". EBITDAX se diferencia de EBITDA porque acrescenta as despesas com exploração além da depreciação e amortização – por isso, o termo "EBITDAX".

CAPÍTULO 6 ■ AVALIAÇÃO RELATIVA UTILIZANDO ATIVOS COMPARÁVEIS DE MERCADO 299

a. Utilizando o método de múltiplos baseado no valor do empreendimento do EBITDAX, o índice P/L e o indice valor de empreendimento sobre EBITDA, qual deveria ser o valor para aquisição das ações da Burlingon Resources? Utilize as seguintes empresas como comparáveis para sua análise: Chesapeake Energy, XTO Energy, Devon Energy e Apache. A informação resumida dos balanços patrimoniais e demonstrações de resultados no final do ano de 2004, assim como os dados de capitalização de mercado para a Burlington Resources e cada uma das empresas comparáveis, estão no Documento P6-11.1 (páginas 294-297).
b. Quais das quatro empresas usadas como comparáveis você entende como a melhor comparação para a Burlington Resources? Por quê?
c. Baseado em sua análise de comparáveis, a ConocoPhillips pagou demais ou foi uma pechincha? Por quê?
d. Que informações adicionais o ajudariam em sua análise?

Problema 6-12 MINICASO OPI dos Artigos Esportivos da Dick[21]

Cenário: Estamos no início de outubro de 2002 e seu banco de investimento foi contratado pela administração da Dick's Sporting Goods (DKS) para determinar a avaliação/preço de venda para oferta pública inicial (IPO) das ações da empresa.

Documento P6-12.1 Desempenho indexado das ações de varejistas de artigos esportivos nos últimos 12 meses

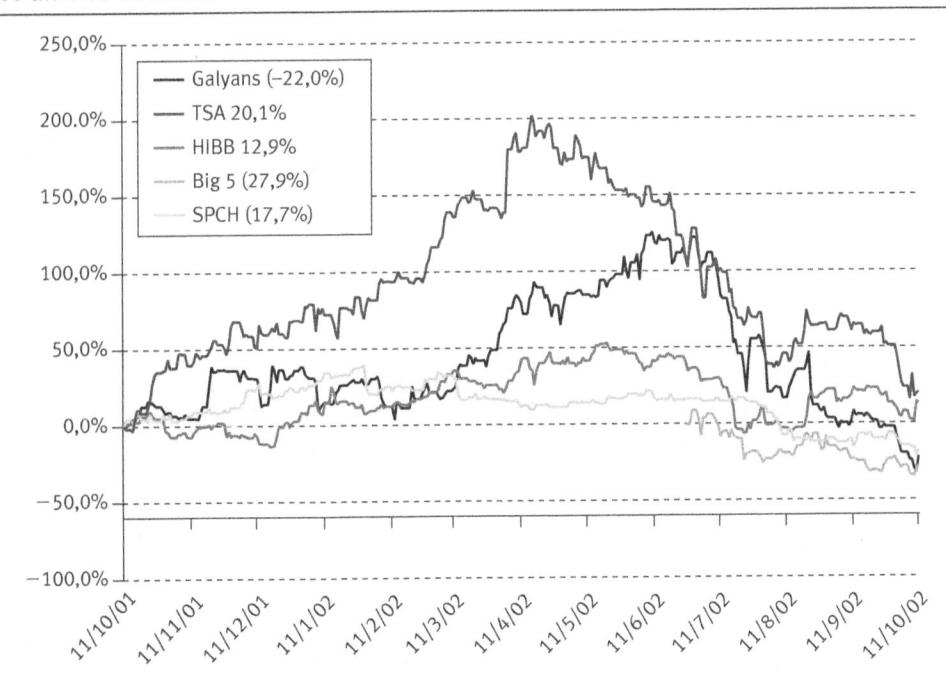

---

[21] Feito por Julia Plots, da University of Southern California.

Documento P6-12.2 Desempenho indexado das ações das empresas varejistas de artigos esportivos comparáveis contra os principais índices nos últimos 12 meses

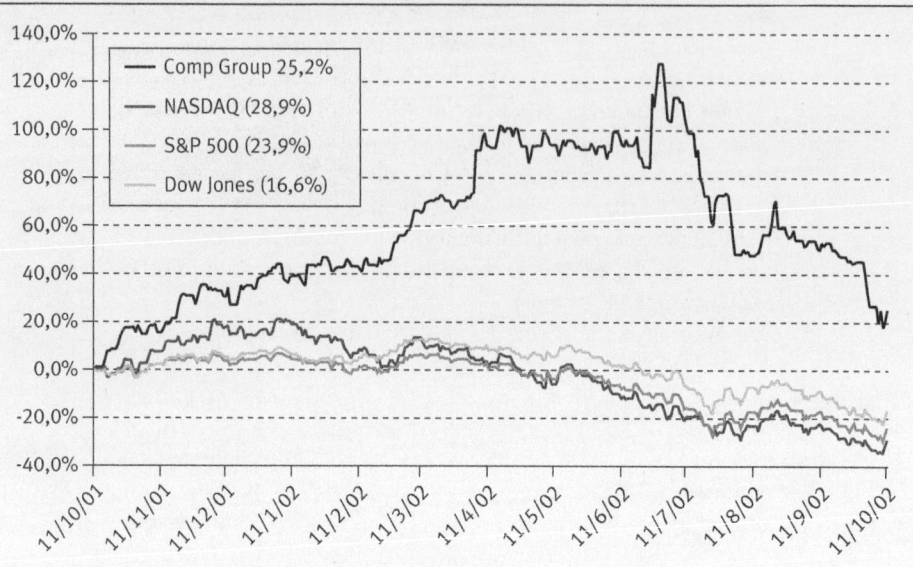

Gráfico de linhas mostrando o desempenho de 11/10/01 a 11/10/02:
- Comp Group 25,2%
- NASDAQ (28,9%)
- S&P 500 (23,9%)
- Dow Jones (16,6%)

Sobre os Artigos Esportivos da Dick: A DKS, estabelecida em Pittburgh, Pennsylvania, foi fundada quando Dick Stack abriu sua primeira loja em 1948, com $300 do pote de biscoitos de sua avó. A empresa está crescendo rapidamente e planeja utilizar os lucros da IPO para abertura de lojas e aquisições. A DKS tem mais de 130 lojas em 25 estados, principalmente no leste dos Estados Unidos. O formato é de uma grande loja tipo *"big-box"*,* contendo outras lojas menores que vendem artigos esportivos, confecções e calçados para atividades que vão de futebol e golfe até caça e *camping*. Além de marcas como Nike e Adidas, Dick vende Ativa, Walter Hagen e outras marcas exclusivas. Na época da IPO, a administração da DKS incluía Ed, o filho do proprietário, que tem 37% de participação acionária na empresa e a Vulcan Ventures (empresa de investimento fundada por Paul Allen, antigo executivo da Microsoft) que possui 12% da DKS como resultado de um aporte de capital privado.

Visão geral do setor e do mercado: Os vendedores de artigos esportivos estavam se consolidando com o crescimento de varejistas *"big box"*. Em 1997 e 2001, a Gart Sports Company (GRTS) adquiriu a Sport Mart Inc. e a OSH Sporting Goods, respectivamente. Empresas de investimento em capital privado e de capital de risco possuíam investimentos na indústria. A DKS foi o primeiro varejista a lançar uma IPO em três meses. Desde o início de julho de 2002 até a época da oferta, foi o menor registro combinado de IPOs desde o segundo trimestre de 1978. Em 2002, outras IPOs de varejistas tiveram um sucesso médio. O preço das ações da Big 5 Sporting

---

* N. de T.: *Big box* é um estilo de prédio grande, retangular, geralmente de um só piso, construído sobre uma laje de concreto.

Documento P6-12.3 O desempenho da Dick Sporting Goods nos últimos doze meses

Dados financeiros da Dick Sporting Goods ($ milhões)	
Receitas	$1.173,794
Lucro bruto	$298,453
EBIT	$55,899
Depreciação e amortização	$13,499
EBITDA	$69,398
Dados do balanço patrimonial 3/8/2002	
Cheques descontados	$33,584
Parcela atual da dívida de longo prazo	$0,211
Linha de crédito bancário rotativo	$90,299
Endividamento de longo prazo e aluguel de bens imobiizados	$3,466
Endividamento total	$127,560
Caixa	$13,874
Patrimônio líquido dos acionistas	$78,984

Goods havia baixado cerca de 23%, pois seu investidor de capital privado, Leonard Green & Partners, LP, arrecadou $105 milhões em junho de 2002. As condições de mercado para aumento de capital próprio eram desfavoráveis e, durante o *road show* da DKS, muitos dos investidores institucionais expressaram preocupações que sugeriam que o limite da IPO de $15-$18 por ação era alto demais.

Tarefas de avaliação

a. Baseado nos dados financeiros da DKS (Documento P6-12.3) e na avaliação dos dados comparáveis do mercado de varejo de artigos esportivos (Documento P6-12.4), calcule uma avaliação de capital próprio implícita para a oferta pública inicial da empresa. Calcule uma faixa de avaliação de capital próprio implícita baseada nos múltiplos de avaliação de comparação de empreendimentos (VE/Receitas, VE/EBIT e VE/EBITDA). Determine uma escala de preços de OPI para cerca de 9,4 milhões de ações de capital próprio em circulação.

b. Em sua opinião, as empresas de artigos esportivos selecionadas, negociadas em bolsa, referidas no Documento P6-12.4, são boas escolhas para comparação com a DKS? Por quê?

Documento P6-12.4 Avaliação de comparáveis de mercado com a Sporting Goods [19,20]

Varejistas de artigos esportivos	Símbolo	Preço da ação 09/10/2002	UDM Final	Valor de mercado	Valor do empreendimento	Alteração % 12 meses Baixo	Alteração % 12 meses Alto	Calendário P/L[a] 2002E	Calendário P/L[a] 2003E	Crescimento secular Taxa[a]	Múltiplos P/L calendario 2002E	Múltiplos P/L calendario 2003E
Galyan's Trading Co.	GLYN	$7,25	7/02	$123,50	$123,50	0,0%	(68,8%)	$1,06	$1,32	23%	6,8×	5,5×
Gart Sports Co.	GRTS	$14,64	7/02	$178,50	$313,00	20,8%	(61,2%)	$1,80	$2,10	18%	8,1×	7,0×
Hibbett Sporting Goods	HIBB	$18,89	7/02	$189,90	$191,70	17,1%	(33,7%)	$1,35	$1,62	20%	14,0×	11,7×
Sport Chalet	SPCH	$6,12	6/02	$40,40	$45,60	0,0%	(43,1%)	$0,71	$0,87	14%	8,6×	7,0×
The Sports Authority	TSA	$4,15	7/02	$136,20	$331,90	1,7%	(71,9%)	$0,66	$0,76	13%	6,3×	5,5×
Big 5 Sporting Goods	BGFV	$8,60	6/02	$186,40	$327,40	0,0%	(39,8%)	$1,09	$1,25	15%	7,9×	6,9×
Media						6,6%	(53,1%)			17%	8,6×	7,2×
Mediana						0,9%	(52,1%)			16%	8,0×	6,9×

Varejistas de artigos esportivos	Valor do empreendimento/ UDM Receita	Valor do empreendimento/ UDM EBITDA	Valor do empreendimento/ UDM EBIT	Endividamento/ Cap total	Margens UTM Bruto	Margens EBITDA	Margens EBIT
Galyan's Trading Co.	0,2×	3,0×	4,6×	6%	30%	8%	5%
Gart Sports Co.	0,3×	6,2×	9,4×	44%	26%	5%	3%
Hibbett Sporting Goods	0,7×	7,0×	9,2×	6%	31%	10%	8%
Sport Chalet	0,2×	4,0×	7,3×	14%	28%	5%	3%
The Sports Authority	0,2×	4,9×	12,4×	59%	2%	5%	2%
Big 5 Sporting Goods	0,5×	5,8×	7,0×	105%	35%	9%	7%
Média	0,37×	5,2×	8,3×	39%	25%	7%	5%
Mediana	0,27×	5,4×	8,3×	29%	29%	7%	4%

[a]Taxa de crescimento LPA anual de 3 anos.

Legenda: UDM=últimos 12 meses; Margem (UDM) bruta=Lucro bruto/Receitas; Margem (UDM) EBITDA=EBITDA/Receitas; Margem (UDM) EBIT=EBIT/Receitas.

[19]Os últimos doze meses mais recentes da empresa na data de 09/10/02; LPA e previsão de crescimento são consenso dos analistas.
[20]Os dados financeiros foram padronizados para itens incomuns e não-recorrentes.

Capítulo 7
Avaliação do empreendimento

> **Visão geral do capítulo**
>
> Neste capítulo, examinaremos os fundamentos da avaliação de negócios ou do empreendimento. Nosso foco é na abordagem da avaliação híbrida que combina a análise do FCD (examinada nos Capítulos 2-5) com a avaliação relativa (apresentada no Capítulo 6). Dividimos o problema da avaliação de empreendimentos em dois passos: o primeiro envolve a avaliação dos fluxos de caixa de uma empresa durante um horizonte de projeção de 3 a 10 anos, e o segundo envolve o cálculo do *valor terminal*, que é o valor de todos os fluxos de caixa dos anos subsequentes ao horizonte de projeção. Modelos de avaliação por FCD puros utilizam a análise de FCD para determinar o valor dos fluxos de caixa tanto do horizonte de projeção quanto do valor terminal, enquanto o modelo de avaliação híbrido que discutimos utiliza a análise de FCD para determinar os fluxos de caixa do horizonte de projeção e um múltiplo EBITDA para estimar o valor terminal.

7.1 Introdução

Neste capítulo, focamos a nossa atenção ao que geralmente é chamado de avaliação do empreendimento, que é a avaliação de um negócio ou de uma empresa em atividade. A abordagem que recomendamos, que chamamos de abordagem híbrida, reconhece que os fluxos de caixa projetados apenas para um futuro próximo representam um desafio único, pois a maioria dos empreendimentos tende a permanecer em atividade por muitos anos. Para tratar desse problema de previsão, os analistas geralmente fazem projeções explícitas e detalhadas dos fluxos de caixa da empresa apenas para um número de anos limitado (geralmente chamado de *horizonte de projeção*) e determinam o valor de todos os demais fluxos de caixa como um *valor terminal*, ao final do horizonte de projeção.

O valor terminal pode ser estimado de duas maneiras. A primeira é uma aplicação direta da análise do FCD utilizando o modelo de crescimento de Gordon. Como vimos nos capítulos anteriores, essa abordagem exige estimativas tanto da taxa de crescimento quanto da taxa de desconto. O segundo método adota a abordagem de múltiplos que analisamos no último capítulo, e geralmente o valor terminal é determinado como sendo um múltiplo dos lucros projetados para o final do horizonte de projeção antes dos juros, impostos, depreciação e amortização (EBITDA). Quando se usa essa última abordagem para avaliar o valor terminal e o FCD para examinar os fluxos de caixa do horizonte de projeção, o modelo não é simplesmente um modelo de FCD puro, mas se torna uma abordagem híbrida para a avaliação do empreendimento.

A abordagem de avaliação do empreendimento descrita neste capítulo é utilizada em muitas aplicações. Elas incluem aquisições, que examinamos no exemplo destacado neste capítulo; ofertas públicas iniciais, onde as empresas abrem o capital e emitem capital próprio pela primeira vez, que nós descrevemos no capítulo anterior; operações de fechamento de capital (que analisaremos no próximo capítulo); cisões e *carve-outs* (quando uma divisão de uma empresa se torna uma entidade separada legalmente); e, finalmente, a avaliação do patrimônio da empresa para fins de investimento.

Na maioria das aplicações, os analistas utilizam uma única taxa de desconto – o custo médio ponderado de capital (ou WACC) do investimento – para descontar os fluxos de caixa do horizonte de projeção e o valor terminal. Essa abordagem faz sentido se a estrutura financeira e o risco do investimento são relativamente estáveis ao longo do tempo. Entretanto, os analistas frequentemente necessitam estimar o valor do empreendimento de uma empresa que esteja passando por algum tipo de transição e, nesses casos, espera-se que a estrutura de capital da empresa sofra alterações ao longo do tempo. Na verdade, as empresas geralmente são adquiridas utilizando-se uma grande proporção de capital de terceiros, que depois é liquidada ao longo do tempo até que a empresa alcance o que considera ser uma estrutura de capital apropriada. Nesses casos, a premissa de um WACC fixo não é adequada, e recomendamos o uso de uma versão do modelo de fluxo de caixa descontado, conhecido como *modelo de valor presente ajustado*, que descreveremos mais adiante neste capítulo.

Finalmente, devemos observar que, quando as empresas adquirem negócios existentes, elas geralmente planejam fazer alterações na estratégia operacional do negócio. Isso requer que o comprador em potencial avalie o negócio tanto com a sua estratégia atual quanto com a nova estratégia proposta. Avaliar a estratégia pode ser considerado como uma **verificação da realidade** e, se o negócio não é corretamente avaliado considerando sua estratégia atual, por que não? Poder-se-ia, então, avaliar cenários onde a estratégia operacional da empresa é modificada após a aquisição, para determinar se a nova estratégia cria algum valor adicional. Para ajudar na resposta dessa pergunta, pode ser proposta uma análise de sensibilidade para determinar as situações nas quais esse valor adicional de fato se concretiza.

O capítulo é organizado como segue: a Seção 7.2 introduz a noção de cálculo de valor de empreendimento de uma empresa ou unidade de negócio utilizando a abordagem de híbridos/múltiplos. A Seção 7.3 introduz o modelo de valor presente ajustado (VPA), um modelo alternativo que não exige que a estrutura da empresa permaneça constante ao longo de um futuro próximo. Finalmente, fechamos nossa discussão de avaliação do empreendimento com um resumo de comentários na Seção 7.4.

7.2 Utilizando uma abordagem de dois passos para estimar o valor do empreendimento

Observamos, na introdução, que a projeção dos fluxos de caixa da empresa em um futuro próximo é uma tarefa desafiadora e, por isso, os analistas geralmente dividem o futuro em dois segmentos: um número limitado de anos, conhecido como horizonte de projeção, e todos os outros anos a partir daí. (Veja o quadro Insight do Profissional – Métodos de avaliação do empreendimento usados em Wall Street.) Consequentemente, a aplicação do modelo de FCD para a estimativa do valor de empreendimento pode ser mais bem considerada como a soma dos dois termos da Equação 7.1. O primeiro termo representa o valor presente de um conjunto de fluxos de caixa abrangendo um número limitado de anos, aos quais nos referimos como *horizonte de projeção (HP)*.

$$\text{Valor de empreendimento} = \underbrace{\text{Valor presente do período dos fluxos de caixa no horizonte de projeção (HP)}}_{\text{Termo 1}} + \underbrace{\text{Valor presente do valor terminal no horizonte de projeção (HP)}}_{\text{Termo 2}} \quad (7.1)$$

O segundo termo é o valor presente do valor terminal estimado da empresa (VT_{PP}) no final do horizonte de projeção. Como tal, o valor terminal representa o valor presente de todos os fluxos de caixa que se espera receber além do final do horizonte de projeção. Como mostra o quadro Insight Técnico, na página 312, o valor terminal estimado é geralmente bastante importante e muitas vezes pode representar mais de 50% do valor do empreendimento.

Exemplo – A Immersion Chemical Corporation compra a Genetic Research Corporation

Para ilustrar nossa abordagem de avaliação do empreendimento, considere o problema de avaliação enfrentado pela Immersion Chemical Corporation na primavera de 2007. A Immersion fornece produtos e serviços para a indústria das ciências biológicas em todo o mundo e opera em quatro segmentos: saúde humana, biociências, saúde animal/agricultura e químicos finos e especiais. A estratégia geral da empresa é focar em nichos de mercado que têm oportunidades globais, desenvolver suas fortes relações com os clientes e expandir seu fluxo de novos produtos. Em um esforço para expandir em biofármacos, a Immersion está considerando a aquisição da Genetics Research Corporation (de agora em diante GRC), que fará parte da divisão de químicos finos e especiais da Immersion.

A Immersion pode adquirir a GRC por um pagamento à vista de $100 milhões, que é igual a um múltiplo de seis vezes os lucros antes dos juros, impostos, depreciação e amortização (EBITDA) da GRS em 2006. A Immersion também irá assumir as contas a pagar e as despesas provisionadas, em um total de $9.825.826, assim o valor contábil da aquisição da GRC seria de $109.825.826 (veja a Tabela 7-1). Para financiar a aquisição da GRC, a Immersion irá tomar $40 milhões emprestados por meio de uma dívida não garantida e precisará arrecadar $60 milhões em capital próprio.[1] Baseada em conversas com seu banco, a administração da Immersion ficou sabendo que o custo de aquisição de $100 milhões está dentro do intervalo de 5 a 7 vezes o EBITDA que foi recentemente pago por empresas semelhantes. Como vemos na análise abaixo, esse preço também está de acordo com a própria análise de FCD da GRC feita pela Immersion, sendo que as projeções de fluxo de caixa são baseadas em sua estratégia operacional atual.

---

[1] Os restantes $9.825.826 representam o valor de contas a receber e de despesas provisionadas que são assumidas pela Immersion.

> **INSIGHT DO PROFISSIONAL**
>
> **Métodos de avaliação do empreendimento usados em Wall Street – uma entrevista com Jeffrey Rabel***
>
> Em termos gerais, há três metodologias básicas de avaliação utilizadas pelos bancos: *trading* ou múltiplos de empresas comparáveis, múltiplos de transação e fluxos de caixa descontados. A ênfase em determinada metodologia varia dependendo do cenário ou tipo de transação. Para operações de capital próprio, como a determinação de preço para uma oferta pública inicial (IPO), a abordagem preferida é a avaliação relativa baseada em múltiplos de mercados comparáveis (empresas do mesmo setor ou de um setor relacionado, assim como empresas que tenham se envolvido em transações recentes semelhantes). A razão para enfatizar esse tipo de avaliação é que a empresa terá capital aberto e, portanto, os investidores poderão escolher entre comprar determinada empresa ou qualquer uma das outras empresas "similares".
>
> Uma consideração importante na análise de avaliação relativa é a seleção de um conjunto de empresas comparáveis. Por exemplo, na IPO da Hertz nós examinamos não apenas os preços relativos das empresas locadoras de carros (Avis, Budget, etc.), mas também consideramos empresas de locação de equipamentos industriais (United Rental, RSC Equipment, etc.) pois esse era um setor crescente no modelo de negócio da Hertz. Também verificamos empresas relacionadas a viagens, pois uma grande parte do negócio de locação de veículos da Hertz é voltado para viagens aéreas. Algumas pessoas também acreditavam que a Hertz, devido à força da sua marca, deveria ser comparada aos múltiplos de avaliação de uma série de empresas de marca forte, incluindo empresas como Nike ou Coca-Cola. Obviamente, é fundamental a seleção de um grupo comparável de empresas ou transações para realizar uma avaliação relativa, pois empresas comparáveis diferentes são negociadas a múltiplos diferentes e isso afeta a estimativa da avaliação.
>
> *Jeffrey Rabel é auditor independente e vice-presidente do grupo Global Financial Sponsors, da Lehman Brothers, em Nova York.

A Tabela 7-1 contém os balanços patrimoniais da GRC pré e pós-aquisição, que indicam que a Immersion irá pagar um pouco mais de $20 milhões pelo negócio, além do valor contábil da GRC. Observe que a diferença de $20.819.867 entre o preço de compra e o total de ativos pré-aquisição da GRC (valor contábil) é registrado como *goodwill* no balanço patrimonial revisado.[2] Além disso, os balanços patrimoniais pós-aquisição da GRC contêm $40 milhões em dívidas de longo prazo (sobre as quais ela paga 6,5% de juros), mais $60 milhões em ações ordinárias (ações ordinárias pelo valor nominal mais o capital integralizado). O restante, no lado direito do balanço patrimonial, consiste em passivo circulante que se refere a contas a pagar e despesas provisionadas, que são passivos não onerosos. Assim, depois de ser adquirida pela Immersion, a GRC terá um total de $100 milhões de capital investido, dos quais 40% são capital de terceiros e 60% são capital próprio.

---

[2] Ao incluir todo o prêmio de aquisição como *goodwill*, estamos considerando que o valor de avaliação dos ativos da GRC é igual ao seu valor contábil.

Na análise de fusões e aquisições (M&A) envolvendo um comprador estratégico (geralmente outra empresa de um setor igual ou relacionado) ou um comprador financeiro, como uma empresa de capital privado (veja Capítulo 8 para detalhes), o segundo tipo de método de avaliação relativa, os múltiplos de transação, é usado em combinação com fluxos de caixa descontados (FCD). A razão para focar em um múltiplo de transação é que eles representam o que outros compradores estão pretendendo pagar por empresas semelhantes ou com linhas de atuação similares. Os múltiplos de transação são usados em combinação com a abordagem de FCD, pois ele permite que o comprador avalie a aquisição baseado em sua previsão de desempenho dentro das premissas sobre como a empresa irá ser operada.

Os métodos de avaliação de FCD variam levemente de um banco para outro; entretanto, a abordagem comum para uma avaliação do empreendimento é híbrida, consistindo na previsão de fluxos de caixa a fim de avaliar projeções de médio prazo e avaliação relativa para estimar um valor terminal. A análise geralmente envolve uma projeção de cinco anos dos fluxos de caixa da empresa que são descontados utilizando uma estimativa do custo médio ponderado do capital da empresa. Depois, é estimado o valor dos fluxos de caixa que se estendem além do final do horizonte de projeção, utilizando um valor terminal calculado com base em um múltiplo de uma característica de desempenho da empresa, como o EBITDA. A estimativa do valor terminal é geralmente testada exaustivamente, utilizando uma taxa de crescimento constante, com o modelo de crescimento de Gordon, para avaliar a racionalidade da taxa de crescimento implícita, refletida no múltiplo do valor terminal.

Na abordagem da avaliação final, utilizamos uma versão da abordagem do FCD que é usada onde uma transação de fusão e aquisição (F&A) envolve um responsável financeiro (geralmente uma empresa de capital privado) como Blackstone, Cerberus ou KKR. Os compradores financeiros são, inicialmente, motivados pela taxa de retorno que obtêm para os recursos dos seus investidores. Por isso, a abordagem de avaliação que eles usam foca na TIR da transação. A ideia básica é chegar a um conjunto de projeções de fluxos de caixa de curto prazo com o qual o comprador se sinta confortável, estimar um valor terminal no final do período de projeção (geralmente 5 anos) e depois determinar TIRs pela variação do preço de aquisição.

Avaliando a GRC utilizando a análise de FCD

No Capítulo 2, apresentamos o seguinte processo de três passos para uso da análise de FCD, que agora iremos aplicar na avaliação da GRC:

Passo 1 – Calcule o valor e o cronograma dos fluxos de caixa esperados.

Passo 2 – Calcule a taxa de desconto ajustada ao risco.

Passo 3 – Calcule o valor presente dos fluxos de caixa esperados, ou o valor de empreendimento.

A Tabela 7-2 descreve nossa análise de avaliação do FCD do valor do empreendimento da GRC sob a premissa de que as operações da empresa continuarão como no passado. Referimo-nos a isso como a *estratégia de status quo*.

Passo 1. *Estime o valor e o cronograma dos fluxos de caixa esperados.* Nas Planilhas *a* e *b* da Tabela 7-2, apresentamos as demonstrações financeiras *pro forma* e as projeções de fluxo de caixa para a GRC que são necessárias para completar o Passo 1 da análise de FCD. As projeções de fluxo de caixa consistem nos fluxos de caixa do horizonte de projeção durante o período de 2007-2012 e estimativas

Tabela 7-1 Balanços patrimoniais da GRC pré e pós-aquisição

	Pré-aquisição 2006	Pós-aquisição 2006
Ativo circulante	$ 41.865.867	$ 41.865.867
Ativo imobilizado bruto	88.164.876	88.164.876
Menos: depreciação acumulada	(41.024.785)	(41.024.785)
Ativo imobilizado líquido	$ 47.140.092	$ 47.140.092
Goodwill	–	20.819.867
Total	$ 89.005.959	$ 109.825.826
Passivo circulante	$ 9.825.826	$ 9.825.826
Endividamento de longo prazo	36.839.923	40.000.000
Total do passivo	$ 46.665.749	$ 49.825.826
Ações ordinárias (a valor nominal)	290.353	400.000
Capital integralizado	20.712.517	59.600.000
Lucros acumulados	21.337.340	–
Patrimônio Líquido	$ 42.340.210	$ 60.000.000
Total	89.005.959	$ 109.825.826

Legenda:
Financiamento da aquisição

Contas a pagar e despesas provisionadas	$ 9.825.826
Endividamento de longo prazo (40% do valor do empreendimento)	40.000.000
Venda das ações ordinárias	60.000.000
Total	109.825.826
Ações emitidas ($1,00 valor nominal)	400.000
Entrada líquida de recursos	60.000.00
Preço por ação	150,00

do valor terminal baseadas nas projeções dos fluxos de caixa de 2013 em diante. Além disso, a Planilha a contém as demonstrações financeiras *pro forma* a partir das quais essas projeções são elaboradas. As demonstrações de resultado *pro forma* consideram que a GRC mantenha suas operações como no passado (isto é, sob uma estratégia de status quo) e refletem a premissa de uma taxa de crescimento de receitas de 4% ao ano durante o horizonte de projeção.

Os níveis dos ativos encontrados nos balanços patrimoniais *pro forma* refletem os ativos que a GRC precisa para bancar as receitas projetadas. O financiamento inicial para a aquisição foi apresentado anteriormente na Tabela 7-1. Assumimos que qualquer necessidade de financiamento adicional será coberta primeiramente pela retenção de 80% dos lucros da GRC e, depois, arrecadando quaisquer recursos adicionais que a empresa necessite por meio de endividamento de longo prazo. Um rápido exame nos balanços patrimoniais *pro forma* da Planilha *a* da Tabela 7-2, entretanto, indica que, com a estratégia de *status quo*, a dívida de longo prazo da GRC na verdade diminui de $40 milhões, no final de 2006, para $23.608.049, em 2012. Esse decréscimo reflete o fato de que, de acordo com nossas projeções, a retenção de lucros futuros da empresa é mais do que adequada para corresponder às necessidades financeiras, o que permite que a empresa resgate seu endividamento de longo prazo. Finalmente, os fluxos de cai-

Tabela 7-2 Calculando o valor do empreendimento da GRC utilizando a análise de FCD (estratégia *Status Quo*)

Planilha a (Passo 1). Calcule o valor e o cronograma dos fluxos de caixa futuros do horizonte de projeção

Demonstrações financeiras *pro forma* do horizonte de projeção

Demonstrações de resultado *pro forma*	Pré-aquisição 2006	Pós-aquisição 2006	2007	2008	2009	2010	2011	2012
Receitas	$ 80.000.000	$ 80.000.000	$ 83.200.000	$ 86.528.000	$ 89.989.120	$ 93.588.685	$ 97.332.232	$ 101.225.521
Custo das mercadorias vendidas	(45.733.270)	(45.733.270)	(50.932.000)	(52.629.280)	(54.394.451)	(56.230.229)	(58.139.438)	(60.125.016)
Lucro bruto	$ 34.266.730	$ 34.266.730	$ 32.268.000	$ 33.898.720	$ 35.594.669	$ 37.358.456	$ 39.192.794	$ 41.100.506
Despesas gerais e administrativas	(17.600.000)	(17.600.000)	(17.984.000)	(18.383.360)	(18.798.694)	(19.230.642)	(19.679.868)	(20.147.063)
Despesa de depreciação	(6.500.000)	(6.500.000)	(7.856.682)	(7.856.682)	(7.856.682)	(7.856.682)	(7.856.682)	(7.856.682)
Lucro operacional líquido	$ 10.166.730	$ 10.166.730	$ 6.427.318	$ 7.658.678	$ 8.939.292	$ 10.271.131	$ 11.658.244	$ 13.096.761
Despesa com juros	(2.523.020)	(2.523.020)	(2.600.000)	(2.549.847)	(2.453.680)	(2.307.941)	(2.108.865)	(1.852.465)
Lucro antes dos impostos	$ 7.643.710	$ 7.643.710	$ 3.827.318	$ 5.108.831	$ 6.485.612	$ 7.963.190	$ 9.547.379	$ 11.244.296
Impostos	(1.910.928)	(1.910.928)	(956.830)	(1.277.208)	(1.621.403)	(1.990.798)	(2.386.845)	(2.811.074)
Lucro líquido	$ 5.732.783	$ 5.732.783	$ 2.870.489	$ 3.831.623	$ 4.864.209	$ 5.972.393	$ 7.160.534	$ 8.433.222

Balanços patrimoniais *pro forma*	Pré-aquisição 2006	Pós-aquisição 2006	2007	2008	2009	2010	2011	2012
Ativo circulante	$ 41.865.867	$ 41.865.867	43.540.501,76	45.282.121,84	47.093.406,71	48.977.142,98	50.936.22,70	52.973.677,84
Ativo imobilizado bruto	88.164.876	88.164.876	96.021.558	103.878.240	111.734.922	119.591.604	127.448.286	135.304.968
Menos: depreciação acumulada	(41.024.785)	(41.024.785)	(48.881.467)	(56.738.149)	(64.594.831)	(72.451.513)	(80.308.194)	(88.164.876)
Ativo imobilizado líquido	$ 47.140.092	$ 47.140.092	$ 47.140.092	$ 47.140.092	$ 47.140.092	$ 47.140.092	$ 47.140.092	$ 47.140.092
Goodwill	—	20.819.867	20.819.867	20.819.867	20.819.867	20.819.867	20.819.867	20.819.867
Total	$ 89.005.959	$ 109.825.826	$ 111.500.461	$ 113.242.081	$ 115.053.366	$ 116.937.102	$ 118.896.188	$ 120.933.637

(Continua)

Tabela 7-2 *Continuação*

	2007	2008	2009	2010	2011	2012
Passivo circulante	$ 9.825.826	$ 9.825.826	$ 9.975.651	$ 10.131.469	$ 10.293.520	$ 10.462.053	$ 10.637.327	$ 10.819.613
Endividamento de longo prazo	36.839.923	40.000.000	39.228.419	37.748.922	35.506.789	32.444.078	28.499.462	23.608.049
Total do passivo	$ 46.665.749	$ 49.825.826	$ 49.204.070	$ 47.880.392	$ 45.800.309	$ 42.906.131	$ 39.136.790	$ 34.427.661
Ações ordinárias (a valor nominal)	290.353	400.000	400.000	400.000	400.000	400.000	400.000	400.000
Capital integralizado	20.712.517	59.600.000	59.600.000	59.600.000	59.600.000	59.600.000	59.600.000	59.600.000
Lucros acumulados	21.337.340	–	2.296.391	5.361.689	9.253.057	14.030.971	19.759.398	26.505.976
Patrimônio Líquido	$ 42.340.210	$ 60.000.000	$ 62.296.391	$ 65.361.689	$ 69.253.057	$ 74.030.971	$ 79.759.398	$ 86.505.976
Total	$ 89.005.959	$ 109.825.826	$ 111.500.461	$ 113.242.081	$ 115.053.366	$ 116.937.102	$ 118.896.188	$ 120.933.637

Estimativas de fluxo de caixa do horizonte de projeção

Fluxos de caixa livres projetados da empresa

	2007	2008	2009	2010	2011	2012
Lucro operacional líquido	$ 6.427.318	7.658.678	$ 8.939.292	$ 10.271.131	$ 11.656.244	$ 13.096.761
Menos: impostos	(1.606.830)	(1.914.670)	(2.234.823)	(2.567.783)	(2.914.061)	(3.274.190)
NOPAT	$ 4.820.489	$ 5.744.009	$ 6.704.469	$ 7.703.349	$ 8.742.183	$ 9.822.571
Mais: depreciação	7.856.682	7.856.682	7.856.682	7.856.682	7.856.682	7.856.682
Menos: CAPEX	(7.856.682)	(7.856.682)	(7.856.682)	(7.856.682)	(7.856.682)	(7.856.682)
Menos: alterações no capital de giro líquido	(1.281.602)	(1.332.866)	(1.386.180)	(1.441.628)	(1.499.293)	(1.559.264)
Igual FCLE	$ 3.538.887	$ 4.411.143	$ 5.318.289	$ 6.261.721	$ 7.242.890	$ 8.263.306

Planilha b (Passo 1 – continuação). Estimativa do fluxo de caixa do valor terminal

Método nº 1 – FCD utilizando o modelo de crescimento de Gordon   Método nº 2 – Múltiplos utilizando índices do valor do empreendimento sobre EBITDA

Múltiplos do valor terminal do modelo de Gordon

Estimativas do valor terminal

Taxas de desconto	Taxas de crescimento (g)				Valor do empreendimento	
	0%	1%	2%	3%	EBITDA	Valor terminal
8,3%	12,05	13,84	16,19	19,43	5,00	$104.767.215
8,8%	11,36	12,95	15,00	17,76	5,50	115.243.936
9,3%	10,75	12,17	13,97	16,35	6,00	125.720.658
9,8%	10,20	11,48	13,08	15,15	6,50	136.197.379
					7,00	146.674.101

Estimativas do valor terminal (para FCLEs recebidos de 2013 em diante)

Taxas de desconto	Taxas de crescimento (g)			
	0%	1%	2%	3%
8,3%	$ 99.557.908	$ 114.327.938	$ 133.786.865	$ 160.588.784
8,8%	$ 93.901.209	$ 106.999.224	$ 123.949.596	$ 146.744.924
9,3%	$ 88.852.757	$ 100.553.487	$ 115.459.897	$ 135.098.501
9,8%	$ 84.319.453	$ 94.840.221	$ 108.058.622	$ 125.164.788

Planilha c (Passo 2). Calcule uma taxa de desconto "ajustada ao risco"

- *Custo do endividamento* – A taxa de empréstimo estimada é de 6,5% com um imposto de renda marginal de 25%, resultando em um custo do endividamento após impostos de 4,875%.
- *Custo do capital próprio* – um beta de capital próprio desalavancado de 0,89 significa um beta de capital próprio alavancado para a GRC de 1,28, considerando um índice alvo de endividamento de 40% e um beta de endividamento de 0,30. Utilizando o modelo CAPM, com um retorno das obrigações do Tesouro de 10 anos de 5,02% e um prêmio de risco de mercado de 5%, obtemos uma estimativa do custo de capital alavancado de 11,42%.
- *Custo médio ponderado do capital (WACC)* – Utilizando o índice de endividamento alvo de 40%, o WACC é de aproximadamente 8,8%.

Planilha d (Passo 3). Calcule o valor presente de fluxos de caixa futuros

Valores presentes dos fluxos de caixa futuros esperados

Taxa de desconto	Horizonte de projeção do FCLE	Valor terminal		Valor do empreendimento	
		Método nº 1	Método nº 2	Método nº 1	Método nº 2
7,8%	$ 26.201.884	$ 78.986.073	$ 80.112.266	$ 105.187.958	$ 106.314.150
8,8%	$ 25.309.857	$ 74.729.086	$ 75.794.582	$ 100.038.943	$ 101.104.439
9,8%	$ 24.461.738	$ 70.737.378	$ 71.745.960	$ 95.199.116	$ 96.207.698

> **INSIGHT TÉCNICO**
>
> ## Valores terminais, taxas de crescimento esperadas e custo do capital
>
> Quanto do valor pode ser atribuído a cada um dos componentes quando se estimam valores utilizando um horizonte de projeção e um valor terminal? Para responder a essa pergunta, considere uma situação em que se espera que os fluxos de caixa livres da empresa cresçam a uma taxa de 12% por ano por um período de cinco anos, seguido de uma taxa de 2% a partir de então. Se o custo do capital para a empresa é de 10%, a importância relativa dos fluxos de caixa do horizonte de projeção e dos fluxos de caixa do valor terminal para diferentes períodos de planejamento é demonstrada na figura superior: 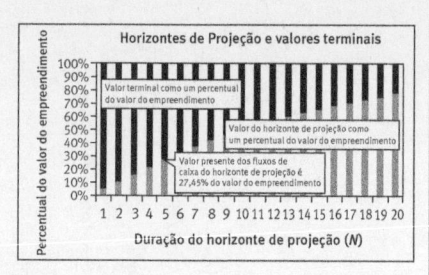
>
> Se o analista utiliza um horizonte de projeção de cinco anos, o valor presente dos fluxos de caixa do horizonte de projeção, nesse cenário, representa 27,45% do valor do empreendimento, ficando em 72,55% do valor do empreendimento no valor terminal. Do mesmo modo, se for usado um horizonte de projeção de três anos, o valor terminal representa 83,83% do valor estimado do empreendimento, deixando apenas 16,17% para o horizonte de projeção. A observação-chave que podemos fazer dessa análise é que o valor terminal é de, pelo menos, 50% do valor para a empresa, em todos os períodos de planejamento normalmente usados (isto é, de 3 a 10 anos).
>
> O exemplo anterior era, obviamente, de uma empresa de crescimento muito alto. É lógico, então, que o valor terminal possa ser menos importante para empresas mais estáveis (de baixo crescimento). Disso resulta que, mesmo para uma empresa de crescimento muito baixo e estável (como mostra a figura inferior), cujos fluxos de caixa aumentam 2% por ano para sempre, o valor terminal ainda é o componente dominante da estimativa de valor do empreendimento para o horizonte de projeção comum, de 3 a 10 anos. Nesse caso, quando a empresa tem uma taxa de crescimento constante de 2% por ano, em todos os anos, um horizonte de projeção de 5 anos resulta em 31,45% do valor do empreendimento recebido dos fluxos de caixa no horizonte de projeção, restando 68,55% do valor do empreendimento para o valor terminal. 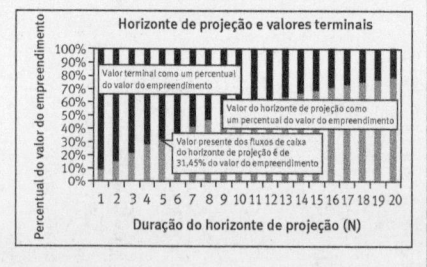
>
> A mensagem é muito clara. O analista tem que dedicar um tempo considerável calculando o valor terminal da empresa. De fato, mesmo para um horizonte de projeção longo (pelos padrões da indústria) de 10 anos, o valor terminal para a empresa de crescimento lento ainda é de, aproximadamente, metade (47%) do valor do empreendimento.
>
> Que importância o valor terminal deveria ter para o valor do empreendimento de sua empresa? Como sugerem os exemplos usados acima, a resposta irá variar conforme as possibilidades de crescimento da empresa e a duração do horizonte de projeção usado na análise. Em geral, o valor terminal aumenta em importância com a taxa de crescimento nos fluxos de caixa da empresa e diminui com a duração do horizonte de projeção.

xa estimados da GRC, também encontrados na Planilha *a*, indicam que devem crescer de $3.538.887 para $8.263.306, de 2007 a 2012.

Depois dos fluxos de caixa do horizonte de projeção, a Planilha *b* inclui duas análises do valor terminal da GRC avaliado em 2012. O primeiro método (Método n° 1) usa o modelo de crescimento de Gordon (apresentado no Capítulo 2) para calcular o valor presente dos fluxos de caixa livres da empresa (FCLE), a partir de 2013 e continuando indefinidamente. Basicamente, estimamos o valor terminal em 2012 utilizando a Equação 7.2:

$$\text{Valor terminal}_{2012} = \frac{FCLE_{2012}\left(1 + \text{Taxa de crescimento terminal }(g)\right)}{\left(\text{Custo do capital }(k_{WACC}) - \text{Taxa de crescimento terminal }(g)\right)} \quad (7.2)$$

Para calcular o valor terminal utilizando esse método, consideramos que os fluxos de caixa que a empresa espera gerar no final do horizonte de projeção cresçam a uma taxa constante (g), que é menor do que o custo do capital (k_{WACC}). Lembre-se de que, conforme nossa discussão de múltiplos no Capítulo 6, que a Equação 7.2 pode ser interpretada como um múltiplo de $FCLE_{2012}$, no qual o múltiplo é igual ao índice de 1 mais a taxa de crescimento terminal, dividido pela diferença entre o custo do capital e a taxa de crescimento, isto é:

$$\text{Valor terminal}_{2012} = FCLE_{2012}\left(\frac{1+g}{k_{WACC}-g}\right) = FCLE_{2012} \times \left(\text{Múltiplo do modelo de crescimento de Gordon}\right) \quad (7.2a)$$

Na Planilha *b* da Tabela 7-2, apresentamos uma planilha de múltiplos do modelo de crescimento de Gordon que corresponde ao que a administração da Immersion acredita ser um intervalo razoável de valores para a taxa de desconto e para a taxa de crescimento dos fluxos de caixa futuros. Por exemplo, para um custo do capital de 8,8% e uma taxa de crescimento terminal de 2%, o múltiplo para o valor terminal, baseado no modelo de crescimento de Gordon, ($\frac{1+g}{k_{WACC}+g}$), é 15. Baseado no $FCLE_{2012}$ estimado de $8.263.306, se produz uma estimativa do valor terminal de $123.949.596 ao final de 2012.

Além da análise do FCD do valor terminal, a Planilha *b* da Tabela 7-2 fornece uma análise que usa múltiplos EBITDA (Método n° 2), como mostrado na Equação 7.3:

$$\text{Valor terminal}_{2012} = EBITDA_{2012} \times \text{Múltiplo EBITDA} \quad (7.3)$$

Os múltiplos que variam de 5 a 7 estão informados na Planilha *b* da Tabela 7-2. Utilizando um múltiplo de 6 (que é o indicado no preço de venda da GRC) multiplicado por $EBITDA_{2012}$ (isto é, a soma da renda operacional líquida e das despesas de depreciação para 2012, que é igual a $7.856.682) produz um valor terminal estimado para GRC, em 2012, de $125.720.658 = 6 × ($13.096.761 + 7.856.682). Devemos observar que o múltiplo EBITDA e o múltiplo do fluxo de caixa livre geram estimativas de valor terminal muito semelhantes quando não há investimentos de capital ou investimentos em capital de giro líquido extraordinários. Se não for esse o caso, o analista deverá rever as suas premissas e tentar reconciliar essas estimativas conflitantes de valores terminais.

Passo 2. *Calcule uma taxa de desconto ajustada ao risco.* Como o endividamento da GRC não é garantido pela Immersion, a equipe financeira da empresa analisou o custo do capital utilizando o método de financiamento do projeto descrito anteriormente no Capítulo 5. Os detalhes que confirmam os cálculos estão na Planilha c da Tabela 7-2. A análise resultou em um custo de capital estimado de 8,8% para a GRC.

Passo 3. *Calcule o valor presente dos fluxos de caixa esperados, ou o valor do empreendimento.* Na Planilha d da Tabela 7-2, calculamos o valor do empreendimento da GRC utilizando as estimativas de fluxo de caixa da Planilha a e as descontamos do custo de capital estimado para a GRC da Planilha c, mais e menos 1% – 8,8% (o WACC estimado), 7,8% e 9,8%. O resultado é uma tabela com estimativas de valor do empreendimento, cada uma delas refletindo um dos métodos usados para calcular o valor terminal e as diferentes estimativas de custo do capital. Com o custo do capital de 8,8%, a estimativa do valor do empreendimento é um pouco maior do que $100 milhões. Na verdade, baseados no investimento de $100 milhões e na previsão de fluxo de caixa mostrada na Planilha a da Tabela 7-2, calculamos que a taxa interna de retorno para a aquisição é de 9,02% (quando os múltiplos relativamente conservadores de EBITDA são usados para computar o valor terminal dos fluxos de caixa).

Baseado nessa análise pode-se ver que a aquisição está avaliada corretamente, com um valor do empreendimento quase igual aos $100 milhões do capital investido. Em outras palavras, é essencialmente um investimento de VPL zero. Considerando as incertezas naturais das estimativas de fluxo de caixa e de taxa de desconto, não esperaríamos que os gestores da Immersion prosseguissem com essa aquisição, a não ser que esperem fazer alterações na estratégia operacional do negócio, para que o investimento fique mais atrativo. Como analisamos abaixo, a administração da Immersion realmente quer considerar a implementação de mudanças.

Um novo proprietário geralmente irá considerar alterações nas estratégias operacionais da empresa depois da aquisição. Nesse caso, a administração da Immersion está pensando em uma proposta que inclui outros investimentos de capital e *marketing*, com a esperança de aumentar a participação da GRC no mercado. Considerando as economias de escala em manufatura nesse setor industrial, uma maior participação de mercado levará a margens operacionais maiores e a um valor maior para o negócio adquirido. A pergunta que temos que responder, então, é se essas mudanças antecipadas irão, de fato, aumentar o VPL do investimento.

Avaliando a GRC sob a estratégia de crescimento

Para avaliar a aquisição da GRC na estratégia de crescimento assumida, os analistas da Immersion revisaram cuidadosamente os fluxos de caixa projetados da empresa e repetiram a análise de avaliação realizada para o caso do *status quo*. Os resultados dessa análise estão na Tabela 7-3. A Planilha a da Tabela 7-3 apresenta as demonstrações financeiras da GRC, referentes ao ano anterior (para 2006, tanto pré e pós-aquisição) e *pro forma*, para o horizonte de projeção de seis anos, de 2007 a 2012.

Tabela 7-3 Calculando o valor do empreendimento da GRC utilizando análise de FCD (estratégia de crescimento)

Planilha a (Passo 1). Calcule o valor e o o *cronograma* dos fluxos de caixa futuros do horizonte de projeção

Demonstrações financeiras *pro forma* do horizonte de projeção

	Pré-aquisição 2006	Pós-aquisição 2006	2007	2008	2009	2010	2011	2012
						Demonstrações de resultado *pro forma*		
Receitas	$ 80.000.000	$ 80.000.000	$ 86.400.000	$ 93.312.000	$ 100.776.960	$ 108.839.117	$ 117.546.246	$ 126.949.946
Custo das mercadorias vendidas	(45.733.270)	(45.733.270)	(52.564.000)	(56.089.120)	(59.896.250)	(64.007.950)	(68.448.586)	(73.244.472)
Lucro bruto	$ 34.266.730	$ 34.266.730	$ 33.836.000	$ 37.222.880	$ 49.880.710	$ 44.831.167	$ 9.097.661	$ 53.705.473
Despesas gerais e administrativas	(17.600.000)	(17.600.000)	(21.368.000)	(22.197.440)	(23.093.235)	(21.060.694)	(22.105.550)	(23.233.994)
Despesa de depreciação	(6.500.000)	(6.500.000)	(7.856.682)	(8.023.349)	(8.190.015)	(8.356.682)	(8.523.349)	(8.690.015)
Lucro operacional líquido	$ 10.166.730	$ 10.166.730	$ 4.611.318	$ 7.002.091	$ 9.597.460	$ 15.413.791	$ 18.468.762	$ 21.781.465
Despesa com juros	(2.523.020)	(2.523.020)	(2.600.000)	(2.778.968)	(2.887.535)	(2.916.242)	(2.737.729)	(2.453.086)
Lucro antes dos impostos	$ 7.643.710	$ 7.643.710	$ 2.011.318	$ 4.223.123	$ 6.709.925	$ 12.497.549	$ 15.731.034	$ 19.328.378
Impostos	(1.910.928)	(1.910.928)	(502.830)	(1.055.781)	(1.677.481)	(3.124.387)	(3.932.758)	(4.832.095)
Lucro líquido	$ 5.732.783	$ 5.732.783	$ 1.508.489	$ 3.167.342	$ 5.032.444	$ 9.373.162	$ 11.798.275	$ 14.496.284
	Pré-aquisição 2006	Pós-aquisição 2006	2007	2008	2009	2010	2011	2012
						Balanços patrimoniais *pro forma*		
Ativo circulante	$ 41.865.867	$ 41.865.867	45.215.137	48.832.347	52.738.935	56.958.050	61.514.694	66.435.870
Ativo imobilizado bruto	88.164.876	88.164.876	97.021.558	106.044.907	115.234.922	124.591.604	134.114.953	142.804.968
Menos: depreciação acumulada	(41.024.785)	(41.024.785)	(48.881.467)	(56.904.815)	(65.094.831)	(73.451.513)	(81.974.861)	(90.664.876)
Ativo imobilizado líquido	$ 47.140.092	$ 47.140.092	$ 48.140.092	$ 49.140.092	$ 50.140.092	$ 51.140.092	$ 52.140.092	$ 52.140.092
Goodwill	–	20.819.867	20.819.867	20.819.867	20.819.867	20.819.867	20.819.867	20.819.867
Total	$ 89.005.959	$ 109.825.826	$ 114.175.095	$ 118.792.306	$ 123.698.894	$ 128.918.009	$ 134.474.653	$ 139.395.829

(Continua)

Tabela 7-3 Continuação

Demonstrações de resultado pro forma

	Pré-aquisição 2006	Pós-aquisição 2006	2007	2008	2009	2010	2011	2012
Passivo circulante	$ 9.825.826	$ 9.825.826	$ 10.214.944	$ 10.628.033	$ 11.067.013	$ 11.533.953	$ 12.031.091	$ 12.471.376
Endividamento de longo prazo	36.839.923	40.000.000	42.753.361	44.423.608	44.865.262	42.118.906	37.739.792	30.623.656
Total do passivo	$ 46.665.749	$ 49.825.826	$ 52.968.305	$ 55.051.642	$ 55.932.274	$ 53.652.860	$ 49.770.884	$ 43.095.032
Ações ordinárias (a valor nominal)	290.353	340.353	340.353	340.353	340.353	340.353	340.353	340.353
Capital integralizado	20.712.517	38.322.307	38.322.307	38.322.307	38.322.307	38.322.307	38.322.307	38.322.307
Lucros acumulados	21.337.340	21.337.340	22.544.131	25.078.005	29.103.960	36.602.489	46.041.110	57.638.136
Patrimônio Líquido	$ 42.340.210	$ 60.000.000	$ 61.206.791	$ 63.740.665	$ 67.766.620	$ 75.265.149	$ 84.703.769	$ 96.300.796
Total	$ 89.005.959	$ 109.825.826	$ 114.175.095	$ 118.792.306	$ 123.698.894	$ 128.918.009	$ 134.474.653	$ 139.395.829

Estimativas de fluxo de caixa do horizonte de projeção

Fluxos de caixa livres projetados da empresa

	2007	2008	2009	2010	2011	2012
Lucro operacional líquido	$ 4.611.318	7.002.091	$9.597.460	$15.413.791	$18.468.762	$21.781.465
Menos: impostos	(1.152.830)	(1.750.523)	(2.399.365)	(3.853.448)	(4.617.191)	(5.445.366)
NOPAT	$ 3.458.489	$5.251.569	$7.198.095	$11.560.343	$13.851.572	$16.336.098
Mais: depreciação	7.856.682	8.023.349	8.190.015	8.356.682	8.523.349	8.690.015
Menos: CAPEX	(8.856.682)	(9.023.349)	(9.190.015)	(9.356.682)	(9.523.349)	(8.690.015)
Menos: alterações no capital de giro líquido	(2.563.203)	(2.768.260)	(2.989.720)	(3.228.898)	(3.487.210)	(3.766.187)
Igual: FCLE	$ (104.715)	$1.483.309	$3.208.375	$ 7.331.446	$ 9.364.362	$12.569.912

Planilha b (Passo 1 – continuação). Estimativa do fluxo de caixa do valor terminal

Método nº 1 – FCD utilizando o modelo de crescimento de Gordon

Múltiplos do valor terminal (para FCLEs recebidos de 2013 em diante)

Taxas de desconto	Taxas de crescimento (g)				
	0%	1%	2%	3%	
8,3%	$ 151.444.722	$ 173.912.480	$ 203.512.860	$ 244.283.194	
8,8%	$ 142.839.909	$ 162.764.244	$ 188.548.679	$ 223.224.298	
9,3%	$ 135.160.344	$ 152.959.169	$ 175.634.386	$ 205.508.084	
9,8%	$ 128.264.408	$ 144.268.308	$ 164.375.772	$ 190.397.196	

Método nº 2 – Múltiplos utilizando índices do valor do empreendimento sobre EBITDA

Estimativas de valor terminal

Valor do empreendimento		
	EBITDA	Valor terminal
	5,00	$ 152.356.701
	5,50	$ 167.592.441
	6,00	$ 182.828.181
	6,50	$ 198.063.921
	7,00	$ 213.299.661

Planilha c (Passo 2). Calcule uma taxa de desconto "ajustada ao risco"

Baseado na análise apresentada na Planilha c da Tabela 7-1, o WACC da GRC é estimado como sendo de 8,8%.

Planilha d (Passo 3). Calcule o valor presente de fluxos de caixa futuros

Valores presentes dos fluxos de caixa futuros esperados

Taxa de desconto	Horizonte de projeção do FCLE	Valor terminal		Valor do empreendimento	
		Método nº 1	Método nº 2	Método nº 1	Método nº 2
7,8%	$ 23.611.874	$129.683.352	$116.502.541	$153.295.226	$140.114.445
8,8%	$ 22.600.651	$122.694.014	$110.223.616	$145.294.665	$132.824.267
9,8%	$ 21.643.890	$116.140.225	$104.335.942	$137.784.115	$125.979.832

A estratégia de crescimento envolve crescentes investimentos em *marketing*, assim como o aumento da capacidade de produção. Basicamente, o plano requer um investimento adicional de $3 milhões por ano em propaganda, além de mais $1 milhão por ano em bens de capital ao longo de todo o horizonte de projeção de seis anos. Os analistas da Immersion esperam que o efeito combinado dessas duas ações dobre a taxa de crescimento anual do horizonte de projeção para 8%, comparado com apenas 4% na estratégia *status quo*. Depois de alcançar a maior participação de mercado desejada, os investimentos de capital e de *marketing* devem voltar aos níveis do *status quo*, e a taxa de crescimento esperada dos fluxos de caixa livre da empresa para 2013 em diante é considerada como sendo de 2%, exatamente como no caso do *status quo*.

Comparando as projeções de fluxo de caixa na estratégia *status quo* que vemos na Planilha a da Tabela 7-2 com as da estratégia de crescimento na Planilha a da Tabela 7-3, vemos que a estratégia de crescimento tem o efeito inicial de reduzir os fluxos de caixa abaixo dos níveis do *status quo* para 2007-2009. Entretanto, no início de 2010 os fluxos de caixa esperados da estratégia de crescimento superavam aqueles da estratégia *status quo* ($7.331.446 para a estratégia de crescimento *versus* $6.261.721 para a estratégia *status quo*) e continuam a ser maiores em todos os anos subsequentes.

Como a estratégia de crescimento tem, inicialmente, fluxos de caixa menores do que o método *status quo*, mas, mais tarde, gera fluxos de caixa maiores, seu valor marginal dependerá da taxa de desconto que é usada para avaliar a estratégia. Na Planilha c da Tabela 7-3, inicialmente consideramos que o custo do capital para a estratégia de crescimento é a mesma da estratégia *status quo* (isto é, 8,8%). Nesse caso, as estimativas de valor do empreendimento são muito mais altas do que na estratégia *status quo*, produzindo um valor do empreendimento esperado de $145.294.665, quando o modelo de crescimento de Gordon é usado para estimar o valor terminal (Método nº 1 da Planilha d da Tabela 7-3), e $132.824.267 quando um múltiplo seis vezes maior que o EBITDA é usado para estimar o valor terminal.

Entretanto, a estratégia de crescimento provavelmente é mais arriscada do que a estratégia *status quo* e deve exigir um maior custo de capital. Para avaliar como um custo de capital mais alto vai afetar o valor da estratégia de crescimento, a Planilha d da Tabela 7-3 apresenta valores dos fluxos de caixa da estratégia de crescimento com taxas de desconto alternativas de até 12%. Apesar de ser reduzido, o VPL permanece positivo mesmo utilizando uma taxa de desconto de 12%, que representa um aumento de mais de 30% no custo de capital de 8,8% que usamos para avaliar a estratégia *status quo*.

Análise de sensibilidade

A aquisição da GRC é um investimento arriscado e, por isso, é importante que realizemos uma análise de sensibilidade da proposta. Nesse caso, vamos nos limitar a usar a análise de sensibilidade no ponto de equilíbrio, apesar de, como mostramos no Capítulo 3, também ser útil examinar um modelo de simulação que calcule a influência dos fatores-chave.

Consideramos três importantes fatores-chave na aquisição da GRC dentro da estratégia de crescimento. O primeiro refere-se ao custo do capital para a aquisição, e o segundo e terceiro dizem respeito aos determinantes do nível dos fluxos de caixa futuros: (1) a taxa de crescimento estimada nos fluxos de caixa da GRC durante o horizonte de projeção e (2) o múltiplo do valor terminal usado para avaliar os fluxos de caixa depois do horizonte de projeção. Na análise de risco que segue, enfocamos apenas a avaliação que usa o múltiplo EBITDA (Método n° 2) para estimar o valor terminal.

Análise de sensibilidade – custo de capital

O custo de capital, como todos os fatores-chave, sempre é calculado com algum erro. Entretanto, neste momento, temos outra razão para nos preocupar com o custo de capital estimado. A estratégia de crescimento é mais arriscada do que a estratégia *status quo*, o que significa que os fluxos de caixa da estratégia de crescimento deveriam exigir uma maior taxa de desconto – mas quanto mais? Uma abordagem que podemos ter, ao tratar desse assunto, é explorar a importância da taxa de desconto na avaliação da GRC sob a estratégia de crescimento. Para fazer isso, podemos calcular a taxa interna de retorno (TIR) do investimento e perguntar se é plausível que a taxa de desconto apropriada exceda a TIR. Lembre que fizemos uma pergunta semelhante quando avaliamos a estratégia *status quo* onde a TIR era de apenas 9,02% e o custo de capital era 8,8%. Naquele caso era difícil errar ao estimar o WACC.

Calculamos a TIR para a aquisição tomando como base os fluxos de caixa esperados que vemos na Planilha *a* da Tabela 7-3 (e um valor terminal para 2012 igual a seis vezes o $EBITDA_{2012}$) e os $100 milhões em capital investido refletidos no preço de venda. Baseado nessas premissas, o investimento tem uma TIR de 14,28%. Consequentemente, se o custo de capital maior para a estratégia de crescimento mais arriscada supera os 14,28%, a aquisição não deveria ser realizada. Apesar de a taxa de desconto apropriada para este investimento provavelmente ser maior do que a taxa de desconto para o investimento *status quo*, é pouco provável que seja maior que 14,28%. Na Planilha *c* da Tabela 7-2, observamos que o beta do capital próprio estimado da GRC era de 1,28, o que gera um custo de capital próprio de 11,42% e um custo médio ponderado de capital de 8,8%. Para gerar um custo de capital de 14,28%, o beta do capital próprio da GRC teria que aumentar para 3,11, o que é muito improvável.

Análise de sensibilidade – taxa de crescimento da receita

Agora, vamos considerar uma análise de sensibilidade no ponto de equilíbrio da taxa de crescimento da receita no horizonte de projeção. Essa análise revela que a taxa de crescimento da receita esperada de 8% pode ser reduzida para apenas 5% (lembre que a estratégia *status quo* considera uma taxa de crescimento da receita de 4%) antes que o valor da aquisição caia para o preço de venda de $100 milhões.[3] A taxa de crescimento da receita e, consequentemente, o lucro da empresa é muito importante, pois ela não apenas determina qual será o fluxo de caixa anual durante o horizonte de projeção como também tem um impacto importante no valor terminal ao aumentar o nível do $EBITDA_{2012}$.

Análise de sensibilidade – múltiplo EBITDA do valor terminal

O fator-chave final que analisamos é o múltiplo do valor terminal (isto é, valor do empreendimento dividido pelo EBITDA), que é usado para calcular o valor terminal

---

[3] Observe que estamos mantendo todos os dados constantes nessa análise, exceto a taxa de crescimento da receita. Por exemplo, a taxa de desconto ainda é considerada como de 8,8%.

da GRC em 2012. Em nossa análise anterior, usamos um múltiplo de 6, que era o múltiplo do preço de compra que a Immersion deve pagar pela GRC. Entretanto, se reduzimos esse múltiplo do EBITDA do valor terminal para 4,21, o valor presente da aquisição cai para $100 milhões.

Análise de cenários

Até aqui consideramos três fatores-chave (a taxa de desconto, a taxa de crescimento e o múltiplo EBITDA na data terminal) – um de cada vez. Essa discussão sugere que nossa conclusão sobre a atração do investimento não deve mudar se alterarmos apenas um dos fatores-chave individualmente. Entretanto, há cenários nos quais todos os três fatores-chave se diferenciam de seus valores esperados e resultam em um VPL negativo para o investimento da GRC. Por exemplo, apesar de termos argumentado que uma taxa de desconto de 14% é muito improvável, uma taxa de 10% é plausível. Do mesmo modo, podemos considerar que a taxa de crescimento da receita no horizonte de projeção pode ser de 6% em vez de 8%. Feitas essas alterações, o múltiplo EBITDA do valor terminal tem que cair para apenas 5,73 vezes antes que o valor do empreendimento da GRC dentro da estratégia de crescimento caia para o preço de aquisição de $100 milhões.

Como indica a tabela seguinte, há certos cenários plausíveis sob os quais a aquisição e a implementação da estratégia de crescimento podem não acrescentar valor. Por exemplo, com um múltiplo EBITDA de 5,5 para cálculo de nosso valor final, a aquisição vale apenas um pouco mais de $96 milhões (isto é, se torna um investimento com VPL negativo), se também fazemos premissas levemente menos favoráveis sobre a taxa de desconto (10%) e a taxa de crescimento da receita para o horizonte de projeção (6%). Como vimos antes, no Capítulo 3, analisar cenários prováveis, mas menos favoráveis, que podem levar a um VPL negativo, é uma poderosa ferramenta para aprendermos sobre o risco de um investimento.

Fator-chave	Parâmetros iniciais	Cenários de ponto de equilíbrio			Cenário VPL negativo
		Cenário nº 1	Cenário nº 2	Cenário nº 3	Cenário nº 4
Custo de capital	8,8%	10%	10,72%	9%	10%
Taxa de crescimento da receita durante o horizonte de projeção	8%	6%	6%	5,1%	6%
Múltiplo EBITDA do valor terminal	6 vezes	5,73 vezes	6 vezes	6 vezes	5,5 vezes
Valor do empreendimento	$132.824.688	$100.000.000	$100.000.000	$100.000.000	$96.634.832

Os cenários analisados acima estão longe de representar a lista completa de cenários possíveis, e podemos sempre achar cenários nos quais quase todos os investimentos têm um VPL positivo ou negativo. Isso significa que as ferramentas que desenvolvemos são apenas isso – ferramentas de decisão. Elas fornecem suporte e base para o tomador de decisão moderno, mas elas não tomam a decisão. Nesse caso em particular, os números não fornecem uma imagem clara sobre se a Immersion

Índices de endividamento para a estratégia *status quo*

Índices de endividamento para a estratégia de crescimento

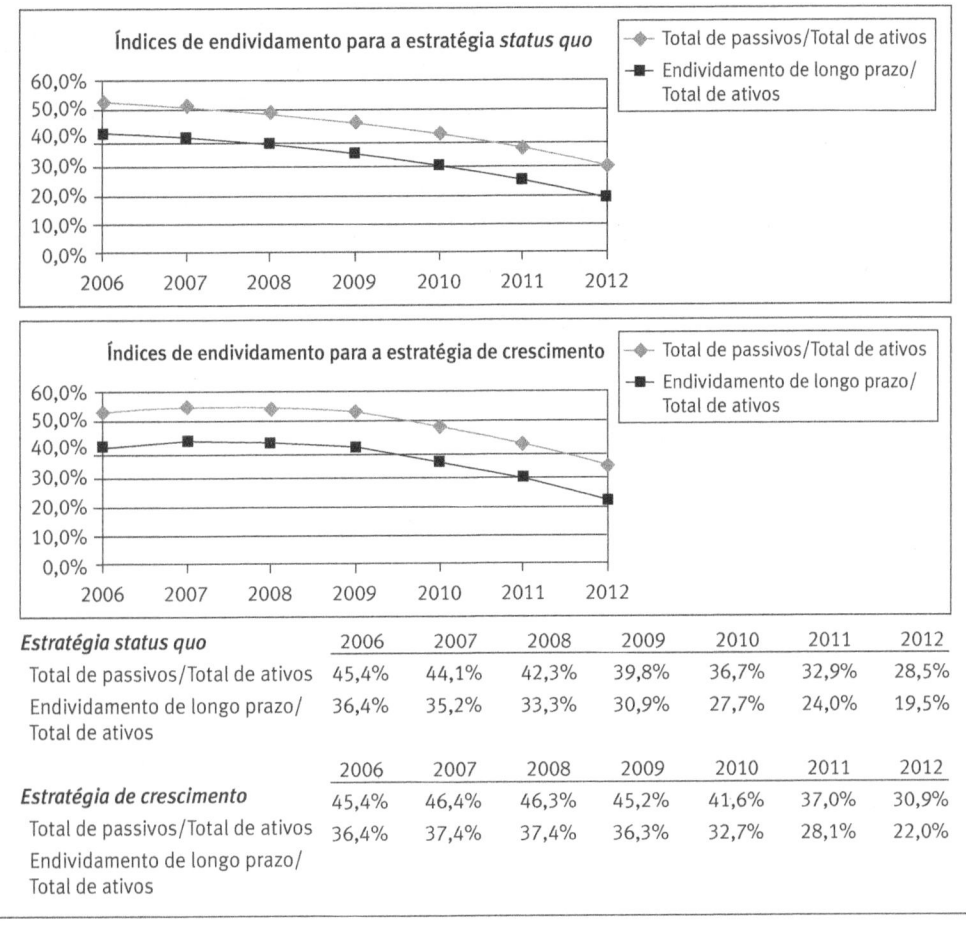

Estratégia status quo	2006	2007	2008	2009	2010	2011	2012
Total de passivos/Total de ativos	45,4%	44,1%	42,3%	39,8%	36,7%	32,9%	28,5%
Endividamento de longo prazo/ Total de ativos	36,4%	35,2%	33,3%	30,9%	27,7%	24,0%	19,5%

Estratégia de crescimento	2006	2007	2008	2009	2010	2011	2012
Total de passivos/Total de ativos	45,4%	46,4%	46,3%	45,2%	41,6%	37,0%	30,9%
Endividamento de longo prazo/ Total de ativos	36,4%	37,4%	37,4%	36,3%	32,7%	28,1%	22,0%

FIGURA 7-1 Índices de estrutura de capital para a aquisição da GRC 2007-2012.

deveria ou não seguir com a aquisição. Geralmente, será assim. As ferramentas fornecem valiosas informações aos gestores, mas, no final das contas, eles terão que usar seu julgamento para decidir.

7.3 Usando o modelo de VPL para calcular o valor do empreendimento

Até agora, usamos a abordagem tradicional do WACC, que utiliza uma taxa de desconto constante para avaliar os fluxos de caixa do empreendimento. Embora essa abordagem faça sentido para a avaliação da GRC antes de sua aquisição pela Immersion Chemical Corporation, a taxa de desconto constante é inconsistente com as mudanças projetadas na estrutura de capital da empresa após a aquisição da GRC. Uma rápida análise nos índices de endividamento encontrados na Figura 7-1 indica que os pesos da estrutura de capital (medidos aqui em termos de valores contábeis) não são constantes ao longo do tempo, tanto para a estratégia *status quo* quanto para a de crescimento. Como resultado, *o uso de uma única taxa de desconto é problemático*.

Recomendamos o uso do **valor presente ajustado**, ou **abordagem VPA**, em situações nas quais se espera que a estrutura de capital da empresa se altere substancialmente ao longo do tempo.

Apresentando a abordagem VPA

A abordagem VPA expressa o valor do empreendimento como a soma dos dois componentes a seguir:

$$\begin{pmatrix}\text{Valor do empreendimento}\\ \text{(abordagem VPA)}\end{pmatrix} = \begin{pmatrix}\text{Valor dos fluxos de caixa}\\ \text{livres desalavancados}\\ \text{para o acionista}\end{pmatrix} + \begin{pmatrix}\text{Valor do}\\ \text{benefício fiscal}\\ \text{dos juros}\end{pmatrix} \quad (7.4)$$

O primeiro componente é o valor dos fluxos de caixa operacionais da empresa. Como não são afetados pela forma como a empresa é financiada, nos referimos a eles como fluxos de caixa livres desalavancados para o acionista. O valor presente desses fluxos representa o valor dos fluxos de caixa da empresa sob a premissa de que a empresa é 100% financiada com capital próprio. O segundo componente, no lado direito da Equação 7.4, é o valor presente do benefício fiscal associado ao uso de capital de terceiros pela empresa. A premissa básica da abordagem VPA é que o endividamento gera um benefício fiscal devido à dedução da taxa de juros.[4] Ao decompor o valor da empresa dessa maneira, o analista é forçado a ocupar-se explicitamente com a maneira como a escolha do tipo de financiamento influencia o valor do empreendimento.

Utilizando a abordagem VPA para avaliar a GRC sob a estratégia de crescimento

A abordagem VPA é geralmente implementada utilizando-se um procedimento muito similar ao que fizemos para calcular o valor do empreendimento com a abordagem do WACC tradicional, que encontramos na Equação 7.1 e está descrita na Equação 7.4a.

$$\begin{pmatrix}\text{Valor do}\\ \text{Empreendimento}\\ \text{(Abordagem VPA)}\end{pmatrix} = \begin{pmatrix}\text{Valor dos fluxos de caixa}\\ \text{livres do capital próprio}\\ \text{desalavancado para o}\\ \text{horizonte de projeção}\end{pmatrix} + \begin{pmatrix}\text{Valor do benefício}\\ \text{fiscal durante}\\ \text{o horizonte de}\\ \text{projeção}\end{pmatrix} + \begin{pmatrix}\text{Valor presente}\\ \text{do valor}\\ \text{terminal estimado}\end{pmatrix} \quad (7.4a)$$

Isto é, fazemos projeções detalhadas de fluxos de caixa para um horizonte de projeção determinado e, então, capturamos o valor de todos os fluxos de caixa após o horizonte de projeção por meio de um valor terminal. De uma perspectiva prática, a principal diferença entre o VPA e as abordagens tradicionais do WACC é que, com a abordagem do VPA, temos dois fluxos de caixa para avaliar: os fluxos de caixa do capital próprio desalavancado e os do benefício fiscal.

---

[4] Tecnicamente, o segundo termo pode ser uma combinação que captura todos os "efeitos colaterais" possíveis das decisões de financiamento da empresa. Além do benefício fiscal, a empresa também pode realizar benefícios financeiros que vêm na forma de financiamento abaixo do mercado ou subsidiado.

A Figura 7-2 resume a implementação da abordagem do VPA em três passos. Primeiro, calculamos o valor dos fluxos de caixa do horizonte de projeção em dois componentes: fluxo de caixa desalavancado (ou operacional) para o acionista e o benefício fiscal resultante do uso de endividamento pela empresa. No Passo 2, calculamos o valor residual ou terminal da empresa alavancada ao final do horizonte de projeção e, finalmente, no Passo 3, somamos os valores presentes dos fluxos de caixa do horizonte de projeção e o valor terminal, calculando o valor do empreendimento da empresa.

Passo 1: Calcule o valor dos fluxos de caixa do horizonte de projeção

Os fluxos de caixa do horizonte de projeção compreendem os fluxos de caixa livres para o acionista e o benefício fiscal. Avaliamos esses fluxos de caixa para a GRC utilizando dois cálculos diferentes. A Equação 7.5 mostra como avaliamos os fluxos de caixa desalavancados para o acionista no horizonte de projeção (HP):[5]

$$\text{Valor dos fluxos de caixa livre para o acionista no horizonte de projeção} = \sum_{t=1}^{HP} \frac{\text{FCLE}_t}{(1 + k_{\text{Desalavancado}})^t} \quad (7.5)$$

Aplicando a Equação 7.5 para a avaliação dos fluxos de caixa operacionais da GRC no horizonte de projeção (2007-2012), no caso da estratégia de crescimento resumida na Tabela 7-4, estimamos um valor de \$21.955.607:

$$\begin{aligned}\text{Valor dos fluxos de caixa livre para o acionista} &= \left(\frac{\$(104.715)}{(1 + 0{,}0947)^1} + \frac{\$1.483.309}{(1 + 0{,}0947)^2} + \frac{\$3.208.375}{(1 + 0{,}0947)^3} \right. \\ &\quad \left. + \frac{\$7.331.446}{(1 + 0{,}0947)^4} + \frac{\$9.364.362}{(1 + 0{,}0947)^5} + \frac{\$12.569.912}{(1 + 0{,}0947)^6} \right) \\ &= \$21.955.607\end{aligned}$$

Essa avaliação é baseada em uma estimativa do custo de capital próprio desalavancado igual a 9,47%. Determinamos o custo de capital próprio desalavancado na Figura 7-3 utilizando o procedimento descrito na Tabela 4-1 do Capítulo 4, na qual calculamos o WACC da empresa, utilizando-o, mais uma vez, no Capítulo 5 para estimar o custo de capital do projeto. O beta desalavancado estimado para a GRC é de 0,89, que, quando combinado com um rendimento do Tesouro americano de 10 anos de 5,02% e um prêmio de risco de mercado de 5%, gera um custo de capital próprio de 9,47%.

Depois, nós calculamos o valor do benefício fiscal para o horizonte de projeção, como segue:

$$\text{Valor do benefício fiscal no horizonte de projeção} = \sum_{t=1}^{HP} \frac{\text{Despesas com juros}_t \times \text{Alíquota de imposto}}{(1 + r)^t} \quad (7.6)$$

---

[5] Lembre a nossa discussão anterior, no Capítulo 2, em que o fluxo de caixa livre da empresa (FCLE) é o mesmo que o fluxo de caixa livre para o acionista em uma empresa desalavancada.

Passo 1: Calcule o valor dos fluxos de caixa do horizonte de projeção

Avaliação de fluxos de caixa operacionais (desalavancados)

Definição: fluxos de caixa desalavancados livres para o acionista = fluxos de caixa livres do projeto ou da empresa	**Fórmula**
Lucro operacional líquido Menos: impostos Lucro operacional líquido após impostos (NOPAT) Mais: despesa de depreciação Menos: investimentos de capital (CAPEX) Menos: aumento no capital de giro líquido Igual a fluxos de caixa livre desalavancados para o acionista = FCLE	Valor dos fluxos de caixa desalavancados para os acionistas no horizonte de projeção $= \sum_{t=1}^{HP} \frac{FCLE_t}{(1 + k_{Desalavancado})^t}$ $FCLE_t$ = fluxos de caixa livre da empresa (igual a fluxos de caixa livre para o acionista para a empresa desalavancada) $k_{Desalavancado}$ = taxa de desconto para fluxos de caixa do projeto (capital próprio desalavancado) HP = horizonte de projeção

Avaliação do benefício fiscal

Definição: Benefício fiscal	**Fórmula**
Benefício fiscal no Ano t = despesa com juros no Ano t × alíquota de imposto	Valor do benefício fiscal $= \left[\sum_{t=1}^{PP} \frac{Despesa\ com\ juros_t \times alíquota\ de\ imposto}{(1 + r)^t} \right]$ HP = horizonte de projeção r = taxa de empréstimo da empresa

Passo 2: Calcule o valor da empresa alavancada no final do horizonte de projeção (i.e. o valor terminal)

Avaliação do valor terminal

Definição: O valor terminal da empresa é igual ao valor do empreendimento da empresa alavancada no final do horizonte de projeção.	**Fórmula:** Valor terminal da empresa alavancada$_{PP}$ = $\dfrac{FCLE_{PP}(1 + g)}{k_{WACC} - g}$
Premissas: ■ Depois do horizonte de projeção a empresa mantém uma proporção constante de endividamento em sua estrutura de capital, L. ■ Os fluxos de caixa da empresa crescem a uma taxa constante g, que é menor do que o custo médio ponderado de capital para sempre.	$FCLE_{PP}$ = fluxos de caixa livres da empresa para o final do horizonte de projeção k_{WACC} = custo médio ponderado de capital g = taxa de crescimento no FCLE após o final do horizonte de projeção para sempre

Passo 3: Resuma os valores estimados para os fluxos de caixa dos períodos de planejamento e terminal

$$\text{Modelo do VPA do valor do empreendimento} = \left[\sum_{t=1}^{HP} \frac{FCLE_t}{(1 + k_{Desalavancado})^t} + \sum_{t=1}^{HP} \frac{Despesa\ com\ juros_t \times Alíquota\ de\ imposto}{(1 + r)^t} \right] + \left[\frac{FCLE_{PP}(1 + g)}{k_{WACC} - g} \left(\frac{1}{1 + k_{Desalavancado}} \right)^{PP} \right]$$

Passo 1: Valor dos fluxos de caixa do horizonte de projeção   Passo 2: Valor dos fluxos de caixa do período terminal

FIGURA 7-2 Utilizando o modelo de Valor Presente Ajustado (VPA) para calcular o valor do empreendimento.

onde r é a alíquota de empréstimo da empresa. Substituindo a benefício fiscal da GRC pela estratégia de crescimento (encontrada na Tabela 7-4) na Equação 7.6 produz-se uma estimativa de $3.307.031 para o valor do benefício fiscal de seu horizonte de projeção.

$$\begin{aligned}\text{Valor do benefício}\\ \text{fiscal no horizonte}\\ \text{de projeção}\end{aligned} = \left(\frac{\$650.000}{(1+0,065)^1} + \frac{\$694.742}{(1+0,065)^2} + \frac{\$721.884}{(1+0,065)^3}\right.$$
$$\left. + \frac{\$729.061}{(1+0,065)^4} + \frac{\$684.432}{(1+0,065)^5} + \frac{\$613.272}{(1+0,065)^6}\right)$$
$$= \$3.307.031$$

Então, a combinação do valor dos fluxos de caixa operacionais e do benefício fiscal para o horizonte de projeção, na estratégia de crescimento, é de $25.262.638 = $21.955.607+3.307.031.

Passo 2: Calcule o valor terminal da GRC

O cálculo de valor terminal para a abordagem de VPA é idêntico ao que fizemos para nossa análise de WACC. Como dissemos anteriormente, os fluxos de caixa da GRC, na data final, são considerados como tendo um crescimento constante de 2% por ano, e sua estrutura de capital reverterá para uma combinação constante de endividamento e capital próprio, mantendo o índice de endividamento (dívida/valor) de 40%. Dessa maneira, podemos utilizar o modelo de crescimento de Gordon para calcular o valor terminal da empresa alavancada, no final do horizonte de projeção (HP), como segue:

$$\frac{\text{Valor terminal da}}{\text{empresa alavancada}_{PP}} = \frac{FCLE_{PP}(1+g)}{k_{WACC}-g} \quad (7.8)$$

O $FCLE_{PP}$ da GRC em 2012 (que é o final do horizonte de projeção) é igual a $12.569.912 (veja Tabela 7-4) e espera-se que esse FCLE cresça a uma taxa g de 2%

Tabela 7-4 Fluxos de caixa operacionais e financeiros da GRC para o horizonte de projeção

Planilha a. Fluxos de caixa livres desalavancados para o acionista (o mesmo que FCLE)						
	2007	2008	2009	2010	2011	2012
Estratégia *status quo*	$3.538.887	$4.411.143	$5.318.289	$6.261.721	$7.242.890	$8.263.306
Estratégia de crescimento	$ (104.715)	$1.483.309	$3.208.375	$7.331.446	$9.364.362	$12.569.912
Planilha b. Benefício fiscal						
	2007	2008	2009	2010	2011	2012
Estratégia *status quo*	$ 650.000	$ 637.462	$ 613.420	$ 576.985	$ 527.216	$ 463.116
Estratégia de crescimento	$ 650.000	$ 694.742	$ 721.884	$ 729.061	$ 684.432	$ 613.272

Passo 1: Identifique um conjunto de empresas que operam na mesma linha de negócios que a GRC. Para cada empresa comparável, calcule diretamente ou localize estimativas publicadas de seu beta do capital próprio alavancado, $\beta_{Alavancado}$, do valor contábil do endividamento oneroso, e da capitalização de mercado do capital próprio da empresa.[6]

GRC: Uma análise da indústria química identifica quatro empresas que são razoavelmente similares à GRC. Seus betas de capital próprio (isto é betas de capital próprio alavancados) variam de 0,88 a 1,45 e seus índices de endividamento/capital próprio variam de 35 a 80%.

Empresas comparáveis	Betas de capital próprio alavancados	Índice endividamento/ capital próprio	Beta do endividamento presumido	Beta do capital próprio desalavancado
A	1,45	0,65	0,30	1,00
B	1,40	0,60	0,30	0,99
C	0,88	0,35	0,30	0,73
D	1,25	0,80	0,30	0,83
Médias	1,25	0,60		0,89

Passo 2: Desalavanque cada um dos coeficientes beta de capital próprio alavancados e tire a média para obter uma estimativa do beta de capital próprio desalavancado da GRC. O processo de desalavancagem usa a seguinte relação:[7]

$$\beta_{Desalavancado} = \frac{\beta_{Alavancado} + \left(1 + T \times \frac{r_d}{1 + r_d}\right) L \beta_{Endividamento}}{1 + \left(1 - T \times \frac{r_d}{1 + r_d}\right) L} \quad (7.7)$$

onde $\beta_{Desalavancado}$, $\beta_{Alavancado}$ e $\beta_{Endividamento}$ são, respectivamente, os betas para o capital próprio desalavancado e alavancado da empresa, e o beta da dívida. O custo da dívida é r_d, T é a alíquota de imposto, e L é o índice endividamento/capital próprio.

FIGURA 7-3 Processo de tres passos para cálculo do custo de capital próprio desalavancado da GRC.

---

[6] Basicamente, o endividamento é calculado utilizando o valor contábil dos passivos onerosos (os títulos a pagar de curto prazo e a porção atual da dívida de longo prazo, além da dívida de longo prazo). Apesar de, tecnicamente, devermos usar o valor de mercado do endividamento da empresa, é comum utilizar valores contábeis, pois a maioria das dívidas corporativas são muito pouco negociadas. O valor de mercado do capital próprio da empresa, é estimado utilizando-se o preço atual de mercado das ações da empresa multiplicado pela quantidade de ações em circulação. Os betas para ações individuais podem ser obtidos de diversas fontes de divulgação, incluindo praticamente todas as fontes de informação *on line* de investimento, como Yahoo Finance ou MoneyCentral, da Microsoft.

[7] Essa relação captura os efeitos de alavancagem financeira no coeficiente beta da empresa. É uma versão mais geral de uma formula semelhante analisada no Capítulo 5. Aplica-se ao cenário no qual a empresa enfrenta fluxos de caixa perpétuos e impostos corporativos incertos, o endividamento corporativo é arriscado (isto é os betas de endividamento são maiores que zero) e o uso de alavancagem financeira da empresa (isto é índice de endividamento/capital próprio, L) é redefinido a cada período para manter a alavancagem constante. Para uma demonstração da Equação 7.7 veja E. Arzac e L. Glosten, "A Reconsideration of Tax Shield Valuation", manuscrito inédito, 2004.

GRC:	Aplicando a Equação 7.7 aos betas de capital próprio alavancados das quatro empresas comparáveis, obtemos um beta de capital próprio desalavancado de 0,89. Observe que assumimos um beta da dívida de 0,30 para todas as quatro empresas comparáveis e uma alíquota de imposto corporativo de 25%. Pesquisas nos mostram que os betas da dívida variam, na prática, de 0,20 a 0,40. Além disso, assumimos que o rendimento da dívida corporativa para cada uma das empresas comparáveis é igual à taxa de empréstimo de 6,5% da GRC. Quando existem significativas diferenças entre classificação de risco do endividamento e, consequentemente, das taxas de juros da dívida, utilizamos taxas de empréstimo específicas para cada empresa no processo de desalavancagem do beta descrito anteriormente na Equação 7.7.
Passo 3:	Substitua o beta médio de capital próprio desalavancado no CAPM para estimar o custo de capital próprio desalavancado para a empresa que está sendo analisada.
GRC:	Substituindo nossa estimativa de beta de capital próprio desalavancado da GRC no CAPM, em que a taxa livre de risco é 5,02% e o prêmio de risco do mercado é de 5%, obtemos uma estimativa de custo de capital próprio de 9,47% para um investimento desalavancado, i.e. $k_{\text{capital próprio desalavancado}}$ = alíquota livre de risco + $\beta_{\text{Desalavancado}}$ (prêmio de risco de mercado) $k_{\text{capital próprio desalavancado}}$ = 0,0502 + 0,89 × 0,05 = 0,09472 ou 9,4%

FIGURA 7-3 *Continuação*

para sempre; o custo médio ponderado de capital (k_{WACC}) é de 8,8%.[8] Utilizando a Equação 7.8, estimamos o valor terminal para GRC em 2012, como segue:

$$\text{Valor terminal da empresa alavancada}_{2012} = \frac{\$12.569.912(1 + 0,02)}{0,088 - 0,02} = \$188.554.340$$

Ainda temos um cálculo a fazer para avaliar o valor terminal da GRC. Precisamos descontar o valor terminal estimado na Equação 7.8 até o presente, utilizando o custo de capital próprio desalavancado, ou seja,

$$\text{Valor presente do valor terminal}_{2006} = \left(\frac{\$12.569.912(1 + 0,02)}{0,088 - 0,02}\right)\left(\frac{1}{(1 + 0,0947)^6}\right) = \$131.531.641$$

Para completar a avaliação do GRC utilizando o método VPA, agora somamos o valor do horizonte de projeção e o valor terminal no último passo.

---

[8] O custo médio ponderado de capital também pode ser relacionado ao custo de capital próprio desalavancado usando a seguinte relação:

$$k_{\text{WACC}} = k_{\text{Desalavancado}} - r(\text{alíquota de imposto})\frac{L}{1 + L}\left(\frac{1 + k_{\text{Desalavancado}}}{1 + r_d}\right)$$

$$k_{\text{WACC}} = 0,0947 - 0,065 \times 0,25 \times \left(\frac{0,40}{1 + 0,40}\right) \times \left(\frac{1 + 0,0947}{1 + 0,065}\right) = 0,088 \text{ ou } 8,8\%$$

onde L é o quociente de endividamento sobre o valor do empreendimento da empresa, que se presume ser de 40% no exemplo da GRC.

Passo 3: Somando os valores do horizonte de projeção e do período terminal

Utilizando a abordagem de VPA, estimamos o valor do empreendimento da empresa com a seguinte soma:

$$\text{Valor do empreendimento (abordagem VPA)} = \left[\sum_{t=1}^{HP} \frac{FCLE_t}{(1 + k_{Desalavancado})^t} + \sum_{t=1}^{HP} \frac{\text{despesa com juros}_t \times \text{alíquota de imposto}}{(1 + r)^t}\right]$$

Valor dos fluxos de caixa do horizonte de projeção

$$+ \left[\frac{FCLE_{PP}(1 + g)}{k_{WACC} - g}\left(\frac{1}{1 + k_{Desalavancado}}\right)^{HP}\right] \quad (7.4a)$$

Valor dos fluxos de caixa do período terminal

Substituindo os dois componentes, estimamos o valor do empreendimento da GRC com o modelo VPA como sendo de $134.838.672, ou seja:

$$\text{Valor do empreendimento (abordagem VPA)} = \$21.955.607 + \$3.307.031 + \$134.798.673 = \$134.838.672$$

Utilizando um múltiplo EBITDA para calcular o valor terminal

A aplicação anterior da abordagem VPA para o cálculo do valor do empreendimento da GRC usou a abordagem de fluxo de caixa descontado (FCD) para avaliar tanto o valor do horizonte de projeção quanto o valor terminal pós-horizonte de projeção. O que geralmente acontece na prática, entretanto, é que um múltiplo baseado no mercado é usado para estimar o valor dos fluxos de caixa pós-horizonte de projeção. A Equação 7.4b define a abordagem VPA do valor do empreendimento como a soma dos valores presentes dos fluxos de caixa do horizonte de projeção (isto é, tanto os fluxos de caixa desalavancados da empresa[9] quanto o benefício fiscal), mais o valor terminal da empresa, que é calculado utilizando um múltiplo EBITDA, ou seja:

$$\text{Valor do empreendimento (abordagem VPA híbrida)} = \begin{pmatrix} \text{Valor dos fluxos de caixa} \\ \text{livres desalanvancados} \\ \text{para o acionista no} \\ \text{horizonte da projeção} \end{pmatrix} + \begin{pmatrix} \text{Valor da economia} \\ \text{fiscal do horizonte} \\ \text{de projeção} \end{pmatrix}$$

$$+ \begin{pmatrix} \text{Valor presente} \\ \text{do múltiplo EBITDA} \\ \text{estimado do valor terminal} \end{pmatrix} \quad (7.4b)$$

---

[9] Lembre-se de que, como vimos no Capítulo 2 os fluxos de caixa desalavancados de uma empresa são simplesmente os fluxos de caixa que a empresa realizaria se não tivesse endividamento. Além disso, esses fluxos de caixa desalavancados são os fluxos de caixa livres da empresa (FCLEs) calculados anteriormente para avaliar a empresa utilizando o modelo tradicional. Entretanto, no modelo de VPA, descontamos os FCLEs utilizando o custo de capital desalavancado (isto é, a taxa de desconto do capital próprio apropriado para uma empresa que não utiliza endividamento) e, depois, lançamos o valor do benefício fiscal da empresa como um cálculo separado do valor presente.

Os valores dos dois fluxos de caixa do horizonte de projeção da GRC, dentro da estratégia de crescimento, foram estimados anteriormente utilizando a Tabela 7-4 e resultam em $21.955.607 para os fluxos de caixa operacionais e $3.307.031 para a benefício fiscal. Utilizando o múltiplo de seis vezes do EBITDA de nossa análise anterior e o EBITDA estimado para 2012 (que encontramos utilizando a Tabela 7-4), calculamos o fluxo de caixa do valor terminal da GRC, como segue:

$$\begin{aligned}\text{Valor presente do valor terminal estimado}_{2006} &= \frac{\text{Valor terminal}_{2012}}{(1 + k_{\text{Desalavancado}})^6} = \frac{6 \times \text{EBITDA}_{2012}}{(1 + 0{,}0947)^6} \\ &= \frac{\$182{,}828{,}880}{(1 + 0{,}0947)^6} = \$106{,}248{,}753\end{aligned}$$

O EBITDA para 2012 é encontrado utilizando a Tabela 7-3, somando a renda operacional líquida, que é igual a $21.781.465, à despesa de depreciação, que é igual a $8.690.015, para obter $30.471.480. Multiplicando essa estimativa de EBITDA por 6 produz uma estimativa do valor terminal em 2012 de $182.828.880. Descontando o valor terminal para valor presente por meio do custo de capital próprio desalavancado, obtemos $106.248.753. Para completar a estimativa do valor do empreendimento utilizando o VPA híbrido, simplesmente substituímos as estimativas dos valores dos fluxos de caixa na Equação 7.4b, como segue:

$$\begin{aligned}\text{Valor do empreendimento (abordagem híbrida de VPA)} &= \$21.955.607 + \$3.307.031 + \$106.248.753 \\ &= \$131.511.391\end{aligned}$$

Esse valor é ligeiramente mais baixo do que nossa estimativa anterior porque, neste caso, o múltiplo EBITDA forneceu uma estimativa mais conservadora do valor terminal da GRC.

A Tabela 7-5 resume as estimativas de VPA do valor do empreendimento para as estratégias *status quo* e de crescimento, utilizando nossos dois métodos de cálculo do valor terminal.

Comparando as estimativas de WACC e VPA do valor do empreendimento do GRC

A Tabela 7-6 combina nossas estimativas do valor do empreendimento da GRC utilizando a abordagem WACC e a abordagem de VPA. Apesar de as estimativas não serem exatamente as mesmas, são bastante semelhantes. Em todos os casos, a aquisição da GRC ao preço de $100 milhões parece ser um bom investimento, e a estratégia de crescimento domina claramente a estratégia *status quo*.

Nessa aplicação em especial das abordagens de avaliação do WACC e do VPA, os resultados, em todos os sentidos, são os mesmos. Entretanto, há casos em que os efeitos da estrutura de capital, causados por expressivas alterações no financiamento da dívida ao longo da vida do investimento, podem levar a significativas diferenças nos resultados das duas abordagens de avaliação. Nesses casos, a abordagem de VPA tem uma clara vantagem, pois pode favorecer os efeitos de mudança da estrutura de capital mais facilmente.

Tabela 7-5 Resumo de avaliação de VPA para GRC nas estratégias *status quo* e de crescimento

Planilha a. Estratégia *status quo*
Estimativa de VPA do valor do empreendimento

	Valores presentes		
	Cálculo de VPA dos fluxos de caixa do horizonte de projeção	Estimativas de FCD dos valores terminais	Total
Fluxos de caixa livres desalavancados para o acionista	$ 24.738.517	$ 72.033.945	$ 96.772.462
Benefício fiscal	2.830.870	–	2.830.870
Total	27.569.388	$ 72.033.945	**$ 99.603.332**

Estimativa de VPA híbrido do valor do empreendimento

	Valores presentes		
	Cálculo de VPA dos fluxos de caixa do horizonte de projeção	Valor terminal do múltiplo EBITDA	Total
Fluxos de caixa livres desalavancados para o acionista	$ 24.738.517	$ 73.060.734	$ 97.799.251
Benefício fiscal	2.830.870	–	2.830.870
Total	27.569.388	$ 73.060.734	**$ 100.630.121**

Planilha b. Estratégia de crescimento
Estimativa de VPA do valor do empreendimento

	Valores presentes		
	Cálculo de VPA dos fluxos de caixa do horizonte de projeção	Estimativas de FCD dos valores terminais	Total
Fluxos de caixa livres desalavancados para o acionista	$ 21.955.607	109.576.035	131.531.641
Benefício fiscal	3.307.031	–	3.307.031
Total	$ 25.262.638	109.576.035	**134.838.671**

Estimativa do VPA híbrido do valor do empreendimento

	Valores presentes		
	Cálculo de VPA dos fluxos de caixa do horizonte de projeção	Valor terminal do múltiplo EBITDA	Total
Fluxos de caixa livres desalavancados para o acionista	$ 21.955.607	$ 106.248.753	$ 128.204.360
Benefício fiscal	3.307.031	–	3.307.031
Total	$ 25.262.638	$ 106.248.753	**$ 131.511.391**

Tabela 7-6 Resumo das estimativas de WACC e VPA do valor do empreendimento da GRC

Estratégia *status quo*	WACC tradicional	VPA
Estimativa do FCD do valor terminal	$ 100.038.943	$ 99.603.333
Estimativa do múltiplo EBITDA do valor terminal	101.104.149	100.630.121
Estratégia de crescimento	**WACC tradicional**	**VPA**
Estimativa do FCD do valor terminal	$ 136.276.460	$ 134.838.672
Estimativa do múltiplo EBITDA do valor terminal	132.824.689	131.511.391

Legenda:

A *estratégia status quo* representa um conjunto de estimativas de fluxo de caixa que correspondem ao método atual de operação do negócio.

A *estratégia de crescimento* representa estimativas de fluxo de caixa que refletem a implementação de um plano explícito de crescimento da empresa, por meio de investimentos adicionais em bens de capital e alteração no método operacional atual da empresa.

A *estimativa de FCD do valor terminal* é baseada no modelo de crescimento de Gordon, em que se espera que os fluxos de caixa cresçam a uma taxa constante de 2% por ano, indefinidamente.

A *estimativa do múltiplo EBITDA do valor terminal* é baseada em um múltiplo de seis vezes o EBITDA estimado para 2012 (final do horizonte de projeção).

O múltiplo EBITDA usado na avaliação da GRC produziu resultados muito similares à estimativa de FCD, e isso é simplesmente resultado das escolhas específicas feitas ao longo dessa avaliação. Devido à importância do valor terminal na estimativa geral do valor do empreendimento, recomendamos o uso das duas abordagens e, quando escolher o múltiplo EBITDA, preste muita atenção em transações recentes envolvendo empresas comparáveis. A vantagem da estimativa do múltiplo EBITDA nesse cenário é que ele vincula análises de fluxos de caixa mais distantes a uma transação de mercado recente. Porém, a estimativa do múltiplo EBITDA do valor terminal deveria ser comparada a uma estimativa de FCD usando as estimativas do analista de taxas de crescimento razoáveis, como um teste da racionalidade da estimativa do valor terminal baseado em múltiplos.

Um breve resumo das abordagens de avaliação de WACC e VPA

A grade a seguir fornece um resumo das características importantes das abordagens tradicionais de WACC e VPA. Como vimos, o método tradicional de WACC é a abordagem usada na prática. Entretanto, quando a estrutura de capital da empresa que está sendo avaliada tende a se alterar ao longo do tempo, a abordagem de VPA é a preferida.

	Método do Valor Presente Ajustado (VPA)	Método de WACC tradicional
Objeto da análise	*Valor do empreendimento* como a soma dos valores de: ■ Os fluxos de caixa desalavancados para o acionista. ■ Efeitos colaterais do financiamento.	O valor do empreendimento igual ao valor presente dos fluxos de caixa de capital da empresa utilizando o WACC após impostos.
Cálculo do fluxo de caixa	■ Fluxos de caixa livres desalavancados para o acionista (isto é, fluxos de caixa livres da empresa). ■ Benefício fiscal.	Fluxos de caixa livres da empresa (FCLE).
Taxa(s) de desconto	■ Fluxos de caixa livres desalavancados para o acionista – custo do capital próprio para empresa desalavancada. ■ Benefício fiscal do endividamento – rentabilidade até o vencimento da dívida (obrigações) da empresa.	Custo médio ponderado de capital após imposto (WACC).
Problemas técnicos – Equações		
Como são tratados os efeitos da estrutura de capital – taxas de desconto, fluxos de caixa ou ambos	*Fluxos de caixa* – A estrutura de capital afeta o valor presente apenas do benefício fiscal.	*Taxas de desconto* – a relação endividamento/capital próprio na estrutura de capital da empresa afeta o WACC da empresa. Porém, assumimos que essa relação entre endividamento e capital próprio é constante ao longo de toda a vida do investimento.
Problemas técnicos – Equações		
Modelos de avaliação	*Valor do empreendimento* Valor do empreendimento = valor da empresa desalavancada + valor do benefício fiscal $$= \sum_{t=1}^{\infty} \frac{FCLA_t^{Desalavancado}}{(1 + k_{Desalavancado})^t}$$ $$+ \sum_{t=1}^{\infty} \frac{Juro \times \text{alíquota de imposto}}{(1 + k_{Endividamento})^t}$$ onde $FCLA_t^{Desalavancado}$ = Fluxos de caixa livres para o acionista para uma empresa desalavancada (o mesmo que $FCLE_t$) k_u = custo do capital próprio para uma empresa desalavancada	*Valor do empreendimento* $$\text{Valor do empreendimento} = \sum_{t=1}^{\infty} \frac{FCLE_t}{(1 + k_{WACC})^t}$$ onde $FCLE_t$ = fluxo de caixa livre da empresa para ano t k_{WACC} = custo médio ponderado de capital da empresa
Guia do usuário		
Escolhendo o modelo correto	Apesar de não ser tão popular quanto o método tradicional de WACC, essa abordagem está ganhando força e é particularmente atraente quando são avaliadas transações altamente alavancadas, como LBOs, onde a estrutura de capital não é estática através do tempo.	Metodologia mais usada para avaliar projetos de investimento individuais (orçamento de capital) e empresas inteiras. Como a taxa de desconto (o WACC) assume pesos constantes para dívida e capital próprio, esse método não é adequado para situações onde acontecem grandes mudanças na estrutura de capital (por exemplo, LBOs).

Calculando o valor de uma dívida subsidiada

Em nosso exemplo anterior, o financiamento afeta o valor da empresa apenas pelo seu impacto no benefício fiscal. Entretanto, não é raro para o vendedor de um negócio oferecer um incentivo ao comprador, na forma de um empréstimo a uma taxa abaixo do mercado. Para ilustrar como podemos analisar o valor de um empréstimo abaixo do mercado, considere a oferta de empréstimo de $40 milhões, descrita na Tabela 7-7. Apesar de a taxa de mercado atual para tal empréstimo ser de 6,5%, o empréstimo tem uma taxa de juros de 5%, o que significa uma redução de 1,5% na taxa de juros devida no empréstimo. O empréstimo requer que a empresa pague apenas juros, e nenhum valor principal é devido até o vencimento. Consequentemente, o pagamento exigido consiste em $2 milhões por ano em pagamento de juros pelos próximos cinco anos e, no quinto ano (ano do vencimento do empréstimo), o valor total do principal, $40 milhões, é devido e pagável.

Para avaliar o subsídio associado à taxa de empréstimo abaixo do mercado, calculamos que o valor presente dos pagamentos, utilizando a taxa atual de juros de mercado, é de apenas $37.506.592, o que indica que o financiamento fornece ao tomador um subsídio no valor de $2.493.407! Na verdade, o vendedor reduziu o preço de venda da empresa ou ativo que está sendo vendido em dois milhões e meio de dólares, como um incentivo ao comprador.

Tabela 7-7 O valor de uma dívida subsidiada

Considerando:					
Valor do empréstimo	$ 40.000.000				
Taxa atual de mercado	6,5%				
Custo da dívida (subsidiada)	5,0%				
Prazo do empréstimo	5				
Tipo de empréstimo	Apenas juros				
	2007	2008	2009	2010	2011
Pagamento de juros	$ 2.000.000	$ 2.000.000	$ 2.000.000	$ 2.000.000	$ 2.000.000
Pagamento do principal					40.000.000
Total	$ 2.000.000	$ 2.000.000	$ 2.000.000	$ 2.000.000	$ 42.000.000
Avaliação do empréstimo subsidiado					
Valor recebido	$ 40.000.000				
Valor presente dos pagamentos	37.506.592				
Valor do subsídio do empréstimo	$ 2.493.407				

7.4 Resumo

Utilizar a análise de fluxo de caixa descontado (FCD) para avaliar uma *empresa* é uma extensão clara de seu uso em uma avaliação de *projeto*. A complexidade adicional da avaliação de uma empresa vem do fato de que o horizonte temporal de fluxos de caixa de empresas é indefinido, enquanto os fluxos de caixa de projetos são finitos. Na maioria dos casos, os analistas resolvem esse problema calculando o valor de fluxos de caixa no que chamamos de um *horizonte de projeção*, utilizando a análise de FCD padrão e, depois, usando o método de comparáveis ou múltiplos (como apresentado no Capítulo 6) para calcular o que geralmente chamamos de *valor terminal* do investimento. Na maioria dos casos, os fluxos de caixa e o valor terminal estimados do horizonte de projeção são descontados utilizando o custo médio ponderado de capital do investimento.

Como observamos, a abordagem pelo WACC, que descrevemos na primeira metade deste capítulo, é amplamente usada em toda a indústria para avaliar os negócios. Entretanto, devemos enfatizar que essa abordagem requer um número de premissas implícitas, que podem ser difíceis de justificar na maioria das aplicações. Em especial, a análise considera que os riscos dos fluxos de caixa não se alteram ao longo do tempo e que a estrutura financeira da empresa não muda. Por essa razão, gostaríamos de acrescentar, mais uma vez, nossa habitual observação de que as ferramentas que apresentamos são imperfeitas e devem ser encaradas como meios de apoio para os gerentes e não como um substituto para decisões gerenciais dos administradores.

A segunda metade do capítulo considera o caso em que o índice de endividamento do negócio adquirido se altera ao longo do tempo. Quando isso acontece, a abordagem do VPA fornece vantagens em relação à abordagem do WACC. Apesar dessa abordagem não ser usada com frequência pelos profissionais da indústria, esperamos que, com o tempo, se torne mais popular.

Problemas

7-1 Avaliação do empreendimento – modelo de WACC tradicional A Canton Corporation é uma empresa de capital fechado envolvida na produção e venda de produtos químicos industriais, principalmente na America do Norte. A principal linha de produtos da empresa é de solventes orgânicos e intermediários para produtos farmacêuticos, agrícolas e químicos. Os gerentes da Canton estão considerando a possibilidade de abrir o capital da empresa e pediram ao seu banco que desenvolvesse uma análise preliminar do valor do capital acionário da empresa.

Para elaborar a sua análise, o banco preparou demonstrações financeiras *pro forma* para cada um dos próximos quatro anos dentro da premissa (simplificadora) de que as vendas da empresa são constantes (isto é, têm uma taxa de crescimento igual a zero), que a alíquota de imposto corporativo é de 30% e que os investimentos de capital são iguais às despesas estimadas de depreciação. Além das demonstrações financeiras da Canton, o banco reuniu as seguintes informações relativas às taxas de retorno atuais no mercado de capital.

Informações financeiras da Canton Corporation

Balanço patrimonial *pro forma* ($000)

	0	1	2	3	4
Ativo circulante	$ 15.000	$ 15.000	$ 15.000	$ 15.000	$ 15.000
Ativo fixo	40.000	40.000	40.000	40.000	40.000
Total	$ 55.000	$ 55.000	$ 55.000	$ 55.000	$ 55.000
Provisões e contas a pagar	$ 5.000	$ 5.000	$ 5.000	$ 5.000	$ 5.000
Endividamento de longo prazo	25.000	25.000	25.000	25.000	25.000
Capital próprio (acionário)	25.000	25.000	25.000	25.000	25.000
Total	$ 55.000	$ 55.000	$ 55.000	$ 55.000	$ 55.000

Demonstração de resultados *pro forma* ($000)

	1	2	3	4
Vendas	$ 100.000	$ 100.000	$ 100.000	$ 100.000
Custo de mercadorias vendidas	(40.000)	(40.000)	(40.000)	(40.000)
Lucro bruto	$ 60.000	$ 60.000	$ 60.000	$ 60.000
Despesas operacionais (exceto depreciação)	(30.000)	(30.000)	(30.000)	(30.000)
Despesas de depreciação	(8.000)	(8.000)	(8.000)	(8.000)
Lucro operacional (lucro antes de juros e impostos)	$ 22.000	$ 22.000	$ 22.000	$ 22.000
Menos: despesas com juros	(2.000)	(2.000)	(2.000)	(2.000)
Lucro antes dos impostos	$ 20.000	$ 20.000	$ 20.000	$ 20.000
Menos: impostos	(6.000)	(6.000)	(6.000)	(6.000)
Lucro líquido	$ 14.000	$ 14.000	$ 14.000	$ 14.000

- A atual taxa de juros de mercado de Títulos do Tesouro americano de 10 anos é de 7% e o prêmio de risco do mercado é estimado em 5%.
- O endividamento da Canton atualmente tem um custo de 8%, taxa que a empresa terá que pagar para qualquer empréstimo futuro.
- Utilizando empresas abertas como *proxies*, o beta do capital próprio estimado para a Canton é de 1,60.

   a. Qual é o custo de capital próprio da Canton? Qual é o custo da dívida após impostos para a empresa?
   b. Calcule os fluxos de caixa livres para os acionistas da Canton para cada um dos próximos quatro anos. Considerando que esses fluxos para o Ano 5 em diante são uma perpetuidade constante, calcule o valor do capital próprio da Canton. (*Dica*: o valor do capital próprio é igual ao valor presente dos fluxos de caixa livres para o acionista, descontado o custo do capital próprio alavancado.) Se a taxa de juros do mercado da dívida da Canton é igual ao cupom de 8%, qual é o valor de mercado atual do endividamento da empresa? Qual é o valor do empreendimento da Canton? (*Dica*: o valor do empreendimento pode ser determinado como a soma dos valores estimados do endividamento oneroso da empresa, mais o capital próprio.

c. Utilizando os valores de mercado do endividamento/capital próprio da Canton calculados na Parte b acima, determine o custo médio ponderado de capital após imposto da empresa. *Dica:*

$$k_{WACC} = \frac{\text{custo do}}{\text{endividamento}} \left(1 - \frac{\text{alíquota}}{\text{de imposto}}\right)\left(\frac{\text{Valor da dívida}}{\text{Valor do empreendimento}}\right)$$

$$+ \frac{\text{custo do capital}}{\text{alavancado}} \left(\frac{\text{Valor do capital próprio}}{\text{Valor do empreendimento}}\right).$$

d. Quais são os fluxos de caixa livres da empresa (FCLEs) da Canton para os Anos 1 a 4?
e. Calcule o valor do empreendimento da Canton utilizando o modelo de WACC tradicional, com base em suas respostas anteriores e considerando que os FCLEs depois do Ano 4 têm uma perpetuidade constante igual ao FCLE do Ano 4. Como sua estimativa se compara com a anterior, utilizando a soma dos valores do endividamento e do capital próprio da empresa?
f. Com base em sua estimativa do valor do empreendimento, qual é o valor por ação do capital próprio da empresa, se a empresa tem dois milhões de ações em circulação (lembre que, até agora, seus cálculos foram em milhares de dólares).

7-2 Avaliação pelo WACC tradicional O proprietário da Big Boy Flea Market (BBFM), Lewis Redding, faleceu em 30 de dezembro de 2006. Sua participação de 100% no capital da BBFM se tornou parte de seu espólio, sobre o qual os seus herdeiros têm que pagar impostos. A Secretaria da Receita Federal (SRF) contratou um especialista em avaliação, que apresentou um relatório declarando que o negócio valia aproximadamente $20 milhões na época da morte do Sr. Redding. Os herdeiros do Sr. Redding consideram a avaliação da SRF muito alta e contratam você para elaborar outra análise de avaliação, com a esperança de confirmar sua opinião.

a. Calcule os fluxos de caixa livres da empresa para 2007-2011 em que a alíquota de imposto da empresa é de 25%, os investimentos de capital são considerados iguais às despesas de depreciação e não há alteração no capital de giro líquido ao longo do período.
b. Avalie a BBFM utilizando o modelo de WACC tradicional e as seguintes informações:
  i. O custo do capital próprio da BBFM é estimado em 20% e o custo da dívida é de 10%.
  ii. Os gerentes da BBFM estimam o seu índice de endividamento de longo prazo em 10% do valor do empreendimento.
  iii. Depois de 2011, a taxa de crescimento de longo prazo do fluxo de caixa livre da empresa é de 5% por ano.

7-3 Avaliação do empreendimento – Modelo de VPA Este problema utiliza as informações do Problema 7-1 a respeito da Canton Corporation para estimar o valor do empreendimento da empresa utilizando o modelo de VPA.

a. Qual é o custo de capital próprio desalavancado da empresa?
b. Quais são os fluxos de caixa livres desalavancados do capital próprio para a Canton nos Anos 1 a 4? (*Dica:* os fluxos de caixa livres desalavancados do capital próprio são os mesmos que os fluxos de caixa livres da empresa.)

Informações financeiras da Big Boy Flea Market

Demonstração de resultados	Ano base 2006	Previsão 2007	2008	2009	2010	2011
Vendas	$ 3.417.500,00	$ 3.700.625,00	$ 3.983.750,00	$ 4.266.875,00	$ 4.550.000,00	$ 4.833.125,00
Depreciação		48.190,60	50.118,22	52.122,95	54.207,87	56.376,19
Custo de mercadorias vendidas		1.402.798,69	1.496.881,13	1.590.963,56	1.685.046,00	1.779.128,44
Outras despesas operacionais		1.078.447,38	1.109.874,25	1.141.301,13	1.172.728,00	1.204.154,88
LAJIR		$ 1.171.188,34	$ 1.326.876,40	$ 1.482.487,36	$ 1.638.018,13	$ 1.793.465,50
Juros		5.110,00	5.110,00	5.110,00	5.110,00	5.860,00
Lucro antes dos impostos		$ 1.166.078,34	$ 1.321.766,40	$ 1.477.377,36	$ 1.632.908,13	$ 1.787.605,50
Imposto de renda		291.519,58	330.441,60	369.344,34	408.227,03	446.901,38
Lucro líquido		$ 874.558,75	$ 991.324,80	$ 1.108.033,02	$ 1.224.681,10	$ 1.340.704,13
Dividendos de ações preferenciais		–	–	–	–	–
Lucro líquido das ações ordinárias		874.558,75	991.324,80	1.108.033,02	1.224.681,10	1.340.704,13
Dividendos de ações ordinárias		874.558,75	991.324,80	1.108.033,02	1.224.681,10	1.340.704,13
Lucro dos lucros acumulados		–	–	–	–	–

Balanço patrimonial	Ano base 2006	Previsão 2007	2008	2009	2010	2011
Ativo circulante	$ 170.630,00	$ 185.031,25	$ 199.187,50	$ 213.343,75	$ 227.500,00	$ 241.656,25
Ativos fixos brutos	1.204.765,00	1.252.955,60	1.303.073,82	1.355.196,78	1.409.404,65	1.540.780,83
Depreciação acumulada	(734.750,00)	(782.940,60)	(833.058,82)	(885.181,78)	(939.389,65)	(995.765,83)
Ativos fixos líquidos	$ 470.015,00	$ 470.015,00	$ 470.015,00	$ 470.015,00	$ 470.015,00	$ 545.015,00
Total de ativos	$ 640.645,00	$ 655.046,25	$ 669.202,50	$ 683.358,75	$ 697.515,00	$ 786.671,25
Passivos circulantes	$ 129.645,00	$ 144.046,25	$ 158.202,50	$ 172.358,75	$ 186.515,00	$ 200.671,25
Endividamento de Longo prazo	51.100,00	51.100,00	51.100,00	51.100,00	51.100,00	58.600,00
Ações preferenciais	–	–	–	–	–	–
Ações ordinárias	1.000,00	1.000,00	1.000,00	1.000,00	1.000,00	68.500,00
Lucros acumulados	458.900,00	458.900,00	458.900,00	458.900,00	458.900,00	458.900,00
Capital próprio total	$ 459.900,00	$ 459.900,00	$ 459.900,00	$ 459.900,00	$ 459.900,00	$ 527.400,00
Total de passivos & capital próprio	$ 640.645,00	$ 655.046,25	$ 669.202,50	$ 683.358,75	$ 697.515,00	$ 786.671,25

c. Quais são as economias fiscais da Canton Corporation para os Anos 1 a 4?
d. Considerando que os fluxos de caixa futuros das operações da empresa (isto é, seus FCLEs) e seus benefícios fiscais são perpetuidades constantes para o Ano 5 em diante, em um nível igual ao valor do Ano 4, qual é a sua estimativa do valor do empreendimento da Canton Corporation?
e. Baseado em sua estimativa do valor do empreendimento, qual é o valor por ação do capital próprio da empresa, se a empresa tem dois milhões de ações em circulação? (Lembre que, até agora, seus cálculos foram em milhares de dólares.)

7-4 Avaliação de VPA A seguinte informação fornece a base para a realização de uma aplicação objetiva do modelo de valor presente ajustado (VPA).

Premissas

Custo de capital próprio desalavancado	12%
Taxa de juros dos empréstimos	8%
Alíquota de imposto	30%
Dívidas em aberto	$ 200,00

	Anos			
	1	2	3	4 em diante
Fluxo de caixa livre da empresa	$ 100,00	$ 120,00	$ 180,00	$ 200,00
Endividamento oneroso	200,00	150,00	100,00	50,00
Despesa com juros	16,00	12,00	8,00	4,00
Benefício fiscal	4,80	3,60	2,40	1,20

Legenda:

Custo de capital próprio desalavancado – a taxa de retorno exigida pelos acionistas na empresa, em que foi usado apenas capital próprio.

Taxa de juros dos empréstimos – a taxa de juros que a empresa paga sobre a sua dívida. Também consideramos que essa taxa é igual ao custo atual de empréstimos para a empresa ou a taxa de juros atual de mercado.

Alíquota de imposto – a alíquota de imposto corporativo sobre os lucros. Consideramos que essa alíquota de imposto é constante para todos os níveis de renda.

Dívidas em aberto – total do endividamento oneroso, excluindo contas a pagar e outras formas de endividamento não-oneroso, à época da avaliação.

Fluxos de caixa livres da empresa – lucro operacional líquido após impostos (NOPAT), mais depreciação (e outros encargos "não caixa"), menos novos investimentos em capital de giro líquidos, menos investimentos de capital (CAPEX) para o período. Esse é o fluxo de caixa livre para a empresa desalavancada, pois os juros ou o principal não são considerados nos cálculos.

Endividamento oneroso – dívidas em aberto no início do período, que tem um custo de juros explícito.

Despesas com juros – endividamento oneroso para o período, multiplicado pela taxa de juros contratual que a empresa deve pagar.

Benefício fiscal – despesa com juros para o período, multiplicada pela alíquota corporativa de imposto.

a. Qual é o valor da empresa desalavancada, considerando que seus fluxos de caixa livres para o Ano 5 em diante são iguais ao fluxo de caixa livre do Ano 4?
b. Qual é o valor do benefício fiscal da empresa, considerando que ela permanece constante do Ano 4 em diante?
c. Qual é o valor da empresa alavancada?
d. Qual é o valor do capital próprio da empresa alavancada (considerando que o endividamento da empresa é igual ao seu valor contábil)?

7-5 Avaliação do VPA A Clarion Manufacturing Company é uma empresa aberta que se dedica à fabricação de móveis para casas e escritórios. A demonstração de resultados e o balanço patrimonial mais recente da empresa estão abaixo ($000).

Demonstração de resultados

Vendas	$ 16.000
Custo de mercadorias vendidas	(9.000)
Lucro bruto	7.000
Despesas com vendas e administrativas	(2.000)
Lucro operacional	5.000
Despesa com juros	(720)
Lucros antes dos impostos	4.280
Impostos	(1.284)
Lucro líquido	$ 2.996

Balanço patrimonial

Ativos circulantes	$ 5.000	Passivos[10]	$ 7.000
Ativos fixos	9.000	Capital próprio	7.000
	$ 14.000		$ 14.000

a. Se os lucros operacionais futuros da Clarion forem estáveis (isto é, sem crescimento), e espera-se que os investimentos de capital sejam iguais à despesa de depreciação sem aumento previsto no capital de giro líquido da empresa, qual é o valor da empresa utilizando o modelo de valor presente ajustado? Para responder essa pergunta você pode considerar o seguinte: a taxa de juros sobre empréstimos atual da empresa é a mesma de 9% que ela paga atualmente em suas dívidas; todos os passivos da empresa são onerosos, seu custo de capital próprio "desalavancado" é de 12% e sua alíquota de imposto é de 30%.
b. Qual é o valor do capital próprio da Clarion (isto é, seu capital próprio alavancado), conforme descrito acima?
c. Qual é o custo médio ponderado de capital, levando em conta suas respostas aos itens a e b?

---

[10] Todos os passivos são considerados onerosos.

d. Baseado nas respostas às perguntas acima, qual é o custo de capital alavancado da Clarion?[11]

e. Se a taxa livre de risco é de 5,25% e o prêmio de risco de mercado é de 7%, qual é o beta alavancado da Clarion? E qual é o beta desalavancado?

7-6 Análise do valor terminal O valor terminal é a avaliação referente ao final do horizonte de projeção, que captura o valor de todos os fluxos de caixa subsequentes. Calcule o valor de hoje para cada um dos seguintes conjuntos de previsões de fluxos de caixa futuros:

a. A Claymore Mining Company prevê que irá obter fluxos de caixa livres da empresa (FCLEs) de $4 milhões por ano para cada um dos próximos cinco anos. Além disso, a partir do Ano 6, a empresa lucrará WACCs de $5 milhões por ano para um futuro indefinido. Se o custo de capital da Claymore é de 10%, qual é o valor dos fluxos de caixa livres futuros da empresa?

b. A Shameless Commerce Inc. não tem dívidas pendentes e está sendo considerada uma possível aquisição. Os FCLEs da Shameless para os próximos cinco anos estão projetados como sendo de $1 milhão por ano e, a partir do Ano 6, os fluxos de caixa devem começar a crescer a uma taxa de inflação estimada, que atualmente é de 3% por ano. Se o custo de capital para a Shameless é de 10%, qual é sua estimativa do valor presente dos FCLEs?

c. A Dustin Electric Inc. está para ser comprada do seu fundador pela gerencia da empresa por $15 milhões a vista. O preço de compra será financiado através de $10 milhões em títulos que são amortizados em pagamentos de $2 milhões anuais, ao longo dos próximos cinco anos. Ao final desse período de cinco anos, a empresa não terá nenhuma dívida pendente. Espera-se que os FCLEs sejam de $3 milhões por ano pelos próximos cinco anos. A partir do Ano 6, espera-se que os FCLEs cresçam a uma taxa de 2% por ano, para sempre. Se o custo de capital próprio desalavancado da Dustin é de aproximadamente 15% e a taxa de juros sobre os empréstimos para a sua aquisição é de 10% (antes dos impostos, a uma alíquota de 30%), qual é sua estimativa para o valor da empresa?

7-7 Avaliação do empreendimento – WACC tradicional *versus* VPA Responda as seguintes perguntas para a Canton Corporation, descritas no Problema 7-1, em que as receitas da empresa crescem a uma taxa de 10% por ano durante os Anos 1 a 4, antes de chegar a um nível constante sem crescimento do Ano 5 em diante. Você pode considerar que a Canton mantém quantidades iguais de dívidas de longo prazo e capital próprio para financiar suas crescentes necessidades de capital para investimento. Também considere que, nesse caso, o custo do capital próprio desalavancado é de 13,84% e o custo do capital próprio alavancado é de 15,28%. O custo da dívida permanece em 8%. A alíquota corporativa de imposto é de 30%.

a. Calcule o valor do empreendimento utilizando o método do valor presente ajustado.

---

[11] O "custo de capital próprio alavancado" da empresa representa a taxa de retorno que os investidores exigem quando investem em suas ações ordinárias, considerando o uso atual de sua alavancagem financeira.

b. Do item a, calcule o valor do capital próprio depois de deduzir o endividamento do valor do empreendimento. Use esses valores de mercado como pesos para computar o custo médio ponderado de capital.
c. Avalie os fluxos de caixa livres da empresa utilizando a abordagem WACC.
d. Compare suas estimativas de valor do empreendimento para os dois modelos de fluxo de caixa descontado. Qual dos dois modelos você acredita que se adapta melhor ao problema de avaliação proposto para a Canton?

7-8 O valor terminal e a duração do horizonte de projeção A Prestonwood Development Corporation projetou seus fluxos de caixa (isto é, fluxos de caixa livres da empresa) para um futuro indefinido, com as seguintes premissas: (1) no ano passado o FCLE da empresa era de $1 milhão, e a empresa espera que ele cresça a uma taxa de 20% ao ano pelos próximos 8 anos; (2) a partir do Ano 9, a empresa espera que seus FCLEs cresçam a uma taxa de 4%, indefinidamente; e (3) a empresa calcula que seu custo de capital seja de 12%. Baseado nessas premissas, o FCLE projetado da empresa para os próximos 20 anos é o seguinte:

Anos	Fluxos de caixa (milhões)
1	$ 1,2000
2	1,4400
3	1,7280
4	2,0736
5	2,4883
6	2,9860
7	3,5832
8	4,2998
9	4,4718
10	4,6507
11	4,8367
12	5,0302
13	5,2314
14	5,4406
15	5,6583
16	5,8846
17	6,1200
18	6,3648
19	6,6194
20	6,8841

a. Com base nas informações dadas e em uma estimativa de valor terminal para a empresa de $89,4939 milhões para o Ano 20, qual é a sua estimativa do valor do empreendimento da empresa hoje (em 2006)?

b. Se for utilizado um horizonte de projeção de três anos para avaliar a Prestonwood, qual é o valor dos fluxos de caixa do horizonte de projeção e qual é o valor presente do valor terminal no final do Ano 3?
c. Responda ao item b para horizontes de projeção de 10 e 20 anos. Como muda a importância relativa do valor terminal quando você aumenta o horizonte de projeção?

Problema 7-9 MINICASO Avaliação do VPA[12]

A Flowmaster Forge Inc. é uma empresa que projeta e fabrica equipamentos de ventilação industrial, uma subsidiária da Howden Industrial Inc. A Howden está interessada em vender a Flowmaster para um grupo de investidores formado pelo diretor financeiro da empresa, Gary Burton.

Burton preparou um conjunto de projeções financeiras para a Flowmaster sob o novo controle acionário. Para o primeiro ano de operações, as receitas da empresas estavam previstas em $160 milhões, as despesas operacionais variáveis e fixas (exceto despesas de depreciação), em $80 milhões, e a despesa de depreciação foi estimada em $15 milhões. As receitas e despesas foram projetadas para crescer a uma taxa de 4% por ano, em perpetuidade.

A Flowmaster tem, atualmente, $125 milhões de dívidas em aberto, com uma taxa de juros de 6%. A dívida é negociada pelo valor nominal (isto é, a um valor igual ao seu valor de face). O grupo de investimento pretende manter essa dívida após a aquisição ser feita e espera-se que o endividamento cresça à mesma taxa de 4% das receitas da empresa.

Estas são as demonstrações de resultado projetadas para os primeiros três anos de operação da Flowmaster após a aquisição ($ milhões):

	Demonstrações de resultado *pro forma*		
	Ano 1	Ano 2	Ano 3
Receitas	$ 160,00	$ 166,40	$ 173,06
Despesas	(80,00)	$ (83,20)	$ (86,53)
Depreciação (obs. 1)	(15,00)	$ (15,60)	$ (16,22)
Lucro antes de juros e impostos	$ 65,00	$ 67,60	$ 70,30
Despesa com juros (obs. 2)	(7,50)	(7,80)	(8,11)
Lucro antes dos impostos	$ 57,50	$ 59,80	$ 62,19
Impostos (34%)	(19,55)	(20,33)	(21,15)
Lucro líquido	$ 37,95	$ 39,47	$ 41,05

Observação 1 – o ativo imobilizado cresce à mesma taxa que as receitas, de modo que as despesas de depreciação também crescem 4% por ano.

Observação 2 – Assume-se que o nível inicial de dívida de $125 milhões cresça com os ativos da empresa a uma taxa de 4% por ano.

---

[12] Esse problema foi escrito e fornecido pelo Prof. Scott Gibson, do College of William and Mary, Williamsburg, Virgínia.

Burton prevê que ganhos de eficiência podem ser implementados a fim de permitir que a Flowmaster reduza sua necessidade de capital de giro líquido. Atualmente, a Flowmaster tem um capital de giro líquido de 30% de receitas previstas para o Ano 1. Ele estima que, para o Ano 1, o capital de giro líquido da empresa possa ser reduzido para 25% das receitas do Ano 2 e, depois, para 20% de todas as receitas nos anos subsequentes. O capital de giro líquido estimado para os Anos 1 a 3 é o seguinte ($ milhões):

	Atual	Pro forma		
Capital de giro líquido $(t-1)$/Receitas (t)	30%	25%	20%	20%
Capital de giro líquido	$ 48,00	% 41,60	$ 34,61	$ 36,00

Para manter o crescimento de receita esperado, Burton estima que serão necessários investimentos de capital anuais a fim de equilibrar a despesa de depreciação anual da empresa.

Gary Burton analisou por algum tempo se deveria usar o custo de capital corporativo de 9% da Howden para avaliar a Flowmaster e chegou à conclusão de que deveria ser feita uma estimativa independente. Para fazer essa estimativa, ele coletou as seguintes informações sobre os betas e índices de alavancagem para três empresas de capital aberto com operações muito semelhantes às da Flowmaster:

Empresa	Beta do capital privado alavancado	Beta da dívida	Índice de alavancagem *	Receitas ** ($ milhões)
Gopher Forge	1,61	0,52	0,46	$ 400
Alpha	1,53	0,49	0,44	380
Global Diversified	0,73	0,03	0,15	9.400

* O índice de alavancagem é o índice do valor de mercado da dívida sobre o valor de mercado do endividamento e do capital próprio.

** Receitas são as receitas totais da empresa no ano fiscal mais recente.

a. Calcule os fluxos de caixa do capital próprio desalavancados (isto é, os fluxos de caixa livres da empresa para a Flowmaster nos Anos 1-3).
b. Calcule o custo de capital próprio desalavancado para a Flowmaster. A taxa de juros livre de risco é de 4,5% e o prêmio de risco de mercado é estimado em 6%.
c. Calcule o valor do negócio desalavancado da Flowmaster.
d. Qual é o valor do benefício fiscal da Flowmaster, baseado na premissa de que os $125 milhões em dívidas permanecerão em aberto (isto é, o grupo de investimento assume as obrigações da dívida) e o endividamento da empresa e, consequentemente, as despesas financeiras crescem à mesma taxa que as receitas?
e. Qual é a sua estimativa do valor do empreendimento da Flowmaster, com base em sua análise até agora? Quanto vale o capital próprio da empresa hoje, considerando que os $125 milhões de dívidas permanecem em aberto?

f. Em conversa com o banco que estava ajudando o grupo de investimento a financiar a compra, o Sr. Burton soube que a Flowmaster tem capacidade de endividamento suficiente para emitir títulos de dívida adicionais que seriam subordinados aos atuais credores, a uma taxa de 8,5%. O valor da nova dívida é limitado pela necessidade de manter um índice de cobertura de juros (isto é, lucros antes de juros, impostos e depreciação, divididos pela despesa com juros) de cinco para um. Considerando que os $125 milhões dos 6% da dívida principal da Flowmaster permanecem em vigor (e crescem em um ritmo de 4% por ano), qual é o valor máximo de dívida subordinada que pode ser emitida para ajudar a financiar a compra da Flowmaster?

g. Se o grupo de investimento decidir aumentar a dívida subordinada adicional (do item f), o presidente Gary Burton prevê que os fornecedores não garantidos vão conceder condições de crédito menos favoráveis (observe que o valor da dívida subordinada que a Flowmaster pode arcar continuará a crescer juntamente com o crescimento do seu EBITDA). Na realidade, ele calculou que a redução nas contas a pagar irá resultar em um aumento no capital de giro líquido exigido em perpetuidade em um valor equivalente a 20% das receitas previstas por ano. Consequentemente, o saldo do capital de giro líquido atual aumentaria de 30 para 50% das receitas, ou de 0,3 × $160 milhões = $48 milhões para 0,50 × $160 milhões = $80 milhões. Do mesmo modo, o saldo do capital de giro líquido projetado para o final do Ano 1 aumentaria de 25 para 45% das receitas. Para o Ano 2 em diante, o capital de giro vai aumentar dos 20% projetados anteriormente para 40% das receitas. Utilize a abordagem de VPA para determinar o valor de empreendimento da Flowmaster a fim de analisar se a dívida subordinada deve ser emitida.

Problema 7-10 MINICASO Avaliação do WACC tradicional[13]

Cenário: Estamos no início de janeiro de 2007 e, como presidente da TM Toys Inc., você está avaliando a aquisição estratégica da Toy Co. Inc. (o "alvo").

Visão geral da indústria: A indústria de jogos e brinquedos consiste em um seleto grupo de *players* globais. A indústria de $60 milhões (excluindo vídeos) é dominada por dois fabricantes americanos de brinquedos: Mattel (Barbie, Hot Wheels, Fisher-Price) e Hasbro (G.I.Joe, Tonka, Playskool). Os *players* internacionais incluem as japonesas Bandai Co. (Digimon) e Sanrio (Hello Kitty), assim como a dinamarquesa Lego Holding. O sucesso nesse setor depende da criação de marcas multiculturais atraentes, apoiadas em estratégias de *marketing* bem-sucedidas. As fábricas de brinquedo alcançam êxito quando lançam o próximo grande sucesso para seus consumidores-alvo e desenvolvem o brinquedo que toda criança quer ter (isto é, o Elmo T.M.X^{TM}, da Mattex, o Harry Potter e o Quarto de Segredos, da LEGO, e as Bratz Dolls, da MGA Entertainment). Historicamente, temos visto significativas atividades de fusões, aquisições e consolidação entre marcas desse setor.

---

[13] Esse problema foi uma contribuição da Professora Julia Plotts, da University of Southern California.

Documento P7-10.1 Estimativas de fluxo de caixa do horizonte de projeção

Toy Co. Inc. ($ em milhões)
Final do ano fiscal

	Fluxos de caixa livre projetado da empresa				
	31/12/07	31/12/08	31/12/09	31/12/10	31/12/11
Lucro operacional líquido	$ 733,16	$ 757,63	$ 783,64	$799,32	$ 815,30
Menos: impostos	201,27	207,98	235,09	239,80	244,59
NOPAT	$531,90	$ 549,65	$ 548,55	$ 559,52	$ 570,71
Mais: depreciação	183,58	186,21	191,80	195,64	199,55
Menos: investimento de capital	(180,00)	(212,82)	(219,20)	(223,59)	(228,06)
(Aumento) no capital de giro	(50,37)	43,54	(27,68)	(19,82)	(20,21)
Igual: FCLE	$ 485,11	$ 566,59	$ 493,47	$ 511,76	$ 521,99
EBITDA	$ 916,74	$ 943,84	$ 975,45	$ 994,95	$ 1.014,85

Descrição da empresa-alvo: A Toy Co. Inc. é uma empresa multimarcas que projeta e comercializa uma grande variedade de brinquedos e produtos para o consumidor. As categorias de produtos incluem: super-heróis, *kits* de artes, papel de carta, artigos para escrita, pipas, brinquedos aquáticos, brinquedos esportivos, veículos, infantil/pré-escola, brinquedos de pelúcia, brinquedos de montar, eletrônicos, bonecas, fantasias e maquilagem, jogos de interpretação, brinquedos para animais e acessórios. Os produtos são vendidos sob diversas marcas. A empresa-alvo projeta, fabrica e comercializa uma variedade de brinquedos em todo o mundo por meio de vendas para varejistas e atacadistas e também diretamente aos consumidores. Em 31/12/2006, o preço de sua ação fechou em $19,49.

Missão de avaliação: Sua tarefa é estimar o valor intrínseco do capital próprio da Toy Co. Inc. (com base no valor da ação) em 31/12/2006, utilizando o Modelo de FCD do Empreendimento; isso vai ajudá-lo a determinar que oferta fazer por ação para os acionistas da Toy Co. Inc. Trate todos os resultados/previsões para o ano fiscal 2007-2011 como

Documento P7-10.2 Calcule uma taxa de desconto "apropriada ao risco"

- Custo do endividamento – a taxa de juros do empréstimo é estimada em 6,125%, com uma alíquota marginal de imposto de 27,29%, que resulta em um custo de endividamento após imposto de 4,5%.
- Custo do capital próprio – o beta do capital próprio alavancado para a Toy Co. Inc. é de 0,777; utilizando o modelo de precificação de ativos de capital com uma obrigação do Tesouro Americano de 10 anos de 4,66% ao ano e um prêmio de risco de mercado de 7,67%, se produz uma estimativa do custo de capital próprio alavancado de 10,57%.
- Outros – ações ordinárias diluídas em circulação em 31/12/2006: $422.040.500; preço da ação no fechamento: $19,49; valor do endividamento em aberto em 31/12/2006: $618.100.000.
- Custo médio ponderado de capital (WACC) – utilizando o índice de endividamento-alvo de 6,99%, o WACC é de aproximadamente 10,14%.

projeções. Sua pesquisa sobre as diversas transações históricas de fusões e aquisições sugere que as fábricas de brinquedos comparáveis foram compradas a múltiplos EBITDA/Valor do Empreendimento de 10,5× – 11,5×. Essa é sua premissa para um múltiplo de saída do valor terminal no final do período de projeção, em 2011. O Documento 1 inclui a estimativa do fluxo de caixa do horizonte de projeção da empresa-alvo, enquanto o Documento 2 fornece dados de mercado e outras informações para o cálculo do custo médio ponderado de capital (WACC) para uma taxa de desconto.

Capítulo **8**

Avaliação sob a perspectiva de empresas de *private equity*[1]

> **Visão geral do capítulo**
>
> Este capítulo assume a perspectiva de um investidor *private equity* e adota os métodos de avaliação híbrida desenvolvidos no Capítulo 7, que são particularmente apropriados aos tipos de investimento feitos por empresas de *private equity*. Essas empresas de investimento angariam recursos e se constituem como sociedades limitadas, com um ciclo de vida relativamente curto, de 7 a 10 anos. Depois, elas investem em empresas que podem estar em qualquer fase do seu ciclo de vida – desde empresas nascentes, financiadas com *venture capital*, até empresas mais antigas que estão em fase de reestruturação (*vulture capital**). Em todos os casos, entretanto, tais investimentos são de duração relativamente curta, com a saída do investimento projetada para 4 ou 5 anos. A curta duração aumenta a importância do valor terminal na avaliação e, como a saída geralmente envolve os mercados de capital aberto, normalmente são usados múltiplos de mercado.
>
> Neste capítulo, consideraremos duas avaliações específicas de *private equity*. A primeira trata da estruturação de um negócio em que uma empresa de *venture capital* investe em uma empresa ainda em seu estágio inicial (empresa *start-up*). O segundo exemplo é a avaliação de uma aquisição alavancada por um fundo LBO (LBO=*leveraged buyout*). Em ambos os casos o denominador comum é o capital de *private equity*, apesar de o objetivo do investimento (prover capital para criar ou crescer *versus* capital para reestruturação) ser bastante diferente.

8.1 Introdução

Talvez a diferença mais visível entre a maneira como os problemas de avaliação foram abordados nos capítulos anteriores e o modo como as empresas de *private equity* avaliam investimentos seja a taxa de desconto. Até agora, nossos problemas de avaliação utilizaram taxas de desconto numa faixa de 8 a 12%. Porém, a maioria dos investidores de *private equity* exige uma taxa interna de retorno na faixa de 25 a 50% e ainda maior para investimentos *start-up*. Como eles justificam essas taxas de retorno tão elevadas? A esse respeito podemos seguir quatro caminhos. O

---

[1] Queremos expressar nossa gratidão a J. William Petty por seus úteis conselhos na preparação deste capítulo.

* N. de T.: Financiamento de capital de risco que dá ao investidor uma porcentagem no capital da empresa.

primeiro deles se refere ao fato de que esses investimentos são bastante arriscados. Eles envolvem propostas de investimento arriscadas, relacionadas ao financiamento de empresas nascentes (*start-up*), provisão de capital para o crescimento ou reestruturação de empresas antigas. No caso de empresas adquiridas (*buyouts*), há uso considerável de alavancagem financeira. Além disso, os investimentos em fundos de *private equity* não se beneficiam da liquidez oferecida por investimentos públicos em ações, debêntures ou fundos mútuos e, por isso, exige-se um prêmio em relação a esses investimentos alternativos.

Uma segunda justificativa para as altas taxas de retorno exigidas é que essas taxas incluem outra compensação para a empresa de *private equity*, além do uso do dinheiro. Elas incorporam o valor da experiência que os parceiros das empresas de *private equity* trazem para o negócio. Os parceiros geralmente ocupam um assento no conselho da empresa na qual investem, aconselham os iniciantes e, na verdade, controlam os investimentos *buyout*.

A terceira justificativa para as taxas de retorno muito altas das empresas de *private equity* é que elas geralmente avaliam aquilo que no Capítulo 3 nos referimos como fluxos de caixa "desejados" em vez de fluxos de caixa esperados. Consequentemente, podemos interpretar as taxas de retorno exigidas de 25 a 50% como retornos desejados em vez de taxas de retorno esperadas.

Finalmente, devemos enfatizar que a taxa de retorno exigida nesses investimentos é determinada pelo custo de oportunidade do capital, o que significa que, quando a empresa de *private equity* tem fartura de boas oportunidades e pouco capital, elas podem exigir taxas de retorno muito altas. Entretanto, quando há muito capital e poucas oportunidades, espera-se que as taxas de retorno exigidas diminuam.

Neste capítulo descreveremos algumas características específicas da aplicação do método de avaliação híbrida pelas empresas de *private equity*. Primeiro, na maioria dos casos, quando uma empresa de *private equity* faz um investimento, ela não espera receber significativos fluxos de caixa no período inicial. Assim, a ênfase da avaliação é no valor (terminal) do empreendimento em uma data futura, quando o investidor *private equity* espera sair do investimento. Esse valor geralmente é estimado como um múltiplo do EBITDA. Segundo, o exercício de avaliação geralmente enfoca o valor do investimento de capital feito pelo investidor em vez de no valor da empresa que recebe os recursos. Nenhuma dessas características traz dificuldades significativas para o método de avaliação híbrida, mas elas dão origem a uma terminologia específica e a adaptações especiais das ferramentas desenvolvidas no Capítulo 7.

Até agora focamos em situações nas quais analisamos se devemos investir determinado valor em uma oportunidade de investimento que oferece um conjunto incerto de

---

> **Você sabia?**
>
> **Qual é a importância do mercado de *private equity*?**
>
> As maiores empresas de *private equity* arrecadam bilhões de dólares e, ao participar de grupos ou clubes, podem acumular os bilhões necessários para adquirir algumas das maiores empresas abertas. Por exemplo, em 15 de setembro de 2006, quatro empresas de private equity (Blackstone Group Funds, Texas Pacific Group, Permira Group Funds e o Carlyle Group) concordaram em pagar $17,6 bilhões pela Freescale Semiconductor Inc. (uma cisão da operação de semicondutores da Motorola).

> **INSIGHT COMPORTAMENTAL**
>
> ### *Private equity versus* investimentos em bolsas
>
> O investimento em *private equity* difere do investimento em bolsas de quatro maneiras:
>
> 1. **Os investidores em *private equity* fazem investimentos ilíquidos que não podem ser facilmente negociados, ou por falta de um mercado organizado, ou por restrições aplicáveis aos investimentos.** O investimento pode tomar a forma de ações ou títulos de dívida emitidos por uma empresa de capital fechado ou ações emitidas por uma empresa de capital aberto, porém sujeitas a restrições de venda.[2] Em qualquer um dos casos, o investimento não pode ser negociado facilmente. Em contrapartida, os fundos mútuos e outros investidores detêm debêntures ou ações negociados em bolsa, que podem ser vendidas a qualquer tempo.
> 2. **Os investidores em *private equity* são investidores ativos.** Eles geralmente têm um papel ativo na administração das empresas nas quais investem (por exemplo, ocupam um assento no conselho) ou atuam como conselheiros financeiros para a administração da empresa. Isso é diferente do estilo de investimento "sem intervenção", seguido pelos fundos mútuos e outros que investem principalmente nos mercados abertos de ações.
> 3. **Os aportes de *private equity* são feitos por um período de tempo *limitado*.** Os investimentos tradicionais de *private equity* envolvem quotas de um fundo de *private equity*. A parceria geralmente tem uma vida limitada de 7 a 10 anos, quando o fundo é liquidado e os rendimentos são distribuídos aos sócios/quotistas. Os fundos mútuos e outras entidades que investem em bolsas não têm uma data de liquidação definida e, igualmente, têm um horizonte de investimento mais longo.
> 4. **Os aportes de *private equity* são arriscados e ilíquidos e, por isso, exigem altos retornos.** Como o índice de fracasso pode ser muito alto em alguns tipos de investimentos de *private equity* e o investimento é ilíquido por anos, os investidores de *private equity* geralmente exigem taxas de retorno contratuais elevadas.

fluxos de caixa futuros. Do ponto de vista do capitalista de risco (VC – *venture capitalist*), o problema é semelhante, pois as empresas *start-up* geralmente exigem uma quantidade específica de recursos externos a fim de produzir um conjunto incerto de fluxos de caixa futuros. Entretanto, o problema dos VCs é diferente, pois eles devem não apenas avaliar os fluxos de caixa futuros incertos, mas também negociar qual participação acionária eles devem ter nas *start-up*, a fim de obter o retorno desejado do investimento. Assim, para os VCs a avaliação geralmente é discutida no contexto da estruturação do negócio. Apesar desse problema ser um pouco diferente dos problemas já abordados até agora, podemos resolvê-lo com uma pequena modificação em nossos métodos de avaliação.

Este capítulo está organizado da maneira como vamos explicar. Na Seção 8.2 fornecemos uma visão geral dos mercados de *private equity* e de *venture capital*. A Seção 8.3 fornece uma visão da estruturação de negócios, da forma como é realizada por empresas de *venture capital*. Na Seção 8.4, examinamos a avaliação de um inves-

---

[2] A restrição a que nos referimos se refere ao fato de o investidor não poder vender suas ações por determinado período de tempo.

timento por uma empresa de *private equity*. Fechamos esta seção com uma aplicação do modelo de Valor Presente Ajustado (VPA) para um investimento em *private equity*. Finalmente, a Seção 8.5 contém o resumo.

8.2 Visão geral do mercado de *private equity*

Antes de iniciar nossa discussão sobre a avaliação de investimentos *private equity*, é interessante descrever esse mercado e ter alguma ideia do papel do financiamento via *private equity* na economia americana. Quando nos referimos a uma empresa de *private equity*, estamos falando de um intermediário financeiro que arrecada capital (geralmente a empresa é caracterizada juridicamente como sociedade limitada) e o utiliza para investir em empresas que precisem de financiamento. Essencialmente, *private equity* é uma participação acionária, seja em uma empresa de capital fechado, seja em ações de uma empresa aberta que possuem restrições que as impedem de ser vendidas por um determinado período de tempo.[3] Em geral, um investidor em *private equity* é um investidor ativo que adquire algum grau de controle sobre as empresas nas quais investe, geralmente atuando no conselho da empresa. O quadro Insight Comportamental (pág. 349) resume as diferenças entre investimentos em mercados abertos, como as bolsas de valores, e investimentos em *private equity*.

Mercado de *private equity* – intermediários financeiros

A Figura 8-1 resume as três partes envolvidas no mercado de *private equity*. Essas partes incluem os provedores de recursos (isto é, os investidores na sociedade limitada), as empresas de *private equity* e os negócios que necessitam dos recursos que serão aportados na forma de *private equity*. Apesar de ser difícil saber exatamente qual é o tamanho dos vários componentes desse mercado a qualquer tempo, geralmente considera-se que aproximadamente 80% dos recursos que circulam no mercado de *private equity* proveem de fundos de pensão públicos e privados. A maioria desses recursos são investidos então pelas empresas de *private equity* em atividades que não são de *venture capital*, o que inclui os objetivos de atender às necessidades de expansão, recapitalização e reorganização das empresas, assim como a aquisição de grandes empresas abertas (veja o quadro Observação da Indústria "Os maiores negócios envolvendo aquisições em 2006", na página 352).

Investidores – os provedores de recursos para o mercado de *private equity*

A maioria das empresas de *private equity* é organizada como *sociedades limitadas* que arrecadam capital de um pequeno número de sofisticados investidores via emissão de títulos privados. Os investidores incluem fundos de pensão (de funcionários públicos e privados), fundos de doação para universidades, famílias ricas, *holdings* de bancos e companhias de seguro. O maior segmento (como observamos acima) é o de fundos de pensão públicos e privados, que contribuem com aproximadamente 80% de todos os recursos que circulam no mercado de *private equity*.

---

[3] A esses investimentos nos referimos como investimentos privados em empresas de capital aberto, as chamadas PIPEs (*private investments in public entities*) dos EUA.

FIGURA 8-1   O mercado de *private equity*.

Diagrama do mercado de private equity:

Investidores:
- Fundos de pensão públicos
- Fundos de pensão privados
- Doações
- Fundações
- *Holdings* de bancos
- Companhias de seguro
- Famílias e indivíduos ricos
- Bancos de investimento
- Corporações não financeiras
- Outros investidores

Os investidores fornecem **Caixa** aos intermediários e recebem **Participação acionária** e **Direitos dos acionistas**.

Intermediários (empresas de *private equity*):
- Sociedade limitada
  - Administrada por organizações de sociedades independentes
  - Administrada por instituições financeiras afiliadas
- Outros intermediários
  - Empresas de investimento em pequenos negócios (SBICs)
  - Empresas abertas

Investimentos diretos: Caixa, supervisão e recomendações → ; Títulos, dívida e/ou capital próprio ←

Os intermediários fornecem **Caixa, supervisão e recomendações** aos emissores e recebem **Títulos, dívida e/ou capital próprio**.

Emissores (empresas que recebem o *private equity*):
- Novos empreendimentos
  - Estágio inicial
  - Estágio posterior
- Empresas médias privadas
  - crescimento ou expansão
  - mudança na estrutura do capital
  - permitir a saída de acionistas da empresa
- Empresas abertas
  - consolidação
  - reestruturação

Empresas de *private equity*:

Sociedades limitadas – a maneira convencional de arrecadar fundos para investir em *private equity* é uma sociedade limitada que, geralmente, tem uma vida fixa em 10 anos. O sócio operador faz os investimentos, os monitora, controla, e finalmente sai da sociedade para obter um retorno para os investidores.

SBIC – As empresas de investimento em pequenos negócios *(small business investment corporations)* – foram criadas em 1958 nos EUA. São fundos de investimentos com fins lucrativos, privados, constituídos para investir em capital próprio e/ou títulos de dívida de pequenos negócios dos Estados Unidos.

Categorias de investimentos *private equity*:

Capital semente e capital start-up – geralmente fornecido por investidores anjos *(angel investors,* isto é, indivíduos ricos), esse tipo de capital é usado para desenvolver um conceito, criar um produto inicial e realizar os primeiros esforços de *marketing*. A empresa que busca financiamento geralmente é muito nova (menos de 1 ano) e ainda não produziu nenhum produto ou serviço para fins comerciais.

Capital de primeiro estágio – dinheiro fornecido a um empreendedor que já tenha um produto aprovado, para iniciar a produção comercial e o *marketing*. Este é o primeiro estágio no qual uma empresa de *venture capital* irá investir.

Capital de segundo estágio – capital fornecido para expandir o *marketing* e atender às crescentes necessidades de capital de giro de um empreendimento que começou a produção, mas não gera suficiente fluxo de caixa em suas operações para bancar necessidades de capital.

Capital de expansão – capital necessário para financiar a expansão das operações de uma empresa lucrativa quando a empresa em crescimento é incapaz de gerar rendimentos suficientes para bancar suas necessidades de capital.

Capital ponte – empréstimo de curto prazo que fornece o capital necessário enquanto o tomador negocia um financiamento mais amplo, de longo prazo.

Capital mezanino – dívida subordinada, não-garantida, de alto rendimento, que representa um direito aos ativos da empresa, direito que é apenas preferencial aos dos acionistas da empresa. O termo *mezanino* vem do fato de que essas formas de financiamento estão em algum lugar entre dívida e capital próprio, em termos da prioridade para reivindicar os rendimentos e ativos da empresa no caso de inadimplência ou falência.

Fonte: Baseado na Figura 3 no livro "The Economics of the Private Equity Market", de Stephen D. Prowse, *Economic Review of the Federal Reserve Bank of Dallas,* 3° trimestre, 1998, 21-34.

INSIGHT COMPORTAMENTAL
Os maiores negócios envolvendo aquisições em 2006

De longe, a maior parte dos investimentos *private equity* envolve o financiamento de aquisições, e não investimentos de *venture capital*. A lista a seguir contém as cinco maiores aquisições realizadas em 2006. Observe que, com apenas uma exceção, os investimentos envolvem diversas empresas de *private equity*. Isso se deve à magnitude do investimento que está sendo feito e à preocupação dos investidores *de private equity* quanto a não permitir que seus investimentos se tornem concentrados demais em um pequeno número de grandes investimentos.

Data	Empresa Adquirida	Comprador(es) do capital *	Valor do capital
29 de maio de 2006	Kidner Morgan, Inc.	GS Capital Partners LP, AIG, Carlyle Group LLC e Riverstone Holdings LLC	$27,4 bilhões
24 de julho de 2006	HCA Inc.	Bain Capital LLC, Hohlberg Kravis Roberts & Co., Merryl Lynch Global Private Equity Group e Riverstone Holdings LLC	$32 bilhões
2 de outubro de 2006	Harrah's Entertaiment Inc.	Apollo Management LP e Texas Pacific Group Inc.	$25,8 bilhões
15 de novembro de 2006	Clear Channel Communications, Inc.	Bain Capital Partners LLC e Thomas H. Lee Partners LP	$26,8 bilhões
19 de novembro de 2006	Equity Office Properties Trust	Blackstone Group	$32,5 Bilhões

* **Descrição das empresas de *private equity* (dados obtidos em seus sites na Internet):**

AIG Private Equity Ltd. – empresa suíça que investe em uma carteira diversificada de fundos de *private equity* e em empresas operacionais privadas.

Bain Capital LLC – estabelecida em 1984, a Bain Capital controla aproximadamente $40 bilhões em ativos. A família de fundos da Bain Capital inclui *private equity*, *venture capital*, operações em bolsa e ativos alavancados financeiramente.

Blacktone Group – constituída em 1987, a empresa administra $28 bilhões através de seus Blackstone Capital Partners I, II, III, IV e V, além de fundos da Blackstone Communications Partners.

Carlyle Group LLC – constituído em 1987, o Grupo Carlyle é uma das maiores empresas de *private equity* do mundo, com mais de $46,9 bilhões sob sua administração, com 46 fundos em quatro áreas de investimento, incluindo aquisições, *venture capital* e capital para crescimento, imobiliário e financiamento alavancado.

GS Capital Partners LP – faz investimentos *private equity* em nome da Goldman Sachs e de outros. O fundo atual da empresa, GS Capital Partners V, é um fundo de $8,5 bilhões, com cerca de $2,5 bilhões reservado para a Goldman Sachs e seus empregados, com o saldo voltado para investidores institucionais e individuais. A empresa investe em uma ampla gama de indústrias, em variadas situações, incluindo *build-ups**, aquisições alavancadas, recapitalizações, aquisições e expansões.

Kohlberg Kravis Roberts & Co. – estabelecida em 1976, a KKR completou mais de 140 transações, avaliadas em aproximadamente $226 bilhões. Em 26 de setembro de 2006, suas transações foram avaliadas em aproximadamente $70 bilhões, para $27 bilhões de capital investido. Os investidores da KKR incluem planos de pensão corporativos e públicos, instituições financeiras, companhias de seguro e fundos de doações para universidades.

Merryl Lynch Global Private Equity Group – braço da Merryl Lynch para investimento em *private equity*, fornece capital para financiar crescimento, reestruturação financeira ou mudança de controle. A MLPGE geralmente detém investimentos de médio a longo prazo (três a sete anos).

Riverstone Holdings LLC – empresa de *private equity* de $6 bilhões, fundada em 2000. A empresa completou mais de 20 transações e é uma das maiores investidoras de *private equity* nas indústrias de energia elétrica.

**Salvo indicação em contrário, esses dados são de 2006.

---

* N. de T.: Nesse contexto, *build-up* refere-se à aquisição de empresas correlatas, com o objetivo de formar um conglomerado mais forte e eficiente.

Investimentos – a demanda por financiamento via *private equity*

Apesar dos fundos de *private equity* investirem em toda a gama de negócios, as empresas de *private equity* tendem a se especializar em um universo muito estreito de atividades que, grosso modo, coincidem com o estágio de vida em que se encontram as empresas nas quais investem, como descrito na Figura 8-2. O capital semente para empresas *start-up* é geralmente fornecido por indivíduos ricos a quem nos referimos como "investidores anjos" ou "anjos do negócio". Esse tipo de investimento normalmente não envolve o uso de um intermediário (ou seja, é uma forma de investimento direto, como demonstrado na parte inferior da Figura 8-1). Empresas de *venture capital* normalmente fornecem um financiamento inicial para empresas *start-up* já estabelecidas, conduzindo-as até o ponto onde elas precisam acessar os mercados de capital aberto para suas necessidades de recursos, ou, ainda, até o ponto em que elas são vendidas para outra empresa (geralmente uma empresa de capital aberto). Geralmente, esse é o estágio inicial da vida útil da empresa na qual uma outra, de *private equity* irá investir. Veja o quadro Insight do Profissional com uma análise do cuidadoso processo que leva à determinação do tamanho de um fundo *venture capital* e do nível mínimo de investimento em uma empresa que vai compor a carteira.

O capital para o crescimento e para a expansão de empresas é fornecido por diversas empresas de *private equity*, incluindo algumas que se consideram empresas de *venture capital* e outras que estão na categoria de *buyouts* – compra de controle acionário. Finalmente, o fornecimento de capital para reestruturação e reorganização é o domínio de empresas *buyout* ou LBO. A motivação da LBO pode ser promover uma reorganização que reconfigure e racionalize a empresa de modo a torná-la mais competitiva, ou dividir as operações da empresa em partes, para vendê-las posteriormente. No último caso, a empresa *buyout* é eufemisticamente chamada de *vulture fund* (fundo rapina).

8.3 Avaliando investimentos em *start-ups* e estruturando negócios

Quando uma empresa bem-sucedida cresce em um ritmo que não pode ser financiado apenas pelo empreendedor, ela geralmente procura recursos de uma empresa de *private equity* em troca de uma participação acionária na empresa. No processo de

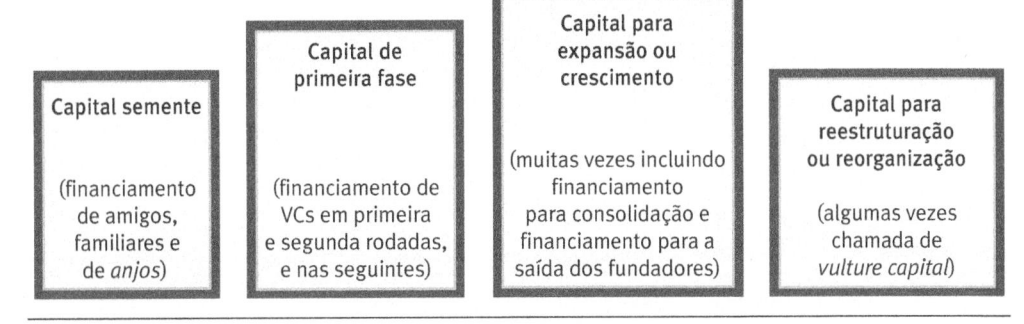

Capital semente	Capital de primeira fase	Capital para expansão ou crescimento	Capital para reestruturação ou reorganização
(financiamento de amigos, familiares e de *anjos*)	(financiamento de VCs em primeira e segunda rodadas, e nas seguintes)	(muitas vezes incluindo financiamento para consolidação e financiamento para a saída dos fundadores)	(algumas vezes chamada de *vulture capital*)

FIGURA 8-2 Fases do ciclo de vida da empresa.

> **INSIGHT DO PROFISSIONAL**
>
> ## Determinando o "tamanho" de um fundo VC e quanto captar em recursos – uma entrevista com o VC Joe Cunningham, MD*
>
> Historicamente, os fundos *venture capital* (VC) que investem em empresas nascentes e *start-ups* têm sido relativamente pequenos quando comparados com fundos *buyout*, que compram empresas maduras. Entretanto, mais recentemente, os VCs têm arrecadado volume expressivo de recursos. Por exemplo, a Austin Ventures, localizada em Austin, no Texas, tem cerca de $3 bilhões sob sua administração em nove fundos, com mais de um bilhão de dólares arrecadados em seu fundo VII, e a Oak Investment Partners arrecadou $2,56 bilhões em um fundo VC em 2006. Porém, o VC típico permanece pequeno quando comparado com os gigantescos fundos *buyout* formados em anos recentes.
>
> A fim de determinar o tamanho do fundo VC e os recursos que necessitávamos arrecadar, meus dois sócios e eu abordamos o problema fazendo algumas perguntas e deixando que as respostas guiassem nossa escolha quanto ao tamanho do fundo:
>
> 1. *Que tamanho de carteiras de empresas podemos, efetivamente, administrar?*** Baseados em nossas experiências em fundar e aconselhar empresas *start-up* em nosso setor alvo (tecnologia e serviços médicos), estimamos que cada um de nós pode acompanhar 5 empresas, em um total de 15.
> 2. *Qual a saída comum – e o valor de saída – de uma empresa start-up em nossa área de atuação?* Para responder a essa pergunta, analisamos as saídas das *start-ups* no setor de
>
> ---
>
> * Joe Cunningham, MD, é diretor executivo da Santé Health Ventures, em Austin, no Texas.
>
> ** A resposta para essa pergunta varia de fundo para fundo, dependendo do setor no qual o fundo investe (que determina sua intensidade de capital) e do tipo de proposta de valor que a VC traz para as empresas de sua carteira. A proposta de valor se refere ao nível da contribuição da VC. Por exemplo, investimentos financeiros apenas ou, além disso, conhecimento especializado do setor, ou contatos, que requerem um envolvimento mais frequente com a empresa.

negociação, um ponto crítico para o empreendedor é "quanto do capital da empresa será exigido pelo investidor externo em troca do capital?". A parcela da qual o empreendedor deve abrir mão depende do valor que os VCs atribuírem à empresa. Essa avaliação, por outro lado, reflete a estimativa feita pelos VCs quanto ao futuro da empresa, bem como a meta de retorno que desejam para esse investimento. Embora a avaliação de um *venture capital* possa parecer peculiar, na verdade é apenas uma variante do método de avaliação híbrida apresentada no Capítulo 7, que combina os métodos de múltiplos e de fluxo de caixa descontado.

O custo de capital de um *venture capital*

O método de avaliação *venture capital*, como qualquer outro método de avaliação de fluxo de caixa descontado (FCD), necessita de duas informações essenciais: uma taxa de desconto e uma estimativa de fluxos de caixa futuros. A Figura 8-3 (pág. 356) analisa as duas abordagens básicas que utilizamos para combinar fluxos de cai-

Tecnologia e Serviços Médicos na última década. Descobrimos que aproximadamente 85% dessas saídas envolveram a venda da *start-up* para uma empresa maior, por um preço entre $100 e $200 milhões, com apenas meia dúzia de IPOs. Concluímos que deveríamos fazer investimentos em empresas que poderiam ser vendidas, por ocasião de nossa saída, na faixa de $100-200 milhões.

3. *Que múltiplos de retorno (valor de saída/capital investido) o fundo deveria usar?* Considerando os riscos e oportunidades que vemos no setor, decidimos por um múltiplo alvo de saída de 10 vezes o nosso capital investido. Claro que sabemos que esse múltiplo será alcançado apenas para os investimentos mais bem-sucedidos e a média do fundo provavelmente será de cerca de 5 vezes. Entretanto, nossa meta ao fazer um investimento é de 10.

4. *Que valores devemos planejar investir em cada start-up?* Para obter um valor de saída de $100-$200 milhões, com um índice de valor de saída/capital investido de 10 vezes, é necessário que o valor das *start-ups* na época do investimento se situe na faixa de $10-$20 milhões. Assim, se investirmos $5 milhões em uma *start-up*, em troca de uma participação de 50% na empresa, isso será compatível com uma avaliação, pós-investimento, de $10 milhões para o capital.*** Utilizando a meta de 10 vezes o múltiplo alvo de saída, significa ter uma avaliação do capital próprio da *start-up* de $100 milhões na saída. Do mesmo modo, se investirmos $10 milhões na empresa *start-up* em troca de metade de seu capital próprio, o valor pós-investimento da *start-up* será de $20 milhões e terá um valor de saída de $200 milhões. Consequentemente, prevemos o investimento de $5-$10 milhões em cada *start-up*, em duas rodadas de financiamento.

Juntando as respostas a essas perguntas e considerando que investiremos uma média de $8 milhões em cada uma das 15 empresas, determinamos que o tamanho ideal do fundo seria de $120 milhões.

*** Avaliação pós-investimento (*post-money*) é um termo comumente usado no setor de *venture capital* e se refere ao valor do negócio que está implícito na quantia investida pelo fundo VC combinado com a fração das ações da empresa adquirida.

xa e taxas de desconto. A primeira é a avaliação de FCD tradicional, que desconta fluxos de caixa futuros esperados utilizando a taxa de retorno esperada de um investimento de risco comparável (isto é, o custo de oportunidade). Esse modelo de FCD é o padrão de fato para a maioria das aplicações em finanças e foi a base para a maioria de nossas discussões nos capítulos anteriores. O segundo método é a avaliação otimista ou "desejada" do FCD.[4] Essa versão do modelo de FCD desconta os fluxos de caixa otimistas ou desejados a valor presente utilizando taxas de retorno otimistas ou "desejadas". Acreditamos que o método *venture capital* está nessa última categoria, apesar de a terminologia não ser usada por VCs.

---

[4] Há uma terceira versão do modelo de FCD, não incluída na Figura 8-3, que é o modelo de certeza equivalente. Esse modelo desconta fluxos de caixa de certeza equivalente (isto é, em que o risco é ajustado para se chegar a uma "certeza equivalente"), utilizando a taxa de juros *livre de risco*. Mais tarde analisaremos esse modelo especial, quando considerarmos os mercados futuros e de opções.

Método	Fluxo de caixa	Taxa de desconto	Aplicações
Modelo de avaliação do FCD tradicional ou de retorno esperado	Fluxo de caixa esperado	Taxa de retorno esperada em investimentos de riscos comparáveis	Avaliação de projeto e negócio • WACC tradicional (Capítulos 2 a 5) • Método do valor presente ajustado (Capítulo 7)
Abordagem de avaliação otimista ou "desejada"	Fluxo de caixa otimista	Taxa de retorno otimista ou "desejada"	• Avaliação de título (Capítulo 4) • Avaliação de *venture capital* (Capítulo 8) • Avaliação de LBO (Capítulo 8)

FIGURA 8-3   Abordagens alternativas para a avaliação do FCD.

Em geral, os fluxos de caixa desejados usados para avaliar empresas *start-up* são aqueles que se materializam em cenários nos quais tudo corre como planejado. O otimismo incorporado nessas projeções advém do fato de que os empreendedores (que geralmente são muito otimistas sobre as possibilidades de seus negócios) são a fonte principal dessas estimativas de fluxo de caixa.

Os VCs gostam de estimular o entusiasmo dos empreendedores financiados por eles. Dessa forma, em vez de reduzir as projeções otimistas, eles geralmente exigem taxas de retorno suficientemente altas para contrabalançar as estimativas otimistas de fluxo de caixa dos empreendedores, bem como para compensar os investidores pelo risco da iniciativa. Além disso, os VCs tem a possibilidade de transformar a projeção otimista dos empreendedores em metas ambiciosas que podem ser exigidas dos empreendedores no futuro.

As taxas de retorno exigidas pelo investidor VC variam conforme o estágio do investimento. Por exemplo, na fase inicial, chamada de *fase semente* ou *start-up*, os VCs geralmente exigem taxas de retorno que variam de 50 a 100% (ao ano!). Quando a empresa progride da fase *start-up* para a primeira e segunda rodadas de financiamento, a taxa de retorno exigida cai, como indica a seguinte tabela:[5]

Fase do investimento[6]	retorno anual exigido(%)	período esperado do investimento (anos)
Semente e *start-up*	50-100% ou mais	Mais de 10
Primeira fase	40-60	5-10
Segunda fase	30-40	4-7
Expansão	20-30	3-5
Ponte e mezanino	20-30	1-3

---

[5] Jeffrey Timmons e Stephen Spinelli, *New Venture Creation: Entrepeneurship for the 21st Century*, 6ª edição, Irwin, 2004.

[6] Veja a legenda da Figura 8-1 para as definições dos tipos de financiamento relacionados aqui.

> ### INSIGHT DO PROFISSIONAL
> ### Investindo em *private equity* – uma entrevista com Jonathan Hook*
>
> **Como você define suas metas para taxa de retorno em um investimento *private equity*?**
>
> A falta de liquidez em *private equity* é uma consideração fundamental para qualquer pessoa que pense em fazer esse tipo de investimento. Investir em um fundo de *private equity* geralmente significa que você está comprometendo seu dinheiro por vários anos. Consequentemente, como um princípio básico, exigimos que esses investimentos nos deem a oportunidade de ganhar 4 ou 5% a mais do que o retorno que antecipamos obter no S&P500**.
>
> **Quanto de sua carteira você aloca para *private equity*?**
>
> Uma consideração básica é ter uma carteira equilibrada e bem diversificada. Assim, tentamos não ficar demasiadamente sobrecarregados em qualquer classe de ativos. Nossa meta é de 15% de *private equity* em nossa carteira, mas com a flexibilidade de alterar essa alocação em 5% para cima ou para baixo, quando oportunidades aparecerem.
>
> *Jonathan Hook é vice-presidente associado e responsável pelos investimentos do Baylor University Endowment Fund, na Baylor University, em Waco, no Texas. Considerando-se os retornos de três anos, até 2006, o fundo de doações da Baylor empatou em sétimo lugar (dentre as 656 instituições e universidades americanas), com um retorno anual de 18,8%.
>
> **N. de T.: Índice elaborado pela Standard & Poor's que reflete o desempenho da Bolsa de Valores de Nova York.

Os VCs de fato obtêm esses retornos "desejados"? Essa é uma pergunta difícil de responder, pois os fundos de *private equity* são apenas isso, "privados", e não informam regularmente o seu desempenho. Entretanto, um estudo recente descobriu que, quando taxas de administração e outros custos são deduzidos, os fundos *buyout* lucram um pouco menos do que o retorno médio do S&P500.[7] O propósito aqui é observar que as taxas médias de retorno realizadas, tanto nos investimentos VC quanto em outros, são muito menores que as taxas de retorno exigidas usadas na prática.

É importante enfatizar que as taxas de retorno exigidas refletem o custo de oportunidade, que, por sua vez, é determinada pela taxa de retorno de investimentos alternativos. Veja o quadro Insight do Profissional intitulado "Investindo em *private equity* – uma entrevista com Jonathan Hook". No longo prazo, esperamos que as taxas de retorno exi-

---

[7] Veja Steven Kaplan e Antoinette Schoar, "Private Equity Performance: Returns, Persistence and Capital Flows", *Journal of Finance* 60, n° 4, pág.1791-1823. Stephen D. Prowse, "The Economics of the Private Equity Market", *Economic Review of the Federal Reserve Bank of Dallas*, terceiro trimestre (1998), pág. 21-34, fornece resultados semelhantes para períodos anteriores, a saber:

Sociedades fundadas em:	Venture capital	Capital não *venture capital*	Ações de empresas pequenas de capital aberto
1969–79	23,3%	–	11,5%
1980–84	10,0%	24,8%	15,3%
1985–89	15,2%	15,3%	13,4%
1990–91	24,1%	28,9%	15,6%

INSIGHT COMPORTAMENTAL

Estabelecendo incentivos entre os participantes do mercado de *private equity*

A informação assimétrica é um fato no mundo dos negócios. As partes de uma transação simplesmente não compartilham da mesma informação e isso permite que uma ou ambas as partes tomem atitudes que são benéficas para si, mas prejudiciais para a outra.

Dois tipos de relacionamento são de interesse em nossa análise de financiamento *private equity*. A primeira trata do relacionamento entre os sócios executivos (*general partners*) mais informados, que podem potencialmente levar vantagem sobre os sócios investidores (*limited partners*), menos informados. O segundo relacionamento se refere à sociedade *de private equity* e aos gerentes mais informados das próprias empresas que compõem a carteira de investimentos (empresas investidas). A tabela abaixo resume como as sociedades de *private equity* tentam limitar os custos que surgem dessas informações assimétricas, realizando primeiramente uma auditoria prévia detalhada (*due diligence*). Elas também controlam o comportamento da gerência por meio de contratos de trabalho baseados em incentivos e restrições ao acesso a outros financiamentos, pois outras fontes de financiamento não estão liberadas para as empresas investidas.

Meios de controle	Como lidar com o problema de agência entre:	
	Sócios investidores e sócios executivos de empresas private equity	Empresa de private equity e empresas investidas
Indireto: Incentivos ao desempenho (a "cenoura")	▪ A reputação do sócio executivo afeta sua capacidade futura de captação de recursos. ▪ Compensação do sócio executivo baseada no desempenho do fundo.	▪ A gerência deter ações da empresa assegura um interesse de longo prazo no desempenho da empresa. ▪ Remuneração atrelada ao desempenho da empresa.
Direto: Contratos e controles internos (o "bastão")	▪ Cláusulas no contrato social impõem limites ao que o sócio executivo pode fazer e prevêem que sócios investidores podem intervir em circunstâncias extremas. ▪ Conselhos consultivos (incluindo a representação de sócios investidores) fazem uma supervisão direta das decisões do sócio executivo.	▪ A empresa de private equity geralmente tem um assento no conselho e pode ter assentos adicionais se o desempenho da investida estiver insatisfatório. ▪ O fato de que empresas de private equity controlam o acesso das empresas investidas a novos financiamentos proporciona uma forte fonte de controle sobre a administração das empresas investidas.

gidas sejam determinadas pelos fatores de risco analisados no Capítulo 4. Entretanto, no curto prazo, as taxas de retorno exigidas de investimentos VC ou de outros investimentos *private equity* são determinadas pela oferta e procura de capital nesse segmento. Quando há muito capital buscando poucos negócios, as taxas de retorno exigidas tendem a ser muito baixas. Por outro lado, quando o capital nesse setor é escasso ou quando existem muitas oportunidades, as taxas de retorno exigidas tendem a ser maiores.

Um último ponto com referência às altas taxas de retorno exigidas para financiamento *venture capital* refere-se ao fato de que o relacionamento entre a empresa *start-up* e seu VC geralmente vai além da simples obtenção de financiamento. Frequentemente, as empresas *start-up* recebem orientação e consultoria de negócios que são valiosas, bem como acesso à rede de contatos de negócios do VC que está em seu conselho. Como as VCs geralmente focam seu investimento em um número limitado de indústrias, essa experiência e conhecimento do setor podem ser essenciais para o futuro sucesso da *start-up*. A compensação para essa fonte de valor não-financeira está incluída no custo do financiamento *venture capital*, o que também explica por que ele parece tão caro.

Avaliando o investimento VC e estruturando o negócio

Na maioria dos casos, um VC fornece recursos para um empreendedor em troca de ações em seu negócio. A variável-chave que determina a estrutura do negócio é a avaliação que o VC faz do negócio do empreendedor.

Para ilustrar como um VC avalia e estrutura um negócio, considere o caso hipotético da Bear-Builders.com. O empreendedor da Bear-Builders.com começou seu negócio no ano passado com um investimento inicial de $1 milhão e agora precisa de mais $2 milhões para financiar a expansão de sua operação, já lucrativa. Para arrecadar recursos, o empreendedor faz uma proposta para a Longhorn Partners, uma empresa de VC em Austin, Texas.

As expectativas do investidor

A Longhorn acredita que essa é uma boa oportunidade e está disposta a fornecer os $2 milhões que a Bear-Builders.com necessita, em troca de uma fatia das ações ordinárias da empresa. Agora, a pergunta-chave é: "de quantas ações o empreendedor terá que abrir mão no processo de obtenção dos recursos necessários?". A Bear-Builders.com está buscando um financiamento de primeira fase, assim a taxa de retorno exigida (isto é, desejada) pela Longhorn Partners é de 50% ao ano. Se a Longhorn Partners tem um horizonte de investimento de cinco anos [8] e não recebe uma parte do dinheiro até o final desse período (que é o que geralmente acontece), então ela precisa receber $15.187.500 no final de cinco anos, a fim de realizar uma taxa de retorno de 50% por ano. Isto é,

$$\$2.000.000 (1+ 0,50)^5 = \$15.187.500$$

---

[8] O termo "horizonte de investimento" se refere ao período desejado de manutenção do investimento em carteira. Como as empresas de VC arrecadam seu capital como sociedades limitadas que têm uma vida limitada (geralmente de 5 a 7 anos), elas normalmente têm um horizonte de investimento muito curto.

Duas variáveis determinam se o investidor vai, efetivamente, receber $15.187.500 em cinco anos: (1) o valor da empresa no final dos cinco anos e (2) a parcela daquele valor que pertence ao investidor. Vamos considerar cada um desses fatores separadamente.

Avaliando o capital próprio da Bear-Builders.com

O retorno do investimento da VC ao fornecer capital *start-up* para a Bear-Builders.com dependerá do valor do capital próprio da Bear-Builders.com no final do horizonte de projeção planejado (geralmente de 4 a 6 anos). O método que adotamos para avaliar o capital próprio da Bear-Builders.com exige que, primeiro, o valor da empresa seja estimado e, depois, deduzido de qualquer endividamento oneroso pendente que a empresa possa ter.

Estimando o valor do empreendimento no final do horizonte de projeção planejado

O primeiro passo no processo de avaliação é obter uma estimativa do valor da Bear-Builders.com depois de cinco anos, quando o VC espera "colher" ou "sair" de seu investimento, vendendo suas ações. Os VCs geralmente calculam uma estimativa do valor da empresa na data de saída prevendo tanto a capacidade da empresa de produzir fluxos de caixa antes dos impostos, ou EBITDA, quanto o múltiplo apropriado do EBITDA para avaliar a empresa. Por exemplo, se os donos da Bear-Builders.com preveem que o EBITDA da empresa em cinco anos será de $6 milhões, e o VC utiliza um múltiplo EBITDA de 5, então a Bear-Builders.com valerá $30 milhões ($6 milhões × 5) na época em que a Longhorn Partners pretende sair da empresa.

Observe que, geralmente, não há fluxos de caixa intermediários para o VC (ou para o próprio empreendedor) antes da saída do VC. Isso acontece porque todo o dinheiro disponível é reinvestido na empresa ou utilizado para pagar suas dívidas.

Recapitulando rapidamente, os cálculos usados para estimar o valor do empreendimento da Bear-Builders.com no final de cinco anos são os seguintes:

EBITDA em 5 anos	$ 6.000.000
Múltiplo EBITDA	× 5
Igual: valor do empreendimento	$ 30.000.000

Calculando o valor do capital próprio ao final do horizonte de projeção planejado

Agora que já estimamos o valor da empresa no final dos cinco anos ($30.000.000), podemos calcular o valor de seu capital, como segue:

Valor do capital = valor do empreendimento − endividamento oneroso + caixa

ou, onde   Dívida líquida = endividamento oneroso − caixa

então,   Valor do capital = valor do empreendimento − dívida líquida

Observe que subtraímos apenas o endividamento oneroso do valor do empreendimento, exatamente como fizemos no Capítulo 7. Além disso, para estimar o valor do capital próprio, geralmente adicionamos o caixa da empresa, na data da saída, à nossa estimativa de valor do empreendimento. Isso supõe que o saldo de caixa da empresa pode ser visto como caixa excedente e, portanto, não se reflete no múltiplo EBITDA usado para estimar o valor do empreendimento. Por exemplo, se esperamos que a Bear-Builders.com tenha um caixa de $300.000 e um endividamento oneroso de $3 milhões no final dos cinco anos, o valor do capital da empresa seria de $27,3 milhões, calculados como segue:

Valor do empreendimento	$30.000.000
Menos: dívida líquida (isto é, endividamento oneroso menos caixa)	(2.700.000)
Igual: valor do capital próprio	$27.300.000

Calculando as participações acionárias – Definindo a estrutura do negócio

Até agora mostramos que, se tudo correr conforme o planejado, o valor do capital dos acionistas da Bear-Builders.com, em cinco anos, será de $27,3 milhões. Naquele momento, o VC exige $15.187.500 a fim de obter uma taxa de retorno de 50% por ano em seu investimento de $2.000.000. Assim, para alcançar este retorno total, o VC deve ter 56% das ações da empresa, computados como segue:

$$\text{Participação acionária do VC} = \frac{\text{Valor exigido pelo VC para o capital (em 5 anos)}}{\text{Valor estimado do capital próprio da empresa (em 5 anos)}}$$

$$= \frac{\$15.187.500}{\$27.300.000} = 56\%$$

Com essa estrutura de negócio, o fundador terá os 44% restantes das ações ordinárias (100% − 56% = 44%), que vão permitir que suas ações valham $12.112.500 em 5 anos.

Resumindo o método VC – *venture capital*

Descrevemos brevemente o processo usado pelas empresas de *venture capital* para avaliar uma empresa empreendedora e estruturar um acordo de financiamento. Essa metodologia combina o método de múltiplos baseado em transações comparáveis com o fluxo de caixa descontado. De forma resumida, o investidor VC determina qual percentual das ações da empresa ele deve obter a fim de satisfazer suas exigências de retorno, como segue:

1. Primeiro, o investidor determina uma taxa de retorno que ele ou ela esperam obter do investimento ($k_{\text{retorno esperado pelo VC}}$).
2. A taxa de retorno exigida pelo investidor é usada para determinar o valor em dólares (ou em R$) que o investidor espera realizar no final do período

de investimento, H anos (geralmente de 4 a 7), a fim de justificar o investimento inicial na empresa, isto é:[9]

$$\begin{pmatrix} \text{Investimento} \\ \text{VC}_{\text{Hoje}} \end{pmatrix} (1 + k_{\text{retorno desejado pelo VC}})^H = \begin{pmatrix} \text{Valor exigido} \\ \text{para o Investimento} \\ \text{VCH}_H \end{pmatrix} \quad (8.1)$$

3. A seguir, o investidor estima o valor do capital próprio da empresa, no final do período planejado para o investimento, utilizando um múltiplo do EBITDA projetado da empresa no ano H, isto é:

$$\text{Valor estimado do capital próprio}_H = \text{EBITDA}_H \times \text{Múltiplo EBITDA}_H + \text{Caixa}_H - \text{Dívida}_H \quad (8.2)$$

4. Finalmente, os investidores calculam que percentual do valor futuro da empresa será necessário para satisfazer seu retorno exigido (isto é, o investimento inicial, composto à taxa de retorno "desejada" pelo investidor até o final do horizonte de projeção), como segue:

$$\text{Participação acionária} = \frac{\begin{pmatrix} \text{Valor exigido} \\ \text{para o} \\ \text{investimento VC}_H \end{pmatrix}}{\text{Valor estimado do capital}_H} \quad (8.3)$$

Assim, o método VC resulta em uma estimativa de qual participação acionária o VC precisará deter para obter a taxa de retorno desejada.

Valores pré e pós-investimento do capital próprio da empresa

Acabamos de destacar que o método *venture capital* enfoca o valor da empresa em uma data futura, quando o VC planeja sair. Entretanto, os VCs também estimam os *valores de hoje* para os negócios no qual investem. O valor implícito do capital da empresa hoje é capturado pelo que se pode chamar de valor **pós-investimento (post-money)**. No exemplo da Bear-Builders.com, o VC obtém 56% de participa-

---

[9] Essa relação apenas se mantém quando o VC não recebe nenhum fluxo de caixa intermediário, tais como juros ou dividendos preferenciais, nos casos em que a empresa emite dívida ou ações preferenciais. No caso de pagamentos de fluxos de caixa intermediários, o lado direito da Equação 8.1 é reduzido a montante igual ao valor futuro de todos esses pagamentos intermediários, levados ao futuro usando a taxa de retorno "desejada" do VC (por exemplo, onde pagamentos de juros intermediários iguais a Int_t são feitos em todos os anos, até o ano H):

$$\begin{pmatrix} \text{Investimento} \\ \text{VC}_{\text{Hoje}} \end{pmatrix} (1 + k_{\text{retorno desejado pelo do VC}})^H + \sum_{t=1}^{H} \text{Int}_t (1 + k_{\text{retorno desejado pelo VC}})^{t-1}$$

$$= \begin{pmatrix} \text{Valor exigido} \\ \text{para o investimento} \\ \text{VCH}_H \end{pmatrix}$$

ção na empresa em troca de um investimento de $2 milhões; isso significa que o valor do capital próprio da empresa após o investimento do VC é de $3.571.428. Isto é,

$$\begin{matrix} \text{Valor pós-investimento} \\ \text{do capital próprio} \\ \text{da empresa} \end{matrix} = \frac{\text{Recursos fornecidos pela empresa VC}}{\text{Participação acionária da empresa VC (\%)}}$$

$$= \frac{\$2.000.000}{0,56} = \$3.571.428$$

O valor pós-investimento é o ponto alvo para as negociações entre o empreendedor e a empresa de VC. Basicamente, ele fornece uma maneira abreviada de descrever a estrutura do negócio de VC.

Os capitalistas de risco também usam o termo **valor pré-investimento** (*pre-money*) para se referir à diferença entre o valor implícito pós-investimento do capital próprio da empresa e o montante que o VC coloca nela. Nesse caso, o valor pré-investimento é de $1.571.428, isto é

$$\begin{matrix} \text{Valor pré-investimento} \\ \text{do capital próprio} \\ \text{da empresa} \end{matrix} = \begin{matrix} \text{Valor pós-investimento} \\ \text{do capital próprio} \\ \text{da empresa} \end{matrix} - \begin{matrix} \text{Recursos fornecidos} \\ \text{pela empresa VC} \end{matrix}$$

$$= \$3.571.428 - 2.000.000 = \$1.571.428$$

Os elementos principais dos valores pré e pós-investimento já foram analisados, e os cálculos são objetivos. A importância desses termos para o analista financeiro decorre de seu uso comum entre os investidores VC. Os valores pré e pós-investimento representam estimativas, ainda grosseiras, do valor do capital da empresa *no dia* do financiamento.

Refinando a estrutura do negócio

Os empreendedores geralmente se surpreendem e se frustram ao saber quanto da empresa precisam abrir mão para obter um financiamento VC. Nesta seção, discutimos como o empreendedor pode reduzir a taxa de retorno exigida pelo VC assumindo mais risco no empreendimento. Apesar de não podermos descrever explicitamente como essa troca acontece, é possível explicar como a estrutura do negócio pode ser ajustada para realocar o risco e o retorno entre o empreendedor e o investidor *private equity*. Isso inclui a utilização de compromissos de *financiamento gradual* e a emissão de um tipo de papel diferente (por exemplo, ações preferenciais em vez de ações ordinárias).

Utilizando financiamento gradual

Como mencionamos anteriormente, as taxas de retorno exigidas pelos VCs são bastante altas porque os investimentos são muito arriscados e as projeções de fluxos de caixa tendem a ser excessivamente otimistas. Assim, qualquer coisa que possa ser feita para reduzir os riscos do VC e sinalizar a confiança do empreendedor resultará em menores taxas de retorno exigidas do VC.

Como os VCs tendem a ser céticos quanto às projeções de fluxos de caixa e querem limitar seus riscos, eles geralmente fazem o que conhecemos como *financiamento gradual*. Em vez de proporcionar ao empreendedor todo o recurso necessário logo no início, o VC geralmente faz investimentos parciais ou graduais quando a empresa atinge marcos de desempenho predeterminados e apenas à medida que a empresa necessite de dinheiro. Esse processo proporciona ao VC o controle sobre o acesso da empresa ao capital e, portanto, reduz seu risco de investimento. Se o VC não estiver satisfeito com o progresso da empresa, pode suspender o pagamento da parcela seguinte.[10]

Vamos voltar ao exemplo da Bear-Builders.com para ilustrar como o financiamento gradual pode reduzir o custo de financiamento para a empresa empreendedora. Em nosso exemplo original, o empreendedor necessitava de $2 milhões e o VC estava disposto a fornecer os recursos em troca de uma taxa de retorno anual de 50%. Dessa forma, o VC exigiu que o valor de seu capital investido fosse de $15.187.500 = $2.000.000 $(1+0,50)^5$ em cinco anos. Como o patrimônio da empresa está estimado em $27.300.000, calculamos que o VC deve receber $15.187.500/$27.300.000 = 56% do patrimônio da empresa.

Agora, vamos considerar uma alternativa de investimento gradual no qual o VC investe, inicialmente, $1 milhão (e ainda exige uma taxa de retorno de 50%, pois é um capital de primeira fase), mas investe o segundo milhão apenas dois anos mais tarde, sob a condição de que a empresa tenha atingido certas metas de desempenho (*benchmarks*). Como o investimento de segunda fase é menos arriscado do que o da primeira, consideramos que o VC exija um retorno de apenas 30% no segundo aporte de capital.

Utilizando compromissos graduais, o VC exige o seguinte retorno, em valores no final dos cinco anos (considerando que o financiamento de segunda fase acontecerá):

Estágios de financiamento	Recursos concedidos	Retorno exigido no final do Ano 5
Investimento de primeira fase	$1.000.000	$1.000.000 $(1 + 0,50)^5$ = $7.593.750
Investimento de segunda fase	$1.000.000	$1.000.000 $(1 + 0,30)^3$ = $2.197.000
Total	$2.000.000	$9.790.750

O VC exige agora apenas $9.790.750 para seu investimento de $2.000.000. Esse montante representa $9.790.750/$27.300.000 = 36% do valor do capital da empresa no final de cinco anos. Essa dramática redução (de 56 para 36%) representa o impacto de duas coisas: primeiro, a empresa VC paga apenas $1 milhão em capital pelos primeiros dois anos (não $2 milhões, como antes); segundo, o retorno exigido no financiamento de segunda fase é de apenas 30%.

Observe que a análise acima considera que o financiamento de segunda fase acontece com certeza. Entretanto, esse não é necessariamente o caso, pois o VC tem controle sobre a decisão de investir na segunda fase e somente investirá se, na ocasião, essa opção parecer favorável. Ao fazer um investimento gradual, o VC tem a "opção",

---

[10] Mais tarde, quando discutirmos opções, analisaremos o financiamento gradual com mais detalhes.

em lugar da obrigação, de investir na segunda fase, mas poderá decidir não investir mais se a empresa não tiver o desempenho esperado. Como essa opção é importante (como veremos no Capítulo 11), o VC se dispõe a financiar a uma taxa menor.

Devemos enfatizar que o empreendedor abre mão de menos cotas de seu negócio, mas nada é de graça. Ele precisa correr mais riscos. Se as metas de desempenho não forem atingidas depois de dois anos, o empreendedor não conseguirá obter os recursos necessários para o restante do negócio. Porém, se o empreendedor tiver confiança de que alcançará as metas, o financiamento gradual pode ser preferível. Do mesmo modo, uma falta de vontade do empreendedor em aceitar o compromisso de financiamento gradual enviaria um sinal negativo para o VC.

Utilizando endividamento ou ações preferenciais

Um empreendedor confiante pode obter um financiamento mais favorável ao assumir mais riscos no empreendimento e limitar a exposição do VC ao risco via emissão de dívidas ou títulos de ações preferenciais. O risco do VC é reduzido em virtude do direito de preferência que dívidas e ações preferenciais têm em relação às ações ordinárias. Mais uma vez, nada é de graça aqui; o empreendedor recebe um financiamento menos caro ao limitar o risco de exposição para o VC e enfrenta um risco maior nesse processo.

Para demonstrar como isso acontece, usamos mais uma vez o exemplo da Bear-Builders.com. Desta vez, em lugar de emitir ações ordinárias para o VC, a empresa emite ações preferenciais conversíveis com uma taxa de dividendos de 8%, ou dividendos anuais de $160.000 ($2 milhões × 0,08 = $160.000). As ações preferenciais podem ser convertidas em ações ordinárias da empresa, a critério do VC (geralmente, não há incentivos, da parte do investidor, para uma conversão antecipada). Se o VC quer um retorno de 40% e o horizonte do investimento é de 5 anos, os fluxos de caixa do VC consistiriam do seguinte:

Taxa de retorno desejada pelo VC	40%						
Horizonte de investimento do VC	5						
Juros anuais/pagamento de dividendos	$ 160.000						
Financiamento via VC	$ (2.000.000)						
		Ano 0	Ano 1	Ano 2	Ano 3	Ano 4	Ano 5
Dividendos		$ (2.000.000)	$ 160.000	$ 160.000	$ 160.000	$ 160.000	$ 160.000
Valor de conversão em 5 anos							$ 9.003.386
Fluxos de caixa do VC		$ (2.000.000)	$ 160.000	$ 160.000	$ 160.000	$ 160.000	$ 9.163.386

O cálculo-chave que precisamos fazer é o valor de conversão das ações que será realizado no Ano 5. Constata-se que, se as ações preferenciais podem ser convertidas pelo valor de $9.003.386 de ações ordinárias, o investimento de $2 milhões da VC vai realizar a taxa de retorno anual desejada de 40%. Isso, por sua vez, exige que sejam dadas ao VC 32,98% das ações da empresa, que anteriormente foram avaliadas em $27.300.000 – uma redução considerável em relação à participação acionária de 56% que seria exigida ao usar ações ordinárias.

INSIGHT DO PROFISSIONAL

Como as empresas de *private equity* criam valor – uma entrevista com Jack Furst

Nos últimos 25 anos, temos visto mudanças sísmicas na maneira como os investidores de *private equity* geram retorno nos investimentos. No início desta década, remodelamos nossa abordagem sobre investimentos para nos adaptar às mudanças nos volumes de empréstimos e, agora, procuramos adicionar valor aos nossos investimentos utilizando três ferramentas principais.

Primeiro, seguimos uma estratégia de investimento testada/com bons resultados. Investimos em ativos mal administrados, desvalorizados e subcapitalizados que podem ser transformados em empresas maiores e mais valiosas por meio da injeção de novo capital e da criação de estratégias operacionais bem definidas. Essa abordagem de investimento nos permite gerar valor para os investidores ao tirar proveito do ágio que existe no preço de grandes empresas públicas, em comparação com as pequenas empresas privadas. Essa estratégia pode, ainda, ser simplificada pelo foco em setores específicos. A HM Capital, por exemplo, investe principalmente nas indústrias de energia, alimento e mídia – setores nos quais a empresa tem uma longa história de sucesso e uma grande rede de contatos.

Um exemplo recente desta estratégia é o investimento da HM Capital na Regency Energy Partners, em dezembro de 2004. Antes da aquisição, a Regency era um conjunto mal coordenado de atividades de captação e processamento de gás natural no sudeste dos Estados Unidos. Em apenas 14 meses, a HM Capital transformou a Regency de um grupo de ativos de gás natural em um importante *player* do setor e abriu o capital da empresa. A IPO forneceu meios para que a HM Capital retornasse aos investidores todo o capital investido, em uma estrutura que permitiu que nossos investidores mantivessem uma grande participação acionária na Regency.

A segunda ferramenta que usamos é o Capital de Mudança. Transformamos nossas aquisições através de estratégias projetadas para gerar receitas, aumentar os lucros e otimizar os ativos. Na HM Capital, nos referimos a essas estratégias e ao papel ativo que desempenhamos como "Capital de Mudança". Geralmente adquirimos empresas que não eram tão bem administradas quanto pensamos que seria possível. Isso, às vezes, deve-se ao fato de que a empresa é uma divisão de uma empresa maior e que foi ignorada pela administração da matriz. Outras vezes, a empresa adquirida está sendo gerida por uma equipe administrativa que tem pouca participação acionária na empresa e não tem incentivos para geri-la de modo enxuto. Nos dois casos, nosso objetivo é alinhar os interesses da administração e os nossos para reduzir custos operacionais e criar valor para os proprietários.

Durante nossa análise de uma oportunidade de investimento, identificamos as mudanças que precisam ser implementadas no pós-aquisição e verificamos se temos a equipe administrativa adequada para executar essas estratégias. Continuamos a trabalhar com a equipe administrativa mesmo após a aquisição, para refinar e implementar ainda mais nossas estratégias de *Capital de Mudança*.

Voltando ao exemplo da Regency, a tese de investimento da HM Capital era de que a empresa era um ativo *midstream** subutilizado, com características atrativas de crescimento. Junto com a administração da Regency, a HM desenvolveu um plano de *Capital de Mudança* com investimentos de $140 milhões na expansão da capacidade de transmissão da empresa e de uma captadora/processadora de gás natural em sua transformação para um negócio de transmissão de gás natural. Esse investimento de capital quadruplicou a capacidade de gasodutos da Regency, duplicou seu fluxo de caixa e ajudou a preparar a empresa para uma IPO.

A terceira ferramenta à nossa disposição é o uso de alavancagem financeira enquanto definimos a estrutura de capital. Muito se tem falado sobre a quantidade de dívida utilizada pelas empresas de *private equity*. Na verdade, durante os anos 80, éramos geralmente chamados de investidores de aquisições alavancadas (LBO – *leveraged buyouts*) porque usávamos altos índices de endividamento para financiar nossas aquisições. Hoje, utilizamos a alavancagem para nos proporcionar a flexibilidade financeira necessária a fim de implementar nossas estratégias de *Capital de Mudança* e gerar uma taxa de retorno maior em nossos investimentos. Usada adequadamente, a alavancagem financeira é simplesmente um acelerador do retorno de capital que transforma duplos em triplos, e triplos em goleadas.

A indústria de *private equity* mudou significativamente desde que comecei nesse negócio. A alavancagem é usada mais eficientemente para equilibrar as exigências de endividamento e capital na estrutura de capital, e o tamanho das transações cresceu dramaticamente. Não é raro, hoje, que as empresas de investimento em *private equity* unam suas forças para adquirir companhias abertas por 15 ou $25 bilhões. Além disso, o objetivo do atual investidor *private equity* se ampliou – ele fecha o capital da empresa, recompõe sua estrutura de custo e depois abre novamente seu capital ou a vende para um investidor privado. Assim, a forma preferida de ganhar dinheiro mudou das "cisões", comuns nos anos 70 e 80, para "comprar e montar", entre meados dos anos 80 e os anos 90, e para "comprar, reestruturar e montar". Quanto mais as coisas mudam, mais elas permanecem iguais. O *private equity*, como uma classe de ativos, é hoje tão atrativo como nunca.

Sobre o autor. Em 1989, Jack D. Furst foi um dos cofundadores de Hicks, Muse, Tate & Furst que, em 2006, recebeu o novo nome de HM Capital Partners. Atualmente, é um conselheiro sênior e membro do Comitê de Investimento da empresa. Ele também trabalha nos Conselhos de Administração de empresas da carteira e em instituições sem fins lucrativos. Em 1981, o Sr. Furst graduou-se no College of Business Administration, na Arizona State University, e em 1984 obteve seu MBA no Graduate School of Business, na University of Texas.

Sobre a HM Capital. A HM Capital Partners LLC é uma empresa de *private equity* estabelecida em Dallas que utiliza sua experiência no setor para adquirir, mudar e construir negócios estrategicamente relevantes. A HM Capital organiza grupos de investidores (fundos de pensão, instituições financeiras e investidores privados abastados) na forma de sociedades limitadas. Geralmente busca empresas que vêm exibindo um mau desempenho em nichos específicos (incluindo TV a cabo, telelistas, produção e transmissão de gás e alimentos de marca), as transforma em negócios estrategicamente relevantes e as vende para investidores privados ou no mercado de ações.

* N. de T.: Atividades *midstream* referem-se ao transporte e beneficiamento final de derivados de petróleo, das refinarias até as distribuidoras de combustíveis.

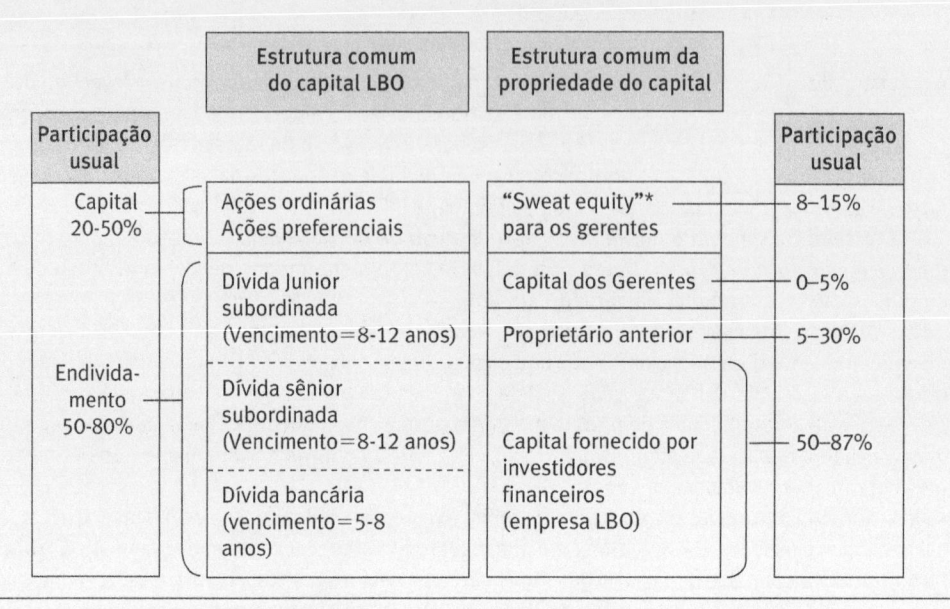

Figura 8-4 — Estruturas de capital* LBO

Participação usual	Estrutura comum do capital LBO	Estrutura comum da propriedade do capital	Participação usual
Capital 20-50%	Ações ordinárias / Ações preferenciais	"Sweat equity"* para os gerentes	8–15%
	Dívida Junior subordinada (Vencimento=8-12 anos)	Capital dos Gerentes	0–5%
Endividamento 50-80%		Proprietário anterior	5–30%
	Dívida sênior subordinada (Vencimento=8-12 anos)	Capital fornecido por investidores financeiros (empresa LBO)	50–87%
	Dívida bancária (vencimento=5-8 anos)		

*Baseado em Scot Sedlacek, "Leveraged Buyouts: Building Shareholders Value through Capital Structure", Broadview International, LLC (2 de abril de 2003).

8.4 Avaliando investimentos LBO

Aquisições alavancadas ou LBOs representam uma estratégia de aquisição de negócios por meio da qual um grupo investidor adquire todo o patrimônio de uma empresa e assume suas dívidas.[11] A aquisição é predominantemente financiada com dívidas – por isso, o termo aquisições "alavancadas". A Figura 8-4 ilustra a proporção do financiamento total que vem das dívidas e como ela varia ao longo do tempo, de acordo com as condições do mercado, normalmente constituindo-se de 50-80% da estrutura de capital do LBO.

O uso expressivo de alavancagem financeira é a característica que diferencia os LBOs, quando comparados a estruturas de capital pré-LBO das empresas. Por que os investimentos de *private equity* são tão alavancados? Talvez os responsáveis pelo *private equity* possam atrair investidores mais facilmente ao proporcionar retornos mais altos, em vez dos retornos mais modestos de uma estrutura desala-

---

[11] Quando a aquisição é feita juntamente com a administração da empresa, nos referimos à transação como *management buyout* ou MBO.

> **INSIGHT DA INDÚSTRIA**
>
> **Aquisições alavancadas (LBOS) – de *bust-ups*[6] a *build-ups*[7]**
>
> Nos anos 80, o termo *leveraged buyout* ou simplesmente LBO tornou-se sinônimo de voracidade corporativa. Livros e filmes, como *Wall Street*, *Barbarians at the Gate* e *Other People's Money*, deram glamour ao processo de compra de uma empresa utilizando dinheiro emprestado para financiar a maior parte de sua compra. Tecnicamente, uma LBO é apenas a aquisição de uma empresa utilizando muito capital de terceiros e pouco capital próprio. Entretanto, o uso exagerado de financiamento de dívida tem implicações comportamentais importantes. Os pagamentos de principal e juros da dívida geralmente são tão onerosos que comprometem a administração da empresa adquirida a um regime rígido, que maximize o potencial de geração de fluxo de caixa da empresa. Isso pode ser uma fonte de valor muito importante para uma empresa que não era administrada eficientemente antes da LBO.
>
> Nos anos 80, um modelo popular de LBO envolvia a aquisição de uma empresa-alvo que não estava tendo um desempenho de acordo com seu potencial. A empresa adquirente liquidava a capacidade ociosa (ativos operacionais) e demitia funcionários na empresa-alvo para tornar os ativos restantes mais produtivos. Esse tipo de LBO ficou conhecido como "LBO *bust-up*".
>
> Em muitos casos, em questão de anos ou, às vezes, apenas meses, a LBO que havia feito a aquisição realizava grandes lucros na revenda da empresa. A maior parte do preço de compra era financiada por empréstimos considerados *junk bonds*, de alto risco de crédito, e os pagamentos do principal e dos juros eram feitos utilizando-se os fluxos de caixa futuros da empresa adquirida (uma combinação dos lucros da empresa e da venda dos ativos, no caso de *bust-up* LBO). Assim, de certa maneira, a empresa praticamente se pagava sozinha, enquanto os gestores da empresa LBO auferiam o aumento do valor da empresa como seu lucro.
>
> Mais recentemente, a LBO *build-up* tem sido utilizada para consolidar empresas em indústrias fragmentadas com grande número de concorrentes e com potencial para economias de escala. O processo envolve primeiro a compra de uma empresa base ou "plataforma" e, depois, a compra de algumas empresas relacionadas, a fim de construir uma empresa com tamanho suficiente para ser vendida em bolsas.

vancada. Entretanto, esse efeito de "alavancagem pura" não pode criar valor por si só. A alavancagem financeira também tem um importante efeito catalisador: ao sobrecarregar seus investimentos com um considerável montante de dívida, os responsáveis pelo *private equity* obrigam os gerentes a fazer as escolhas difíceis que podem ser necessárias em situações de mudança. Além disso, o fato de que instituições financeiras sofisticadas estão dispostas a emprestar para essas entidades altamente alavancadas deveria proporcionar algum conforto para os investidores de capital.

Alternativas de estratégias de aquisição LBO – *Bust-ups* e *build-ups*

Como o quadro Insight da Indústria mostra (na pág. 369), o uso da estratégia de aquisição LBO era muito popular nos anos 80. A maioria das aquisições (*buyouts*) daquela época eram conhecidas como LBO *bust-up*. O termo *"bust-up"* se refere ao fato de que uma vez que o controle da empresa adquirida está completo, o novo proprietário liquida alguns (ou todos) os ativos da empresa e usa os recursos obtidos para amortizar a dívida utilizada para financiar a aquisição. Essas aquisições também são associadas aos esforços para aumentar a eficiência nas operações dos ativos restantes, que geralmente exigem redução na mão-de-obra da empresa.

No início dos anos 90, desenvolveu-se uma estratégia diferente de *private equity*, a qual criava uma grande empresa de capital aberto, formada a partir da aquisição de uma empresa inicial (a "empresa plataforma"), seguida por uma série de aquisições complementares menores. Essa estratégia, descrita no quadro Insight do Profissional – entrevista com Jack Furst (págs. 366-367) é geralmente apresentada como a estratégia *"build-up"*.

Exemplo – LBO *build-up*

A LBO *build-up* é um caso especial em que se adota uma estratégia de fusões sequenciais, na qual uma empresa adquirente compra um grupo de empresas do mesmo negócio, ou a ele muito relacionadas, e as combina em uma única entidade. Por exemplo, a Hicks, Muse, Tate & Furst, uma empresa de *private equity* de Dallas, no Texas (e antecessora da HM Capital), comprou da E.I. Dupont, em 1993, a Berg Electronics por $370 milhões. A aquisição se tornou a empresa plataforma à qual foram acrescentados cerca de $100 milhões em aquisições, antes da oferta pública inicial (IPO) da Berg, em 1996.[12]

Para ilustrar os problemas de avaliação envolvidos em uma LBO *build-up*, analisaremos uma típica transação *build-up* por uma sociedade de *private equity*. Os responsáveis por nossa hipotética empresa de *private equity*, a Hokie Partners, LP, estão analisando a aquisição da PMG, Inc., uma empresa de eletrônica que produz placas de circuito impresso usados em várias aplicações. A PMG é uma subsidiária integral de uma grande companhia química, que decidiu que o negócio não é mais interessante para o sucesso futuro da empresa e procura vender a PMG pela melhor oferta.

Os dados de aquisição da PMG que estão na Tabela 8-1 indicam ela tem um lucro antes de juros, impostos, depreciação e despesas com amortização (EBITDA) de $100 milhões. Espera-se que a aquisição atinja um preço de compra igual a cinco vezes o nível atual do EBITDA, ou $500 milhões. Além do investimento da Hokie Partners e de seus sócios investidores no capital, a aquisição é financiada por 75% de capital de terceiros com uma taxa de juros de 14%. A dívida tem cláusulas restritivas (*covenants*) que exigem que todo o excesso de caixa seja usado para liquidar o principal, o que significa que os investidores de capital não receberão nada até o Ano 5, quando a empresa for vendida. Essa exigência é normalmente referida como *cash sweep**.

---

[12] Para detalhes adicionais, veja S. Kaplan, J. Martin e R. Parrino, Berg Electronics Corporation, http://ssrn.com/abstract=256107.

* N. de T.: Utilização do excedente de caixa para pagar dívidas ou fornecer segurança extra para os mutuários em vez de pagar os acionistas.

Tabela 8-1   Dados de aquisição da PMG, Inc. ($ milhões)

Lucro estimado		Múltiplos EBITDA para aquisição e vendas	
EBITDA do ano atual (milhões)	$ 100,00	Múltiplo de compra – Companhia plataforma (PMG)	5
Taxa de crescimento do EBITDA	10%	Múltiplo de compra – Companhia a ser agregada (Centex)	3
Período planejado de investimento	5 anos	Múltiplo de venda da companhia final (na saída do investimento)	6
Alíquota de imposto	35%		
Vida dos ativos, para fins de depreciação	10 anos		
Despesas de depreciação (Ano 0)	$ 40,00		
Estrutura de capital LBO			
Endividamento/ativos (valores contábeis)	75%		
Juros	14%		
CAPEX anual	$ 50,00		

A Hokie Partners planeja aumentar o EBITDA a uma taxa de 10% ao ano por cinco anos e, depois, vender a empresa, se possível por seis vezes o EBITDA. Quando a Hokie vendê-la, a dívida pendente da empresa será reembolsada e o saldo dos fundos será distribuído entre os investidores do capital.

Calculando os retornos de capital para a companhia plataforma

Na Tabela 8-2, avaliamos os fluxos de caixa livres do acionista (FCLA) e a taxa de retorno composta que se obtém caso as estimativas demonstradas na Tabela 8-1 sejam realizadas. Lembre-se da definição de FCLA no Capítulo 2, que foca nos fluxos de caixa para o acionista de ações ordinárias (e que difere dos fluxos de caixa livres da empresa, FCLE).[13] Devido à exigência de que excessos de caixa sejam necessariamente usados para liquidar dívida (*cash-sweep*), o FCLA para cada um dos cinco anos do período de planejamento é fixado em zero,[14] o que significa que os pagamentos projetados do principal da dívida da empresa são iguais ao valor de caixa que sobrou depois de atendidas todas as suas exigências de investimentos necessários (inclusive compra de novos bens de capital).

Observe que a transação exige um investimento de $500 milhões e, se tudo correr como planejado, produzirá um EBITDA de $161,05 milhões em cinco anos. Nesse cenário, a Hokie Partners venderá a PMG pelo valor projetado de seis vezes o EBITDA, o que significa $966,31 e um valor de capital próprio de $715,37 milhões

---

[13] FCLA = lucro líquido + despesas de depreciação – investimentos em imobilizado (CAPEX) – variações do capital de giro líquido – pagamentos do principal de dívidas + novos endividamentos.

[14] Observe que na Tabela 8-2 os FCLAs devem ser iguais a zero por meio do pagamento de $3,13 milhões em dívida no Ano 1, reduzindo, com isso, o endividamento da empresa, de $375 para $371,88 milhões; o pagamento de $12,31 milhões no Ano 2 reduz ainda mais a dívida, para $359,57 milhões, e assim por diante.

Tabela 8-2 Calculando os retornos do capital na aquisição da PMG, Inc. ($ milhões)

Planilha 1. Projeções do Lucro líquido e do FCLA

Demonstração de resultados pro forma	Ano 0	Ano 1	Ano 2	Ano 3	Ano 4	Ano 5
EBITDA		$ 110,00	$ 121,00	$ 133,10	$ 146,41	$ 161,05
Menos: depreciação		(45,00)	(50,00)	(55,00)	(60,00)	(65,00)
LAJIR		$ 65,00	$ 71,00	$ 78,10	$ 86,41	$ 96,05
Menos: juros		(52,50)	(52,06)	(50,34)	(47,11)	(42,14)
Lucro antes dos impostos		$ (12,50)	$ 18,94	$ 27,76	$ 39,30	$ 53,91
Menos: impostos		(4,38)	(6,63)	(9,72)	(13,75)	(18,87)
Lucro líquido		$ 8,13	$ 12,31	$ 18,04	$ 25,54	$ 35,04
Cálculo do FCLA						
Mais: depreciação		$ 45,00	$ 50,00	$ 55,00	$ 60,00	$ 65,00
Menos: CAPEX		(50,00)	(50,00)	(50,00)	(50,00)	(50,00)
Menos: liquidação de empréstimos (principal)		(3,13)	(12,31)	(23,04)	(35,54)	(50,04)
Fluxo de caixa livre para o acionista		$ –	$ –	$ –	$ –	$ –
	Ano 0	Ano 1	Ano 2	Ano 3	Ano 4	Ano 5
Empréstimo pendente	$ 375,00	$ 371,88	$ 359,57	$ 336,52	$ 300,98	$ 250,93

Planilha b. Avaliando a Companhia Plataforma LBO no Ano 5 e a TIR do investimento

	Ano 0	Ano 5
Endividamento	$ 375,00	$ 250,93
Capital próprio	$ 125,00	$ 715,37
Empresa	$ 500,00	$ 966,31
Taxa interna de retorno (TIR)		
Capital Próprio (com endividamento – alavancado)	41,75%	
Capital Próprio (sem endividamento – desalavancado)	22,46%	

(líquido da dívida pendente no Ano 5, de $250,93 milhões). Considerando essas projeções, o investimento original de $125 milhões do capital do investidor aumenta para $715,37 milhões em cinco anos, o que representa uma criação de valor anual esperada de 41,75%.[15] Claro que isso deve ser encarado como um retorno desejado (em vez de esperado), baseado em um cenário no qual o EBITDA cresce bastante rápido e a empresa é vendida por um múltiplo maior do que o usado na compra. Os retornos também são bastante altos porque representam investimento de capital altamente alavancado.

---

[15] $125 milhões $(1 + \text{TIR})^5$ = $715,37 milhões, de forma que a TIR é de 41,75%.

Para entender os efeitos da alavancagem financeira no retorno do capital, vamos considerar primeiro os retornos *desalavancados* desse investimento, nesse mesmo cenário. Se o investidor injetasse o total de $500 milhões relativos ao preço de aquisição, tal investimento teria eliminado, a cada ano, os fluxos de caixa relativos ao pagamento de principal e juros pós-impostos. Considerando, mais uma vez, que a empresa seja vendida por $966,31 milhões depois de cinco anos, a taxa de retorno anual, composta, é de apenas 22,46% ao ano.[16] Essa taxa de retorno ainda é alta, mas bem menor do que a taxa de retorno do capital alavancado de 41,75%. Do mesmo modo, podemos considerar o retorno desse investimento em um cenário menos favorável, em que a taxa de crescimento do EBITDA é de 4% em vez de 10% e o múltiplo EBITDA no Ano 5 é de apenas quatro e não de seis vezes. Nesse cenário, os acionistas concretizam, em cinco anos, um valor de apenas $156,96 milhões, o que significa um retorno alavancado de apenas 4,66%. Nesse cenário menos favorável, o retorno desalavancado é de 7,90%, o que extrapola o retorno alavancado, pois o investimento aufere menos do que a taxa de juros da dívida. A alavancagem financeira é uma faca de dois gumes! Ela aumenta os retornos quando os resultados são favoráveis, mas os diminui quando não são.

Analisando os retornos do investimento na empresa a ser agregada (add-on)

O segundo estágio de uma LBO *build-up* envolve a aquisição de um ou mais investimentos adicionais ("*add-on*"). Para ilustrar como avaliar essas aquisições *add-on*, consideramos os detalhes da aquisição da Centex PowerPak Systems, Inc., conforme a Tabela 8-3.

Essa aquisição difere do modelo da companhia plataforma em dois aspectos importantes. Primeiro, é uma empresa muito menor, com um EBITDA anual de apenas $12 milhões no ano corrente. Como analisamos anteriormente no quadro Insight do Profissional que apresentou Jack Furst, as empresas pequenas geralmente são adquiridas por múltiplos de preços menores, e vamos presumir que, nesse caso, a Centex

Tabela 8-3 Detalhes da aquisição da Centex PowerPak Systems, Inc. ($ milhões)

EBITDA do ano atual	$12,00	Múltiplo de aquisição, EBITDA	3 vezes
Taxa de crescimento do EBITDA	10%	Horizonte de Projeção	5 anos
Alíquota de imposto	35%	CAPEX anual	$10,00
Vida dos ativos, para fins de depreciação	10 anos	Despesas de depreciação (Ano 0)	$ 3,00
Estrutura de capital LBO			
Endividamento/ativos	100%		
Juros (até o horizonte de projeção)	14%		
Juros (após o horizonte de projecao)	9%		

---

[16] A TIR para o investidor de capital que investe $500 milhões e obtém em retorno os fluxos de caixa (milhões) a seguir é de 33,46%. Observe que no Ano 5 o investidor recebe o fluxo de caixa anual de $ 77,43 milhões mais o valor de venda esperado da empresa de $966,61 milhões (= 1.043,74 milhão).

Ano 0	Ano 1	Ano 2	Ano 3	Ano 4	Ano 5
$(500,00)	$37,25	$46,15	$55,77	$66,17	$1.043,74

pode ser comprada por três vezes seu nível atual de EBITDA, ou $36 milhões. Acrescentando os ativos relativamente baratos da empresa *add-on* à companhia plataforma mais bem valorizada e vendendo-os pelo maior múltiplo da companhia plataforma ao final de cinco anos, obtém-se um valor agregado ao qual as empresas de *private equity* se referem como "expansão dos múltiplos".

A segunda diferença entre a aquisição da companhia plataforma e a aquisição da companhia *add-on* se refere ao financiamento. O endividamento da companhia *add-on* geralmente é garantido pela companhia plataforma e assim, é difícil determinar exatamente quanto da dívida pode ser atribuída à nova empresa. No exemplo particular que estamos considerando, a companhia plataforma financia toda a aquisição com dívida.

Mais uma vez, os FCLAs iniciais são fixados em zero, pois todos os fluxos de caixa da empresa serão usados para liquidar sua dívida. Entretanto, os fluxos de caixa iniciais da empresa não são suficientes para cobrir o serviço da dívida (juros) e o CAPEX (veja Tabela 8-4) e, assim, ela vai necessitar de mais empréstimos nos Anos 1 a 4. No Ano 1, os fluxos de caixa não chegam a $3,3 milhões, aumentando o total da dívida para a aquisição da Centex, de $36 para $39,3 milhões. A partir do Ano 5,

Tabela 8-4 Análise da aquisição de *add-on* da Centex PowerPak Systems, Inc. ($ milhões)

	Ano 0	Ano 1	Ano 2	Ano 3	Ano 4	Ano 5
EBITDA		$ 13,20	$ 14,52	$ 15,97	$ 17,57	$ 19,33
Menos: depreciação		(4,00)	(5,00)	(6,00)	(7,00)	(8,00)
LAJIR		$ 9,20	$ 9,52	$ 9,97	$ 10,57	$ 11,33
Menos: juros		(5,04)	(5,50)	(5,84)	(6,02)	(6,03)
Lucro antes dos impostos		$ 4,16	$ 4,02	$ 4,14	$ 4,55	$ 5,30
Menos: impostos		(1,46)	(1,41)	(1,45)	(1,59)	(1,86)
Lucro líquido		$ 2,70	$ 2,61	$ 2,69	$ 2,96	$ 3,45
Mais: depreciação		$ 4,00	$ 5,00	$ 6,00	$ 7,00	$ 8,00
Menos: CAPEX		(10,00)	(10,00)	(10,00)	(10,00)	(10,00)
Menos: liquidação de empréstimos (principal)*		3,30	2,39	1,31	0,04	(1,45)
Fluxo de caixa livre para o acionista **	$ –	$ –	$ –	$ –	$ –	$ 74,36
	Ano 0	Ano 1	Ano 2	Ano 3	Ano 4	Ano 5
Endividamento	$ 36,00	$ 39,30	$ 41,68	$ 43,00	$ 43,04	$ 41,59

* Observe que são deduzidos os pagamentos do principal, enquanto são adicionados os novos empréstimos. Assim, é necessário um empréstimo adicional de $3,3 milhões no Ano 1 a fim de atender as necessidades de fluxo de caixa da empresa.

** Como 100% do valor de compra é financiado com empréstimos, o investimento em capital próprio no Ano 0 é zero. Além disso, no Ano 5 o FCLA da Centex inclui o valor estimado do capital próprio, baseado na premissa de que a empresa seja vendida. Como não há nenhum investimento de capital adicional no Ano 0, a TIR para o investimento *add-on* fica indefinido (traduzindo – muito grande). Se apenas 75% do preço de aquisição fosse emprestado, como no caso da companhia plataforma, a TIR teria sido de 57,88%, que ainda é muito alto.

o crescimento no lucro operacional é suficiente para pagar os juros, cobrir o CAPEX e liquidar a dívida do investimento *add-on* em cerca de $1,45 milhão.

A Tabela 8-4 apresenta uma análise dos lucros projetados e do fluxo de caixa para o acionista da aquisição *add-on* da Centex PowerPak. Nesse caso, a taxa de retorno do capital próprio dependerá de quanto da nova dívida, que é emitida para aquisição da empresa, pode ser atribuída à Centex PowerPak. Se tivéssemos considerado 75% de financiamento da dívida, exatamente como na companhia plataforma, a TIR dos $9 milhões=25% × $36 milhões do investimento da companhia *add-on* teria sido 57,88%, o que ainda é muito alto.

A aquisição adicional faz sentido? Se a companhia plataforma e as companhias *add-on* têm risco semelhante e a companhia plataforma é considerada um bom investimento com sua taxa de retorno do capital de 41,75%, o *add-on*, com seu retorno mais alto, é ainda mais atrativo.

Na Planilha a da Tabela 8-5, vemos que o EBITDA combinado (aquisições da empresa plataforma mais *add-on*) alcança $180,38 milhões por volta do Ano 5, que, baseado no preço de saída assumido ou no múltiplo de venda de seis vezes o EBITDA no final do Ano 5, significa um valor de saída esperado de $1.082,26 milhão. Deduzindo os $292,53 milhões da dívida que as empresas combinadas ainda devem no final do Ano 5, o resultado é um capital próprio estimado de $789,74 milhões. Comparando nosso investimento de capital inicial de $125 milhões com esse valor terminal, obtemos uma taxa de retorno anual composta de 44,58% para o capital próprio. Por outro lado, se nenhuma dívida tivesse sido usada e os preços de compra combinados de $536 milhões tivessem sido levantados através de subscrição de capital próprio, o FCLA da plataforma e do investimento *add-on* seria o seguinte:

	Ano 0	Ano 1	Ano 2	Ano 3	Ano 4	Ano 5
EBITDA		$ 123,20	$ 135,52	$ 149,07	$ 163,98	$ 180,38
Menos: despesas de depreciação		(49,00)	(55,00)	(61,00)	(67,00)	(73,00)
LAJIR		$ 74,20	$ 80,52	$ 88,07	$ 96,98	$ 107,38
Menos: despesas com juros		—	—	—	—	—
LAIR		$ 74,20	$ 80,52	$ 88,07	$ 96,98	$ 107,38
Menos: impostos		(25,97)	(28,18)	(30,83)	(33,94)	(37,58)
Lucro líquido		$ 48,23	$ 52,34	$ 57,25	$ 63,04	$ 69,80
Mais: depreciação		49,00	55,00	61,00	67,00	73,00
Menos: CAPEX		(60,00)	(60,00)	(60,00)	(60,00)	(60,00)
Menos: pagamento do principal		—	—	—	—	—
FCLA	$ (536,00)	$ 37,23	$ 47,34	$ 58,25	$ 70,04	$ 1.165,06

A taxa de retorno anual composta para os acionistas, baseada nos FCLAs na linha inferior da tabela acima, seria, então, de apenas 23,07%, que é bastante alto para um retorno desalavancado.

Tabela 8-5 Análise do LBO *build-up* ($ milhões)

Planilha a. Demonstração de resultados e FCLA, *pro forma*

	Ano 0	Ano 1	Ano 2	Ano 3	Ano 4	Ano 5
EBITDA		$ 123,20	$ 135,52	$ 149,07	$ 163,98	$ 180,38
Menos: despesas de depreciação		(49,00)	(55,00)	(61,00)	(67,00)	(73,00)
LAJIR		$ 74,20	$ 80,52	$ 88,07	$ 96,98	$ 107,38
Menos: despesas com juros		(57,54)	(57,56)	(56,17)	(53,13)	(48,16)
LAIR		$ 16,66	$ 22,96	$ 31,90	$ 43,85	$ 59,21
Menos: impostos		(5,83)	(8,03)	(11,16)	(15,35)	(20,73)
Lucro líquido		$ 10,83	$ 14,92	$ 20,73	$ 28,50	$ 38,49
Mais: depreciação		49,00	55,00	61,00	67,00	73,00
Menos: CAPEX		(60,00)	(60,00)	(60,00)	(60,00)	(60,00)
Menos: pagamentos do principal*		0,17	(9,92)	(21,73)	(35,50)	(51,49)
FCLA**	$ (125,00)	$ –	$ –	$ –	$ –	$ –

	Ano 0	Ano 1	Ano 2	Ano 3	Ano 4	Ano 5
Dívida	$ 411,00	$ 411,17	$ 401,25	$ 379,52	$ 344,02	$ 292,53

Planilha b. Avaliando o LBO *build-up* (combinado) no Ano 5 e a TIR do investimento

Avaliação da TIR na empresa plataforma

	Ano 0	Ano 5
Dívida	$ 411,00	$ 292,53
Capital próprio	$ 125,00	$ 789,74***
Empresa	$ 536,00	$ 1.082,26
Taxa interna de retorno (TIR)		
Capital próprio mais dívida (alavancado)	44,58%	
Capital próprio, sem dívida (desalavancado)	23,07%	

*Observe que são deduzidos os pagamentos do principal, enquanto são adicionados os novos empréstimos. Assim, é necessário um empréstimo adicional de $3,3 milhões no Ano 1, a fim de atender às necessidades de fluxo de caixa da empresa.

**Como 75% do preço de compra da empresa plataforma e 100% do preço de compra da empresa *add-on* são financiados com empréstimos, o investimento em capital próprio no Ano 0 é de $125 milhões. Além disso, no Ano 5, o FCLA da Centex inclui o valor estimado do capital próprio, baseado na premissa de que a empresa seja vendida.

***Valor do capital próprio (Ano 5) = Valor da empresa (Ano 5) – endividamento oneroso (Ano 5) + Caixa (Ano 5) e, assim, o valor do capital próprio (Ano 5) = $1.082,26 – 292,53 = $789,74

De onde vem a criação de valor dessa estratégia? Há duas possíveis fontes de sinergia nessa estratégia que podem criar o que os profissionais de *private equity* chamam de "expansão dos múltiplos". A primeira é o fato de que a empresa combinada (LBO *build-up*) deve ser maior e ter mais liquidez do que a empresa plataforma ou as empresas *add-ons*, tomadas individualmente. Consequentemente, ao ser vendida no mercado aberto (bolsas de valores), a empresa combinada pode ser vendida por um múltiplo maior. A segunda é que a empresa combinada é mais diversificada e, portanto, terá uma capacidade de dívida maior, o que também pode resultar em um múltiplo maior.

Uma limitação do método de avaliação *private equity* (LBO) baseado na indústria

Uma limitação do método de avaliação *private equity* mostrado na Figura 8-5 é que não há comparações diretas dos riscos associados a esses investimentos. Por exemplo, o risco da estratégia de aquisição *build-up* é um fator importante para determinar se o retorno antecipado de 44,58% é suficiente para justificar a adoção dessa estratégia de investimento.

Isso não significa que os gerentes das empresas de *private equity* ignorem os riscos e somente escolham os investimentos com as maiores taxas de retorno projetadas. Na verdade, não seria raro para uma empresa de *private equity* selecionar um investimento com uma taxa de retorno projetada de 22% em vez de um investimento

---

Passo 1: Calcule o EBITDA no final do período planejado de exploração, preparando demonstrações de resultado *pro forma* iguais às que aparecem nas Tabelas 8-4 e 8-5. Isso requer uma cuidadosa análise do desempenho anterior da empresa adquirida e das mudanças planejadas que a empresa de *private equity* tem em mente.

Passo 2: Calcule o valor de empreendimento no final do período de exploração como o produto do EBITDA previsto para o Ano N e um múltiplo de avaliação EBITDA apropriado, $M_{EBITDA\ Ano\ N}$.

$$\text{Valor do empreendimento}_{Ano\ N} = M_{EBITDA\ Ano\ N} \times EBITDA_{Ano\ N} \quad (8.4)$$

Passo 3: Calcule o valor do capital próprio da empresa adquirida no final do período planejado de investimento, como segue:

$$\text{Valor do capital próprio}_{Ano\ N} = \text{Valor do empreendimento}_{Ano\ N}$$
$$- \text{Endividamento oneroso}_{Ano\ N} + \text{Caixa}_{Ano\ N} \quad (8.5)$$

Calculamos o endividamento oneroso pendente da empresa no final do horizonte de projeção (Ano N) subtraindo da dívida inicial, usada para financiar a aquisição, todos os pagamentos do principal feitos durante o horizonte de projeção, mais qualquer empréstimo adicional que tenha sido tomado até o Ano N. O caixa é somado, sob a suposição de que não é considerado na estimativa do valor do empreendimento e de que se trata de um ativo não operacional.

Passo 4: Calcule a TIR do investimento em capital próprio, como segue:

$$\text{Valor do capital próprio}_{Ano\ 0} = \frac{\text{Valor do capital próprio}_{Ano\ 0}}{(1 + IRR)^N} \quad (8.6)$$

FIGURA 8.5 Resumo do método de avaliação *private equity*, baseado na indústria.

alternativo com uma taxa de retorno projetada de 28%, se a última alternativa fosse considerada muito mais arriscada. Entretanto, o fato é que o método de avaliação LBO baseado na indústria, que descrevemos neste capítulo, não considera os riscos de forma explícita.

A consideração explícita dos riscos nessas transações é bastante difícil devido às alterações no uso da alavancagem financeira ao longo da vida do investimento. No início, as transações são altamente alavancadas mas, devido à cláusula de *cash-sweep**, geralmente incluída nos acordos das dívidas, o índice de endividamento e o risco do projeto diminuem ao longo do tempo (veja a Planilha *a* da Tabela 8-5). No Capítulo 7, destacamos que o modelo de valor presente ajustado (VPA) fornece um método apropriado para avaliar negócios cujas estruturas de capital não são estáticas ao longo do tempo, mas que se alteram de maneira previsível. Analisaremos esse método na próxima seção.

Avaliando a PMG, Inc. utilizando o método VPA híbrido

Esta seção se refere ao método VPA apresentado no Capítulo 7 e revisado na Figura 8-6 para avaliar a PMG, Inc. Para aplicar esse método utilizamos as projeções de fluxo de caixa da Planilha *a* da Tabela 8-6 para um horizonte de projeção de cinco anos (N), mais uma estimativa do valor terminal para o empreendimento no Ano N. A Planilha *a* da Tabela 8-6 fornece estimativas para os fluxos de caixa operacionais desalavancados (FCLEs) e para a economia fiscal referente a essa aquisição. Os FCLEs crescem de forma constante ao longo do período de planejamento (N), de $37,23 para $82,80 milhões, como resultado do crescimento planejado das receitas. Por outro lado, a economia fiscal diminui de $20,14 para $16,86 milhões como resultado da cláusula de *cash-sweep* no acordo de dívida da empresa, o que faz com que a empresa liquide a dívida utilizando todos os fluxos de caixa disponíveis.

Além dos fluxos de caixa, precisamos de estimativas de três taxas que vamos usar para descontar os fluxos de caixa. Primeiro, vamos precisar da taxa de empréstimo da empresa (k_d), que é usada para descontar a economia fiscal. Em segundo lugar, vamos precisar do custo de capital próprio desalavancado, k_u, para descontar os fluxos de caixa do capital próprio desalavancado ao longo dos cinco anos do horizonte de projeção. E, em terceiro, precisamos de um custo de capital para descontar o valor terminal ao final do Ano 5, que vamos considerar que também é igual ao custo de capital próprio. A taxa de empréstimo que usamos para descontar a economia fiscal é de 14% (Planilha *b* da Tabela 8-6). Finalmente, o custo de capital desalavancado é de 11,56%. Apesar dos detalhes não serem mostrados aqui, utilizamos o mesmo procedimento para estimar o custo de capital próprio desalavancado que mostramos antes na Tabela 4-1.

Agora, podemos calcular o valor da PMG, Inc. ao preço de hoje (não no final do Ano 5). A Planilha *b* da Tabela 8-6 contém a estimativa do VPA da PMG, Inc.

---

* N. de T.: Utilização do excedente de dinheiro para pagar dívidas ou fornecer segurança extra aos mutuários de fora em vez de pagar os acionistas.

O valor do empreendimento é definido da seguinte forma:

$$\begin{pmatrix} \text{Valor do} \\ \text{Empreendimento} \\ \text{(VPA)} \end{pmatrix} = \text{Valor presente} \begin{pmatrix} \text{Fluxos de} \\ \text{caixa do horizonte} \\ \text{de projeção} \end{pmatrix} + \text{Valor presente} \begin{pmatrix} \text{Fluxos de caixa} \\ \text{após o horizonte} \\ \text{de projeção} \end{pmatrix} \quad (8.7)$$

Onde

$$\text{Valor presente} \begin{pmatrix} \text{Fluxos de caixa} \\ \text{do horizonte} \\ \text{de projeção} \end{pmatrix} = \sum_{t=1}^{N} \frac{\text{FCLEs}_t}{(1 + k_u)^t} + \sum_{t=1}^{N} \frac{(\text{Juros}_t \times \text{Alíquota do imposto})}{(1 + k_d)^t} \quad (8.8)$$

e

$$\text{Valor presente} \begin{pmatrix} \text{Fluxos de caixa} \\ \text{após o horizonte} \\ \text{de projeção} \end{pmatrix} = \frac{\text{Valor terminal (do empreendimento)}}{(1 + k_u)^N} \quad (8.9)$$

FIGURA 8-6 Revisão do modelo híbrido de valor presente ajustado (VPA).

Legenda:

FCLE = Fluxo de caixa livre da empresa, que é o mesmo que o fluxo de caixa livre do capital próprio desalavancado, pois seu cálculo não considera deduções nem para o principal, nem para os juros da dívida. Quando o FCLE é descontado para o presente ao custo de capital próprio desalavancado (k_u), ele representa o capital próprio desalavancado da empresa.

Despesas com juros$_t$ X alíquota do imposto = economia fiscal, que representa a redução do imposto devido, decorrente do fato de que despesas com juros são dedutíveis do lucro tributável.

Valor terminal (do empreendimento) = Valor do empreendimento estimado no final do horizonte de projeção, o que representa o valor presente dos FCLEs após o horizonte de projeção. O valor terminal é calculado como um múltiplo do lucro antes de juros, impostos, depreciação e amortização (EBITDA) para o ano N (isto é, $M_{EBITDA} \times EBITDA_N$).

N = Horizonte de projeção, para o qual são preparadas estimativas detalhadas de fluxos de caixa (geralmente 3 a 5 anos).

k_u = Custo do capital próprio desalavancado

k_d = Custo de financiamento da dívida

O valor terminal contribui com $626,28 milhões para o total estimado da avaliação do empreendimento de $898,97 milhões. Deduzindo a dívida inicial da empresa de $411,00 milhões, chegamos a um valor estimado do investimento de capital feito pela empresa *private equity* de $487,97 milhões.

Vale a pena a aquisição proposta? Esses números indicam que este é um grande investimento, pois gera um valor de capital próprio de $487,97 milhões a partir de um investimento de capital de apenas $125 milhões. Entretanto, devemos enfatizar que os fluxos de caixa estimados utilizados em nossa análise podem corresponder melhor a fluxos de caixa "desejados" do que a fluxos de caixa esperados, o que sugere que alguém poderia querer utilizar uma taxa de desconto maior para avaliá-los. Consequentemente, antes de empreender um investimento dessa magnitude, a empresa de *private equity* teria que ser prudente e se empenhar em uma ampla série de análises de sensibilidade dos fatores-chave do investimento, conforme os procedimentos descritos no Capítulo 3.

Tabela 8-6 Avaliação do VPA da PMG, Inc., uma transação LBO *build-up*

Planilha a. Projeções do FCLE e das economias fiscais

	Ano 0	Ano 1	Ano 2	Ano 3	Ano 4	Ano 5
EBITDA		$ 123,20	$ 135,52	$ 149,07	$ 163,98	$ 180,38
Menos: depreciação		(49,00)	(55,00)	(61,00)	(67,00)	(73,00)
LAJIR		$ 74,20	$ 80,52	$ 88,07	$ 96,98	$ 107,38
Menos: impostos		(25,97)	(28,18)	(30,83)	(33,94)	(37,58)
NOPAT		$ 48,23	$ 52,34	$ 57,25	$ 63,04	$ 69,80
Mais: depreciação		49,00	55,00	61,00	67,00	73,00
Menos: CAPEX		(60,00)	(60,00)	(60,00)	(60,00)	(60,00)
FCLE		$ 37,23	$ 47,34	$ 58,25	$ 70,04	$ 82,80
Despesas com juros		$ 57,54	$ 57,56	$ 56,17	$ 53,13	$ 48,16
Economia fiscal		$ 20,14	$ 20,15	$ 19,66	$ 18,60	$ 16,86
Dívida	$411,00	$ 411,17	$ 401,25	$ 379,52	$ 344,02	$ 292,53

Planilha b. Análise da Avaliação VPA

Premissas:

Múltiplo do valor terminal	6 vezes EBITDA$_{Ano 5}$
Taxa de juros sobre a dívida	14%
Beta desalavancado	1,19
Taxa livre de risco	5,00%
Prêmio de risco do mercado de ações	5,50%
Custo de capital próprio desalavancado	11,56%
Alíquota do imposto	35%

Avaliação usando VPA híbrido ($ milhões)

	Valor presente de		
	Fluxos de caixa livre desalavancados para o acionista	Economia fiscal (Taxa de desconto = K_d)	Total
Fluxos de caixa do horizonte de projeção	$206,48	$66,20	$272,69
Fluxo de caixa referente ao valor terminal (taxa de desconto = k_u)			$626,28
Valor do empreendimento (Ano 0)			$898,97
Menos: dívida (Ano 0)			(411,00)
Igual ao valor do capital próprio (Ano 0)			$487,97

Fatores-chave do private equity

Há cinco fatores-chave na determinação do valor no exemplo que acabamos de ver. São eles: (1) a estimativa do EBITDA do primeiro ano, (2) a taxa de crescimento antecipada no EBITDA para cada ano no horizonte de planejamento, (3) o nível de CAPEX necessários a cada ano, (4) o múltiplo EBITDA usado para calcular o valor terminal em cinco anos e (5) o custo de capital desalavancado. Examinaremos a sensibilidade do projeto para cada um destes fatores-chave.

A forma mais simples de análise de sensibilidade envolve o cálculo dos valores críticos de cada um dos cinco fatores-chave, para determinar que nível ainda produz um valor de capital próprio para o investimento que seja igual ao investimento de $125 milhões. Estes são os resultados:

Fator-chave (variável)	Valor estimado	Valor crítico	Margem de erro (estimado – crítico)
EBITDA Ano 1	$ 123,20 = $ 110 + 13,20	$ 76,00	$ 47,20
Taxa de crescimento do EBITDA	10%	−3,65%	13,65%
CAPEX	$60 milhões/ano	$181,32 milhões/ano	$121,32 milhões/ano
Múltiplo de saída (venda)	6 vezes o EBITDA	2,523 vezes o EBITDA	3,477 vezes o EBITDA
Custo de capital próprio desalavancado	11,56%	26,81%	15,25%

Evidentemente, esse investimento cria valor mesmo em face de mudanças significativas nas estimativas dos fatores-chave, quando considerados isoladamente. Por exemplo, o EBITDA projetado do primeiro ano pode cair do valor projetado de $123,2 milhões para apenas $76 milhões e, ainda assim, o investimento vai produzir um valor de $125 milhões.[17] Além disso, a taxa de crescimento no EBITDA (permanecendo os outros três fatores em seus níveis anteriores) pode cair para −3,65% antes que o valor do investimento caia abaixo dos $125 milhões no capital próprio que são investidos no projeto. Os investimentos em imobilizado (CAPEX) podem aumentar para $181,32 milhões, acima dos $ 60 milhões esperados antes que o projeto fique negativo. Da mesma maneira, o múltiplo (saída) EBITDA no final do Ano 5, que é usado para determinar o valor terminal da empresa, pode cair até 2,523 vezes, e o custo de capital próprio desalavancado poderia ser tão alto quanto 26,81%, antes que o valor do projeto caia abaixo dos $125 milhões investidos no negócio.

Nas análises anteriores examinamos apenas um fator-chave por vez. Essa análise de uma só variável pode minimizar facilmente os verdadeiros riscos do investimento nos casos em que os fatores-chave variam ao mesmo tempo. Por exemplo, se tanto a estimativa inicial do EBITDA quanto a taxa de crescimento do EBITDA são 20% maiores do que previsto e a estimativa do CAPEX é 20% menor do que esperado,

---

[17] Observe que nessa análise consideramos que os EBITDAs, tanto da empresa plataforma quanto das empresas add-on, para o Ano 1, mudam simultaneamente conforme o parâmetro de sensibilidade.

então um múltiplo de saída do EBITDA de 3,31 vezes gera um valor de empreendimento apenas grande o suficiente para cobrir o pagamento da dívida e, com isso, não deixa nada para os acionistas. Apesar do cenário acima ser improvável, ele mostra que se trata de um investimento arriscado.

8.5 Resumo

As empresas de *private equity* estão se tornando uma fonte de capital cada vez mais importante para empresas nascentes, assim como para empresas mais maduras, que estão passando por algum tipo de transição. Na maioria dos casos, as empresas de *private equity* avaliam seus investimentos utilizando uma versão do método de avaliação híbrida que descrevemos no capítulo anterior. Basicamente, o foco da avaliação está no investimento de capital a ser feito pelo investidor e, como normalmente ele não recebe fluxos de caixa durante o período de investimento, o foco da avaliação está no valor terminal da empresa, que geralmente é calculado como um múltiplo do EBITDA.

Outra característica importante do método de avaliação utilizado por empresas de *private equity* se refere ao uso de taxas de desconto muito mais altas do que as taxas consideradas nos capítulos anteriores. Esses investimentos deveriam ter altas taxas de retorno esperadas, dados o alto risco e a baixa liquidez. Entretanto, as taxas de desconto exigidas pelas empresas de *private equity* são altas, mesmo considerando a natureza desses investimentos, e provavelmente refletem o fato de que são usadas para descontar fluxos de caixa excessivamente otimistas.

Mais uma vez gostaríamos de enfatizar que existem razões pelas quais, na prática, os investidores avaliam fluxos de caixa otimistas ou desejados. Devido a isso, os métodos de avaliação utilizados na prática são geralmente diferentes dos recomendados pelos acadêmicos. Recomendamos que, em situações nas quais os investidores de *private equity* têm estimativas de fluxos de caixa esperados, em vez de fluxos de caixa desejados, eles avaliem o investimento utilizando a abordagem de VPA que apresentamos no Capítulo 7. Apesar dessa abordagem não ser muito usada no setor de *private equity*, acreditamos que seja a apropriada, dado que a maioria dessas transações envolve um considerável volume de dívida inicial que é liquidada bem rapidamente ao longo do horizonte de projeção.

Por fim, devemos destacar que esse capítulo considerou alguns investimentos que deveriam ser vistos como opções. Primeiro, no exemplo de *venture capital*, consideramos o financiamento gradual, que envolve um investimento inicial que dá ao capitalista uma opção, e não uma obrigação, de fazer investimentos adicionais na empresa quando esses investimentos parecerem favoráveis. Segundo, no exemplo de LBO (*leveraged buy-out*), analisamos o investimento em uma empresa plataforma (que pode servir de plataforma para outros investimentos), e que proporciona a opção – e, mais uma vez, não a obrigação –, de adquirir empresas adicionais (*add-on*) em situações em que fazer isso possa ser favorável para a empresa de *private equity*. Nos últimos 20 anos, os economistas financeiros desenvolveram métodos que incluem tais opções para avaliar explicitamente os investimentos. Esses métodos serão tema dos capítulos no final do livro.

Problemas

8-1 Utilizando dívida para aumentar os retornos do capital próprio A Kimble Electronics é uma empresa fabricante de pequenos brinquedos, com ativos totais de $ 1,5 milhão. A empresa tem a oportunidade de fazer uma recapitalização alavancada que envolveria tomar emprestado de 30 a 50% dos ativos da empresa a uma taxa anual de 9%. Além disso, o retorno anual da empresa de seu investimento total em ativos varia de 4 a 15%.

Analise os efeitos de alavancagem financeira na taxa de retorno obtida pelo capital próprio da Kimble se a empresa tomasse emprestado 30 ou 50% de seus ativos (isto é, complete a seguinte tabela). (Você pode ignorar os impostos em seus cálculos.)

	15% de retorno nos ativos	4% de retorno nos ativos
30% de dívida/ativos	?	?
50% de dívida/ativos	?	?

8-2 Avaliação de VC e estruturação do negócio A Chariot.com precisa de $500.000 em *venture capital* para trazer para o mercado um novo serviço de mensagens pela internet. A diretoria da empresa procurou a Route 128 Ventures, uma empresa de *venture capital* localizada na meca para novas empresas de alta tecnologia, conhecida como Route 128, em Boston, Massachusetts, que demonstrou interesse na oportunidade de investimento.

A administração da Chariot.com fez as seguintes previsões para a empresa abrangendo os próximos cinco anos:

Ano	EBITDA
1	−$175.000
2	75.000
3	300.000
4	650.000
5	1.050.000

A Route 128 Ventures acredita que a empresa será vendida por seis vezes o EBITDA no quinto ano de suas operações e, nessa data, a empresa terá $1,2 milhão em dívidas, dos quais $1 milhão em endividamento oneroso. Finalmente, a administração da Chariot.com prevê que, em cinco anos, terá $200.000 de saldo em caixa.

O VC está analisando três maneiras de estruturar as finanças:

1. Ações ordinárias, em que o investidor exige uma TIR de 45%.
2. Dívida conversível pagando 10% de juros. Dada a mudança de ações ordinárias para dívida, o investidor reduziria a TIR exigida para 35%.
3. Ações preferenciais resgatáveis, com uma taxa de dividendo de 8%, mais *warrants** que dão ao VC o direito de comprar 40% do capital da empresa

---

* N. de T.: *Warrant* é um instrumento que concede ao seu detentor o direito de comprar ou vender um produto de investimento – ações, por exemplo – a um preço previamente determinado.

por $100.000 em cinco anos. Além da participação no capital da empresa, o detentor das ações preferenciais resgatáveis receberá 8% em dividendos para cada um dos próximos cinco anos, além do valor de face da ação preferencial, no Ano 5.

Terminologia

Um título *conversível* (dívida ou ação preferencial) é substituído por ações ordinárias, quando convertido. O principal não é amortizado. Por outro lado, o valor de face de um título com *warrants* é amortizado e o investidor tem o direito de receber ações ordinárias em troca dos *warrants*.

Ação preferencial resgatável é, basicamente, uma ação preferencial sem privilégios de conversão. A ação preferencial sempre possui um prazo de vencimento previamente negociado, especificando quando ela pode ser resgatada pela empresa (geralmente o que vier antes: uma oferta pública ou um prazo de cinco a oito anos). Os acionistas preferenciais normalmente recebem um pequeno dividendo (algumas vezes não recebem nada), mais o valor de face da ação no resgate e uma parcela do valor da empresa na forma de ações ordinárias ou *warrants*.

a. Baseado nos termos da oferta para a primeira alternativa (ações ordinárias), de que fração das ações a empresa terá que abrir mão para obter o financiamento necessário?
b. Se a alternativa de dívida conversível for escolhida, que fração do controle da empresa deve ser cedida?
c. Que taxa de retorno a empresa terá que pagar pelos novos recursos se for escolhida a alternativa de ações preferenciais resgatáveis?
d. Que alternativa você escolheria se fosse o gerente da Chariot.com? Por quê?

8-3 Avaliação de VC A Southwest Ventures está analisando um investimento em uma empresa *start-up* estabelecida em Austin, no Texas, chamada Creed and Company. A Creed and Company está envolvida em jardinagem orgânica e desenvolveu uma linha completa de produtos orgânicos para venda ao público que varia desde compostagem até pesticidas orgânicos. A empresa está em atividade há mais de 20 anos e desenvolveu uma ótima reputação na comunidade de negócios de Austin, assim como entre muitos jardineiros que vivem na região.

No ano passado, a Creed gerou lucro antes de juros, impostos e depreciação (EBITDA) de $4 milhões. A empresa precisa arrecadar $5,8 milhões para financiar a aquisição de uma empresa similar chamada *Organic and More*, que atua tanto nos mercados de Houston quanto de Dallas. A aquisição tornaria possível que a Creed comercializasse seus produtos de marca própria para uma base mais ampla de clientes nas principais áreas metropolitanas do Texas. Além disso, a *Organic and More* auferiu um EBITDA de $1 milhão em 2005.

Os sócios da *Creed* veem a aquisição e seu financiamento como um elemento importante em sua estratégia de negócio, mas estão preocupados com quanto da empresa terão que ceder para uma empresa de *venture capital*, a fim de arrecadar os recursos necessários. A *Creed* contratou um experiente consultor financeiro, em quem confia muito, para avaliar as possibilidades de arrecadar os recursos necessários. O consultor estimou que a empresa seria avaliada por um múltiplo de cinco vezes o EBITDA em cinco anos, e que a *Creed* aumentaria o EBITDA conjunto das duas empresas a uma taxa de 20% ao ano, pelos próximos cinco anos, se a aquisição da *Organic and More* fosse concretizada.

Atualmente, nem a *Creed*, nem seu alvo de aquisição, a *Organic and More*, utilizam dívida. Entretanto, o VC ofereceu conceder o financiamento para a aquisição na forma de dívida conversível que paga juros a uma taxa de 8% ao ano e tem vencimento em cinco anos.

  a. Que valor você estima para a Creed em cinco anos (incluindo a aquisição planejada)?
  b. Que percentual do capital da empresa o VC exigiria, caso se oferecesse para financiar os recursos necessários utilizando dívida conversível que paga 8% ao ano e que pode ser convertida para uma participação na empresa que seja suficiente para proporcionar uma taxa de retorno de 25% ao final dos próximos cinco anos?
  c. Que fração do controle acionário da Creed o VC exigiria se a Creed pudesse aumentar seu EBITDA em cerca de 30% ao ano (todo o resto permanecendo igual) e se o capitalista de risco ainda exigisse uma taxa de retorno de 25% pelos próximos cinco anos?

8-4 Avaliação de VC e estruturação do negócio A SimStar Manufacturing Co. necessita de $500.000 para financiar suas oportunidades de crescimento. O fundador da empresa procurou a Morningstar Ventures (uma empresa de *private equity* estabelecida em Phoenix), que expressou interesse em fornecer o financiamento, caso pudessem chegar a condições aceitáveis.

O VC pediu ao diretor financeiro da SimStar uma previsão de EBITDAs para os próximos cinco anos. A previsão abaixo retrata as oportunidades de rápido crescimento que a empresa espera:

Ano	EBITDA
1	−$350.000
2	200.000
3	340.000
4	1.050.000
5	1.500.000

Se fornecer os recursos necessários, o VC vai planejar uma saída depois de cinco anos, quando acredita que a empresa possa ser vendida por seis vezes o EBITDA. Além disso, baseado em demonstrativos financeiros *pro forma* e nas projeções acima, o VC estima que a SimStar terá aproximadamente $1,2 milhão em dívidas ativas, incluindo $1 milhão em dívida onerosa, no final do horizonte de investimento de cinco anos. Finalmente, a SimStar espera ter $200.000 em caixa no final de cinco anos.

O VC está considerando três maneiras de estruturar o financiamento:

a. Ações ordinárias, nas quais o VC não recebe dividendos por um período de cinco anos, mas quer 49% das ações da empresa.
b. Dívida conversível, pagando 10% de juros. Com a mudança de ações ordinárias para dívida, o VC quer apenas 30% do capital da empresa no momento da conversão, em cinco anos.
c. Ações preferenciais resgatáveis, com uma taxa de dividendo de 8%, mais *warrants* equivalentes a 40% do capital próprio da empresa, em cinco anos. Além disso, os custos de exercício dos *warrants* totalizam $100.000. Observe que, como é uma "ação preferencial resgatável", o investidor recebe não apenas um dividendo de 8% para cada um dos próximos cinco anos mais o valor de face da ação preferencial, mas também pode comprar 40% do capital da empresa por $100.000.

Qual das alternativas você recomendaria que o fundador da SimStar escolhesse? Explique sua decisão.

8-5 Avaliação de VC e estruturação do negócio A Brazos Winery foi constituída há oito anos por Anna e Jerry Lutz com a compra de 200 acres de terra. A compra foi seguida de um período de plantação intensiva e desenvolvimento de vinhedos. Os vinhedos estão entrando agora em seu segundo ano de produção.

Em março de 2006, os Lutz decidiram que precisavam arrecadar $500.000 a fim de comprar equipamentos para engarrafar seus vinhos de marca própria. Infelizmente, eles haviam atingido o limite que seu banco podia financiar e colocado todos seus recursos pessoais no negócio. Em resumo, eles precisam de mais capital próprio, mas não têm como dispor dele.

Eles foram recomendados por seu banqueiro para que contatassem uma empresa de *venture capital* (VC), em Nova Orleans, que algumas vezes fazia investimentos em empresas de risco como a Brazos Winery. O banco explicou que as empresas VC geralmente fixam um prazo de cinco anos para seus investimentos e, por isso, seria importante que eles fornecessem as informações necessárias para avaliar o vinhedo no final de cinco anos.

Depois de analisar cuidadosamente seus planos para o vinhedo, os Lutz estimaram que, em cinco anos, o lucro antes de juros, impostos, depreciação e amortização (EBITDA) seria de $1,2 milhão. Além da previsão do EBITDA, eles calcularam que, por volta de 2010, necessitariam tomar emprestado $2,4 milhões para financiar a expansão de suas operações. O banqueiro informou que eles poderiam contar com $2 milhões de seu banco em dívida, considerando que tivessem sucesso em arrecadar junto à empresa VC o capital próprio necessário. Além disso, os restantes $400.000 seriam sob a forma de contas a pagar. Finalmente, os Lutz imaginaram que seu saldo em caixa alcançaria $300.000 no final de cinco anos.

Os Lutz estavam particularmente preocupados com quanto eles teriam que abrir mão em participação acionária da empresa para motivar o investimento do VC. O VC ofereceu três alternativas para financiar a vinícola com os $500.000 necessários. Cada alternativa exigia uma participação acionária diferente:

- Ações ordinárias que não pagam dividendos. Nessa opção, o VC pediu 60% das ações ordinárias da empresa em cinco anos.
- Dívida conversível, pagando 10% de juros anuais, e 40% das ações ordinárias da empresa por ocasião da conversão no Ano 5.
- Ações preferenciais conversíveis com um dividendo anual de 10% e o direito de converter as ações preferenciais em 45% do capital ordinário da empresa, no final do Ano 5.

a. Se o VC estimar que a vinícola deve ter um valor igual a seis ou sete vezes o EBITDA estimado em cinco anos, qual é o valor que você calcula que os vinhedos terão em 2010? Quanto valerá o capital próprio da empresa? (*Dica:* considere ambos os múltiplos de EBITDA, de seis e sete vezes.)
b. Baseado nas condições oferecidas do negócio, que taxa de retorno o VC exige para cada uma das três alternativas de financiamento? Qual das alternativas os Lutz deveriam escolher, baseados no custo esperado do financiamento?
c. Qual é o valor pré e pós-financiamento da empresa, baseado nos três conjuntos de condições de negócio oferecidos pelo VC? Por que as estimativas são diferentes para cada uma das estruturas de negócio?
d. Como o múltiplo do EBITDA, usado para determinar o valor do empreendimento, afeta o custo do financiamento? O VC tem interesse em exagerar o tamanho do múltiplo ou em ser conservador em suas estimativas? Os empreendedores têm interesse em exagerar os níveis de EBITDA estimados ou em ser conservadores? Se os empreendedores são naturalmente otimistas sobre as possibilidades de suas empresas, como o VC deveria incorporar isso em suas considerações de estrutura de negócio?
e. Discuta os prós e contras das fontes alternativas de financiamento.

8-6 Avaliação de VC e estruturação do negócio Em 2005, Dub Tarun fundou uma empresa utilizando $200.000 de recursos próprios, $200.000 de dívida bancária e $100.000 adicionais de dívidas subordinadas, emprestadas de um amigo da família. A dívida bancária paga 10% de juros, enquanto a dívida subordinada paga 12% de juros e é conversível em 10% de participação acionária no capital próprio da empresa, à opção do investidor, J. Martin Capital. As duas dívidas têm vencimento em 10 anos. Em março de 2006, a estrutura financeira da empresa aparece como segue:

Dub Tarun, Inc., março de 2006

Contas a pagar	$100.000
Notas a pagar de curto prazo	150.000
Total de dívidas de curto prazo	$250.000
Dívida bancária (taxa de juros de 10%)	200.000
Dívida subordinada (taxa de juros de 12%, conversíveis em 10% de ações)	100.000
Capital próprio (Dub Tarun)	200.000
Total de dívidas e capital próprio	$750.000

Dub definiu que, para continuar a desenvolver seu negócio, necessita de um valor adicional de $250.000. Para arrecadar os recursos necessários, ele pretende utilizar 6% de ações preferenciais conversíveis.

Dub projeta que o EBITDA da empresa (lucros antes de juros, impostos, depreciação e amortização) será de $650.000 em cinco anos. Apesar de não estar interessado em vender sua empresa, Dub recentemente foi informado por seu banco que negócios como o dele geralmente são vendidos por cinco a sete vezes seu EBITDA. Além disso, Dub espera que, por volta de março de 2011, a empresa tenha $300.000 em caixa e a dívida e o capital próprio *pro forma* da empresa sejam os seguintes:

Dub Tarun, Inc., estrutura financeira *pro forma*, março de 2011

Contas a pagar	$ 200.000
Notas a pagar de curto prazo	250.000
Total de dívidas de curto prazo	$ 450.000
Dívida bancária (taxa de juros de 10%)	400.000
Dívida subordinada (taxa de juros de 12%, conversível em 10% de ações)	100.000
Capital próprio (Dub Tarun)	800.000
Financiamento adicional exigido	250.000
Total de dívidas e capital próprio	$ 2.000.000

a. Em quanto você estimaria o valor do empreendimento de Dub Tarun em março de 2011? (*Dica:* o valor do empreendimento é geralmente estimado para empresas privadas utilizando um múltiplo EBITDA, mais o saldo em caixa da empresa.) Se a dívida subordinada for convertida em ações ordinárias em 2011, qual é a sua estimativa do valor do capital próprio de Dub Tarun em 2011?

b. Se o valor estimado da empresa for igual à sua estimativa no item a, que taxa de retorno o credor da dívida subordinada obtém se ele a converter em ações, em 2011? Você espera que o credor da dívida subordinada opte pela conversão?

c. Se o novo investidor exigisse uma taxa de retorno de 45% na compra de $250.000 de ações preferenciais conversíveis, que parcela da empresa ele necessitaria, baseado em sua estimativa do valor do capital próprio da empresa em 2011? Qual é a sua estimativa da distribuição de participação acionária do capital de Dub Tarun em 2011, considerando que o novo investidor receba o que ele exige (para obter seus 45% de taxa de retorno exigida) e o credor da dívida subordinada converta em ações ordinárias? Que taxas de retorno cada um dos acionistas da empresa espera realizar em 2011, com base em suas estimativas de valor do capital? O plano parece razoável do ponto de vista de cada um dos investidores?

d. Qual seria a taxa de retorno esperada de Dub Tarun se o múltiplo do EBITDA fosse cinco ou sete?

e. Quais são os valores pré e pós-investimento do capital de Dub Tarun em 2006, considerando o investimento do novo investidor?

8-7 Avaliação de LBO Randy Dillingwater é o diretor de investimentos da Clearstone Capital. A Clearstone é uma empresa de *private equity* localizada em Orlando, na Florida, especializada no que Randy descreve como investimentos de "renovação" ou "remodelagem" dos negócios. A Clearstone procura empresas de capital fechado cujos proprietários tentaram desenvolver seus negócios rápido demais e se depararam com problemas de liquidez. A Clearstone está nesse negócio há 11 anos e tem tido razoável sucesso.

A Clearstone está terminando agora o portfólio de investimentos de seu segundo fundo e considera a aquisição de uma empresa fabricante e distribuidora local, a Flanders, Inc. A Flanders foi fundada por Mark Flanders há 18 anos e cresceu rapidamente. Entretanto, recentemente a empresa fez uma grande aquisição de uma concorrente e os problemas que encontrou ao incorporá-la a fizeram enfrentar dificuldades financeiras. Recentemente, o proprietário demonstrou ao seu banqueiro interesse em receber uma proposta de aquisição do controle da empresa (*buyout*), e este informou a Randy (seu vizinho) sobre a oportunidade.

Randy contatou Mark e os dois decidiram iniciar conversações sobre a possibilidade de aquisição da empresa de Mark. Depois de diversas reuniões, Mark decidiu solicitar uma oferta da Clearstone. Em resposta a uma solicitação de Randy, Mark forneceu o seguinte conjunto de demonstração de resultados *pro forma*, abrangendo 2007-2011:

Demonstrações de resultado *pro forma*	2007	2008	2009	2010	2011
EBITDA	$11.000.000,00	$12.100.000,00	$13.310.000,00	$14.641.000,00	$16.105.100,00
Menos: depreciação	(3.900.000,00)	(4.300.000,00)	(4.700.000,00)	(5.100.000,00)	(5.500.000,00)
LAJIR	$7.100.000,00	$7.800.000,00	$8.610.000,00	$9.541.000,00	$10.605.100,00
Menos: juros	(6.300.000,00)	(6.235.600,00)	(6.040.288,80)	(5.690.457,10)	(5.159.103,90)
Lucro antes dos impostos	$800.000,00	$1.564.400,00	$2.569.711,20	$3.850.542,90	$5.445.996,10
Menos: impostos	(240.000,00)	(469.320,00)	(770.913,36)	(1.155.162,87)	(1.633.798,83)
Lucro líquido	$560.000,00	$1.095.080,00	$1.798.797,84	$2.695.380,03	$3.812.197,27

Além disso, Randy pediu a Mark que estimasse os investimentos em imobilizado (Capex) para cada um dos cinco anos. Mark informou que imaginava que a empresa teria que desembolsar cerca de $4 milhões por ano e que o novo capital teria uma vida útil de 10 anos. (As despesas de depreciação para 2006 são de $3,5 milhões, e o acréscimo de $4 milhões em investimentos em ativos fixos adicionará $400.000 em despesas de depreciação para 2007.)

Mark informou a Randy que sua pesquisa indicava que um múltiplo de cinco vezes o EBITDA seria apropriado. Entretanto, Randy não estava seguro se a Clearstone teria recursos para pagar esse valor pela empresa e decidiu fazer uma rápida análise utilizando o método de avaliação LBO, baseado nas seguintes premissas:

- A empresa pode ser comprada por cinco vezes o seu EBITDA de 2006, no valor de $10 milhões, e revendida em cinco anos pelo mesmo múltiplo de EBITDA da empresa, do Ano 5.

- A Clearstone financiará 90% do preço de compra utilizando capital de terceiros, com uma taxa de juros de 14%. A dívida exigirá um *cash sweep*, de modo que todo o caixa disponível será destinado à amortização do título.
- Considera-se uma alíquota de imposto de 30% para todos os cálculos.
- Os investimentos (CAPEX) são estimados como sendo $4 milhões ao ano e não se prevê necessidade de novos investimentos em capital de giro.
- A Flanders não possui recursos excedentes e não tem ativos não operacionais.
    a. Qual é o valor projetado para a Flanders, em cinco anos? Qual é o valor estimado do capital próprio da Clearstone na empresa no final dos cinco anos se tudo correr como planejado?
    b. Que taxa de retorno a Clearstone deve esperar sobre seu capital próprio na aquisição, considerando as projeções feitas acima?
    c. Depois de outra análise, Randy estimou que as despesas operacionais da empresa poderiam ser reduzidas em aproximadamente $1 milhão por ano. Como isso afetaria suas respostas às perguntas a e b?

8-8 Avaliação de LBO utilizando o modelo de VPA *Este problema utiliza informações do Problema 8-7, mas pode ser analisado independentemente.* Randy Dillingwater queria desenvolver uma análise de fluxo de caixa descontado da aquisição da Flanders, Inc. Entretanto, a exigência de *cash-sweep* para liquidação da dívida significava que o índice de endividamento seria alterado significativamente durante o horizonte de projeção planejado pela empresa de Randy (Clearstone Capital). Isso, lembrava Randy, tornaria difícil o uso do modelo tradicional de WACC para avaliação de empresas. Em vez disso, ele preferiu usar o modelo de valor presente ajustado (VPA), que avalia os fluxos de caixa operacionais e financeiros em dois cálculos separados.

Na preparação dessa análise, Randy fez algumas pesquisas iniciais para determinar estimativas razoáveis para os componentes de mercado do CAPM. Primeiro, ele observou que o rendimento do título de longo prazo de 20 anos do governo era, no momento, de 5%, e que o retorno do mercado de ações vinha historicamente excedendo o rendimento dos títulos de longo prazo do governo em 5,5%, em média. Restava apenas estimar o coeficiente beta desalavancado para a Flanders. Para desenvolver essa análise, Randy decidiu que precisava calcular os betas do capital próprio desalavancados de empresas semelhantes à Flanders e utilizar a média como estimativa da sua empresa. Então, ele recolheu as seguintes informações de quatro empresas, negociadas em bolsa, que eram consideradas muito parecidas com a Flanders:

Empresa	Betas do capital próprio	Dívida	Valor do capital próprio	Dívida/capital próprio	Alíquota de imposto
Empresa A	1,400	$ 6,58 m	$ 22,1 m	29,77%	30%
Empresa B	1,750	11,34 m	25,8 m	43,95%	30%
Empresa C	1,450	3,42 m	10 m	34,20%	30%
Empresa D	1,230	6,59 m	25,2 m	26,15%	30%

Os betas do capital próprio eram o que Randy se referia como "betas alavancados", pois eles eram calculados utilizando os retornos do mercado de ações que, por sua vez, refletiam o uso de dívida nas estruturas de capital das empresas. Consequentemente, Randy precisava desalavancar os betas do capital. Para desenvolver essa análise, ele decidiu considerar que a dívida da empresa tinha um beta igual a zero, assim, o beta desalavancado era definido como segue:

$$\text{Beta desalavancado do capital próprio} = \frac{\text{Beta alavancado do capital próprio}}{1 + \text{Índice de endividamento}(1 - \text{Alíquota do imposto})}$$

a. Qual é a sua estimativa do beta desalavancado da Flanders? (*Dica:* consulte a Tabela 4-1).
b. Utilizando o CAPM, qual é a taxa de retorno exigida que Randy deveria usar para avaliar os fluxos de caixa operacionais da Flanders?
c. Qual é o valor dos fluxos de caixa operacionais da Flanders (baseado nas estimativas originais apresentadas no Problema 8-7) para o horizonte de projeção (2007-2011)? Qual é o valor da economia fiscal para o mesmo período? (Lembre-se de que a taxa de empréstimo da empresa, no Problema 8-7, era de 14%.)
d. Randy decidiu estimar o valor de continuação (ou valor terminal) utilizando um múltiplo de cinco vezes o EBITDA da empresa (depois da análise do Capítulo 7). Qual é o valor terminal da empresa hoje, utilizando esse procedimento e descontando o valor terminal para 2006 por meio do custo de capital próprio desalavancado? Qual é a sua estimativa do valor do empreendimento da Flandres utilizando o método do VPA (e suas estimativas da questão c)? Qual é o valor estimado do investimento da Clearstone, baseado na estimativa VPA para o valor do empreendimento?

8-9 Avaliação de LBO utilizando simulação *Este problema utiliza informações do Problema 8-7 e necessita que o modelo de avaliação LBO seja montado.* Randy estava contente com os resultados esperados da aquisição da Flanders, Inc., mas também queria fazer algumas análises exploratórias dos riscos que envolvem a aquisição, para poder prever os riscos inerentes ao investimento. Ele planejou montar uma planilha utilizando o modelo de avaliação LBO padrão para o setor (usando as informações do Problema 8-7) e, então, identificar as principais fontes de risco no modelo e montar o que ele achava que eram características razoáveis das distribuições de probabilidades para cada uma dessas variáveis. Especificamente, Randy optou pelas seguintes variáveis (fatores-chave) e suas respectivas distribuições de probabilidade:

- Mark Flanders estimou o crescimento do EBITDA em 10% ao ano, mas essa taxa não necessariamente está correta. Randy decidiu que iria definir a taxa de crescimento mais provável como 10%, mas utilizaria uma distribuição triangular com um valor mínimo de 0% e um valor máximo de 15% para caracterizar a taxa de crescimento anual do EBITDA, ao longo do horizonte de projeção. Além disso, Randy achava que a taxa de crescimento de cada ano estaria relacionada ao que aconteceria no ano seguinte e, por isso, decidiu impor uma correlação de 0,80 nas taxas para os anos posteriores. Isto é, a correlação entre a taxa de crescimento em 2009 e 2008 é estimada como 0,80, e assim por diante.

- Outro fator-chave do valor de aquisição da Flanders é o múltiplo de saída que a Clearstone encontrará em cinco anos, quando decidir vender a empresa. Randy estimou que eles poderiam sair com o mesmo múltiplo (cinco) utilizado para a compra da Flanders, Inc.; entretanto, essa variável é sujeita a incertezas. Baseado nas experiências passadas da Clearstone, Randy estima que há 10% de chance de que o múltiplo de saída seja tão baixo quanto três vezes o EBITDA, 20% de chance de que seja quatro vezes, 40% de chance de que seja cinco, 20% de chance de que seja seis e 10% de chance de que o múltiplo seja de até sete vezes.

    a. Depois de incorporar as duas premissas de Randy sobre as incertezas na aquisição da Flanders, Inc., quais são a média e a mediana das taxas de retorno do capital próprio no investimento da Clearstone?
    b. Qual é a probabilidade de que a aquisição da Flanders renderá para a Clearstone uma taxa de retorno que esteja abaixo do objetivo da empresa, de 40%?

Capítulo 9
Diluição de lucros, incentivos de remuneração e seleção de projetos

Visão geral do capítulo

No longo prazo, as empresas criam valor implementando projetos de investimento que tenham VPLs positivos. Entretanto, pelo menos no curto prazo, as decisões gerenciais são influenciadas pelos indicadores de desempenho que as empresas informam aos seus acionistas. Na verdade, na prática, os gerentes tendem a calcular as implicações contábeis de seus investimentos assim como seus VPLs e não é raro que recusem investimentos de VPL positivo que reduzam temporariamente os lucros da sua empresa. Apesar de haver razões importantes para esse foco nos lucros, ainda assim ele influencia as decisões de investimento. Para contrabalançar essa tendência, as empresas desenvolveram medidas alternativas de desempenho e pacotes de remuneração que suavizam alguns desses vieses.

9.1 Introdução

Até agora, nosso principal foco tem sido os fluxos de caixa esperados gerados pelo investimento que está sendo analisado. No Capítulo 6, mencionamos os lucros (mais precisamente, o EBITDA), mas apenas como um *proxy* para o valor da empresa em uma data futura (isto é, o valor terminal) quando os fluxos de caixa são difíceis de estimar. Nossa abordagem de avaliação ignora completamente os lucros reais do investimento ou a influência do investimento nos lucros declarados pela empresa.

Na realidade, os gerentes levam muito a sério os indicadores de lucratividade da empresa e geralmente sabem definir com precisão quanto um grande investimento influencia seus lucros declarados, tanto no curto quanto no longo prazo. Por exemplo, a resposta de diretores financeiros a uma recente pesquisa sugere que a pressão dos mercados de capital incentiva decisões que às vezes prejudicam a criação de valor no longo prazo para que metas de lucros possam ser atingidas.[1] Um percentual surpre-

---

[1] John R. Graham, Campbell R. Harvey e Shiva Rajgopal, "The Economic Implications of Corporate Financial Reporting", *Journal of Accounting and Economics*, 40, Edição 1-3, 1 de dezembro de 2005, 3-73.

endente de 80% dos entrevistados indicou que eles reduziriam gastos com pesquisa e desenvolvimento, propaganda, manutenção e contratação que agregavam valor a fim de atingir uma meta de lucros. Outro sinal da importância dos indicadores de lucratividade pode ser visto na crescente evidência dos extremos com que algumas empresas "administram" seus lucros declarados. Os escândalos corporativos de Adelphia, Enron, Global Crossing, HealthSouth, Qwest, Rite Aide, Sunbeam, Waste Management e WordCom são exemplos de situações nas quais o gerenciamento dos lucros se tornou *manipulação* e até fraude. Para os gerentes dessas empresas, parece que era tão importante reportar lucros favoráveis que eles estavam dispostos até a se arriscar a serem indiciados criminalmente. Certamente, se esse é o caso, a preocupação com a declaração de lucros vai influenciar as decisões de investimento dos gerentes.

Iniciamos o capítulo explicando por que algumas vezes os investimentos com VPL positivo reduzem os lucros por ação esperados da empresa (LPA) e por que, outras vezes, investimentos com VPL negativo aumentam o LPA esperado. Primeiro, observamos que, quando avaliam os investimentos considerando seu efeito no LPA, os gerentes estão efetivamente baseando sua decisão em um custo de capital errado. O custo de capital efetivo, usado implicitamente com o critério de LPA, é o retorno de caixa para os projetos financiados com caixa, o custo do endividamento da empresa para os projetos financiados com capital de terceiros e o índice lucro/preço da empresa para os projetos financiados com capital próprio. Para projetos financiados com geração de caixa interna ou com capital gerado de terceiros, o critério do LPA geralmente vai levar à aceitação de um excesso de projetos de investimento. Para os projetos financiados com capital próprio, o critério de LPA levará à aceitação de uma quantidade de projetos muito grande ou muito pequena, dependendo do índice lucro/preço da empresa.

Um segundo problema surge porque os fluxos de caixa de um investimento geralmente não são distribuídos uniformemente ao longo da vida de um projeto. Muitos investimentos com VPL positivo geram muito pouco fluxo de caixa em seus primeiros anos e, como resultado, esses projetos inicialmente reduzem ou diluem os lucros. Além disso, muitos projetos com VPL negativos têm fluxos de caixa iniciais muito altos e, como resultado, eles temporariamente elevam o LPA.

Se o critério do LPA pode levá-los a tomar más decisões, por que os gerentes não ignoram os lucros ao tomar suas decisões de investimento? Talvez eles devessem fazer isso, mas, infelizmente, o mundo não é tão simples. Como vamos explicar, a preocupação com os lucros é um subproduto inevitável das realidades práticas de um ambiente em que a qualidade de uma empresa e de sua administração é julgada a cada trimestre. Enquanto, na teoria, os gerentes *gostariam* de administrar visando o longo prazo, é muito importante que pareçam estar indo bem agora, o que significa que é importante que declarem lucros favoráveis. Como disse Jack Welch, ex-presidente da General Electric Corporation:

> "Você não pode crescer no longo prazo se não pode comer no curto prazo".

> "Qualquer um pode administrar no curto prazo. Qualquer um pode administrar no longo prazo. A administração é o equilíbrio entre os dois". (*Fonte*:http://www.businessweek.com/1998/23/b3581001.htm).

Infelizmente, não há fórmulas simples que ajudem os gerentes a determinar a alternativa mais adequada entre o VPL, que mede a influência no longo prazo de um investimento no valor da empresa, e o LPA, que influencia o valor no curto prazo. Entretanto, este capítulo deve proporcionar um sistema de referência que vai ajudar os gerentes a analisar esse equilíbrio com mais cuidado. Também vamos analisar medidas alternativas de desempenho que foram projetadas para minimizar esse desalinhamento entre os lucros e o VPL. Comprovadamente, entre essas métricas financeiras, a mais conhecida é a do valor econômico agregado (EVA® ou *Economic Value Added*), desenvolvido pela Stern Stewart and Company.

O capítulo está organizado como explicamos. Na Seção 9.2, começamos estabelecendo a justificativa fundamental para a sensibilidade gerencial aos lucros declarados da empresa. Depois, na Seção 9.3, demonstramos como a preocupação gerencial com os lucros afeta a seleção do projeto. Apresentamos exemplos que ilustram duas deficiências do uso do lucro como indicador de criação de valor. A Seção 9.4 analisa o lucro econômico como uma alternativa ao LPA na avaliação de propostas de novos investimentos. Mostramos que, em muitos casos, mas nem sempre, o lucro econômico mostra sinais de consistência com o critério de VPL. Finalmente, a Seção 9.5 analisa o uso efetivo do lucro econômico e a Seção 9.6 resume o capítulo.

9.2 Os lucros declarados são importantes?

Um projeto de investimento que reduz os lucros da empresa no ano corrente ou nos próximos anos é chamado de **diluidor de lucros**. Da mesma maneira, um investimento que aumenta os lucros de curto prazo é chamado de **incrementador de lucros**. Esses conceitos são muito usados para descrever a influência de um investimento nos lucros totais da empresa, mas, no caso de grandes investimentos que exigem que a empresa emita novas ações, os gerentes geralmente estão mais interessados em saber se o investimento é diluidor ou incrementador do LPA da empresa. Além disso, pode haver um elemento de tempo nesse conceito. Os gerentes podem se referir a projetos que são diluidores nos primeiros anos, mas que são incrementadores daí em diante. Isso significa que, nos primeiros anos, o projeto tem um efeito negativo nos lucros, mas se investir no projeto a empresa provavelmente terá lucros maiores no longo prazo.

Por que os gerentes se importam com os lucros

Há diversas razões para os gerentes se importarem com os lucros declarados. A razão mais direta é que eles são pagos para se preocuparem com isso. Basicamente, as empresas frequentemente associam as bonificações de curto prazo dos gerentes, de forma direta ou indireta, ao desempenho operacional da empresa, conforme refletido pelos seus lucros[2]. Além disso, uma remuneração de incentivo de longo prazo frequentemente envolve o

---

[2] Kevin Murphy, da USC, pesquisou um grande número de empresas utilizando dados proprietários da Towers-Perrin e descobriu, em sua amostragem, que 32 das 50 empresas industriais, 8 das 11 empresas financeiras e de seguro e 6 das 7 empresas de serviço público utilizaram os lucros como sua principal medida de desempenho.

uso de opção de compra de ações e doação de capital cujos valores, ao menos no curto prazo, são afetados pelos lucros corporativos. Finalmente, os lucros (e seu efeito no preço da ação) podem afetar a capacidade do presidente de gerir a empresa com mais liberdade em relação ao conselho de administração e, talvez, até de manter o seu emprego.

Apesar de ser fácil sugerir razões egoístas pelas quais os gerentes se importam com os lucros, eles também são importantes para um gerente altruísta que simplesmente está procurando fazer o melhor para os acionistas. Como os lucros transmitem a viabilidade econômica da empresa para os mercados de capital externos, indicadores favoráveis de lucros influenciam positivamente o preço da ação de uma empresa, assim como sua classificação de crédito. Isso é muito importante para uma empresa que planeja aumentar o capital externo em um futuro próximo, mas pode ser importante até mesmo para empresas sem necessidade de levantar capital, pois os lucros também comunicam informação aos parceiros não-financeiros da empresa, como clientes, funcionários e fornecedores. Um surpreendente lucro negativo e a consequente reação no preço da ação poderiam ter um efeito negativo na relação da empresa com esses parceiros, enquanto lucros positivos e um preço por ação crescente poderiam ser decisivos na determinação de como esses parceiros encaram seu trabalho ou sua relação com a empresa. Em resumo, é natural querer fazer negócios com um vencedor e, no mundo corporativo, lucros e preços por ação são as maneiras de somar pontos. O que queremos dizer com isso é que tanto os bons quanto os maus lucros podem "crescer como uma bola de neve", prejudicando as possibilidades futuras de empresas que reportam maus lucros e melhorando as perspectivas das empresas que reportam bons lucros.

A análise acima (veja também o quadro Insight Profissional) sugere que o foco nos lucros no mundo corporativo não é algo que possa se alterar em pouco tempo. As perguntas que fazemos agora são: como o foco nos lucros influencia as decisões de investimento gerencial e se é possível mudar a maneira como as empresas remuneram seus gerentes e se comunicam com os seus parceiros para que essa influência seja minimizada.

9.3 Análise do projeto – lucros por ação e seleção de projeto

A análise de avaliação que discutimos nos capítulos anteriores geralmente é uma parte importante da análise de grandes investimentos na maioria das principais corporações americanas. Entretanto, como a análise acima sugere, nas empresas de capital aberto que estão analisando grandes investimentos, os gerentes também vão calcular como o projeto afeta as demonstrações financeiras da empresa nos próximos dois a cinco anos, além de avaliar se o projeto é um incrementador ou um diluidor de lucros. Para mostrar como isso é feito na prática, vamos avaliar oportunidades de investimento hipotéticas considerando o VPL e sua influência nos lucros, com um foco especial na maneira como esses critérios podem fornecer conclusões contraditórias.

Nosso primeiro exemplo, que ilustra essa contradição, mostra que o critério de lucro implicitamente utiliza o custo de capital próprio errado para avaliar um inves-

> **INSIGHT DO PROFISSIONAL**
>
> ## Lucros e fluxos de caixa futuros – uma entrevista com Trevor Harris*
>
> **Pergunta:** Ao avaliar uma empresa, os investidores têm especial interesse em sua capacidade de produzir fluxos de caixa futuros. Na prática, as empresas não podem informar qual é o fluxo de caixa que elas esperam para os próximos 10 anos. Em vez disso, elas informam seus lucros para o trimestre e do ano recém encerrado. Isso leva a crer que os lucros declarados deveriam ter o objetivo de fornecer uma medida do desempenho corporativo atual que ajude os investidores a prognosticar fluxos de caixa futuros. Os investidores devem focar sua atenção nos fluxo de caixa operacionais para obter uma melhor ideia da futura capacidade geradora de dinheiro de uma empresa?
>
> **Trevor:** Como diria qualquer analista corporativo ou de Wall Street, é muito difícil prever lucros futuros. Porém, o que a maioria das pessoas não entende é que é ainda mais difícil prever os fluxos de caixa reais. Além disso, eu diria que é mais fácil que os gerentes manipulem fluxos de caixa operacionais declarados do que os lucros. Tudo que você precisa fazer é securitizar algumas contas a receber um minuto antes do fim do trimestre e você pode aumentar significativamente seu fluxo de caixa operacional declarado. Ou você pode adiar por um dia o pagamento de contas a receber e, a não ser que você chame a atenção para isso, ninguém saberá o que você fez. No entanto, nenhuma dessas coisas afetará os lucros operacionais.
>
> **Pergunta:** Há alguma maneira melhor de calcular os lucros – algo que proporcione aos investidores uma melhor ideia da capacidade de gerar recursos futuros para a empresa e forneça uma medida confiável de criação de riqueza?
>
> **Trevor:** Eu acredito que qualquer síntese estatística de um só período baseada no fluxo – não importando se a chamamos de lucros, fluxo caixa ou algo mais – será uma medida de criação de valor corporativo imperfeita ou, pelo menos, incompleta. Hoje em dia os gerentes estão tomando decisões que vão afetar não apenas os resultados deste ano, mas os resultados de muitos anos futuros. E não é possível que um sistema contábil capture os efeitos de longo prazo dessas decisões baseado apenas em um número. Se o seu negócio se parece com uma conta de poupança, na qual você investe dinheiro periodicamente e acumula valor a uma taxa de juros específica, então eu poderia criar uma medida de lucros que poderia ser capitalizado com um determinado múltiplo para fornecer o valor correto. Porém, mais uma vez, para praticamente todas as empresas com qualquer grau de complexidade, não há uma medida contábil de um único período que possa servir àquele propósito de maneira confiável.
>
> *Diretor superintendente da Morgan Stanley, cuja atividade principal é ajudar as unidades de negócio e os clientes da empresa com os problemas contábeis e de avaliação. Ele também é vice-diretor no Center for Excellence in Accounting and Security Analysis, na escola de negócios da Universidade de Columbia.

timento. Referimo-nos a isso como o **problema do custo de capital próprio**. Nosso segundo exemplo considera um projeto cujos lucros (e fluxos de caixa) são *back-loaded*, o que significa que são negativos nos primeiros anos de vida do projeto e aumentam ao longo do tempo. Essa situação acontece quando uma empresa faz um *investimento estratégico* em novos produtos ou serviços que exige pesados investimentos promocionais nos primeiros anos da vida do projeto. Vamos nos referir a isso como um **problema de lucros/fluxos *back-loaded*.**

Exemplo nº 1 – um mau projeto com possibilidades de bons lucros: o problema do custo de capital próprio

Para ilustrar o *problema do custo de capital próprio*, vamos considerar o caso da Beck Electronics, que está avaliando um investimento de $6.000.000 no projeto descrito na Planilha *a* da Tabela 9-1. O projeto deve ser financiado com o saque de $4.000.000 das reservas de caixa da empresa (o componente capital próprio) e $2.000.000 em novos empréstimos (o componente do capital de terceiros).

Para calcular o impacto líquido desse projeto no LPA da empresa, os gerentes primeiro projetam o LPA supondo que o projeto não é feito e, depois, comparam essa projeção de LPA com as projeções *pro forma* do LPA dentro da premissa de que o projeto será realizado. A Planilha *b* da Tabela 9-1 fornece essas estimativas do LPA da empresa com e sem o projeto. Observe que, para manter o exemplo mais simples possível, consideramos que tanto a empresa quanto o novo projeto têm vidas indefinidas e que as receitas, as despesas e os lucros da empresa e do projeto têm uma perpetuidade constante.

A administração da Beck prevê que, sem o novo projeto, a empresa vai realizar um lucro de $2.928.000 para o próximo ano e de $1,46 por ação (2 milhões de ações em circulação). A análise do LPA pós-projeto da Beck (na Planilha *b* da Tabela 9-1) revela que se espera que o projeto gere lucros equivalentes a $0,16 por ação. Entretanto, como a Beck não terá mais a reserva de caixa de $4.000.000 que gerou $160.000 ou 4% em receita de juros antes dos impostos, o ganho líquido no LPA é reduzido para $0,064 por ação. Mesmo assim, o projeto aumenta o LPA da empresa e, dessa forma, passa pelo teste de crescimento do LPA.

Em geral, podemos expressar os efeitos nos lucros atribuídos a um novo projeto como segue:

$$\text{Mudança no lucro} = \left(\begin{array}{c} \text{Lucro} \\ \text{operacional} \\ \text{do projeto} \end{array} - \begin{array}{c} \text{Despesa de} \\ \text{juros com} \\ \text{novas dívidas} \end{array} - \begin{array}{c} \text{Perda dos juros} \\ \text{sobre o caixa} \\ \text{usado para financiar} \\ \text{o capital próprio} \end{array} \right) (1 - \text{Alíquota do imposto}) \quad (9.1)$$

É útil reorganizar os termos como segue:

$$\text{Mudança no lucro} = \underbrace{\left[\begin{pmatrix} \text{Lucro} \\ \text{operacional} \\ \text{do projeto} \end{pmatrix} \begin{pmatrix} 1 - \text{Alíquota} \\ \text{do imposto} \end{pmatrix} \right]}_{\text{Termo nº 1}} - \underbrace{\left[\begin{pmatrix} \text{Despesa de} \\ \text{juros com} \\ \text{novas dívidas} \end{pmatrix} \begin{pmatrix} 1 - \text{alíquota} \\ \text{do imposto} \end{pmatrix} \right]}_{\text{Termo nº 2}}$$

$$- \underbrace{\left[\begin{pmatrix} \text{Perda dos juros sobre o} \\ \text{caixa usado para financiar} \\ \text{o capital próprio} \end{pmatrix} (1 - \text{Alíquota do imposto}) \right]}_{\text{Termo nº 3}} \quad (9.1a)$$

O primeiro termo no lado direito da Equação 9.1a representa o lucro operacional líquido do projeto depois dos impostos, ou NOPAT. O segundo termo aponta o custo após os impostos da dívida usada para financiar o projeto, enquanto o termo final representa o custo de oportunidade após os impostos dos juros perdidos do caixa usado para financiar o projeto. Substituindo os valores de cada uma das variáveis no projeto da Beck, temos a seguinte estimativa do impacto do projeto no lucro da empresa:

$$\begin{aligned}\text{Mudança no lucro} &= \$500.000(1 - 0{,}20) - \$2.000.000 \times 0{,}05(1 - 0{,}20) \\ &\quad - \$4.000.000 \times 0{,}04(1 - 0{,}20) = \$192.000\end{aligned}$$

onde a alíquota do imposto é de 20%, o custo de dívida é de 5% e a taxa de juros obtidos pela aplicação do caixa da empresa é de 4%.

Considerando que o projeto é incrementador, agora vamos avaliar se ele tem um VPL positivo. Espera-se que o novo investimento contribua com lucros operacionais adicionais (isto é, lucros antes de juros e impostos – LAJIR) de $500.000 ao ano. O projeto também exige um investimento de $600.000 por ano em novos bens de capital (CAPEX), que equivale exatamente aos $600.000 de despesas de depreciação. Assim, os fluxos de caixa livres após impostos são estimados em $400.000 ao ano.

Lucros antes dos juros e impostos (LAJIR)	$500.000
Menos: impostos (20%)	(100.000)
Igual: lucro operacional líquido (NOPAT)	$400.000
Mais: despesas de depreciação	600.000
Menos: investimento de capital (CAPEX)	(600.000)
Igual: Fluxo de caixa livre do projeto (FCLP)	$400.000

Considerando que o WACC do projeto é de 8% (igual ao da empresa), o valor do projeto e seu VPL podem ser calculados como segue:

$$\begin{aligned}\text{VPL} &= \begin{pmatrix}\text{Valor presente} \\ \text{dos fluxos de} \\ \text{caixa do projeto}\end{pmatrix} - \begin{matrix}\text{Investimento} \\ \text{no projeto}\end{matrix} \\ &= \frac{\$400.000}{0{,}08} - \$6.000.000 = \$5.000.000 - \$6.000.000 = (\$1.000.000)\end{aligned}$$

Tabela 9-1 Exemplo nº 1 – mau projeto com bons lucros, Beck Electronics, ($ em milhares, exceto nos números por ação)

Planilha a. Características e premissas do projeto

Desembolso do investimento	$6.000.000	Investimento único
Duração do projeto	Infinito	Ativo de vida perpétua
CAPEX=despesas de depreciação	–	
Financiamento via empréstimo	$2.000.000	Dívida perpétua (sem vencimento)
Capital próprio (de lucros retidos)	$4.000.000	Arrecadado com caixa excedente
LAJIR adicional por ano	$500.000	Por ano (perpetuidade constante)
Alíquota do imposto	20,0%	
Retorno das obrigações do Tesouro	4,0%	
Taxa de juros do empréstimo (antes dos impostos)	5,0%	
Custo de capital próprio	10,0%	
Custo de capital (WACC)	8,0%	O WACC é o mesmo para a empresa e para o projeto

Planilha b. Demonstrações de resultado *pro forma*

	Empresa antes do projeto	Projeto	Empresa + Projeto
LAJIR	$4.000.000	$500.000	$4.500.000
Menos: despesas com juros	(500.000)	(100.000)	(600.000)
Mais: Receita de juros (financiamento do capital próprio)	160.000	0	0
LAIR	$3.660.000	$400.000	$3.900.000
Menos: impostos	(732.000)	(80.000)	(780.000)
Lucro líquido	$2.928.000	$320.000	$3.120.000
Lucro por ação	$1.464	$0,160	$1.560

Planilha c. análise de fluxo de caixa

	Empresa antes do projeto	Projeto	Empresa + Projeto
LAJIR	$4.000.000	$500.000	$4.500.000
Menos: impostos	(800.000)	(100.000)	(900.000)
NOPAT	$3.200.000	$400.000	$3.600.000

Obs.: O LPA aumenta se o projeto é aceito

Capítulo 9 ■ Diluição de lucros, incentivos de remuneração e seleção de projetos

Mais: depreciação		2.400.000	0	2.400.000
Menos: CAPEX		(2.400.000)	0	(2.400.000)
FCLE		$3.200.000	$400.000	$3.600.000

Planilha d. análise de avaliação da empresa e do projeto	Projeto	Empresa + projeto
Valor da empresa antes do projeto		$40.000.000
Menos: desembolso do investimento	$(6.000.000)	
Mais: valor dos fluxos de caixa do projeto	5.000.000	
Valor da empresa mais o projeto		39.000.000
Valor presente líquido		$(1.000.000)

→ Mas – o VPL do projeto é negativo!

Legenda:
LAJIR = Lucro antes de juros e impostos
LAIR = Lucro antes dos impostos
NOPAT = Lucro operacional depois dos impostos
CAPEX = Investimento de capital
FCLE = Fluxo de caixa livre da empresa

Observe que o valor presente do fluxo perpétuo dos fluxos de caixa livres do projeto de $400.000 por ano, descontado o custo de capital do projeto de 8%, é de $5.000.000, enquanto o investimento inicial no projeto é de $6.000.000. Isso significa que o VPL é negativo em $1.000.000. Da mesma maneira, a TIR para o projeto é definida como segue:

$$\text{VPL} = \begin{pmatrix} \text{Valor presente do} \\ \text{fluxo de caixa} \\ \text{livre do projeto} \end{pmatrix} - \begin{matrix} \text{Investimento} \\ \text{no projeto} \end{matrix} = 0$$

$$= \frac{\$400.000}{\text{TIR}} - \$6.000.000 = \$0$$

$$\text{TIR} = \frac{\$400.000}{\$6.000.000} = 0{,}0667 = 6{,}67\%$$

Obviamente, esse é um projeto inaceitável, pois tem um retorno de apenas 6,67%, enquanto o custo de capital para o projeto é de 8%.

Como projetos com VPL negativos podem aumentar o LPA?

Como um investimento que é incrementador dos lucros da empresa pode ter um VPL negativo? Para entender isso, é útil lembrar que a taxa de desconto usada na análise de FCD deve ser vista como o custo de oportunidade. Essa é a taxa de retorno que a empresa poderia auferir em um investimento alternativo que tivesse os mesmos riscos que o projeto de investimento em análise. Porém, quando examinamos se o investimento da Beck era incrementador ou diluidor estávamos, de fato, assumindo que o custo de oportunidade era igual à taxa obtida na aplicação do caixa da empresa, que foi usado para financiar o projeto. Em outras palavras, utilizamos uma taxa sem risco como custo de oportunidade do capital próprio e, assim, ignoramos o fato de que o projeto de investimento era arriscado. Para entender melhor o que vamos nos referir como **problema do custo de capital próprio**, vamos examinar a Equação 9.1a com mais atenção:

$$\begin{matrix} \text{Mudança no} \\ \textit{lucro} \text{ líquido} \end{matrix} = \underbrace{\left[\begin{pmatrix} \text{Lucro operacional} \\ \text{do projeto} \end{pmatrix} (1 - \text{Alíquota do imposto}) \right]}_{\textbf{NOPAT}}$$

$$- \underbrace{\left[\begin{pmatrix} \text{Despesa de} \\ \text{juros com} \\ \text{novas dívidas} \end{pmatrix} \begin{pmatrix} 1 - \text{alíquota} \\ \text{do imposto} \end{pmatrix} + \begin{pmatrix} \text{Perda dos juros sobre o} \\ - \text{ caixa usado para financiar} \\ \text{o capital próprio} \end{pmatrix} \begin{pmatrix} 1 - \text{alíquota} \\ \text{do imposto} \end{pmatrix} \right]}_{\textbf{Custo de capital}}$$

$$= \text{NOPAT} - \text{custo de capital} \qquad (9.1b)$$

A expressão anterior decompõe a equação para a mudança no lucro líquido que resulta da aceitação de um projeto, em dois componentes. O segundo termo em parênteses representa o custo monetário anual (após impostos) do capital utilizado para financiar o projeto: esse é o *custo de capital* anual para o projeto.

Um exame do segundo termo revela que o único custo de oportunidade que incluímos no componente de custo de capital próprio do capital empregado é a receita financeira após impostos do caixa utilizado para financiar o capital próprio do projeto que foi perdido. No exemplo da Beck, era o lucro de 4% (3,2 após impostos) em Títulos do Tesouro de curto prazo, que substancialmente subavalia o verdadeiro custo de oportunidade do capital próprio do projeto.

O investimento era incrementador nesse exemplo, pois sua taxa interna de retorno de 6,67% supera o retorno sem risco de 4% (3,2 após impostos). Entretanto, o projeto tem um VPL negativo, pois sua TIR não supera o custo de oportunidade ajustado ao risco para o projeto, que é de 8%.

Emitindo novo capital próprio: incremento/diluição do LPA e o índice P/L

Até agora, consideramos que a empresa tem caixa suficiente advindo da retenção de lucros anteriores para financiar o componente de capital próprio de seus investimentos. Agora vamos considerar como o LPA será afetado se a Beck precisar financiar o projeto emitindo novas ações. Como essa análise indica, quando as empresas financiam projetos através da emissão de capital, um fator-chave que determina se o projeto é incrementador ou diluidor é o índice preço/lucro da empresa.

Para ilustrar a importância do índice P/L, vamos fornecer algumas informações adicionais sobre a Beck Electronics e considerar uma nova oportunidade de investimento que oferece uma taxa de retorno de 10% e vai exigir uma emissão de capital. O investimento fornece um LAJIR adicional de $750.000 por ano em perpetuidade, o que significa que se espera que o projeto produza um fluxo de caixa após impostos de $600.000 em perpetuidade. O custo desse investimento é de $6.000.000, o que implica em uma TIR de 10%.

Basicamente, como descrito no Caso A da Tabela 9-2, consideramos que tanto a Beck quanto o novo projeto são financiados com capital próprio, o custo de capital próprio é de 10% e o múltiplo P/L da Beck é 10. O custo de capital próprio de 10% e índice P/L de 10 refletem o fato de que a Beck paga todos os seus *lucros* em dividendos e os acionistas não preveem crescimento no valor das ações da empresa. (Isto é, o custo do capital próprio é igual ao índice de dividendo pelo preço da ação, que é o mesmo que lucro pelo preço da ação). Observe, também, que o projeto oferece um VPL igual a zero, pois a TIR é exatamente igual ao custo de capital.

Nesse exemplo em particular o projeto não tem *nenhum efeito* no LPA (não é nem incrementador nem diluidor) e tem um VPL igual a zero. Assim, o LPA e o VPL fornecem um sinal idêntico. Como vamos demonstrar, isso ocorre porque o custo de capital próprio nesse exemplo é igual ao recíproco do índice P/L. Em geral, o custo de capital não será exatamente igual (L÷P [o recíproco de P÷L]), o que significa que há potenciais conflitos entre os critérios de LPA e VPL.

Tabela 9-2 Financiando o projeto por meio da emissão de novas ações

Caso A: ROE = 10% = $^1/_{P-L}$ = L−P = 10%; empresa sem crescimento
(custo de capital próprio = L−P = 10%)

Planilha a. Demonstração de resultados *pro forma*	Empresa antes do projeto	Projeto	Empresa + projeto
LAJIR	$4.000.000	$750.000	$4.750.000
Menos: despesas com juros	0	0	0
Mais: lucro dos juros (financiamento do capital próprio)	0	0	0
LAIR	$4.000.000	$750.000	$4.750.000
Menos: impostos	(800.000)	(150.000)	(950.000)
Lucro líquido	$3.200.000	$600.000	$3.800.000
Lucros por ação	$1,600	$0,253	$1,600

Planilha b. Análise de fluxo de caixa	Empresa antes do projeto	Projeto	Empresa + projeto
LAJIR	$4.000.000	$750.000	$4.750.000
Menos: impostos	(800.000)	(150.000)	(950.000)
NOPAT	$3.200.000	$600.000	$3.800.000
Mais: depreciação	2.400.000	600.000	3.000.000
Menos: CAPEX	(2.400.000)	(600.000)	(3.000.000)
FCLE	$3.200.000	$600.000	$3.800.000

Planilha c. Análise de avaliação da empresa e do projeto	Projeto	Empresa + projeto
Valor da empresa antes do projeto		$32.000.000
Menos: desembolso de investimento	$(6.000.000)	
Mais: valor dos fluxos de caixa do projeto	6.000.000	
Valor da empresa mais o projeto		32.000.000
Valor presente líquido		$0

> No Caso A, o LPA da empresa não se altera pela aceitação do projeto e este tem um VPL negativo. Entretanto, no Caso B, no qual o custo de capital próprio não é igual ao inverso do índice P/L (isto é, o índice L/P), o VPL do projeto ainda é zero, mas o LPA aumenta.

Caso B: ROE = 10% = $1/_{P-L}$ = L−P = 5%; empresa com crescimento
(custo de capital próprio = 10% > $1/_{P-L}$ = 5%)

Planilha a. Demonstração de resultados pro forma	Empresa antes do projeto	Projeto	Empresa + projeto
LAJIR	$4.000.000	$750.000	$4.750.000
Menos: despesas com juros	0	0	0
Mais: lucro dos juros (financiamento do capital próprio)	0	0	0
LAIR	$4.000.000	$750.000	$4.750.000
Menos: impostos	(800.000)	(150.000)	(950.000)
Lucro líquido	$3.200.000	$600.000	$3.800.000
Lucros por ação	$1,600	$0,274	$1,737
Planilha b. Análise de fluxo de caixa	**Empresa antes do projeto**	**Projeto**	**Empresa + projeto**
LAJIR	$4.000.000	$750.000	$4.750.000
Menos: impostos	(800.000)	(150.000)	(950.000)
NOPAT	$3.200.000	$600.000	$3.800.000
Mais: depreciação	2.400.000	600.000	3.000.000
Menos: CAPEX	(2.400.000)	(600.000)	(3.000.000)
FCLE	$3.200.000	$600.000	$3.800.000
Planilha c. Análise de avaliação da empresa e do projeto		**Projeto**	**Empresa + projeto**
Valor da empresa antes do projeto			$32.000.000
Menos: desembolso de investimento		$(6.000.000)	
Mais: valor dos fluxos de caixa do projeto		6.000.000	
Valor da empresa mais o projeto			32.000.000
Valor presente líquido			$ –

Para ilustrar, vamos alterar o exemplo e assumir que a Beck tem consideráveis possibilidades de crescimento, como no Caso B da Tabela 9-2 e, como resultado, o preço da ação é duas vezes mais alto e seu índice P/L é de 20, em vez de 10. Com o preço da ação maior, a Beck pode financiar o projeto vendendo metade das ações que vendia antes. O projeto não se alterou. Entretanto, como o índice P/L agora é maior, esse investimento aumentou significativamente o LPA da empresa. Na verdade, como o projeto retorna mais do que 5%, será um incrementador de LPA.[3]

Generalizando a análise de incremento/diluição dos lucros

Podemos generalizar os efeitos da seleção de projetos em um LPA de uma empresa, analisando a alteração esperada no LPA que vai resultar da aceitação de um projeto ou investimento. A *consideração-chave para determinar se um investimento financiado com capital próprio é incrementador ou diluídor de lucros é a relação entre a taxa de retorno auferido no capital próprio investido no projeto (ROE) e o índice de lucros/preço (isto é, L ÷ P ou o inverso do índice P/L). Se o ROE do projeto for maior do que o índice L/P, então será incrementador para o LPA da empresa. Do mesmo modo, se o ROE é menor do que o índice L/P, o projeto será diluidor para o LPA.*

A Figura 9-1 generaliza a relação entre as variações nos lucros da empresa, o retorno sobre o patrimônio líquido do projeto e o índice L/P. Na Planilha *a*, o retorno sobre o patrimônio líquido do projeto é de 10%, Na Planilha *b*, o projeto fornece um ROE de 20%; assim, enquanto o índice L/P estiver abaixo de 20%, o projeto é incrementador. Em resumo, avaliar novos investimentos com o padrão de incremento dos lucros equivale a comparar o retorno do capital do projeto ao índice L/P. Esse padrão é apropriado apenas quando o custo de capital para o projeto é igual ao L÷P, que geralmente não é o caso.

Quais empresas estão mais aptas a investir em projetos de VPL negativo quando usam o critério de incrementos do LPA como uma ferramenta de decisão? A resposta, claro, é que são empresas para as quais o índice L/P geralmente subestima seu verdadeiro custo de financiamento do capital próprio. Em geral, essas serão as empresas de alto crescimento, que têm índices P/L altos porque seus lucros tendem a crescer no futuro.

Financiamento da dívida e diluição de lucros

O exemplo anterior mostra como o índice P/L da empresa influencia se o projeto é incrementador ou diluidor. Entretanto, isso só acontece quando o projeto é financiado com novo capital acionário. Quando o projeto é financiado com capital de terceiros, uma comparação entre a TIR do projeto e o custo da dívida após os impostos vai determinar se o projeto é incrementador ou diluidor. Por exemplo, no caso acima, o projeto será incrementador se for financiado com recursos de terceiros com um custo após impostos menor do que 10%.

---

[3] O seguinte exemplo numérico pode ajudar a ilustrar esse ponto: sem o projeto, o LPA da empresa é de $1,60 para cada um de seus 2.000.000 de acionistas. Baseado no índice P/L igual a 10, o preço da ação é de $16,00. Consequentemente, para arrecadar os $6.000.000 necessários para financiar o investimento no projeto, será necessária a emissão de $6.000.000/$16 = 375.000 ações adicionais. De acordo com o total de ações em circulação depois da emissão (2 milhões mais 375.000), os lucros anuais do projeto de $600.000 aumentarão o LPA em $0,253. Entretanto, como o custo de capital próprio é igual a L÷P ou 10%, a combinação da empresa e do projeto tem um LPA de $1,60, exatamente o mesmo que a empresa tem sem o projeto. Agora, vamos imaginar que o índice P/L é 20. O preço da ação da empresa seria de $32 (20 × $1,60), o que significa que menos ações (metade, para ser exato) teriam que ser emitidas para arrecadar os $6 milhões necessários para o financiamento do projeto. O LPA do projeto resulta como sendo $0,274 e o LPA da combinação é de $1,737.

Planilha a. ROE = 10%

(gráfico: Alterações no LPA vs Índice L/P, com "Incrementador para LPA", "ROE=E÷P=10%", "Diluidor para a LPA")

Planilha b. ROE = 20%

(gráfico: Alterações no LPA vs Índice L/P, com "Incrementador para o LPA", "ROE=E÷P=20%", "Diluidor para o LPA")

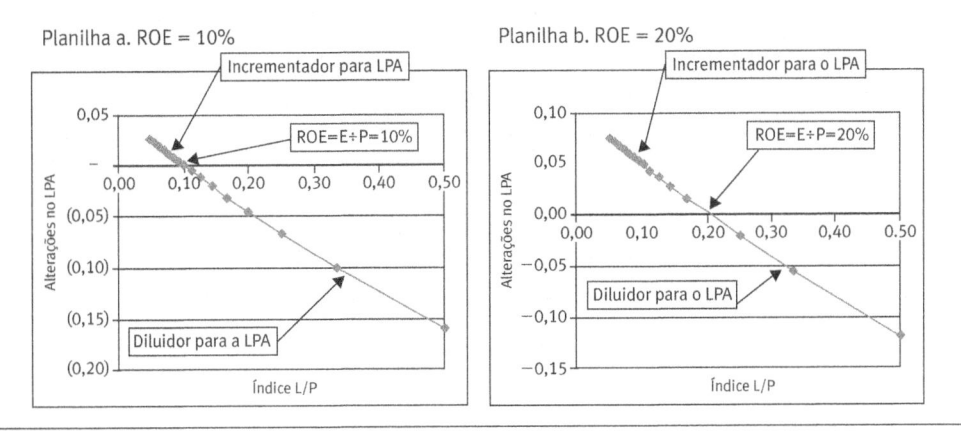

FIGURA 9-1 ROE *versus* o índice L/P e incrementos e diluição do LPA.

Legenda:

Incrementador do lucro por ação (LPA) – a alteração no LPA é positiva quando o ROE supera o índice L/P. Quando o ROE é 10% (Planilha *a*), o projeto é incrementador se o índice L/P é 10% ou menos. Do mesmo modo, quando o ROE é 20% (Planilha *b*), o projeto aumenta os lucros da empresa se o índice L/P é de 20% ou menos.

Diluidor do lucro por ação (LPA) – a alteração no LPA é negativa se o ROE é menor do que o índice L/P.

Suponha que você está recomendando um projeto com VPL positivo que tenha uma TIR de 8% e sugerimos que seja financiado com a emissão de capital próprio. O índice atual P/L da empresa é 10, o que significa que esse projeto financiado com capital próprio será diluidor. Dependendo da situação, seu presidente pode não gostar da ideia de começar um projeto que dilui os LPAs atuais da empresa. Quais são suas alternativas? Uma alternativa é simplesmente abandonar o projeto. Uma segunda alternativa é usar suficiente capital de terceiros para que o projeto seja incrementador em vez de diluidor. Qual é a melhor alternativa? Isso depende do VPL do projeto e da capacidade da empresa em captar recursos de terceiros sem arriscar sua classificação de crédito.

Exemplo nº 2 – um bom projeto com possibilidades de lucros/fluxos *backloaded*

O segundo tema que analisamos e que pode causar incrementos de lucros é o **problema de lucros/fluxos *backloaded***. Por *backloaded* simplesmente queremos dizer que o projeto gera pouco ou quase nenhum lucro nos primeiros anos, com a maior parcela dos lucros ocorrendo no final da sua vida útil.

Considere a situação enfrentada pela Dowser Chemical, que está prestes a lançar um novo produto envolvendo um investimento inicial de $33.750.000 com a expectativa de geração de receitas e lucros por um período de 10 anos. Além do custo de instalações e equipamentos, o lançamento do novo produto exige uma precificação agressiva e consideráveis investimentos para a promoção do produto, o que reduzirá consideravelmente os lucros nos primeiros anos. Quando o novo produto começar a ser aceito no mercado, necessitará de um orçamento promocional menos rigoroso, e os preços podem ser aumentados. Os efeitos combinados dessas alterações vão incrementar os fluxos de caixa do projeto e os LPA da empresa.

A Tabela 9-3 contém as consequências contábeis do projeto de investimento da Dowser. A Planilha *a* contém balanços patrimoniais *pro forma* que correspondem à formação inicial do projeto no Ano 0 e dos Anos 1 a 10. O balanço patrimonial inicial para o Ano 0 revela um investimento inicial de $3.750.000 em ativos circulantes e um investimento adicional de $30.000.000 em ativos fixos, no total de $33.750.000 de ativos. A Dowser financia uma parte dos ativos circulantes da empresa com $1.250.000 em contas a pagar. O saldo das necessidades de financiamento do projeto é captado utilizando dívidas de longo prazo ou títulos que equivalem a $10.833.333, e a $21.666.700 em capital próprio, o que totaliza $32.500.000 em capital investido. A Planilha *b* contém demonstrações de resultado *pro forma* que indicam que se espera que o projeto perca dinheiro no Ano 1 de sua operação, mas que será lucrativo em todos os anos seguintes.

Para estimar o VPL do projeto, convertemos as demonstrações de resultado *pro forma* contábeis do fluxo de caixa livre do projeto da Planilha *a* da Tabela 9-4 (págs. 410-411). Esse exercício revela que o projeto não vai produzir fluxos de caixa positivos até o Ano 5. Contudo, tendo como base os fluxos de caixa estimados dos 10 anos do projeto e uma taxa de desconto de 12% (o custo médio ponderado do capital), estimamos que o VPL do projeto na Planilha *b* da Tabela 9-4 seja de $5.718.850. Consequentemente, baseados na estimativa do VPL, concluímos que o projeto é uma boa oportunidade para a empresa.

Mas qual é o efeito da aceitação do projeto nos lucros por ação da empresa?

Efeitos dos lucros – *incremento* versus *diluição*

Grandes projetos, como o que a Dowser Chemical está analisando, podem ter um efeito significativo nos lucros declarados da empresa. Para avaliar como o projeto afeta o LPA, vamos, mais uma vez, calcular o LPA da empresa, com e sem o projeto. Neste caso, vamos não apenas ver como o LPA é afetado pelo projeto em um ano, mas também examinaremos como o LPA é afetado ao longo dos próximos 10 anos. Essas projeções, demonstradas na Tabela 9-5 (pág. 414) revelam que o projeto leva alguns anos até se tornar um incrementador do LPA. Como resultado, durante o primeiro ano, o projeto reduz os lucros da empresa em cerca de $758.000, diminuindo dessa forma o LPA em ($0,42) no Ano 1. O projeto continua a ser diluidor nos próximos quatro anos e finalmente se torna incrementador no Ano 6, em cerca de $0,12 por ação.

Dessa forma, o gerente enfrenta o seguinte dilema: a empresa deve adotar o projeto e sofrer os efeitos da diluição dos lucros nos próximos quatro anos ou deve evitar o projeto mesmo que ele tenha um VPL positivo?

9.4 Lucro econômico e o desencontro entre o LPA e o VPL

Na seção anterior, demonstramos que há dois problemas fundamentais que surgem quando o incremento de lucros é usado como um critério de seleção de projetos. O primeiro é o problema do custo do capital próprio, pelo qual o custo de oportunidade do capital próprio não é adequadamente considerado no cálculo do LPA. O segundo é o problema dos lucros/fluxos *backloaded* pelos quais os projetos produzem uma quantidade desproporcional de seus lucros na metade final de sua vida, o que o torna até mesmo projetos com VPL positivo diluidores de lucros nos primeiros anos. Nos dois casos, a análise de incremento/diluição pode fornecer um sinal errado com respeito ao VPL do projeto.

Nos anos 80, os consultores financeiros começaram a recomendar medidas alternativas de desempenho e programas de remuneração de executivos para tratar do viés associado à influência que a análise de incremento/diluição do LPA estava tendo nas escolhas gerenciais. Entre as medidas alternativas de "lucro econômico", a mais conhecida foi popularizada pela Stern Stewart and Company e é conhecida como valor econômico agregado, ou EVA® (*Economic Value Added*).

Lucro econômico (também conhecido como EVA®)

Os contadores têm defendido o uso de uma medida de contabilidade modificada de lucro, chamada de lucro residual ou lucro econômico, para avaliar desempenhos periódicos da empresa. A Stern Stewart and Company define o lucro econômico, ou EVA®, como segue:

$$\text{EVA}^\circledR_t = \begin{pmatrix} \text{Lucro operacional} \\ \text{líquido após} \\ \text{impostos (NOPAT)}_t \end{pmatrix} - \text{Encargos de capital}_t \quad (9.2)$$

onde

$$\text{NOPAT}_t = \begin{pmatrix} \text{Lucro antes dos} \\ \text{juros e impostos} \\ \text{(LAJIR)}_t \end{pmatrix} \times \begin{pmatrix} 1 - \begin{matrix} \text{alíquota de} \\ \text{imposto} \\ \text{corporativo} \end{matrix} \end{pmatrix}$$

e

$$\text{Encargos de capital}_t = \text{Capital investido}_{t-1} \times \begin{pmatrix} \text{Custo médio} \\ \text{ponderado do} \\ \text{capital (WACC)} \end{pmatrix}$$

A Equação 9.2 é muito parecida com a Equação 9.1b, definida anteriormente em nossa análise do exemplo da Beck. Entretanto, os encargos de capital da Equação 9.2 incorporam o verdadeiro custo de oportunidade de capital, que é de 8% no exemplo

Tabela 9-3 Demonstrações financeiras *pro forma* para um novo negócio proposto pela Dowser Chemicals

Planilha a. Balanços patrimoniais *pro forma* ($ milhares)

		Receitas de vendas projetadas			
	0	1	2	3	4
Vendas		$30.000,00	$36.000,00	$43.200,00	$51.840,00
		Balanços patrimoniais *pro forma*			
	0	1	2	3	4
Ativo circulante	$ 3.750,00	$ 4.500,00	$ 5.400,00	$ 6.480,00	$ 7.776,00
Ativo fixo	30.000,00	32.000,00	34.400,00	37.280,00	40.736,00
Total	$ 33.750,00	$ 36.500,00	$ 39.800,00	$ 43.760,00	$ 48.512,00
Diferidos & Contas a pagar	$ 1.250,00	$ 1.500,00	$ 1.800,00	$ 2.160,00	$ 2.592,00
Dívidas de longo prazo	10.833,33	11.666,67	12.666,67	13.866,67	15.306,67
Capital próprio	21.666,67	23.333,33	25.333,33	27.733,33	30.613,33
Total	$ 33.750,00	$ 36.500,00	$ 39.800,00	$ 43.760,00	$ 48.512,00
Capital investido	$ 32.500,00	$ 35.000,00	$ 38.000,00	$ 41.600,00	$ 45.920,00

Planilha b. Demonstração de resultados *pro forma* ($ milhares)

	Anos			
	1	2	3	4
Vendas	$ 30.000	$ 36.000	$ 43.200	$ 51.840
Custo das mercadorias vendidas	(12.000)	(14.400)	(17.280)	(20.736)
Lucro bruto	$ 18.000	$ 21.600	$ 25.920	$ 31.104
Despesas operacionais (excluindo depreciação)	(15.000)	(16.800)	(18.960)	(21.552)
Despesas de depreciação	(3.000)	(3.200)	(3.440)	(3.728)
Lucro operacional líquido	$ –	$ 1.600	$ 3.520	$ 5.824
Menos: despesas com juros	(1.083)	(1.167)	(1.267)	(1.387)
Lucro antes dos impostos	$ (1.083)	$ 433	$ 2.253	$ 4.437
Menos: impostos	325	(130)	(676)	(1.331)
Lucro líquido	$ (758)	$ 303	$ 1.577	$ 3.106

Capítulo 9 ■ Diluição de lucros, incentivos de remuneração e seleção de projetos

		Receitas de vendas projetadas			
5	6	7	8	9	10
$ 62.208,00	$ 74.649,60	$ 89.579,52	$ 107.495,42	$ 128.994,51	$ 154.793,41
		Balanços patrimoniais *pro forma*			
5	6	7	8	9	10
$ 9.331,20	$ 11.197,44	$ 13.436,93	$ 16.124,31	$ 19.349,18	$ 23.219,01
44.883,20	49.859,84	55.831,81	62.998,17	71.597,80	81.917,36
$ 54.214,40	$ 61.057,28	$ 69.268,74	$ 79.122,48	$ 90.946,98	$ 105.136,38
$ 3.110,40	$ 3.732,48	$ 4.478,98	$ 5.374,77	$ 6.449,73	$ 7.739,67
17.034,67	19.108,27	21.596,59	24.582,57	28.165,75	32.465,57
34.069,33	38.216,53	43.193,17	49.165,14	56.331,50	64.931,14
$ 54.214,40	$ 61.057,28	$ 69.268,74	$ 79.122,48	$ 90.946,98	$ 105.136,38
$ 51.104,00	$ 57.324,80	$ 64.789,76	$ 73.747,71	$ 84.497,25	$ 97.396,71

		Anos			
5	6	7	8	9	10
$ 62.208	$ 74.650	$ 89.580	$ 107.495	$ 128.995	$ 154.793
(24.883)	(29.860)	(35.832)	(42.998)	(51.598)	(61.917)
$ 37.325	$ 44.790	$ 53.748	$ 64.497	$ 77.397	$ 92.876
(24.662)	(28.395)	(32.874)	(38.249)	(44.698)	(52.438)
(4.074)	(4.488)	(4.986)	(5.583)	(6.300)	(7.160)
$ 8.589	$ 11.907	$ 15.888	$ 20.665	$ 26.399	$ 33.278
(1.531)	(1.703)	(1.911)	(2.160)	(2.458)	(2.817)
$ 7.058	$ 10.203	$ 13.977	$ 18.506	$ 23.940	$ 30.462
(2.117)	(3.061)	(4.193)	(5.552)	(7.182)	(9.139)
$ 4.941	$ 7.142	$ 9.784	$ 12.954	$ 16.758	$ 21.323

Tabela 9-4 Análise de fluxo de caixa do projeto e do VPL

Planilha a. Estimativa de fluxos de caixa livre ($ milhares)

	Anos			
	1	2	3	4
Vendas	$ 30.000	$ 36.000	$ 43.200	$ 51.840
Lucro operacional líquido	0	1.600	3.520	5.824
Menos pagamento de impostos à vista	0	(480)	(1.056)	(1.747)
Lucro operacional líquido após impostos (NOPAT)	$ 0	$ 1.120	$ 2.464	$ 4.077
Mais: despesas de depreciação	3.000	3.200	3.440	3.728
Menos: investimentos:				
Em capital de giro líquido	(500)	(600)	(720)	(864)
Em novo capital (CAPEX)	(5.000)	(5.600)	(6.320)	(7.184)
Total de investimentos líquidos no período	$ (5.500)	$ (6.200)	$ (7.040)	$ (8.048)
Fluxo de caixa livre do projeto (FCLP)	$ (2.500)	$ (1.880)	$ (1.136)	$ (243)

Planilha b. análise do VPL ($ milhares)

Avaliação do projeto	
Valor presente dos fluxos de caixa livres (12% do custo de capital)	$ 6.859,72
Valor presente do capital investido Ano 10	31.359,13
Valor presente dos fluxos de caixa do projeto	$ 38.218,85
Menos: Capital inicial investido no Ano 0	(32.500,00)
Valor presente líquido	$ 5.718,85

			Anos			
5	6	7	8	9	10
$ 62.208	$ 74.650	$ 89.580	$ 107.495	$ 128.995	$ 154.793
8.589	11.907	15.888	20.665	26.399	33.278
(2.577)	(3.572)	(4.766)	(6.200)	(7.920)	(9.983)
$ 6.012	$ 8.335	$ 11.122	$ 14.466	$ 18.479	$ 23.295
4.074	4.488	4.986	5.583	6.300	$ 7.160
1.037)	(1.244)	(1.493)	(1.792)	(2.150)	$ (2.580)
(8.221)	(9.465)	(10.958)	(12.750)	(14.899)	$ (17.479)
$ (9.258)	$ (10.709)	$ (12.451)	$ (14.541)	$ (17.049)	$ (20.059)
$ 828	$ 2.114	$ 3.657	$ 5.508	$ 7.729	$ 10.395

Tabela 9-5 Análise dos efeitos de diluição dos lucros (em $ milhares, exceto nas informações por ação)

Análise dos efeitos da diluição dos lucros	1	2	3	4
Lucro líquido do projeto	$ (758)	$ 303	$ 1.577	$ 3.106
Lucro líquido da empresa sem o projeto	53.750	57.781	62.115	66.773
Lucro líquido total da empresa com o projeto	$ 52.992	$ 58.085	$ 63.692	$ 69.880
Total de ações em circulação com o projeto	10.688,33	10.736,81	10.760,31	10.760,31
Lucros combinados por ação da empresa e do projeto	$ 4,96	$ 5,41	$ 5,92	$ 6,49
Total de ações em circulação sem o projeto	10.000	10.000	10.000	10.000
Lucros da empresa por ação sem o projeto	$ 5,38	$ 5,78	$ 6,21	$ 6,68
Lucro(diluição)/incremento por ação	$ (0,42)	$ (0,37)	$ (0,29)	$ (0,18)

da Beck, em vez do retorno após impostos dos Títulos do Tesouro americano que estão refletidos na Equação 9.1b (4% de lucros ou 3,2% após impostos).[4] Como os encargos de capital ajustados ao risco são maiores do que a taxa sem risco que está implícita na análise dos lucros, os lucros econômicos associados a esse projeto serão muito menores do que os lucros do projeto.

Utilizando o lucro econômico para avaliar o problema capital-custo

Na Tabela 9-6, aplicamos o conceito de lucro econômico na avaliação do investimento da Beck, apresentado anteriormente na Tabela 9-1. A análise da Tabela 9-6 revela que o lucro econômico da Beck cai para $720.000, refletindo o lucro econô-

---

[4] Para ver por que acontece isso, podemos reescrever os encargos de capital (custo) na Equação 9.1b, como segue:

$$\begin{aligned}\text{Encargos de capital} &= \left[\begin{pmatrix}\text{Despesa de juros}\\ \text{com novas dívidas}\end{pmatrix}\begin{pmatrix}1-\text{Alíquota}\\ \text{do imposto}\end{pmatrix} + \begin{pmatrix}\text{Receita de juros dos}\\ \text{recursos usados para}\\ \text{financiar o capital próprio}\end{pmatrix}\begin{pmatrix}1-\text{Alíquota}\\ \text{do imposto}\end{pmatrix}\right]\\ &= \left[\frac{\left[\begin{pmatrix}\text{Taxa de}\\ \text{juros da}\\ \text{nova dívida}\end{pmatrix}\times \text{Dívida}\times \begin{pmatrix}1-\frac{\text{Alíquota do}}{\text{imposto}}\end{pmatrix} + \begin{pmatrix}\text{Taxa do}\\ \text{Título do}\\ \text{Tesouro}\end{pmatrix}\times \frac{\text{Capital}}{\text{próprio}}\times \begin{pmatrix}1-\frac{\text{Alíquota do}}{\text{imposto}}\end{pmatrix}\right]}{\text{Dívida}+\text{Capital próprio}}\right]\times \begin{pmatrix}\text{Dívida}+\\ \text{Capital}\\ \text{próprio}\end{pmatrix}\\ &= \begin{pmatrix}\text{(Custo médio ponderado da}\\ \text{taxa de empréstimo após impostos}\\ \text{e a taxa do Título do Tesouro)}\end{pmatrix}\times (\text{Dívida}+\text{Capital próprio})\end{aligned}$$

5	6	7	8	9	10
$ 4.941	$ 7.142	$ 9.784	$ 12.954	$ 16.758	$ 21.323
71.781	77.165	82.952	89.174	95.862	103.052
$ 76.722	$ 84.307	$ 92.736	$ 102.128	$ 112.620	$ 124.375
10.760,31	10.760,31	10.760,31	10.760,31	10.760,31	10.760,31
$7,13	$7,84	$8,62	$9,49	$10,47	$11,56
10.000	10.000	10.000	10.000	10.000	10.000
$7,18	$7,72	$8,30	$8,92	$9,59	$10,31
$(0,05)	$0,12	$0,32	$0,57	$0,88	$1,25

mico do projeto de −$80.000. Esse decréscimo reflete o fato de que o projeto de investimento não cria valor (o que é consistente com o VPL negativo de −$1.000.000 que calculamos na Planilha d da Tabela 9-1).

Outra indicação de que o lucro econômico fornece o sinal correto do potencial do projeto para criação de valor para os acionistas está no fato de que o valor presente de todos os lucros econômicos futuros é igual ao VPL do projeto. No exemplo de investimento da Beck Electronics, no qual o lucro econômico é um valor constante para todos os anos futuros e se considera que o projeto tenha uma vida infinita (isto é, os lucros econômicos futuros têm um nível de perpetuidade), podemos calcular o valor presente de todos os lucros econômicos futuros, como segue:

$$\text{Valor presente de todos os lucros econômicos futuros} = \frac{\text{Lucro econômico}}{\text{Custo de capital}} = \frac{(\$800.000)}{0,08} = (\$1.000.000)$$

O valor presente de todos os lucros econômicos futuros é igual ao que Stern Stewart se refere como o valor de mercado agregado (VMA) para o projeto (ou empresa), que é simplesmente o VPL do projeto. Devemos chamar a atenção, entretanto, para o fato de que o VMA utilizado para classificar empresas pelo seu desempenho publicado na mídia financeira não é calculado como sendo o valor presente de lucros econômicos futuros esperados (veja o quadro Insight Técnico intitulado "VMA e VPL").

Tabela 9-6 Utilizando o lucro econômico para resolver o problema do custo do capital próprio – Beck Electronics, Inc.

	Empresa antes do projeto	Projeto	Empresa + Projeto
LAJIR	$ 4.000.000	$ 500.000	$ 4.500.000
Menos: impostos	(800.000)	(100.000)	(900.000)
NOPAT	$ 3.200.000	$ 400.000	$ 3.600.000
Menos: encargos de capital	(2.400.000)	(480.000)	(2.880.000)
Lucro econômico	$ 800.000	$ (80.000)	$ 720.000

Legenda:
LAJIR – Lucros antes de juros e impostos
NOPAT – lucro operacional líquido após impostos
Encargos de capital – capital investido multiplicado pelo custo médio ponderado do capital
Encargos de capital próprio – capital próprio multiplicado pelo custo do capital próprio
Lucro econômico – NOPAT menos os encargos de capital

Nesse exemplo em particular, o lucro econômico, ou EVA®, fornece uma ferramenta muito importante para a avaliação periódica de desempenho, de maneira que é completamente consistente com o critério do VPL. Isto é, como o projeto produz um fluxo constante de lucros e de lucro econômico, um lucro econômico positivo significa que o projeto tem um VPL positivo e um lucro econômico negativo indica um VPL negativo.

> **INSIGHT TÉCNICO**
>
> **VMA e VPL**
>
> O valor de mercado agregado, ou VMA, foi calculado como a diferença no valor de mercado da empresa (preço da ação multiplicado pelo número de ações, mais o passivo – geralmente medido utilizando valores contábeis), menos uma estimativa do capital investido na empresa em determinada época. Essa última é, basicamente, um valor contábil ajustado dos ativos da empresa retirados do balanço patrimonial mais recente. Nessa estimativa do VMA, os lucros econômicos futuros não são estimados e descontados, e a estimativa de capital investido não é igual ao custo de reposição ou à quantidade de dinheiro que seria necessário para duplicar a carteira de ativos da empresa. Consequentemente, o VMA, como declarado na mídia financeira (por exemplo, Stephen Taub, "PMV de VMA", *Revista CFO*, 1º de julho de 2003), não é tecnicamente igual ao VPL da empresa, mas é uma aproximação baseada na comparação entre o valor de mercado dos títulos em aberto (dívida/capital próprio) da empresa e o valor contábil dos ativos da empresa (depois de feitos alguns ajustes importantes – veja o Capítulo 5 do livro de G.Bennett Stewart, *The Quest for Value*, HarperBusiness, 1991).

Entretanto, como demonstramos utilizando o exemplo da Dowser Chemical, o lucro econômico não trata automaticamente dos problemas que surgem quando os lucros de um investimento não são estáveis ou distribuídos de maneira uniforme ao longo da vida do projeto. Basicamente, consideramos dois ambientes nos quais a distribuição dos lucros ao longo da vida do projeto acarreta um problema. O primeiro aparece quando os lucros estão concentrados nos últimos anos da vida do projeto; já nos referimos a isso como o *problema de lucros back-loaded*. Neste caso, o projeto pode ter lucros econômicos negativos por um ou mais dos primeiros anos de sua vida útil e ainda assim fornecer um VPL esperado positivo. O segundo ocorre quando os lucros do projeto estão concentrados nos primeiros anos de vida do projeto; referimos-nos a ele como o *problema de lucros front-loaded*. Nesta situação, o projeto pode inicialmente produzir lucros econômicos positivos por um ou mais anos, que se tornam suficientemente negativos nos últimos anos para que o projeto tenha um VPL negativo.

Utilizando o lucro econômico para avaliar os problemas de lucro *back* e *front-loaded*

No exemplo da Beck Electronics, o uso de lucro econômico em lugar do LPA corrige um erro de seleção de projetos que pode surgir quando o incremento ou a diluição do LPA é uma variável de decisão importante. O exemplo da Beck ilustra que o critério de LPA implicitamente utiliza a taxa de desconto errada. Por isso, para corrigir o problema, usa-se uma medida de desempenho alternativa que utiliza a taxa de desconto correta. Infelizmente, o lucro econômico não trata diretamente dos assuntos associados ao problema de lucros *back-loaded* mostrado no exemplo da Dowser Chemical.

Lucros back-loaded

A Planilha *a* da Tabela 9-7 inclui os cálculos de lucro econômico para cada ano do problema da Dowser Chemical mostrado anteriormente. Apesar de o projeto ter um VPL positivo, ele tem lucros econômicos negativos dos Anos 1 a 4, antes de se tornar positivo no Ano 5.[5] Como mencionamos anteriormente, o valor presente dos lucros econômicos de todos os anos é igual ao seu VPL (veja a Planilha *b* da Tabela 9-7). Entretanto, o fato de que a soma dos valores presentes das medidas de lucro econômico anual é igual ao VPL não significa que o lucro econômico de qualquer ano em especial revela se o projeto tem um VPL positivo, negativo ou igual a zero!

---

[5] Observe que são usados dois métodos equivalentes para calcular o lucro econômico na Planilha *a* da Tabela 9-7. O primeiro é o método convencional definido na Equação 9.2. O segundo simplesmente reconhece o fato que o retorno no capital investido (ROIC) é igual ao índice do NOPAT para o capital investido e calcula o lucro econômico multiplicado pela diferença no capital investido no ROIC e k_{WACC}.

Tabela 9-7 Utilizando o lucro econômico (ou EVA®) para avaliar o exemplo da Dowser Chemical apresentado na Tabela 9-3

Planilha a. Calculando o lucro econômico ($000)

Método nº 1	Anos			
	1	2	3	4
Vendas	$ 30.000	$ 36.000	$ 43.200	$ 51.840
Lucro operacional	0	1.600	3.520	5.824
Menos: pagamento de impostos à vista	0	(480)	(1.056)	(1.747)
Lucro operacional líquido após impostos (NOPAT)	$ 0	$ 1.120	$ 2.464	$ 4.077
Menos: custo do capital = capital investido × k_{WACC}	(3.900)	(4.200)	(4.560)	(4.992)
Lucro econômico = NOPAT – custo do capital	$ (3.900)	$ (3.080)	$ (2.096)	$ (915)
Método nº 2				
Retorno sobre o capital investido (ROIC)	0,00%	3,20%	6,48%	9,80%
Custo do capital (k_{WACC})	12%	12%	12%	12%
Capital investido ($t-1$)	$ 32.500	$ 35.000	$ 38.000	$ 41.600
Lucro econômico = (ROIC – k_{WACC}) × capital investido ($t-1$)	$ (3.900)	$ (3.080)	$ (2.096)	$ (915)

Planilha b. Valor de mercado agregado (VMA) e VPL do projeto ($000)

Valor de mercado agregado = valor presente dos lucros econômicos	$ 5.719
Mais: capital investido	32.500
Valor do projeto	$ 38.219
VPL = valor do projeto – capital investido	$ 5.719

Lucros front-loaded

A Tabela 9-8 contém um projeto de investimento similar ao exemplo da Dowser, exceto pela configuração dos lucros, que está invertida. Neste exemplo, o projeto rende mais nos primeiros anos e menos nos últimos anos de sua vida, significando que o NOPAT, assim como os lucros econômicos, são maiores no Ano 1 do que em qualquer ano subsequente.[6] O resultado é que, para o projeto *front-loaded*, os lucros

---

[6] Apesar de não mencionarmos na Tabela 9-8, o projeto também é incrementador de lucros nos dois primeiros anos de vida, antes de se tornar diluidor de lucros dos Anos 3 a 10.

		Anos			
5	6	7	8	9	10
$ 62.208	$ 74.650	$ 89.580	$ 107.495	$ 128.995	$ 154.793
8.589	11.907	15.888	20.665	26.399	33.278
(2.577)	(3.572)	(4.766)	(6.200)	(7.920)	(9.983)
$ 6.012	$ 8.335	$ 11.122	$ 14.466	$ 18.479	$ 23.295
(5.510)	(6.132)	(6.879)	(7.775)	(8.850)	(10.140)
$ 502	$ 2.202	$ 4.243	$ 6.691	$ 9.629	$ 13.155
13,09%	16,31%	19,40%	22,33%	25,06%	27,57%
12%	12%	12%	12%	12%	12%
$ 45.920	$ 51.104	$ 57.325	$ 64.790	$ 73.748	$ 84.497
$ 502	$ 2.202	$ 4.243	$ 6.691	$ 9.629	$ 13.155

econômicos são positivos nos primeiros cinco anos, antes de se tornarem negativos dos Anos 6 a 10. Neste exemplo, o projeto tem um VPL negativo (veja a Planilha *b* da Tabela 9-8), apesar do EVA® nos anos iniciais ser positivo.

Resumindo

O fato é que o valor de um projeto multianual é uma função de múltiplos fluxos de caixa ou, de forma parecida, múltiplos anos de lucro econômico, e o desempenho de qualquer um dos anos geralmente não é suficiente para avaliar o valor total de um projeto de investimento. Esse fato acarreta um dilema muito sério para o gerente

Tabela 9-8 Utilizando o lucro econômico (ou EVA®) para avaliar um investimento com lucros *front-loaded*

Planilha a. Calculando o lucro econômico ($000)

Método nº 1	Anos			
	1	2	3	4
Vendas	$ 80.000	$ 76.000	$ 72.200	$ 68.590
Lucro operacional	12.632	11.600	10.620	9.689
Menos: pagamento de impostos à vista	(3.789)	(3.480)	(3.186)	(2.907)
Lucro operacional líquido após impostos (NOPAT)	$ 8.842	$ 8.120	$ 7.434	$ 6.782
Menos: custo do capital = capital investido × k_{WACC}	(7.453)	(7.200)	(6.960)	(6.732)
Lucro econômico = NOPAT − custo do capital	$ 1.389	$ 920	$ 474	$ 50
Método nº 2				
Retorno sobre o capital investido (ROIC)	14,24%	14,24%	13,53%	12,82%
Custo do capital (k_{WACC})	12%	12%	12%	12%
Capital investido ($t-1$)	$ 62.105	$ 60.000	$ 58.000	$ 56.100
Lucro econômico = (ROIC − k_{WACC}) × capital investido ($t-1$)	$ 1.389	$ 1.342	$ 889	$ 458

Planilha b. Valor de mercado agregado (VMA) e VPL do projeto ($000)

Valor de mercado agregado = valor presente dos lucros econômicos	$ (617)
Mais: capital investido	62.105
Valor do projeto	$ 61.488
VPL = valor do projeto − capital investido	$ (617)

financeiro que gostaria de selecionar investimentos com VPL positivos, mas é avaliado e remunerado com base no desempenho da empresa a cada ano. O problema é ainda mais sério quando a criação de valor do projeto é irregular a cada ano e ocorre ao longo de muitos anos.

9.5 Soluções práticas – utilizando eficientemente o lucro econômico

Demonstramos que, se os fluxos de caixa de um projeto com VPL positivo são *back-loaded*, o projeto pode diluir o lucro econômico assim como o LPA. Do mesmo modo, um projeto *front-loaded* pode ser um incrementador tanto para os lucros econômicos

	Anos					
5	6	7	8	9	10
$ 65.161	$ 61.902	$ 58.807	$ 55.867	$ 53.074	$ 50.420
8.805	7.964	7.166	6.408	5.687	5.003
(2.641)	(2.389)	(2.150)	(1.922)	(1.706)	(1.501)
$ 6.163	$ 5.575	$ 5.016	$ 4.485	$ 3.981	$ 3.502
(6.515)	(6.310)	(6.114)	(5.928)	(5.752)	(5.584)
$ (352)	$ (735)	$ (1.098)	$ (1.443)	$ (1.771)	$ (2.082)
12,09%	11,35%	10,60%	9,85%	9,08%	8,31%
12%	12%	12%	12%	12%	12%
$ 54.295	$ 52.580	$ 50.951	$ 49.404	$ 47.933	$ 46.537
$ 49	$ (341)	$ (712)	$ (1.065)	$ (1.400)	$ (1.719)

quanto para os lucros contábeis, mesmo quando seu VPL é negativo. Nos dois casos, há um *problema de horizonte* que induz os gerentes a se afastarem dos projetos *backloaded*, mesmo que eles tenham VPLs positivos, e se dirigirem para os projetos *frontloaded* que podem ter VPLs negativos.

Para resolver o problema de horizonte, podem ser adotadas duas abordagens. A primeira envolve refinar o cálculo da medida de desempenho. Isso significa fazer ajustes na maneira com que as despesas de depreciação são calculadas para que sigam mais rigorosamente as reais alterações no valor do ativo fixo ao longo da vida do projeto, em vez de seguir uma regra contábil como a depreciação linear. A segunda exige o refinamento na maneira pela qual os gerentes são remunerados. Um exemplo dessa última abordagem é algo chamado de banco de bonificação, que efetivamente permite que as bonificações reflitam o desempenho ao longo de períodos de tempo mais longos.

Modificando o cálculo do lucro econômico

Ao calcular o lucro econômico, geralmente usamos um método contábil para depreciar o custo de ativos fixos ao longo da vida do investimento. Por exemplo, utilizando a depreciação linear sem valor residual, vemos que um equipamento de $100.000 com uma vida depreciável de cinco anos gera $20.000 por ano em despesas de depreciação. Isso significa que o capital investido que atribuímos para esse equipamento no Ano 0 é de $100.000, no Ano 1 é de $80.000, e assim por diante. Seria muito pouco provável que o valor real do equipamento diminuísse exatamente da mesma maneira ao longo do tempo. De fato, nos projetos que têm lucros e fluxos de caixa *back-loaded*, o valor do capital investido pode aumentar de fato durante os primeiros anos de vida do projeto, quando o investimento está sendo instalado. Da mesma maneira, para projetos *front-loaded*, o valor do capital investido pode cair rapidamente nos primeiros anos quando os lucros são maiores. Essa divergência entre os métodos convencionais de contabilidade para o capital investido nos ativos depreciáveis e o padrão real de alteração desses ativos levam a problemas que observamos na seção anterior, com respeito tanto aos lucros contábeis quanto aos lucros econômicos.

Harold Bierman sugere um ajuste técnico para este problema, utilizando o que ele chama de valor presente ou depreciação econômica para determinar o capital investido.[7] A chave para o ajuste de Bierman quanto ao cálculo do lucro econômico reside na estimativa da depreciação econômica. A depreciação econômica é simplesmente a alteração no valor presente de fluxos de caixa esperados do projeto, de ano a ano. Para mostrar como isso é feito, a Planilha *a* da Tabela 9-9 apresenta uma análise dos lucros *back-loaded* enfrentados pela Dowser Chemical (ela foi apresentada na Tabela 9-3 e seus lucros econômicos foram analisados na Tabela 9-7). O primeiro passo na análise envolve a estimativa da TIR para o projeto de investimento, que é de 13,73%. Depois, estimamos o valor dos fluxos de caixa futuros do projeto a partir daquele ano utilizando a TIR como taxa de desconto. Assim, o valor dos fluxos de caixa futuros do projeto no Ano 0 se equivale aos $32.500.00 investidos no projeto. No Ano 1, o valor do capital investido equivale ao valor presente dos fluxos de caixa esperados para os Anos 2 a 10, ou $39.462.080, e assim por diante. Então, a depreciação econômica é simplesmente a alteração no valor do projeto de ano a ano, de tal modo que, no Ano 1, a depreciação do projeto seja realmente de $6.962.080 positivos, refletindo uma valorização no valor do projeto, pois os fluxos de caixa do período inicial são efetivamente negativos, e, quanto mais nos movemos no tempo, os fluxos de caixa futuros consistem de fluxos em caixa (*back-loaded*) mais positivos.

Nossa medida de lucro econômico revisada agora reflete um NOPAT revisado estimado como a soma do fluxo de caixa livre original do projeto (FCLP) mais a depre-

---

[7] Harold Bierman, "Beyond Cash Flow ROI", *Midland Corporate Finance Journal* 5, N° 4 (Inverno), 1988:36-39.

ciação econômica no ano. Para o Ano 1, o NOPAT revisado é igual a ($2.500.000) + $6.962.080, ou $4.462.080. O encargo de capital para o Ano 1 (e todos os anos seguintes) também é revisado para refletir o valor econômico do capital investido baseado no valor presente dos fluxos de caixa futuros para cada ano. Assim, para o Ano 1, o encargo de capital é igual ao capital investido de $32.500.000 × 12%, ou $3.900.000. Subtraindo a estimativa revisada do encargo de capital do NOPAT revisado, gera nosso lucro econômico revisado para o Ano 1, de $562.080.

Lembre-se que este exemplo tem um VPL positivo de $5.718.850, mas, com os lucros *back-loaded*, produziu lucros econômicos negativos nos primeiros anos do projeto, quando calculamos os lucros econômicos de maneira convencional na Tabela 9-7. Observe que as medidas de lucro econômico revisadas são todas positivas se utilizarmos depreciação econômica, o que significa que este é um projeto que agrega valor.

A Planilha *b* da Tabela 9-9 fornece uma análise do projeto de lucros *front-loaded* apresentado anteriormente, na Tabela 9-8. Lembre-se que este projeto tinha um VPL negativo de ($617.100), mas, com os lucros *front-loaded*, os lucros econômicos para os primeiros anos do projeto eram positivos. Entretanto, aplicando a depreciação econômica ao problema, alteram-se as medidas de lucro econômico, tornando-as todas negativas dos Anos 1 a 10, o que é compatível com a noção de que o projeto destrói ao invés de criar riqueza.

Stern Stewart oferece recomendações adicionais que podem minimizar os problemas de horizonte. Por exemplo, ele sugere que as empresas capitalizem suas despesas com P&D e publicidade ao invés de desembolsá-las no período em que os recursos são gastos. Além disso, recomenda que a empresa contabilize as despesas com investimento mais lentamente ao longo do tempo, à medida que o projeto entra em atividade, e se torna produtivo (isto é, despendendo o custo dos bens de capital ao longo do tempo, enquanto o projeto começa a produzir receitas). Dessa forma, a empresa reduz o tamanho dos encargos de capital nos primeiros anos de vida do projeto. Essas alterações têm a capacidade de fazer com que os lucros econômicos medidos fluam mais uniformemente ao longo do tempo, do mesmo modo que faz a mudança para depreciação econômica.

Apesar dessas mudanças terem lógica, há um desafio real na comunicação de qualquer medida de lucro econômico aos mercados financeiros. Qualquer medida de lucro que divirja dos cálculos GAAP pode ser vista como menos confiável, pois os gerentes têm a liberdade de fazer essas escolhas que descrevem seus desempenhos da maneira que mais lhes convierem. Isso significa que a empresa irá necessitar de um argumento convincente, assim como de credibilidade com os mercados, para justificar seus cálculos de lucro econômico. Como indica Bennett Stewart, entrevistado no quadro Insight da Indústria, é mais provável que os gerentes, nessas situações, obtenham credibilidade nos mercados financeiros se puderem demonstrar que eles também estão pessoalmente investidos nos resultados de longo prazo de suas empresas.

Tabela 9-9 Revisando o lucro econômico para refletir a depreciação econômica

Planilha a. Exemplo de lucros *back-loaded*

	0	1	2	3	4
Fluxos de caixa livre do projeto	$ (32.500,00)	$ (2.500,00)	$ (1.880,00)	$ (1.136,00)	$ (243,20)
Taxa interna de retorno no investimento	13,73%				
Valor presente de fluxos de caixa futuros (capital investido estimado)	$ 32.500,00	$ 39.462,08	$ 46.760,02	$ 54.315,93	$ 62.016,42
Depreciação econômica = alteração no valor presente dos fluxos de caixa futuros		6.962,08	7.297,94	7.555,91	7.700,49
NOPAT revisado = FCLP + depreciação econômica		$ 4.462,08	$ 5.417,94	$ 6.419,91	$ 7.457,29
Encargo de capital revisado = capital investido revisado $(t-1) \times$ custo de capital		(3.900,00)	(4.735,45)	(5.611,20)	(6.517,91)
Estimativa revisada do lucro econômico		$ 562,08	$ 682,49	$ 808,71	$ 939,38
VPL = VMA = valor presente de todos os lucros econômicos futuros (revisado)	$ 5.718,85				

Planilha b. Exemplo de lucros *front-loaded* ($000)

	0	1	2	3	4
Fluxos de caixa livres do projeto	$ (62.105,26)	$ 10.947,37	$ 10.120,00	$ 9.334,00	$ 8.587,30
Taxa interna de retorno no investimento	11,79%				
Valor presente de fluxos de caixa futuros	$ 62.105,26	$ 58.481,68	$ 55.258,16	$ 52.440,50	$ 50.037,27
Depreciação econômica		(3.623,58)	(3.223,52)	(2.817,66)	(2.403,23)
NOPAT revisado = FCLP + depreciação econômica		$ 7.323,79	$ 6.896,48	$ 6.516,34	$ 6.184,07
Menos: encargo de capital revisado		$(7.452,63)	$(7.017,80)	$(6.630,98)	$ (6.292,86)
Estimativa revisada do lucro econômico		$ (128,84)	$ (121,33)	$ (114,64)	$ (108,79)
VMA = valor presente de todos os lucros econômicos (revisado)	$ (617,10)				

Capítulo 9 ■ Diluição de lucros, incentivos de remuneração e seleção de projetos

5	6	7	8	9	10
$ 828,16	$ 2.113,79	$ 3.656,55	$ 5.507,86	$ 7.729,43	$107.792,02
$ 69.702,79	$ 77.158,83	$ 84.095,79	$ 90.133,84	$ 94.779,32	$ 0,00
7.686,37	7.456,04	6.936,96	6.038,05	4.645,48	(94.779,32)
$ 8.514,53	$ 9.569,83	$ 10.593,51	$ 11.545,91	$ 12.374,91	$ 13.012,71
(7.441,97)	(8.364,34)	(9.259,06)	(10.091,49)	(10.816,06)	(11.373,52)
$ 1.072,56	$ 1.205,50	$ 1.334,45	$ 1.454,42	$ 1.558,85	$ 1.639,19

5	6	7	8	9	10
$ 7.877,94	$ 7.204,04	$ 6.563,84	$ 5.955,64	$ 5.377,86	$ 50.038,95
$ 48.060,00	$ 46.523,46	$ 45.445,92	$ 44.849,51	$ 44.760,54	$ 0,00
(1.977,27)	(1.536,54)	(1.077,54)	(596,42)	(88,97)	(44.760,54)
$ 5.900,67	$ 5.667,50	$ 5.486,30	$ 5.359,23	$ 5.288,90	$ 5.278,41
(6.004,47)	(5.767,20)	(5.582,82)	(5.453,51)	(5.381,94)	(5.371,26)
$ (103,81)	$ (99,70)	$ (96,52)	$ (94,28)	$ (93,04)	$ (92,86)

> **INSIGHT DA INDÚSTRIA**
>
> **Uma entrevista com Bennett Stewart, Jr.***
>
> **Pergunta:**
> O que os gerentes deveriam fazer quando o critério de VPL e de lucros entram em conflito? Será que os gerentes têm credibilidade suficiente para levar os investidores a acreditar neles quando dizem que os lucros estão temporariamente mais baixos porque a empresa contratou investimentos com VPL positivo, mas que são temporariamente diluidores de lucros?
>
> **Bennett:**
> A administração sempre pode comunicar mais informações, tais como o fato de que o projeto tem uma fase de crescimento ou que um aumento nas despesas com pesquisas ou *marketing* irá reduzir os lucros temporariamente. Quando isso ocorre, o EVA® é um bom contexto para fazer tais revelações. Entretanto, apesar de achar que tudo isso é necessário, não é uma solução suficiente. A pergunta para os investidores é: por que devemos acreditar na administração? Como sabemos que não são manipuladores como a Enron?
>
> O melhor mecanismo de comunicação para a administração de uma empresa é este: eles colocam seu dinheiro no que estão dizendo. Isso pode ser feito utilizando uma combinação das seguintes políticas da empresa: um plano de bônus baseado na partilha dos melhoramentos do EVA® ao longo do tempo; bônus pagos por meio do uso de um banco de bônus em risco; uma exigência de que os gerentes mantenham um capital líquido próprio significativo na empresa; um plano da empresa de recompra de ações que defina que essa coincida com a avaliação de mercado das ações da empresa; e restrição às vendas de ações do gerente para vendas programadas (isto é, vendas planejadas seguindo um programa determinado).
>
> * Sócio-fundador da Stern Stewart and Company, Nova York, Nova York.

Modificando o método usado para pagamento de bônus baseado no lucro econômico

Stern Stewart recomenda um número de práticas que devem aumentar o horizonte de investimento dos gerentes.[8] Primeiro, os bônus de desempenho deveriam ser acumulados e pagos ao longo do tempo e, segundo, os gerentes deveriam participar de um programa de opção de ações alavancado. O "banco de bônus" prolonga o horizonte de decisão do gerente porque o dinheiro colocado no banco de bônus é considerado "em risco". O desempenho da empresa ao longo do período do banco de bônus influencia o desembolso pelo banco.

O típico plano de banco de bônus funciona da seguinte forma: os bônus para o ano corrente são determinados de acordo com o desempenho da empresa (por exemplo, Stern Stewart recomenda que os bônus sejam baseados nos melhoramentos no EVA® da empresa). Um terço dos bônus ganhos é pago para seus empregados, en-

---

[8] A discussão nesta seção é baseada em J.Stern, B. Stewart III e D. CHew, "The EVA® Financial Management System", *Journal of Applied Corporate Finance* 8, 2 (Verão), pág. 43-46.

quanto que dois terços são *acumulados* para uma distribuição posterior. No segundo ano do plano, o desempenho da empresa é usado para determinar mais uma vez os bônus dos empregados. Entretanto, se o desempenho da empresa piora, o bônus é na verdade negativo e é deduzido da conta do banco de bônus do empregado. Se o desempenho da empresa garante o pagamento de um bônus no segundo ano, então o bônus total é igual a um terço do bônus do Ano 1 (do banco de bônus) mais um terço do bônus ganho no Ano 2. O fator-chave aqui é que, como o banco de bônus corre riscos, os funcionários não têm incentivo para tomar decisões de muito curto prazo. Tomar atitudes no ano corrente para melhorar o desempenho do período atual à custa dos próximos dois anos (em um plano de três anos) poderá vir a prejudicar o empregado.

9.6 Resumo

Na sala de aula, os economistas financeiros querem transmitir a ideia de que são os fluxos de caixa que determinam valor e que os lucros declarados não deveriam ser um motivo de preocupação para os investidores. Na realidade, entretanto, os gerentes preocupam-se com os lucros que sua empresa declara a cada trimestre, e essa preocupação tem um efeito significativo nos projetos de investimento escolhidos.

Os alunos estão sendo mal informados nas salas de aula quando aprendem a enfocar os fluxos de caixa e desconsiderar os lucros? A resposta é um simples "não". O valor é uma função dos fluxos de caixa recebidos pelos investidores. Entretanto, ao ignorar os lucros declarados, a equipe de administradores da empresa sujeita-se aos perigos de má interpretação dos investidores no mercado de capital. Por essa razão, os executivos corporativos não olham apenas para a estimativa de criação de riqueza para novos projetos baseados no valor presente líquido, mas, frequentemente, também analisam se o projeto pode incrementar os lucros. Infelizmente, esses critérios de investimento conflitantes nem sempre são consistentes. Como este capítulo tem mostrado, os projetos incrementadores de lucro nos seus primeiros anos podem produzir VPLs negativos, e projetos que inicialmente são diluidores podem ter VPLs positivos.

A Tabela 9-10 resume os problemas de mensuração de desempenho que surgem quando o desempenho gerencial é avaliado periodicamente utilizando os lucros, e quando novos projetos são avaliados considerando se são incrementadores ou diluidores dos lucros da empresa. O primeiro é o problema do custo de capital próprio, que reflete o fato de que o LPA não considera o custo de oportunidade de capital apropriado. A mudança de lucro contábil para lucro econômico soluciona este problema ao utilizar o custo de oportunidade de capital próprio investido. O segundo problema refere-se ao cronograma dos lucros e ao fluxo de caixa do projeto. Basicamente, projetos que têm *lucros back-loaded* podem, seguidamente, ser diluidores nos seus primeiros anos e ainda ter um VPL positivo. Do mesmo modo, maus projetos que têm lucros *front-loaded* podem incrementar os lucros nos primeiros anos de vida do projeto e ter VPL negativos. Nesses dois casos, a aplicação simplista do lucro econômico pode levar ao que nos referimos como "problema de horizonte". Isto é,

Tabela 9-10 Resumo do problema de horizonte gerencial – resolvendo o problema de mensuração

Distribuição de lucros do projeto/ fluxos de caixa ao longo do tempo	Fonte de financiamento	Problema	Solução
I. Estável (isto é, nem *front* nem *back-loaded*)	Capital próprio interno	O lucro econômico determina o custo de capital adequado para o projeto enquanto o LPA determina um custo para capital próprio equivalente à antiga receita de juros auferida pelo caixa excedente pela empresa.	Avaliar o desempenho periódico utilizando o lucro econômico.
	Capital próprio externo (venda de ações ordinárias)	Se o custo do capital próprio não é igual ao índice L/P, o critério de diluição/incremento do LPA não é consistente com o VPL <0(>0).	Avaliar o desempenho periódico utilizando o lucro econômico.
	Financiamento de dívida	O lucro econômico determina o custo de capital apropriado. Entretanto, projetos financiados com dívida serão incrementadores desde que eles ganhem mais do que o custo da dívida após impostos.	Avaliar o desempenho periódico utilizando o lucro econômico.
II. *Back-loaded*	Qualquer uma	O lucro econômico anual nos primeiros anos de vida do projeto serão negativos, mesmo para os projetos com VPL positivo.	Revisar o indicador de lucro econômico para refletir a depreciação econômica. Capitalize as despesas de P&D e de propaganda e amortize durante a vida do projeto. Utilize um plano de compensação de banco de bônus para aumentar o horizonte da administração.
III. *Front-loaded*	Qualquer uma	O lucro econômico anual nos primeiros anos de vida do projeto pode ser positivo, mesmo nos projetos com VPL negativo.	Revisar o indicador de lucro econômico para refletir a depreciação econômica. Capitalize as despesas de P&D e de propaganda e amortize durante a vida do projeto. Utilize um plano de compensação de banco de bônus para aumentar o horizonte da administração.

os gerentes que recebem bonificações com base nos lucros anuais ou nos lucros econômicos terão incentivos para evitar projetos com lucros *back-loaded* e para assumir projetos com lucros *front-loaded*.

Para tratar desse problema de horizonte, as empresas precisam remunerar seus gerentes adequadamente e comunicar o valor de longo prazo de seus investimentos aos mercados de capital. Em outras palavras, remunerar os gerentes de maneira a proporcionar incentivos para assumir projetos de longo horizonte com VPL positivo e projetar medidas de lucro econômico que aumentam quando a empresa assume investimentos com VPL positivo que têm grandes horizontes. Enquanto as soluções para o problema de horizonte gerencial, resumido na Tabela 9-10, fazem sentido se as medidas de lucro econômico são usadas internamente para fins de remuneração, o desafio real está em convencer os mercados de capital a acreditarem que os números realmente capturam o desempenho real da empresa. Os mercados de capital entendem que os gerentes sempre têm um incentivo para argumentar que seus lucros correntes estão baixos porque eles estão fazendo grandes investimentos que trarão recompensa no futuro. Essencialmente, o problema que a administração de uma empresa enfrenta, nesse caso, é o de confiança e credibilidade em relação à comunidade de investidores externos. Não há soluções mágicas ou fórmulas prontas disponíveis para se criar credibilidade. A verdadeira chave consiste em tomar a visão de longo prazo, onde as escolhas que agregam valor se sobrepõem às consequências dos lucros de curto prazo.

Problemas

9-1 Incrementos do LPA e VPL O capítulo demonstrou que a exigência para que novos projetos sejam incrementadores para o LPA da empresa, algumas vezes, resulta em aceitar projetos com VPL negativo e rejeitar projetos com VPL positivo. Entretanto, em circunstâncias mais limitadas, a exigência de que novos projetos possam incrementar os lucros pode ser consistente com os critérios de VPL. As seguintes declarações são verdadeiras ou falsas? Defenda sua resposta.

    a. Se os lucros do projeto devem crescer no mesmo ritmo que os lucros da empresa, um projeto com LPA incrementado é um projeto com VPL positivo.

    b. Os critérios de incrementos de lucros funcionaram para os conglomerados nos anos 60 porque podiam arrebatar ações de baixo P/L que tinham incrementos de lucros.

9-2 Analisando um projeto com lucros *back-loaded* A Hospital Services, Inc. fornece serviços de assistência médica especialmente no oeste dos Estados Unidos. A empresa trabalha com hospitais psiquiátricos que fornecem serviços de assistência de saúde mental a pacientes internados, hospitalização parcial ou ambulatório. Na primavera de 2007, a empresa estava analisando um investimento em um novo sistema de monitorização de pacientes com um custo de instalação de $6 milhões por hospital. O novo sistema deve contribuir para o EBITDA da empresa com uma economia anual de $2,4 milhões nos Anos 1 e 2, mais $4,25 milhões no Ano 3.

O diretor financeiro da empresa está interessado em investir no novo sistema, mas está preocupado que as economias proporcionadas sejam tais que o impacto imediato do projeto seja a diluição dos lucros da empresa. Além disso, a empresa acabou de adotar um sistema de bônus baseado no lucro econômico e o diretor teme que o projeto possa fazer com que os lucros econômicos individuais do hospital pareçam maus – um desenvolvimento que geraria resistência dos vários gerentes do hospital caso eles vissem suas bonificações diminuir.

    a. Considerando que o custo de capital para o projeto é de 15%, que a empresa tem uma alíquota de imposto marginal de 30%, que usa uma depreciação linear nos três anos de vida do novo investimento, e que tem um valor terminal de zero, calcule o VPL e a TIR esperados do projeto.

    b. Calcule os lucros econômicos anuais para o investimento nos Anos 1 a 3. Qual é o valor presente das medidas de lucro econômicas anuais descontadas utilizando o custo de capital do projeto? Quais problemas potenciais você vê para o projeto?

    c. Calcule a depreciação econômica para o projeto e a use para calcular uma medida de lucro econômico revisada, conforme o procedimento detalhado na Tabela 9-8. Qual é o valor presente de todas as medidas de lucro econômicas revisadas quando descontadas utilizando o custo de capital do projeto? (*Dica*: primeiro revise o NOPAT inicial estimado de sua resposta à questão a subtraindo a depreciação econômica estimada do fluxo de caixa livre do projeto calculado na questão a. Depois, calcule o encargo de capital para cada ano baseado no capital investido, menos a depreciação econômica).

    d. Utilizando suas análises nas respostas às questões b e c, calcule o retorno no capital investido (ROIC) para os Anos 1 a 3 como o índice do NOPAT para o Ano t para o capital investido para o Ano $t-1$. Compare os dois conjuntos de cálculos e discuta como o uso da depreciação econômica afeta a estimativa de ROIC para o projeto.

9-3 Analisando um projeto com lucros *front-loaded* A Wind Power Inc. constrói e opera parques eólicos que geram energia elétrica utilizando moinhos de vento. A empresa possui parques eólicos em todo o sudeste dos Estados Unidos, incluindo Texas, Novo México e Oklahoma. Na primavera de 2007, a empresa estava considerando um investimento em novo sistema de monitoração com um custo de instalação de $6 milhões por parque eólico. O novo sistema deve contribuir para o EBITDA da empresa com uma economia anual de $4,25 milhões no Ano 1, $2,9 milhões no Ano 2 e $1 milhão no Ano 3.

O diretor financeiro da Wind Power está interessado em investir no novo sistema, mas está preocupado que as economias proporcionadas pelo sistema sejam tais que o impacto imediato do projeto seja tão incrementador para os lucros da empresa que os gerentes das unidades individuais irão adotar o investimento, mesmo que não renda um VPL positivo. Além disso, a empresa acabou de adotar um sistema de bonificacao baseado no lucro econômico, e o diretor teme que o projeto possa fazer com que os lucros econômicos individuais aumentem consideravelmente a curto prazo – um desenvolvimento que daria um incentivo extra para que os gerentes do parque eólico assumissem o projeto.

    a. Calcule o VPL e a TIR esperados do projeto, considerando que o custo de capital do projeto é de 15%, que a empresa tem uma alíquota de imposto marginal de 30%, que usa uma depreciação linear nos três anos de vida do novo investimento, e tem um valor terminal de zero.

b. Calcule os lucros econômicos anuais para o investimento nos Anos 1 a 3. Qual é o valor presente das medidas de lucro econômico anual descontado utilizando o custo de capital do projeto? Que problemas potenciais você vê para o projeto?

c. Calcule a depreciação econômica para o projeto e a use para calcular uma medida de lucro econômico revisada, conforme o procedimento detalhado na Tabela 9-8. Quais são os valores presentes de todas as medidas de lucro econômico revisado quando descontadas utilizando-se o custo de capital do projeto? (*Dica:* primeiro revise o NOPAT inicial estimado de sua resposta à questão *a* subtraindo a depreciação econômica estimada do fluxo de caixa livre do projeto calculado na questão *a*. Depois, calcule o encargo de capital para cada ano baseado no capital investido, menos a depreciação econômica.)

d. Utilizando suas análises nas respostas às questões *b* e *c*, calcule o retorno no capital investido (ROIC) para os Anos 1 a 3, como o índice do NOPAT para o Ano t do capital investido para o Ano $t-1$. Compare os dois conjuntos de cálculos e discuta como o uso da depreciação econômica afeta a estimativa de ROIC para o projeto.

9-4 LPA *versus* lucro econômico Vamos modificar o exemplo da Beck Electronics mostrado na página 398, como segue: primeiro, vamos considerar que *todo* o custo de $6 milhões do projeto é financiado com o uso de caixa excedente (isto é, com capital próprio, financiado com lucros acumulados). Além disso, considere que a taxa de juros de mercado, obtida pela aplicação dos $6 milhões que serão investidos no projeto, equivale a 12,5%. Observe que a taxa de retorno após impostos (considerando a alíquota de imposto de 20%) é de 10%, que é o custo de capital próprio.

a. Avalie o impacto do investimento no LPA da Beck.
b. Qual é o VPL do projeto?
c. Qual é o lucro econômico anual para o projeto?
d. O que os cálculos acima lhe informam sobre o projeto? É um projeto que a Beck deve tentar fazer? Por quê?

9-5 Lucro econômico e VPL A Steele Industries está considerando um investimento em um novo equipamento que exige aplicar $100.000 em novos bens de capital, assim como em capital de giro líquido. O investimento deve proporcionar fluxos de caixa pelos próximos cinco anos. Os lucros previstos e os fluxos de caixa livres do projeto para o investimento estão na tabela.

a. Considerando um custo de capital do projeto de 11,24%, calcule o VPL e a TIR do projeto.
b. A Steele está considerando a adoção do lucro econômico como uma ferramenta de avaliação de desempenho. Calcule o lucro econômico anual do projeto utilizando os números do capital investido encontrados na tabela.[9] Como suas estimativas de lucro econômico estão relacionadas com o VPL do projeto?

---

[9] Lembre que o capital investido no projeto é igual aos ativos fixos líquidos, mais o capital de giro líquido.

Demonstrações de resultado *pro forma* do projeto

	2006	2007	2008	2009	2010
Receitas	$ 100.000	$ 105.000	$110.250	$115.763	$121.551
Menos: custo de mercadorias vendidas	(40.000)	(42.000)	(44.100)	(46.305)	(48.620)
Lucro bruto	$ 60.000	$ 63.000	$ 66.150	$ 69.458	$ 72.930
Menos: despesas operacionais	(20.000)	(21.000)	(22.050)	(23.153)	(24.310)
Menos: Despesas de depreciação	(20.000)	(20.000)	(20.000)	(20.000)	(20.000)
Lucro operacional líquido	$ 20.000	$ 22.000	$ 24.100	$ 26.305	$ 28.620
Menos: despesas com juros	(3.200)	(3.200)	(3.200)	(3.200)	(3.200)
Lucros antes dos impostos	$ 16.800	$ 18.800	$ 20.900	$ 23.105	$ 25.420
Menos: impostos	(5.040)	(5.640)	(6.270)	(6.932)	(7.626)
Lucro líquido	$ 11.760	$ 13.160	$ 14.630	$ 16.173	$ 17.794

Fluxos de caixa livres do projeto

	2005	2006	2007	2008	2009	2010
Lucro operacional líquido		$ 20.000	$ 22.000	$ 24.100	$ 26.305	$ 28.620
Menos: impostos		(6.000)	(6.600)	(7.230)	(7.892)	(8.586)
NOPAT		$ 14.000	$ 15.400	$ 16.870	$ 18.414	$ 20.034
Mais: depreciação		20.000	20.000	20.000	20.000	20.000
Menos: CAPEX	$ (100.000)	–	–	–	–	–
Menos: alteração no capital de giro líquido	(5.000)	(250)	(263)	(276)	(289)	6.078
Fluxo de caixa livre do projeto	$ (105.000)	$ 33.750	$ 35.138	$ 36.594	$ 38.124	$ 46.112
Capital investido		$ 105.000	$ 85.250	$ 65.513	$ 45.788	$ 26.078

    c. Como sua avaliação do valor do projeto seria afetada se os lucros econômicos em 2006 e 2007 fossem negativos? (Não são necessários cálculos.)

9-5 EVA®, VMA e avaliação do empreendimento Calcule o EVA® anual para os Anos 1 a 4 utilizando o exemplo da Canton Corporation descrito no Problema 7-1. Considerando que o EVA® permanece constante nos Anos 5 em diante, calcule o valor presente dos EVAs® da Canton. Qual é a relacao entre o valor presente do EVA® da Canton e o valor do empreendimento? Qual é o valor do empreendimento da Canton?

Parte **IV**

Futuros, opções e avaliação de investimentos reais

Nosso foco nos nove capítulos iniciais se ateve às técnicas de avaliação amplamente usadas na prática. Em especial, examinamos a abordagem de fluxos de caixa descontados (FCD), que em primeiro lugar projeta os fluxos de caixa esperados e, depois, determina uma taxa de desconto para cada fluxo de caixa a fim de chegar ao valor presente. Apesar de termos enfatizado o que consideramos como a prática mais moderna, devemos também destacar algumas incoerências entre a prática do setor e a teoria do FCD.

No Capítulo 2, identificamos uma incoerência importante quando os gerentes tendem a propor previsões de fluxos de caixa excessivamente otimistas. Geralmente, suas previsões representam o que vai acontecer se tudo correr conforme o planejado, em vez dos fluxos de caixa esperados recomendados na teoria do FCD. Para contrabalançar esse otimismo, é prática comum adotar taxas de desconto um pouco mais altas do que as taxas de retorno esperadas, como sugeridas nos livros-texto de FCD. Em nenhum lugar isso é mais aparente do que nas previsões de fluxo de caixa feitas por empreendedores naturalmente otimistas em seus planos de negócios – o que leva os investidores de risco a usar taxas de desconto na faixa de 30 a 40%.

A segunda diferença entre a prática comercial e a teoria do FCD é que as empresas geralmente utilizam uma única taxa de desconto para avaliar todos os seus projetos. Isso está em desacordo com a teoria do FCD de duas maneiras: primeiro, as diferenças nos riscos dos projetos deveriam se refletir em taxas de desconto distintas para cada projeto; segundo, utilizar uma única taxa de desconto para todos os fluxos de caixa futuros equivale a considerar que a estrutura a termo das taxas de desconto é constante para todos os projetos. Em teoria, deveria existir uma matriz de taxas de desconto, com o tempo em um eixo e o risco do projeto no outro. Entretanto, como enfatizamos no Capítulo 5, existem razões gerenciais boas e práticas para as empresas utilizarem um número limitado de taxas de desconto para avaliar seus projetos de investimento.

Na Parte IV, consideramos o que geralmente é chamado de abordagem de opções reais para a avaliação de projetos. Essa abordagem, baseada na pesquisa acadêmica que ocorreu a partir dos meados dos anos 80, é amplamente usada em indústrias de recursos naturais, assim como em algumas empresas de tecnologia. Entretanto, nós acreditamos que alguns dos problemas gerenciais que levam as empresas a usar uma única taxa de desconto também as tornam muito lentas na adoção dessa abordagem para avaliar os investimentos mais amplamente. O nível de adoção lento também pode ser devido à relativa complexidade da abordagem e ao fato de que a abordagem de opções reais pode exigir uma grande quantidade de dados de entrada. Esperamos que a nossa discussão dessa abordagem, junto com *softwares* que podem ser facilmente adaptados a esses problemas, a tornem mais acessível aos gerentes e amplie o seu uso.

A abordagem de opções reais se baseia em duas ideias importantes. A primeira é que os mercados financeiros geralmente fornecem preços que podem ser usados para avaliar fluxos de caixa futuros. Essa é uma ideia que usamos anteriormente no Capítulo 6, no qual discutimos como podemos usar informações a respeito do valor de mercado de empresas abertas ou transações recentes nos mercados privados para inferir o valor dos fluxos de caixa futuros de uma empresa. Do mesmo modo, nesta parte analisamos como se podem usar transações nos mercados a termo, futuros e de opções para avaliar os fluxos de caixa futuros de projetos de investimento.

A segunda ideia, que serve de base para a abordagem de opções reais, é que a incerteza e a flexibilidade interagem de maneira a influenciar os fluxos de caixa esperados. Inicialmente, introduzimos esse conceito no Capítulo 2, no qual descrevemos como a simulação pode ser usada para estimar fluxos de caixa esperados. Nesta parte do livro, vamos um pouco mais adiante e analisaremos como esses fluxos de caixa podem ser avaliados. Em especial, vamos analisar o conceito de *certeza equivalente*, que foi mencionado rapidamente no Capítulo 2. A ideia aqui é que, em vez de determinar o valor esperado de um fluxo de caixa futuro arriscado, determine-se o fluxo de caixa certo, que tem o mesmo valor do fluxo de caixa arriscado. Em outras palavras, em vez de ajustar ao risco utilizando uma taxa de desconto maior, ajustamos os próprios fluxos de caixa ao risco. A principal vantagem dessa abordagem, que discutiremos mais detalhadamente no Capítulo 10, é que os fluxos de caixa de certeza equivalente são descontados à taxa livre de risco e, assim, a discussão sobre o uso de diferentes taxas de desconto para diferentes investimentos, como analisamos no Capítulo 5, deixa de ser um problema. Entretanto, na maioria dos casos, a determinação dos fluxos de caixa de certeza equivalente é um grande desafio.

Nossa análise no Capítulo 10 enfoca o que chamamos de *opções contratuais*, que são opções existentes em contratos financeiros. Por exemplo, como vamos ver, um investimento de capital alavancado fornece aos sócios a opção de inadimplência, ou não pagamento, das suas dívidas com terceiros quando o investimento vai mal. As opções contratuais podem ser comparadas a *opções reais*, analisadas no Capítulo 11, que são opções inerentes à natureza dos investimentos físicos. Por exemplo, quase todos os investimentos de uma empresa fornecem aos gerentes algum grau de flexibilidade em termos de quando o investimento vai começar, quando e se o investimento será abandonado e como ele é operado. Em condições normais, quanto mais flexibilidade o projeto fornecer à empresa, mais valor ele terá. A análise de opções reais é usada para determinar o valor de sua flexibilidade.

Finalmente, no Capítulo 12, analisamos as *opções estratégicas*, que surgem de investimentos que melhoram a capacitação da empresa ou a colocam de modo a gerar oportunidades de investimento que agreguem valor no futuro. Por exemplo, os contatos que uma empresa estabelece através de um investimento inicial em um país estrangeiro podem gerar oportunidades lucrativas no futuro. Uma parte importante da estratégia corporativa é identificar oportunidades de investimento que não são apenas agregadoras de valor por si só, mas que direcionam a empresa para que possa gerar oportunidades futuras.

Antes de prosseguir, devemos observar que não vamos analisar todos os detalhes que envolvem o apreçamento de opções reais. O apreçamento de opções reais pode se tornar bastante complicado, e os modelos de avaliação que são usados na prática são desenvolvidos e implementados por pessoas com doutorado em campos técnicos como física, matemática e informática. Essas pessoas, mais preparadas tecnicamente, geralmente colaboram com os responsáveis pelo projeto e com outras pessoas menos técnicas que não precisam, necessariamente, entender todos os detalhes. Entretanto, essas pessoas menos técnicas precisam saber identificar as opções incorporadas nos projetos de investimento e julgar como essas opções contribuem para o valor do investimento. Esta seção do livro tem o objetivo de proporcionar este nível de *expertise*.

Capítulo **10**

Utilizando opções futuras e contratuais para avaliar investimentos reais

Visão geral do capítulo

Neste capítulo, usaremos os preços de mercado de títulos derivativos negociados, como opções, contratos a termo e futuros, para avaliar oportunidades de investimentos reais. Esses preços nos permitem converter os fluxos de caixa futuros incertos em sua *certeza equivalente*, podendo, então, ser descontados utilizando a taxa livre de risco.

O capítulo descreve o processo de avaliação de três passos que é intimamente relacionado ao método do fluxo de caixa descontado (FCD) de três passos descrito nos capítulos anteriores. A tabela seguinte resume as abordagens do FCD tradicional e a de derivativos para avaliação e revela que a diferença relevante entre elas reside na maneira com que ajustamos para o risco. Na abordagem do FCD tradicional, estimamos os fluxos de caixa e ajustamos ao risco usando uma taxa de desconto ajustada ao risco, enquanto na abordagem dos títulos derivativos usamos preços de mercado de derivativos de empresas abertas, para estimar fluxos de caixa de certeza equivalente, os quais depois são descontados utilizando-se a taxa livre de risco. Uma vantagem importante da abordagem dos derivativos é que ela utiliza previsões de mercado baseadas em preços reais, enquanto a abordagem do FCD tradicional se baseia nas previsões de preço dos próprios gerentes.

	Abordagem de avaliação do FCD tradicional	Abordagem de avaliação dos títulos derivativos
Passo 1	Projete o valor e o cronograma dos fluxos de caixa futuros.	Projete o valor e o cronograma dos fluxos de caixa futuros.
Passo 2	Estime uma taxa de desconto ajustada ao risco.	Utilize os preços de mercado para estimar a certeza equivalente dos fluxos de caixa futuros esperados.
Passo 3	Desconte os fluxos de caixa esperados do investimento utilizando a taxa de desconto ajustada ao risco para encontrar seu valor presente.	Desconte a certeza equivalente dos fluxos de caixa do investimento para encontrar seu valor presente.

10.1 Introdução

Na primavera de 1973, ocorreram dois importantes desenvolvimentos que tiveram um profundo efeito tanto na teoria quanto na prática de finanças. O primeiro foi em abril: a abertura da primeira bolsa de valores organizada para opção de compra de ações, o Chicago Board Options Exchange (CBOE).[1] A segunda foi a publicação do modelo Black-Scholes, em maio, que forneceu uma fórmula para avaliar as opões.[2] Nas três décadas seguintes, vimos a proliferação de uma variedade de mercados financeiros que negociam opções, assim como **derivativos financeiros**.

Derivativos financeiros são títulos mobiliários cujo valor *deriva de* outro título ou ativo. A este último geralmente nos referimos como o ativo básico, ou ativo subjacente, que pode ser ações, uma *commodity*, ou qualquer outro ativo.[3] Há três tipos principais de títulos derivativos: opções, contratos a termo e contratos futuros.[3a] Um contrato de **opção** dá ao detentor o direito, mas não a obrigação, de comprar (opção *call*) ou vender (opção *put*) um determinado ativo (por exemplo, ações ordinárias ou um terreno) por um preço determinado (chamado de preço *strike* ou preço de exercício) em um determinado prazo. **Contratos a termo e contratos futuros** são semelhantes aos contratos de opções, pois eles também representam acordos de compra ou venda de um ativo em um determinado momento no futuro, por um preço determinado. Entretanto, diferente das opções, que não obrigam o detentor a cumprir o contrato eles obrigam. Para uma revisão nas diferenças específicas entre os contratos a termo e futuros, veja o quadro Insight Técnico, na página 440. Além disso, o Anexo A analisa os fundamentos das opções para aqueles que querem uma breve reciclagem.

O desenvolvimento de mercados futuros, a termo e de opções está tendo uma importante influência na maneira com que os projetos de investimento são avaliados na prática. Neste capítulo, fornecemos dois exemplos para ilustrar como isso é feito. O primeiro exemplo utiliza uma técnica normalmente chamada de "precificação pela curva de preço a termo". Aqui, usamos os preços de mercado a termo para estimar a certeza equivalente dos fluxos de caixa futuros. O segundo exemplo utiliza preços de opções para ajudar a avaliar oportunidades de investimento que tenham características de opções. Nesse exemplo, mostramos como os preços de opções podem ser usados para capturar o valor da opção de uma empresa em não pagar suas obrigações de dívida. Esses dois exemplos ilustram as vantagens em usar os preços de mercado, sempre que possível, quando se avalia investimentos em condições de risco.

---

[1] Há muito tempo, existem os mercados derivativos para contratos futuros. Por exemplo, o Chicago Board of Trade (CBOT) foi constituído em 1848 para permitir que fazendeiros e comerciantes contratassem *commodities* básicas.

[2] Fischer Black e Myron Scholes, "The Pricing of Options and Corporate Liabilities", *Journal of Political Economy* 81(Maio/Junho 1973), 637-659.

[3] *Swaps* fornecem outro importante tipo de contrato derivativo, que é amplamente usado em transações de *hedging*. Entretanto, não iremos utilizá-los em nossos exemplos. Um *swap* é um contrato derivativo no qual duas partes trocam uma torrente de fluxos de caixa por outra. Essas torrentes são chamadas de "pernas" do *swap*. Por exemplo, veja o caso de um *swap* simples de taxas de juros fixas para flutuantes. A Parte A faz pagamentos de juros periódicos para a Parte B baseado em uma taxa de juros fixa. Os pagamentos são calculados utilizando um valor imaginário. Os *swaps* são derivativos de balcão (OTC-*Over-the-counter*), o que significa que eles são negociados fora das bolsas e não podem ser comprados e vendidos como títulos ou contratos futuros, mas são únicos.

Apesar de a abordagem de avaliação usada neste capítulo ser um pouco diferente das empregadas nos capítulos anteriores, as semelhanças são mais importantes do que as diferenças. Em todos os casos estamos, em última análise, projetando fluxos de caixa futuros que são descontados ao seu valor presente; a diferença vem do método para determinar os fluxos de caixa e a taxa de desconto que é usada. Além disso, a utilização de preços de derivativos para avaliar fluxos de caixa é diretamente equivalente ao uso dos comparáveis apresentados no Capítulo 6. Entretanto, em vez de usar outro negócio para comparar a fluxos de caixa futuros, usamos preços de derivativos como o comparável apropriado para avaliar fluxos de caixa individuais.

As técnicas que focamos neste capítulo foram originalmente projetadas para atividades baseadas em *commodities*, como mineração, materiais químicos e exploração de petróleo e gás, nas quais os riscos dos fluxos de caixa são derivados dos preços das *commodities* para os quais há derivativos negociados no mercado. Por isso, os exemplos que apresentamos neste capítulo enfocam indústrias extrativas, com ênfase especial para a indústria de petróleo e gás, em que essa abordagem é muito popular. Entretanto, nos Capítulos 11 e 12, descrevemos como essas técnicas podem ser usadas mais amplamente para avaliar projetos em uma variedade de setores.

Antes de começar o estudo da abordagem de derivativos para avaliação de ativos, queremos enfatizar alguns pontos importantes que, esperamos, vão influenciar a maneira como você aborda o material deste capítulo:

- Como essa abordagem é mais recente do que a análise de FCD tradicional, há uma tendência de se pensar que esse material representa "outro enfoque" para a avaliação de projetos. Essa conclusão é sustentada pelo fato de que muito da linguagem usada é diferente e usamos ferramentas distintas como as árvores de decisão e a malha binomial. A verdade, entretanto, é que ainda estamos fazendo análise de FCD. A inovação no Capítulo 10 é que utilizamos preços de mercado observados para títulos derivativos a fim de *aprimorar* nossa análise de FCD (não para substituí-la).
- Os conceitos desenvolvidos neste capítulo fornecem um elemento importante para nosso entendimento dos Capítulos 11 e 12, nos quais consideramos o valor da flexibilidade e as opções estratégicas. Assim, se já faz algum tempo que você estudou derivativos, ou talvez nunca tenha feito isso, você vai querer passar algum tempo no Anexo A, em que fornecemos uma revisão básica das opções e seus prêmios. Talvez você também ache importante visitar uma das muitas excelentes fontes da web para uma revisão dos contratos de derivativos.[4]
- Finalmente, neste capítulo, usamos pela primeira vez a malha binomial. Para muitos leitores, essa será uma nova ferramenta. Consequentemente, seria bom se você despendesse o tempo que precisar para entender bem essa ferramenta, pois ela também será usada nos próximos dois capítulos.[5] A importância de entender o seu uso para a abordagem de opções reais é semelhante

---

[4] Por exemplo, veja http://www.financialpolicy.org/dcsprimer.htm.

[5] Se você acha que precisa de uma ajuda extra com isso, veja o Capítulo 10 do livro de Robert L. McDonald, *Derivative Markets 2nd Edition* (Boston, MA: Addison Wesley, 2006).

INSIGHT TÉCNICO
Um manual de contratos a termo e futuros para iniciantes

Contratos a termo e contratos futuros são semelhantes, pois ambos representam acordos de compra ou venda de um ativo, em uma data especificada no futuro, por um preço determinado. A principal diferença entre eles é que o *contrato futuro* é negociado em uma bolsa de valores organizada, enquanto o contrato a termo não é. Em vez disso, o *contrato a termo* representa um acordo privado ou de balcão entre duas instituições financeiras ou entre uma instituição financeira e um de seus clientes corporativos.

Além das diferenças de mercado, os contratos a termo geralmente têm apenas uma data especificada para entrega da *commodity* definida, enquanto os contratos futuros podem ter diversas datas de entrega. Outra importante diferença é o método de acerto entre o valor da *commodity* subjacente e o preço de entrega futuro acordado. Para um contrato a termo, essa diferença é paga no final do contrato; no caso de contratos futuros, é paga *diariamente* por meio de um procedimento chamado de *marcando a mercado*. Finalmente, os contratos futuros, diferente dos contratos a termo, geralmente são cancelados ou fechados antes da entrega; a *commodity* física (normalmente) não é entregue.

O documento seguinte resume as características únicas dos contratos a termo e futuros:

	A termo	Futuros
Mercado	Contrato privado entre duas partes.	Negociado em uma bolsa de valores.
Contrato	Não padronizado.	Padronizado.
Entrega	Geralmente com uma data de entrega.	Variadas datas de entrega.
Pagamento	No final do contrato.	Diariamente (ao preço de mercado).
Término	Na entrega da commodity ou no pagamento final.	Geralmente, o contrato é encerrado antes do vencimento.

Você pode pensar que o mercado para entrega imediata ou corrente de uma *commodity* seria chamado de "mercado corrente", em comparação com os mercados a termo e futuros. Entretanto, não é assim. Esse mercado é chamado de "mercado *spot*".

Cada transação a termo ou futura tem um comprador e um vendedor. Quando a parte concorda com a compra da *commodity* em uma data futura, diz-se que está na posição comprada, isto é, *posição long*, enquanto sobre a parte que concorda em vender a *commodity* afirma-se que está na posição vendida, isto é, *posição short*.

à importância de entender como fazer os cálculos do valor do dinheiro no tempo para a análise do FCD. Assim, "não deixe o Capítulo 10 antes de fazer isso"!

Este capítulo está organizado da seguinte maneira: a Seção 10.2 analisa o método de certeza equivalente para avaliar fluxos de caixa futuros arriscados. Esse é um dos três modelos de fluxo de caixa descontado analisados nos capítulos anteriores e geralmente é usado em situações nas quais existem mercados derivativos. A Seção 10.3 fornece um exemplo em que avaliamos um investimento arriscado cuja primeira fonte de risco é aquela associada ao preço de uma *commodity*. Como mostramos, a presença de preços de mercado a termo para se proteger desse risco reduz muito a complexidade da tarefa (se você não conhece o conceito de *hedging* financeiro com contratos a termo e futuros, ou se você quer se beneficiar com uma revisão, veja o quadro Insight Técnico intitulado "Proteção contra riscos financeiros"). A Seção 10.4 abre nossa análise de opções ao fornecer um exemplo de avaliação de um investimento de capital próprio em um campo petrolífero alavancado. Esse exemplo mostra como as empresas podem usar as opções para capturar o valor da flexibilidade de decisão inerente às muitas oportunidades de investimento. Conforme o exemplo, introduzimos a técnica de avaliação de opção binomial que é amplamente usada para avaliar opções financeiras, assim como investimentos reais que tem componentes com características de opções. (Os Anexos B e C fornecem detalhes para todos que gostariam de entender o modelo binomial mais profundamente.) Finalmente, a Seção 10.6 fornece um resumo de comentários.

10.2 O método de certeza equivalente

A abordagem que vamos usar para avaliar investimentos neste capítulo é um caso especial de abordagem de **certeza equivalente** que exige que primeiro *ajustemos ao risco* os fluxos de caixa futuros incertos, criando o que chamamos de fluxos de caixa de *certeza equivalente*. Um fluxo de caixa de **certeza equivalente** é definido como um determinado fluxo de caixa que tem o mesmo valor para o beneficiário quanto o fluxo de caixa incerto que está sendo avaliado. Por exemplo, suponha que o detentor de um bilhete de loteria que vale $70 ou $100, com igual probabilidade, deseja receber $82 na troca por seu bilhete. Podemos dizer que a certeza equivalente do fluxo de caixa incerto no bilhete é de $82, menor do que o prêmio esperado de $85 (isto é, $85 = 0,5 × $100 + 0,5 × $70). O detentor do bilhete de loteria quer receber menos do que o valor esperado devido à sua aversão ao risco.

A abordagem de certeza equivalente é fundamentalmente igual à abordagem de fluxo de caixa descontado (FCD) tradicional, exceto por ela ajustar os fluxos de caixa ao risco em vez de fazer o ajuste na taxa de desconto. Na maioria dos casos, qualquer dos dois ajustes é apropriado, mas, em geral, você *não* deve ajustar ao risco os fluxos de caixa *e* a taxa de desconto. Pelo que se vê, para os problemas de avaliação de recursos naturais que consideramos neste capítulo, é mais adequado ajustar ao risco os fluxos de caixa em vez a taxa de desconto, porque os preços a termo podem ser usados para nos ajudar a fazer os ajustes ao risco.

> **INSIGHT TÉCNICO**
>
> **Cobertura (*hedge*) contra riscos financeiros**
>
> *Hedging* é o processo de redução da exposição ao risco da empresa pela transferência de parte ou de todo o risco para outra empresa ou entidade. Para alguns riscos, tal como o de incêndio ou danos às instalações, o *hedge* pode exigir a compra de um seguro. Outros riscos podem ser cobertos no mercado de derivativos financeiros.
>
> Por exemplo, uma empresa que vende seus produtos e serviços para clientes internacionais que pagam por eles em uma data futura, em moeda estrangeira, está exposta ao risco cambial. Do mesmo modo, empresas que precisam tomar dinheiro emprestado no futuro podem estar expostas a riscos de taxas de juros. Tanto o risco de mudanças nas taxas de câmbio quanto o aumento nas taxas de juros podem ser cobertos utilizando-se mercados financeiros.
>
> Analise agora como o processo de *hedging* funcionaria utilizando-se *contratos a termo*, que representam acordos para a compra ou venda de um ativo, em determinado tempo no futuro, por certo preço. Para fazer a cobertura, ou *hedge*, combina-se um compromisso futuro que a empresa tenha para vender (compra) um ativo com a aquisição (venda) de um contrato a termo. Ao travar hoje o preço que será recebido (pago) no futuro, a empresa efetivamente elimina o risco de variações no preço.

Preços a termo como fluxos de caixa de certeza equivalente

O conceito de certeza equivalente é bastante útil naquelas situações em que o fluxo de caixa de certeza equivalente de um investimento pode ser observado e calculado utilizando-se preços do mercado. Na verdade, é melhor especificar a certeza equivalente de um fluxo de caixa futuro do que especificar o fluxo de caixa esperado, pois a avaliação de fluxos de caixa de certeza equivalente envolve o desconto à taxa livre de risco e, assim, não requer uma estimativa da taxa de desconto apropriada ajustada ao risco.

Em alguns casos, os gerentes podem estimar com mais precisão a certeza equivalente de um fluxo de caixa do que seu valor esperado. Isso geralmente acontecerá quando o risco associado a um fluxo de caixa está intimamente relacionado ao risco dos títulos negociados nos mercados derivativos. Para ilustrar, vamos primeiro considerar os **preços a termo** de *commodities* como petróleo, grãos ou metais.

O preço a termo de tal *commodity* é o preço, definido hoje, pelo qual os participantes do mercado estão querendo comprar ou vender aquela *commodity* para entrega em alguma data no futuro. Em outras palavras, é o preço definido hoje que tem o mesmo valor corrente que o preço incerto que vai ocorrer no futuro. Assim, os preços a termo podem ser vistos como a certeza equivalente dos preços incertos que ocorrerão no futuro.

Para entender melhor esse conceito, considere um investimento que gera 100.000 barris de petróleo em um ano. Como os preços do petróleo são incertos, os fluxos de caixa desse investimento também o são. Entretanto, suponha que exista um mercado a termo que permite que você compre ou venda petróleo, para entrega em um ano, por um preço de $60/barril. Nesse caso, diríamos que a certeza

> **Você sabia?**
>
> **Onde está o maior mercado futuro de *commodities* do mundo?**
>
> O New York Merchantile Exchange. Inc. ou NYMEX, é o maior mercado futuro de *commodities* e um grande fórum comercial de energia e metais preciosos. A bolsa foi a precursora do desenvolvimento de contratos futuros e de opções de energia e oferece opções em todos os grandes contratos futuros: luz, petróleo bruto; petróleo bruto Brent; querosene; gasolina sem chumbo; gás natural; carvão; ouro; prata; platina; cobre; e alumínio. Também estão disponíveis dois contratos de opção *"crack spread"*, um para a diferença, ou *"spread"*, entre preços futuros de óleo para aquecimento e de óleo bruto leve; e o outro para a diferença entre gasolina sem chumbo/óleo bruto leve no Porto de Nova York.

equivalente do preço incerto futuro do petróleo, em um ano, é de $60/barril e que a certeza equivalente do fluxo de caixa do investimento é de $6 milhões ($60/barril × 100.000 barris). O proprietário do petróleo pode ter certeza que vai obter esse valor ao vender seu petróleo no mercado a termo em vez de receber o fluxo de caixa incerto associado ao preço incerto do petróleo.

Devemos enfatizar que o preço a termo geralmente não é igual ao preço esperado no futuro. Por exemplo, suponha que o preço do petróleo no próximo ano seja de $75 ou $55/barril, significando que o preço esperado do petróleo é de $65/barril. Se os participantes do mercado não têm aversão ao risco, então esse pode ser o preço a termo. Entretanto, se um número suficiente de produtores de petróleo com aversão ao risco decide proteger seu risco do preço vendendo com contratos a termo, o preço a termo será menor do que $65/barril. O preço real que é realizado no mercado a termo será determinado pelas condições de oferta e procura, pelo número de produtores que querem proteger a exposição do preço de seu petróleo, vendendo-o no mercado a termo e pelo número de usuários de petróleo (como as companhias aéreas) e especuladores (como os fundos *hedge*) que estão querendo comprar petróleo no mercado a termo. Apesar de o equilíbrio do preço a termo poder, na teoria, se equivaler ao preço esperado, isso geralmente não acontece.

> **Você sabia?**
>
> **Como a Southwest Airlines evita o alto custo do querosene?**
>
> Os bem-sucedidos esforços da Southwest Airlines para se proteger dos riscos de aumento do preço do querosene fornecem um claro exemplo do uso de contratos a termo. Basicamente, a empresa usou esses contratos para garantir o preço do querosene para a maior parte das suas necessidades de querosene para 2005-2009. A Southwest travou em $32/barril 65% de sua necessidade esperada de querosene em 2006, mais do que 45% de sua necessidade para 2007 a um preço máximo de $31/barril, 30% de suas planejadas compras de combustível para 2008 a $33/barril e 25% de sua necessidade de combustível para 2009 a $35/barril.
>
> (Fonte: http://money.cnn.com/2007/04/14/news/fortune500/southwest_oil/)

10.3 Usando preços a termo para avaliar projetos de investimento

Os investimentos em recursos naturais, como campos de petróleo e de gás, ilustram como os preços a termo podem ser usados na avaliação de fluxos de caixa descontados. Esses investimentos significam um compromisso inicial para explorar e desenvolver as reservas de hidrocarboneto, após diversos anos de produção. Como o petróleo e o gás são *commodities* que têm mercados a termo e de futuros bem desenvolvidos, os gerentes nesses setores podem usar preços desses mercados para calcular fluxos de caixa de certeza equivalente.

Antes de avaliar um investimento por meio da abordagem de certeza equivalente é bom rever como os analistas avaliam os investimentos em petróleo e gás utilizando a abordagem do FCD. Como método tradicional, os fluxos de caixa esperados são calculados multiplicando-se os preços esperados pelas quantidades esperadas e, depois, descontando esses fluxos de caixa utilizando taxas de desconto ajustadas ao risco. Esse método de FCD tradicional exige que o analista faça certas estimativas, incluindo os fatores determinantes, tanto dos fluxos de caixa esperados do investimento (com base em preços previstos em combinação com taxas de extração estimadas e custos operacionais) quanto do custo de capital apropriado para usar no desconto dos fluxos de caixa esperados. Por outro lado, utilizando a informação dos mercados futuros do petróleo, podemos adotar o método de certeza equivalente descrito na seção anterior sem ter que prever os preços a termo. No setor de petróleo e gás, essa prática é chamada de "apreçamento pela curva de preço a termo". O exemplo seguinte ilustra como isso pode ser feito.

Você sabia?

Que fração de uma reserva petrolífera subterrânea é recuperável?

Reservas totais de petróleo e reservas recuperáveis não são o mesmo. Por exemplo, utilizando técnicas de recuperação padrão, não é possível extrair mais do que 15 a 20% das reservas totais encontradas na região geológica de Austin, perto de Giddings, no Texas. Entretanto, adotando métodos de perfuração horizontal e de fraturas recentemente descobertos o percentual de extração aumenta para cerca de 50%.

Exemplo

A Cutter Exploration and Drilling Company está considerando uma oportunidade promissora de desenvolver uma área na região geológica de Austin, no Texas central. Essa área tem produzido por muitos anos, mas foi afetada por problemas de recuperação. A Cutter desenvolveu um novo procedimento para a recuperação de petróleo nesse tipo de estrutura geológica, que comprovou ser muito bem-sucedida em situações semelhantes ao longo da Costa do Golfo de Louisiana. O procedimento é adequado para a extração de uma concessão para exploração de petróleo que a Cutter está analisando perto de Giddings, no Texas. Vamos ver como poderíamos usar preços futuros e o modelo de certeza equivalente para avaliar o investimento.

Os geólogos da Cutter acreditam que a concessão da Giddings tem 1.000.000 de barris de reserva de óleo recuperável, que pode ser extraído a um ritmo de 100.000 barris por ano, ao longo de 10 anos, utilizando a nova tecnologia da Cutter. Para ter essa oportunidade

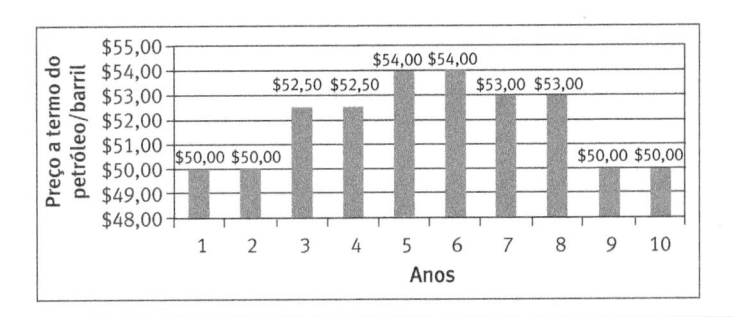

FIGURA 10-1 Curva de preço a termo para petróleo bruto.

Preço a termo do petróleo/barril:
- Ano 1: $50,00
- Ano 2: $50,00
- Ano 3: $52,50
- Ano 4: $52,50
- Ano 5: $54,00
- Ano 6: $54,00
- Ano 7: $53,00
- Ano 8: $53,00
- Ano 9: $50,00
- Ano 10: $50,00

a Cutter terá que pagar $7.000.000 pela concessão (isto é, o direito de explorar e produzir petróleo) e incorrer em gastos de perfuração de $12.000.000. Para simplificar, consideramos que o investimento total de $19.000.000 é gasto no início do primeiro ano do investimento (isto é, tempo $t = 0$) e o custo de extração e transporte do petróleo é de $28/barril.[6]

O banco da Cutter pretende fazer um contrato a termo para entrega de 100.000 barris por ano nos próximos 10 anos. A curva de preço a termo especificada nesse contrato encontra-se na Figura 10-1. O petróleo produzido nos Anos 1 e 2 tem um preço a termo de $50/barril, o preço do petróleo vendido nos Anos 3 e 4 tem um preço de $52,50/barril, e assim por diante. Atualmente, a taxa de juros sem risco dos títulos do governo americano em 10 anos é de 5%.

Podemos usar o método de certeza equivalente para calcular o valor do investimento da Cutter utilizando o processo de três passos descrito na Visão Geral do Capítulo:

Passo 1: Prever o valor e o cronograma de fluxos de caixa futuros. A parte mais difícil desse passo já foi feita, pois se considera que o volume total de produção nos próximos 10 anos será de 100.000 barris por ano.

Passo 2: Use a curva de preço a termo para calcular os fluxos de caixa futuros de certeza equivalente do projeto.

Passo 3: Desconte os fluxos de caixa de certeza equivalente de volta ao presente, utilizando a taxa de juros livre de risco.

> **Você sabia?**
>
> **Qual é o "dialeto" da curva de preço a termo?**
>
> As curvas de preço a termo podem ser ascendentes (isto é, os preços a termo são maiores para períodos mais distantes) ou descendentes. Diz-se que uma curva a termo ascendente está em *"contango"** e uma curva a termo descendente está em *"backwardation"***.

---

[6] Observe que assumimos conhecer a quantidade de petróleo a ser extraída e que os custos de extração estão fixados em $28/barril. Essas premissas deixam apenas o preço do petróleo como uma fonte de risco ao investimento. Voltaremos a esse assunto mais adiante.

* N. de T.: Quando um ativo tem preço à vista menor do que no mercado futuro.

**N. de T.: Quando um ativo tem preço menor no mercado futuro do que no mercado à vista.

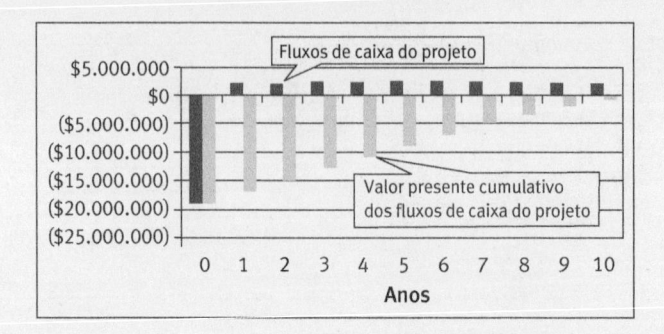

Figura 10-2 Análise de um projeto de investimento em recursos naturais.

A Figura 10-2 descreve os fluxos de caixa gerados pelo nosso exemplo de investimento simples. Como o preço a termo para o petróleo é igual ao preço de certeza equivalente, o fluxo de caixa de certeza equivalente anual nos Anos 1 e 2 se equivale a $50-$28=$22/barril multiplicado por 100.000 barris, ou seja, $2.200.000. Dos Anos 3 a 6, o fluxo de caixa anual sobe devido ao aumento do preço a termo. Descontando esses fluxos de caixa de certeza equivalente dos Anos 1 a 10 utilizando-se a taxa livre de risco, obtemos um valor de $18.437.605 para o projeto. Subtraindo o custo de perfuração e acabamento do poço de $12.000.000 e o custo de $7.000.000 da aquisição da concessão do valor estimado de produção de $18.437.605, durante os Anos 1 a 10, é gerado um valor presente líquido negativo para a propriedade de ($562.395), como vemos na Tabela 10-1. Como o VPL é negativo, a análise indica que a Cutter deveria rejeitar o investimento. Na próxima seção, investigaremos a validade dessa análise mais profundamente.

No exemplo anterior da Cutter e no restante deste capítulo, vamos ignorar os efeitos dos impostos e o uso de capital de terceiros a fim de simplificar a análise. Para uma apreciação do método de certeza equivalente utilizando o benefício fiscal do endividamento, veja o quadro Insight Técnico, na página 448.

Convencendo seu chefe cético

Agora, suponha que você completou sua análise da oportunidade de investimento da Cutter e a entregou ao seu chefe. Para sua surpresa, ele discorda totalmente da sua análise. Ele acredita que o preço do petróleo terá um preço médio de aproximadamente $60 por barril nos próximos 10 anos e que o preço a termo que você usou para projetar os fluxos de caixa não é relevante para a avaliação do projeto pois ele não pretende se proteger (*hedgear*) contra variações no preço do petróleo (isto é, ele não pretende aceitar a oferta do banco e assumir o compromisso de vender a produção aos preços a termo cotados). Baseado nessa previsão mais otimista, de $60 por barril e uma taxa de desconto de 10%, seu chefe estima que o projeto tenha um VPL positivo de $662.615.[7]

---

[7] O fluxo de caixa anual é calculado como segue: 100.000 barris ($60/barril − $28/barril) = $3.200.000. Descontando esses fluxos de caixa utilizando-se o custo de capital estimado de 10%, encontramos um valor presente de $19.662.615. A subtração dos custos totais do investimento produz um VPL de $662.615.

Tabela 10-1 Fluxos de caixa e valor presente do projeto

Ano	Preço a termo/barril[a]	Fluxo de caixa livre do projeto[b]	Valores presente[c]	Valores presentes cumulativos
0		($ 19.000.000)	($19.000.000)	($19.000.000)
1	$ 50,00	2.200.000	2.095.238	(16.904.762)
2	50,00	2.200.000	1.995.465	(14.909.297)
3	52,50	2.450.000	2.116.402	(12.792.895)
4	52,50	2.450.000	2.015.621	(10.777.274)
5	54,00	2.600.000	2.037.168	(8.740.106)
6	54,00	2.600.000	1.940.160	(6.799.946)
7	53,00	2.500.000	1.776.703	(5.023.242)
8	53,00	2.500.000	1.692.098	(3.331.144)
9	50,00	2.200.000	1.418.140	(1.913.004)
10	50,00	2.200.000	1.350.609	(562.395)[d]

[a] Os preços da curva de preço a termo foram definidos por meio de um contrato com o banco.

[b] Para o Ano 0, o fluxo de caixa do projeto consiste inteiramente de $12 milhões de custos de perfuração, mais os $7 milhões para aquisição da concessão de exploração (direitos). No Ano 1, o fluxo de caixa se equivale à diferença nas receitas totais ($5 milhões = $50/barril × 100.000 barris) e o custo de extração e transporte do petróleo ($28/barril × 100.000 barris = $2,8 milhões). Observe que estamos considerando uma alíquota zero de imposto.

[c] Como os preços do petróleo estão protegidos (hedgeados), eles não envolvem riscos futuros. Assim, descontamos os fluxos de caixa futuros utilizando a taxa de juros livre de risco.

[d] Como esses valores presente são cumulativos, o valor para o Ano 10 incorpora os valores presente de todos os 10 anos de fluxos de caixa, incluindo o desembolso inicial, que é o VPL. O valor presente dos fluxos de caixa para os Anos 1 a 10 é de $18.437.605. Subtraindo o desembolso inicial ($19.000.000) para o projeto, obtemos um VPL de ($562.395).

Como você pode convencê-lo de que a análise dele está errada e a sua está correta? Como a abordagem de avaliação de derivativos utiliza preços de mercado, podemos demonstrar que o mercado oferece uma melhor oportunidade de investimento independentemente da opinião de seu chefe sobre os preços futuros de petróleo. Ao mostrar ao seu chefe cético que existe uma oportunidade melhor de investimento alternativo, devemos poder convencê-lo de que o investimento em avaliação não é atrativo.[8] Basicamente, vamos criar uma estratégia de investimento alternativo envolvendo a compra de um título livre de risco e uma série de posições compradas (*long*) em contratos a termo de petróleo, que reproduzem os fluxos de caixa do projeto de investimento de petróleo nos próximos 10 anos. Como vamos mostrar, esse investimento custa menos do que os $19 milhões necessários para o investimento de petróleo, mas gera fluxos de caixa idênticos.

---

[8] Lembre, entretanto, que, ao mostrar ao seu chefe que ele está errado, você pode provar que estava certo, mas também pode descobrir que foi transferido para um dos escritórios mais remotos em todo o mundo da empresa.

> ### INSIGHT TÉCNICO
> ### A abordagem de certeza equivalente com dívidas e impostos
>
> É fácil considerar o efeito do benefício fiscal do endividamento em um investimento na abordagem de certeza equivalente. Se os fluxos de caixa livres são calculados como certeza equivalentes, eles deveriam ser descontados utilizando-se a taxa livre de risco, tanto para o custo do capital próprio quando para a dívida. Ajustando-se para o benefício fiscal dos juros do endividamento, resulta em um WACC após imposto como segue:
>
> $$k_{WACC} = r_f - \begin{pmatrix} \text{Alíquota} \\ \text{do imposto} \end{pmatrix} r_f \begin{pmatrix} \text{Dívida} \\ \text{Valor} \end{pmatrix} = r_f \left(1 - \begin{pmatrix} \text{Alíquota} \\ \text{do imposto} \end{pmatrix}\begin{pmatrix} \text{Dívida} \\ \text{Valor} \end{pmatrix}\right)$$
>
> onde r_f é a taxa de juros livre de risco. Por exemplo, se a alíquota do imposto é de 20%, a taxa livre de risco é de 5% e o índice de endividamento (dívida/valor) é de 40%, então o WACC a ser usado na abordagem de certeza equivalente é calculado como segue: 5% (1 − 0,02 × 0,4) = 4,2%.
>
> Como vimos no Capítulo 7, também podemos calcular o benefício fiscal do endividamento utilizando a abordagem do APV, que avalia, separadamente, os fluxos de caixa desalavancados ou operacionais e o benefício fiscal do endividamento. Ao usar essa abordagem, recomendamos que o primeiro componente seja avaliado descontando-se o fluxo de caixa livre de certeza equivalente antes dos impostos à taxa de juros livre de risco. Entretanto, não recomendamos o cálculo de certeza equivalente do componente de benefício fiscal das despesas financeiras; eles deverão ser calculados e descontados ao custo da dívida, como descrito anteriormente no Capítulo 7.

É assim que você pode construir o investimento alternativo: primeiro, a empresa compra uma carteira de títulos livre de risco que gera um fluxo de caixa anual igual aos fluxos de caixa de certeza equivalente do projeto. Por exemplo, você poderia comprar dez títulos de cupom zero com valores de vencimento iguais aos 10 fluxos de caixa anuais encontrados na Tabela 10-1. Essa carteira custaria um valor igual ao valor presente dos 10 fluxos de caixa anuais, ou $18.437.605. Além de comprar a carteira de títulos, a empresa também entra em uma série de contratos a termo com o banco, nos quais o banco concorda em comprar 100.000 barris de petróleo para serem entregues no final de cada um dos próximos 10 anos, aos preços encontrados na curva de preço a termo na Figura 10-1. O lucro (ou perda), nesses contratos, será as diferenças entre o preço futuro de mercado incerto que é realizado nessas datas de entrega e o preço a termo por barril especificado no contrato.

Para ver como isso funciona, vamos considerar que seu chefe esteja certo, que o preço por barril de petróleo suba a $60, de forma que o campo petrolífero vai gerar um fluxo de caixa no Ano 1 igual à $3.200.000.

Fluxo de caixa$_1$ = ($60/barril − $28/barril) × 100.000 barris = $3.200.000

Alternativamente, se tivéssemos investido no título e nos contratos a termo, o pagamento de nosso título seria de $2.200.000 (o fluxo de caixa do Ano 1, baseado no preço a termo de $50/barril) e o lucro de nosso contrato a termo seria de ($60 − $50)/barril × 100.000 barris = $1.000.000. Somados, o fluxo de caixa do Ano 1 do investimento no título e do contrato a termo é de $3.200.000, que é idêntico ao fluxo de caixa do investimento de petróleo. A Planilha *a* da Tabela 10-2 contém os cálculos para as duas estratégias reproduzidas (isto é, o título mais o contrato a termo) e o projeto real, no qual se espera que o preço do petróleo seja equivalente a $60/barril a cada ano.

Agora, considere um cenário diferente para o Ano 1: vamos imaginar que a OPEP (Organização dos Países Exportadores de Petróleo) se desintegre e os preços do petróleo bruto caiam para apenas $35/barril. Nesse cenário, possuir o poço gera fluxo de caixa de apenas $700.000, isto é:

Fluxo de caixa$_1$ = ($35/barril − $28/barril) × 100.000 barris = $700.000

Do nosso investimento alternativo, iríamos lucrar $2.200.000 dos pagamentos de título e perder ($1.500.000) = ($35/barril − $50/barril) × 100.000 barris de nossos contratos a termo, obtendo o mesmo fluxo de caixa líquido de $700.000. A Planilha *b* da Tabela 10-2 contém os fluxos de caixa para a estratégia reproduzida e o projeto real, dentro da premissa de que o preço do óleo bruto corresponda a $35/barril em cada um dos próximos 10 anos.

O que esse simples exame mostra é que *podemos* replicar o fluxo de caixa do investimento de risco de perfuração de petróleo utilizando títulos livres de risco e contratos a termo para comprar petróleo. Porém, observe a diferença-chave entre as duas alternativas: o custo inicial da estratégia de replicação utilizando o mercado a termo para compra de petróleo e para o investimento em um título livre de risco é igual ao custo do título, ou $18.437.605, pois os contratos a termo não têm nenhum custo associado a eles na época em que são criados. Por outro lado, custa $19.000.000 comprar e desenvolver o investimento de campo petrolífero. Obviamente, a estratégia de replicação é superior ao investimento no projeto Gidding, pois gera fluxos de caixa anuais *idênticos* e, ainda assim, a estratégia de replicação custa menos $562.395 (que é a perda do VPL negativo associado ao investimento).

10.4 Utilizando preços de opção para avaliar oportunidades de investimento

O investimento analisado na seção anterior era bastante simples. O comprador não utilizou nenhum financiamento de dívida e a implementação não exigiu escolhas gerenciais além da decisão inicial de fazer o investimento. A principal percepção que obtivemos de nossa análise é que poderíamos avaliar o investimento utilizando preços de mercado, a partir da curva de preço a termo para o petróleo.

Tabela 10-2 Replicando os fluxos de caixa do projeto utilizando contratos a termo

Planilha a. Preço previsto para o petróleo igual a $60/barril

Ano	(A) Pagamento de dividendos	(B) Perda/Ganho no mercado a termo	(A + B) Fluxos de caixa replicados	Fluxos de caixa reais do projeto
1	$ 2.200.000	$ 1.000.000	$3.200.000	$ 3.200.000
2	2.200.000	1.000.000	3.200.000	3.200.000
3	2.450.000	750.000	3.200.000	3.200.000
4	2.450.000	750.000	3.200.000	3.200.000
5	2.600.000	600.000	3.200.000	3.200.000
6	2.600.000	600.000	3.200.000	3.200.000
7	2.500.000	700.000	3.200.000	3.200.000
8	2.500.000	700.000	3.200.000	3.200.000
9	2.200.000	1.000.000	3.200.000	3.200.000
10	2.200.000	1.000.000	3.200.000	3.200.000

Planilha b. Preço previsto para o petróleo igual a $35/barril

Ano	(A) Pagamento de dividendos	(B) Perda/Ganho no mercado a termo	(A + B) Fluxos de caixa replicados	Fluxos de caixa reais do projeto
1	$ 2.200.000	($ 1.500.000)	$ 700.000	$ 700.000
2	2.200.000	(1.500.000)	700.000	700.000
3	2.450.000	(1.750.000)	700.000	700.000
4	2.450.000	(1.750.000)	700.000	700.000
5	2.600.000	(1.900.000)	700.000	700.000
6	2.600.000	(1.900.000)	700.000	700.000
7	2.500.000	(1.800.000)	700.000	700.000
8	2.500.000	(1.800.000)	700.000	700.000
9	2.200.000	(1.500.000)	700.000	700.000
10	2.200.000	(1.500.000)	700.000	700.000

> **INSIGHT TÉCNICO**
>
> **Terminologia de opções**
>
> *O tipo de contrato de opção – put ou call.* Uma opção *call* (*put*) dá ao seu proprietário o direito, mas não a obrigação, de comprar (vender) um ativo específico a um preço contratado (geralmente referido como o *preço de exercício* da opção), em um período de tempo determinado. O Anexo A fornece uma breve análise dos desembolsos do contrato de opções.
>
> *O ativo subjacente.* O ativo subjacente são as ações ordinárias (terras, etc.) que o proprietário do contrato de opções vende ou compra se o contrato é realizado.
>
> *A data de vencimento da opção.* As opções têm uma vida limitada durante a qual elas podem ser exercidas.
>
> *O preço de exercício (ou strike).* O preço de *exercício* (*strike*) é o preço pelo qual o proprietário da opção pode comprar ou vender o ativo subjacente sobre o qual a opção é estipulada. Vamos usar o símbolo K para nos referir ao preço de exercício da opção.
>
> *Os termos do exercício – americana ou europeia.* A *opção europeia* dá ao detentor o direito de exercer a opção apenas na data do seu vencimento. A *opção americana* permite que o detentor exerça a sua opção a qualquer tempo, até a data do vencimento.
>
> Para uma análise mais profunda dos contratos de opção, veja o Anexo A.

Esta seção mostra como um processo semelhante pode ser usado para avaliar oportunidades de investimento que têm componentes com características de opções. Basicamente, mostramos como as empresas podem utilizar opções financeiras (isto é, opções que são negociadas nos mercados financeiros) para reproduzir fluxos de caixa de investimentos e para avaliar investimentos da mesma maneira como usamos os contratos a termo no capítulo anterior.

Vamos começar nossa análise considerando a **opção de inadimplência** incorporada nos contratos de dívida. Esse é um exemplo do que nos referimos como uma **opção contratual**, que surge devido à estrutura contratual que define os termos de um investimento. Para ilustrar a importância da opção de inadimplência, vamos considerar um investimento que é financiado com *dívidas nonrecourse*, ou seja, a dívida que é garantida apenas pelos ativos específicos que estão sendo financiados, sem nenhuma garantia adicional da empresa. Quando uma empresa utiliza dívidas *nonrecourse* para financiar um investimento, ela tem a opção de inadimplência ou de simplesmente sair do investimento se ele estiver transcorrendo mal. Como mostraremos, os preços observados de mercado algumas vezes podem ser usados para determinar o valor do investimento de capital da empresa em algum projeto.

Valor da opção e financiamento *nonrecourse*

Para ilustrar a importância da incorporação de informações dos preços das opções financeiras na avaliação de investimentos produtivos, considere as seguintes oportunidades de investimento:

- Por um preço de $5 milhões, você tem a oportunidade de comprar o capital acionário do campo petrolífero Cotton Valley, que contém cinco milhões de barris de reservas. Observe que o investimento no campo petrolífero será parcialmente financiado por empréstimo, sendo um investimento alavancado.
- O petróleo pode ser extraído em um ano a um custo de $12/barril, com um custo total de $60 milhões = $12/barril × 5 milhões de barris. Para simplificar, consideramos que os custos de extração são pagos no final de cada ano e no momento que o petróleo é produzido.
- O proprietário atual tomou emprestado $200 milhões para financiar a compra do campo. Se você comprar o capital, vai assumir essa dívida, o que exige um pagamento único no final do ano de $220 milhões (incluindo os juros de 10%).
- A dívida é *nonrecourse*, o que significa que os credores não podem reivindicar os demais ativos da empresa se ela ficar inadimplente com o pagamento do serviço da dívida. Eles podem exigir apenas ficar com o campo petrolífero. Como investidor, sua empresa tem a opção de não pagar o empréstimo e sair do investimento se for de seu interesse financeiro. Se você decidir fazer isso, você perderia qualquer direito de propriedade no campo petrolífero, que seria transferido ao financiador. Por exemplo, esse seria o caso se as receitas geradas pelo campo petrolífero no final do ano se revelassem valer menos do que $280 milhões – os $220 milhões indispensáveis para retirar o título, mais os $60 milhões necessários para desenvolver a propriedade e produzir o petróleo. Observe que o ponto de equilíbrio de $280 milhões equivale a $56/barril = $280 milhões/5 milhões de barris.
- O preço a termo do petróleo a ser entregue em um ano é de $54,17 e o preço da opção *call* para comprar um barril do óleo bruto em um ano, a um preço de exercício de $56/barril, é de $1,75.

Avaliando o investimento utilizando preços a termo

Antes de continuar nossa análise formal da opção de inadimplência, começamos por explicar por que a abordagem da Seção 10.3, que usou preços a termo, não é adequada para esse caso. No exemplo anterior, avaliamos o investimento ao considerar que o risco do preço do petróleo está protegido ou vendido antecipadamente no mercado a termo. Entretanto, nesse caso especial, se hoje o petróleo for vendido a um preço a termo de $54,17, o investimento do capital não terá valor. Para entender, observe que, se o investidor vende a termo o petróleo bruto por $54,17/barril, isto vai garantir receitas de $270.850.000 = 5.000.000 barris × $54,17. O fluxo de caixa do capital próprio ao final do ano para o investimento *hedgeado* será de:

Fluxo de caixa do capital próprio = Receitas − Custos de extração − Prêmio do título
= $270.850.000 − 60.000.000 − 220.000.000 − ($9.150.000)

Assim, se o petróleo é vendido a termo, o investimento nas ações da empresa gera um fluxo de caixa negativo de ($9.150.000), caso o investidor decida honrar todas as suas obrigações de endividamento. Como resultado, o investidor não vai pagar sua dívida e o fluxo de caixa real para os acionistas é zero.

Devido a essa opção de inadimplência, o investimento no capital próprio do projeto tem um valor mais alto se o risco do preço do óleo não está *hedgeado*. Na verdade, quando avaliamos essa oportunidade de investimento de maneira que incorpore a opção de inadimplência da dívida, vemos que o investimento no capital próprio tem um valor positivo se o preço do petróleo não está *hedgeado*.

Analisando o valor do capital próprio com a opção de inadimplência – gerenciando o projeto

Começamos nossa análise mostrando que o resultado final para o investimento no capital próprio do projeto é idêntico a um investimento em uma opção *call* de um ano sobre cinco milhões de barris de petróleo, com um preço de exercício de $56/barril (isto é, o custo da extração de um barril de petróleo do campo petrolífero em um ano).

- Se o preço do petróleo superar $56/barril, a opção será exercida e vai gerar um lucro igual ao preço do petróleo, menos $280 milhões (o preço de exercício de $56 por barril multiplicado por cinco milhões de barris). Esse lucro é igual ao do investimento de capital próprio do projeto, que também gera fluxos de caixa iguais ao preço do petróleo multiplicado por 5 milhões, menos $280 milhões (a soma dos $60 milhões do custo de extração, mais os $220 milhões necessários para liquidar o título).
- Se os preços do petróleo caírem abaixo de $56/barril, a opção expira sem valor comercial. Quando esse é o caso, o investidor de capital próprio não paga a dívida e sai do investimento.

Assim, como os preços a termo simplificaram a análise da Cutter Exploration Company no exemplo anterior, ter preços de opção observáveis simplifica a avaliação desse investimento de capital. Nesse caso, a **carteira de rastreamento**, que é a carteira de títulos negociados que replica os fluxos de caixa do investimento real para o investimento no petróleo formada por opções *call* sobre cinco milhões de barris de petróleo bruto, com um preço de exercício de $56/barril. Se essas opções *call* têm um preço de $1,75/barril, a carteira de rastreamento vale $8,75 milhões = $1,75 o barril × 5 milhões de barris de petróleo. Como o investimento de capital próprio no projeto tem os mesmos fluxos de caixa que a carteira de rastreamento, ele também vale $8,75 milhões. Considerando que o capital próprio do investimento no campo petrolífero da Cotton Valley pode ser adquirido por $5 milhões, parece ser um investimento bastante bom. Na verdade, o VPL do investimento é de $3,75 milhões = $8,75 milhões – $5 milhões.

Convencendo seu chefe cético

Novamente, como esse tipo de análise é relativamente novo, podemos esperar encontrar um chefe cético que reluta em aceitar a avaliação do capital próprio do projeto utilizando a abordagem de apreçamento de opções. Como esse investimento

> **INSIGHT TÉCNICO**
>
> **Diferenças nas liquidações nos contratos a termo *versus* contratos de opção e descontos**
>
> Os fluxos de caixa associados a contratos a termo e de opções mudam de mãos em diferentes épocas. Quando se faz um contrato a termo, nenhum dinheiro muda de mãos até a data de vencimento do contrato. Consequentemente, quando são usados preços a termo para calcular a certeza equivalente de fluxos de caixa do projeto, descontamos os fluxos de caixa resultantes de volta ao presente, utilizando a taxa livre de risco para determinar seu valor. Entretanto, quando são usados os preços de opções de mercado para avaliar um investimento, não os descontamos. A razão para essa diferença é que, com opções, o comprador paga adiantado – isto é, o preço de opção que observamos é o valor descontado do prêmio de certeza equivalente da opção.

tem um VPL positivo, não podemos criar uma transação melhor utilizando derivativos, como fizemos antes utilizando os títulos livres de risco e os contratos a termo, no exemplo da Cutter. Em vez disso, para convencer o chefe cético a fazer o investimento, devemos mostrar como usar o mercado derivativo para proteger o risco associado a esse investimento e, dessa maneira, garantir que o VPL do investimento será efetivamente recebido.

Para travar o VPL positivo associado a esse investimento, adquirimos o capital próprio da propriedade de petróleo por $5 milhões e, ao mesmo tempo, lançamos

Tabela 10-3 Travando um VPL positivo utilizando opções – exemplo Cutter

Ano	Estratégia de proteção		Fluxos de caixa
0	(1) Vender opções *call* de 5 milhões de barris de petróleo bruto por $1,75 cada		$ 8,75 milhões
	(2) Comprar o investimento de petróleo		$ (5 milhões)
	(3) Fluxo de caixa líquido para o Ano 0		$ 3,75 milhões
		Fluxos de caixa para preços alternativos de petróleo bruto	
		$60/barril	$56/barril
1	(1) Prêmio (perda) pela venda das opções *call*	($4) × 5 milhões = ($20 milhões)	$0,00
	(2) Prêmio (perda) pelo investimento de petróleo	$300 milhões − $280 milhões = 20 milhões	$0,00
	(3) Fluxo de caixa líquido para o Ano 1	$0,00	$0,00

(vendemos) opções *call* sobre os cinco milhões de barris de petróleo por $1,75/barril. Como a transação com as opções gera uma entrada de caixa total de $8,75 milhões = $5 milhões $\times$ $1,75, a combinação das duas transações gera um lucro de $3,75 milhões no período corrente. Como mostramos na Tabela 10-3, apesar dessa entrada de caixa inicial, a combinação desses dois investimentos não gera saída de caixa no ano seguinte, pois os fluxos de caixa dos dois investimentos se compensam mutuamente.

10.5 Advertências e limitações – erros de rastreamento

Até agora, a maior parte da nossa análise supõe que é possível construir uma carteira de títulos financeiros negociáveis cujos fluxos de caixa são *perfeitamente compatíveis* com aqueles do investimento real que estamos tentando avaliar. Na prática, nem sempre é possível compatibilizar perfeitamente os fluxos de caixa com os retornos de títulos financeiros negociáveis. Como consequência, o valor da carteira de rastreamento será diferente do valor do investimento. A Figura 10-3 mostra o problema do erro de rastreamento. A linha preta descreve o valor real do projeto ao longo do tempo e a linha azul reflete o valor da carteira de rastreamento ao longo de certo tempo. Obviamente, quanto maior a diferença entre as duas linhas, menos precisa é a avaliação do investimento utilizando o valor da carteira de rastreamento.

Há três razões fundamentais pelas quais os fluxos de caixa da carteira de rastreamento vão divergir daqueles do investimento que está sendo analisado. A primeira se refere à confiabilidade dos preços de mercado para os derivativos. A segunda está ligada ao que vamos chamar de *riscos do projeto omitidos*, que são apenas fontes de risco nos fluxos de caixa do investimento não capturados nos fluxos de caixa da carteira de rastreamento. Finalmente, há algo que os *traders* de derivativos chamam de risco básico, que se origina nas diferenças da natureza específica dos ativos sub-

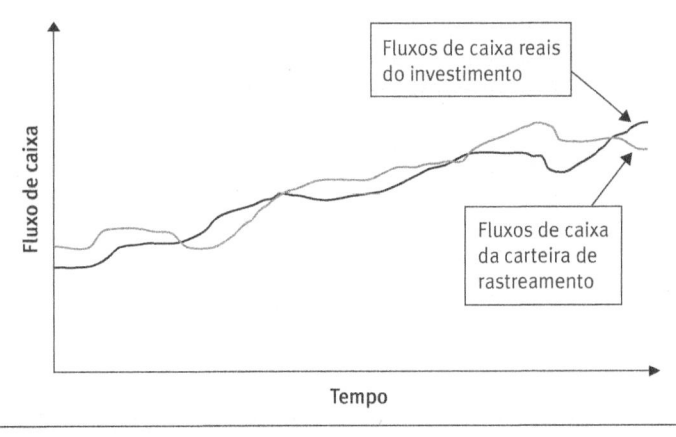

FIGURA 10-3 Erro de rastreamento.

jacentes aos contratos derivativos e dos ativos que fundamentam o investimento real que está sendo avaliado. A seguir analisamos cada uma dessas fontes de erros de rastreamento.

Qual é a liquidez dos mercados futuro, a termo e de opções?

Se os mercados derivativos são ilíquidos os preços de mercado podem não fornecer uma estimativa confiável dos preços de certeza equivalente. Nossa análise considera que o investidor pode, de fato, transacionar aos preços do mercado financeiro cotados. Por exemplo, suponha que estamos considerando um projeto para extração de dois milhões de barris de petróleo em um período de cinco anos (um pouco mais do que um milhão de barris por dia). Embora os mercados derivativos tenham suficiente profundidade para proteger a exposição dos preços do petróleo de bilhões de dólares, talvez não seja possível proteger essa exposição tão grande sem afetar significativamente os preços a termo. Por isso, os grandes produtores de petróleo tendem a proteger muito pouco e, como resultado, eles não acreditam que a abordagem de derivativos seja aplicável para seus investimentos e preferem usar o FCD tradicional. Apesar de poderem usar preços futuros como um guia para suas estimativas de preços de petróleo esperados, eles também usam seu próprio julgamento sobre os preços do petróleo futuros esperados.

Quantidades e custos operacionais incertos

Nossa segunda ressalva tem a ver com os riscos do projeto que foram omitidos de nossa análise. Aqui os erros de rastreamento surgem das fontes de variação nos fluxos de caixa que não podem ser conhecidos antecipadamente e consequentemente, não podem ser usados para determinar a carteira de rastreamento. Basicamente, apesar do procedimento da carteira de rastreamento ser extremamente valiosa ao tratar com os riscos de preço de *commodities* nos investimentos de capital, geralmente há outras fontes de risco que afetam os fluxos de caixa de um investimento que não são regidos pelos preços das *commodities*. Duas importantes fontes de risco de preço de *não-commodities* são a quantidade da *commodity* produzida e os custos operacionais associados com a extração e o processamento da *commodity*.

Em nossos exemplos de petróleo e gás, você deve ter notado que consideramos que a quantidade de petróleo e o custo de extração eram conhecidos com segurança, e assim, a única fonte de risco era o preço incerto do petróleo bruto. Na prática, avaliar um campo petrolífero (ou qualquer investimento em um setor de *commodities*) exige estimativas das quantidades de petróleo produzido e dos custos de extração. Para conciliar os efeitos das quantidades incertas de produção, os gerentes podem optar por estimativas conservadoras dessas quantidades para ajustar essa fonte de incerteza.[9] Pela mesma razão também se poderia usar estimativas bastante conservadoras dos custos de extração (isto é, custos no limite superior do que é esperado).

---

[9] Entretanto, não devemos usar estimativas de quantidades que sejam substancialmente menores do que as quantidades esperadas, porque é pouco provável que a quantidade de petróleo produzido seja correlacionado com a economia agregada. Em outras palavras, a quantidade deve ter risco beta igual a zero ou muito baixo.

Risco-base

A fonte final do erro de rastreamento que consideramos é algo que os analistas chamam de **risco-base**, que, como observamos anteriormente, surge de diferenças na natureza específica dos ativos subjacentes aos contratos derivativos e dos ativos que sustentam o investimento real avaliado. Vamos analisar três fontes dessas diferenças: a qualidade do produto, a localização geográfica e os termos do contrato.

Diferenças na qualidade do produto

Apesar da lista de derivativos de *commodities* negociadas ser bastante longa, ela não é completa. Isso significa que o analista geralmente terá que usar um contrato de commodity alternativo, pois pode não haver um contrato derivativo para a exata *commodity* que fundamenta os riscos do investimento analisado. Por exemplo, se o investimento envolve a produção de petróleo bruto pesado, o analista poderia usar contratos de derivativos baseados em petróleo leve e doce, pois esse é o contrato negociado no New York Mercantile Exchange (NYMEX). O problema é que o preço do petróleo leve e doce está incorretamente relacionado ao preço de outras formas de petróleo bruto. Consequentemente, a avaliação resultante de investimento que usa os contratos do petróleo leve e doce vai se diferenciar do valor real devido às diferenças na *qualidade dos produtos* que sustentam o investimento e o contrato derivativo.

Diferenças nas localizações geográficas

Os riscos-base também surgem de *diferenças geográficas*. Por exemplo, o petróleo bruto nos mercados futuros é avaliado para entregas em Cushing, Oklahoma, e o gás natural nos futuros são avaliados para entrega em Henry Hub, Louisiana. Obviamente, diferenças na localização física do petróleo cru ou gás natural dos locais convencionais usados nos contratos de opção causam erros de rastreamento. Nesse momento, o erro de rastreamento deve-se aos custos de entrega.

Apesar de o problema do erro de rastreamento devido à geografia poder ser resolvido considerando os custos de entrega, ele não é irrelevante. Os custos de entregam variam de acordo com as condições de oferta e procura e, em alguns casos extremos, os custos podem se tornar proibitivos. Por exemplo, durante a crise energética da Califórnia, em 2000, os custos para entrega de energia elétrica aos residentes do estado aumentaram a níveis astronômicos, devido à sobrecarga da rede elétrica.

Diferenças nos termos do contrato

Há casos em que a compatibilização entre as opções negociadas e o componente de opção do investimento avaliado está longe de ser perfeita. Por exemplo, suponha que possamos encontrar preços de petróleo nas opções *call* com um preço de exercício de $50, mas que não existam opções negociadas com um preço de exercício de $56, que é o preço que precisamos para resolver nosso problema de avaliação. Um problema ainda mais comum é que o analista está avaliando um investimento que oferece fluxos de caixa distribuídos por muitos anos, enquanto as opções negociadas têm vencimentos com duração de apenas um ano. Nesses casos, vamos precisar de um modelo de apreçamento de opções para avaliar o investimento, o que vamos discutir na próxima seção.

A relação entre o erro de rastreamento e comps imperfeitos

O aluno de finanças inteligente vai reconhecer que o problema de encontrar uma carteira de rastreamento apropriada é o mesmo de encontrar empresas comparáveis apropriadas que possam ser usadas para avaliar um negócio. Como mencionamos nos capítulos anteriores, geralmente é impossível encontrar empresas comparáveis que forneçam uma combinação perfeita quando estamos tentando identificar o múltiplo de avaliação apropriado ou o custo de capital ajustado ao risco apropriado. Em geral, os gerentes consideram uma variedade de *comps* e, depois, usam seu julgamento para apresentar um custo médio ponderado que forneça taxas de desconto e múltiplos apropriados ao seu julgamento.

Identificar a carteira de rastreamento apropriada para determinar os fluxos de caixa de certeza equivalente também é um procedimento imperfeito, mas não mais do que os métodos usados para identificar índices de avaliação e taxas de descontos apropriados. Mais uma vez, precisamos enfatizar que existem incertezas inerentes ao avaliar fluxos de caixa futuros, quer seja utilizado o modelo de FCD tradicional (que foca na estimativa das taxas de desconto ajustadas ao risco), quer seja pela abordagem de opções reais (que foca na identificação de uma carteira de rastreamento), e as duas abordagens exigem um julgamento sólido por parte do usuário.

Utilizando um modelo de apreçamento de opções para avaliar o investimento

No exemplo de petróleo da Cotton Valley, as opções financeiras combinaram totalmente com o investimento que estava sendo avaliado. Infelizmente, como vemos em nossa análise na última seção, mesmo nos melhores casos, é provável que haja riscos básicos e, em outros casos, pode não haver opções comerciais que lembrem, mesmo remotamente, a opção embutida no investimento avaliado. Como vamos mostrar nesta seção, quando não é possível comparar um fluxo de caixa do investimento a uma opção comercial, você pode valorizar o componente de opção do investimento utilizando informação dos preços a termo. Entretanto, isso exige um modelo de apreçamento de opções, junto com premissas a respeito da distribuição dos preços do petróleo no futuro.

Nesta seção, mostramos como avaliar o valor de uma opção *call* sobre petróleo utilizando um **modelo binomial de apreçamento de opções**, o que pressupõe que o preço do petróleo futuro segue uma **distribuição binomial** (veja o quadro Insight Técnico sobre "Árvores de probabilidade e distribuição binomial"). Em nosso reexame do investimento no campo petrolífero da Cotton Valley fizemos premissas sobre

```
                    Posição do preço alto
                   ─────────────────────── $60,00/barril
                  ●
                   ─────────────────────── $48,90/barril
                    Posição do preço baixo
```

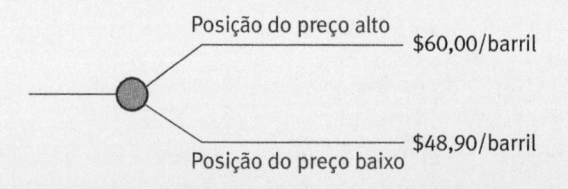

FIGURA 10-4   Distribuição dos preços do petróleo no final do ano.

> ### INSIGHT TÉCNICO
> ### Árvore de probabilidades e distribuição binomial
>
> A ideia por trás de uma árvore de probabilidades não é novidade para a maioria dos alunos de finanças. De maneira simples, uma árvore de probabilidades especifica os resultados de um evento incerto, como o preço de um quilo de cobre no final do próximo ano e as probabilidades associadas a cada um dos preços possíveis. Se há apenas dois resultados possíveis, a árvore de probabilidades é uma árvore binomial. Se há três resultados possíveis, é uma árvore trinomial, e assim por diante. De acordo com nosso objetivo, vamos nos ater ao caso mais simples, a árvore de probabilidades binomial.
>
> Para ilustrar a construção de uma árvore binomial, considere a distribuição binomial de preços do petróleo ao final de um ano, conforme a Figura 10-4. Os preços do petróleo (alto e baixo), ao final de um ano, são calculados em termos do preço a termo do petróleo observado hoje para o produto entregue no final do Ano 1, $F_{0,1}$:[10]
>
> $$\text{Preço Alto} = F_{0,1}u \text{ onde } u = e^{+\sigma} \text{ e Preço baixo} = F_{0,1}d \text{ onde } d = e^{-\sigma}$$
>
> Para calcular esses preços, precisamos dos preços a termo do petróleo a ser entregue em um ano $F_{0,1} = \$54{,}17$ e o desvio padrão nas mudanças de preços anuais do petróleo, $\sigma = 0{,}10232$. Portanto, $u = e^{+\sigma} = e^{0,10232} = 1{,}10775$ e $d = 0{,}9027$, o que significa que, no final de um ano, o preço do petróleo será de
>
> $$\text{Preço Alto} = F_{0,1}u = \$54{,}17 \times 1{,}10775 = \$60{,}00$$
>
> ou
>
> $$\text{Preço Baixo} = F_{0,1}d = \$54{,}17 \times 0{,}9027 = \$48{,}90$$
>
> O modelo binomial de um só período pode ser prolongado para múltiplos períodos com pequenas modificações. Esse procedimento está demonstrado no Anexo B.

a distribuição dos preços do petróleo. Basicamente, como mostramos na Figura 10-4, consideramos que os preços do petróleo no próximo período serão tão altos quanto $60,00/barril ou tão baixos quanto $48,90/barril.

O primeiro passo no processo de avaliação do investimento é identificar os fluxos de caixa que são contabilizados para o acionista, sob cada um dos cenários de preço de óleo cru. Os fluxos de caixa se equivalem à receita gerada pelos cinco milhões de barris de produção vendidos por $60,00 ou $48,90/barril, menos o custo de extração do petróleo de $12,00/barril, mais os $20 milhões devidos no título. Assim, a informação resumida para o investimento do campo petrolífero é a seguinte:[11]

---

[10] Há outras maneiras de caracterizar a distribuição dos preços em uma malha binomial. Entretanto, seguimos a abordagem de Robert L. McDonald, *Derivative Markets*, 2ª edição (Boston, MA. Addison Wesley, 2006).

[11] Esse é um título existente com um valor de face de $200 milhões. Entretanto, conforme as premissas desse exemplo, seu valor de mercado seria menor.

> **INSIGHT TÉCNICO**
>
> **Desconto em tempo contínuo**
>
> Na literatura de opções, a convenção padrão é usar capitalização/desconto em tempo contínuo. Consequentemente, o valor futuro de $1,00 capitalizado continuamente a uma taxa de 10% por um ano é igual a $e^{0,10}$, que equivale a uma capitalização em tempo discreto utilizando uma taxa anual de 10,517%, isto é, (1 + 0,10517).

- O preço do petróleo no próximo ano será de $48,90 ou $60/barril, como mostrado na Figura 10-4.
- Os custos de extração e de transporte são conhecidos e iguais a $12 o barril.
- A taxa de juros livre de risco é de 8%.
- O preço a termo para o petróleo no dia de hoje, para entrega em um ano, é de $54,17/barril.
- Um total de cinco milhões de barris de petróleo pode ser extraído da propriedade e a quantidade total pode ser extraída no próximo ano.
- Os campos petrolíferos servem como única garantia para o título de dívida de $200 milhões que vence no final de próximo ano e exige juros anuais de 10%.
- O proprietário do campo petrolífero pôs seu capital à venda por $5 milhões e o comprador vai assumir o título de $200 milhões, que é garantido pela propriedade.

A pergunta, então, é: esta é uma boa oferta?

As árvores de decisão encontradas nas Planilhas *a* e *b* da Figura 10-5 proporcionam uma maneira conveniente de ilustrar graficamente a forma como se desenvolve o processo de decisão ao longo do tempo. Os nós circulares representam eventos incertos, tais como diferentes possibilidades e preços de petróleo, e os nós quadrados representam eventos de decisão como, por exemplo, se a perfuração deve ser feita ou não. Os números encontrados nos nós quadrados são usados para controlar a decisão especial, que deve ser tomada como uma parte do problema da resolução que está sendo descrita (por exemplo, o investimento).

A Planilha *a* da Figura 10-5 apresenta uma análise detalhada dos fluxos de caixa que são realizados a partir de um preço futuro do petróleo bruto se a empresa não vender o petróleo no mercado a termo. Se o preço do petróleo sobe para $60,00/barril, as receitas do investimento serão de $300 milhões = 5 milhões de barris × $60,00/barril, deixando um lucro de $20 milhões depois de pagos os custos de extração ($60 milhões) e resgatada a dívida ($220 milhões). Se, ao final do ano, o preço do petróleo chega ao mínimo de $48,90/barril, o investimento vai perder $35,5 milhões depois de feitos os pagamentos dos custos de extração e a amortização da dívida. Como o empréstimo é *nonrecourse*, o investidor vai entrar em *default* quando os preços do petróleo estiverem baixos, tornando os fluxos de caixa do capital próprio igual a zero.

Como mostra a Figura 10-5, o resultado para os investidores de capital próprio é idêntico ao resultado de possuir uma opção *call* para compra de cinco milhões de

Planilha a. Árvore de decisão ilustrando o resultado para o investimento em capital próprio

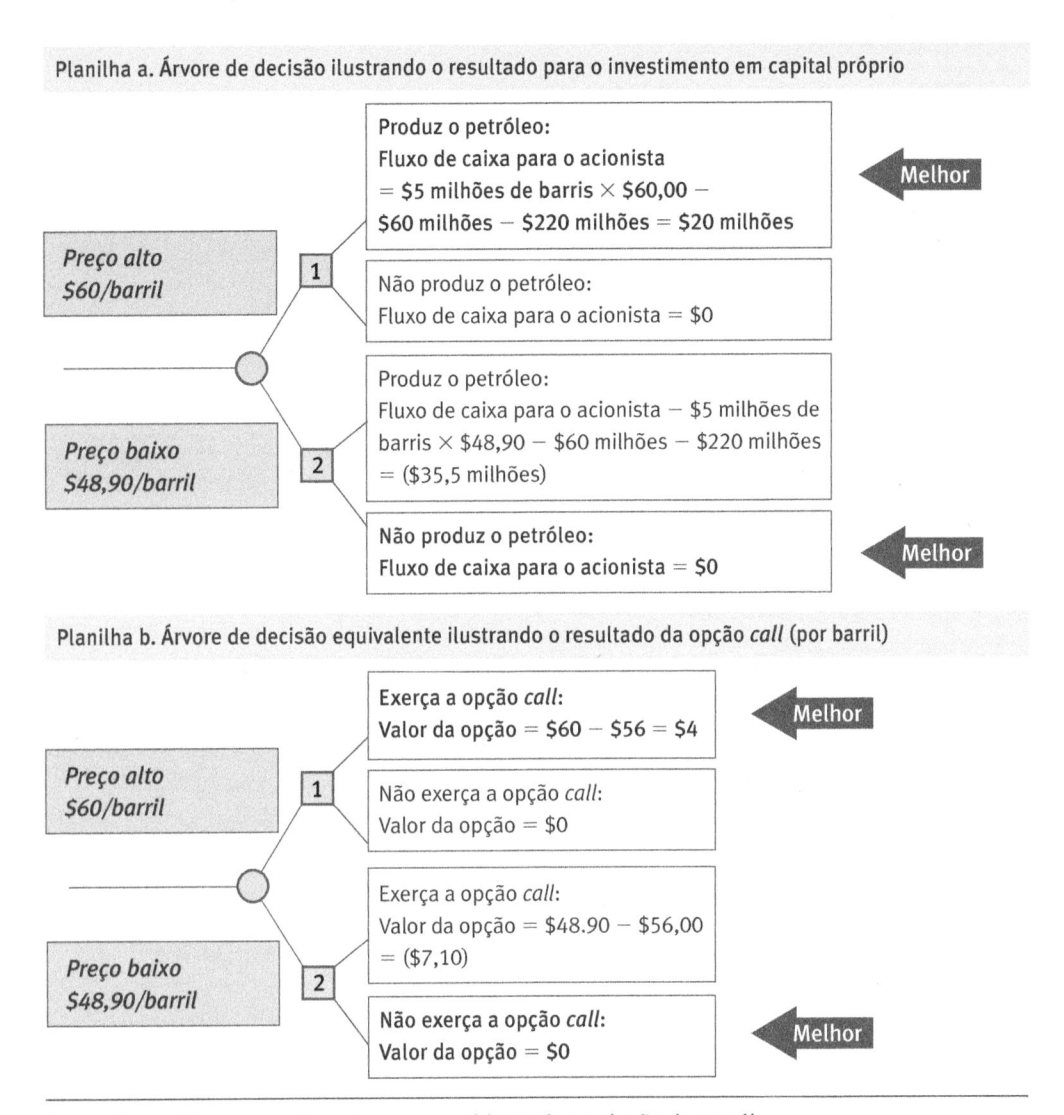

- **Preço alto $60/barril**
  - **1**
    - Produz o petróleo:
      Fluxo de caixa para o acionista
      = $5 milhões de barris × $60,00 −
      $60 milhões − $220 milhões = $20 milhões ◀ Melhor
    - Não produz o petróleo:
      Fluxo de caixa para o acionista = $0

- **Preço baixo $48,90/barril**
  - **2**
    - Produz o petróleo:
      Fluxo de caixa para o acionista = $5 milhões de barris × $48,90 − $60 milhões − $220 milhões = ($35,5 milhões)
    - Não produz o petróleo:
      Fluxo de caixa para o acionista = $0 ◀ Melhor

Planilha b. Árvore de decisão equivalente ilustrando o resultado da opção *call* (por barril)

- **Preço alto $60/barril**
  - **1**
    - Exerça a opção *call*:
      Valor da opção = $60 − $56 = $4 ◀ Melhor
    - Não exerça a opção *call*:
      Valor da opção = $0

- **Preço baixo $48,90/barril**
  - **2**
    - Exerça a opção *call*:
      Valor da opção = $48.90 − $56,00 = ($7,10)
    - Não exerça a opção *call*:
      Valor da opção = $0 ◀ Melhor

Figura 10-5 A árvore de decisão para o problema de produção de petróleo.

barris de petróleo ao preço de exercício de $56/barril. Nos dois casos, o investimento paga $20 milhões (se o preço do petróleo chegar a $60/barril), e não paga nada (se o preço for de $48,90/barril).

Mais uma vez, é bom observar que a abordagem do FCD tradicional requer (1) estimar os possíveis resultados dos fluxos de caixa para a opção nos estados altos e baixos dos preços de petróleo bruto, (2) calcular o fluxo de caixa esperado ponderando esses fluxos de caixa por meio das probabilidades dos estados altos e baixos dos preços e (3) descontando o fluxo de caixa esperado a uma taxa de desconto ajustada ao risco. Na prática, a alternativa usada é calcular o fluxo de caixa de certeza equivalente da opção, em vez de seu fluxo de caixa esperado, e descontar esse valor à taxa livre de risco.

A vantagem dessa abordagem é que não precisamos saber as *reais probabilidades* dos dois cenários de preço do petróleo. Em vez disso, calculamos o que chamam de **probabilidades neutras a risco**. Basicamente, as *probabilidades neutras a risco são probabilidades hipotéticas que tornam o preço a termo igual ao preço esperado do petróleo no próximo ano*. Podemos resolver as probabilidade neutras utilizando a Equação 10.1, como segue:

$$\begin{aligned} \text{Preço a termo para o petróleo}_{\text{Ano } t} = & \left(\begin{array}{c} \text{Preço alto para o} \\ \text{petróleo}_{\text{Ano } t} \end{array} \right) \times \left(\begin{array}{c} \text{Probabilidade de risco} \\ \text{neutro}_{\text{Alto preço}} \end{array} \right) \\ & + \left(\begin{array}{c} \text{Preço baixo para} \\ \text{o petróleo}_{\text{Ano } t} \end{array} \right) \times \left(\begin{array}{c} \text{Probabilidade de} \\ \text{risco neutro}_{\text{Preço baixo}} \end{array} \right) \end{aligned} \quad (10.1)$$

Substituindo os valores de nosso exemplo atual, resolvemos para p, que representa a probabilidade neutra a risco de que o preço de $60,00 vai predominar, como segue:

$$\$54,17 = p \times \$60,00 + (1-p) \times \$48,90,$$

onde $(1-p)$ é a probabilidade neutra a risco correspondente de que o preço de $48,90 vai prevalecer. Resolvendo a equação acima, vemos que a probabilidade neutra a risco de que ocorra o preço alto é de $47,44, o que deixa uma probabilidade neutra a risco para o preço baixo de 52,56%.[12]

Utilizando as probabilidades neutras a risco, vemos que o valor esperado neutro a risco ou a certeza equivalente do resultado da opção na data de vencimento em um ano é de 0,4744 × $4,00 + 0,5256 × $0,00 = $1,90. Descontando esse resultado de certeza equivalente utilizando a taxa livre de risco de 8%, temos uma estimativa do valor da opção *call* hoje. Assim, o valor de uma opção *call* para adquirir um barril de petróleo por meio do investimento que acabamos de descrever é de $1,75 = $1,90$e^{-0,08}$, que é o que assumimos antes, e o valor de uma opção para aquisição de cinco milhões de barris é de $8,75 milhões.[13]

Como a volatilidade afeta os valores da opção?

Como o valor dessa posição do capital próprio é afetado se a incerteza aumenta? Em nossa análise de fluxo de caixa descontado, aprendemos que um aumento no risco, todas as demais coisas permanecendo iguais, levou a um aumento na taxa de descon-

---

[12] Como analisamos na Seção 10.2, os preços a termo não precisam se equivaler ao valor esperado dos preços *spot* futuros, pois a pressão do *hedging* dos participantes do mercado pode fazer com que os preços a termo sejam maiores ou menores do que os preços futuros esperados. Isso, por sua vez, significa que as probabilidades neutras a risco, que fazem com que os preços a termo se igualem aos seus valores de certeza equivalente, geralmente não vão se equivaler às probabilidades reais. Por exemplo, se o preço a termo é menor do que o preço esperado no futuro, a probabilidade neutra a risco do estado de preço alto será menor do que a real probabilidade e a probabilidade neutra a risco do estado de preço baixo será maior do que a probabilidade real.

[13] O leitor atento vai observar que não apresentamos nada que possa ser construído como um *modelo de apreçamento de opções* no sentido tradicional. Em lugar disso, nós avaliamos a opção *call* simplesmente usando o modelo de FCD de certeza equivalente que temos utilizado ao longo deste capítulo. Fizemos isso porque podemos observar os preços a termo para o ativo subjacente. No Capítulo 11, enfrentamos situações nas quais os preços a termo não são observáveis.

to e a uma correspondente diminuição no valor presente dos fluxos de caixa futuros esperados. Entretanto, como mostramos agora, isso não é necessariamente o caso para investimentos com características de opções.

Considere o caso em que o preço a termo permanece em $54,17/barril, mas, quando a economia está forte, o preço do petróleo aumenta para $66,00/barril e, quando está fraca, o preço diminui para $44,50/barril. Nesse caso, as probabilidades neutras a risco podem ser computadas utilizando a Equação 10.1 como sendo 45% para o estado de preço alto e 55% para o estado de preço baixo.[14] Como a posição do capital próprio apenas tem valor quando o preço do petróleo é $66,00, o valor do capital no Ano 1 é calculado como segue:

$$\frac{0,45 \times (\$66/\text{barril} \times 5 \text{ milhões de barris} - \$280 \text{ milhões})}{1,08} = \$20,833 \text{ milhões}$$

Esse é um crescimento substancial do valor de $8,75 milhões calculados com a volatilidade menor.[15]

Esse resultado pode parecer estranho, pois geralmente associamos maior incerteza a risco mais alto e não a valor mais alto. Entretanto, o investidor em capital próprio se beneficia da crescente volatilidade, que leva a uma possibilidade de preços futuros de petróleo maiores ou menores, pois os preços maiores e menores do petróleo têm um efeito assimétrico nos fluxos de caixa. Apesar de os preços de petróleo mais altos sempre gerarem receitas maiores, a perda associada aos preços de petróleo mais baixos tem um mínimo. Como tem a opção de sair do investimento, o investidor não pode perder mais do que seu investimento original não importando quanto os preços do petróleo caiam.

Calibrando o modelo de apreçamento de opções

Muitas vezes ocorre de existirem no mercado opções negociadas que se assemelham às opções do projeto avaliado, mas o risco-base é bastante grande. Quando esse é o caso, os analistas financeiros inferem informação das melhores opções e preços a termo disponíveis e a usam em combinação com um *modelo de apreçamento de opções* a fim de avaliar as opções que estão sendo analisadas. Basicamente, os analistas usam preços de opção observados para determinar a volatilidade (ou, igualmente, o *spread* entre os preços nos estados alto e baixo) do preço da *commodity* subjacente. Por exemplo, se os preços das opções comerciais do petróleo são relativamente altos, eles deduzem que se espera que os preços do petróleo sejam relativamente voláteis, o que significa que uma maior volatilidade deve ser usada para avaliar as opções embutidas nos campos petrolíferos. Esse processo de usar preços de opção observados para inferir parâmetros que são usados para um modelo é conhecido como *calibragem* do modelo. O Anexo C contém uma ilustração desse processo utilizando o modelo de apreçamento de opções binomial.

---

[14] Onde o preço a termo permanece $54,17, a probabilidade neutra a risco da posição de preço alto, *p*, é calculada como segue:

$$\$54,17 = p \times \$66,00 + (1-p) \times \$44,50$$

[15] A maior parte dos ganhos em valor no capital próprio é devido à redução no valor das dívidas em aberto.

10.6 Resumo

O ponto central deste capítulo é que os preços de mercado observáveis dos contratos derivativos (a termo, futuros e de opção) fornecem informações que podem ser usadas para avaliar projetos de investimento reais. Por exemplo, os preços a termo fornecem a informação necessária para calcular os fluxos de caixa de certeza equivalente, que podem ser facilmente avaliados descontando-os por meio da taxa de juros livre de risco. Essa abordagem não deve ser vista como uma alternativa para a análise de FCD. Na verdade, um ponto-chave do aprendizado deste capítulo é que os preços observados dos derivativos negociados podem ser usados para facilitar a avaliação do FCD.

Quão úteis são os métodos descritos neste capítulo para avaliação de reais oportunidades de investimento? Na realidade, é pouco provável que fluxos de caixa de um investimento possam ser reproduzidos exatamente com derivativos financeiros negociados publicamente. Entretanto, esse problema não é diferente de encontrar empresas comparáveis para implementar uma avaliação relativa, como analisado no Capítulo 6, ou do problema de calcular o custo de capital ajustado ao risco de um projeto, como vimos nos Capítulos 4 e 5. Quando esse problema surge em uma análise de avaliação, e ele aparece quase sempre, independentemente do método que está sendo usado, os analistas financeiros devem exercitar seu julgamento profissional para propor combinações de futuros ou de opções que controlem o máximo possível os fluxos de caixa do investimento.

Em alguns casos, o julgamento gerencial pode ser usado para selecionar preços derivativos para uma *commodity* negociada que está intimamente relacionada à *commodity* que dá suporte aos fluxos de caixa do projeto. Por exemplo, se os fluxos de caixa de um investimento são derivados da produção e da venda de petróleo pesado de Alberta, o analista pode usar o preço futuro do petróleo bruto do Texas Ocidental, ajustado à diferença de preço característica de $4 por barril nas duas fontes de petróleo cru. Em outros casos, são necessárias transformações mais complexas. Por exemplo, se os termos dos contratos de opção negociados não são compatíveis com as características específicas da opção incorporadas no investimento avaliado, pode ser usado um modelo de apreçamento de opções, como o modelo de apreçamento de opções binomial apresentado neste capítulo. Para aplicar esse modelo, você deve usar informações dos preços de opções negociadas que tenham característica que se assemelhem às opções reais avaliadas.

Como mencionamos no início deste capítulo, mostramos a abordagem de avaliação de derivativos com exemplos de investimentos em petróleo. As técnicas que descrevemos foram originalmente desenvolvidas para avaliar investimentos em petróleo, gás e outros recursos naturais. Porém, como mostramos nos Capítulos 11 e 12, a abordagem que descrevemos está atualmente sendo estendida para avaliar uma grande variedade de investimentos em uma crescente variedade de setores.

Problemas

10-1 Utilizando derivativos para analisar um investimento em gás natural A Morrison Oil and Gas está diante de uma interessante oportunidade de investimento que envolve a exploração de um significativo depósito de gás natural no sudeste de Louisiana, perto de Cameron. Há muito tempo a área é conhecida por sua produção de petróleo e gás, e a nova oportunidade envolve o desenvolvimento e a produção de 50 milhões de pés cúbicos (MCF) de gás. Atualmente, o gás natural está sendo negociado a $14,03 por MCF. O preço no próximo ano, quando o gás for produzido e vendido, poderá estar em $18,16 ou $12,17. Além disso, atualmente o preço a termo do gás daqui a um ano é de $14,87. Se a Morrison adquirir a propriedade, vai enfrentar um custo de $4,00 por MCF para desenvolver o gás.

A empresa que está tentando vender o campo de gás natural tem um título de dívida de $450 milhões na propriedade que deverá ser liquidada dentro de um ano, mais 10% de juros. Se a Morrison comprar a propriedade, terá que assumir esse título e a responsabilidade de pagá-lo. Entretanto, o título é *nonrecourse*: se decidir não desenvolver a propriedade em um ano, o proprietário pode simplesmente transferir a posse da propriedade para o credor.

A atual proprietária é uma grande empresa de petróleo que está em processo de disputa de uma tentativa de tomada de controle e, portanto, precisa de caixa. O preço de venda para o capital próprio na propriedade é de $50 milhões. O problema enfrentado pelos analistas da Morrison é saber se esse capital é válido.

   a. Uma possível resposta à pergunta de avaliação é estimar o valor do projeto no qual o risco do preço do gás natural é eliminado através de *hedging*. Calcule o valor do capital próprio do projeto em que todo o gás é vendido a termo ao preço de $14,87 por MCF. A taxa de juros livre de risco atualmente é de 6%.
   b. Alternativamente, a Morrison poderia preferir esperar um ano para decidir sobre seu desenvolvimento. Ao aguardar, a empresa decide se vai ou não desenvolver a propriedade, baseada no preço por MCF no final do ano. Analise o valor do capital próprio da propriedade sob esse cenário.
   c. O capital próprio da propriedade é, basicamente, uma opção de compra a 50 MCF de gás natural. Sob as condições apresentadas no problema, qual é o valor de uma opção de compra de gás natural em um ano com um preço exagerado de $13,90 MCF hoje? (*Dica*: utilize o modelo de apreçamento de opções binomial.)

10-2 Avaliando um investimento em energia utilizando opções de petróleo A Pampa Oil Company opera a exploração de petróleo e gás por toda a região sudeste do Texas. A empresa foi recentemente procurada por um empreendedor chamado William "Wild Bill" Donavan, com a possibilidade de desenvolver o que ele imaginava ser algo seguro. Wild Bill tinha a posse e queria vendê-la para a Pampa para cumprir com algumas dívidas de jogo bastante urgentes.

A exploração envolveria esforços desenvolvidos em um período de um ano a um custo de $600.000 (que, para facilitar, consideramos que seja pago no final do ano). Wild Bill confia que pode encontrar 20.000 barris de petróleo, e ele tem relatórios de engenharia e de geólogos que confirmam isso. A Pampa Oil conhece bem a exploração e a produção nessa área e acredita em suas estimativas de custo. Ela calcula que a exploração envolveria esforços despendidos por um período de seis meses a um custo de $600.000 (que, para facilitar, consideramos que seja pago no final do ano). A Pampa Oil também acha que o custo de extração do petróleo não será maior do que $8 o barril. Entretanto, os preços do petróleo têm sido muito voláteis e os especialistas em economia preveem que o preço do petróleo pode chegar a $50 o barril ao final do ano ou cair para $35, dependendo do progresso em manter uma paz duradoura no Oriente Médio. Por isso, a Pampa Oil está considerando a possibilidade de adiar o desenvolvimento do campo petrolífero por seis meses. Essa espera de seis meses colocará a empresa em uma posição melhor para determinar se deve seguir com a exploração ou não. Atualmente, a taxa de juros livre de risco é de 5% e o preço a termo do petróleo em um ano está, agora, sendo negociado a $40 o barril. O que deve valer a proposta de investimento para a Pampa (você pode considerar uma alíquota de imposto de zero)?

10-3 A lógica do *hedging* O analista financeiro da Morrison Oil Company (do problema 10-1) é Samuel (Sam) Crawford. Sam completou sua análise sugerindo que seria um bom investimento e a apresentou ao comitê executivo da empresa. O comitê executivo consiste no presidente, no diretor financeiro e no diretor de operações. O diretor financeiro achou que a análise de Sam estava no caminho certo, mas o diretor de operações e o presidente estavam preocupados com o fato de que a estratégia de *hedging* não seria boa para o investimento. De fato, eles questionavam por que fazer o *hedge* seria uma ideia tão boa. Sam pensou por alguns segundos antes de responder e analisou como poderia explicar melhor por que o projeto era bom e envolvia o *hedging* dos fluxos de caixa do investimento por meio de um ano de opção de compra de gás natural. Essas opções de compra, que têm um preço de exercício de $13,90 por MCF, estavam sendo vendidas por $1,86 por MCF. Mostre como a venda de opções de compra a 50 MCF de gás hoje e a realização do investimento proporcionariam um investimento *hedgeado* (isto é, livre de risco) para Morrison.

10-4 Avaliando um projeto de minas de cobre utilizando preços a termo A Harrison Exploration Inc. está interessada na expansão de suas operações de minas de cobre na Indonésia. Há muito tempo a área tem sido observada por seus ricos depósitos de minério de cobre e, como os preços do cobre estão em níveis perto do recorde, a empresa está considerando um investimento de $60 milhões, para começar operações dentro de uma nova veia de cobre que foi mapeada pelos geólogos da empresa há quatro anos. O investimento seria alocado (uma combinação de depreciação de bens de capital e custos de exaustão associados à exploração da jazida de cobre) ao longo de cinco anos para um valor zero. Como a Harrison tem uma alíquota de imposto corporativo de 30%, os benefícios fiscais são significativos.

Os geólogos da empresa também estimam que o cobre terá quase a mesma pureza das jazidas existentes e que custará $150 para extrair e processar uma tonelada de minério contendo pouco mais de 15% de puro cobre. A empresa calcula que haja 75.000 toneladas de cobre na nova veia, que pode ser explorada e processada pelos próximo cinco anos, a um ritmo de 15.000 toneladas por ano.

O presidente da Harrison pediu a um de seus analistas financeiros que estimasse um valor esperado do investimento, utilizando a curva de preço a termo para o cobre como um guia para o valor da produção futura do minério. A curva de preço a termo para o preço do cobre por tonelada, estendendo-se pelos próximos cinco anos, quando o investimento proposto estaria em produção, é a seguinte:

2008	$7.000/t
2009	$7.150/t
2010	$7.200/t
2011	$7.300/t
2012	$7.450/t

Em uma pesquisa autorizada pelo Presidente, no ano passado, o custo de capital da empresa foi estimado em 9,5%. A taxa de juros livre de risco nos Títulos do Tesouro americano de cinco anos atualmente é de 5,5%.

   a. Estime os fluxos de caixa livres (de certeza equivalente) do projeto após impostos para os cinco anos de sua vida produtiva.
   b. Qual é o VPL do projeto utilizando a metodologia de avaliação de certeza equivalente?
   c. Agora, considere que o analista calculou o VPL do projeto utilizando a metodologia de certeza equivalente e que ela é negativa. Quando o presidente da empresa vê o resultado da análise, ele acredita que algo deve estar errado porque sua própria análise utilizando métodos convencionais (isto é, fluxos de caixa esperados e custo médio ponderado do capital da empresa) produz um VPL positivo de mais de $450.000. Basicamente, ele estima que o preço do cobre para 2008 seria, de fato, $7.000 por tonelada, mas isso aumentaria cerca de 12% ao longo dos cinco anos de vida do projeto. Como o analista deveria reagir às preocupações do presidente?

10-5 Avaliando uma oportunidade de investimento em ouro Jim Lytle, um consultor financeiro, recomenda que seus clientes invistam em ouro. Basicamente, ele está aconselhando um cliente a investir $100.000 na compra de 5 quilos de barras de ouro, com a perspectiva de manter o ouro por um período de um ano antes de vendê-lo. O cliente observa que os preços futuros para 5 quilos de ouro a serem entregues em um ano será de $104.000, o que representa um retorno de 4% no investimento de $100.000, enquanto o rendimento de um ano do Tesouro atualmente é de 5%. "Não seria melhor", ele pergunta, "se eu vendesse os 5 quilos de ouro hoje por $100.000 e comprasse um contrato a termo para comprar o ouro em um ano ao preço de $104.000? Eu poderia investir os $100.000 em Títulos do Tesouro de 5% com vencimento em um ano".

   a. Analise os retornos para a estratégia proposta pelo investidor. Qual é sua recomendação?
   b. Por que as duas alternativas podem ter retornos diferentes?

10-6 Avaliando o ouro recuperado de velhos computadores pessoais Alguns produtos industriais têm ouro e prata como componentes, pois eles têm propriedades condutivas muito boas. A S&M Smelting Company se envolve na recuperação de ouro desses produtos e está analisando um contrato para começar a extração do ouro a partir da reciclagem de computadores pessoais. O projeto envolve fechar contratos com os governos estaduais de três estados do meio-oeste para descartar seus PCs. O projeto vai durar cinco anos e o contrato prevê o descarte de 200.000 PCs por ano. Três toneladas de sucata eletrônica contêm aproximadamente 480 gramas de ouro. Além disso, cada PC contém aproximadamente 2,5 quilos de sucata eletrônica, e o custo de processamento envolvido na extração do ouro é de $67,50 por tonelada de sucata. Além disso, o preço atual (de mercado) do ouro é de $592,80 e a curva de preço a termo para o preço por quilo de ouro ao longo dos próximos cinco anos é seguinte:

2008	$670,40/t
2009	$715,10/t
2010	$750,60/t
2011	$786,90/t
2012	$822,80/t

A S&M estima que o custo de capital da empresa é de 10,5% e a taxa de juros livre de risco nos Títulos do Tesouro americano atualmente é de 5,0%. Além disso, a S&M tem uma alíquota de imposto de 30% e o investimento total de $450.000, feito no projeto em 2007, será depreciado linearmente ao longo dos cinco anos, com um valor residual de zero.

a. Calcule os fluxos de caixa livres (de certeza equivalente) do projeto após impostos ao longo dos cinco anos de sua vida produtiva.
b. Utilizando a metodologia de avaliação de certeza equivalente, calcule o VPL do projeto.
c. Se considerarmos que o preço do ouro vai subir a uma taxa de 7% ao longo dos próximos cinco anos, qual é o VPL do projeto utilizando o método de análise do WACC tradicional com base nos fluxos de caixa livres do projeto esperados, no qual se estima que o WACC seja de 10,5%. Que taxa de crescimento no preço do ouro é necessária para produzir o mesmo VPL utilizando a abordagem do WACC tradicional, assim como a abordagem de certeza equivalente usada no item b?

APÊNDICE A
Noções básicas de opções – uma rápida revisão

Este anexo é direcionado ao leitor cujo conhecimento de opções e de seus resultados ou são limitados, ou estão apenas enferrujados por falta de uso. Nosso objetivo é desenvolver uma plataforma a partir da qual desenvolvemos um entendimento a respeito do uso de opções nos próximos três capítulos.

O que é uma opção?

Uma **opção** dá ao seu titular o direito, mas não a obrigação, de comprar ou vender um determinado ativo a um preço acordado contratualmente (o preço de exercício da opção) dentro de um determinado período de tempo. Uma opção de **compra, ou call**, dá ao titular o direito (e de novo, não a obrigação) de comprar o ativo ao preço de exercício. Uma opção de **venda, ou put**, dá ao titular o direito (e de novo, não a obrigação) de vender o ativo ao preço de exercício. Em qualquer dos casos, o detentor da opção pode desistir se não for de seu interesse comprar ou vender.

Há dois tipos de contratos de opção dependendo de *quando* eles podem ser exercidos: a **opção Europeia** dá ao detentor o direito de exercer a opção *somente* na data do vencimento; a **opção Americana** permite que o detentor exerça a opção a *qualquer tempo*, até a data do vencimento.

Como podemos caracterizar os resultados dos contratos de opção?

Considere as consequências econômicas de possuir uma opção de compra (*call*) de uma ação. O resultado para o titular da opção no vencimento (isto é, o dia T, quando vence a opção) pode ser representado graficamente utilizando-se o diagrama de posição da Figura 10A-1. O resultado na data de vencimento da opção para quem a detém (ou está em uma posição *comprada* na call) é representado pela linha a 45° que se move para cima e para a direita começando no preço de exercício, K, de $30. Se o preço da ação, $P(T)$, é, digamos, de $50 e o preço de exercício, K, é de $30, no dia do vencimento da opção ela terá um valor de $P(T) - K = \$50 - 30 = \$20$. Porém, se no dia do vencimento da opção o preço da ação cair abaixo de $30, a opção não tem valor algum. Por exemplo, se o preço da ação no dia do vencimento fosse de apenas $25, o titular não exerceria a opção, pois ela não teria valor. (Quem pagaria

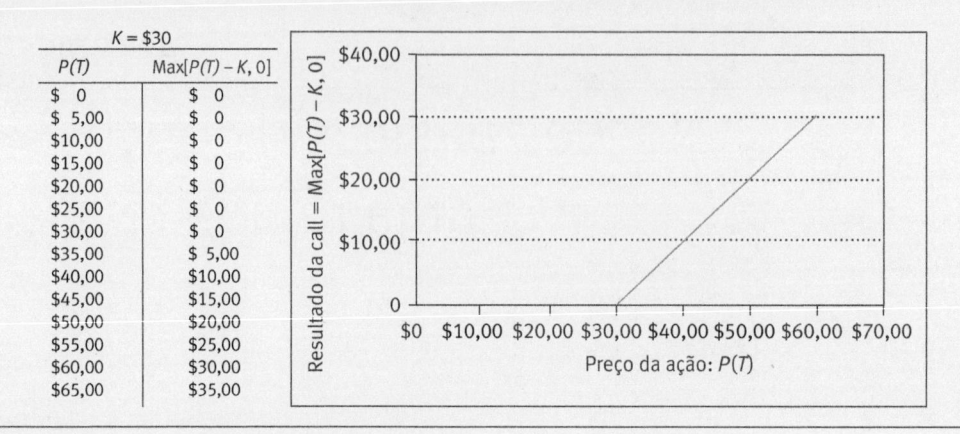

K = $30	
P(T)	Max[P(T) − K, 0]
$ 0	$ 0
$ 5,00	$ 0
$10,00	$ 0
$15,00	$ 0
$20,00	$ 0
$25,00	$ 0
$30,00	$ 0
$35,00	$ 5,00
$40,00	$10,00
$45,00	$15,00
$50,00	$20,00
$55,00	$25,00
$60,00	$30,00
$65,00	$35,00

FIGURA 10A-1 Resultado na data de vencimento de uma opção de compra [preço de exercício (K) − $30].

$30 para exercer uma opção de compra de uma ação que poderia ser comprada no mercado por apenas $25?) Assim, queremos ter opções de compra quando esperamos que aumentem os preços do ativo subjacente.

Definindo os resultados da opção de compra

Analiticamente, definimos o resultado de uma opção de compra como Max[$P(T) - K$, 0], que é lido como "o máximo do $P(T) - K$ ou zero". Quando o resultado da opção é positivo (isto é, $P(T) > K$), diz-se que a opção está "no dinheiro" ("*in the money*"). Da mesma forma, quando $P(T) = K$, a opção está "dinheiro" ("*the money*") e quando $P(T) < K$, a opção está "fora do dinheiro" ("*out of the money*"). Consequentemente, há duas condições críticas no vencimento para uma opção de compra, que estão resumidas na Equação 10A.1 – ou o preço da ação é maior do que o preço de exercício, ou não é:

$$\text{Resultado da opção de compra na data do vencimento } (T) = \text{Max}[P(T) - K, 0] = \begin{cases} P(T) - K \text{ se } P(T) > K \\ 0 \text{ se } P(T) \leq K \end{cases} \quad (10A.1)$$

Se $P(T) > K$, a opção de compra tem um valor igual ao $P(T) - K$. Caso contrário, a opção de compra expira sem ter nenhum valor.

A Figura 10A.1 representa o resultado do dia do vencimento para o detentor *de uma opção de compra* com um preço de exercício, K, de $30. O que esse resultado representa para a *pessoa que vendeu a opção de compra*? A resposta é óbvia. O vendedor perde um dólar para cada dólar ganho pelo titular da opção de compra. Por exemplo, se o preço da ação é de $50, o detentor da *call* tem um título que vale $20. (Ele pode comprar a ação que vale $50 exercendo a opção de compra por $30.) Entretanto, o

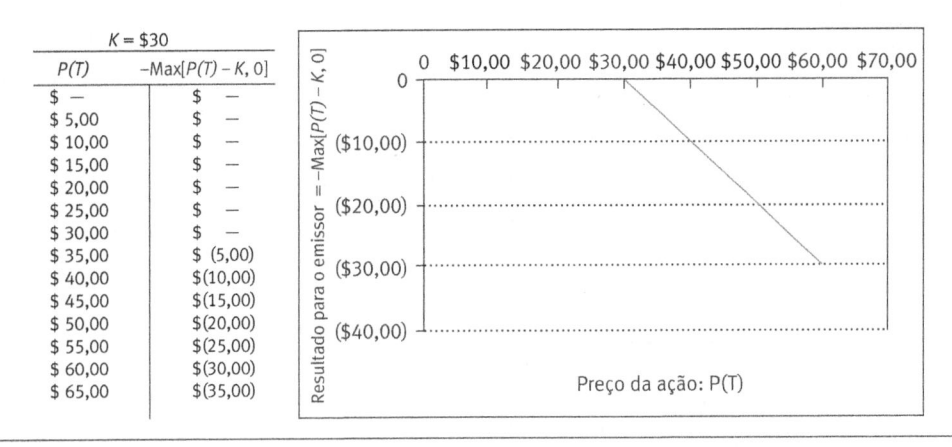

K = $30	
P(T)	−Max[P(T) − K, 0]
$ —	$ —
$ 5,00	$ —
$ 10,00	$ —
$ 15,00	$ —
$ 20,00	$ —
$ 25,00	$ —
$ 30,00	$ —
$ 35,00	$ (5,00)
$ 40,00	$(10,00)
$ 45,00	$(15,00)
$ 50,00	$(20,00)
$ 55,00	$(25,00)
$ 60,00	$(30,00)
$ 65,00	$(35,00)

Figura 10A-2 Resultado na data de vencimento para o emitente de uma opção de compra [preço de exercício (K) — $30].

emitente da opção de compra é obrigado a entregar a ação que vale $50 no mercado pelo preço de exercício de $30 (uma perda de $20). Portanto, o resultado da venda da opção de compra (está numa posição vendida na call), mostrada na Figura 10A-2 é a imagem inversa, ou espelhada, da Figura 10A-1. Analiticamente, o resultado de estar vendido em uma *call* é o negativo do resultado de ser o detentor (ou estar comprado) na *call*, − Max P(T) − K,0].

Definindo os resultados da opção de venda

Uma opção de venda dá ao seu proprietário o direito, mas não a obrigação, de vender um ativo a um determinado preço de exercício e dentro de um determinado período de tempo. Assim, queremos ter opções de venda quando esperamos que os preços do ativo subjacente diminuam. Isso se deve ao fato de que a opção de venda tem valor quando o preço do ativo subjacente cai abaixo do preço de exercício declarado.

Considere os pagamentos da opção de venda na Figura 10A-3, em que a opção de venda tem um preço de exercício de $30. Se o preço do ativo subjacente tem um preço de $25, o detentor da opção pode exercer a opção de vender a ação pelo preço de exercício de $30. Entretanto, se o preço da decisão é de $40, a opção de venda vai vencer, pois a ação pode ser vendida no mercado por $40, enquanto o preço de exercício da opção de venda é de apenas $30.

Você pode comparar um contrato de opção de venda com uma apólice de seguro. Isto é, no caso em que o valor do ativo subjacente caia abaixo de nível limite, estamos protegidos, pois o resultado da opção de venda aumenta na mesma medida em que o ativo subjacente se desvaloriza. Do mesmo modo, no caso de sua casa pegar fogo, uma apólice de seguro lhe dá o direito de vender a casa para a companhia de seguro pelo valor do dano coberto pelo seguro.

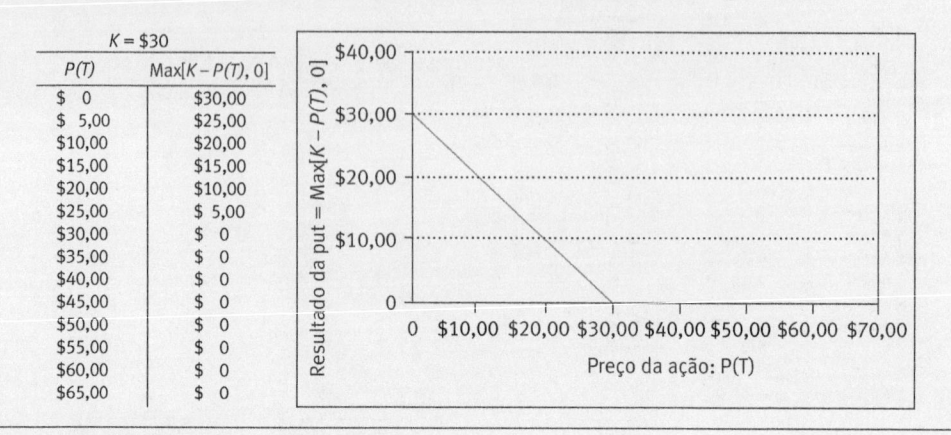

K = $30	
P(T)	Max[K − P(T), 0]
$ 0	$30,00
$ 5,00	$25,00
$10,00	$20,00
$15,00	$15,00
$20,00	$10,00
$25,00	$ 5,00
$30,00	$ 0
$35,00	$ 0
$40,00	$ 0
$45,00	$ 0
$50,00	$ 0
$55,00	$ 0
$60,00	$ 0
$65,00	$ 0

Figura 10A-3 Resultado na data de vencimento para o detentor de uma opção de *venda* (*put*) [preço de exercício (K) − $30].

Analiticamente, podemos representar o resultado para o detentor de uma opção de venda (uma posição comprada) como Max[$K - P(T)$,0]. Isto é, a opção de venda tem um valor positivo equivalente a [$K - P(T)$] apenas quando o preço da ação cai abaixo do preço de exercício, K. A Equação 10A.2 captura a estrutura do resultado da opção de venda na data T:

$$\begin{array}{c}\text{Resultado da}\\ \text{opção de venda}\\ \text{no vencimento } (T)\end{array} = \text{Max}\,[K - P(T), 0] = \begin{cases} K - P(T) \text{ se } P(T) \leq K \\ 0 \text{ se } P(T) > K \end{cases} \quad (10A.2)$$

Mais uma vez, o retorno para o vendedor da opção de venda é a imagem inversa (espelhada) do resultado para quem a compra (isto é, o detentor), como mostra a Figura 10A-4.

Se o preço da ação é de $25, a opção de venda vale $5 para o titular da opção. Igualmente, a pessoa que vendeu a opção (geralmente chamada de emitente) é obrigada a pagar o preço de exercício de $30 pela ação que vale apenas $25 no mercado e, consequentemente, tem uma perda de $5.

Os riscos e a avaliação das opções

Uma característica importante na maioria dos contratos de opção é que seu valor é maior quando o ativo subjacente se torna mais volátil ou arriscado. Por exemplo, a opção de compra de ações tem mais valor quando a volatilidade da ação é maior. A intuição por trás dessa declaração é clara. Na maioria dos investimentos, a volatilidade é vista negativamente porque a crescente possibilidade de alcançar retornos muito altos é compensada pela maior probabilidade de que serão realizados retornos

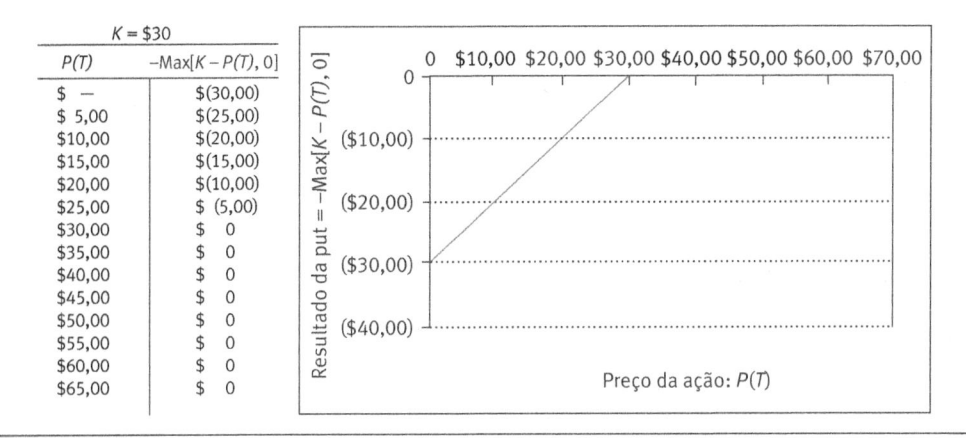

P(T)	−Max[K − P(T), 0]
$ —	$(30,00)
$ 5,00	$(25,00)
$10,00	$(20,00)
$15,00	$(15,00)
$20,00	$(10,00)
$25,00	$ (5,00)
$30,00	$ 0
$35,00	$ 0
$40,00	$ 0
$45,00	$ 0
$50,00	$ 0
$55,00	$ 0
$60,00	$ 0
$65,00	$ 0

K = $30

Figura 10A-4 Resultado na data de vencimento para o vendedor de uma opção de *venda* (*put*) [preço de exercício (K) − $30].

muito negativos. Entretanto, o retorno esperado de uma opção geralmente cresce quando a volatilidade do ativo subjacente também cresce. Isso acontece porque a alta volatilidade aumenta a possibilidade de que o resultado da opção seja muito alto, mas, como a perda máxima em um contrato de opção é fixa, os aumentos potenciais no lucro não são totalmente compensados pelos aumentos nos riscos de perda financeira.

Avaliando opções de compra utilizando o modelo de Black-Scholes

Até agora, limitamos nossa análise ao resultado da data de vencimento da opção ou ao valor da opção no dia de seu vencimento. Um problema muito mais desafiador é a avaliação das opções antes da data de vencimento, e talvez o mais conhecido modelo de avaliação seja o desenvolvido por Fischer Black e Myron Scholes. Seu modelo pode ser usado para avaliar opções que possam ser exercidas apenas no vencimento (isto é, opções europeias). Outra significativa diferença entre esse modelo e o modelo de apreçamento de opções que analisaremos no Anexo C deste capítulo é que a distribuição dos preços das ações no modelo de Black-Scholes é assumida como contínua em vez de binomial. Entretanto, a abordagem básica para a origem do modelo de apreçamento é a mesma. Ao comprar ações e, simultaneamente, vender opções no mercado de ações, o investidor pode criar um resultado livre de risco. A consequente equação de apreçamento de opções para uma opção de compra em uma ação cujo preço corrente é de P_{Hoje} e que vence no período T pode ser explicitada da seguinte maneira:

$$\text{Opção de compra } (P,T,K) = P_{Hoje} N(d_1) - Ke^{-r_f T} N(d_2) \qquad (10A\text{-}3)$$

onde K = o preço de exercício da opção, r_f = a taxa de juros livre de risco,

$$d_1 = \frac{\ln\left(\frac{P_{Hoje}}{K}\right) + \left(r_f + \frac{\sigma^2}{2}\right)T}{\sigma\sqrt{T}}, \text{ e } d_2 = d_1 - \sigma\sqrt{T}$$

$N(d_i)$ é a probabilidade de que um valor menor do que d possa ocorrer sob a distribuição normal padrão (isto é, média zero e desvio padrão igual a 1); σ^2 é a variância anualizada dos retornos (compostos continuamente) da ação, isto é, $\ln[P(t+1)/P(t)]$; e todos os demais termos mantêm suas definições anteriores.

Para ilustrar o uso da fórmula de Black-Scholes, vamos considerar o seguinte exemplo: o preço atual da ação na qual a opção de compra está registrada é P_{Hoje} = \$32,00; o preço de exercício da opção de compra K = \$35,00; o vencimento da opção é T = 90 dias ou 0,25 anos; a variância anualizada dos retornos da ação é σ^2 = 0,16; e a taxa de juros livre de risco é r_f = 12% por ano. Para calcular o valor da opção de compra utilizando a Equação 10A.3, primeiro temos que resolver para d_1 e d_2, como segue:

$$d_1 = \frac{\ln\left(\frac{P_{Hoje}}{K}\right) + \left(r_f + \frac{\sigma^2}{2}\right)T}{\sigma\sqrt{T}} = 0{,}572693$$

e

$$d_2 = 0{,}1432 - 0{,}4\sqrt{0{,}25} = 0{,}372693$$

Agora, utilizando a Equação 10A.3 e a tabelas das áreas sob a curva da distribuição normal padrão (encontrada em qualquer livro de estatística), calculamos o valor da opção substituindo os valores apropriados na Equação 10A.3, ou seja:[16]

Opção de compra $(P,T,K) = P_{Hoje} N(d_1) - Ke^{-r_f T} N(d_2)$
Opção de compra (P,K,T) = \$32 (0,716574) − \$30 $e^{-0,12(0,25)}$ (0,645311) = \$4,1437

Observe que o valor da opção é de \$4,14, apesar de o preço atual da ação de \$32 ser somente \$2,00 maior do que o preço de exercício de \$30. Esse ágio existe porque há a possibilidade de que o valor da opção de compra cresça ainda mais se o preço da ação subir nos próximos 90 dias. Na realidade, se o prazo para o vencimento da opção fosse de seis meses em vez de três meses, o valor da opção seria de \$5,58.

---

[16] Podemos utilizar a função Normsdist (d_1), no Excel, para calcular diretamente o $N(d_2)$.

APÊNDICE B
Árvores de probabilidade multiperíodo e malhas

Neste capítulo introduzimos a árvore binomial para caracterizar os resultados da incerteza a respeito dos preços de petróleo futuros. Neste anexo expandimos a árvore de um único período para múltiplos períodos, utilizando os preços a termo. Há diversas maneiras de construir uma árvore binomial e o método que descrevemos aqui desenvolve uma árvore a termo.[17]

A Figura 10B-1 produz uma malha binomial de três anos para o preço do óleo cru, com uma volatilidade (σ) estimada de 0,10 para as variações anuais do preço do petróleo. Calculamos os preços mais alto e mais baixo para o Ano 1, baseados nos preços a termo de hoje para o petróleo a ser entregue no final do Ano 1, ($F_{0,1}$), como segue:

$$\text{Preço Alto (para o Ano 1)} = F_{0,1}\, u$$

onde $u = e^{+\sigma}$ e σ é a volatilidade das alterações no preço do petróleo, e

$$\text{Preço Baixo (para o Ano 1)} = F_{0,1}\, d$$

onde $d = e^{-\sigma}$

Considerando o preço a termo de \$52,04 por barril para o óleo cru no final do Ano 1 e uma volatilidade estimada nas alterações anuais do preço (σ) igual a 0,10, calculamos os preços alto e baixo para o Ano 1, como segue:

$$\text{Preço Alto (para o Ano 1)} = F_{0,1} u = \$52{,}04\, e^{-0{,}10} = \$57{,}51$$

e

$$\text{Preço Baixo (para o Ano 1)} = F_{0,1}\, d = \$52{,}04\, e^{-0{,}10} = \$47{,}09$$

As fórmulas usadas para calcular os possíveis preços na malha binomial para os Anos 2 e 3 são baseadas nos preços a termo para cada ano e podem ser encontradas logo abaixo dos preços em cada nó da malha.

---

[17] Veja Robert Mcdonald, *Derivative Prices*, 2ª edição, (Boston, MA: Addison Wesley, 2006).

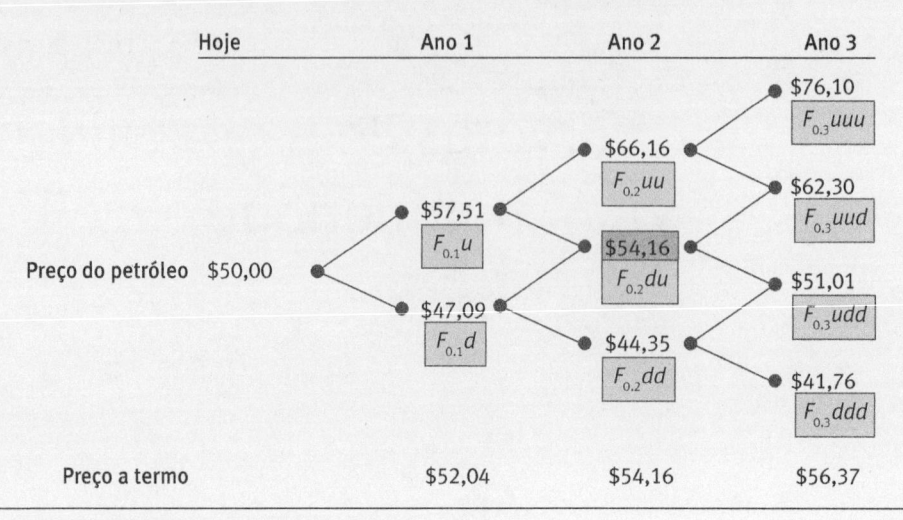

	Hoje	Ano 1	Ano 2	Ano 3
Preço do petróleo	$50,00	$57,51 $F_{0.1}u$ / $47,09 $F_{0.1}d$	$66,16 $F_{0.2}uu$ / $54,16 $F_{0.2}du$ / $44,35 $F_{0.2}dd$	$76,10 $F_{0.3}uuu$ / $62,30 $F_{0.3}uud$ / $51,01 $F_{0.3}udd$ / $41,76 $F_{0.3}ddd$
Preço a termo		$52,04	$54,16	$56,37

FIGURA 10B-1 Distribuição binomial para o preço do óleo cru.

A árvore binomial na Figura 10B-1 é uma árvore binomial recombinante ou malha binomial. A importância prática disso é que as árvores resultantes utilizam menos nós de preços.

Por exemplo, considere que o nó do meio do Ano 2, na Figura 10B-1, é igual a $54,16. Esse preço pode ser obtido por meio de uma sequência de um preço alto no Ano 1 seguido de um preço baixo no Ano 2, ou um preço baixo no Ano 1 seguido de um preço alto no Ano 2. Essa característica de nós de preço compartilhados da árvore binomial recombinante ou malha binomial significa que há menos nós de preços para se distribuir na árvore.

Resumindo

Terminamos nossa rápida análise da construção da malha binomial com algumas observações-chave:

- Primeiro, construímos uma forma especial de árvore binomial, conhecida como árvore recombinante ou malha binomial, na qual os movimentos para cima e para baixo são limitados para serem simétricos. Essa restrição facilita a computação de grandes árvores multiperíodos.
- Segundo, a fonte de incerteza nos valores futuros contidos na malha é determinada pela volatilidade subjacente das alterações anuais de preço.
- Terceiro, a técnica que usamos para construir a malha binomial é desenvolvida para que seja consistente com os preços a termo observados.
- Finalmente, apesar dos exemplos que usamos neste capítulo serem todos com periodicidade anual, o período de tempo de cada intervalo de tempo não está restrito a um ano. Simplesmente ajustamos a taxa livre de risco e a volatilidade em cada ano para que correspondam ao intervalo de tempo da malha binomial. Observe que, ao usar múltiplos períodos por ano, expandimos muito o número de pontos de dados (valores estimados) por ano, melhorando, dessa forma, a precisão com que podemos replicar a distribuição dos valores do final do ano.

APÊNDICE C
Calibrando o modelo binomial de apreçamento de opções

Este capítulo apresenta uma abordagem de avaliação que emprega a informação dos mercados de derivativos financeiros para avaliar oportunidades de investimento reais. Essa abordagem, como todas as abordagens de avaliação, faz algumas premissas simplificadoras. Em alguns casos, essas premissas são razoáveis, mas em outros elas são mais preocupantes.

Esse processo de calibração e avaliação envolve três passos:

Passo 1: Selecione um modelo de apreçamento de opções que proporcione uma descrição razoável dos preços de opção. No nosso caso, vamos usar o modelo binomial.

Passo 2: Calibre o modelo de apreçamento de opções determinando quais os parâmetros mais adequados para descrever os preços de opção observados. A maioria dos parâmetros do modelo, incluindo os termos do contrato e a taxa de juros livre de risco, são observáveis no mercado. A variável-chave não observável é a volatilidade dos preços futuros das *commodities*. No modelo binomial, isso está representado pela variação entre os preços dos estados altos e baixos. A volatilidade que melhor explica os preços de opção observados geralmente é chamada da volatilidade que está implícita nos preços de opção observados (isto é, a **volatilidade implícita**).

Passo 3: Finalmente, substituímos os termos do contrato da opção que estamos tentando avaliar, junto com a volatilidade implícita das opções observáveis no modelo de apreçamento de opções binomial, e calculamos o valor da opção.

Para mostrar como essa calibração a preços de mercado pode ser feita, considere o problema enfrentado se necessitamos saber o valor da opção de compra de um barril de óleo cru com vencimento em um ano e com um preço de exercício de $52. Se as opções com os preços de $50 e $54 fossem negociadas em bolsas de valores, você seria tentado a simplesmente alterar esses valores de opção e utilizar uma média dos dois valores observados na nossa estimativa de valor da opção de $52. Entretanto, como mostra o quadro Insight Técnico, na página 478, a relação entre o preço de exercício e o valor da opção não é linear, e tal alteração poderia proporcionar uma estimativa muito insatisfatória do valor da opção com um preço de exercício de $52.

> **INSIGHT TÉCNICO**
>
> **Valores da opção e preços de exercício**
>
> Ao avaliar uma opção de compra com um preço de exercício que não é observado no mercado de opções, podemos ser tentados a simplesmente interpolar um preço utilizando os preços de mercado observados e seus preços de exercício. Infelizmente, a interpolação (que envolve o uso de uma aproximação linear) não funciona bem com os preços de opção, pois, como vemos no gráfico seguinte, a relação entre os valores de opção e os preços de exercício não são lineares:
>
> **Opções com preços de exercício de $56 –$70**
>
> (gráfico: Preço de opção vs. Preço de exercício, eixo y de $0,00 a $4,50; eixo x de $50,00 a $75,00)
>
> Os preços de opção representam opções de compra do óleo cru, com preços de exercício que variavam de $56,00 a $70,00 na época em que o preço do óleo cru era de aproximadamente $55,00 o barril. A não-linearidade nos preços de opção é muito pronunciada, sugerindo que qualquer interpolação linear apresentará significativos erros de cálculo.

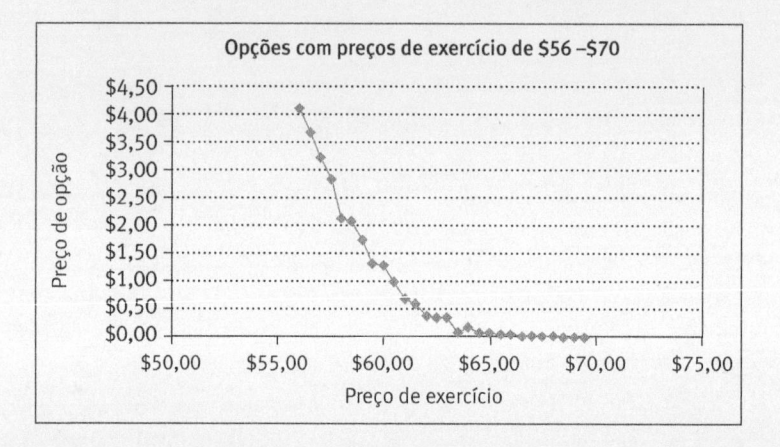

A Figura 10C-1 contém a distribuição binomial de preços usada para inferir esse valor da opção. Agora, o que precisamos saber é como utilizar a informação refletida na avaliação da opção com um preço de exercício de $56 para avaliar a nova opção.

As Planilhas *b* e *c* da Figura 10C-1 descrevem o processo de avaliação de opções para o modelo de apreçamento de opções binomial de um único período. Na Planilha *b*, definimos o retorno da opção de compra para cada um dos dois estados de preço como $8 [= Max($60 − 52,0)] para o estado de preço alto e $0 [= Max($48,90 − 52,0)] para o estado de preço baixo. Gostaríamos de calcular o valor de uma opção de compra com um preço de exercício de $52. Porém, o que podemos observar no mercado de opções é uma opção de compra para óleo cru com vencimento em um ano e um preço de exercício de $56 que é vendido por $1,75.

Resolvendo pela volatilidade implícita, calculamos que $\sigma = 0{,}10232$. Usamos a volatilidade implícita para calcular a probabilidade neutra a risco do preço alto do petróleo, como segue:

Apêndice C ■ Calibrando o modelo binomial de apreçamento de opções

Planilha a. A distribuição de preço para o óleo cru em um ano

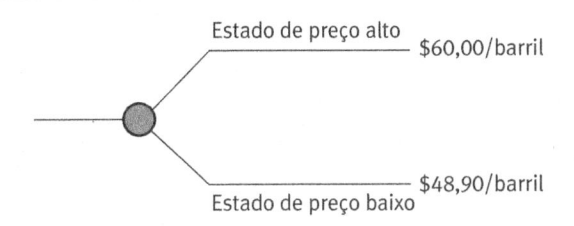

Estado de preço alto — $60,00/barril

Estado de preço baixo — $48,90/barril

Planilha b. Avaliação de opções utilizando o modelo binomial de apreçamento de opções

	Preço do óleo cru	Resultado da opção de compra	Probabilidade neutra a risco *
Estado de preço alto	$60,00/barril	Max ($60 – 52, 0) = $8	0,4744
Estado de preço baixo	$48,90/barril	Max ($48.90 – 52, 0) = 0	0,5256

* O preço a termo do óleo cru para o final do Ano 1 é igual ao preço atual, $50,00, composto um ano à taxa livre de risco de 8% ou $50e^{08} = $54,17$. As probabilidades neutras a risco são as que aplicamos para as posições alta e baixa para o óleo cru, a fim de obter uma média igual ao preço a termo.

Planilha c. Calcule o valor da opção de compra

Opção de compra (preço de exercício = $52,00, prazo de um ano até o vencimento)
= ($8,00 × 0,4744 + $0,00 × 0,5256)$e^{-0,08}$
= $3,80 × 0,9231 = $3,51

Figura 10C-1 Utilizando o modelo binomial de apreçamento de opções.

$$P = \frac{e^r - e^{r-\sigma}}{e^{r+\sigma} - e^{r-\sigma}} = 0{,}4744$$

Agora estamos prontos para o Passo 3 (veja a Planilha c na Figura 10C-1) no processo de calibração em três passos.

Neste breve anexo, demonstramos como a informação do preço observado no mercado pode ser incorporada ao modelo de apreçamento de opções para calibrar um modelo que pode ser usado para avaliar opções que não são negociadas em bolsas de valores. O exemplo simples que usamos envolveu a avaliação de uma opção com um preço de exercício que não é observado no mercado. Porém, também poderiamos ter calculado o valor de uma opção com uma maturidade não representada no mercado, ou mesmo ter calculado o valor de uma opção para uma determinada *commodity* para a qual não são negociadas opções, mas que é intimamente relacionada à outra *commodity* cujos preços de opção estão disponíveis.

Capítulo **11**

Flexibilidade gerencial e a avaliação de projetos

> **Visão geral do capítulo**
>
> Este capítulo analisa situações em que a administração tem flexibilidade na implementação de projetos de investimento. Basicamente, consideramos casos em que os gerentes têm flexibilidade em relação ao cronograma de implementação de um investimento e ao seu encerramento. Além disso, consideramos opções reais que existem antes mesmo do início do investimento. Por exemplo, um projeto de investimento pode ser projetado para proporcionar flexibilidade aos gerentes em relação aos produtos que a empresa fabrica ou às matérias-primas a serem utilizadas. Para avaliar investimentos que se beneficiam de flexibilidade gerencial, utilizamos (1) árvores de decisão em combinação com malhas binomiais, (2) uma fórmula para precificação de opções reais e (3) simulações.

11.1 Introdução

No final do capítulo anterior, avaliamos um investimento em capital próprio que poderia ser caracterizado (e avaliado) como uma opção sobre um investimento que já é financiado com dívida. Ali, aprendemos que a opção de não pagar a dívida e sair do investimento acrescentou significativo valor ao capital próprio. Neste capítulo, estendemos nossa análise para considerar a opcionalidade que está *embutida*, por natureza, nas oportunidades de investimento. Essas opções embutidas, que geralmente são chamadas de *opções reais*, existem em qualquer investimento sobre os quais os gerentes têm a possibilidade de tomar decisões. Essas decisões podem envolver assuntos relacionados ao cronograma do investimento, como a determinação de quando iniciar um novo projeto ou encerrar o antigo. Além disso, a flexibilidade gerencial pode ser exercida na maneira como o investimento atual é operado. Por exemplo, os gerentes podem reagir à mudança na demanda por produtos por meio da alteração do *mix* de produtos e também às mudanças nos preços dos insumos pela alteração do *mix* dos insumos que utilizam. Eles também podem acelerar ou diminuir a produção dos produtos atuais, decidir diversificar a linha de produtos incorporando novos itens e implementar um sem número de outras escolhas para que a empresa se adapte às novas circunstâncias. Consequentemente, quando avaliamos opções reais estamos, de certo modo, determinando o valor que uma *equipe gerencial ativa* pode criar quando responde de maneira dinâmica a um ambiente em transformação.

Considere, por exemplo, um investimento na operação de uma mina de cobre. Uma característica importante do minério de cobre é que ele não estraga ou perde valor quando é deixado no solo. Consequentemente, se o preço do cobre cai abaixo do custo de exploração, processamento e transporte, a administração pode preferir diminuir a produção ou fechar as operações temporariamente, até que as condições de mercado melhorem. Do mesmo modo, se um construtor do setor imobiliário comprar um terreno apropriado para o desenvolvimento de imóveis de escritório e o mercado para espaços comerciais diminuir devido ao desaquecimento da economia local, o construtor pode decidir atrasar a construção do imóvel, até que o mercado comece a reagir, ou pode resolver fazer outro uso da propriedade. Nesses dois exemplos, um fator-chave para o valor do investimento é a *flexibilidade* embutida nas oportunidades.

Na primeira parte deste capítulo, vamos continuar a mostrar conceitos relacionados a opções reais no contexto dos exemplos de campos petrolíferos, que se baseiam nas ideias desenvolvidas no último capítulo. Por exemplo, vamos considerar um campo petrolífero que proporciona ao seu proprietário a opção de extrair petróleo, se os preços do petróleo estiverem altos, e de deixar o petróleo no subsolo se os preços estiverem baixos. Também vamos continuar a aplicar o modelo de avaliação binomial apresentado no último capítulo.

Em situações mais realistas, as opções podem ser exercidas em múltiplas datas, tornando sua avaliação bastante complicada. Nesses casos, o problema de avaliação se parece com o problema de avaliar uma opção americana de compra de ações, que pode ser exercida a qualquer tempo antes de seu vencimento. Porém, essas opções reais são mais difíceis de avaliar do que as opções de compra de ações, porque os ativos subjacentes têm fluxos de caixa (semelhantes aos dividendos das ações) incertos e, em geral, a data de exercício da opção é incerta.

Mostraremos três abordagens para resolver os problemas de opções reais que podem aparecer na prática. A primeira é a da malha binomial, que é uma extensão do modelo binomial de apreçamento de opções, apresentado no Capítulo 10, para múltiplos períodos. Aplicaremos essa abordagem para avaliar um investimento em petróleo. A segunda abordagem aplica uma fórmula de apreçamento de opções desenvolvida para ser usada na avaliação de opções de compra americanas com vida infinita (opções perpétuas). Ilustraremos o uso dessa fórmula para avaliar um investimento em bens imobiliários e em uma fábrica química. Finalmente, usaremos a simulação para analisar opções operacionais que surgem quando os produtores têm a flexibilidade de escolher entre múltiplos modos de operação.

Como a análise de opções reais é relativamente nova, sabemos que são cometidos alguns erros nessas aplicações. Para ajudar nossos leitores a evitar esses equívocos, vamos finalizar nossa análise de opções reais identificando alguns erros comuns dos analistas. Muitos deles têm origem nas diferenças entre opções sobre ativos financeiros (isto é, títulos) e opções sobre investimentos reais.

11.2 Tipos de opções reais

As opções reais contribuem para o valor de um investimento sempre que as duas condições a seguir estiverem presentes: (1) o ambiente é incerto e (2) os gerentes podem reagir às circunstâncias voláteis por meio da alteração na maneira como o investimento é implementado e/ou administrado. É importante pensar nas opções reais em termos das escolhas feitas *antes* do início do investimento e das escolhas disponíveis aos gerentes que supervisionam as operações de um *empreendimento já existente*. Em qualquer um dos casos, o fato de existirem opções proporciona à administração oportunidades de exercer o poder de escolha e isso pode ter um efeito importante no valor do projeto.

Opções reais a considerar antes do início de um investimento

Antes de começar um investimento, o foco da empresa está geralmente nas questões do cronograma de investimento e do grau de flexibilidade que o projeto pode ter. As empresas se atêm a perguntas como estas:

Opções de investir gradualmente, em estágios. Na maioria dos casos, os investimentos são feitos em estágios. Como analisamos no Capítulo 8, os investimentos em *venture capital* geralmente são feitos em estágios ou fases. Por exemplo, uma empresa farmacêutica pode investir em pesquisa no primeiro estágio, o que dá à empresa uma *opção* de desenvolver e comercializar uma nova droga se a pesquisa resultar satisfatória e se as condições do mercado forem animadoras. Outro exemplo é a aquisição de terrenos, o que dá ao proprietário a *opção* de construir um prédio de escritórios, condomínios ou o que for mais adequado, dadas as condições de mercado futuras e as restrições para construções na região. Do mesmo modo, a aquisição de um campo petrolífero ainda não desenvolvido dá ao concessionário a *opção* de desenvolver o campo e extrair o petróleo. Em cada um desses exemplos, podemos pensar no investimento inicial do projeto como o *custo de uma opção de compra para investir na próxima fase*.

Opções de quando investir. As opções relativas ao momento de investir surgem quando é possível adiar a data da implementação de um investimento. O benefício de diferir um investimento resulta do fato de que o valor do investimento é incerto e um pouco dessa incerteza será solucionada no futuro.

Opções operacionais. Aqui o problema principal é como projetar ou estruturar melhor um investimento, a fim de que ele proporcione a flexibilidade necessária para que a empresa reaja às mudanças no ambiente. O investimento valerá mais se for projetado de maneira que a administração possa fazer escolhas que permitam tirar vantagens das novas circunstâncias e oportunidades.

Opções reais a considerar depois do início de um investimento

Depois do início de um investimento, a empresa geralmente enfrenta uma série de problemas diferentes. Em geral, nos referimos a eles como problemas operacionais, e eles também proporcionam alternativas que podem aumentar o valor do investimento. Eis alguns exemplos de opções reais que contribuem para o valor:

Opções de crescimento. Esse tipo de opção inclui a oportunidade de aumentar tanto a escala quanto o escopo de um investimento. Aumentar a *escala* do investimento significa expandir o projeto específico, por meio de um aumento da produção. Aumentar o *escopo* de um investimento inclui coisas como implementar novos projetos subsequentes. Algumas vezes, essas opções são chamadas de *opções estratégicas*. Muitas vezes elas são usadas para justificar o investimento no que parecem ser projetos de VPL negativos, mas graças aos quais se abre a possibilidade de uma sequência de investimentos futuros.

Opções de parada temporária. Quase todos os negócios têm bons e maus momentos. Obviamente, o negócio terá mais valor se a gerência tiver a flexibilidade de encerrá-lo durante o mau tempo e operá-lo quando o negócio for rentável.

Opções de abandono. Pode ser interessante abandonar ou vender um negócio que não está sendo lucrativo no momento e que pode permanecer desvantajoso no futuro. A decisão de abandoná-lo não é influenciada apenas pela lucratividade atual do investimento, mas também pelo valor que a empresa pode receber pelo negócio, no caso de venda.

Opções de substituição – produtos. A capacidade de variar o *mix* de produtos, em função do valor relativo das alternativas, pode ser uma fonte muito valiosa da flexibilidade gerencial.

Opções de substituição – insumos. A capacidade de alternar entre dois ou mais insumos proporciona aos gerentes a oportunidade de minimizar custos.

Até mesmo um exame superficial da lista de opções reais enumeradas acima sugere que a maioria dos investimentos reais contém algum grau de flexibilidade ou arbítrio para os gerentes que projetam, implementam e operam o investimento. A verdade é que a maioria dos projetos de investimento não são oportunidades estáticas, frequentemente caracterizadas nas tradicionais análises de fluxo de caixa descontado; portanto, é fundamental que, quando os investimentos forem avaliados, sejam observadas as flexibilidades inerentes a cada oportunidade de investimento.

11.3 Avaliando investimentos que contêm opções reais embutidas

Esta seção inicia nosso exame da análise de opções reais com alguns exemplos simples que fornecem um método para a análise da sua importância para a avaliação de projetos. Depois nos moveremos progressivamente para exemplos mais complexos, que ilustram melhor como esses problemas de avaliação são resolvidos na prática. Quando possível, utilizaremos os procedimentos de avaliação descritos no Capítulo 10, isto é, montaremos um portfólio de papéis que replique os resultados do investimento real. Na maioria dos casos, entretanto, isso não é possível, e teremos que desenvolver uma abordagem para avaliar diretamente as opções embutidas em um projeto.

A opção de investir: investimentos em etapas

Nesta seção usamos um exemplo de um campo petrolífero para ilustrar o uso de opções para avaliar um investimento que pode ser feito em etapas. Nesse caso em particular, a empresa adquire uma concessão de petróleo na primeira etapa, que lhe possibilita a extração nas demais etapas, dependendo das condições do mercado. Para ilustrar o valor dessa opção de extrair petróleo, agora ou mais tarde, consideramos a oportunidade de investimento da Master Drilling Company, que está anali-

INSIGHT DO PROFISSIONAL

Aplicação dos métodos de apreçamento de opções em investimentos em energia – uma conversa com Vince Kaminski, PhD*

Usamos muito os métodos de apreçamento de opções no setor de energia para avaliar ativos físicos e contratos de longo prazo. Em geral, qualquer fonte de flexibilidade na qualidade, prazo de entrega e assim por diante, pode ser modelada como uma opção. Além disso, toda fonte de rigidez em um contrato contém componentes de opção que podem ser modelados como opções interativas em múltiplos níveis.

Os métodos de avaliação tradicionais para os investimentos em energia dependem das estimativas dos preços futuros e essas projeções são sujeitas às limitações e às tendências inerentes às pessoas que fazem as projeções. Consequentemente, uma das vantagens do método de avaliação usando opções é que ele depende de preços de mercado, que refletem o consenso de uma ampla gama de operadores. Uma segunda vantagem do método de opções é que ele depende de algoritmos matemáticos que foram desenvolvidos para uso na avaliação de derivativos financeiros.

Um exemplo muito comum da aplicação dos métodos de avaliação de opções para ativos físicos é a avaliação de uma usina térmica de energia a gás natural. Esse investimento pode ser visto como uma carteira de opções sobre o *spread* de curto prazo entre os preços da eletricidade e os preços do gás natural (ajustados pela eficiência térmica, normalmente conhecida como "taxa térmica"** da usina). Entretanto, há complicações que precisam ser incorporadas na modelagem desse tipo de usina. O operador da usina enfrenta limitações físicas, tais como custos para começar a despachar a energia, custos para aumentar ou reduzir a atividade e manutenções adicionais devido ao desgaste provocado pela ativação e desativação da usina em resposta à demanda por eletricidade. Se esses custos forem ignorados, o valor da usina (isto é, das opções de *spread*) será superestimado.

Outro exemplo da aplicação dos métodos de avaliação de opções no setor de energia envolve a avaliação de reservatórios de gás natural. Campos petrolíferos já esgotados são geralmente usados para armazenar o gás natural produzido durante os meses de verão para que possa ser vendido nos meses de inverno, quando a demanda e o preço do gás natural é maior. Nesse caso, os reservatórios de gás natural criam valor como uma opção *calendário*. Os domos de sal desempenham a mesma função. Porém, como o gás pode ser reabastecido e extraído do domo de sal muito mais facilmente do que de um campo petrolífero esgotado, esse tipo de depósito proporciona a oportunidade de responder mais frequentemente aos picos de preços de gás de curto prazo.[1] Consequentemente, esse último tipo de reservatório é geralmente chamado de "reservatório para os picos***".

*Vince Kaminski teve uma ampla experiência no setor relacionado ao desenvolvimento de avaliação de opções, preço e modelos de administração de risco de crédito para a comercialização de energia. Foi diretor administrativo de grupos de pesquisa no Citigroup Commodities (Houston, Texas) e também diretor de pesquisas da Enron Corp (Houston, Texas). Atualmente, é professor na Jesse H. Jones Graduate School of Management, Rice University, em Houston.

**N. de T.: "Heat Rate" no original.

***N. de T.: No original, *peaker storage facility*. São locais que utilizam turbinas para queimar gás natural a fim de produzir eletricidade. A palavra "peaker" é utilizada porque geralmente são executados apenas quando há elevada demanda para a eletricidade, os chamados picos.

---

[1] Apesar de esses domos de sal poderem ser minas de sal abandonadas, isso não é o usual. Após a localização de um depósito de sal dentro de uma camada de pedra impermeável, faz-se um furo nessa formação, usa-se água para dissolver o sal e a solução é extraída, de modo a liberar espaço para o depósito de gás.

> **Você sabia?**
>
> **Texas Hold'em* é um jogo de opções**
>
> Há uma grande analogia entre o jogo de *Texas Hold'em* e as opções reais. Para perceber essa conexão, vamos rever como o jogo é disputado. Inicialmente, os jogadores recebem duas cartas fechadas como sua mão ("hole cards"), após a qual há uma rodada de apostas. Cada um dos jogadores precisa decidir se vai igualar a aposta mais alta, que lhe dá a opção de continuar a jogar, ou desistir na próxima rodada de apostas. Se um jogador decide não apostar, ele está optando por abandonar a mão. Depois, três cartas da mesa são viradas simultaneamente (chamadas de "flop") e acontece outra rodada de apostas, seguida de mais duas cartas da mesa viradas, uma de cada vez, com uma rodada de apostas depois de cada carta. Cada rodada de apostas dá aos jogadores a oportunidade de igualar ou aumentar a aposta mais alta ou desistir. O vencedor é aquele que forma a mão de cinco cartas mais valiosa, utilizando suas cartas fechadas mais as cartas comunitárias. Obviamente, o Texas Hold'em é um jogo para decidir quando adquirir a opção de permanecer no jogo (apostar) e quando exercer a opção de abandono (desistir).
>
> *N. de T.: Estilo de jogo mais popular do pôquer. O objetivo é ganhar o pote, isto é, o dinheiro das apostas dos outros jogadores.

sando a compra de uma concessão de petróleo que custa $450.000. A concessão dá à Master Drilling Company a oportunidade de desenvolver reservas de petróleo em uma determinada área da propriedade durante o próximo ano (mais tarde, relaxaremos essa premissa e usaremos uma concessão de dois anos). Como essa concessão está em uma propriedade perto de um campo petrolífero já em produção, os geólogos da empresa estão muito confiantes a respeito da quantidade de petróleo que será produzida. Consequentemente, a preocupação principal que a administração da Master Drilling tem em relação ao empreendimento se refere ao preço pelo qual o petróleo será vendido.

Avaliando uma concessão de petróleo

Para demonstrar o valor da opção de adiar a decisão de desenvolver o campo, inicialmente vamos considerar que, ao adquirir a concessão, a empresa está comprometida a iniciar o desenvolvimento imediatamente e vai extrair petróleo no próximo ano. Isso exige inicial de $300.000 e de $45 por barril para cada um dos 100.000 barris de petróleo extraídos no próximo ano. A seguinte tabela resume a oportunidade de investimento:

Hoje (Ano 0)	Ano 1
Master Drilling	Master Drilling
a. Compra a concessão por $450.000.	a. Produz $100.000 barris de petróleo a um custo de $45 por barril.
b. Gasta $300.000 para desenvolver o campo de modo a extrair petróleo em um ano.	b. Vende o petróleo ao preço do mercado vigente em um ano.

Além disso, adotaremos as seguintes premissas com referência à concessão da Master Drilling Company:

- O preço a termo para a entrega do petróleo em um ano é de $50/barril.
- Uma opção de entregar um barril de petróleo em um ano com um preço de exercício de $45 por barril pode ser comprada ou vendida hoje por $8,50 por barril.
- A taxa de juros livre de risco é de 5%.

Análise tradicional (estática) usando FCD, da concessão Para avaliar a decisão de adquirir a concessão (considerando que o desenvolvimento é iniciado imediatamente e que a extração e a venda de 100.000 barris de petróleo serão feitas dentro de um ano), utilizando a análise tradicional do FCD, computamos o VPL do investimento, como mostrado na Equação 11.1, como segue:

$$\text{VPL}_{\substack{\text{Concessão} \\ \text{de petróleo}}} = \frac{\left(\substack{\text{Preço esperado do} \\ \text{petróleo, por barril}_{\text{Ano1}}} - \substack{\text{Custo de extração de} \\ \text{petróleo, por barril}}\right) \times \substack{\text{Barris de petróleo} \\ \text{produzidos}_{\text{Ano 1}}}}{\left(1 + \substack{\text{Taxa de desconto} \\ \text{ajustada ao risco}}\right)}$$

$$- \left(\substack{\text{Custo de aquisição e desenvolvimento} \\ \text{da concessão de petróleo}}\right) \qquad (11.1)$$

Substituindo pelos valores e pelas estimativas já conhecidos, temos o seguinte:

$$\text{VPL}_{\text{Concessão de petróleo}} = \frac{\left(\substack{\text{Preço esperado do} \\ \text{petróleo por barril}_{\text{Ano1}}} - \$45,00\right) \times 100.000 \text{ barris}}{\left(1 + \substack{\text{Taxa de desconto} \\ \text{ajustada ao risco}}\right)} - \$750.000$$

Assim, para obter o VPL do projeto, precisamos estimar um preço esperado para o petróleo bruto daqui a um ano e também uma taxa de desconto ajustada ao risco que seja apropriada aos riscos de desenvolver a concessão de petróleo.

Análise de certeza-equivalente – utilizando o preço a termo para avaliar a concessão Como vimos no Capítulo 10, a concessão também pode ser avaliada pela abordagem da certeza-equivalente, utilizando o preço a termo observado do petróleo. Basicamente, substituímos o preço do petróleo pelo preço a termo, que também é o preço de certeza-equivalente. Como o fluxo de caixa resultante é agora a certeza-equivalente dos fluxos de caixa futuros incertos, podemos calcular seu valor presente descontando à taxa livre de risco, como demonstrado na Equação 11.2, isto é:

$$\text{VPL}_{\substack{\text{Concessão} \\ \text{de petróleo}}} = \frac{\left(\substack{\text{Preço a termo do} \\ \text{petróleo, por barril}_{\text{Ano1}}} - \substack{\text{Custo de extração de} \\ \text{petróleo, por barril}}\right) \times \substack{\text{Barris de petróleo} \\ \text{produzidos}_{\text{Ano 1}}}}{\left(1 + \substack{\text{Taxa livre} \\ \text{de risco}}\right)}$$

$$- \begin{pmatrix} \text{Custo de aquisição e desenvolvimento} \\ \text{da concessão de petróleo} \end{pmatrix} \quad (11.2)$$

Substituindo os valores do preço a termo do petróleo em um ano e da taxa de juros livre de risco, calculamos o VPL do desenvolvimento da concessão do petróleo utilizando a Equação 11.2, como segue:

$$\text{VPL}_{\text{Concessão de petróleo}} = \frac{(\$50,00 - 45,00) \times 100.000}{(1 + 0,05)} - \$750.000$$

$$= \$476.191 - 750.000 = (\$273.810)$$

Fica evidente que, sob a premissa de que a Master Drilling precisa começar imediatamente o desenvolvimento e se compromete a produzir e vender as reservas de óleo no final do Ano 1, a concessão tem um VPL negativo! Porém, uma concessão típica *não* força o adquirente a produzir e vender as reservas de petróleo, mas sim dá ao comprador o direito, não a obrigação, de fazer isso. Em outras palavras, a concessão pode ser vista como uma opção de compra dos 100.000 barris de petróleo bruto, que podem ser produzidos a um custo de $45 por barril e vendidos um ano depois.

Análise dinâmica – avaliando a concessão como uma opção de produzir petróleo
Até agora, assumimos que, quando a Master Drilling Company faz o investimento para adquirir a concessão, ela é obrigada a desenvolver e produzir as reservas do campo petrolífero. Como mostra a árvore de decisão na Figura 11-1, a empresa tem a

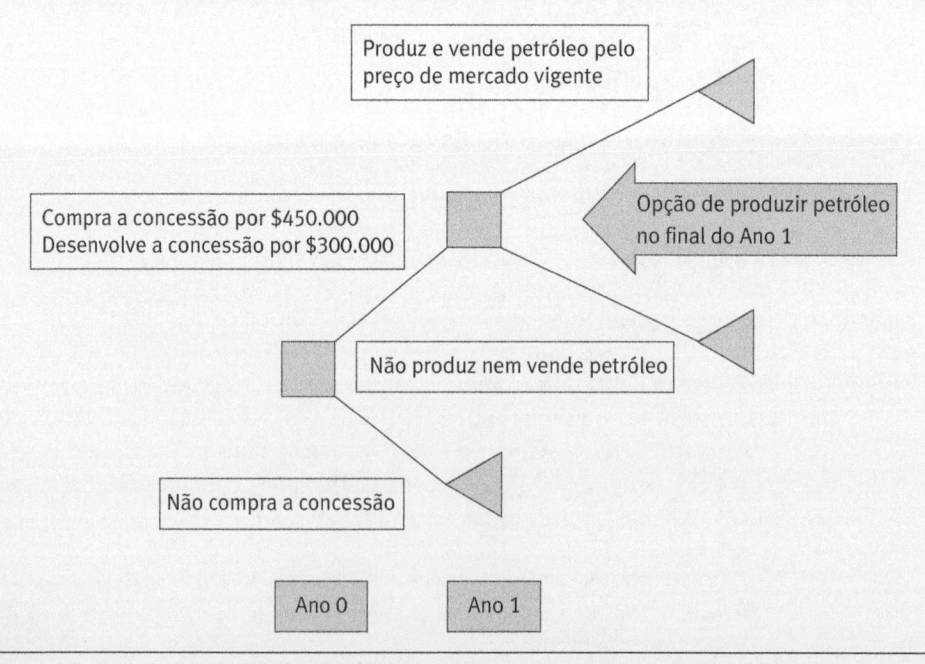

Figura 11-1 Análise dinâmica – investimento em uma concessão de petróleo como uma opção de compra.

opção, mas não a obrigação, de produzir reservas de petróleo e vai extrair o petróleo somente se a receita da venda do petróleo exceder o custo de extração de $45 por barril; caso contrário, vai deixar vencer a concessão.

Assumimos anteriormente que uma opção de petróleo com um preço de exercício de $45 o barril tem atualmente um preço de $8,50 o barril. Assim, a concessão deve ter o mesmo valor que 100.000 dessas opções de compra, ou $850.000. O preço relativamente alto das opções de petróleo no mercado de derivativos sugere que os preços do petróleo são relativamente incertos, e a opção de sair da concessão sem produzir, ou de produzir apenas quando o preço do petróleo superar os custos de extração, é bastante importante.[2] Esse valor supera o total de $450.000 do custo de aquisição da concessão, mais os custos de desenvolvimento iniciais de $300.000, indicando que a aquisição da concessão, e o desenvolvimento do campo petrolífero para possível produção em um ano (em um custo total de $750.000) é um investimento de VPL positivo (isto é, VPL = $850.000 − $750.000 = $100.000).

Avaliando a opção de adiar ou esperar Em nosso exemplo anterior, analisamos o valor da concessão como uma opção de extrair ou não o petróleo no ano seguinte. Entretanto, como muitos outros investimentos, as concessões de petróleo também contêm opções que permitem ao proprietário escolher *quando* extrair o petróleo. Para ilustrar essa opção, continuaremos com o exemplo da Master Drilling Company, mas com uma pequena alteração. Agora, assumiremos que a concessão permite que a Master Drilling possa desenvolver e produzir petróleo em dois anos e que estamos agora no final do primeiro ano, depois de a empresa ter comprado a concessão e gasto os $300.000 necessários para desenvolver a propriedade. Em outras palavras, a empresa está preparada para produzir o petróleo no final do Ano 1 e precisa decidir se vai fazer isso ou se vai esperar até o final do Ano 2. Na Figura 11-2, temos a oportunidade de investimento incorporando essa alteração, na qual agora temos três decisões a tomar, como indicado pelos nós de decisão (quadrados) na figura: (1) a empresa deve comprar a concessão no Ano 0 ou não? (2) Se a resposta para a primeira pergunta for sim, então a empresa deve produzir e vender as reservas de petróleo no final do Ano 1 ou esperar até o final do Ano 2? (3) Se a resposta para a segunda pergunta for esperar até o Ano 2 (isto é, não produzir no Ano 1), então a empresa deve produzir e vender o petróleo no final do Ano 2 ou abandonar a concessão?

---

[2] Utilizando a relação binomial de apreçamento de opções apresentada no Capítulo 10, podemos avaliar quão volátil o preço futuro do petróleo precisa ser para garantir um preço de opção de $8,50 o barril, quando o preço de exercício for de $45 o barril. Por exemplo, considere que o preço do petróleo em um ano pode ser um dos dois preços: um preço alto de $62,85 o barril ou um preço baixo de $37,35 o barril. Utilizando o preço a termo de $50, podemos calcular as probabilidades neutras a risco implícitas nos dois preços para que ambas sejam 50% (isto é, $50 = $62,85 × probabilidade neutra a risco do preço alto + $37,15 × probabilidade neutra a risco do preço baixo). O ganho de uma opção para um barril de petróleo com um preço de exercício de $45 é de $62,85 − 45 = $17,85 para o preço alto ou $0 no caso de ocorrer o preço baixo. Calculamos o valor de hoje da opção como o ganho médio da opção, ganho ponderado pela probabilidade neutra a risco (isto é, o resultado certeza-equivalente) e descontado pela taxa de juros livre de risco, como segue:

$$\frac{\text{Valor da opção}}{\text{de compra}_{\text{Hoje}}} = \frac{\$17{,}85 \times 0{,}50 + \$0{,}00 \times (1 - 0{,}50)}{(1 + 0{,}05)} = \$8{,}50$$

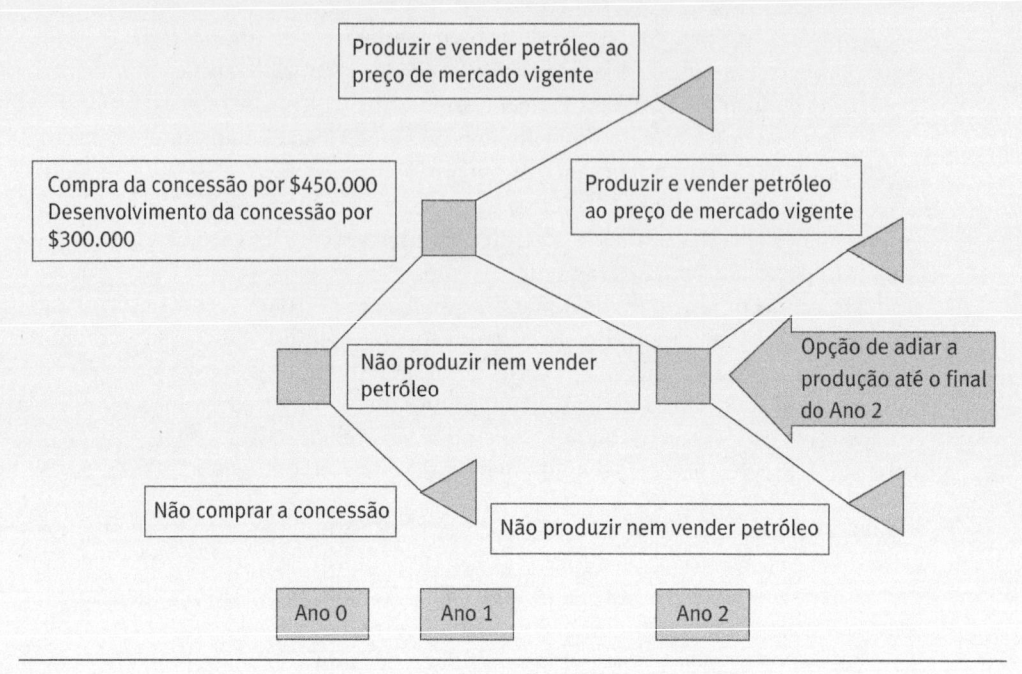

FIGURA 11-2 Investimento em concessão de petróleo com a opção de adiar.

Vamos assumir que o preço observado (*spot*) do petróleo no final do Ano 1 é de $50/barril, o que supera o custo de extração de $45. Consequentemente, a opção de perfurar está "no dinheiro" (*in the money*). Porém, a administração da Master Drilling entende que agora ela tem uma opção adicional. Ela pode extrair o petróleo hoje ou esperar mais um ano para fazer a extração. Se o petróleo não for extraído no final do segundo ano, a concessão vai se tornar nula. Além de assumir que o preço do petróleo agora é de $50/barril, vamos considerar que o preço a termo de um ano (para o Ano 2) também é de $50 e que o valor de uma opção para adquirir petróleo daqui a um ano (no Ano 2), com um preço de exercício de $45, ainda é de $8,50 o barril.

Como o preço do petróleo no final do Ano 1 é de $50/barril, a imediata extração do petróleo gera $5 milhões em receitas de petróleo. Subtraindo os custos de extração de $4,5 milhões = $45/barril × 100.000 barris de petróleo, há uma geração de lucro líquido de $500.000. Observe que esse cálculo não considerou o custo de aquisição da concessão de $450.000 ou os $300.000 despendidos para desenvolver o campo petrolífero ou para prepará-lo para a produção. Esses investimentos foram feitos no Ano 0 e, por isso, representam custos afundados que não influenciam a decisão de extração. Consequentemente, a relevante comparação está entre o fluxo de caixa de $500.000 da extração do petróleo hoje e o valor descontado do fluxo de caixa esperado pela decisão de aguardar e pela opção de extrair o petróleo no final do Ano 2.

Primeiro, vamos ignorar a opção associada à decisão por extração no Ano 2 e vamos considerar os lucros de certeza-equivalente caso o proprietário extraia o petróleo no final do Ano 2 do contrato original de concessão. Como o preço a termo é de $50/barril para o Ano 2, o lucro de certeza-equivalente dentro de um ano (no final do Ano 2) é o mesmo do final do Ano 1, ou $500.000, que tem um valor presente (descontado à taxa livre de risco) de $476.191 no final do Ano 1. Nesse caso em particular, como o preço *spot* para o Ano 1 e o preço a termo para o Ano 2 são iguais (ambos são de $50 o barril), a diferença entre o valor de fazer a extração agora ou no futuro surge apenas devido ao *valor do dinheiro no tempo*.³

Agora, vamos considerar como a incerteza e a flexibilidade para desistir do investimento no futuro afeta o incentivo para esperar. Como já mostramos, se uma opção de compra de petróleo nos mercados financeiros está avaliada em $8,50 o barril, e se extrairmos o petróleo em um ano *apenas quando o preço do petróleo superar os custos de extração*, a concessão de petróleo vale $850.000. Isso excede o valor de $500.000 a ser obtido da extração imediata do petróleo. Assim, os ganhos de esperar para desenvolver o campo apenas quando os preços do petróleo estiverem altos compensam o efeito do valor do dinheiro no tempo, o que torna ótimo esperar para investir.

Protegendo-se do risco do preço ao adiar a decisão de investir

Você pode achar um absurdo esperar para investir, em condições de mercado muito incertas. Afinal de contas, se você adiar a decisão de perfurar, você corre o risco de uma diminuição no preço do petróleo, o que pode possivelmente fazer com que sua concessão expire sem valor algum. Em vez disso, seria lógico fazer um investimento seguro de VPL positivo hoje, ao invés de esperar e torcer por um investimento com maior VPL no futuro?

Essa intuição pode ter seus méritos quando os riscos do projeto não puderem ser protegidos. Quando não há uma proteção disponível, a aversão ao risco do investidor pode ser um fator importante na decisão do problema.⁴ Entretanto, se puder vender opções de compra do petróleo a um preço de exercício de $45 o barril, a Master Drilling Company pode proteger-se desses riscos e travar os ganhos associados à espera pelo investimento. A Tabela 11-1 descreve os resultados, por barril de petróleo, associados à manutenção da opção de extrair o petróleo no próximo ano e à proteção contra a incerteza por meio da venda de opções de compra de 100.000 barris de petróleo, a um preço de exercício de $45 o barril, por um preço de mercado corrente de $8,50 o barril. Como o número na tabela indica, a estratégia de "esperar e proteger" trava um ganho de $8,50 o barril, o que supera o ganho de extrair o petróleo imediatamente.

Se o preço do petróleo cair abaixo de $45 o barril, tanto o projeto quanto a opção de compra que a empresa vendeu não terão valor algum. Do mesmo modo, se o preço do petróleo aumentar para $60 o barril, o ganho do projeto será de $60 − $45 = $15 o barril, que, mais uma vez, é exatamente igual ao valor que a Master Drilling

---

³ Devemos observar que, dependendo da inclinação da curva a termo, há um incentivo para produzir agora ou para esperar. Se os preços a termo forem muito mais altos do que os preços *spot* correntes, isso compensa o efeito do valor do dinheiro no tempo e aumenta o incentivo para adiar a produção. Por exemplo, se o preço a termo do petróleo fosse de $55, em vez de $50/barril, certamente seria melhor esperar.

⁴ Na teoria, a aversão ao risco não deveria entrar na decisão de uma empresa negociada publicamente. Entretanto, na realidade, os gerentes avessos ao risco podem não querer adiar investimentos com VPL positivo que poderão ter que ser abandonados no futuro. Do mesmo modo, como discutimos no Capítulo 9, problemas contábeis podem influenciar a decisão de adiar um investimento.

Tabela 11-1 Protegendo a opção de adiar com opções de compra

	Preço do petróleo	
	$45,00 ou menos	$60,00
Lucro do projeto, por barril (= preço/barril – custos de extração/barril)	$0,00	$15,00
Menos ganho da opção de compra, por barril (= Max[preço/barril – $45;0])	$0,00	$(15,00)
Preço da opção, por barril	$8,50	$8,50
Total	$8,50	$8,50

deverá pagar aos detentores da opção de compra. Em ambos os casos, o ganho das posições *hedgeadas* é simplesmente os $8,50 por barril que foram obtidos da venda das opções.

Opções mais complicadas e o incentivo para esperar

O exemplo anterior indica que a incerteza do preço gera um incentivo para que as empresas adiem seus investimentos. Esse exemplo é fácil de avaliar porque os riscos associados à incerteza dos preços do petróleo podem ser *hedgeados*, dando à empresa a oportunidade de travar os ganhos associados à espera. Porém, a opção de adiar deve ser vista mais amplamente e não se deve concluir que, para realizar o valor do adiamento, é necessário que os riscos sejam *hedgeados*. O princípio geral, de que o valor da opção de adiar surge da oportunidade de aprender mais sobre as possibilidades do investimento, pode ser aplicado a quase todos os investimentos. Ao aprender mais, a empresa pode decidir configurar o investimento de maneira diferente, ou simplesmente expandir ou reduzir a escala do investimento de acordo com o que ela aprender durante o adiamento.

Um exemplo claro é o de terrenos no mercado imobiliário, que podem ser vistos como uma opção de adquirir um prédio, a um preço equivalente ao seu custo de construção. Quando se pode construir apenas um tipo de prédio, trata-se de uma simples opção de compra, exatamente como a concessão de petróleo. Porém, o proprietário do terreno pode ter a oportunidade de construir diferentes tipos de edificações como, por exemplo, condomínios, um hotel ou um prédio de escritórios. Quando esse for o caso, as opções do investidor são um pouco mais complicadas, tornando-as mais difíceis de avaliar e *hedgear*. Entretanto, a intuição ainda é a mesma: incertezas maiores tornam as opções mais valiosas e aumentam os incentivos para adiar o investimento. Em geral, *quando as opções proporcionam mais flexibilidade, elas são mais valiosas e os benefícios de esperar são maiores*. Intuitivamente, quando você tem mais escolhas, vale a pena esperar para ver como se desenvolve a incerteza a fim de certificar-se de que está fazendo a melhor escolha.

As empresas adiam de maneira ideal?

Por várias razões, os gerentes podem não querer adiar o início de investimentos de VPL positivo tanto quanto o modelo de opções reais sugeriria. Podemos culpar nossas aulas introdutórias de finanças, pois elas tendem a colocar muita ênfase na regra do VPL estático, que sugere que as empresas devem investir em todos os projetos de VPL positivo. Porém, esses mesmos livros também nos ensinam que investimentos de VPL positivo podem ser rejeitados quando existem outros investimentos mutuamente exclusivos com VPLs mais altos.

Na verdade, sempre que um investidor pode decidir quanto à época apropriada de um investimento, criam-se alternativas mutuamente exclusivas. Por exemplo, o Projeto 1 está implantando o projeto imediatamente e o Projeto 2 está esperando para o fazer em uma data futura. Talvez o Projeto 1 tenha um VPL positivo, mas o Projeto 2, que requer esperar (e não pode ser implementado se o Projeto 1 já foi implementado), pode ter um VPL maior e, portanto, seria o preferido.

Devemos salientar também que essa tendência para iniciar investimentos com VPL positivo mais cedo do que seria o especificado pelo modelo de opções reais pode não ser simplesmente um engano. Os gerentes podem relutar em esperar para fazer um investimento de VPL positivo por algumas razões:

1. Na realidade, *não podemos hedgear de forma perfeita a opção real, por meio da venda de opções financeiras.* Assim, a espera é arriscada.
2. O investidor pode ter um limite de crédito ou pode defrontar-se com custos de empréstimo muito altos. Os limites de crédito podem ter o efeito de acelerar alguns investimentos e desacelerar outros. Por exemplo, um investidor pode extrair petróleo mais rapidamente do que normalmente faria, caso isso o supra com capital que possa ser aplicado em outros investimentos com VPL positivo e que não tenham como ser financiados de outra maneira. Porém, se a aceleração da extração exige novo capital, o acesso limitado aos mercados financeiros pode adiar o investimento.
3. O início do projeto pode gerar informações que seriam úteis aos gerentes da empresa na avaliação de investimentos futuros. Por exemplo, a quantidade de petróleo que é extraída pode fornecer informação sobre a quantidade em potencial de petróleo em regiões semelhantes. Nesse caso, a informação obtida graças ao exercício antecipado proporciona para a empresa valiosas informações sobre possibilidades futuras. Na verdade, exercer uma opção pode aumentar o valor de outras opções da empresa.
4. Pode ser importante sinalizar para os investidores externos o fato de que a empresa tem, na verdade, um investimento de VPL positivo. Se os investidores externos não estão tão bem informados quanto os administradores da empresa, pode ser importante que, periodicamente, a empresa forneça sinais relacionados à sua capacidade de gerar projetos com VPL positivo. Por exemplo, para mostrar aos investidores que eles têm os melhores geólogos, pode ser necessário que uma empresa de petróleo desenvolva alguns de seus campos petrolíferos. Mais uma vez, o exercício antecipado pode proporcionar valores e benefícios extras para a empresa e seus projetos futuros. Se, por exemplo, a empresa está prestes a entrar no mercado de capitais para conseguir recursos adicionais, a revelação de informações sobre as possibilidades de novos investimentos pode levar a um preço maior da ação e a um custo menor de capital. Esses benefícios podem superar os valores perdidos no exercício antecipado.

5. Os gerentes podem *investir prematuramente por razões pessoais*. As práticas de compensação nas empresas, que remuneram os executivos com base nos desempenhos do período corrente (veja a discussão no Capítulo 9), podem fornecer incentivos muito fortes para que os gerentes exerçam suas opções de investimento cedo demais. Essas práticas tendem a recompensar os executivos por desempenhos imediatos e penalizar investimentos de longo prazo que tenham um impacto muito prejudicial no desempenho do período corrente.

Opção de abandonar

Os analistas financeiros há muito reconhecem o valor da opção de abandonar um investimento que não está tendo o desempenho previsto. Por exemplo, se você tem uma fábrica de componentes que está gerando fluxos de caixa muito baixos, talvez seja melhor fechar a fábrica e vender o imóvel para um incorporador que queira transformar o espaço em um condomínio de apartamentos. Além disso, se os fluxos de caixa são negativos, você pode preferir abandonar a fábrica mesmo que o imóvel não tenha um uso alternativo.

A opção de abandono tem um importante componente, o momento adequado para tomar a decisão, que é muito parecido com a "opção de diferir ou adiar" que analisamos anteriormente. Assim como a teoria de opções mostra que há um incentivo para diferir um investimento com VPL positivo, também pode haver um incentivo para continuar operando um investimento que esteja perdendo dinheiro. Intuitivamente, a combinação de incerteza e flexibilidade deveria tornar os decisores mais cautelosos sobre tomar decisões irreversíveis quanto a iniciar um projeto ou abandoná-lo. A principal premissa subjacente a essa conclusão é que a decisão de encerrar ou abandonar um investimento é irreversível.

Exemplo de um campo marginal

Para ilustrar a opção de encerrar ou abandonar, analisamos a decisão de encerrar um **campo marginal**, que é um poço de petróleo que produz volume relativamente pequeno de petróleo por ano e normalmente é muito pouco rentável. Antes de 1998, havia alguns poços marginais no Texas que tinham um volume de produção anual de 1.000 barris de petróleo, ou ainda menos. Como esses poços produziam muito pouco, seus custos operacionais por barril de petróleo eram relativamente altos, o que significa que, apesar de poderem ser bastante rentáveis quando o preço do petróleo está alto, muitos deles operam com uma perda considerável quando o preço do petróleo está baixo.

No final de 1998, o preço do petróleo caiu para cerca de $10 o barril, tornando a maioria dos campos marginais do Texas não-lucrativos. Devido às suas perdas operacionais, em 1999 alguns desses poços fecharam, sem a possibilidade de reabertura.[5] Mais tarde os preços do petróleo aumentaram substancialmente e fizeram com que os campos marginais que não tinham sido fechados se tornassem bastante lucrativos. Com a vantagem de poder olhar o que já se passou, pode-se argumentar que a deci-

---

[5] O problema de encerrar a produção é que a formação pode desmoronar ou, ainda, pode interromper o fluxo do petróleo. Isso, por sua vez, significa que por razões práticas a decisão de encerrar a produção é equivalente a abandonar o poço.

são de fechar os poços no final de 1999 foi um erro. Porém, o que precisamos analisar aqui é se o fechamento dos poços em 1999 foi uma decisão inteligente, ou pelo menos justificável, considerando a informação disponível na época.

Para ilustrar como poderíamos usar a análise de opções reais para avaliar a opção de abandonar esses poços, vamos considerar um produtor regional de petróleo que possui 1000 campos marginais e que pode produzir 100.000 barris neste e nos próximos anos, antes de exaurir suas reservas. O custo de operação dos poços e de transporte do petróleo é de $14 por barril, e os poços podem ser fechados agora ou no início do próximo ano. O preço atual do petróleo é de $10 o barril, mesmo valor do preço a termo em um ano. Porém, como os preços do petróleo são extremamente voláteis, uma opção de compra de petróleo em um ano pelo preço de exercício de $14 o barril é vendida hoje por $4,50.

Considerando o preço corrente do petróleo e o preço a termo em um ano, podemos estimar o valor atual dos 100 campos marginais, assumindo que vamos operar os poços neste e no próximo ano. Mais uma vez, assumimos uma taxa livre de risco de 5%.

$$VP = 100.000 \text{ barris } (\$10/\text{barril} - 14/\text{barril})$$
$$+ \frac{100.000 \text{ barris } (\$10/\text{barril} - 14/\text{barril})}{(1,05)} = (\$400.000) + (\$380.952) = (\$780.052)$$

Essa análise indica que, se nossa *única* alternativa é operar os poços pelos próximos dois anos, é melhor fechá-los, pois o investimento tem um grande VPL negativo. Entretanto, se o proprietário dos poços tem a *opção* de fechá-los no próximo ano caso os preços do petróleo continuem baixos (como mostrado na Figura 11-3), talvez, de fato, faça sentido continuar a operá-los neste ano com uma perda de ($400.000), pois seu fechamento agora acaba com a opção de produzir no próximo ano. Caso a

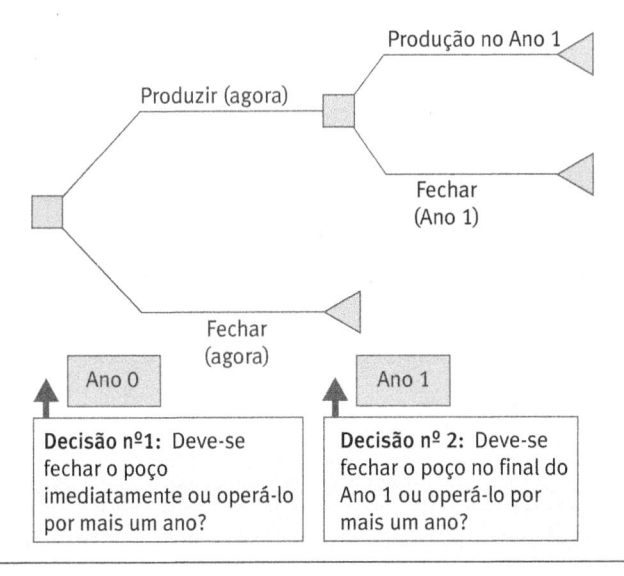

FIGURA 11-3 Árvore de decisão para o problema de abandono do campo marginal.

perda na produção agora seja menor do que o valor da opção para produzir no próximo ano, deve-se continuar a operar os poços.

Nesse exemplo em particular, vemos que uma opção de compra de petróleo a $14 o barril gera o mesmo fluxo de caixa que os campos marginais em um ano. Se o preço do petróleo se recuperar e subir acima de $14, os poços vão produzir lucros por barril equivalentes ao preço do petróleo, menos o custo de extração de $14 por barril. Esse fluxo de caixa líquido é exatamente igual ao ganho a ser obtido no contrato de opção, nessa situação. Se, entretanto, os preços do petróleo permanecerem abaixo de $14 o barril, as opções vão vencer sem valor algum e os poços de petróleo serão fechados e também não vão gerar receita. Assim, a opção *real* para extrair petróleo no próximo ano tem o mesmo valor que a opção financeira de compra do petróleo por $14 o barril, que anteriormente assumimos que poderia ser vendida por $4,50 o barril.

De certa forma, ao continuar a produção este ano, o investidor tem uma opção de produzir no próximo ano. Quando os preços são muito voláteis, ter o direito, mas não a obrigação, de produzir no próximo ano pode ser muito importante, e essa opção pode superar a perda incorrida na operação dos poços no Ano 1. Assim, qual e a importância de continuar a operar os campos marginais? O valor total equivale à soma do lucro da extração do petróleo este ano, que é um número negativo, mais o valor da opção de extrair no próximo ano. Nossa análise indica que os campos marginais não deveriam ser fechados porque a perda com a operação dos poços no ano corrente é mais do que compensada pelo valor da opção de extrair 100.000 barris no próximo ano. Isto é:

$$\begin{pmatrix} \text{Valor do} \\ \text{campo} \\ \text{marginal} \end{pmatrix} = \begin{pmatrix} \text{Valor da} \\ \text{operação no} \\ \text{Ano 0} \end{pmatrix} + \begin{pmatrix} \text{Valor da} \\ \text{opção para operar} \\ \text{no Ano 0} \end{pmatrix}$$

$$= 100.000 \text{ barris } (\$10/\text{barril} - \$14/\text{barril}) + \$4,50 \times 100.000 \text{ barris}$$
$$= (\$400.000) + \$450.000 = \$50.000$$

Assim, há um valor positivo na operação do campo marginal este ano, que se deve ao fato de que, ao operar os poços, a empresa obtém a opção de operá-los no próximo ano. Consequentemente, é melhor não fechar os poços.

Observe que no exemplo anterior assumimos que não havia custos para fechar os campos marginais imediatamente, somente a perda de valor ao se abrir mão da opção de produzir no segundo ano. Em muitos tipos de investimento, entretanto, *há* custos de fechamento ou desativação de um investimento e, algumas vezes, esses custos são tão altos que eles são determinantes para a decisão. Por exemplo, refinarias e fábricas químicas podem ter altos custos de limpeza ambiental quando são fechadas. Esses custos podem ser tão altos que a possibilidade de evitar sua ocorrência pode ser a razão principal de manter em operação uma fábrica antiga.

11.4 Analisando opções reais como opções americanas

A análise anterior apresentou exemplos muito simples que incluíram, no máximo, duas datas possíveis de perfuração ou abandono. Nosso objetivo nesses exemplos era desenvolver um método que ajudaria a desenvolver uma intuição sobre a maneira como analistas e empresas resolvem esses problemas, na prática. Infelizmente, não há fórmulas simples (nem mesmo complicadas) que podemos usar para a avaliação de problemas da vida real envolvendo opções reais. Nesta seção, para proporcionar uma melhor compreensão sobre como esses problemas são resolvidos na prática, introduzimos um pouco mais de complexidade por meio de outro exemplo em petróleo que é mais realista do que os exemplos vistos anteriormente.

Avaliando a opção de perfuração da National Petroleum

A National Petroleum, uma empresa pequena de exploração e produção (E&P), tem uma concessão que proporciona à empresa uma opção de perfurar na propriedade em um prazo de três anos. Se a National perfurar e encontrar petróleo, tem a opção de extrair petróleo da propriedade até que o reservatório esteja esgotado, o que se estima que aconteça após 10 anos, a partir do início da perfuração. Basicamente, espera-se que a propriedade produza petróleo à taxa descrita na Figura 11-4, na qual o Ano 0 é a data da perfuração. Porém, se a empresa decidir não perfurar dentro do período determinado de três anos, a concessão e a opção de perfurar vão expirar.

Protegendo-se do risco do preço do petróleo

A National Petroleum estima que o custo da perfuração seja de $38 milhões e os custos de extração e captação sejam de $28 o barril. Mais uma vez, nosso problema é determinar um valor para a concessão. Para estabelecer um valor-base para a propriedade, assumimos que a perfuração começa imediatamente e que toda a produção será vendida a termo pelos preços encontrados na Tabela 11-2. Essa estratégia, como aprendemos no Capítulo 10, protege efetivamente o risco de preço dos fluxos de caixa do projeto e trava os lucros baseados nesses preços a termo.[6] Como os lucros agora estão *hedgeados*, podemos avaliar o projeto descontando os fluxos de caixa futuros, utilizando a taxa livre de risco de 6%.

Ano 0	0 barris
Ano 1	400.000 barris
Ano 2	300.000 barris
Ano 3	200.000 barris
Ano 4 – 10	100.000 barris

FIGURA 11-4 Volume de produção da concessão da National Petroleum.

---

[6] Mais uma vez, lembre-se de que isso significa que conhecemos a quantidade que será produzida. Isso é uma importante ressalva, pois os lucros dependem tanto do preço quanto do volume de petróleo produzido. Assim, nossa capacidade de proteger o risco associado aos nossos lucros depende tanto do preço quanto do volume de produção.

Tabela 11-2 Cálculo das receitas do projeto utilizando preços a termo do petróleo

Ano	Preço a termo	Volume (Barris)	Receita	Custo de extração	Fluxo de caixa líquido
1	$ 59,00	400.000	$23.600.000	$(11.200.000)	$12.400.000
2	$ 60,00	300.000	18.000.000	(8.400.000)	9.600.000
3	$ 61,00	200.000	12.200.000	(5.600.000)	6.600.000
4	$ 62,00	100.000	6.200.000	(2.800.000)	3.400.000
5	$ 62,00	100.000	6.200.000	(2.800.000)	3.400.000
6	$ 63,00	100.000	6.300.000	(2.800.000)	3.500.000
7	$ 63,00	100.000	6.300.000	(2.800.000)	3.500.000
8	$ 63,00	100.000	6.300.000	(2.800.000)	3.500.000
9	$ 63,00	100.000	6.300.000	(2.800.000)	3.500.000
10	$ 63,00	100.000	6.300.000	(2.800.000)	3.500.000
VP (6%) =	$42.034.394				
Custo de perfuração =	(38.000.000)				
VPL =	$4.034.394				

A Tabela 11-2 apresenta os preços a termo hipotéticos para os próximos 10 anos, além dos volumes, lucros, custos de extração e fluxos de caixa livres resultantes do investimento. Avaliamos o VPL da perfuração hoje utilizando a curva de preços a termo, para proteger o risco do preço do petróleo, e encontramos um VPL de $4.034.394. Entretanto, a National não precisa perfurar imediatamente, dependendo dos termos da concessão. Na realidade, é possível que a curva de preços a termo seja tal que a perfuração no final do Ano 1 e a produção dos Anos 2 a 11 podem ser ainda mais lucrativas. Do mesmo modo, a National poderia iniciar a perfuração no final do Ano 2 e até do Ano 3. Se soubermos os preços a termo do petróleo, dos Anos 11 a 13, podemos usar a mesma estratégia de proteção a fim de avaliar a oportunidade para perfurar em cada um desses três anos e, depois, selecionar a melhor época de fazer isso. Se a curva de preços a termo permanecer estável em $63 o barril, dos Anos 11 a 13, a decisão hoje de começar a perfuração em cada um dos próximos três anos produz os seguintes VPLs:

Início da perfuração no Ano	VPL (Valores presentes no Ano 0)
0	$4.034.394
1	$4.642.831
2	$5.024.001
3	**$5.197.453**

Obviamente, considerando essa curva de preços a termo, a National não deve perfurar imediatamente, pois a empresa pode travar o valor mais alto ao se comprometer a perfurar em três anos e proteger-se do risco do preço do petróleo. Observe, entretanto, que a análise acima presume que a National se comprometa hoje com um programa de perfuração que não começa até o final do Ano 3. Na realidade, a National tem a opção de perfurar no final do Ano 2, caso prefira não perfurar no Ano 1, assim devemos ver o VPL calculado acima como uma estimativa muito conservadora do valor do campo petrolífero. Se considerarmos o fato de que a National tem a opção de adiar a decisão de iniciar a operação de perfuração por até três anos, a concessão se torna ainda mais valiosa.

Considerando a opção de adiar

A Figura 11-5 utiliza uma árvore de decisão para ilustrar as opções disponíveis para a National durante o período de concessão de três anos. Essa árvore de decisão tem como base o modelo binomial que determina os preços do petróleo, discutido no Capítulo 10, junto com uma ilustração das decisões que podem ser tomadas. Lembre-se de que os círculos indicam um acontecimento aleatório (nesse caso, se os preços do petróleo serão o preço alto ou o preço baixo) e os quadrados indicam que uma

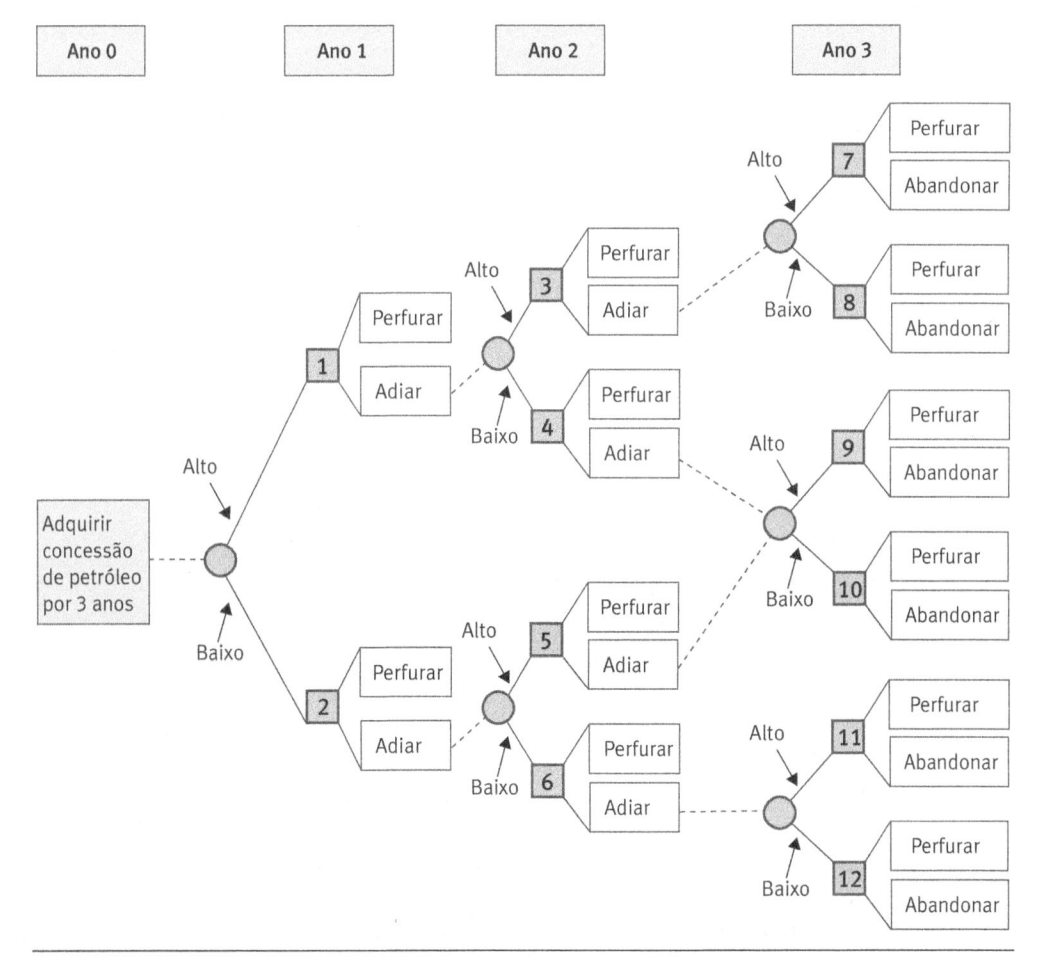

FIGURA 11-5 Árvore de decisão para a opção de adiar.

decisão deve ser tomada. Por exemplo, suponha que no final do Ano 1 o preço do petróleo seja igual ao preço alto.[7] Agora, a gerência da National está diante do nó de decisão n° 1 e terá que decidir se é melhor perfurar agora ou adiar até o Ano 2. Se a decisão for para perfurar, esse é o final desse ramo da árvore de decisão. Porém, se for decidido adiar até o Ano 2, seguimos as linhas pontilhadas para o nó de probabilidade apropriado para o Ano 2, em que vemos se o preço do petróleo será alto ou baixo, o que nos leva aos nós de decisão n°s 3 e 4, respectivamente. Observe que, se a National não exercer sua opção de desenvolver a propriedade no final dos três anos da concessão, na prática ela abandona a oportunidade de investimento.

Até agora, não descrevemos como deve ser tomada a decisão no que diz respeito a fazer agora ou adiar a perfuração. Incluir em nossa análise a opção de diferir a perfuração em até três anos exige que avaliemos as oportunidades de investimento como segue: para determinar se deve ser exercida a opção de perfurar, comparamos o valor do campo petrolífero hoje, menos os custos de perfuração e desenvolvimento, ao valor da opção de perfurar e desenvolver o poço no futuro. Quando o valor de perfurar o poço no futuro superar o valor de perfurar imediatamente, é melhor esperar, e vice-versa.

Nesse caso particular, a National Petroleum tem a opção de perfurar a qualquer tempo, até o vencimento da concessão de três anos, o que dá à empresa algo parecido com uma opção de compra americana de uma ação. Isto é, a National Petroleum tem o que se equivale a uma opção de compra de um poço de petróleo em operação, a um preço de exercício que é igual ao custo de perfuração. Para avaliar a concessão, gostaríamos de encontrar o preço de mercado de uma opção negociada em mercado que combine exatamente com a opção que estamos tentando avaliar. Porém, como é pouco provável que exista uma opção de um poço de petróleo em atividade negociada publicamente e que seja exatamente igual à opção associada a esse determinado campo petrolífero, necessitaremos de um modelo para avaliar a opção. Esse modelo necessita de estimativas para diversos dados-chave, análogos aos dados necessários para avaliar uma opção americana de compra de ações. A Tabela 11-3 resume a analogia entre o problema da opção de compra americana e o problema de extração do petróleo.

Porém, avaliar a opção de perfurar é substancialmente mais difícil do que resolver um problema de avaliação de opção americana de compra de ações. Isso ocorre principalmente porque o dado que determina a alteração esperada no valor do poço já desenvolvido – a taxa de conveniência (o equivalente à taxa de dividendos) – muda de tempos em tempos, quando mudam os preços da curva de preços a termo. Além disso, a *volatilidade* dos retornos dos investimentos nos poços em atividade pode mudar ao longo do tempo, sendo difícil de estimar.

Avaliando as opções americanas utilizando uma malha binomial

Na prática, para avaliar opções reais americanas, os analistas frequentemente usam uma versão multiperíodo do modelo de apreçamento de opções binomiais analisado no Capítulo 10. Para mostrar como isso funciona, vamos aplicar o modelo na ava-

---

[7] Para simplificar nossa exposição, consideramos que as decisões são tomadas anualmente e que o intervalo de tempo usado para definir a malha binomial também é de um ano.

Tabela 11-3 Comparando opções reais com opções americanas do mercado de ações

Dados para avaliação de opções americanas de ações	Dados para o caso dos campos de petróleo e gás
1. Volatilidades dos retornos das ações	*Volatilidade* do valor do campo em produção
2. Valor das ações subjacentes	O valor presente dos fluxos de caixa dos poços em produção
3. Taxa de Dividendos	A *taxa de conveniência* é o benefício associado à propriedade física da *commodity**
4. Data de vencimento	*Data de vencimento* da concessão
5. Preço de exercício	O *custo da perfuração*

* Quando a taxa de conveniência é alta, o benefício de ter a propriedade física da *commodity* hoje é maior, o que significa que hoje o preço é alto em relação ao preço esperado no futuro. A taxa de conveniência é importante porque determina a que taxa esperada a *commodity* evoluirá e está relacionada à inclinação da curva a termo, *menos* a taxa livre de risco.

liação da oportunidade de investir em perfuração da National Petroleum Company. Como a National tem a opção de iniciar a perfuração a qualquer tempo, até o final do período de três anos, o problema enfrentado é avaliar uma opção de compra americana de três anos.

Anteriormente, estimamos o valor da oportunidade de perfurar como sendo $42.034.394, caso a perfuração começasse imediatamente. Entretanto, esse valor não reflete o valor agregado que pode ser capturado se a empresa exercer sua opção de adiar a perfuração para um período posterior, quando o preço do petróleo pode estar mais favorável. Para avaliar essa opção, iniciamos construindo a malha binomial multiperíodo encontrada na Figura 11-6. Essa malha, baseada nos preços do petróleo descritos na árvore de decisão da Figura 11-5, descreve os possíveis valores que a oportunidade de perfuração pode ter em cada um dos próximos três anos (a vida da opção de compra americana que queremos avaliar).

Podemos pensar nos valores de cada nó da árvore binomial como os valores descontados dos fluxos de caixa futuros do projeto, baseados na curva a termo dos preços do petróleo, ao longo do tempo. Os valores futuros do campo petrolífero maduro que são especificados na malha binomial podem ser, de certa forma, arbitrários, podendo depender do julgamento do decisor (trataremos desse assunto mais detalhadamente no Anexo). Porém, primeiro, vamos analisar o processo de avaliação *assumindo* que sabemos o valor de desenvolver o campo petrolífero em cada nó da malha binomial.

Quatro valores estão relacionados em cada nó da malha binomial na Figura 11-6. Vamos tratar deles como avaliações de $n°1$ a $n°4$ e eles representam (de cima para baixo):

1. *Avaliação $n°1$: o valor do campo já desenvolvido* – o valor estimado de iniciar o desenvolvimento do campo petrolífero nessa data, que é igual à avaliação usando FCD baseado na curva de preços a termo para esse período, assim como a premissa de que a perfuração começa neste ano e que o campo produzirá nos dez anos seguintes.

	Hoje	Primeiro ano	Segundo ano	Terceiro ano

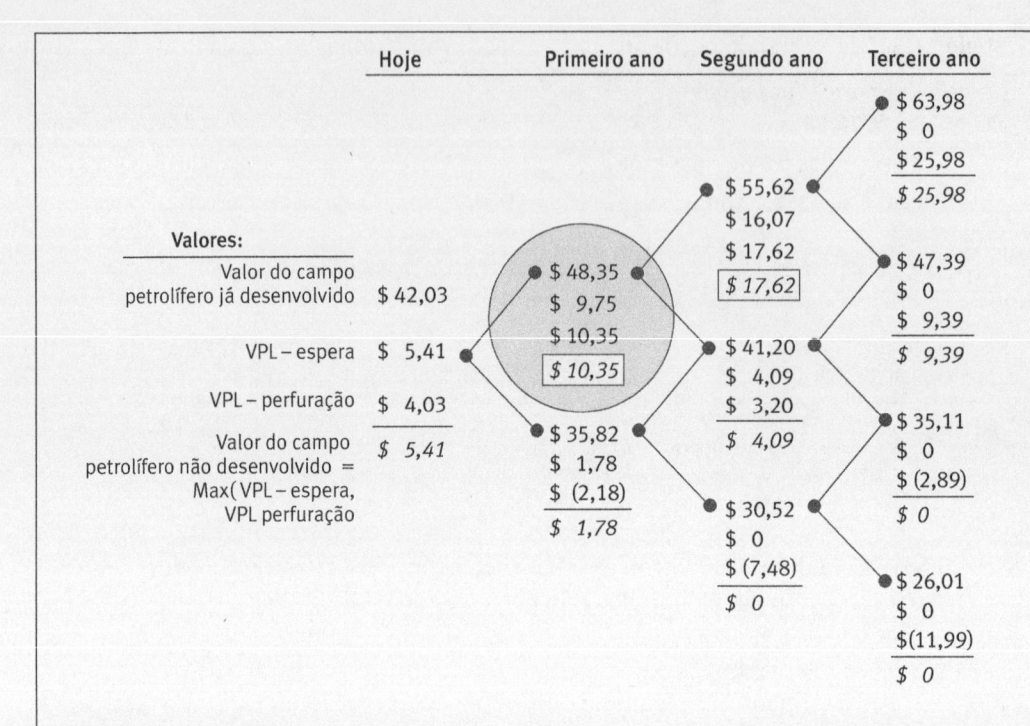

```
                                                              • $ 63,98
                                                                $ 0
                                                                $ 25,98
                                                                $ 25,98
                                              • $ 55,62 •
                                                $ 16,07
Valores:                                        $ 17,62       • $ 47,39
Valor do campo              • $ 48,35 •          $ 17,62        $ 0
petrolífero já desenvolvido  $ 42,03   $ 9,75                   $ 9,39
                                       $ 10,35 • $ 41,20        $ 9,39
VPL – espera     $ 5,41  •             $ 10,35   $ 4,09
VPL – perfuração $ 4,03                          $ 3,20       • $ 35,11
                                      • $ 35,82 • $ 4,09        $ 0
Valor do campo   $ 5,41                $ 1,78                   $ (2,89)
petrolífero não desenvolvido =         $ (2,18)                 $ 0
Max( VPL – espera,                     $ 1,78  • $ 30,52 •
VPL perfuração                                   $ 0
                                                 $ (7,48)     • $ 26,01
                                                 $ 0            $ 0
                                                                $(11,99)
                                                                $ 0
```

Definições:

a. *Valor do campo já desenvolvido* = valor presente dos fluxos de caixa futuros do campo petrolífero em um período de 10 anos, a partir da data da avaliação – por exemplo, no nó circular no final do Ano 1 esse valor é igual a $48,35 milhões = o valor presente do campo petrolífero, se desenvolvido no final do Ano 1 e se avaliado utilizando a curva de preços a termo para o petróleo produzido dos Anos 1 a 11. Tecnicamente, essa é a maneira de se estimar o valor do campo petrolífero se a perfuração e o desenvolvimento começassem durante o Ano 1. Porém, a curva a termo que vai existir no final do Ano 1, em que acontece o estado de preço alto, não é conhecida hoje, quando estamos executando nossa análise. Consequentemente, modelamos a distribuição de preços para o valor do campo petrolífero utilizando o modelo binomial descrito no Anexo deste capítulo.

Figura 11-6 Árvore binomial descrevendo os possíveis valores da oportunidade de perfuração (em milhões).

2. *Avaliação n°2 – o VPL da espera para perfurar* – o valor esperado do campo não desenvolvido, se a opção de perfurar não for exercida nesse período.[8]

---

[8] Por exemplo, o VPL de esperar até o final do Ano 1 é igual ao valor presente do campo não desenvolvido no final do Ano 1. Isto é, é o valor presente, ponderado pelas probabilidades, dos valores dos campos petrolíferos não desenvolvidos no final do Ano 1, que são iguais a $10,35 milhões ou $1,7822 milhão.

b. *Probabilidades neutras a risco.* No Capítulo 10, calculamos as probabilidades neutras a risco utilizando o preço a termo do petróleo. Esse método pode ser reinterpretado no seguinte cálculo a fim de obter a probabilidade neutra a risco do estado de preço alto (*P*), utilizando a seguinte relação:

$$P = \frac{e^{(r-\delta)} - e^{(r-\delta)-\sigma}}{e^{(r-\delta)+\sigma} - e^{(r-\delta)-\sigma}}$$

onde *r* é a taxa de juros livre de risco, δ é a taxa de conveniência e σ é a volatilidade dos retornos do investimento no campo petrolífero. Como no Anexo, assumimos que *r* = 6%, δ =7%, e σ = 15%. Esses valores significam que *P* = 0,4626.

c. *O VPL da espera* = o valor presente de exercer a opção de perfurar em uma data posterior – para o nó circular no final do Ano 1, isto é, igual a $9,75 milhões = o valor presente, ponderado pela probabilidade neutra a risco, do valor da opção de compra no Ano 2, isto é:

$$\text{VPL da espera para perfurar} = e^{-0,06}[\$17,62 \text{ milhões} \times 0,4626 + \$4,09 \text{ milhões} \times (1 - 0,4626)]$$
$$= \$9,75 \text{ milhões}$$

Observe que o ganho da opção de esperar para perfurar (avaliado no nó circular no final do Ano 1) é baseado no valor máximo do VPL de esperar até o Ano 2 para decidir perfurar ou não, em cada nó potencial (isto é, para o nó de preço alto, o resultado de ter esperado até o Ano 2 é o máx[$16,07 milhões; $17,62 milhões]. Para o nó de preço baixo, o resultado de ter esperado é igual ao máx[$4,09 milhões, $3,2 milhões]. A probabilidade neutra a risco da situação de preço alto foi definida no item b, acima.

d. *VPL de perfurar agora* = valor dos fluxos de caixa do campo petrolífero já desenvolvido se a perfuração acontecer no período corrente [item (a), acima], menos o custo de perfuração = $10,35 milhões, no nó circular no Ano 1; esse valor é calculado como segue: VPL de perfurar agora (nó circular) = valor do campo já desenvolvido (nó circular) – custo de desenvolvimento do campo, isto é:

$$\$10,35 \text{ milhões} = \$48,35 \text{ milhões} - \$38 \text{ milhões}$$

e. *Valor do campo petrolífero não desenvolvido* = o máximo entre o VPL associado à espera para exercer a opção de perfurar [(c), acima] e o VPL de exercer a opção no período corrente [(d), acima]. Isto é: máximo entre o VPL de esperar e o VPL de perfurar, agora:

$$\text{Valor do campo petrolífero não desenvolvido} = \text{Max}(\{e^{-0,06}[\$17,62 \text{ milhões} \times 0,4626 + \$4,09 \text{ milhões} \times (1 - 0,4626)]\}, \{\$48,35 \text{ milhões} - \$38 \text{ milhões}\})$$
$$= \text{Max}(\$9,75 \text{ milhões}, \$10,35 \text{ milhões}) = \$10,35 \text{ milhões}$$

3. Avaliação n°3 – *o VPL da perfuração imediata* – isto é, o valor do campo petrolífero se desenvolvido nesse período (avaliação n° 1 acima), menos os $38 milhões referentes ao custo de perfuração e desenvolvimento do campo.

4. Avaliação n°4 – *o valor do campo petrolífero subdesenvolvido* – essa avaliação é parecida com a de uma opção de compra americana, que é igual ao máximo entre o VPL da espera até o próximo período para perfurar (avaliação n° 2, acima) e o VPL da perfuração imediata (avaliação n° 3, acima).

Encontrando o valor do campo petrolífero não desenvolvido Para avaliar a opção associada à posse de um campo não desenvolvido, temos que trabalhar a malha binomial de trás para a frente, começando no Ano 3 (o ano em que vence a opção). Esse procedimento é geralmente chamado de *rolando para trás os galhos da árvore de decisão*. A análise para o Ano 3 é feita da seguinte maneira: o valor da opção de perfurar no Ano 3 é o máximo entre o VPL da perfuração no Ano 3 (isto é, o valor do campo petrolífero já desenvolvido, menos o custo de desenvolvimento de $38 milhões) ou zero. Por exemplo, se o valor do campo já desenvolvido é de $63,98 milhões no Ano 3 (o nó de valor mais alto), o valor do campo petrolífero não desenvolvido equivale a

$$\text{Máx\$}(63{,}98 \text{ milhões} - \$38 \text{ milhões}; 0) = -\$25{,}98 \text{ milhões}$$

Nesse nó em especial, é melhor desenvolver o campo, porém nem sempre é assim. Por exemplo, se o valor do campo petrolífero já desenvolvido no Ano 3 fosse igual ao nó mais baixo da malha, que é de $26,01 milhões, o valor do campo não desenvolvido seria zero, pois o VPL da perfuração nesse nó é negativo (isto é, $26,01 milhões − $38 milhões = −$11,99 milhões).

Depois de avaliar todos os nós da malha do Ano 3, agora vamos considerar os nós do final do Ano 2. No nó de valor mais alto para o Ano 2, o valor do campo petrolífero já desenvolvido é igual a $55,62 milhões. O VPL da espera é igual ao valor presente do ganho de certeza-equivalente[9] da opção de começar a perfuração no Ano 3, ou seja:

$$\begin{aligned}\text{VPL da espera para perfurar} &= e^{-0{,}06}[\$25{,}98 \text{ milhões} \times 0{,}4626 + \$9{,}39 \text{ milhões} \times (1 - 0{,}4626)] \\ &= \$16{,}07 \text{ milhões}\end{aligned}$$

O VPL de perfurar no final do Ano 2 é de $17,62 milhões, calculado como o valor do campo já desenvolvido, menos o custo de perfuração de $38 milhões. Como o VPL de perfurar supera o VPL da espera, a melhor decisão é perfurar. Assim, o valor do campo petrolífero não desenvolvido é definido como segue:

$$\begin{aligned}\text{Valor do campo petrolífero não desenvolvido} &= \text{Máx}(\text{VPL de exercer agora; VPL de esperar})\end{aligned}$$

onde "exercer" se refere ao início da perfuração e da produção de petróleo. Substituindo os valores apropriados, necessários para avaliar a opção no nó mais alto do Ano 2,

---

[9] Lembre do Capítulo 10, em que o ganho de certeza-equivalente da opção é igual ao ganho médio ponderado, no qual os pesos são as probabilidades neutras a risco. Na malha binomial da Figura 11-6, as probabilidades neutras a risco dos preços altos e baixos são iguais a 0,4626 e (1 − 0,4626), respectivamente.

Valor do campo
petrolífero não = Max{$55,62 milhões − $38 milhões,
desenvolvido $e^{-0,06}$[25,98 milhões × 0,4626 + $9,39 milhões × (1 − 0,4626)]}

= Max($17,62 milhões, $16,07 milhões) = $17,62 milhões

Observe que quando avaliamos a opção de espera no final do Ano 1, o valor no Ano 2 que usamos para calcular o valor de certeza-quivalente é o máximo entre o VPL do campo se ele for desenvolvido no Ano 2 (isto é, $17,62 milhões no exemplo de cálculo acima) e do valor de esperar até o Ano 3. O último é o valor presente do VPL esperado de perfurar, ou esperar para cada um dos dois nós de valor ligados ao nó mais alto do Ano 2. Isto é, para o nó de valor alto no Ano 3, já determinamos que o máximo entre o VPL da perfuração e o da espera é perfurar, o que gera um VPL de $25,98 milhões (abandonando a oportunidade, pois a concessão expira). Do mesmo modo, se acontecer o cenário do próximo nó mais baixo do Ano 3 (o estado de valor baixo, que se conecta ao nó de alto valor do Ano 2 que estamos analisando), o VPL máximo para o investimento exige a perfuração e essa oportunidade tem um VPL de $9,39 milhões.

Agora, temos toda a informação de que necessitamos para determinar a estratégia ideal de exercício para o desenvolvimento da concessão de três anos do campo petrolífero. Especificamente, revisando a malha binomial da Figura 11-6, vemos que exercer a opção imediatamente no Ano 0 tem um VPL positivo de $4,03 milhões = $42,03 milhões − $38 milhões. O valor de esperar para implementar o empreendimento em uma data posterior é de $5,41 milhões. Portanto, a National não deveria iniciar a perfuração imediatamente, mas sim esperar até o final do Ano 1 para reavaliar. Se, ao final do Ano 1, o desenvolvimento do campo petrolífero valer $48,35 milhões, será melhor exercer a opção de perfurar e desenvolver a propriedade. Em outras palavras, o valor de esperar até o final do Ano 2 é de $9,75 milhões, enquanto o VPL de desenvolver as reservas de petróleo e gás no final do Ano 1 é de $10,35 milhões. Entretanto, se no final do Ano 1 o valor do campo petrolífero não desenvolvido for igual a $35,82 milhões (o nó mais baixo do Ano 1), então o campo não deveria ser desenvolvido, pois o VPL de esperar vale $1,78 milhão, enquanto o VPL realizado ao implementar o desenvolvimento no final do Ano 1 é negativo (isto é, − $2,18 milhões).

Construindo a malha binomial para o campo petrolífero já desenvolvido Na Figura 11-6 do exemplo anterior, fornecemos as avaliações do investimento do campo petrolífero em cada nó no final dos Anos 1, 2 e 3. Na prática, o analista não teria esses valores, mas precisaria estimá-los. Como esse processo de estimativa, a que chamamos de "calibragem do modelo", é bastante complexo, vamos resumir rapidamente como isso é feito na prática. (A calibragem foi apresentada no Anexo C do Capítulo 10 e é analisada com mais detalhes no Anexo ao final deste capítulo.) Não vamos nos aprofundar nos detalhes do processo de calibragem aqui porque é nele que ocorre muito do "trabalho pesado" na modelagem de preços de *commodities*, e isso pode se tornar muito técnico.

O primeiro passo no processo de avaliação é a especificação de uma árvore binomial que mostre a distribuição de preços futuros do petróleo. Como são necessários 10 anos para que as reservas de petróleo sejam produzidas e como a produção pode não ser iniciada antes de três anos, precisamos especificar a distribuição dos preços de petróleo bruto para os próximos 13 anos. A distribuição de preços deve ser selecionada de modo que os preços esperados no futuro, em cada data, sejam iguais aos preços a termo para o petróleo bruto que observamos nos mercados financeiros. Além disso, os valores descontados dos resultados da opção, calculados a partir da malha binomial, devem se equivaler aos preços da opção observados nos mercados financeiros. No próximo passo, pode-se calcular o valor do campo petrolífero em cada nó da árvore binomial descontando-se o valor dos fluxos de caixa que serão gerados, considerando os preços do petróleo realizados em sucessivos ramos da árvore.

Embora seja um pouco mais complicado do que simplesmente usar os preços de opção observados nos mercados de derivativos financeiros, em substituição às suas contrapartidas do projeto real, o resultado é o mesmo. Ao calibrar o modelo, estamos efetivamente utilizando preços dos mercados financeiros para determinar valores de opções reais.

Fórmula para avaliação de opções reais

Como a fórmula de apreçamento de opções é muito conhecida e pode ser programada em calculadoras portáteis, existe a tentação de aplicá-la em problemas de opções reais. Na maioria dos casos, a fórmula de Black-Scholes é totalmente inadequada para os problemas de opções reais porque assume que as opções têm uma data de vencimento fixa, que elas só podem ser exercidas no vencimento e que o investimento subjacente não distribui dividendos.

Nesta seção, apresentamos uma fórmula de apreçamento de opções que consideramos mais apropriada para a avaliação de opções reais. Essa fórmula, desenvolvida por McDonald e Siegel (1986), fundamentada em um trabalho anterior de Samuelson e McKean (1965),[10] é baseada em premissas similares às da fórmula de Black-Scholes, exceto pelo fato de que considera que o investimento subjacente distribui dividendos e que a opção pode ser exercida a qualquer tempo e nunca expira. Em outras palavras, é uma fórmula de apreçamento para uma opção americana infinita. A derivação dessa fórmula de apreçamento de opções necessita de um conhecimento prévio de cálculo estocástico e, por isso, a apresentamos aqui sem maiores discussões.

O modelo de apreçamento de opções infinitas pode ser usado para avaliar opções reais do mesmo modo que a fórmula de Black-Scholes é usada para avaliar opções

---

[10] Robert L. McDonald e D. Siegel, 1986, "The Value of Waiting to Invest", *Quarterly Journal of Economics* 101 (4), 707-727, e Paul A. Samuelson e H.P. McKean, Jr, 1965, "Rational Theory of Warrant Pricing", *Industrial Management Review*.

europeias (veja o Anexo A do Capítulo 10). Apesar de parecer complicada, a fórmula é fácil de ser colocada em uma planilha eletrônica e necessita de relativamente poucos dados. Você pode usá-la para calcular um valor inicial de uma opção real e realizar uma análise de sensibilidade a fim de desenvolver sua intuição quanto aos fatores que influenciam os valores de opções reais.

De acordo com essas premissas, a equação seguinte descreve o valor de uma opção de compra americana:

$$\text{Valor da opção real} = (V^* - I)\left(\frac{V}{V^*}\right)^\beta \qquad (11.3)$$

onde cada um dos termos é definido como segue:

- V^* é o valor do investimento subjacente que "aciona" o exercício da opção real. Observe que essa variável é um *resultado* do modelo, ao invés de um dado de entrada. O valor limite (V^*) é definido por

$$V^* = \frac{\beta}{(\beta - 1)} I \qquad (11.4)$$

INSIGHT TÉCNICO

Comparando o modelo de Black-Scholes e o modelo de apreçamento de opções infinitas

Assim como a fórmula de Black-Scholes, a fórmula do modelo de apreçamento de opções infinitas assume que o valor do ativo subjacente é imprevisível e que a volatilidade dos retornos auferidos pelo investimento subjacente, assim como a taxa de juros, são fixas. Entretanto, há três importantes diferenças entre as premissas subjacentes dessa fórmula e as premissas que são a base do modelo de Black-Scholes:

- A primeira é que o modelo considera que a opção nunca expira, o que deve ser comparado à premissa de Black-Scholes de que a opção tem uma data de vencimento pré-determinada.
- A segunda diferença é que a fórmula de Black-Scholes considera que o investimento subjacente não paga dividendos. Ao contrário, a fórmula de avaliação de opções reais leva em consideração o fato de que investimentos reais geralmente geram fluxos de caixa que reduzem o valor das opções de compra sobre o investimento. Entretanto, o modelo exige que os fluxos de caixa do investimento sejam sempre proporcionais ao valor do investimento e que essa proporção não se altere ao longo do tempo.
- A diferença final é que a fórmula de Black-Scholes considera que a opção é europeia, que pode ser exercida apenas na data do vencimento da opção. Ao contrário, a fórmula de avaliação de opções reais encontrada na Equação 11.3 considera que a opção pode ser exercida a qualquer tempo (ou seja, é uma opção americana) e nunca expira.

onde

$$\beta = \frac{1}{2} - \frac{r_f - \delta}{\sigma^2} + \sqrt{\left(\frac{r_f - \delta}{\sigma^2} - \frac{1}{2}\right)^2 + \frac{2r_f}{\sigma^2}}$$

- I é o custo inicial de fazer o projeto. Assim, $V^* - I$ é o valor presente líquido que aciona o exercício da opção real. Algumas vezes, essa diferença é chamada de VPL mínimo, pois define quão alto o VPL deve ser para que o investimento seja iniciado.
- V é o valor corrente do investimento subjacente.
- A taxa de juros livre de risco é r_f.
- O fluxo de caixa gerado como uma fração do valor do investimento é representado por δ, que se assume que permanecerá constante por toda a vida do investimento.
- σ é o desvio padrão ou a volatilidade da taxa de retorno do investimento subjacente.

Já alertamos que essa fórmula parece muito complicada. Porém, assim como no modelo de Black-Scholes, podemos aprender através do seu uso mesmo sem entender todas as suas complexidades matemáticas. Por exemplo, com ela podemos mostrar que, quando a volatilidade cresce, aumenta o valor da opção real e, além disso, aumenta o VPL mínimo; isto é, aumenta o VPL mínimo exigido para que o investimento seja iniciado. Da mesma forma, um aumento na distribuição de caixa (por exemplo, dividendos) diminuirá o valor da opção, pois indica que o valor do investimento aumentará a um ritmo menor.

Opção de desenvolver empreendimentos imobiliários

Para ilustrar o uso desse modelo de avaliação de opções reais, começamos com um exemplo simples envolvendo a compra de um terreno de 5.000 metros quadrados, que pode ser usada para construir um prédio de escritórios com 6.000 metros quadrados a um custo de $10 milhões ($I$, na Equação 11.3). Não é interessante iniciar a construção hoje, pois o valor corrente desse tipo de prédio é de apenas $9 milhões ($V$, na Equação 11.3). Porém, prédios existentes nessa área podem ser alugados de modo a gerar (depois dos impostos e de todas as despesas) uma taxa de retorno para o proprietário de 8% (δ, na Equação 11.5). Esses prédios apresentam volatilidade (isto é, desvios padrão – σ) em suas taxas de retorno anuais de 10%. A taxa livre de risco, r_f, é presumida como sendo igual a 6%.

Observe que, se a propriedade fosse construída hoje, teria um valor de apenas $9 milhões, mas sua construção custaria $10 milhões. Assim, perderíamos dinheiro se a construíssemos no momento atual. Entretanto, a terra tem um valor considerável, pois ela proporciona ao seu proprietário uma *opção de construir* no futuro. Substituindo na Equação 11.3, estimamos que essa propriedade, que dá ao proprietário a opção de construir o prédio descrito acima, tem um valor de cerca de $287.667, ou seja:

$$\text{Valor da opção real} = (V^* - I)\left(\frac{V}{V^*}\right)^\beta$$

$$= (\$11.732.501 - \$10.000.000)\left(\frac{\$9.000.000}{\$11.732.501}\right)^{6,772} = \$287.667$$

onde o β é calculado utilizando a Equação 11.5, como segue:

$$\beta = \frac{1}{2} - \frac{r_f - \delta}{\sigma^2} + \sqrt{\left(\frac{r_f - \delta}{\sigma^2} - \frac{1}{2}\right)^2 + \frac{2r_f}{\sigma^2}}$$

$$= \frac{1}{2} - \frac{0,06 - 0,08}{0,01} + \sqrt{\left(\frac{0,06 - 0,08}{0,01} - \frac{1}{2}\right)^2 + \frac{2 \times 0,06}{0,01}} = 6,772$$

Consequentemente, como um especulador, você deve querer pagar até o valor de 287.667 pelo direito de desenvolver essa propriedade.

O modelo também fornece informações sobre o que chamamos de *gatilho* – em outras palavras, a quanto o valor deve chegar para que faça sentido iniciar a construção. Utilizando a Equação 11.4,

$$V^* = \left(\frac{\beta}{\beta - 1}\right)I = \left(\frac{6,772}{6,772 - 1}\right)\$10.000.000 = \$11.732.501$$

Esse cálculo indica que não devemos iniciar a construção a menos que o valor da propriedade desenvolvida supere os $11.732.501. A opção de desenvolver deve ser exercida depois que o valor da propriedade atingir esse *gatilho*.

Como as mudanças nos parâmetros dos modelos afetam os valores de opções reais?

É útil examinar como o valor da opção de desenvolver o terreno é afetado pelas mudanças nas estimativas dos parâmetros. Por exemplo, se o parâmetro de volatilidade aumentar para 15%, a opção de desenvolver a terra, calculada utilizando a Equação 11.3, aumenta para $669.762. Se nós redefinirmos a volatilidade em 10%, mas aumentarmos o rendimento de dividendos para 9%, o valor da opção de desenvolver a terra desocupada é reduzida para $191.225. A maior distribuição de dividendos torna as opções menos atrativas em relação aos investimentos subjacentes, pois o proprietário do prédio recebe dividendos de seu investimento, enquanto o dono da terra desocupada (isto é, o titular da opção) não recebe nada.

Extensões do modelo

O modelo de avaliação de opções reais representado pela Equação 11.3 pode ser estendido para tratar outros problemas, com facilidade. Por exemplo, suponha que a terra não esteja completamente desocupada e, atualmente, é usada como um estacionamento que gera lucro de $100.000 por ano. Podemos contabilizar essa complicação simplesmente determinando o valor do estacionamento e adicionando-o aos custos da construção. Por exemplo, no problema anterior consideramos que o custo para construir o prédio era de $10 milhões. Para levar em consideração a perda dos lucros do estacionamento, avaliada em, digamos, $1,8 milhão, simplesmente aumentamos os custos de desenvolvimento para $11,8 milhões. Do mesmo modo, podem-se considerar os impostos sobre a terra que, geralmente, geram um custo associado à sua manutenção.

Aplicando o modelo a uma fábrica química

Agora, aplicamos o modelo na avaliação das opções reais associadas à construção de uma fábrica. Suponha que a Dupont tenha uma fábrica de etileno que atualmente produz 10.000 toneladas por ano. A fábrica é antiga e ineficiente, mas ainda mostra um lucro razoavelmente estável de $1 milhão por ano. A Dupont está considerando a possibilidade de transformar as instalações para fazer dietileno, um produto químico especial que será consideravelmente mais lucrativo. Os analistas da empresa calculam que a conversão custará $90 milhões e vai gerar, no próximo ano, um fluxo de caixa inicial de $10 milhões. Eles esperam que esses lucros aumentem 2% a cada ano em um futuro próximo, e o desvio padrão dos retornos dos investimentos é estimado em 15% por ano. Sob a premissa de que essa variação nos lucros é aleatória e a taxa de desconto é constante em 12%, podemos estimar o valor da fábrica usando a fórmula de crescimento de Gordon, ou seja:

$$\frac{\text{Valor da}}{\text{fábrica}} = \frac{\text{Fluxo de caixa(Ano 1)}}{\text{Taxa de desconto} - \text{taxa de crescimento}} = \frac{\$10 \text{ milhões}}{0,12 + 0,02} = \$100 \text{ milhões}$$

De acordo com essas premissas, o investimento tem um valor de $100 milhões e um rendimento de 10%.

A fim de avaliar essa oportunidade, deve-se também analisar a fábrica de etileno, pois parte do custo da construção da nova fábrica é o custo de oportunidade associado à desmontagem da fábrica antiga. Vamos assumir que a fábrica antiga tem um valor de $8,5 milhões, que é o valor capitalizado do fluxo de caixa da fábrica a uma taxa de desconto de 12%, isto é, $1milhão ÷ 0,12 = $8,5 milhões. O custo total da construção da nova fábrica é igual aos custos diretos de $90 milhões da conversão da planta antiga para produzir o novo produto, mais os $8,5 milhões do custo de oportunidade associado ao fechamento da fábrica velha, em um total de $98,5 milhões. Consequentemente, a nova fábrica tem um valor presente líquido de $1,5 milhão, equivalente ao valor estimado da nova fábrica ($100 milhões), menos o custo de oportunidade associado ao fechamento da fábrica antiga e o custo da construção da nova ($98,5 milhões), ou: VPL = $100 milhões − $98,5 milhões = $1,5 milhão.

Apesar de ser positivo, o VPL é bastante pequeno se comparado ao valor do investimento (isto é, 1,5%). Assim, pode ser que o projeto valha mais caso seja adiado o investimento. Para analisar essa possibilidade, avaliamos o projeto utilizando a fórmula de avaliação de opções reais encontrada na Equação 11.3, com os seguintes dados: a taxa livre de risco é de 6%, a taxa de dividendos é de 10% e a volatilidade do investimento subjacente é de 15%. Utilizando a Equação 11.3, estimamos que a fábrica química não deva ser convertida até que a nova planta tenha um valor de $120.284.902. Com base nessa estratégia, a opção de converter tem um valor de $7.857.267. Isto é,

$$\text{Valor da opção real} = (V^* - I)\left(\frac{V}{V^*}\right)^\beta$$

$$= (\$120.284.902 - \$98.500.000)\left(\frac{\$100.000.000}{\$120.284.902}\right)^{5,5215}$$

$$= \$7.857.267$$

onde β é calculado utilizando a Equação 11.5, como segue:

$$\beta = \frac{1}{2} - \frac{r_f - \delta}{\sigma^2} + \sqrt{\left(\frac{r_f - \delta}{\sigma^2} - \frac{1}{2}\right)^2 + \frac{2r_f}{\sigma^2}}$$

$$= \frac{1}{2} - \frac{0,06 - 0,10}{0,0225} + \sqrt{\left(\frac{0,06 - 0,10}{0,0225} - \frac{1}{2}\right)^2 + \frac{2 \times 0,10}{0,0225}} = 5,5215$$

de tal forma que:

$$V^* = \left(\frac{\beta}{\beta - 1}\right)I = \left(\frac{5,5215}{5,5215 - 1}\right)\$98.500.000 = \$120.284.902$$

Limitações do modelo

Precisamos enfatizar que esse modelo tem algumas premissas fortes, que afetam a exatidão das estimativas de valor que ele fornece. Por exemplo, o modelo de avaliação assume que as taxas de juros e as volatilidades são fixas por toda a vida das opções. Obviamente, no mundo real isso não é verdade. O modelo também exige que o pagamento de dividendos seja uma percentagem fixa do valor do investimento e assume que a oportunidade de investimento dura para sempre ou nunca expira. Entretanto, por mais restritiva que essa premissa final possa parecer, podemos modificar o modelo de modo a incorporar uma deterioração no valor da opção devido aos efeitos da concorrência, assumindo que o valor da oportunidade de investimento deteriora a uma taxa fixa (de 2% ao ano, digamos). Basicamente, assumimos que a taxa de crescimento do valor do investimento é negativa.

Também devemos observar que nos exemplos dos imóveis e da fábrica química analisados nesta seção, nenhuma opção financeira corresponde às opções que estão sendo avaliadas. Consequentemente, os gerentes têm muito mais liberdade para escolher como esses investimentos podem ser avaliados do que teriam se suas premissas fossem limitadas pelos valores observados nos mercados financeiros. Por isso, é fundamental que, ao fazer esse tipo de avaliação, os gerentes realizem uma análise de sensibilidade que verifique o quanto o valor do investimento é sensível aos vários parâmetros do modelo.

11.5 Utilizando simulações para avaliar opções de troca

Três abordagens básicas são usadas para avaliar opções reais: a malha binomial, a fórmula de opções reais para opções infinitas e as simulações. Nesta seção, vamos mostrar a última.

A simulação é geralmente usada para resolver problemas muito complexos de opções reais que envolvem fontes de incerteza múltiplas e interativas. Para ilustrar como as simulações podem ser usadas, vamos considerar a avaliação de um investimento que tem uma opção de troca, a qual proporciona aos gerentes a flexibilidade para mudar a forma como operam o projeto quando as condições econômicas se alterarem. Por exemplo, como resposta às alterações na demanda por seus produtos, os gerentes geralmente têm a flexibilidade de acelerar ou reduzir a produção, assim como trocar o *mix* dos produtos que fabricam e vendem. Além disso, se o custo dos insumos mudar ao longo do tempo, os gerentes podem trocar para um insumo alternativo com menor custo.

O tipo de opção de troca que focamos nesta seção é a opção de trocar um insumo por outro, mais especificamente a opção de trocar entre o gás natural e o óleo combustível para ativar uma usina elétrica. Outra forma de opção de troca é a de um produto final por outro. Por exemplo, uma fábrica de brinquedos que produz animais de pelúcia pode trocar entre ursos e leões, como uma resposta às alterações percebidas na demanda. Pode ser caro projetar uma fábrica de maneira que permita essas mudanças e por isso é importante poder avaliar essas opções de troca.

Opção de troca de insumos

Para ilustrar o valor gerado pelas opções de troca, consideramos a CalTax Power Company, que está analisando a instalação de uma grande usina térmica e que tem três tecnologias alternativas para avaliação: uma planta a gás natural, uma planta a óleo combustível e uma planta de queima conjunta ou flexível, que tem a capacidade de trocar entre o óleo combustível e o gás natural, dependendo de qual delas é a fonte de energia mais barata. A construção da planta a gás ou a óleo combustível custa $50 milhões cada, enquanto a construção da planta flexível custa $55 milhões.

Todas as três plantas podem produzir a mesma quantidade de eletricidade e se espera que trabalhem a plena capacidade todos os anos, em seus 10 anos de vida. A Tabela 11-4 resume as receitas esperadas e os custos de operação das três alternativas. Para simplificar a análise, assumimos o seguinte:

- As receitas das plantas são de $32.500.00 no Ano 1 e crescem a uma taxa de 5% ao ano.
- Os três tipos de planta incorrem em dois custos de operação: custos de combustível e despesas operacionais fixas.
- Não há custos associados à troca entre as alternativas de combustível, no caso da planta flexível.[11] Além disso, os custos dos dois combustíveis se alteram apenas uma vez ao ano, no final de cada ano.
- O preço atual do gás natural é de $7,75 para cada milhão de Btus e espera-se que esse custo aumente a uma taxa de 2,5% ao ano. O preço do óleo com-

---

[11] Na prática, geralmente incorre-se em custos para adaptar a planta à mudança de combustível, os quais vão dificultar que a empresa queira trocar de um modo de operação para o outro.

Tabela 11-4 Análise de FCD estático das usinas a gás, a óleo e flexível (gás ou óleo)

	Custo esperado do combustível/Btu[a]		Custo esperado de combustível[b]				Fluxo de caixa livre esperado		
	Óleo			Óleo	Outras			Óleo	
Ano	Gás	combustível	Gás	combustível	despesas	Receitas	Gás	combustível	Flexível
0							$(50.000.000)	$(50.000.000)	$(55.000.000)
1	$7,94	$7,32	$(27.803.125)	$(25.602.500)	$(800.000)	$32.550.000	3.946.875	6.147.500	6.147.500
2	8,14	7,64	(28.498.203)	(26.754.613)	(800.000)	34.177.500	4.879.297	6.622.888	6.622.888
3	8,35	7,99	(29.210.658)	(27.958.570)	(800.000)	35.886.375	5.875.717	7.127.805	7.127.805
4	8,55	8,35	(29.940.925)	(29.216.706)	(800.000)	37.680.694	6.939.769	7.663.988	7.663.988
5	8,77	8,72	(30.689.448)	(30.531.457)	(800.000)	39.564.728	8.075.281	8.233.271	8.233.271
6	8,99	9,12	(31.456.684)	(31.905.373)	(800.000)	41.542.965	9.286.281	8.837.592	9.286.281
7	9,21	9,53	(32.243.101)	(33.341.115)	(800.000)	43.620.113	10.577.012	9.478.998	10.577.012
8	9,44	9,95	(33.049.179)	(34.841.465)	(800.000)	45.801.119	11.951.940	10.159.654	11.951.940
9	9,68	10,40	(33.875.408)	(36.409.331)	(800.000)	48.091.175	13.415.767	10.881.844	13.415.767
10	9,92	10,87	(34.722.293)	(38.047.751)	(800.000)	50.495.733	14.973.440	11.647.983	14.973.440
							Gás	Óleo	Flexível
						VPL[f]	$(503.157)	$462.277	$(528.142)
						TIR	9,81%	10,19%	9,81%

[a] O custo esperado por Btu para o gás e o óleo combustível é calculado a partir dos custos correntes e da taxa de inflação esperada. Por exemplo, o custo atual do gás natural é de $7,75 por Btu e a taxa de inflação esperada é de 2,5%. Assim, o preço esperado do gás em um ano é igual a $7,94/Btu = $7,75/Btu × (1 + 0,025).

[b] O custo esperado do combustível é equivalente ao combustível total (medido em Btus) consumido pela planta para produzir 500.000 kWh de eletricidade, multiplicado pelo custo, por Btu, do gás ou do óleo combustível. Calculamos o total de combustível necessário para produzir eletricidade utilizando a equivalência energética para a usina, que é diferente se a planta está sendo operada a gás natural (considerada como sendo 7) ou óleo combustível (considerada como sendo 7,25). A equivalência energética equivale ao combustível total consumido (medido em Btus), dividido pelo total de kWh de eletricidade produzida.

[c] As receitas são as mesmas para cada uma das três alternativas e espera-se que cresçam a uma taxa de 5% ao ano.

[d] Fluxo de caixa livre = receitas − custo esperado do combustível − outras despesas. Assumimos que não há impostos ou valor residual para nenhuma das alternativas de planta.

[e] O custo do combustível incorporado no cálculo do fluxo de caixa esperado da planta flexível é igual ao menor entre os custos de combustível esperados, gás natural ou óleo combustível, para cada ano.

[f] O valor presente líquido é calculado utilizando um custo de capital de 10% para cada alternativa de planta.

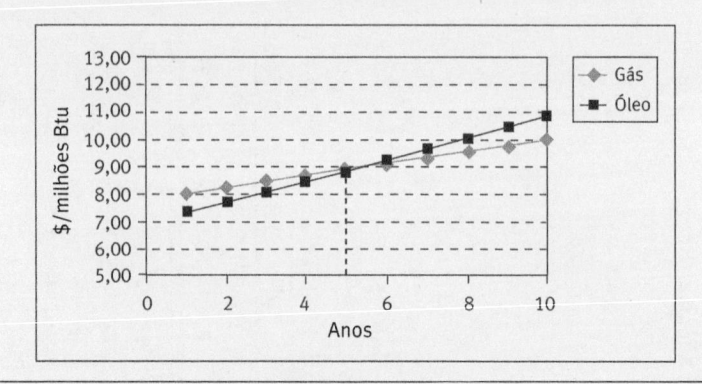

FIGURA 11-7 Custos esperados de gás natural e óleo combustível.

bustível, atualmente, é de $7,00 para cada milhão de BTUs e espera-se que aumente a uma taxa de 4,5% ao ano.[12]

- Não há imposto de renda.
- Considera-se que as fábricas não tenham valores residuais no final do Ano 10.

A pergunta que tentaremos responder é se o custo adicional da planta flexível vale a pena. Ou, de forma simplificada, se a opção de trocar as fontes de combustível vale o investimento adicional de $5 milhões?

Análise estática do VPL das alternativas de planta

Tradicionalmente, a análise do FCD calcula e desconta os fluxos de caixa do cenário *esperado*. Referimo-nos a isso como **análise estática do FCD**. Os resultados da análise estática para cada uma das três alternativas de usinas térmicas estão apresentados na Tabela 11-4. Essa análise é estática, já que ela presume que a escolha entre o óleo e o gás para a planta flexível é determinada antecipadamente, baseada no cenário mais provável ou, igualmente, no custo esperado do combustível em cada uma das datas futuras. Como mostramos na Figura 11-7, o custo esperado do petróleo é menor do que o do gás nos Anos 1 a 5, mas depois supera o custo do gás, acionando a troca do óleo combustível para o gás natural no Ano 6.

Apesar dos fluxos de caixa dessas plantas não terem necessariamente riscos iguais e o risco da planta flexível poder se alterar ao longo do tempo, quando se alterar o combustível, inicialmente vamos avaliar essas plantas considerando uma taxa de desconto constante de 10%. Como mostramos na Tabela 11-4, com esse desconto e com os fluxos de caixa presumidos, a planta a óleo combustível é a alternativa preferida, enquanto a planta flexível tem um VPL negativo. Com base nesta análise estática, parece que a planta flexível não oferece uma economia de combustível esperada suficiente para justificar o dispêndio de $5 milhões adicionais.

Nossa análise estática do VPL, entretanto, ignora um benefício importante associado à planta flexível: ela assume que a escolha do combustível é predeterminada,

---

[12] Observe que os preços do gás natural e do óleo combustível foram padronizados nos termos do seu custo *versus* os milhões de Btus que se espera que produzam. Isso nos permite comparar os custos das duas fontes de combustível em termos de uma unidade comum, diretamente relacionada à produção de energia elétrica.

baseada no custo esperado dos combustíveis alternativos, e por isso ignora a possibilidade de a administração mudar suas escolhas de combustível por toda a vida da planta flexível, utilizando gás nos anos em que o gás é menos caro e do óleo nos anos em que ele for a melhor alternativa. Como os custos do gás natural e do óleo combustível são incertos, há um benefício em ter a flexibilidade de responder às condições de mercado futuras, que não são conhecidas quando a análise está sendo feita. Como demonstramos abaixo, o valor dessa flexibilidade pode ser estimado por meio de um modelo de simulação que incorpora os efeitos dinâmicos de ter a opção de trocar as fontes de combustível, para minimizar os custos.

Análise dinâmica – avaliando a opção de trocar o combustível

Em nossa análise estática, concluímos que a planta a óleo combustível teria preferência sobre a planta a gás natural. Agora, precisamos determinar se vale à pena adicionar a opção de troca entre óleo combustível e gás natural, utilizando a planta flexível. Consequentemente, queremos avaliar a redução de custos no combustível que resultaria para o proprietário da planta flexível, quando comparada aos resultados da planta acionada por óleo combustível.

Modelando os preços futuros de petróleo e gás

Apesar de esse problema ser bem mais difícil de resolver do que os que descrevemos até agora, o processo geral é bastante semelhante. A ideia básica é especificar um processo de preços para as *commodities* que são fatores-chave para os projetos da usina térmica. Nesse caso, temos dois fatores-chave: os preços por Btu do gás natural e do óleo combustível; assim, devemos especificar um processo de preços para as duas *commodities*. Com isso, queremos nos referir ao processo que descreve suas volatilidades e como essas volatilidades mudam ao longo do tempo. Até agora, assumimos que *commodities* são como ações e seguem um caminho aleatório, o que significa que os preços mudam a qualquer tempo independentemente das mudanças de preços anteriores. Essa premissa simplifica os problemas de apreçamento de opções, mas não é realista para a maioria das *commodities*. Os preços das *commodities* geralmente

---

Você sabia?

Origens do movimento browniano

Estudando o comportamento aleatório de partículas de pólen suspensas em água, o cientista escocês Robert Brown é reconhecido como aquele que identificou o fenômeno que agora chamamos de movimento browniano. Muitos anos depois, Albert Einstein desenvolveu as propriedades matemáticas do movimento browniano que são usadas hoje.

A triste verdade, entretanto, é que Louis Bachelier (1870-1946), em sua dissertação *Theorie de La Spéculation* (e em seus trabalhos seguintes, especialmente em 1906 e 1913), lançou as ideias que são a base do passeio aleatório dos preços dos mercados financeiros, do movimento browniano e de *martingales* (*obs.*: tudo antes de Einstein e Wiener!). Entretanto, sua originalidade não foi apreciada até ser redescoberta nos anos 60.

(http://cepa.newschool.edu/het/profiles/bachelier.htm)

apresentam reversão à média, o que significa que, se os preços aumentarem muito em um ano, eles provavelmente vão cair no próximo ano.

No quadro Insight Técnico intitulado "Modelando os preços do gás natural utilizando o movimento geométrico browniano e reversão à média", vamos oferecer mais detalhes sobre os processos de preços que os analistas usam para descrever os preços de petróleo, gás e outras *commodities*.

Mais uma vez, vamos usar preços observados nos mercados financeiros para avaliar a opção de trocar entre o gás natural e o óleo combustível, mas neste caso não poderemos simplesmente copiar os preços dos derivativos negociados no mercado. Em vez disso, precisamos especificar um processo de preços para o gás natural e o óleo combustível e depois calibrar o processo para que ele gere valores que sejam consistentes com os preços a termo e com os preços de opção observados nos mercados financeiros. Não vamos fornecer os detalhes desse processo de calibragem, mas vamos assumir que por meio dele chegamos ao seguinte conjunto de parâmetros estimados:

	Velocidade de reversão dos preços*	Média de longo prazo = preço a termo**	Desvio padrão das mudanças de preço
Gás natural	1,0	$7,75/Btu	30%
Óleo combustível	0,6	$7,00/Btu	20%

* Estimativas históricas da velocidade de reversão à média para o gás natural têm sido mais rápidas do que aquelas para os preços do óleo.

** Esse também é o preço inicial de cada *commodity* no período corrente (Ano 0).

Temos um parâmetro final que precisamos estimar. Observe que, como precisamos considerar os preços de duas *commodities* (gás natural e óleo combustível) para avaliar a opção de troca, também é necessário estimar a correlação entre os preços de gás natural e de óleo combustível, por Btu. Se o preço do gás natural e do óleo combustível são muito correlacionados, a opção de trocar será menos valiosa. Intuitivamente, o ganho na troca é muito menor se os preços do óleo combustível permanecerem altos sempre que os preços do gás estiverem altos. Como o óleo combustível e o gás natural são substitutos frequentes, a grande demanda por um deles coloca pressão no preço do outro, o que faz com que as duas *commodities* sejam positivamente correlacionadas. Entretanto, a correlação não é especialmente alta e, para nossos objetivos, assumimos uma correlação positiva de 0,25.

> **Você sabia?**
>
> **O que é um processo de Wiener?**
>
> O incremento do movimento browniano, definido na Equação 11.7, geralmente é chamado de processo de *Wiener*, em homenagem ao matemático americano Norbert Wiener (1894-1964).

Mais uma vez, precisamos observar que, dado que o processo de simulação dos preços foi calibrado utilizando preços derivativos, os preços resultantes que estimamos utilizando a Equação 11.6 não são os esperados, mas sim os esperados *ajustados ao risco*, ou preços de certeza-equivalente. Consequentemente, os fluxos de caixa esperados que calculamos por meio desse processo de calibração de preços são fluxos de caixa de certeza-equivalente que podem ser descontados à taxa livre de risco.

INSIGHT TÉCNICO

Modelagem de preços do gás natural utilizando o movimento geométrico browniano e reversão à média

O movimento browniano sem reversão à média tem sido comparado ao caminho de volta para casa que um bêbado faz após uma noitada na cidade. Podemos pensar no caminho marcado pelos passos cambaleantes do bêbado, enquanto ele perambula em direção à casa, como uma representação do movimento browniano. Baseado nessa analogia, o movimento browniano algumas vezes é chamado de passeio aleatório (*random walk*).

Agora, vamos considerar a possibilidade de o bêbado ter levado consigo seu cão fiel, Sparky, para o bar. Como Sparky não bebe, ele pode conduzir seu dono de volta para casa. Tendo Sparky para guiá-lo, o homem cambaleia sem rumo, até que a guia do cachorro o reboca de volta ao caminho certo. O caminho do bêbado, enquanto ele cambaleia conduzido por Sparky, fornece uma aproximação grosseira do movimento browniano com reversão à média. A guia, como uma reversão à média, faz com que o bêbado não se afaste muito de seu caminho para casa.

Os preços das ações geralmente são modelados como movimentos brownianos sem reversão à média, isto é, como um passeio aleatório. No entanto, preços de commodities, tais como o gás natural, são geralmente modelados como um movimento browniano com reversão à média, o que significa que, se os preços se afastarem muito dos preços de equilíbrio de longo prazo, eles tenderão a gravitar de volta em direção a esse preço, que é geralmente regulado pelo custo de produção e pelo nível de demanda.

Podemos expressar matematicamente esse processo de preços na Equação 11.6, que define o preço do gás natural no final do Ano 1, $P_{Gás}(1)$, como a soma do preço observado do gás natural hoje, $P_{Gás}(0)$, mais a mudança no preço do gás ao longo do próximo ano, $\Delta P_{Gás}(1)$:

$$P_{Gás}(1) = P_{Gás}(0) + \Delta P_{Gás}(1) \tag{11.6}$$

Depois, para um processo de movimento geométrico browniano com reversão à média, $\Delta P_{Gás}(1)$ pode ser definido pela seguinte equação:

$$\Delta P_{Gás}(1) = P_{Gás}(0) [\text{componente previsível } (\mu) + \text{componente imprevisível* } (\sigma_{Gás}\varepsilon)]$$
$$\Delta P_{Gás}(1) = P_{Gás}(0) [\mu + \sigma_{Gás}\varepsilon], \tag{11.7}$$

onde o componente previsível $\mu = \alpha_{Gás}[\ln(L) - \ln(P_{Gás}(0))]$ e $\alpha_{Gás}$ é a velocidade com que os preços do gás voltam ao preço médio, $L_{Gás}$. Por exemplo, uma velocidade de reversão de dois iria sugerir que os preços reverteriam ao preço médio em meio período (seis meses, em nosso exemplo). O componente imprevisível é descrito pelo ε, que é uma variável aleatória de uma distribuição normal com média zero e desvio-padrão igual a um, e pelo $\sigma_{Gás}$, que representa a volatilidade do logaritmo das variações do preço do gás natural. O componente imprevisível é a fonte de aleatoriedade no caminho do preço.

Substituindo a Equação 11.7 na Equação 11.6, vemos que o preço do gás no próximo ano é:

$$P_{Gás}(1) = P_{Gás}(0)[1 + \alpha_{Gás}[\ln(L) - \ln(P_{Gás}(0))] + \sigma_{Gás}\varepsilon] \tag{11.8}$$

*N. de T.: O componente previsível também é usualmente chamado de *componente determinístico*, enquanto o componente imprevisível também é comumente denominado *componente estocástico*.

Utilizando a simulação para avaliar a opção de flexibilidade Neste momento, já fizemos todas as premissas e projeções de que precisamos para caracterizar os preços futuros de gás natural e óleo combustível e estamos prontos para avaliar a opção de troca entre as duas fontes de combustível. Para resolver o valor dessa opção de flexibilidade, usamos o processo de simulação que analisamos previamente no Capítulo 3. Esse processo exige os três passos seguintes (consulte o Capítulo 3 para uma revisão mais meticulosa):

- *Passo 1: Identifique as fontes de incerteza, caracterize a incerteza usando a distribuição de probabilidade apropriada e calcule os parâmetros de cada distribuição.* Nesse caso, as fontes de incerteza associadas ao valor da opção de trocar as fontes de combustível são os custos de gás natural e óleo combustível para cada um dos próximos 10 anos. Modelamos os preços por Btu do gás natural e e do óleo combustível utilizando a Equação 11.6
- *Passo 2: Defina a medida que estamos tentando estimar.* Nesse caso, nosso objetivo é avaliar o valor presente das reduções esperadas de custo de combustível dos Anos 1 a 10, caso a planta flexível seja construída.
- *Passo 3: Execute a simulação.* Usamos 10.000 iterações ou tentativas na simulação dos preços de combustível. As iterações começam com o custo do combustível por Btu observado no Ano 0. Depois, a mudança no preço é simulada utilizando a Equação 11.7 (uma para o gás natural e outra para o óleo combustível) e adicionada ao custo/Btu para o Ano 0 a fim de obter o preço simulado para o Ano 1. O processo é repetido para obter os preços de combustível dos Anos 2 a 10. Os preços simulados para o gás e o óleo formam um uma trajetória de preços para cada um dos combustíveis. Repetimos esse processo em um total de 10.000 vezes a fim de formar 10.000 trajetórias de preços para o óleo e, da mesma forma, 10.000 trajetórias de preços para gás natural. Esses custos simulados de gás e óleo, por Btu, depois são usados para calcular as reduções anuais de custo do combustível que favorecem a alternativa da planta flexível. Como estamos analisando o valor da planta flexível comparada com a alternativa da planta a óleo combustível, a opção de flexibilidade cria reduções apenas quando o custo do gás natural cai abaixo do preço do óleo combustível.

Tendo identificado, por meio das simulações, a distribuição das reduções do custo do combustível, calculamos o valor dessas reduções de custo esperadas, a cada ano, descontando-as utilizando a taxa livre de risco de 6%.

A coluna intitulada "Média anual da redução de custo de combustível", na Planilha *a* da Tabela 11-5, contém as médias das economias anuais de fluxo de caixa que se espera obter na planta flexível, sempre que se escolher a fonte de combustível de menor custo. Descontando essas economias de volta ao presente, utilizando a taxa de juros livre de risco, obtém-se o valor de $22.252.213 que, quando comparado ao custo adicional de construção da planta flexível de $5 milhões, equivale a um VPL de $17.252.213. Com base nessa análise, a CalTex deve selecionar a tecnologia da planta flexível.

A Planilha *b* da Tabela 11-5 contém um histograma dos valores gerados por cada uma das simulações para a opção de flexibilidade. Não faremos uma completa análise de sensibilidade utilizando a distribuição simulada aqui (veja o Capítulo 3), mas vamos alertar que o valor descontado dos fluxos de caixa simulados, associados à opção de troca, foi pelo menos igual ao investimento adicional de $5 milhões em 94,88% das simulações.

11.6 Erros comuns na avaliação de opções reais

As opções reais, em geral, são muito mais difíceis de se avaliar do que as opções de ações e outras opções financeiras. Talvez a diferença mais óbvia entre opções reais e financeiras seja o fato de os valores das opções reais geralmente serem determinados pelos valores de outros ativos que não são negociados ativamente no mercado. Por exemplo, em comparação com uma ação, que pode ser negociada a cada minuto, fábricas, prédios e outros ativos raramente são comprados e vendidos. Isso torna difícil estimar como seus retornos são distribuídos e torna impossível *hedgear* o risco associado à opção real por meio da compra ou venda do ativo subjacente.

Uma segunda diferença entre as opções reais e financeiras é que com opções reais as alternativas de exercício são muito mais complicadas. No caso de opções sobre uma ação, decide-se simplesmente comprar ou não a ação a um preço preestabelecido. Nas opções reais, as decisões podem ser muito mais complicadas. Por exemplo, o dono de um terreno urbano precisa tomar outras decisões, além da escolha de construir ou não. Ele precisa decidir o que construir e, também, o ritmo com que o prédio será construído. Além disso, precisa considerar o efeito das variações nos custos da construção (isto é, um preço de exercício incerto) e a incerteza sobre o valor do prédio. Por exemplo, o construtor pode querer projetar o prédio de maneira que ele possa ser expandido mais facilmente para acomodar o potencial de crescimento de demanda no futuro.

Devido às dificuldades associadas à avaliação das opções reais, não é nenhuma surpresa que seja muito fácil cometer erros nesse processo. Alguns dos erros mais comuns incluem o seguinte, que vamos discutir no restante do capítulo:

1. Tentar encaixar o problema no modelo de Black-Scholes.
2. Usar a volatilidade do preço de uma *commodity*, em vez da volatilidade do investimento subjacente, para avaliar um investimento em recursos naturais.
3. Assumir que o preço de exercício da opção real é fixo.
4. Superestimar a flexibilidade.
5. Contar os riscos em dobro.
6. Falha em entender como as alternativas de investimento afetam a volatilidade do preço.
7. Usar inadequadamente a análise por opções reais para justificar "investimentos estratégicos".

Tentar adequar o problema ao de modelo Black-Scholes

Há uma tendência natural para usar fórmulas financeiras, mesmo quando as premissas subjacentes sobre as quais os modelos foram desenvolvidos não são consistentes com a realidade da situação. Essa tendência levou muitos analistas a "encaixar" a fórmula de apreçamento de opções de Black-Scholes nos problemas de opções reais, mesmo em casos nos quais o modelo não é, de maneira nenhuma, apropriado.

Tabela 11-5 Análise dinâmica da opção de troca de combustíveis – comparando a usina a óleo combustível com a usina flexível

Painel a. reduções anuais de custo de combustível de certeza-equivalente	
Ano	Média anual das economias de combustível
1	$2.518.650
2	$3.215.166
3	$3.180.391
4	$3.094.741
5	$3.138.945
6	$3.121.089
7	$3.038.148
8	$3.012.766
9	$3.001.547
10	$2.972.366
Taxa livre de risco	6,0%
Valor da opção de troca (redução no custo de combustível)	$22.252.213
Menos: custo da opção	(5.000.000)
VPL (da opção de troca)	$17.252.213

Essas economias correspondem aos benefícios, em comparação com a usina a óleo combustível, de se ter a opção de trocar as fontes de combustível. A usina a óleo combustível havia sido considerada a melhor alternativa, quando comparada à usina a gás natural.

Para se ter uma ideia dos problemas potenciais ao aplicar a fórmula de Black-Scholes, considere apenas algumas de suas premissas subjacentes: (1) a opção só pode ser exercida no vencimento, (2) o ganho da opção depende do valor de apenas um ativo subjacente, (3) o investimento subjacente não distribui caixa (dividendos, por exemplo) durante a vigência da opção, (4) o preço de mercado do investimento é observável, assim como se conhece o processo que ele segue ao longo do tempo, e (5) o preço de exercício da opção é uma constante conhecida. Considerando-se as características dos investimentos que analisamos neste capítulo, você deveria ver que as premissas de Black-Scholes não são apropriadas para a maioria dos investimentos que envolvem opções reais.

Como discutimos anteriormente, as opções reais deveriam ser vistas como opções americanas que podem ser exercidas a qualquer tempo. Além disso, na maioria dos casos, o investimento subjacente distribui fluxos de caixa, que, como os dividendos

Planilha b. Distribuição dos valores da opção de flexibilidade (resultado do Crystal Ball)

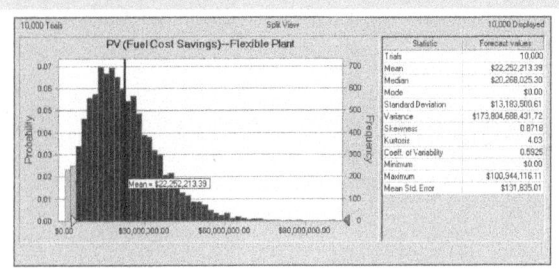

VP (Redução no custo de combustível) = o valor presente das reduções de custo de combustível, devido às trocas para o combustível de menor custo.

Redução no custo de combustível = a diferença entre o custo total anual de óleo combustível *versus* o do gás natural, sempre que o gás natural for mais barato que o óleo combustível.

Certeza = Percentagem das 10.000 iterações em que o valor presente das economias de combustível superou os $5 milhões adicionais da planta flexível.

Planilha c. Distribuição do número de trocas ao longo de 10 anos (resultado do Crystal Ball)

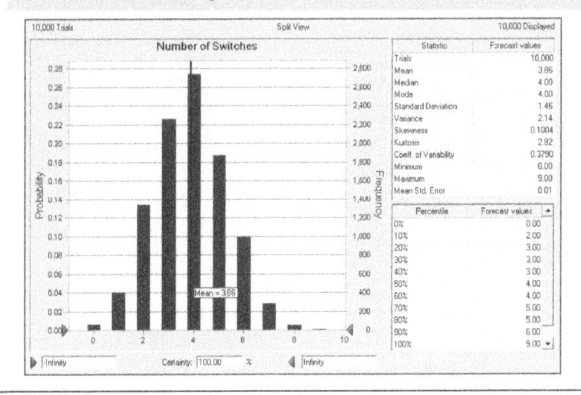

Definições:
- Uma troca de combustível acontece sempre que o custo puder ser reduzido pela troca de um combustível por outro.
- O número de trocas equivale ao número de vezes, nos 10 anos de vida útil da fábrica.

de uma ação, afetam o valor do investimento e, consequentemente, o valor de qualquer opção baseada no valor do investimento. Finalmente, os preços de exercício das opções reais são geralmente incertos.

Utilizar a volatilidade errada

Os analistas muitas vezes usam a volatilidade errada ao avaliar investimentos em recursos naturais que possuem opções inerentes. Em especial, a volatilidade do preço da *commodity* é erroneamente usada, em vez da volatilidade do valor do ativo subjacente apropriado. Por exemplo, como descrevemos anteriormente, a volatilidade do valor de um campo petrolífero em produção é que deveria ser usada para avaliar uma concessão que dá ao detentor a opção de extrair o petróleo. Entretanto, na prática é difícil determinar essa volatilidade, por isso algumas vezes os analistas adotam como atalho o uso da volatilidade dos preços do petróleo. Esse atalho proporcionaria a resposta correta se os preços do petróleo fossem como os preços das ações e seguissem um caminho aleatório (isto é, se as mudanças de preços não apresentassem correlação serial). Entretanto, os preços do petróleo, como a maioria dos preços de *commodities*, tendem a reverter à média, o que significa que é mais provável que uma grande mudança positiva no preço seja seguida de uma queda do que de outro aumento. Quando isso acontece, a volatilidade dos preços da *commodity* será diferente daquela dos investimentos que geram fluxos de caixa que dependem dos preços da *commodity*. Isso, por sua vez, levará a uma valorização excessiva das opções.

Assumindo que o preço de exercício da opção real é fixo

Diferentemente das opções financeiras ou contratuais, o preço de exercício de uma opção real geralmente não é fixo. Por exemplo, sua empresa pode ter a opção de fazer um projeto a um custo de $8 milhões ou adiar o investimento por mais um ano. Entretanto, se o preço do produto que seria fabricado aumentar muito ao longo do ano, é provável que o custo para iniciar o projeto também tenha aumentado. Por exemplo, quando aumentam os preços dos imóveis, frequentemente há um *boom* (súbito crescimento) na construção, o que promove um aumento nos custos da madeira e de outros materiais de construção. Em geral, uma alta correlação entre o valor de um investimento e o seu custo de implementação tem o efeito de reduzir o valor da opção de investir.

Superestimando o valor da flexibilidade

A fonte fundamental de valor das opções reais decorre de se beneficiar da flexibilidade de maneira ideal. Entretanto, para capturar esse valor, a gerência da empresa tem que querer e ser capaz de exercer as opções quando as condições necessárias para isso se apresentarem. Na verdade, os gerentes tendem a não exercer as opções reais tão objetivamente quanto sugere a teoria. Por exemplo, a administração pode optar pelo não fechamento de suas instalações mesmo quando a melhor opção seria fazer isso, devido à lealdade a seus empregados, fornecedores e clientes. Além disso, mesmo que não tenha motivos contraditórios, a administração pode não ter os incentivos ou a capacidade para exercer opções reais da maneira mais adequada. A mensagem aqui é que não se deve colocar valor demais em opções que podem ser exercidas na *teoria*, mas que são pouco prováveis de serem exercidas na *prática*.

Contando os riscos em dobro

Em nossa análise do valor das opções embutidas nos campos petrolíferos, utilizamos preços a termo para calcular fluxos de caixa de certeza-equivalente e os descontamos pela taxa de juros livre de risco. Essa análise *adequadamente* associa uma taxa de desconto livre de risco a fluxos de caixa de certeza-equivalente. Porém, algumas vezes as aplicações na indústria utilizam preços a termo de forma errada, como preços esperados que, depois, são usados para calcular o que erroneamente são *considerados* fluxos de caixa esperados, que, então, são descontados a uma taxa ajustada ao risco. Assim, o analista acaba ajustando tanto os fluxos de caixa quanto a taxa de desconto para o risco, o que resultará em uma estimativa conservadora do valor.

Falha em entender como as alternativas de investimento afetam a volatilidade dos preços

Essencialmente, esse erro é o resultado direto da falta de compreensão de que as ações de uma empresa podem afetar o ambiente no qual ela opera. Por exemplo, as concessionárias de energia têm o que se conhece como *usinas de pico* (*peaker plants*), que podem ser *ligadas* e *desligadas* em resposta aos picos de demanda de energia. As *usinas de pico* podem ser extremamente rentáveis, pois funcionam apenas quando há saltos no preço da eletricidade, o que acontece em dias muito quentes em que os aparelhos de ar-condicionado (e as centrais elétricas) estão funcionando a plena capacidade.

As empresas de geração de energia que não estão sujeitas a regulamentação avaliam as usinas de ponta como uma opção de vender eletricidade quando o preço está alto. No final dos anos 90, as usinas elétricas adquiriram muitas dessas plantas. Ao fazerem isso, elas estavam parcialmente motivadas por valores de opções reais muito altos, que eram calculados com base nos preços muito voláteis da energia elétrica. Porém, a introdução de mais *usinas de ponta* para atender aos picos de demanda teve o efeito de aumentar a capacidade disponível durante tais picos, dessa maneira reduzindo as flutuações nos preços da eletricidade. Em outras palavras, a presença das *usinas de ponta*, que foram projetadas para dar às indústrias de geração de energia a necessária flexibilidade para explorar a volatilidade dos preços de energia, tiveram o efeito de reduzir a volatilidade a um nível tal que as usinas não eram mais rentáveis. A mensagem aqui é que os parâmetros das fórmulas de opções reais não são apenas números que podem ser estimados da história passada. É necessário combinar as estimativas da história passada com o julgamento e o bom senso gerencial, que levam em conta as tendências mais recentes e as previsões para o setor.

Usar inadequadamente opções reais para justificar "investimentos estratégicos"

Uma reclamação muito ouvida a respeito da análise por opções reais é que ela torna muito fácil para o responsável pelos projetos justificar os seus preferidos. Ele pode simplesmente especificar uma grande quantidade de opções que surgem a partir do investimento inicial e argumentar que o projeto tem "valor estratégico". Assim, quando seu vice-presidente responsável pelo desenvolvimento internacional sugerir um investimento em um campo de golfe no Taiti, baseado em opções otimistas de fazer negócios por toda a Ásia, você pode querer examinar a análise dele detalhadamente. Não devemos perder de vista o fato de que a análise por opções reais, como qualquer outro modelo de avaliação, é tão boa quanto os dados que forem utilizados.

11.7 Resumo

O crescimento no uso de opções reais ao longo da última década pode ser atribuído em grande parte ao seu amplo apelo como uma ferramenta para comunicar e estimar o valor que a flexibilidade pode agregar aos investimentos reais. Os exemplos deste capítulo ilustram que pode haver um considerável aumento no valor do projeto sempre que os gerentes tiverem a flexibilidade de agir de forma ideal, quando administram investimentos reais em um ambiente incerto.

Pesquisas sobre práticas comerciais indicam que os programas de MBA têm tido muito sucesso ao infundir o uso da análise estática do fluxo de caixa descontado em milhares de recém-cunhados MBAs. Porém, esse sucesso infelizmente teve um efeito colateral – a análise do FCD estático suplantou algumas das análises racionais de negócio usadas em anos passados, que reconheciam a importância da flexibilidade operacional. Isso significa que os primeiros partidários de uma abordagem mais quantitativa para a análise de projetos, baseada na análise estática do FCD, podem ter subavaliado o quanto a flexibilidade é uma fonte de valor. O poder de computação de planilhas eletrônicas, *softwares* de simulação e *softwares* especializados na avaliação de opções, presentes nas mesas dos analistas, tornam a análise de opções reais uma realidade prática. Entretanto, como vimos na adoção de outras técnicas quantitativas, como o FCD estático, as mudanças levam tempo, de modo que pode demorar anos antes que a abordagem de opções reais na avaliação de projetos seja tão predominante quanto o FCD estático. Porém, acreditamos que esse será o caminho no futuro.

Neste capítulo, apresentamos três abordagens que podem ser usadas para avaliar investimentos por meio de opções reais:

- A primeira abordagem que analisamos foi a da malha binomial. Essa e outras abordagens semelhantes são usadas extensivamente em Wall Street para avaliar opções financeiras. Devido ao seu sucesso, ela foi adotada em alguns meios para avaliar investimentos reais.
- A segunda abordagem foi a aplicação de uma fórmula de opções reais, que, pelo que sabemos, não é muito usada na indústria. Apresentamos essa fórmula porque, como a fórmula de Black-Scholes, ela é simples de programar e fornece uma estimativa aproximada dos valores de opções reais. Como a fórmula de Black-Scholes, ela fornece estimativas demasiadamente simples e grosseiras para serem usadas na avaliação final de um grande investimento. Entretanto, essa fórmula pode fornecer um ponto de partida importante para determinar se é preciso uma nova análise mais refinada.
- A ferramenta final que discutimos foi a análise usando simulações. Isso está se tornando cada vez mais importante para a avaliação de investimentos, e acreditamos que será a ferramenta do futuro. A simulação é capaz de lidar com os investimentos mais complicados de maneira que não exija do analista um alto grau de sofisticação técnica. Na realidade, os grandes investimentos geralmente contêm muitas fontes de flexibilidade gerencial, assim como diversas fontes de incerteza, e a simulação é a única ferramenta disponível capaz de tratar esse grau de complexidade.

A aplicação de opções reais varia conforme a indústria e, até mesmo, entre empresas de um mesmo setor. Por exemplo, a análise usando opções reais é usada amplamente nos setores de energia e de recursos naturais, nos quais os mercados de *commodities* são ativos e os preços dos derivativos são facilmente observáveis. Apressamo-nos em alertar, porém, que, apesar da complexidade da análise apresentada neste capítulo já ser maior do que a dos capítulos anteriores, as abordagens de avaliação de opções reais que são efetivamente usadas na prática podem ser ainda mais complicadas. Entretanto, como essas abordagens práticas geralmente são baseadas em simulações ou no método binomial, descritos neste capítulo, sua compreensão proporciona os fundamentos para entender as abordagens mais complicadas de avaliação usadas pela indústria.

Em outros setores, as opções reais são avaliadas com abordagens menos sofisticadas do que aquelas descritas neste capítulo. Por exemplo, apesar de a flexibilidade desempenhar um papel muito importante no desenvolvimento imobiliário, os investidores em imóveis geralmente não usam modelos de avaliação explícitos para analisar o desenvolvimento imobiliário. Além disso, embora os gerentes entendam o valor de ter a opção de escolher o momento de investir, que existe em quase todos os grandes projetos de investimento, eles tendem a usar abordagens relativamente simples e intuitivas na avaliação da opção de esperar, assim como na análise da opção de abandono.

Por que as abordagens de avaliação de opções reais são mais populares nas indústrias de energia e de recursos naturais do que em outros setores? Nessas indústrias, os ganhos da opção real e das opções negociadas nos mercados financeiros estão bastante próximos, permitindo que os gerentes avaliem o investimento sem ter que fazer muito juízo de valor. Em outros casos, tais como a avaliação de terras com oportunidades de desenvolvimento, não há preços de opções financeiras que sejam semelhantes à opção de desenvolvimento que está sendo avaliada. Nesses casos, a análise usando opções reais é vista menos favoravelmente, pois o gerente precisa usar o seu julgamento sobre a distribuição futura dos valores, em substituição aos preços de opções financeiras, que não existem nesse caso. Embora a necessidade de exercer o julgamento em um problema de avaliação não seja exclusiva dos modelos de opções reais, é natural que os gerentes sejam mais relutantes para exercer seu julgamento na aplicação de ferramentas que lhes são menos familiares e que, portanto, os deixam menos confiantes. Como enfatizamos antes, nesses casos, em que é exigido um julgamento gerencial maior, é importante que a avaliação também inclua uma detalhada análise de sensibilidade.

No próximo capítulo, avaliaremos as estratégias de investimento que vamos definir como as possíveis estratégias para uma *série* de oportunidades de investimento. Por exemplo, quando a Toyota avalia uma fábrica de montagem para construir caminhonetes no Texas, está analisando um único investimento. Porém, quando a empresa analisa se faz sentido montar carros na Europa Oriental, onde ela atualmente não fabrica automóveis, ela está avaliando uma estratégia de investimento que pode eventualmente levar a fábricas de montagem em diversos lugares e voltadas a uma variedade de carros e caminhões. O fato de que tanto a flexibilidade quanto a incerteza são inerentes a todas as estratégias de investimento significa que é necessário algum tipo de análise de opções a fim de que se faça uma avaliação disciplinada da estratégia.

Problemas

11-1 Analisando uma concessão de petróleo como uma opção de perfurar em busca de petróleo Suponha que você tenha a opção de extrair 1000 barris de petróleo ao longo dos próximos dois anos. Você está decidindo se vai extrair o petróleo imediatamente, o que lhe possibilita a venda do petróleo por $20 o barril, ou esperar para extrair o petróleo no próximo ano e vendê-lo por um preço incerto.

Os custos de extração são de $17 o barril. O preço a termo é de $20, e você sabe que os preços do petróleo no próximo ano serão ou de $15 ou de $25 o barril, dependendo das condições de demanda. Qual é a melhor condição: extrair o petróleo hoje ou esperar um ano? Explique como sua resposta poderia ser diferente se os preços no próximo ano fossem ou mais ou menos certos, ainda que mantendo a mesma média.

11-2 Análise conceitual de opções reais   A Huntsman Chemical é uma empresa química relativamente pequena localizada em Port Arthur, no Texas. A administração da empresa está considerando seu primeiro investimento internacional, que envolve a construção de uma planta petroquímica em São Paulo, no Brasil. A planta proposta terá capacidade para produzir 100.000 toneladas de *pellets* que depois serão usadas para fabricação de garrafas de refrigerantes. Além disso, a fábrica pode ser convertida para a produção de *pellets* usados na fabricação de recipientes de plástico opacos, como frascos de leite.

A construção da primeira fábrica custará $50 milhões, mas sua capacidade poderá ser duplicada mais tarde a um custo de $30 milhões, caso as perspectivas econômicas sejam favoráveis. A fábrica pode ser financiada com um empréstimo *sem direito a recurso* de $40 milhões, concedido por um consórcio de bancos e garantido pelo Export Import Bank. A administração da Huntsman está entusiasmada com o projeto, pois seus analistas acreditam que a economia brasileira continuará a crescer no futuro próximo. Esse crescimento, por sua vez, pode oferecer muitas oportunidades adicionais para a Huntsman Chemical no futuro, após a empresa ficar mais conhecida na região.

Baseados na análise de fluxo de caixa descontado tradicional, os analistas da Huntsman estimam que o projeto tenha um VPL modesto de cerca de $5 milhões. Entretanto, quando revisam a proposta, os membros do comitê executivo da Huntsman demonstram preocupação quanto ao risco da iniciativa, baseados, inicialmente, no fato de que economia brasileira também é muito incerta. Ao se aproximar do final de suas deliberações, o diretor-presidente da empresa vira-se para o analista sênior financeiro e pergunta se ele considerou algo chamado "opções reais", sobre o qual ele havia lido recentemente, ao fazer sua estimativa do fluxo de caixa descontado do VPL do projeto.

Assuma o papel do analista sênior e forneça ao seu chefe uma breve análise das várias opções que podem estar incorporadas nesse projeto, descrevendo brevemente de que modo essas opções podem adicionar valor ao projeto. (*Dica:* não é necessário nenhum cálculo.)

11-3 Opção de abandono   A Newport Mining tem uma concessão em uma ilha remota da Indonésia e restam dois anos para que ela possa extrair minério de cobre. A empresa finalizou a fase de exploração e estima que a mina contenha 2.270.000 quilos de cobre para serem extraídos. A jazida de minério é particularmente rica e contém 37,5% de cobre puro.

A Newport pode negociar com uma empresa de mineração local para desenvolver a propriedade no próximo ano a um custo de $1,2 milhão. Três quartos do custo de desenvolvimento devem ser pagos imediatamente e o saldo, no final do ano. Assim que o local esteja desenvolvido, a Newport pode contratar um minerador para extrair o cobre com um pagamento à vista de $1,30 por quilo de cobre processado ou $3,50 por quilo de cobre produzido.[13] O custo total deve ser pago antecipadamente no início do segundo ano de operação. Isso equivale a um pagamento à vista de $3 milhões em um ano.

Ao final de um ano, a Newport pode negociar a venda do cobre pelo preço *spot* vigente naquela data. Entretanto, como ainda não se sabe o preço *spot* do final do ano, as receitas da venda do cobre refinado são incertas.

O preço atual é de $4,80 por quilo e os analistas de *commodities* estimam que ele esteja em $5,50/quilo no final do ano. Porém, como o preço do cobre é altamente volátil, os analistas do setor estimam que ele possa chegar a $6,17 ou ficar em $2,65 por quilo no final do ano. No segundo ano, espera-se que o preço do cobre permaneça no máximo em $6,17 ou no mínimo em $2,65 por quilo. Como uma alternativa para a venda do cobre ao preço *spot* do final do ano, a Newport poderia vender sua produção hoje a um preço a termo de $5,10, eliminando completamente a incerteza que envolve o preço futuro do cobre. Porém, essa estratégia exigiria que a empresa se comprometesse agora com a produção do cobre. Isso, por sua vez, significa que a administração da Newport perderia a opção de fechar a fábrica caso o preço fosse menor do que o custo de produção do cobre.

Considerando o risco inerente na exploração, a Newport exige uma taxa de retorno de 25% para os investimentos na fase de exploração, mas necessita de apenas 15% para os investimentos na fase de desenvolvimento. A taxa de juros livre de risco atualmente é de apenas 5%.

a. Qual é o VPL esperado para o projeto se a Newport se comprometer a desenvolver, extrair e vender o cobre hoje no mercado a termo?
b. Qual é o VPL do projeto se a produção não for vendida no mercado a termo e a Newport se sujeitar às incertezas do mercado do cobre?
c. Utilizando a árvore de decisão da página 528, construa um diagrama que descreva os resultados do investimento, considerando-se a opção de extrair o cobre no final de um ano.
d. Quanto vale a concessão para a Newport se ela exercer sua opção de abandonar o projeto no final do Ano 1? A empresa deveria iniciar o desenvolvimento hoje?
e. Se a Newport decidisse extrair o cobre ela mesma, como poderia usar as opções de compra de cobre para proteger-se do risco de exploração desse minério? O preço de uma opção de compra europeia para um quilo de cobre, com um preço de exercício de $3,70 e vencimento em dois anos, é de $1,54.

---

[13] Como o minério contém 37,5% de cobre e há 2.270.000 de quilos na mina, o total de cobre a ser produzido é de 850.500 quilos, a um custo equivalente a $1,30 × 2.270.000 de minério, ou $3 milhões. Assim, o custo por quilo para produzir o minério é de $3 milhões/850.500 quilos, ou $ 3,50 por quilo.

Opções da Newport para desenvolver e colocar em produção uma jazida de cobre

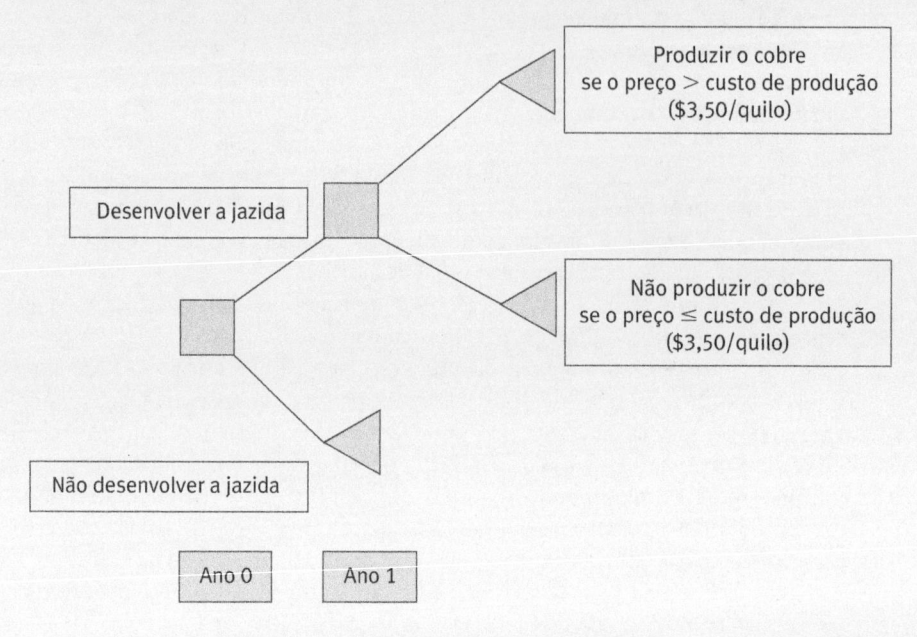

- Desenvolver a jazida
  - Produzir o cobre se o preço > custo de produção ($3,50/quilo)
  - Não produzir o cobre se o preço ≤ custo de produção ($3,50/quilo)
- Não desenvolver a jazida

Ano 0   Ano 1

11-4 Avaliando uma opção americana Recentemente, a J&B Drilling Company adquiriu uma concessão para explorar gás natural em uma região afastada do sudoeste de Louisiana e sudeste do Texas. A área é conhecida pela produção de petróleo e gás, e a empresa está otimista quanto às possibilidades da concessão. O contrato de concessão tem um prazo de três anos e permite que a J&B inicie a exploração a qualquer tempo, até o fim desse prazo.

Os engenheiros da J&B estimaram o volume de gás natural que esperam extrair da área de concessão e estabeleceram um valor de $25 milhões para ela, com a condição de que a exploração comece imediatamente. O custo de desenvolvimento da área está estimado em $23 milhões (independentemente do momento em que a exploração for iniciada nos próximos três anos). Com base nas volatilidades históricas dos retornos de investimentos semelhantes e outras informações relevantes, os analistas da J&B estimaram que o valor da oportunidade de investimento vai evoluir nos próximos três anos, como demonstrado na figura da página 529.

A taxa de juros livre de risco é atualmente de 5% e a probabilidade neutra a risco de um aumento no valor do investimento está estimada como sendo de 46,26%.

    a. Avalie o valor da propriedade arrendada como uma opção de compra americana. Quanto vale a concessão hoje?

b. Qual é a sua recomendação para a J&B no que se refere a quando iniciar a perfuração?

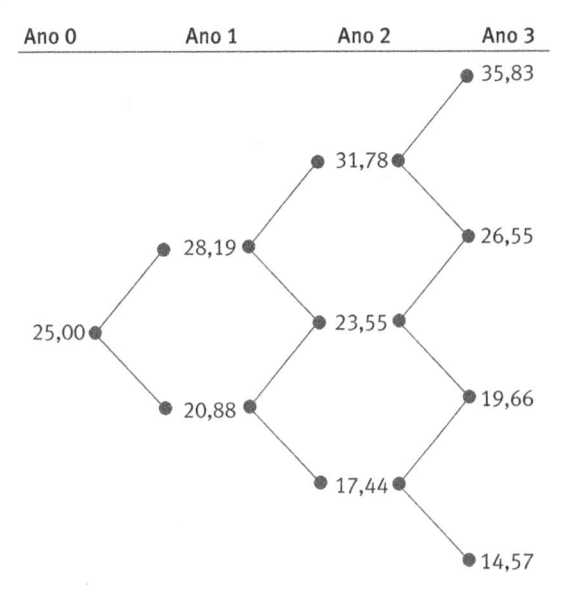

```
     Ano 0        Ano 1        Ano 2        Ano 3
                                            ● 35,83
                              ● 31,78
                  ● 28,19                   ● 26,55
    ● 25,00                   ● 23,55
                  ● 20,88                   ● 19,66
                              ● 17,44
                                            ● 14,57
```

11-5 Opção de troca de insumos – exercício usando o Crystal Ball A Central and Southeast Power Company de Mobile, do Alabama, está analisando uma nova usina termelétrica que vai permitir a troca entre gás e óleo. A empresa tem um contrato de suprimento de gás a $8, suficiente para produzir uma unidade de potência elétrica (os números estão padronizados para uma unidade a fim de facilitar os cálculos). Entretanto, a usina também pode funcionar utilizando óleo combustível. O preço do óleo combustível é incerto, e os analistas da empresa acreditam que os preços futuros incertos podem ser caracterizados como uma distribuição triangular, com um valor mínimo de $2, um valor mais provável de $7 e um valor máximo de $12. No próximo ano, espera-se que a usina produza uma unidade padrão de potência elétrica que pode ser vendida por $10.

    a. Qual é o fluxo de caixa esperado para a usina termelétrica no próximo ano, se o custo do combustível for igual ao mínimo entre os custos esperados de gás e de óleo? (*Dica:* não há impostos, e as únicas despesas incorridas pela planta se referem ao combustível.)

    b. Construa um modelo simples de simulação do Crystal Ball para o fluxo de caixa da usina, utilizando uma distribuição triangular para o custo do óleo combustível e escolhendo a fonte de combustível de menor custo para operar a usina. Baseado em sua simulação, qual é o fluxo de caixa esperado da usina termelétrica?

    c. Se o custo de capital para a usina é de 10% e se espera que os fluxos de caixa sejam constantes para sempre, qual é o valor da usina?

11-6 Uma refinaria com a opção de substituir o tipo de produto gerado – exercício usando o Crystal Ball A Windsor Oil Company está considerando a construção de uma nova refinaria que possa processar 12 milhões de barris de petróleo por ano, durante cinco anos. O custo de construção da refinaria é de $2 bilhões, que será depreciado ao longo de cinco anos, com um valor residual de zero. A refinaria pode produzir gasolina ou querosene de aviação, sendo que o produto escolhido pode ser alterado anualmente, em função dos preços dos dois produtos. A refinaria pode converter 44 galões (por barril) de petróleo bruto em 90% dessa quantidade na forma de gasolina, ou 70% se for produzido querosene de aviação. O resíduo pode ser vendido, mas sem nenhum lucro líquido.

Os analistas da Windsor caracterizam a distribuição dos preços da gasolina para o ano seguinte e para cada um dos próximos cinco anos utilizando uma distribuição triangular que tem um valor mínimo de $1,75 por galão, um valor mais provável de $2,50 e um valor máximo de $4,00. Eles caracterizam o preço por galão do querosene de aviação utilizando uma distribuição triangular com um valor mínimo de $2,50 por galão, um valor mais provável de $3,25 e um valor máximo de $5,00 o galão. O preço do petróleo bruto é fixado por meio de contratos a termo, pelos próximos cinco anos, a $25 o barril. A Windsor também estima que o custo do refino é igual a 35% do preço de venda do produto que estiver sendo produzido.

A Windsor tem uma alíquota de imposto de 30% sobre seus lucros e utiliza um custo de capital de 10% para analisar os investimentos em refino. A taxa livre de risco é de 5,5%.

- **a.** Qual é o VPL da refinaria se ela produzir apenas querosene de aviação (pois os lucros com essa alternativa são mais altos, com base nos preços mais prováveis)?
- **b.** Construa um modelo de simulação para a refinaria que considere os preços da gasolina e do querosene de aviação como variáveis aleatórias, com a distribuição triangular descrita acima. Qual é o VPL do investimento na refinaria se a empresa decidir produzir o produto de maior valor, com base nos preços realizados da gasolina e do combustível?

11-7 Análise conceitual de opções reais A Highland Properties possui dois prédios residenciais contíguos de quatro unidades, construídos em terrenos de 1.852 metros quadrados cada um, perto do centro comercial de Portland, em Oregon. Uma das propriedades está em excelentes condições e os apartamentos podem ser alugados por $2.000 por mês. As unidades no outro prédio necessitam de alguma restauração e, nas condições atuais, só podem ser alugados por cerca de $1.500 por mês.

Mudanças recentes nas redondezas, combinadas a alterações na demanda de mercado, sugerem que os dois lotes podem ser reconstruídos. Se eles forem reconstruídos, as unidades existentes seriam destruídas e novos prédios de apartamentos luxuosos seriam erguidos no local, cada um com dez apartamentos. O custo dos prédios de dez apartamentos está estimado em cerca de $1,5 milhão e cada um dos apartamentos poderia ser alugado por $2.500 por mês, de acordo com as condições de mercado atuais. Propriedades semelhantes, que foram restauradas, estão sendo alugadas por dez vezes o valor de seus aluguéis anuais.

a. Identifique a opção real (opções reais) nesse exemplo.
b. Quais são os elementos básicos da opção (opções), isto é, o ativo subjacente no qual se baseia a opção, a data de vencimento e o preço de exercício?
c. Estime o valor da opção para reconstruir a propriedade (*Dica:* estabeleça quaisquer premissas necessárias para chegar a uma estimativa).

11-8 Análise conceitual de opções reais A destruição que o furacão Katrina trouxe para a Costa de Golfo em 2005 devastou a cidade de Nova Orleans, assim como a Costa do Golfo do Mississipi. Notadamente, a florescente indústria de jogos de cassino ao longo da costa do Mississipi quase foi destruída. A CGC Corporation possui um dos cassinos mais antigos na área de Biloxi, que não foi destruído pela subida da maré porque estava localizado a algumas quadras da praia. Devido à destruição, praticamente total, de muitos dos cassinos localizados ao longo da praia, a CGC está analisando a oportunidade de fazer uma grande renovação em seu cassino. A modificação transformaria o cassino de uma atividade de segunda classe em uma das maiores atrações da Costa do Golfo do Mississipi. A questão que a empresa enfrenta envolve avaliar a oportunidade de renovar a propriedade.

Os analistas da CGC estimam que teriam um custo de $50 milhões para fazer a renovação. Porém, baseado nas incertezas associadas à reconstrução da região, o analista financeiro da empresa calculou que o cassino, nas condições atuais, valeria apenas $45 milhões. Alternativamente, a CGC poderia continuar a operar o cassino e, nesse caso, espera obter uma taxa de retorno anual de 10% sobre o valor do investimento. Além disso, o retorno estimado de 10% é muito incerto. Na realidade, a volatilidade (desvio padrão) dessa taxa de retorno é, provavelmente, da ordem de 20%, enquanto a taxa de juros livre de risco é de apenas 5%.

a. Qual é o VPL da restauração da propriedade, se realizada imediatamente?
b. Qual é o valor de ter a opção de renovação no futuro? (*Dica:* você pode assumir que a opção nunca vence.

APÊNDICE
Construindo malhas binomiais

O modelo binomial de apreçamento de opções utiliza uma árvore binomial para especificar a evolução do valor do ativo subjacente através do tempo. A árvore começa com o valor corrente do ativo subjacente igual a S_0. Após um período, o valor é igual a uS_0 ou dS_0. Além disso, para facilitar o problema computacional envolvido na avaliação da árvore, quando há muitos períodos, é uma prática padrão restringir as mudanças de preços na árvore para que sejam simétricas, de modo que u seja igual a $1/d$. Isso significa que no período seguinte os valores possíveis são reduzidos a três: u^2S_0, udS_0, e d^2S_0. Esta versão da árvore binomial é chamada de *árvore binomial recombinante* ou *malha binomial*.

Quando a abordagem de avaliação neutra a risco é usada para avaliar opções, construímos o que é chamado de malha binomial neutra a risco, na qual o retorno esperado para o ativo subjacente é a taxa livre de risco, r, mas a volatilidade do ativo, σ, é a mesma do ativo subjacente.

Para ilustrar como são determinados u e d, vamos primeiro assumir que o ativo é livre de risco. Nesse cenário, o valor do ativo cresce à taxa livre de risco, menos qualquer distribuição de dividendos que tenha ocorrido ao longo do período. Por exemplo, o valor de uma ação crescerá à taxa livre de risco menos a taxa de dividendos, δ. Assim, se as ações valessem $10,00 no início do período, a taxa livre de risco fosse de 6% e a taxa de dividendos fosse de 4%, o valor da ação no final de um período seria de $$10e^{0,06 - 0,04} = \$10,20$$.[14] Assim, quando não há incerteza, podemos definir u como segue:

$$S_1 = S_0 e^{r-\delta}$$

Agora, introduzimos a incerteza no S_1 utilizando a volatilidade anualizada dos retornos para o ativo, σ:

$$uS_0 = S_0 e^{r-\delta} e^{\sigma} = S_0 e^{r-\delta+\sigma} \text{ e } dS_0 = S_0 e^{r-\delta-\sigma}$$

---

[14] Nos casos de uma *commodity* como o petróleo, armazenada nos tanques de uma refinaria, ou do gado confinado nos pátios de frigoríficos, nos referimos à distribuição de dividendos como *taxa de conveniência*, pois a posse da *commodity* tem valor para o proprietário (por exemplo, atende a uma necessidade de estoque), valor esse que é perdido com o passar do tempo.

Múltiplos passos por ano

Até agora, assumimos que um período equivale a um ano, porém esse não precisa ser o caso. Se, por exemplo, um período for igual a um mês, a taxa livre de risco, a distribuição de dividendos e a volatilidade anual devem ser ajustadas para refletir 1/12 de um ano, isto é, a volatilidade mensal seria de $\sigma\sqrt{\frac{1}{12}}$ e S_1 se transformaria em

$$uS_0 = S_0 e^{(r-\delta)(\frac{1}{12}) + \sigma\sqrt{\frac{1}{12}}} \quad e \quad dS_0 = S_0 e^{(r-\delta)(\frac{1}{12}) - \sigma\sqrt{\frac{1}{12}}}$$

De forma genérica, se existirem n passos por ano, de maneira que cada passo tenha a extensão de $1/n$ de um ano, definimos o valor do ativo subjacente no final de cada passo, como segue:

$$uS_0 = S_0 e^{(r-\delta)(\frac{1}{n}) + \sigma\sqrt{\frac{1}{n}}} \quad e \quad dS_0 = S_0 e^{(r-\delta)(\frac{1}{n}) - \sigma\sqrt{\frac{1}{n}}}$$

Construindo a malha binomial para o investimento do campo petrolífero da National Petroleum

Para implementar o modelo binomial de apreçamento de opções a fim de avaliar a oportunidade de investimento da National Petroleum Company, primeiro temos que determinar os valores futuros da oportunidade de perfuração especificada na malha binomial. Vamos especificar esses valores utilizando o procedimento que acabamos de analisar. Para fazer isso, precisamos das seguintes informações:

a. O ponto de partida para o valor da oportunidade de investimento do campo petrolífero hoje, que é de $43,034 milhões.
b. A taxa de juros livre de risco (r), que é de 6%.
c. A taxa de conveniência (δ), que é de 7%.
d. O desvio padrão (volatilidade) dos retornos anuais do investimento em perfuração (σ), que pode ser considerado 0,15.

Considerando essas informações, podemos calcular a distribuição binomial dos valores do projeto de desenvolvimento do petróleo no final do primeiro ano, como segue:

$$\text{Valor alto} = S_0 u, \text{ onde } u = e^{r-\delta+\sigma}$$

ou

$$\text{Valor baixo} = S_0 d, \text{ onde } d = e^{r-\delta-\sigma}$$

Substituindo as informações necessárias ao cálculo de u e d, obtemos

$$u = e^{r-\delta+\sigma} = e^{0,06-0,07+0,15} = 1,1503 \text{ e } d = 0,852$$

de maneira que os dois valores possíveis para a oportunidade de perfuração da National, no final do Ano 1, sejam:

$$S_0 u = \$42,03 \text{ milhões} \times 1,1503 = \$48,35 \text{ milhões}$$

e

$$S_0d = \$42{,}03 \text{ milhões} \times 0{,}852 = \$35{,}82 \text{ milhões}$$

No final do Ano 2, há três valores possíveis para a oportunidade de perfuração, correspondentes às seguintes sequências de eventos:

$$S_0uu = \$42{,}03 \text{ milhões} \times 1{,}1503 \times 1{,}1503 = \$55{,}62 \text{ milhões}$$

$$S_0ud = \$42{,}03 \text{ milhões} \times 1{,}1503 \times 0{,}852 = \$41{,}20 \text{ milhões}$$

$$S_0dd = \$42{,}03 \text{ milhões} \times 0{,}852 \times 0{,}852 = \$30{,}51 \text{ milhões}$$

No Ano 3, o número de nós aumenta para quatro, correspondendo a S_0uuu, S_0uud, S_0udd e S_0ddd. A Figura 11-6 contém a malha binomial completa para a oportunidade de perfuração da National Petroleum.

Capítulo **12**

Opções estratégicas: avaliando oportunidades estratégicas

> **Visão geral do capítulo**
>
> Este capítulo oferece aos gerentes corporativos três importantes lições. Primeiro, ao avaliar projetos individuais, o analista deve estar sempre ciente do papel do projeto na estratégia geral da empresa. Isso significa que as empresas podem não querer perder o que, à primeira vista, poderia parecer um investimento de VPL negativo, se o investimento pode ser visto como o primeiro estágio de uma estratégia muito promissora. Segundo, apesar de a avaliação de uma estratégica de negócios de uma empresa requerer uma análise cuidadosa por parte da alta administração, as decisões estratégicas não são puramente qualitativas. Na verdade, como vamos mostrar, as ferramentas quantitativas que usamos para avaliar os projetos de investimento individuais também são úteis para avaliar as estratégias de investimento. E, em terceiro lugar, nem todas as organizações têm as mesmas habilidades com respeito ao exercício de opções estratégicas. Antes de iniciar uma estratégia que incorpora opções valiosas, os executivos precisam determinar, da melhor forma possível, se suas organizações terão a flexibilidade financeira e os recursos gerenciais para, quando chegar o momento, exercerem as opções adequadamente.

12.1 Introdução

Ao se deparar com um mercado de hambúrgueres saturado nos Estados Unidos, o McDonald's alterou sua estratégia de crescimento nos anos 90 para focar em mercados globais e, agora, possui restaurantes em mais de 100 países. Mudanças demográficas produziram outra alteração de foco nos anos 90, agora voltado para o desenvolvimento de novos tipos de restaurantes para o mercado americano, incluindo a aquisição, em 1998, de uma cadeia de restaurantes de comida mexicana, a Chipotle Mexican.[1] Sob o controle acionário do McDonald's, a Chipotle cres-

---

[1] Sandra Guy, "McDonald's Plans Big Chipotle Boost", *Chicago Sun Times* (24 de maio de 2002).

ceu para mais de 450 restaurantes em 22 estados, quando, em janeiro de 2006, o McDonald's se desfez de uma porção significativa das ações da Chipotle em uma oferta pública inicial.

O McDonald's, como a maioria das empresas bem-sucedidas, segue uma estratégia flexível que lhe permite adaptar-se às constantes mudanças nas condições do mercado. Você já ouviu isso antes? Pois deveria. A estratégia flexível do McDonald's envolve o exercício de opções importantes que são incorporadas aos investimentos que a empresa faz. Na verdade, a aquisição original da Chipotle inclui uma importante opção de abandonar a estratégia, caso se mostrasse malsucedida, assim como opções para aumentar ou diminuir o ritmo de abertura de novos restaurantes da cadeia. A estratégia também poderia ter incluído opções para reestruturar os restaurantes, tornando-os mais sofisticados, aumentando o cardápio e incluindo pratos mais caros, ou mais econômicos, ao oferecer um cardápio mais acessível.

No Capítulo 11, focamos na análise de projetos de investimentos individuais bem definidos. Neste capítulo, analisamos o conceito mais obscuro de estratégia corporativa. Mais especificamente, analisaremos a avaliação de oportunidades estratégicas. Essas oportunidades são mais difíceis de avaliar do que projetos bem definidos porque os investimentos reais se materializam a partir de novas estratégias que não podem ser definidas com precisão e envolvem investimentos que acontecem em um futuro distante. Por exemplo, a Dupont pode querer expandir sua presença no negócio de produtos químicos especiais no Brasil ou a Toyota pode concluir que existem oportunidades de longo prazo para a venda de caminhões para carga pesada na América do Sul. Essas estratégias têm entre seus componentes projetos de investimentos individuais (por exemplo, fábricas de produtos químicos ou montadoras de caminhões) que podem ser avaliados como fizemos nos capítulos anteriores. Entretanto, além disso, as empresas precisam avaliar esses investimentos dentro do contexto de uma estratégia *global* que inclui investimentos que podem ou não acontecer no futuro.

Iniciamos o capítulo com uma breve discussão sobre as origens dos investimentos com VPL positivo. Até agora, aceitamos as características dos investimentos como certos. A avaliação de uma estratégia de investimento, porém, deve examinar em que medida as escolhas posicionam a empresa de forma a lhe permitir explorar oportunidades de investimento no futuro. Em outras palavras, devemos considerar não apenas o VPL do investimento individual, mas também em que proporção ele cria oportunidades futuras, ou opções, para investir no futuro.

Para ilustrar essas ideias e demonstrar como o valor dessas oportunidades futuras pode ser determinado, vamos considerar um exemplo detalhado de uma estratégia de investimento envolvendo a construção de uma série de usinas térmicas a carvão. As usinas utilizam uma estratégia "verde", na forma de uma nova tecnologia de queima limpa para controle de emissões. A usina inicial é um projeto de VPL negativo, mas permite que a empresa comece o que pode ser uma estratégia promissora de construção de uma sequência de usinas, que podem ser tornar lucrativas quando a tecnologia e os métodos de construção forem aperfeiçoados. Dentro desse contexto, vamos mostrar como as empresas podem usar a análise de opções reais desenvolvida no último capítulo para avaliar uma estratégia de negócios.

12.2 De onde vêm os investimentos com VPL positivo?

Boas oportunidades de investimento simplesmente não caem do céu. Na verdade, todos os projetos com VPL positivo compartilham de uma característica comum: eles alavancam algum tipo de *vantagem comparativa* que a empresa investidora tem sobre seus concorrentes. A vantagem para a empresa poderia ser, entre outras, a capacidade de fabricar um produto com menor custo, o acesso exclusivo aos clientes ou um forte reconhecimento da marca que permita à empresa cobrar um preço mais alto por seus produtos e serviços. Qualquer que seja a fonte, cada projeto deve estar baseado em algum tipo de vantagem comparativa para que seja bem-sucedido.

Mas de onde vêm essas capacitações? Uma possibilidade é que elas venham de gerentes mais capazes, o que por certo é uma observação correta, mas não especialmente útil. Por outro lado, podemos ver essas habilidades como sinergias entre os negócios existentes da empresa, que surgem porque a organização da empresa desenvolveu um *know-how* melhor e relacionamentos comerciais melhores, a partir de experiências passadas. Em outras palavras, é provável que os investimentos de hoje surjam de escolhas feitas no passado. Sob essa perspectiva, podemos definir uma boa oportunidade estratégica como um investimento que aumenta as capacidades da empresa, gerando vantagens comparativas que criam oportunidades de investimento com VPL positivo no futuro.

Você sabia?

Quem é o maior fabricante de carros?

Depois de instalar fábricas nos Estados Unidos, a Toyota (que logo se tornará o fabricante número um no mundo) tem aumentado gradualmente sua fatia de mercado, enquanto os fabricantes americanos têm perdido participação. Basicamente, a fatia de mercado da Toyota, que em 1990 era de 7,6%, no final de 2004 estava em 12,2%. No final de 2006, a GM manteve com dificuldade a sua posição no topo, com 9,16 milhões de unidades vendidas em 2005, enquanto a Toyota tem uma projeção de vendas de 9,42 milhões de veículos em 2007.

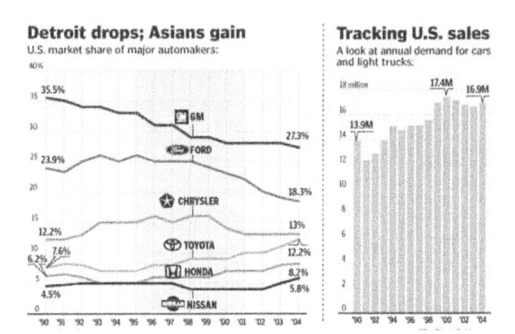

Fontes: Christine Tierney, Detroit News (5 de janeiro de 2005) e Malcolm Berko, "GM Clings to Its Ranking as World's Top Automaker", BeaconNewsOnline.com
http://www.suburbanchicagonews.beaconnews;business/

Se, na verdade, os investimentos com VPL positivo vêm das capacitações desenvolvidas como resultado de escolhas anteriores, é importante que consideremos dois fatores ao avaliar uma oportunidade de investimento: (1) como ele contribui diretamente para os fluxos de caixa da empresa e (2) como auxilia para a capacitação da empresa. Por exemplo, o investimento proporciona acesso a novos mercados que podem ser explorados de outras maneiras? O investimento permite que a empresa desenvolva relações comerciais ou crie alianças que possam ser úteis no futuro? O investimento gera novas tecnologias que podem ser aplicadas a outros negócios no futuro?

Não é difícil mostrar exemplos de projetos de investimento que criam capacidades que possam ser exploradas em projetos subsequentes. Isso pode acontecer sempre que uma empresa entra em um mercado novo. Por exemplo, quando a Toyota começou a montar sua linha de automóveis Camry nos Estados Unidos (a fábrica estava localizada em Georgetown, no Kentucky, e iniciou a produção em 1988), custos significativos tornaram a fábrica muito cara. Porém, essa experiência inicial tornou mais fácil para a Toyota obter licenças e atrair trabalhadores quando, por volta de 2005, já havia instalado mais 11 fábricas. Além disso, a crescente presença da Toyota nos Estados Unidos e o fato de que ela estava empregando funcionários americanos podem ter melhorado a imagem da Toyota no mercado americano, tornando mais fácil a venda dos seus carros – mesmo os carros fabricados no Japão. Em resumo, a fábrica original de Kentucky contribuiu para o valor da Toyota ao aumentar a capacidade da empresa permitindo que ela iniciasse outros investimentos com VPL positivo.

Um segundo exemplo é a investida da Wal-Mart no negócio de gêneros alimentícios. Deve-se observar, em primeiro lugar, que a capacitação da Wal-Mart de entrar nesse negócio não teria sido possível se antes, nos seus anos de varejista, ela não tivesse adquirido a experiência de mercado de massa. Entretanto, apesar da experiência da Wal-Mart, é pouco provável que esse investimento inicial em comestíveis tivesse VPL positivo, se encarado isoladamente. Ao contrário, o investimento inicial provavelmente foi visto como um aprendizado que deu à empresa a possibilidade de realizar um investimento muito maior nesse negócio caso a oportunidade fosse suficientemente atrativa. Em outras palavras, as primeiras lojas podiam ser vistas como um investimento que deu à Wal-Mart a opção, mas não a obrigação, de entrar em um mercado de alimentos muito maior.

> **Você sabia?**
>
> **Como a Wal-Mart está classificada como vendedor de alimentos?**
>
> Em 1988 a Wal-Mart iniciou a venda de generos alimentícios em suas lojas e, por volta de 2002 se tornou a mercearia líder no país com mais de $53 milhões em venda de alimentos.
>
> *Fonte: Patricia Callahan e Ann Zimmerman, "Wal-Mart, depois de recriar as lojas de descontos, hoje a maior cadeia de alimentos do país", Wall Street Journal (31 de maio de 2003).*

12.3 Avaliando a estratégia com investimentos em estágios

É bom começar a discussão olhando para o negócio de cinema e considerando uma importante diferença entre as comédias românticas e os filmes de ação com super-heróis. Apesar desses gêneros de filme se diferenciarem em diversas dimensões, a diferença relevante, sob nossa perspectiva, é que os filmes de super-heróis de sucesso (por exemplo, aqueles com o Homem Aranha, o Batman ou o Super-Homem) resultam em séries, mas as comédias românticas não. Assim, uma comédia romântica pode ser avaliada como um investimento único em uma análise de FCD tradicional. Entretanto, se você quer avaliar o roteiro de, digamos, um filme de ação, Ratman (por exemplo, uma estranha experiência de laboratório cria um rato super forte e inteligente que luta contra o crime, negocia opções e conquista a mocinha), então você precisa de uma estratégia global, pois, no caso improvável de que o filme tenha sucesso, vão existir séries, desenhos animados, brinquedos, etc. Isso significa que um estúdio pode querer produzir o filme Ratman mesmo que o VPL seja negativo, porque, ao produzir o filme, o estúdio estará comprando a opção de investir em uma série de projetos.

O exemplo seguinte ilustra a diferença entre um único investimento e uma estratégia de investimento e demonstra que, em algumas situações, as empresas deveriam realizar projetos com VPL negativo, porque, ao fazer isso, permitem o início de uma estratégia de VPL positivo. Esse exemplo também mostra três das mais importantes características de uma boa estratégia de investimento:

- Primeiro, a estratégia permite que a empresa desenvolva capacitações relativamente únicas que não podem ser facilmente copiadas pelos concorrentes.
- Segundo, a estratégia pode ser abandonada nos estágios posteriores se as condições econômicas se tornarem desfavoráveis.
- Finalmente, a estratégia pode ser ampliada nos estágios posteriores se as condições econômicas se tornarem favoráveis.

Descrição da nova tecnologia de carvão da Vespar

A Vespar Energy, Inc. é uma (hipotética) empresa diversificada de energia, estabelecida em Houston, que adquiriu uma nova tecnologia "verde" para a geração de eletricidade, utilizando carvão com alto teor de enxofre, que polui muito menos do que outras tecnologias de queima de carvão. Em geral, as usinas que usam carvão de baixa qualidade precisam ter equipamentos antipoluentes muito caros, chamados *scrubbers**, para reduzir os poluentes que liberam na atmosfera. A tecnologia proprietária da Vespar promete reduzir dramaticamente esses custos.

Entretanto, como a tecnologia é nova, a Vespar prevê que não poderá capturar o potencial de redução de custos da nova tecnologia na primeira fábrica que construir. Em vez disso, a empresa precisará desenvolver a capacitação e o conhecimento que vai adquirir com a construção e a operação de diversas usinas ao longo de muitos anos. Na realidade, de acordo com os cálculos da Vespar, a primeira usina tem um VPL negativo quando observada isoladamente. Porém, a empresa quer analisar essa fábrica como parte de uma grande estratégia, e o desafio que a administração tem é a avaliação dessa estratégia maior. Vamos examinar essa análise, primeiro isoladamente e, depois, como parte de uma estratégia geral.

Análise do projeto independente da usina inicial

A Planilha *a* da Tabela 12-1 apresenta as estimativas de lucros, despesas e fluxos de caixa da usina inicial da Vespar. Uma análise do valor presente dos fluxos de caixa

---

* N. de T.: Equipamento usado para remover o óxido sulfúrico dos gases de combustão de uma fábrica antes de liberá-los na atmosfera.

Tabela 12-1 Análise do VPL da construção da primeira usina térmica a carvão

Planilha a. Projeções de fluxo de caixa

	1	2	3	4	5	6	7	8	9	10
Receitas	$ 500.000.000	$ 507.500.000	$ 515.112.500	$ 522.839.188	$ 530.681.775	$ 538.642.002	$ 546.721.632	$ 554.922.456	$ 563.246.293	$ 571.694.988
Operação e manutenção (inclui combustível)	(434.671.731)	(431.843.463)	(429.015.194)	(426.186.926)	(423.358.657)	(420.530.388)	(417.702.120)	(414.873.851)	(412.045.582)	(409.217.314)
Despesas operacionais fixas	(95.000.000)	(95.000.000)	(95.000.000)	(95.000.000)	(95.000.000)	(95.000.000)	(95.000.000)	(95.000.000)	(95.000.000)	(95.000.000)
LAJIR	$ (29.671.731)	$ (19.343.463)	$ (8.902.694)	$ 1.652.262	$ 12.323.118	$ 23.111.614	$ 34.019.512	$ 45.048.605	$ 56.200.711	$ 67.477.674
Menos: impostos	8.901.519	5.803.039	2.670.808	(495.679)	(3.696.936)	(6.933.484)	(10.205.854)	(13.514.582)	(16.860.213)	(20.243.302)
NOPAT	$ (20.770.212)	$ (13.540.424)	$ (6.231.886)	$ 1.156.583	$ 8.626.183	$ 16.178.130	$ 23.813.659	$ 31.534.024	$ 39.340.498	$ 47.234.372
Mais: despesa de depreciação	45.000.000	45.000.000	45.000.000	45.000.000	45.000.000	45.000.000	45.000.000	45.000.000	45.000.000	45.000.000
Menos: CAPEX	(5.000.000)	(5.075.000)	(5.151.125)	(5.228.392)	(5.306.818)	(5.386.420)	(5.467.216)	(5.549.225)	(5.632.463)	(5.716.950)
Fluxo de caixa livre da empresa	$ 19.229.788	$ 26.384.576	$ 33.616.989	$ 40.928.191	$ 48.319.365	$ 55.791.710	$ 63.346.442	$ 70.984.799	$ 78.708.035	$ 86.517.422
Valor presente do fluxo de caixa livre da empresa	$ 320.000.000									
Menos: custos de construção	(450.000.000)									
Valor presente líquido	$ (130.000.000)									

Planilha b. Análise de sensibilidade no ponto de equilíbrio

Fatores-chave (variável)	Alteração necessária para tornar o VPL = 0 (sem outras alterações)
Custo de capital (8%)	Reduza em 71% para 2,33%.
Despesas operacionais e de manutenção	Diminua para 93,47% dos totais projetados.
Taxa anual de redução nas despesas operacionais e de manutenção	Aumente a taxa de redução nas despesas operacionais e de manutenção por um fator de três.
Despesas operacionais fixas	Reduza para $27,677 milhões dos $95 milhões ao ano.
Receitas	Aumente o nível de receitas em todos os anos em 5%.

da empresa, baseada em um custo de capital de 8%, indica que a usina deveria ser avaliada em $320 milhões. Porém, os analistas da empresa estimaram que o custo da construção da primeira usina é de, aproximadamente, $450 milhões, o que significa que o VPL da usina inicial resulta negativo (isto é, −130 milhões).

A Planilha b da Tabela 12-1 mostra a análise de sensibilidade de diversos fatores-chave do VPL do projeto. Esta análise sugere que são necessárias mudanças dramáticas nos valores previstos dos fatores-chave para que seja produzido um VPL de zero para a usina. Por exemplo, o custo de capital teria que ser reduzido de 8 para 2,33% (cerca de 71%) antes que o projeto apresentasse um VPL igual a zero. Alternativamente, um VPL de zero pode ser obtido se as despesas operacionais variáveis forem reduzidas para 93,47% de seu valor esperado.

Uma observação importante que podemos fazer agora é a seguinte: a usina a carvão é claramente inaceitável como um projeto independente. Mas, e se o projeto for visto como o primeiro estágio de uma estratégia de investimento?

Analisando projetos como parte de uma estratégia

Os executivos da Vespar que estão propondo a usina argumentam que, por razões *estratégicas*, a empresa deve fazer o investimento, apesar do seu VPL ser negativo. Eles sustentam que, por ser pioneira com essa tecnologia, a Vespar vai obter significativas vantagens de custo em relação aos seus concorrentes e, assim, ficará bem posicionada para gerar significativos lucros no futuro, se mudarem as condições de mercado de forma que a eletricidade gerada a partir do carvão seja beneficiada. O diretor-presidente acha que esse argumento estratégico é bastante convincente, mas gostaria de ter mais análises quantitativas da justificativa estratégica para fazer um projeto com VPL negativo. Ele aprova a ideia, mas não está disposto a investir centenas de milhões de dólares com base apenas em uma análise que, apesar de parecer plausível, não está respaldada por números concretos.

Em resposta à solicitação do diretor-presidente, os gerentes que haviam proposto o projeto desenvolveram uma análise estratégica mais detalhada. Basicamente, eles explicitamente consideram a possibilidade de construir uma série de usinas térmicas pelos próximos quatro anos, começando este ano com a usina inicial. Como explicam os gerentes, cada ano pode ser visto como uma fase separada do lançamento da estratégia, pois anualmente a empresa vai reavaliar seus planos, antes de iniciar a construção de mais usinas. O plano reconhece que, ao final de cada um dos próximos quatro anos, a empresa tem a opção, mas não a obrigação, de continuar com sua estratégia. Como veremos, o valor criado pela estratégia surge dessas opções.

Detalhes do plano

Ao avaliar uma estratégia de investimento, os analistas precisam estabelecer uma série de premissas. Por exemplo, eles sabem que os custos de construção das usinas provavelmente vão diminuir significativamente à medida que a empresa ganhar experiência, mas não podem saber exatamente de quanto será essa redução. Eles sabem, ainda, que poderão acelerar o processo de construção, mas isso também é uma função de condições econômicas desconhecidas, que são difíceis de prever. A "arte" de avaliar uma estratégia está no estágio inicial da análise, quando os analistas fazem determinadas premissas que lhes permitem avaliar a estratégia do investimento.

Tabela 12-2   Estratégia de lançamento da usina térmica da Vespar

Fase de lançamento da estratégia (início da construção no Ano x)	Custo estimado da construção da usina (por unidade)	Número de usinas a serem construídas
Fase I (Ano 0)	$450 milhões	1 usina
Fase II (Ano 1)	$375 milhões	2 usinas
Fase III (Ano 2)	$350 milhões	2 usinas
Fase IV (Ano 3)	$320 milhões	6 usinas
Fase V (Ano 4)	$320 milhões	6 usinas

Os executivos da Vespar precisam inicialmente estabelecer premissas a respeito da capacidade da empresa de construir essas usinas no futuro. Especificamente, com base em discussões com seus engenheiros, eles assumem que a equipe de engenharia estará bastante ocupada projetando e construindo uma usina no primeiro ano da estratégia (Ano 0). Porém, quando essa usina estiver pronta, os engenheiros acreditam que, no Ano 1, poderão construir duas usinas simultaneamente, e mais duas outras usinas no Ano 2, até que, a partir do Ano 3, eles podem acelerar o processo e construir seis usinas por ano. Além disso, os analistas estimam que, com a vantagem de sua maior experiência, e com a economia de escala associada à construção de múltiplas usinas, o custo de construção de cada uma das demais usinas cairá ao longo do tempo. A previsão dos custos de construção de cada usina está resumida na Tabela 12-2.

Observe que as estimativas de custo das usinas estão baseadas na premissa de que todas elas são construídas em sequência. É por meio do aprendizado que ocorre durante a construção e a operação das usinas que o custo da construção é impulsionado para baixo

A estratégia de investimento descrita na tabela acima pode ser avaliada em termos de sequência de opções, utilizando o seguinte procedimento de quatro passos:

Passo 1	Utilize a simulação para modelar a incerteza subjacente nos valores das usinas térmicas (isto é, a volatilidade).
Passo 2	Utilize a volatilidade estimada para construir uma malha binomial dos valores da usina térmica ao longo do horizonte de projeção estratégico.
Passo 3	Determine quando a estratégia deve ser abandonada e quando deve continuar
Passo 4	Avalie o valor da estratégia.

Passo 1: *Utilize a simulação para modelar a incerteza subjacente nos valores das usinas térmicas (isto é, a volatilidade).* O primeiro passo é estimar como os valores das usinas térmicas devem crescer ao longo do tempo. Para isso, usaremos simulações, conforme descrito anteriormente no Capítulo 3, a fim de estimar a distribuição dos possíveis valores das usinas térmicas. Em nossa análise, consideramos que os principais fatores-chave vêm de forças externas que impactam o valor de uma usina térmica a carvão. Exemplos desses fatores-chave incluem (1) os preços do carvão e de outras energias alternativas, (2) leis sobre poluição que afe-

tam o custo de tecnologias concorrentes, (3) condições econômicas que afetam a demanda geral por energia elétrica e (4) a entrada de potenciais concorrentes que podem estar desenvolvendo tecnologias semelhantes.

O objetivo deste exercício é identificar os fatores-chave e determinar sua volatilidade para, então, estipular como ela se transforma na volatilidade dos valores das usinas. Apesar do processo utilizado para simular esses valores poder ser bastante detalhado, o procedimento geral pode ser resumido como segue:

Primeiro, especificamos um modelo de fluxos de caixa para a usina que inclui a atenção para várias fontes de incerteza. Depois, pegamos os valores iniciais dessas variáveis incertas e calculamos o valor de uma usina, como fizemos em nossa estimativa da primeira usina, na Tabela 12-1. A partir daí, simulamos como essas variáveis econômicas podem mudar ao longo do tempo e a maneira como essas mudanças vão afetar o modo que essas variáveis vão se desenvolver ao longo dos próximos quatro anos. Ao fazer 10.000 iterações da experiência de simulação, podemos estimar a volatilidade das mudanças nos valores da usina a cada ano.

Passo 2: *Utilize a volatilidade estimada para construir uma malha binomial dos valores da usina térmica ao longo do horizonte de projeção estratégico.* Usamos a estimativa da volatilidade e o procedimento que analisamos anteriormente no Anexo ao Capítulo 11 para construir uma malha binomial que resume o valor de uma usina térmica ao final de cada ano, durante o horizonte de projeção. Intuitivamente, o que fazemos é pegar uma distribuição relativamente complexa dos valores futuros e resumi-los em uma distribuição mais simples, que será mais fácil de trabalhar. O objetivo de nossa análise neste momento é desenvolver uma malha binomial que forneça uma representação razoável da incerteza no valor das usinas futuras.

Passo 3: *Determine quando a estratégia deve ser abandonada e quando ela deve continuar.* Calculamos o VPL da construção de uma nova usina em cada nó da malha como a diferença entre o valor de uma usina e o custo de construção. O valor de continuar com a estratégia é o valor de construir uma nova usina, mais o valor esperado de continuar a estratégia até o próximo período. O valor esperado de continuar a estratégia nunca é negativo, pois a empresa sempre tem a opção de abandonar a estratégia no futuro caso tenha um valor negativo. Isso significa que nunca se recusará um projeto com VPL positivo por razões estratégicas. Os casos interessantes que vamos analisar são os das usinas atuais que apresentam VPL negativo, mas a estratégia tem um valor esperado positivo.

Passo 4: *Avalie o valor da estratégia.* Depois de analisar cada nó da árvore de decisão para determinar quando é melhor abandonar o projeto, estamos prontos para determinar um valor para a estratégia de investimento.

Não vamos fornecer os detalhes da simulação descrita no Passo 1, mas focaremos no produto final desse exercício descrito no Passo 2, que consiste nos valores presentes esperados dos fluxos de caixa da usina térmica (isto é, valores estimados da usina) em cada nó da malha binomial. Essas estimativas, descritas na Planilha *a* da Tabela 12-3, ilustram que os valores são bastante incertos ao longo dos quatro anos do ho-

Tabela 12-3 Uma análise simplista da estratégia de investimento da Vespar

Planilha a. Valor presente dos fluxos de caixa da futura usina ($ milhões)

	Anos				
	0	1	2	3	4
O número em cada nó representa o valor presente dos fluxos de caixa futuros esperados resultantes da construção e da operação de uma única usina naquele ano	$320,00	$351,89 299,86	$386,96 329,75 280,99	$425,52 362,61 308,99 263,31	$467,93 398,74 339,79 289,55 246,74

Planilha b. Valor presente líquido de cada fase da estratégia de investimento[a] ($ milhões)

	Anos				
	0	1	2	3	4
O número encontrado em cada nó representa a soma dos VPLs de todas as usinas construídas em cada ano. O valor presente dos fluxos de caixa futuros para cada usina em cada fase estão na planilha a acima, e o número de usinas construídas e o custo de cada uma estão abaixo (por exemplo, para o nó de valor mais alto no Ano 4). VPL = ($467,93 m − $320 m) × 6 = $147,93 m × 6 = $887,59 m	$(130,00)	$ (46,22) (150,28)	$73,92 (40,51) (138,02)	$633,14 255,65 (66,04) (340,16)	$887,59 472,47 118,73 (182,71) (439,58)
Número de usinas a serem construídas	1	2	2	6	6
Custo de construção de cada usina	$ 450	$ 375	$ 350	$ 320	$ 320
VPL esperado para cada fase[b]	$(130,00)	$ (98,25)	$ (36,28)	$ 107,73	$144,96
VP (Ano 0) dos VPL anuais esperados[c]	$(130,00)	$(90,97)	$ (31,10)	$ 85,52	$106,55
Valor (estimativa simplista) da estratégia[d]	**$(60,61)**				

Observações:

*O VPL em cada nó da árvore é calculado como segue:

$$VPL = \left(\begin{array}{c} \text{Valor dos fluxos} \\ \text{de caixa futuros} \\ \text{da usina} \end{array} - \begin{array}{c} \text{Custo de} \\ \text{construção de} \\ \text{uma usina} \end{array} \right) \times \begin{array}{c} \text{Número de} \\ \text{usinas construídas} \\ \text{no período} \end{array}$$

[b] O VPL esperado para cada ano é calculado como a média ponderada dos VPLs possíveis, utilizando a probabilidade estimada de um movimento para cima ou para baixo dos fluxos de caixa futuros. Nesse caso, a administração estima a probabilidade de um movimento, para cima ou para baixo, nos valores dos fluxos de caixa do projeto de 50%. Assim, para o Ano 2, o VPL esperado = 0,5 × ($46,22 m) + 0,5 × ($150,28 m) = $98,25 m). Abaixo, estão as probabilidades associadas a cada nó da árvore:

		Anos		
0	1	2	3	4
				6,25%
			12,50%	
		25,00%		25,00%
	50,00%		37,50%	
100,00%		50,00%		37,50%
	50,00%		37,50%	
		25,00%		25,00%
			12,50%	
				6,25%
100%	100%	100%	100%	100%

[c] O VP dos VPLs anuais se equivale ao valor presente de hoje dos VPLs esperados das cinco fases da estratégia de investimento (por exemplo, para a Fase I, o valor presente é igual a ($98,25 m)/(1,08)^1 = ($90,97 m).

[d] O valor da estratégia é igual à soma dos valores presentes de todos os VPLs, para cada uma das cinco fases do lançamento da estratégia correspondente aos Anos 1 a 4.

rizonte de projeção. Por exemplo, no nó mais favorável do Ano 4, o valor presente dos fluxos de caixa esperados gerados pelas usinas de carvão limpo é de $467,93 milhões. Entretanto, isso é claramente um cenário cor de rosa, e nós em que os preços da energia são baixos e as usinas de carvão limpo têm valores menores do que $300 milhões também são possíveis.

Uma análise estática simplista do valor da estratégia da Vespar

Depois de realizar os Passos 3 e 4 de nosso procedimento de avaliação, primeiro calculamos o VPL da estratégia com a abordagem ("simplista") tradicional. Esta abordagem assume que a estratégia não pode ser abandonada, o que significa que, se ela começa no Ano 0, será realizada em todos os nós da malha binomial. Os fluxos de caixa relevantes nessa análise de VPL são as médias dos VPLs, por meio dos nós, das usinas térmicas que são construídas a cada ano (tirados da média de todos os nós possíveis). Intuitivamente, estamos avaliando a estratégia como se a Vespar vendesse as usinas de energia, depois de construídas, pelos valores presentes de seus fluxos de caixa, gerando, dessa forma, um fluxo de caixa para a Vespar igual aos VPLs das usinas térmicas. Esses "fluxos de caixa" então são descontados ao valor presente para determinar o VPL da estratégia no Ano 0.

A Planilha *b* da Tabela 12-3 calcula os VPLs das usinas térmicas que são construídas em cada nó, subtraindo os custos de construção das usinas dos seus valores presentes dos fluxos de caixa futuros e multiplicando essa diferença pelo número de usinas construídas a cada ano. Com base nesses números, podemos calcular o VPL que esperamos gerar em cada ano da estratégia. Os VPLs esperados em cada ano são calculados ponderando os VPLs das usinas térmicas em cada nó pela probabilidade de alcançar esse nó e, então, calculando a média ponderada. Assumimos que, em cada nó, a probabilidade do valor aumentar ou diminuir é de 50% (veja a nota de rodapé *b* na Tabela 12-3). Por exemplo, no Ano 1, o VPL esperado é de −$98,25 milhões, o que representa uma média ponderada dos dois resultados possíveis para aquele ano.

A partir da Tabela 12-3, vemos que, nos primeiros anos da estratégia de implantação, os VPLs esperados são negativos. Porém, ao longo do tempo, com o declínio dos custos de desenvolvimento das usinas, os VPLs tornam-se positivos. Especificamente, vemos que, dos Anos 0 a 4, os valores esperados são de −$130 milhões, −$98,25 milhões, −$36,28 milhões, $107,73 milhões e $144,96 milhões, respectivamente. No Ano 3, o VPL se torna positivo. Entretanto, descontando esses VPLs esperados a valores presentes, utilizando o custo de capital de 8% que a Vespar usa para projetos desse tipo, obtemos um resultado para a estratégia simplista estimado em $60,01 milhões negativos. Esse grande VPL negativo indica que, se a estratégia for inflexível, como a análise acima assume, a empresa não deve adotá-la.

Uma abordagem de apreçamento de opções para avaliar a estratégia da Vespar

No Capítulo 11, aprendemos que a opção de abandonar um investimento pode fornecer uma importante fonte de valor. A análise simplista que acabamos de fazer refere-se ao fato de que a escala do projeto poderia ser aumentada (na verdade, ela assumiu que a escala aumentou independentemente do valor da usina no futuro). Porém, a análise ignorou a possibilidade de que a estratégia poderia ser abandonada nas situações em que o resultado era especialmente favorável. Nesta seção, vamos considerar explicitamente a opção de abandono.

Para avaliar a opção de abandonar a estratégia, primeiro precisamos determinar *quando* a estratégia deveria, de fato, ser abandonada. Nossa análise dessa decisão segue à risca a análise da decisão de abandono do Capítulo 11. Como um primeiro passo, mudamos as probabilidades de alcançar cada nó da árvore binomial, como encontrada na Planilha *a* da Tabela 12-3, das probabilidades reais para as probabilidades neutras a risco, para que possamos calcular a certeza-equivalente dos fluxos de caixa em vez de fluxos de caixa esperados. Vamos assumir que a probabilidade neutra ao risco para o estado alto é de 0,48 e que a probabilidade para o estado baixo é de 0,52. Observe que, ao aumentar a probabilidade do estado baixo e diminuir a probabilidade do estado alto, transformamos os fluxos de caixa esperados para fluxos de caixa de certeza-equivalente, que deveriam ser descontados utilizando a taxa de juros livre de risco de 5% em vez da taxa ajustada ao risco de 8% que foi usada na última seção.

Para avaliar a estratégia na data atual, primeiramente precisamos determinar o valor da estratégia em cada nó da malha binomial, como fizemos no Capítulo 11, resolvendo a árvore ao contrário, passo a passo: iniciamos calculando os valores das estratégias em cada nó no final do Ano 4 e trabalhamos até o dia de hoje. A Planilha *a* da Tabela 12-4 contém esses valores. Por exemplo, no Ano 4 o valor da estratégia gerado pelas seis usinas térmicas construídas naquele período é simplesmente a soma dos VPLs das usinas construídas naquela data se o VPL for positivo ou, caso contrário, é zero (pois na última data não serão construídas usinas térmicas com VPL negativo). Assim, como vemos na Planilha *a* da Tabela 12-4, a estratégia gera valores positivos nos três nós mais altos do Ano 4, mas gera um valor zero nos dois nós de valor mais baixo, nos quais os VPLs da construção das usinas são negativos (Planilha *b* da Tabela 12-3). Considerando os valores do Ano 4, agora podemos calcular os valores da estratégia para cada nó do Ano 3.

O valor da estratégia em cada nó do Ano 3 é igual à soma dos VPLs das usinas construídas nesse ano, mais o valor presente dos prêmios para a estratégia no Ano 4. Por exemplo, considere o nó de valor mais alto no Ano 3, quando o valor da estratégia se equivale a $1.272,11 milhão. Esse valor é calculado da seguinte maneira:

$$\begin{pmatrix} \text{Valor da estratégia de} \\ \text{investimento no nó de} \\ \text{valor mais alto do Ano 3} \end{pmatrix} = \begin{pmatrix} \text{VPL das} \\ \text{usinas construídas} \\ \text{no Ano 3} \end{pmatrix} + \begin{pmatrix} \text{Valor presente do} \\ \text{valor de certeza-equivalente} \\ \text{dos VPLs no Ano 4} \end{pmatrix}$$

$$= \$633,14 \text{ milhões} + e^{-0,05}(\$887,59 \text{ milhões} \times 0,48 + \$472,47 \text{ milhões} \times 0,52) = \$1.272,11 \text{ milhão}$$

Obviamente, se for alcançado o nó de valor mais alto, o investimento nas seis novas usinas *deve* ser feito no final do Ano 3.

Agora, vamos analisar o nó de valor mais baixo encontrado no Ano 3. Nesse nó, o VPL da construção das seis novas usinas (Planilha *b* da Tabela 12-3) é negativo (isto é, −$340,16 milhões). Consequentemente, a única maneira da Vespar construir essas usinas seria no caso de o valor descontado dos VPLs de certeza-equivalente no Ano 4 ser maior do que $340,16 milhões. Porém, os VPLs possíveis para investimentos no Ano 4, resultantes de uma realização igual ao nó de valor mais baixo no Ano 3, são negativos. Assim, a Vespar deve abandonar a estratégia se esse nó de valor baixo for alcançado no Ano 3. Do mesmo modo, podemos mostrar que a estratégia deveria ser preferencialmente abandonada no nó logo após o nó mais baixo no Ano 3 e, como consequência da desistência nesses dois nós mais baixos no Ano 3, a estratégia também deveria ser abandonada no nó mais baixo do Ano 2.

Tabela 12-4 Análise dinâmica da estratégia de investimento da Vespar

Planilha a. Valor da continuidade no investimento ($ milhões)

	Anos				
	0	1	2	3	4
Cada nó contém o valor descontado do investimento no período subsequente (medido pela probabilidade neutra a risco de cada nó), mais o VPL do investimento no período corrente.					$887,59
				$1.272,11	
			$916,97		472,47
		$472,15		530,10	
	85,59		201,53		118,73
			0		0
				0	
					0
					0

Planilha b. Valor presente líquido de cada fase da estratégia de investimento[a] ($ milhões)

Fase da estratégia	I	II	III	IV	V
Ano	0	1	2	3	4
O valor em cada nó é o VPL do investimento em usinas construídas naquele período ou igual a zero se não for melhor continuar a investir. Os nós onde a estratégia é abandonada estão determinados na planilha a.					$887,59
				$633,14	
			$73,92		472,47
		($46,22)		255,65	
	($130,00)		(40,51)		118,73
			0		0
				0	
					0
					0
VPLs esperados das usinas iniciadas	($130,00)	($23,11)	($1,77)	$175,01	$218,11
VP dos VPLs anuais (Ano 0)[a]	(130,00)	(20,03)	(1,33)	113,91	123,04
Valor da estratégia (Ano 0)	$85,59				

Planilha c. Sensibilidade da estratégia do investimento para a taxa de desconto

Taxa de desconto (k_{WACC})	Valor da estratégia no Ano 0
10,0%	$127,99 milhões
15,0%	88,34 milhões
20,0%	55,97 milhões

[a] A taxa de desconto usada aqui é de 15,39% e é calculada como a taxa que resulta em um valor de $85,59, quando usada para descontar os VPLs esperados de todas as cinco fases da estratégia a valor presente (o valor estimado utilizando o método de avaliação de opções binomial). Como a taxa de desconto não pode ser conhecida até que tenhamos estimado o valor da estratégia, utilizando a abordagem de apreçamento de opções, a análise do FCD é simplesmente uma ferramenta para que a estratégia de avaliação seja apresentada aos executivos utilizando uma metodologia que eles conhecem.

No ano 2, o nó do meio merece uma atenção especial. Nesse nó, o VPL das usinas construídas no Ano 2 é negativo de $40,51 milhões (Planilha b da Tabela 12-3). Porém, conforme vamos ver, como há a possibilidade de construir usinas com VPL muito altos no futuro, nessa situação a empresa não deve abandonar a estratégia. De acordo com o procedimento utilizado anteriormente para analisar o nó de valor mais alto para o Ano 3, estimamos o valor da estratégia nesse nó (isto é, o VPL dos investimentos da usina, mais o valor presente do valor de certeza-equivalente dos VPLs da usina construída no Ano 3) como sendo de $201,53 milhões (Planilha a da Tabela 12-4):

$$\begin{pmatrix} \text{Valor da estratégia de} \\ \text{investimento no nó de} \\ \text{valor mais alto do Ano 2} \end{pmatrix} = \begin{pmatrix} \text{VPL das usinas} \\ \text{construídas no} \\ \text{Ano 2} \end{pmatrix} + \begin{pmatrix} \text{Valor presente do} \\ \text{valor de certeza-equivalente} \\ \text{dos VPLs no Ano 3} \end{pmatrix}$$

$$= (\$40,51 \text{ milhões}) + e^{-0,05}(\$530,1 \text{ milhões} \times 0,48 + \$0 \text{ milhões} \times 0,52) = \$201,53 \text{ milhões}$$

Depois de reverter todos os ramos da árvore de decisão, encontramos o valor da estratégia de investimento na data atual (isto é, no nó do Ano 0) como sendo $85,59 milhões. Consequentemente, a estratégia tem um valor significativo, apesar de as usinas construídas hoje e no Ano 1 (fases I e II) todas terem VPLs negativos. Os VPLs negativos associados aos investimentos iniciais podem ser vistos como o custo de comprar uma opção para continuar a estratégia que pode, potencialmente, criar um valor significativo no futuro. A estratégia não vai gerar investimentos de VPL positivo com certeza. Em alguns nós futuros, os VPLs são muito negativos, e a estratégia será abandonada. Na verdade, essa opção de abandonar a estratégia é o que gera seu valor positivo. Sem a opção de abandono, ela tem um valor negativo de $60,01 milhões, como calculamos, utilizando a análise simplista ou estática (conforme mostrado na Planilha b da Tabela 12-3), mas com a opção ela tem um valor positivo de $85,59 milhões, utilizando a análise dinâmica (como mostrado na Tabela 12-4).

Resumindo a análise da estratégia da Vespar

É útil retroceder momentaneamente e reconsiderar o procedimento de quatro passos que acabamos de descrever. Começamos simulando os fluxos de caixa sob uma grande variedade de cenários para estimar a volatilidade dos valores futuros da usina "verde" movida a carvão. Então, usamos essa estimativa de volatilidade para formar uma malha binomial que resume a distribuição futura desses valores. Reduzindo o número de cenários para aqueles especificados na malha binomial, ficou mais fácil descrevermos a incerteza subjacente no valor da usina movida a carvão, o que, por sua vez, nos permitiu determinar os cenários nos quais seria melhor abandonar a estratégia. Depois de determinar as situações nas quais a estratégia é abandonada, trabalhamos outra vez na árvore binomial a fim de resolver para os valores da estratégia.

Utilizando a análise do FCD para estimar o valor da estratégia da Vespar

Para esclarecer nossa análise, geralmente é útil traduzir a análise baseada em opções da estratégia da Vespar para a linguagem da análise do FCD tradicional. Além de tornar mais fácil a comunicação da análise para os outros executivos, ela pode facilitar a comparação com outras estratégias. Para tanto, recomendamos que o analista utilize a análise dinâmica como um guia para determinar as condições sob as quais a estratégia deve ser abandonada. Considerando esses nós de abandono pré-determinados, podemos então estimar o VPL esperado das usinas térmicas que são construídas a cada ano, computando a média dos VPLs encontrados em cada nó em que a estratégia não é abandonada e determinando os VPLs para zero naqueles nós nos quais a estratégia é abandonada. Uma vez calculados os VPLs esperados para cada ano, podemos estimar o valor da estratégia descontando-os a valor presente, utilizando uma taxa de desconto apropriada.

A abordagem do FCD, dessa forma, exige que uma taxa de desconto apropriada seja especificada. Anteriormente, sugerimos que o custo de capital apropriado para a construção de uma usina térmica é de 8%, e usamos os mesmos 8% para descontar os fluxos de caixa da estratégia simplista. Implicitamente, isso assume que os riscos da estratégia e das usinas térmicas individuais sejam equivalentes, o que é pouco provável. Claramente, uma estratégia de investimento que envolve a construção de múltiplas usinas ao longo de diversos anos é muito mais arriscada do que a taxa de desconto de 8% poderia sugerir. Por exemplo, na Planilha *b* da Tabela 12-4, vemos que as fases I e II de implantação da estratégia (nos Anos 0 e 1) exigem o comprometimento de $1,2 bilhão para a construção de três usinas térmicas[2], todas elas com VPLs negativos, na esperança de que aconteça um resultado favorável no Ano 2.

A Planilha *b* da Tabela 12-4 fornece uma análise do FCD da estratégia de investimento proposta, assumindo que a administração determinou que a estratégia de investimento seja abandonada *exatamente naqueles nós* em que a análise de apreçamento de opções indicou que a estratégia deveria ser abandonada. O VPL esperado das usinas construídas em cada fase da estratégia está na Planilha *b* da Tabela 12-3. Por exemplo, esses VPL adotam dois valores no Ano 1 (fase II), ($46,22) milhões e $0,00, cada um deles com 50% de probabilidade, o que significa que o VPL esperado gerado na Fase II é de ($23,11).[3] Do mesmo modo, podemos calcular os valores esperados gerados nas Fase III a V como ($1,77) milhão, $175,01 e $218,11 milhões, respectivamente.

Para calcular o VPL da estratégia completa, devemos especificar uma taxa de desconto apropriada. Na Planilha *c* da Tabela 12-4, calculamos o VPL da estratégia usando taxas de desconto de 10, 15 e 20%. Em cada caso, descobrimos que o VPL da estratégia é significativamente positivo. Além disso, podemos calcular a taxa de des-

---

[2] O plano recomenda uma usina no Ano 1, custando $450 milhões, e duas usinas no Ano 2, que podem custar $375 milhões cada uma, em um total de $1,2 bilhão.

[3] A árvore de probabilidade que reflete as probabilidades binomiais reais de 50% está abaixo:

	Ano				
0	1	2	3	4	
				6,25%	
		25,00%	12,50%	25,00%	
100,00%	50,00%	50,00%	37,50%	37,50%	
	50,00%	25,00%	37,50%	25,00%	
			12,50%	6,25%	
100,00%	100,00%	100,00%	100,00%	100,00%	

conto que compõe a soma descontada dos VPLs esperados para cada uma das fases da implantação da estratégia equivalente ao valor de $85,50 milhões, que estimamos na Planilha *a* utilizando o método de avaliação de opções. A taxa de desconto que resolve esse problema é de 15,39%, o que significa que a abordagem de precificação de opções implicitamente assume que a taxa de desconto apropriada para avaliar a estratégia é de 15,39%, o que parece correto considerando o risco da estratégia.

A anatomia da estratégia da usina de energia da Vespar

Como essa análise exigiu uma série de premissas, a maioria dos executivos não aprovaria a estratégia baseada na análise anterior sem uma avaliação de sensibilidade abrangente. Porém, antes de fazer a análise de sensibilidade, é bom retrocedermos um passo e considerar as características que tornam atrativa a estratégia da usina de energia. A estratégia é realmente muito arriscada, mas a Vespar tem a flexibilidade de alterar a estratégia, de maneira que torne a incerteza uma vantagem em vez de uma desvantagem. Primeiro, a estratégia pode ser abandonada nesses cenários favoráveis em que as alternativas de investimento presentes e futuras não sejam atrativas. Segundo, a estratégia é escalonável. Como a Vespar pode ampliar os seus esforços de desenvolvimento e construir seis novas usinas nos cenários em que for rentável fazer isso, vai gerar VPLs muito altos nos nós mais favoráveis nos Anos 4 e 5. Utilizamos a análise de sensibilidade para investigar a importância econômica dessas características.

Análise de sensibilidade para a estratégia da usina térmica da Vespar

Nossa análise de estratégia da Vespar para investir em usinas térmicas de queima limpa a carvão é baseada em algumas premissas que, no final, determinam se a empresa deve prosseguir. Consequentemente, o próximo estágio na análise envolve um estudo do impacto das premissas individuais na decisão final para iniciar a estratégia de investimento. Exploramos essas premissas da mesma forma que fizemos anteriormente para o investimento em uma única usina: na próxima seção, vamos desenvolver uma análise do ponto de equilíbrio para cada um dos fatores-chave, individualmente. Depois disso, construímos e analisamos um modelo de simulação que incorpora múltiplas fontes de incerteza simultaneamente.

Análise de sensibilidade da estratégia considerando uma variável por vez

O primeiro fator a considerar envolve o *cronograma* da estratégia de investimento. O que vai acontecer se a planejada "aceleração" da estratégia não puder ser executada no período de quatro anos?[4] Basicamente, vamos considerar a possibilidade da Vespar reduzir o número de usinas que podem ser construídas nos Anos 3 e 4, de seis e seis, para três e quatro, respectivamente. Se esse for o caso, o valor da estratégia cai dramaticamente, de $85,59 milhões para $8,71 milhões negativos – um decréscimo

---

[4] Lembre-se de que as estimativas de custo para as usinas consideram deliberadamente que todas as usinas serão construídas em sequência, porque é por meio do aprendizado que acontece durante a construção e a operação das usinas que o custo da construção cai ao longo do tempo e os custos das operações decrescem. Por exemplo, se não fosse assim, a Vespar rejeitaria a construção da primeira usina, ou mesmo das usinas no Ano 1, pois todas essas três usinas tem VPLs negativos.

de $95,3 milhões![5] Obviamente, é importante que a Vespar seja capaz de alcançar o número planejado de novas usinas por volta do Ano 3 e 4, quando a estratégia começa a agregar valor.

Uma segunda consideração, potencialmente muito importante para a análise, é o *custo* de construção de cada nova usina em cada fase do processo de implantação. Até este ponto de nossa análise, tratamos esses custos das construções como se fossem conhecidos. Para ter alguma perspectiva sobre a importância da incerteza sobre esses custos, consideramos quão grande precisaria ser um estouro no orçamento da construção antes que o valor da estratégia caísse para zero. Para isso, consideramos a possibilidade de que o custo para construir as usinas durante toda a implementação da estratégia aumente em 5%. Quando acontece isso, o valor da estratégia cai para $25,7 milhões negativos. Se resolvemos para o ponto de equilíbrio percentual dos custos de construção, descobrimos que os custos da construção de todas as usinas podem aumentar apenas 3,98% antes que o valor da estratégia se torne negativo. Obviamente, o valor da estratégia é bastante sensível ao custo de construção de novas usinas. Consequentemente, os investimentos em tempo e recursos para refinar essas estimativas provavelmente estão assegurados.

O último fator-chave que vamos considerar em nossa análise de sensibilidade é a *distribuição de valores das usinas futuras*, que foram descritas na malha binomial da Planilha a da Tabela 12-3. Especificamente, consideramos como mudam o valor da estratégia e a incerteza sobre as usinas futuras. Os valores das usinas especificadas em nossa árvore binomial original refletem uma volatilidade estimada de 0,08.[6] Se essa volatilidade cai para 0,04, o valor da estratégia desvaloriza-se para $15,56 milhões negativos. Porém, se a volatilidade dos valores das usinas aumenta para 0,10, o valor da estratégia sobe para $139,64 milhões. Mais uma vez, a sensibilidade do valor da estratégia em relação à medida da volatilidade sugere que tempo e energia significativos sejam despendidos na avaliação dessas estimativas. O comentário-chave aqui é que a maior volatilidade aumenta significativamente o potencial do lado positivo para a estratégia do investimento, mas, devido à opção de abandono, tem muito menos efeito no lado negativo.

Análise de simulação da estratégia

Aprendemos, no Capítulo 3, que a análise de sensibilidade no ponto de equilíbrio fornece uma ferramenta útil para avaliar a importância de mudanças nos fatores-chave

---

[5] Essa análise assume que a Vespar faz o investimento e, somente no final do segundo ano, descobre que pode construir no máximo três ou quatro usinas até o final dos dois anos da estratégia. Claro que, se a Vespar soubesse hoje as restrições quanto ao número de usinas que poderiam ser construídas nos Anos 3 e 4, a avaliação da estratégia sugeriria que o plano fosse abandonado antes de ser feito qualquer investimento, produzindo, assim, uma avaliação de estratégia igual a zero.

[6] Assumimos uma taxa livre de risco (r) de 5% e um *convenience yield* (δ) de 3,5%. Utilizando o procedimento de simulação descrito nos Passos 1 e 2, estimamos o parâmetro de volatilidade (σ) como 8%. Dados esses valores, o movimento ascendente é computado como $u = e^{r-\delta+\sigma} = 1,0997$ e o movimento descendente como $u = e^{r-\delta+\sigma} = 0,9370$. Isso significa que a probabilidade de risco neutro, como

$$P = \frac{e^{(r-\delta)} - e^{(r-\delta)-\sigma}}{e^{(r-\delta)+\sigma} - e^{(r-\delta)-\sigma}},$$

é igual a 0,48 no estado alto.

quando feitas uma de cada vez. Entretanto, se quisermos ter uma visão mais ampla da incerteza subjacente no resultado de uma estratégia, precisamos construir um modelo de simulação que capture, simultaneamente, as incertezas que rodeiam os fatores-chave.

A Tabela 12-5 apresenta as premissas subjacentes e as projeções usadas para construir um modelo de simulação do valor da estratégia. A Planilha *a* da Tabela 12-5 define os dois fatores-chave (custos de construção e valor presente dos fluxos de caixa futuros) e as premissas que fundamentam a simulação. De forma resumida, para capturar a incerteza em relação aos custos de construção de novas usinas, consideramos um fator multiplicativo de custo superior ao previsto, que é extraído de uma distribuição triangular com um valor provável de 1, indicando nenhum custo superior ao previsto, assim como um valor mínimo e um valor máximo.[7] (Os valores específicos dos parâmetros estão descritos na Planilha *a* da Tabela 12-5.) Os fatores de custos superiores ao previsto simulados são considerados como positivamente correlacionados ao longo do tempo, com um coeficiente de correlação igual a 0,90. Isso significa que a simulação leva em conta o fato de que, se há um custo superior ao previsto para as usinas construídas no Ano 1, há uma boa chance de que os custos nos anos seguintes também sejam mais altos do que projetados.

O valor das usinas em cada data futura é modelado utilizando a malha binomial que encontramos na Planilha *a* da Tabela 12-3. Porém, como observamos em nossa análise de sensibilidade do ponto de equilíbrio, a incerteza subjacente a esses valores é capturada pela volatilidade dos retornos do investimento nas usinas, que nós assumimos como sendo igual a 0,08. Para incorporar os efeitos da incerteza sobre essa estimativa, usamos uma distribuição triangular com valores de parâmetros de 0,06, 0,08 e 0,15, representando os valores mínimo, mais provável e máximo na distribuição das medidas de volatilidade.[8]

Cada uma das iterações do processo de simulação calcula um valor para a estratégia, exatamente como fizemos anteriormente utilizando o método de avaliação de opções. Entretanto, com cada interação do processo de simulação, experimentamos valores diferentes de cada um dos fatores-chave tendo como base suas distribuições assumidas, como definido na Planilha *a* da Tabela 12-5, que leva a uma estimativa diferente do valor da estratégia.

A simulação foca no VPL da estratégia da Vespar, baseada na premissa de que a empresa se compromete a implementar a estratégia construindo a primeira usina no Ano 0. Então, depois de um ano, a Vespar pode decidir se vai construir a segunda usina, dependendo das condições de mercado (isto é, valor estimado dos fluxos de caixa da usina no final do Ano 1), e assim por diante.

A Planilha *b* da Tabela 12-5 contém a distribuição dos valores simulados para a estratégia de investimento a partir de 10.000 iterações. Observe que uma grande faixa de valores para a estratégia é gerada com essa simulação e em mais de 75%

---

[7] Em outras palavras, o custo para construir uma usina no Ano *t* = custo estimado de construção de uma usina no Ano *t* × (1 + percentual de excesso de custo).

[8] Observe que, como a volatilidade nos preços das usinas de energia não podem ser inferidos dos derivativos financeiros negociados, temos que estimá-los utilizando outros meios. Como há um erro de estimativa na medida de volatilidade, incorporamos essa medida como um dos fatores-chave na análise de simulação.

Tabela 12-5 Análise de simulação da estratégia de investimento da Vespar

Planilha a. Premissas

Fatores-chave	Premissas da simulação					
Custos do plano de construção Exemplo: custo do plano de construção no Ano 0.	**Distribuição dos fatores de excesso de custo** *Premissa* – Triangular (parâmetros abaixo)[8]					
$450 milhões × Fator de excesso de custo		Ano 0	Ano 1	Ano 2	Ano 3	Ano 4
O fator de excesso de custo tem uma distribuição triangular com um valor mínimo de 0,99, um valor mais provável de 1,00 e um valor máximo de 1,05.	Mín	0,99	0,95	0,92	0,90	0,87
	Mais provável	1,00	1,00	1,00	1,00	1,00
	Máx	1,05	1,10	1,15	1,20	1,25
Valor dos fluxos de caixa das usinas futuras A volatilidade das taxas de retorno anuais para o investimento nas usinas a carvão é o principal fator do valor presente dos fluxos de caixa das usinas futuras.	**Distribuição da volatilidade** *Premissa* – Triangular (parâmetros abaixo) Mín = 0,06, mais provável = 0,08 e Máx = 0,15 **Distribuição do nº de usinas nos Anos 3 e 4** *Premissa* – Discreta (a mesma para os dois anos)[b]					

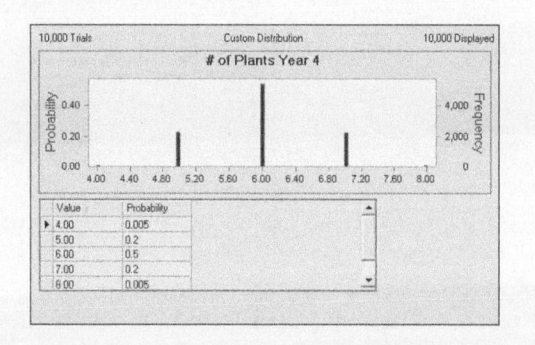

Value	Probability
4,00	0,005
5,00	0,2
6,00	0,5
7,00	0,2
8,00	0,005

[a]Os fatores de excesso de custo são considerados como sendo altamente correlacionados com o coeficiente de 0,90 de ano a ano.

delas o valor é positivo. Certamente, isso significa que em 26,26% das tentativas de simulação a estratégia gera um VPL negativo, sendo que o máximo VPL negativo é de – $152 milhões. Porém, o máximo VPL de $539,47 milhões é ainda mais impressionante. Mais uma vez, a mensagem que tiramos dessa análise é que, apesar do VPL da estratégia ser positivo considerando nossas melhores premissas, podemos prever conjuntos de premissas plausíveis sob as quais a estratégia gera um VPL negativo, assim como outros conjuntos nos quais o VPL é muito grande.

A Planilha c da Tabela 12-5 apresenta um diagrama de tornado, ferramenta usada para organizar informações de uma análise de sensibilidade que introduzimos no Capítulo 3. A ferramenta mostra a sensibilidade da avaliação da estratégia às mudanças em cada uma das premissas subjacentes à avaliação. Especificamente, o diagrama tornado contém estimativas do valor da estratégia no dia de hoje (VPL no Ano 0),

Tabela 12-5 Continuação

Planilha b. Distribuição simulada dos valores da estratégia hoje

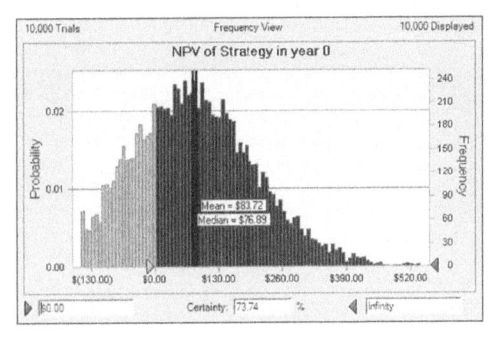

O quadro "certeza" contém a percentagem da área sob a distribuição do VPL que fica acima de 0. Do mesmo modo, a possibilidade de que o VPL da estratégia seja negativo é igual a 26,26% ou (1 − 73,74%).

O VPL médio da estratégia não é igual ao valor calculado anteriormente por duas razões: primeiro, a simulação incorpora distribuições para alguns fatores-chave cujos valores esperados diferem levemente dos valores esperados usados na análise anterior; segundo, consideramos a correlação entre os fatores-chave que não foram incorporados na análise anterior.

Planilha c. Análise de sensibilidade – diagrama tornado

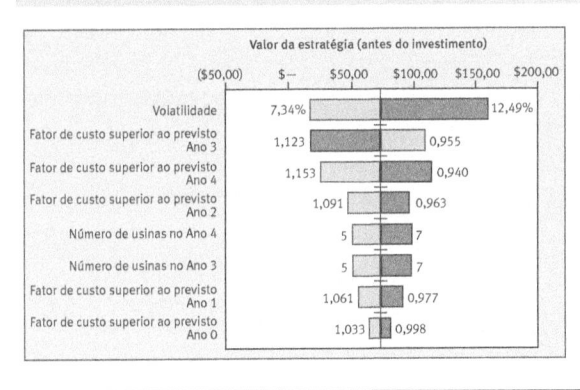

O diagrama tornado contém estimativas do valor da estratégia hoje (VPL [Ano 0]), em que cada premissa ou fator-chave (relacionado abaixo no lado esquerdo do diagrama) é definido como igual aos seus 10º e 90º percentis, respectivamente. As premissas com maior impacto no valor da estratégia estão no topo do diagrama (por exemplo, métricas de volatilidade), seguida por cada uma das premissas em ordem decrescente, de acordo com seus efeitos no valor da estratégia.

[b] Considera-se que o número de usinas construídas no Ano 4 seja altamente correlacionado (correlação = 0,90) ao número das que podem ser construídas no Ano 3.

---

medido no eixo horizontal no topo do diagrama, em que cada premissa ou fator-chave (relacionado abaixo, no lado esquerdo do diagrama) é definido como igual aos seus 10º e 90º valores percentis de suas próprias distribuições, respectivamente. Por exemplo, se a medida de volatilidade é igual ao seu 90º percentil (que é de 12,49%), com todas as outras variáveis permanecendo constantes, o valor da estratégia é igual a $159,88 milhões. Do mesmo modo, se o fator do custo superior ao previsto para o Ano 3 fosse igual ao seu 10º valor percentil (que é de 0,955), então o valor da estratégia aumentaria para $118,64 milhões. A próxima variável mais influente na análise é a de custo superior ao previsto no Ano 4, e assim por diante.

Consequentemente, no diagrama tornado podemos ver que os fatores-chave da análise (com base nas estimativas de parâmetros usadas pelo analista da Vespar) são a volatilidade nas mudanças no valor presente dos fluxos de caixa das usinas, seguido por seus custos de construção nos Anos 3 e 4, e assim por diante. O tipo de análise que pode ajudar os gerentes a determinar onde concentrar seus esforços – tanto em termos das projeções realizadas antes de fazer o investimento quanto nos esforços de monitoramento feitos depois do início da estratégia de investimento.

12.4 Valor estratégico quando o futuro não está bem definido

O caso Vespar fornece um exemplo estruturado no qual os investimentos futuros que formam a estratégia podem ser identificados com alto grau de certeza. Em casos como esse, mostramos que um tipo de análise de opções quantitativas pode ser bastante útil. Porém, geralmente acontece de ser muito difícil identificar antecipadamente as opções estratégicas – um fato que torna a avaliação quantitativa muito mais complicada. Quem imaginava, por exemplo, que em 1980 a investida da Dell nas vendas de computadores pessoais diretamente aos usuários finais levaria ao desenvolvimento de uma cadeia de distribuição que poderia ser adaptada à venda de periféricos relacionados aos computadores, tais como impressoras e, até mesmo, televisores de tela plana, como temos hoje? Do mesmo modo, quando a Apple Computer começou a desenvolver seu *palmtop*, quem poderia adivinhar que isso levaria ao fenômeno do iPod?

A ideia aqui é que investimentos estratégicos geralmente terminam por criar valiosas oportunidades de investimento futuro que simplesmente não são conhecidas na época do engajamento com a estratégia. Então, o que o analista pode esperar fazer quando procura por valiosas opções estratégicas? Essa é uma pergunta difícil. Porém, acreditamos que existam alguns fatores-chave que, se presentes, sugerem uma crescente predisposição para opções estratégicas valiosas. O primeiro passo na tentativa de incorporar consideração no valor da análise de novas propostas de investimento é reconhecer as situações em que podemos encontrar as opções estratégicas.

Que investimentos geram opções estratégicas?

Para ilustrar como as opções estratégicas podem ser tão valiosas quanto difíceis de definir antecipadamente, vamos considerar a mudança da Heinz, Inc. para a Índia, em 1994. Nessa época, esperava-se que o potencial de mercado na Índia fosse grande, mas extremamente incerto e subdesenvolvido. A Índia tinha cerca de 350 milhões de consumidores urbanos de classe média que estavam exigindo cada vez mais variedade em alimentos processados. Naquela época, apenas 2% da produção de alimentos consistia em produtos processados, sugerindo que o país estava pronto para mais investimentos nesse segmento. Entretanto, apesar desse potencial, era difícil definir precisamente um projeto de investimento inicial que pudesse ser visto como tendo um VPL positivo quando analisado isoladamente. Qualquer projeto especial enfrentava uma grande possibilidade de fracasso, mas, com tempo e experiência, a administração da Heinz acreditou que o investimento inicial levaria a valiosas oportunidades de investimento subsequentes.

A Heinz fez sua entrada estratégia nos mercados indianos por meio da aquisição da divisão de produtos de consumo da Glaxo (Índia). Embora algumas das marcas dos produtos de consumo adquiridas fossem lucrativas, a estratégia não produziu a penetração no mercado da Índia que a Heinz esperava. Porém, com aquilo que aprendeu de seus fracassos, a Heinz mudou sua estratégia para oferecer embalagens de tamanhos menores, chamadas *sachets*, que tinham preços unitários mais acessíveis e que atraiam os compradores de menor renda. Essa estratégia teve sucesso, pois ajudou a atrair novos consumidores que não haviam demonstrado interesse em experimentar os produtos antes.

Partindo das experiências iniciais da Heinz no mercado indiano, podemos generalizar e identificar três principais fatores-chave do valor de opções estratégicas.

Fator-chave n° 1: Alta incerteza combinada à flexibilidade estratégica é uma fórmula poderosa para a criação de valor. A entrada da Heinz no mercado indiano ofereceu resultados altamente incertos, mas potencialmente muito lucrativos. Essa situação ilustra o seguinte ponto: na medida em que a maior incerteza significa um maior potencial positivo, ela aumenta o valor de uma estratégia de investimento de múltiplos estágios. Basicamente, se a implementação da estratégia é flexível, a empresa pode limitar os custos associados aos maus resultados e capitalizar os benefícios dos bons resultados.

Fator-chave n° 2: A estratégia cria capacidades praticamente únicas. Como os projetos com alto VPL podem surgir apenas quando há uma concorrência limitada, as empresas devem desenvolver capacidades que as diferencie de seus concorrentes. A Heinz tinha uma marca conhecida internacionalmente, mas precisava adaptá-la aos gostos locais. Chegando cedo na Índia e desenvolvendo reputação pela qualidade dos produtos, a Heinz pôde aguardar o desenvolvimento de uma marca que seria usada em uma ampla gama de produtos. Em outras palavras, o desenvolvimento de uma marca pode ser visto como o primeiro estágio de uma estratégia de investimento que pode levar a uma grande quantidade de investimentos de VPL positivos no futuro.

Fator-chave n° 3: A capacidade adquirida leva a oportunidades de investimento que são expansíveis. Já enfatizamos que a incerteza cria valor apenas quando está relacionada à flexibilidade e, talvez, a flexibilidade mais importante seja aquela ligada à expansão. Considerando o tamanho e o potencial de crescimento do mercado indiano, estava claro que o investimento da Heinz era expansível.

Como a estrutura corporativa afeta o valor da opção estratégica?

Até agora, enfocamos as oportunidades de investimento estratégico sem analisar a empresa em si. Na verdade, as oportunidades de investimento com VPL positivo surgem como resultado de um casamento entre a oportunidade e a capacidade da empresa em capitalizar essas oportunidades. Como analisamos abaixo, a capacidade deve ser relacionada às características da estrutura financeira da empresa, sua força de trabalho e suas escolhas de investimento anteriores.

Escolha n° 1: Flexibilidade financeira. Uma boa classificação de crédito pode aumentar o valor das opções estratégias de uma empresa por diversas razões. Primeiro, uma empresa com uma boa classificação de crédito pode estar mais bem posicionada para aproveitar mais rapidamente as oportunidades que aparecem, sem ter que buscar apoiadores financeiros. Além disso, uma empresa com recursos financeiros é menos passível de ser pressionada para investir cedo demais, quando a opção de esperar é valiosa.

Apesar de a flexibilidade financeira aumentar o valor das opções estratégicas de uma empresa, isso não significa que as empresas devam usar capital de terceiros. Na verdade, como vimos no Capítulo 4, devido à dedutibilidade de impostos das despesas com juros, o WACC de uma empresa diminui quando ela inclui mais dívida em sua estrutura de capital. Além disso, a flexibilidade financeira pode permitir que uma empresa mal administrada faça más escolhas que reduzam o valor da empresa. Na verdade, a adversidade financeira, que limita em muito a flexibilidade da empresa, algumas vezes pode impor uma disciplina que torne mais fácil com que a empresa exerça suas opções de abandonar maus projetos em tempo hábil.

Escolha nº 2: Flexibilidade da força de trabalho. As empresas com força de trabalho mais flexível podem se movimentar mais rapidamente para capitalizar as oportunidades que surgem, além de abandonar mais facilmente investimentos que exibem maus resultados, quando essa é a melhor opção. Empresas com força de trabalho altamente flexível vão oferecer respostas afirmativas às seguintes questões: as pessoas se alternam em diferentes atividades como parte de seu treinamento para que mais tarde possam ser realocadas onde possam ter mais valor? Os empregados têm uma ampla formação que lhes permita acumular novas habilidades profissionais ou eles tendem a ter habilidades relativamente reduzidas que limitam sua flexibilidade? A empresa tem regras de trabalho flexíveis? As regras inflexíveis de trabalho, impostas pelos sindicatos ou pelos regulamentos governamentais, limitam a capacidade da empresa em exercer da melhor maneira as opções estratégicas. Sob esse ângulo, é provável que uma empresa americana, que geralmente tem regras de trabalho mais flexíveis, esteja mais bem posicionada para exercer as opções estratégicas de uma maneira melhor do que uma empresa francesa ou italiana, que podem ser mais sujeitas à restrições governamentais e de regulação.

Escolha nº 3: Diversificação. Uma ampla e crescente literatura discute as vantagens e desvantagens da diversificação. Na maioria das vezes, essa literatura discute um dilema entre os benefícios de redução de riscos por meio da diversificação e os custos associados ao fato de os gerentes se envolverem em investimentos que podem estar fora de sua área de conhecimento. À crescente lista de prós e contras da diversificação, gostaríamos de adicionar a possibilidade de que uma empresa diversificada pode ter uma grande flexibilidade que permita a seus gerentes exercerem valiosas opções estratégicas.

Para ilustrar esses problemas que envolvem a diversificação de empresas e opções estratégicas, considere a situação tanto com imóveis quanto com investimentos em gás. Nesses casos, a diversificação permite que a empresa movimente recursos para onde elas têm mais produtividade. As empresas de petróleo e gás vão concentrar mais esforços na produção do petróleo, quando os preços estiverem altos, e mais esforços na produção de gás natural, quando os preços do gás estiverem altos. Do mesmo modo, uma empresa que trabalha com imóveis, em Dallas ou em Los Angeles, tem a opção de concentrar seus esforços em Dallas, quando a economia em Dallas estiver bem e, depois, concentrar seus esforços em Los Angeles, quando Los Angeles estiver bem. Um fabricante também pode se beneficiar da flexibilidade, mudando a produção para as instalações que têm custos menores, mas pode não querer fechar completamente uma instalação de altos custo porque deseja manter a opção de voltar a produção para aquela instalação quando a situação mudar.

Devemos enfatizar que esses ganhos na diversificação surgem apenas quando esses negócios estão próximos ao bastante para permitirem que os recursos sejam transferidos entre eles. Diversificação fora do foco da empresa, como a aquisição da loja de departamentos Montgomery Ward pela Mobil Oil Corporation, seria difícil de justificar tendo como base esse tipo de análise. Também devemos salientar que os benefícios da diversificação exigem uma administração de alta qualidade, que possua incentivos para exercer essas opções de substituição de recursos da melhor maneira. Na verdade, alguns têm argumentado que a diversificação destrói valor devido à tendência da administração de exercer obstinadamente essas opções: subsidiando negócios de mau desempenho com os lucros dos que têm melhor desempenho

Incentivos aos gerentes, psicologia e o exercício de opções estratégicas

Em nossas análises anteriores, assumimos que os gerentes exercem suas opções estratégicas de maneira ideal. Porém, na realidade, os gerentes podem se afastar do exercício ideal, dependendo de como são remunerados, da estrutura organizacional e da psicologia gerencial.[9]

Como as opções para aumentar ou abandonar são tão cruciais na determinação do valor de uma estratégia de investimento, elas precisam de uma atenção adicional. Os gerentes podem relutar em abandonar uma estratégia e podem até querer expandi-la prematuramente. Uma razão é que uma decisão para expandir ou abandonar uma estratégia pode transmitir aos investidores informações que podem afetar o preço da ação da empresa. Por exemplo, a decisão de abandonar uma estratégia pode transmitir uma informação negativa sobre as perspectivas da empresa e, assim, levar a uma redução no preço de sua ação, mesmo quando se trata de uma boa decisão que beneficia os acionistas. Devido à possibilidade de uma reação negativa no preço da ação, a administração pode relutar em abandonar uma estratégia de destruição de valor.

Como discutimos no Capítulo 8, dependendo das circunstâncias, a administração de uma empresa pode estar mais, ou menos, preocupada com o preço da ação da empresa. Se, por exemplo, a empresa estiver pensando em aumentar o capital externo em um futuro próximo ou, alternativamente, se tiverem opções de compra de ações que estão vencendo, os gerentes provavelmente estarão muito preocupados em comunicar informações que podem ser vistas negativamente. Assim, nessas situações, eles podem relutar em abandonar o que inicialmente parecia ser uma boa estratégia, mas se deteriorou.

A segunda razão para não exercer a opção de abandono de forma ideal está intimamente relacionada à primeira e surge devido à informação que ela revela dentro da organização. O problema surge quando as pessoas que originalmente aprovaram a estratégia também são responsáveis por determinar quando devem abandoná-la.

---

[9] Lembre, conforme nossa discussão no Capítulo 11, que os gerentes podem ter razões lógicas para exercer cedo demais, mesmo quando a opção de atrasar sugere outra coisa. Do mesmo modo, os gerentes podem achar difícil exercer a opção de abandono por razões lógicas ou por razões que são melhores pessoalmente, mas não necessariamente melhores para a empresa (lembre-se de nossa discussão de gerência de lucros no Capítulo 9).

Nesse caso, o abandono pode ser visto como o reconhecimento de que a decisão original fora um erro. Quando a decisão de abandonar se reflete muito pouco no decisor, talvez influenciando suas oportunidades de promoção e premiação, ele tem um claro incentivo para interpretar as condições de mercado mais favoravelmente do que seria justificado, na esperança de que as condições se alterem de tal modo que tornem a estratégia lucrativa.

Por exemplo, na Planilha *a* da Tabela 12-4, podemos ver que é melhor abandonar a estratégia no nó de valor mais baixo no Ano 2 (isto é, o valor da estratégia é negativo). Entretanto, para proteger sua reputação pessoal, o gerente do projeto pode argumentar que, se as coisas se alteram no Ano 3, ainda é possível que a estratégia gere um VPL positivo; na verdade, a sequência de duas mudanças positivas consecutivas no valor das usinas nos Anos 3 e 4 resultaria em um valor da estratégia de $118,73 milhões. Se os executivos do alto escalão podem ser convencidos de que é possível que isso ocorra, então eles podem preferir que a estratégia continue.

A razão final pela qual algumas vezes os gerentes não exercem de maneira ideal a opção de abandonar é psicológica e surge do que os psicólogos chamam de *dissonância cognitiva*, o que significa que os indivíduos tendem a observar seletivamente as informações que apoiem suas decisões. A ideia básica é que os indivíduos querem evitar informações que façam com que se questionem sobre suas próprias capacidades. O benefício dessa tendência psicológica é que ela permite que os indivíduos permaneçam mais confiantes sobre suas capacidades, mesmo quando enfrentam erros de julgamento. É benéfico para a empresa ter gerentes confiantes, mas isso traz a óbvia desvantagem de potencialmente gerar más decisões. Em especial, não se pode confiar na equipe do projeto que originalmente comandou uma estratégia para avaliar objetivamente se a estratégia deveria ser abandonada.

O fato importante a ser observado na discussão acima é de que, mesmo com a melhor das intenções, os gerentes podem não exercer da melhor maneira a opção de abandono. Isso sugere que apenas acenar com compensação para encorajar os gerentes a reconhecer seus erros pode não ser suficiente. É muito difícil fornecer incentivos para que os gerentes façam as "coisas corretas" se eles já acham que estão fazendo as coisas corretas. Por isso, precisamos ser cautelosos na implementação de uma estratégia que tem um valor bastante sensível ao exercício de opções de abandono.

Os fatores que fazem com que os gerentes relutem em abandonar de maneira ideal uma estratégia de investimento provavelmente são os mais relevantes para as estratégias que apresentam maior ambiguidade para serem descritas e avaliadas. Essa tendência de não tomar decisões com base em informações ambíguas é um fenômeno comportamental documentado, conhecido como o Paradoxo de Ellsberg (veja o quadro Insight Comportamental).

Para entender como a ambiguidade influencia a opção de abandonar, compare os exemplos deste capítulo com os exemplos do Capítulo 11, em que o proprietário de um campo petrolífero tem uma opção de desenvolver o campo dentro de determinado número de anos. No exemplo do campo petrolífero, a decisão de abandonar é baseada principalmente nos preços do petróleo. Como os preços do petróleo são tão fáceis de observar quanto difíceis de prever, o incentivo e comportamentais associados à decisão de abandono são provavelmente menos importantes. Especificamente, os aspectos

> **INSIGHT COMPORTAMENTAL**
>
> ## Tomada de decisão com ambiguidade – o Paradoxo de Ellsberg
>
> Daniel Ellsberg se tornou famoso durante a Guerra do Vietnam ao deixar vazar documentos do governo conhecidos como os Papéis do Pentágono. Ele também é conhecido por identificar uma característica do comportamento humano muito importante, que passou a se chamar de o Paradoxo de Ellsberg.* A ideia por trás do paradoxo é que as pessoas tendem a ter aversão a fazer escolhas baseadas em informações ambíguas.
>
> Para ilustrar esse traço comportamental, Ellsberg pediu aos participantes de sua experiência que retirassem uma bola de uma de duas urnas, cada uma com 100 bolas. Em uma urna, nós sabemos que 50 bolas são vermelhas e as outras são pretas. Na outra urna, o número de bolas vermelhas e pretas é desconhecido, isto é, ambíguo. Se a pessoa escolher uma bola vermelha, ela ganha $50, mas se a bola escolhida for preta ela não ganha nada.
>
> Ellsberg descobriu que, quando confrontadas com esse dilema, as pessoas, de forma preponderante, escolhiam a urna com as proporções *conhecidas* de bolas vermelhas e pretas. Se a pessoa escolhesse a primeira urna, com proporções conhecidas, o experimentador dizia o seguinte: "Então você acha que a possibilidade de escolher uma bola vermelha da urna 50/50 é maior do que escolher da urna com proporções desconhecidas". O experimentador, então, pedia para que a pessoa retirasse outra bola, mas dizia que, se uma bola preta fosse retirada de uma das duas urnas, ela receberia $50. Diante dessa nova escolha, as pessoas que faziam a experiência surpreendentemente escolheram, outra vez, a urna 50/50! Mais uma vez, essas pessoas escolheram a urna da qual conheciam a probabilidade de que uma bola fosse preta ou vermelha (menos ambíguo).
>
> A tendência natural contra tomar decisões que envolvem ambiguidade fornece um importante desafio para os gerentes que avaliam investimentos com valor estratégico potencial. Pode haver uma relutância para seguir adiante com um investimento baseado em oportunidades futuras que são vagas e difíceis de quantificar. Da mesma maneira, a aversão à ambiguidade pode levar os gerentes a serem muito lentos em exercer a opção de abandonar a estratégia, quando uma informação desfavorável é vaga e difícil de quantificar. Na verdade, alguns especularam que Daniel Ellsberg acreditava que, devido à falta de informações concretas, os Estados Unidos relutaram em sair do Vietnam (isto é, foram lentos em exercer a opção de abandono) e ele deixou vazar os Papéis do Pentágono para fornecer esclarecimentos adicionais.
>
> *Daniel Ellsberg, "Risk, Ambiguity, and the Savage Axioms", *Quarterly Journal of Economics* 75 (1961), 643-649.

econômicos da escolha são relativamente fáceis de analisar (o projeto deve ser abandonado se os preços do petróleo caem) e, como os preços do petróleo são difíceis de prever, é menos provável que a deterioração do valor da propriedade seja vista como um reflexo negativo da pessoa que originalmente decidiu investir no projeto.

Os aspectos econômicos da estratégia da Vespar, entretanto, são muito mais ambíguos e, por isso, mais difíceis de serem avaliados por alguém estranho à empresa. O início do projeto deve ser baseado em um número de variáveis subjetivas que requerem julgamento gerencial. Isso significa que a escolha de abandono também precisa ser baseada em informações subjetivas e pode, então, ser um reflexo de julgamentos anteriores da administração. O que isso sugere é que os problemas comportamentais e de incentivo podem influenciar a escolha de abandono no exemplo da Vespar.

12.5 Resumo

Ao longo deste livro, descrevemos abordagens para avaliação de projetos de investimento individuais. Neste capítulo, demos um passo atrás do nosso foco para pensar mais amplamente sobre os investimentos de uma empresa como parte de uma estratégia global. A partir dessa análise, aprendemos três "lições" importantes. Primeiro, a maioria dos grandes projetos devem ser encarados como componentes de estratégias de investimento mais amplas, e devem ser avaliados como tal. Segundo, apesar da avaliação da estratégia de negócios de uma empresa se basear intensamente no julgamento dos seus administradores experientes, as escolhas estratégicas têm consequências financeiras que devem ser estimadas, mesmo que de maneira rigorosa. A lição final é de que nem todas as empresas são criadas igualmente no que se refere às capacidades da organização para capitalizar nas oportunidades de investimento estratégicas. A estrutura organizacional, a estrutura financeira e a maneira que a empresa escolheu para diversificar os seus investimentos desempenham papéis na capacidade de exercer as opções estratégicas de forma ideal.

Ao longo deste livro, defendemos a idéia de ter uma abordagem disciplinada e quantitativa para a avaliação das oportunidades de investimento. Além de trazer informações mais precisas, que dizem respeito ao problema de decisão, um processo de avaliação quantitativa tende a eliminar a política organizacional da escolha do investimento, tornando mais fácil avaliar um investimento com base em suas características econômicas, em vez da persuasão e do poder do responsável pelo projeto. A vantagem de usar uma abordagem quantitativa mais disciplinada é especialmente relevante para a avaliação das estratégias de investimento, pois, por sua própria natureza, elas são muito mais ambíguas e, portanto, mais suscetíveis aos vieses associados à política organizacional.

Como a estratégia tende a ser ambígua, é muito mais difícil aplicar uma abordagem quantitativa na avaliação das estratégias de investimento do que para os projetos de investimento individuais. Apesar de isso ser uma tarefa desencorajadora, a análise de opções reais fornece aos administradores um método e as ferramentas necessárias para quantificar o valor estratégico. Os gerentes vão notar que a abordagem sugerida exige que o analista assuma diversas premissas. Porém, se os gerentes não estiverem estabelecendo as premissas explicitamente em uma análise quantitativa, eles estão, na falta de outra opção, fazendo-as implicitamente ao usar formas de análise mais qualitativas. Na verdade, apesar da análise de opções reais ainda exigir um julgamento gerencial considerável, ela permite que os gerentes apliquem sua intuição e julgamento de maneira disciplinada. Por exemplo, com uma abordagem de opção real, o analista pode conduzir uma análise de sensibilidade a fim de determinar como cada premissa afeta a avaliação da estratégia de investimento, permitindo, dessa forma, que ele concentre-se nas premissas que são mais importantes para o sucesso da estratégia.

Um ponto importante a ser enfatizado é que a abordagem apresentada aqui vai além da avaliação da estratégia de investimento, entrando na esfera da melhor implementação. Para sermos mais precisos, introduzimos uma abordagem que não só avalia opções, mas proporciona um guia de quando elas devem ser exercidas de forma ideal. Por exemplo, nossa abordagem pode ser usada para determinar quando a estratégia deve ser expandida ("devemos construir cinco usinas térmicas em vez de três?") e também de quando uma estratégia deve ser abandonada. Além disso, nossa abordagem fornece alguns comentários sobre como as empresas devem ser organizadas para extrair o máximo valor de suas estratégias de investimento. A palavra-chave aqui é flexibilidade, Quando as empresas projetam suas organizações e determinam suas estruturas financeiras, é importante que estejam atentas aos benefícios de ser flexível em um ambiente incerto.

Problemas

12-1 Opcionalidade e valor estratégico Você foi contratado por uma grande empresa de entretenimento para avaliar a compra de um terreno perto do parque de diversões dela na Austrália. O terreno não será desenvolvido imediatamente, mas sim mais tarde, para hotéis de alta ou de baixa densidade, dependendo do sucesso do parque de diversões.

Descreva uma estratégia para o desenvolvimento do terreno e a abordagem que você usaria para avaliar a estratégia. Comente sobre os méritos dessa abordagem para avaliar o terreno (não são necessários cálculos).

12-2 Analisando uma estratégia utilizando opções A Reliable Industries está considerando o investimento na construção de uma usina de energia na Índia. Analistas da Reliable calculam o custo desse projeto em $600 milhões, com a TIR de 13%. Eles também estimam que, devido à experiência da construção da primeira usina, é possível construir uma segunda por $550 milhões, e usinas adicionais podem ser erguidas por $500 milhões cada uma.

   a. Como você faria para avaliar se deveria construir ou não a usina na Índia?
   b. Você está avaliando um projeto ou uma estratégia?
   c. Como o risco associado à estratégia da usina pode ser comparado ao risco associado às usinas individuais?

12-3 Exercício de raciocínio Muitos analistas financeiros são bastante céticos no uso das considerações estratégicas para justificar um projeto. A opinião é amplamente baseada na observação de que alguns dos maiores desastres de investimentos aconteceram baseados em uma justificativa "estratégica". Porém, esse tipo de tendência pode levar a uma forma de miopia gerencial na qual os únicos projetos que podem sobreviver aos obstáculos de aceitação da empresa são aqueles nos quais os fluxos de caixa futuros podem ser facilmente identificados e projetados. Comente sobre a validade dessa afirmação (não são necessários cálculos).

12-4 Avaliando uma estratégia de negócios A equipe de administradores sênior da Vespar estava decidida a assumir as usinas a carvão de queima limpa quando receberam um telefonema do engenheiro-chefe do empreiteiro que havia sido escolhido para construir a primeira usina. O engenheiro tinha a seguinte proposta de mudança nos planos: em vez de construir duas usinas em cada um dos Anos 1 e 2, ele sugeria que a empresa considerasse a construção de apenas uma usina por ano e que os recursos adicionais fossem gastos em P&D, para que o aprendizado que esperavam ter na construção de múltiplas usinas pudesse ser obtido. O custo das usinas, mais o custo da P&D nos Anos 1 e 2, aumentaria para $400 e $385 milhões, respectivamente. A administração da Vespar achou a proposta interessante e decidiu rever a análise econômica baseada no número reduzido de usinas e no custo maior por usina.

Quando disseram ao analista financeiro da Vespar, encarregado da avaliação da estratégia original, que era preciso reavaliar a estratégia ele achou que, provavelmente, fosse uma boa ideia devido aos acontecimentos recentes no mercado de energia. De fato, ele achou que a volatilidade da estratégia movida a carvão era substancialmente maior do que quando foi feita a análise original. Ele calculou que os valores presentes das usinas individuais ($ milhões), construídas ao longo dos próximos quatro anos, então, seriam os seguintes:

		Anos		
0	1	2	3	4
				$534,30
			$450,77	
		$449,58		395,82
	379,30		394,78	
$320,00		333,06		346,65
	280,99		292,46	
		246,74		256,81
			216,66	
				190,25

Todas as demais informações referentes à estratégia permanecem inalteradas, exceto que a probabilidade neutra a risco de um aumento no valor da nova usina agora é estimada em 46,26%. (As probabilidades reais permanecem 50/50.)

a. Qual é o valor esperado da estratégia de investimento no qual a opção de abandono é ignorada e todas as usinas são construídas, independente de seus VPLs? Para fins dessa análise, considere que a taxa de desconto apropriada para a estratégia é de 13,77%.

b. Qual é o valor esperado da estratégia do investimento no qual a opção de abandonar é exercida de maneira ideal?

c. Quanto podem custar a mais as usinas nos Anos 1 e 2 antes que a estratégia revisada não seja preferida em comparação à estratégia inicial? Considere que o mesmo fator de custo da inflação se aplica para cada usina nos Anos 1 e 2 e que se aplica a malha do valor presente líquido.

12-5 Estratégia de investimento simples – investimentos em estágios Você foi contratado para avaliar um grande investimento para uma empresa de tecnologia. O custo do projeto é de $100 milhões. Se o projeto for bem-sucedido, vai gerar lucros esperados de $15 milhões por ano, para sempre, o que tem um valor presente de $150 milhões. Porém, há 50% de chance de que o projeto seja um completo fracasso e, nesse caso, não vai gerar fluxos de caixa. Além disso, se o projeto for bem sucedido, haverá um projeto posterior que pode ser iniciado no ano seguinte. O projeto posterior terá um custo de $1 bilhão e, se as coisas forem bem, vai gerar fluxos de caixa esperados de $150 milhões por ano, que vão durar para sempre e resultarão em um valor de $1,5 bilhão (em moeda do Ano 1). Se o projeto posterior não for bem sucedido, resultará em fluxos de caixa com um valor presente de $900 milhões. O projeto inicial deve ser feito? Explique suas recomendações para seu chefe, que não é um "técnico", em termos simples e lógicos.

Epílogo

Ao preparar este livro, revisamos a literatura acadêmica sobre *valuation*, finanças corporativas e economia comportamental, e entrevistamos gerentes corporativos, consultores e banqueiros de investimento. Esse processo de duas vias não apenas ajudou a solidificar nosso entendimento sobre a teoria da avaliação de projetos e a prática industrial, mas também identificou diversas situações nas quais existe uma considerável lacuna entre elas. Para concluir o livro, vamos rever essas lacunas ao longo de nossas explicações e saber por que existem. Além disso, usaremos essa recapitulação como uma oportunidade de discutir como achamos que a prática industrial pode evoluir no futuro.

Calculando fluxos de caixa futuros

A primeira fonte de dissociação que observamos se relaciona à tendência dos gerentes em fornecer projeções de fluxos de caixa que são estimativas tendenciosas dos fluxos de caixa esperados. Esses vieses, dependendo da situação, podem ser tanto positivos quanto negativos. Por exemplo, os vieses positivos tendem a surgir do fato que os fluxos de caixa estimados frequentemente são baseados no que o analista acredita que seja um cenário *provável*. Essas estimativas tendem a gerar fluxos de caixas otimistas, ao invés de fluxos de caixa esperados, pois há uma tendência dos patrocinadores do projeto a focar em cenários em que os projetos terão sucesso. Entretanto, esse foco em cenários prováveis também pode resultar em um viés decrescente, porque ele pode levar o analista a ignorar os benefícios da flexibilidade do projeto. O último é especialmente problemático quando o investimento apresenta oportunidades para expansão no momento em que vai bem e redução quando vai mal.

Também devemos notar que, na prática, as projeções de fluxos de caixa geralmente são usadas para outras coisas além da avaliação de projetos. Um capitalista de risco, por exemplo, geralmente fica feliz ao financiar um empreendedor baseado nas projeções de fluxos de caixa otimistas deste. Para entender o porquê, você deve primeiro observar que os capitalistas de risco, que conhecem a tendência otimista nas projeções de fluxo de caixa do empreendedor, geralmente resolvem isso exigindo taxas de retorno muito altas. Consequentemente, a decisão de investimento final não é necessariamente viesada. Você também deve observar que o capitalista de risco usa as projeções de fluxo de caixa do empreendedor como fluxos de caixa-alvo para os empreendedores. Como resultado, as estimativas de fluxos de caixa otimistas fornecem alvos maiores que podem servir para motivar o empreendedor e fornecer ao capitalista de risco o poder de barganha no futuro, se os fluxos de caixa realizados deixam de atender as projeções do empreendedor.

Como observamos acima, quando fontes significativas de flexibilidade do projeto não são reconhecidas, as estimativas de fluxo de caixa algumas vezes têm viés descendente. O fato de que os analistas muitas vezes ignoram os efeitos da flexibilidade do projeto pode ser simplesmente devido à complexidade associada à análise da flexibilidade inerente da maioria dos projetos. Na verdade, nossos capítulos sobre opções reais e a avaliação da flexibilidade são provavelmente os mais complexos do livro. Por diversas razões, os executivos acreditam que a complexidade pode levar a erros, pois os problemas complicados são mais difíceis de resolver do que os simples e podem exigir premissas escondidas que o analista financeiro não entende completamente. Além disso, como vimos no Capítulo 5, as questões de política interna (que nós chamamos de *custos de influência*) nos problemas de decisão mais complexos podem proporcionar aos decisores a liberdade de movimento de realizar premissas que façam com que seus projetos preferidos pareçam mais favoráveis. Quando são usadas abordagens de avaliação mais complicadas, os líderes de projetos mais espertos, mais articulados e politicamente mais competentes, têm mais possibilidade de ter seus projetos aprovados, apesar de os projetos que eles defendem poderem não ser os melhores para a empresa.

Calculando taxas de desconto

A evidência empírica sugere que as empresas tendem a usar taxas mínimas de atratividade substancialmente maiores do que a maioria dos acadêmicos consideraria como taxas de desconto ajustadas ao risco apropriadas e, mais importante, eles seguidamente usam a mesma taxa de desconto para avaliar investimentos com níveis de risco muito diferentes. Como mencionamos acima, taxas de desconto maiores podem ser usadas para compensar previsões de fluxo de caixa excessivamente otimistas e também podem servir com um empecilho maior para motivar os responsáveis pelos projetos a barganhar por melhores condições com fornecedores, empregados, etc. O uso de uma única taxa de desconto, em vez de taxas de desconto ajustadas ao risco apropriadas a cada projeto, é provavelmente uma função da complexidade da tarefa e do papel que os custos de influência desempenham.

Diluição e incremento de lucros

Talvez a mais importante lacuna que identificamos entre teoria e prática tenha a ver com a importância dos lucros contábeis declarados. A maioria dos livros sobre avaliação fornece muito pouco sobre as implicações contábeis na seleção de projetos, porém, na prática, os gerentes despendem tanto tempo avaliando se um investimento é incrementador ou diluidor de lucros quanto estimando o VPL de um projeto. Como analisamos no Capítulo 9, os gerentes são propensos a se preocupar sobre o impacto dos lucros de um projeto de investimento desde que seu desempenho e o desempenho global da empresa sejam avaliados com base nos lucros contábeis.

Diminuindo a distância – direções futuras

Apesar de acreditarmos que a distância entre a teoria e a prática nunca será totalmente eliminada, ela está diminuindo ao longo do tempo e deve continuar a diminuir no futuro. Isto vai acontecer parcialmente quando a teoria mudar a fim de levar em conta a realidade de operar em uma organização complexa, povoada por gerentes com múltiplos objetivos e vieses comportamentais reconhecidos. Mais importante, a prática comercial está mudando, à medida que os gerentes começam a reconhecer os custos associados ao fracasso em fazer os ajustes necessários para lidar com um viés otimista, além de levarem em conta a flexibilidade do projeto e usarem uma taxa de desconto apropriada.

Enquanto a magnitude desses custos se torna mais aparente, esperamos que as empresas façam mudanças que contrabalancem as dificuldade organizacionais que surgem quando implementam ferramentas de avaliação mais complexas sugeridas pela teoria. Acreditamos que essas dificuldades organizacionais possam ser substancialmente mitigadas se as empresas estabelecerem grupos de controle totalmente independentes, cujo único objetivo é a avaliação de grandes projetos de investimento e que não tenham nenhum incentivo para aceitar ou rejeitar os investimentos. Devido à sua natureza imparcial, esses grupos podem reduzir os problemas de incentivo, o que, por sua vez, permite que a empresa utilize abordagens de avaliação mais sofisticadas. A partir de nossas observações informais, descobrimos que as empresas com tais grupos de avaliação tendem a usar abordagens de avaliação mais sofisticadas; porém, isso pode refletir a natureza mais sofisticada das próprias organizações.

Finalmente, acreditamos que a distância entre a teoria e a prática vai diminuir com o tempo quando as abordagens de avaliação, que em um primeiro momento parecem muito complexas, começarem a parecer mais intuitivas. O desenvolvimento de um *software* de avaliação vai contribuir nessa direção ao tornar as complicadas soluções acadêmicas mais fáceis de implementar na prática. Na verdade, esperamos que este livro também colabore com a agilização desse processo.

Créditos

Capítulo 3
Páginas 115, 116, 117: All Crystal Ball Professional Edition software screenshot, © 2007 Decisioneering, Inc. Utilizado com permissão. http://www.crystalball.com

Capítulo 4
Página 143: Fonte: Ibbotson Associates *SBBI 2006 Yearbook*;
Pág. 169: Fonte: adaptação do Moody's Investor's Service, Default and Recovery Rates of Corporate Bond Issuers: 2000, Global Credit Research (Fevereiro 2001), Exhibit 42, Pág. 47
© Copyright 2007 Moody's Investors Service.

Capítulo 6
Páginas 271, 272: Fonte: FactSet Research Systems; de 14/10/02.
© FactSet Research Systems Inc. 2000-2007.

Capítulo 8
Página 323: Fonte: Baseado na Figura 3 de Stephen D. Prowse, 1998, The Economics of the Private Equity Market, *Economic Review of the Federal Reserve Bank of Dallas*, 3º trimestre, 1998, 21-34.; Pág. 340: Fonte: Baseado em Scott Sedlacek, "Leveraged buyouts: Building Shareholder Value through Capital Structure", Broadview International, LLC (2 de abril de 2003).

Capítulo 12
Página 507: Fontes: Christine Tierney/Detroit News (5 de janeiro de 2005) e Malcolm Berko, "GM clings to its ranking as world's top automaker", BeaconNewsOnline.com

Índice

A

A maldição do vencedor, 232-234
Abordagem de avaliação híbrida
   com método de VPA, 328-331
      No investimento de capital privado, 377-379, 381
      Revisão, 379
   com método WACC, 303-304, 307-311, 313-321
   introdução, 303-304, 307
   no investimento de capital de risco, 64
   no investimento de capital privado, 347-348, 377-379, 381
Abordagem de derivativos para avaliação. Ver também Método de certeza equivalente; Contratos a termo. Preços a termo; Métodos de avaliação de opção
   certeza equivalente, 441-443
   erros de percurso, 455-458
   introdução, 437-439, 441
   resumo, 464
Abordagem de múltiplos. Ver também Comparáveis; Avaliação de relativos; indices de avaliação
   avaliação de FCD, 248-251
   EBITDA. Ver múltiplos EBITDA
   exemplo de construção de escritórios, 250-256
   índice de preço sobre lucro, 264-273
   modelo de crescimento de Gordon, 249-251, 250-251n, 307-308, 310, 313
   no investimento de capital de risco, 360-361
   no processo de avaliação de investimento
   nos bancos, 306-307
   para cálculo do valor terminal, 303-304, 334, 347
Abordagem fluxo-para-o-acionista, 218, 220
Ação. Ver Custo do capital próprio
Dividendos; Lucro por ação (LPA);
Ação preferencial; Índice preço/lucro (P/L) Índice
   bônus conversíveis, 162, 197, 199-202
   da empresa adquirida, 306
   em troca por capital de risco, 359
   recompras, 59-60, 183-184, 426
   restrito, 349-350, 349-350n
   retornos históricos, 171, 175-181, 180-181n
Ação preferencial
   como capital mezanino, 351
   custo ponderado do capital, 150-151, 156-158, 156-157n, 162-164
   em investimento de capital de risco, 361-362n, 363, 365
   resgatável, 384
Ações de crescimento, taxa de retorno, 174-177
Ações de valor, 174-177
Ações limitadas, 349-350, 349-350n
Ações preferenciais conversíveis, 162n, 197, 199-200
   em negócios de capital de risco, 365
Add-on, investimento, 373-377, 382
Administração de riscos. Ver também Hedging
   financiamento, 33-34, 33-34n
   no cálculo do valor do investimento, 39
AIG Private Equity Ltd., 352
Airgas, Inc., 257-258, 262-263
Alabama Power Company, 163-164
Alavancagem financeira, 59-60n, 69-73
   coeficiente beta, 167-169, 326-327
   como faca de dois gumes, 70-71, 373
   em investimento em capital privado, 367, 373
Alavancagem operacional, 253-256, 262, 265
   índice de avaliação, 277
Aleris International, Inc., 227-228
Allen, Woody, 233-234
Ambiguidade, tomada de decisão com, 560-562
Amortização. Ver Depreciação e amortização (DA)
Análise de cenário, 103-105
   de exemplo de aquisição, 320-321
   simulação combinada, 108-109, 117-118
Análise de fluxo de caixa descontado (FCD). Ver também Fluxos de caixa
   abordagem de certeza equivalente, 439, 441-442, 444
   abordagens alternativas, 354-356, 355-356n
   abordagens derivativas, 437-439
      Apreçamento de opções, 461, 462n
      desconto em tempo contínuo, 460-461
      erro de percurso, 456, 458
      exemplo de concessão de petróleo, 487-488
      resumo, 464
   ativos comparáveis de mercado, 243-244
   de custo do patrimônio líquido, 164-165, 179-186, 188
   de investimentos de petróleo e gás, 444
   do valor da empresa, 150, 153-156
      com estratégia de crescimento, 313-321
      com estratégia status quo, 307-311, 313-314, 318-319, 330-331
      em investimentos bancários, 306-307
      fluxos de caixa do período de planejamento, 303-306
      resumo, 334
      valor terminal, 303, 305-306, 329, 331
   estática
      opções de troca, 512, 514-515
      subavaliação da flexibilidade, 524
   flexibilidade na implementação, 123
   ideia básica, 49, 51-52
   índices de avaliação, 248-251, 281-283
   na avaliação de capital de risco, 354-356, 361
   natureza simplificada, 97
   opções de troca, 512, 514-515
   para avaliação de capital próprio, 150
   para avaliação do projeto, 81-85, 150
   perfil histórico, 49-53
   processo de avaliação do investimento, 39, 51-52
   processo de três passos, 52-53, 98-99
   subavaliação flexível, 524

Análise de risco. *Ver também* Análise de cenário; Análise de sensibilidade; simulação Análise
  exemplo de projeto arriscado, 98-104
  na avaliação de empreendimento, 37
  na avaliação de projeto, 33-34
  processo de avaliação em três passos, 97-98
  visão geral, 97-98
Análise de sensibilidade. *Ver também* Análise de Cenário; Análise da simulação
  análise de opções reais, 525-526
  com o diagrama tornado, 117-120, 554-556
  de investimento estratégico, 540-541, 551-552, 561-563
  do exemplo de aquisição, 314, 318-320
  do projeto, 104-107
  empresa combinada (*LBO Build-up*), 377-379, 381-382
  modelos de opções reais, 507, 511
  no setor de petróleo e gás, 121
  para simulação de opção de troca, 518-519
Análise de sensibilidade no ponto de equilíbrio. *Ver também* Análise de sensibilidade
  da aquisição, 314, 318-320
  do investimento estratégico, 540, 551-552
  do projeto, 104-107
Análise de simulação, 106-123
  análise de cenário combinada com, 108-109, 117-118
  de investimento estratégico, 542-543, 549, 552-556
  de opções reais, 511-519, 524-526
  distribuições de probabilidades, 106-112
  do risco da empresa e de mercado, 122-123
  extensão do modelo básico, 122
  interpretando resultados, 114-120
  no setor de petróleo e gás, 121
  passos para a execução, 108-111, 113-114
  princípio básico, 106-107, 141
  reflexos no uso de, 120-123
  software Crystal Ball, 112, 114, 122, 141-146
Análise do FCD estático
  opções de troca, 512, 514-515
  subestimação da flexibilidade, 524
Apple Computer, 555-556
Aquisição da Chipotle, 535-536

Aquisições. *Ver também* Avaliação de empreendimento; Aquisições alavancadas (LBOs)
  abordagem de VPA, 320-332
  abordagem tradicional pelo WACC, 303-304, 307-311, 313-321, 331-332
  análise de fluxo de caixa descontado, 153-156
  análise de sensibilidade, 314, 318-320
  avaliação relativa, 258, 263, 281, 306-307
  com estratégia de crescimento, 313-323, 325, 329-331
  com estratégia *status quo*, 307-311, 313-314, 318, 320-321, 325, 330-331
  de empresas de capital fechado, 258-259, 263
  estratégicas, 263, 306-307
  exemplos recentes mais importantes, 29-31
  mudanças na estratégia operacional, 303-304
  mudanças na estrutura de capital, 303-304, 320-322, 329, 331
Aquisições alavancadas (LBOs). 152, 368-382 *Ver também* Empresas *buyout*
  definição, 368
  estratégia build-up, 369-382
  estratégia bust-up, 369-370
  estruturas de capital, 368, 377-379
  fonte de criação de valor, 377
  implicações comportamentais do endividamento, 368-369
  IPO subsequente, 275
  risco e retorno, 347-348
Arrendamentos. *Ver também* Custo de capital do setor de petróleo e Gás, 150-151
Árvore binomial
  introdução, 459
Árvore de probabilidade, 459. *Ver também* Malha binomial
Árvores de decisão, 123-128
  opção de abandono, 124-128, 495-496, 499-500
  opções para produção de petróleo, 460-461, 499-500
  reverter os galhos, 503-504, 549
Árvores de probabilidade de multiperíodo, 475-476. *Ver também* Malha binomial
Arzac, E., 326n
Ashkenas, Ronald N., 30-31n
Ativo subjacente, 438, 451, 532
Ativos comparáveis de mercado. *Ver* Comparáveis

Ativos imobilizados líquidos, 61-62, 61n
Aumento do crédito, 33-34
Austin Ventures, 354-355
Autoridade de decisão no projeto, 39
Avaliação. *Ver também* Abordagem de derivativos para avaliação; Análise de fluxo de caixa descontado (FCD); Avaliação de empreendimento; Processo de avaliação de investimento; Avaliação do projeto; Avaliação de relativos
  abordagem disciplinada, 31-32
  problemas-chave, 33-37, 46-48
Avaliação de empreendimento, 303-334. *Ver também* Aquisições; Análise de fluxos de caixa descontados (FCD) do valor da empresa; Múltiplos EBITDA; Abordagem de avaliação híbrida; Aquisições alavancadas (LBOs)
  análise de risco, 97-98
  aplicações, 303-304
  assuntos-chave, 36-37, 46-48
  de empresa de capital fechado, 258-259
  definição, 31-32, 150-151
  em investimentos bancários, 306-307
  introdução, 303-306
  modelo de valor presente ajustado (VPA), 303-304, 320-332, 377-379, 381-382
  mudando estruturas de capital, 303-304, 320-322, 329, 331-332, 334
  na saída do capitalista de risco, 360-361
  no processo de avaliação de investimento, 36-37
Avaliação de imóveis comerciais, 248-256
Avaliação de imóveis residenciais, 246-248
Avaliação de relativos. *Ver também* Comparáveis; Abordagem de Múltiplos; Índices de avaliação
  avaliação de FCD, 248-251
  escolhendo comparáveis, 244, 274-276, 276n, 281-283, 306
  escolhendo o índice de avaliação, 244-245, 276, 278-283
  exemplos imobiliários
    Comercial, 248-256
    Residencial, 246-248
  informação financeira não confiável, 277
  introdução, 243-244
  nos bancos, 306-307
  para atribuição de preços de IPO, 273-274

processo de quatro passos, 244-245
resumo, 281-283
Avaliação do capital próprio com índice P/L, 264-273
Avaliação do projeto. *Ver também* Avaliação em comparação à avaliação da empresa, 31-32, 150
   análise de risco, 97-98
   assuntos-chave, 33-36, 46-48
Avaliação do setor de petróleo e gás. *Ver também* Malha binomial; Opção binomial; Modelo de apreçamento; Opções reais
   análise de sensibilidade, 121
   erros em
      erros de percurso, 456-457
      volatilidade errada, 521-522
   preços a termo, 444-450, 452-454, 487-489, 497-498
   projeto do Mar Cáspio, 31-36
Avaliação estratégica, 39, 74-76
Avaliação imobiliária
   comercial, 248-256
   residencial, 246-248
Aversão ao risco, opção de adiar, 491-492, 491-492n

B

Bachelier, Louis, 514-515
Bain Capital LLC, 352
Banco de bonificação, 426-428
Bancos *holding*, 349-350
Barber, Brad M., 56-57
Benefício fiscal dos juros
   cálculo de WACC, 151
   na abordagem da certeza equivalente, 447-448
   na abordagem de valor presente ajustado, 322-325, 328-332
   para *LBO build-up*, 377-380
   nos cálculos de FCLP e FCLE, 154-155
Berg Electronic Corporation, 370, 370n
Berthauld, A., 196-197n
Beta
   calculando, 166-169, 167-169n, 187, 189
      métodos alternativos, 170
      no exemplo de aquisição, 322-323, 326-327
   de títulos corporativos, 162, 169n, 327n
   definição, 165
   em exemplo de aquisição, 311, 318-319, 322-323, 326-327
   modificações do CAPM, 172, 174, 176-177
   taxa de retorno exigida do projeto, 206

Beta de carteiras, 207
Bierman, Harold, 421-422
Black-Fischer, 438n, 473
Blackstone Group, 347-348, 352
Bonificações. *Ver também* Políticas de compensação
   custo de capital, 209-210
   lucro econômico, 426429
   lucros, 394-395
   projeções de fluxo de caixa, 56-57
   tomada de decisão, 44, 46, 560-561
Book-building, processo, 273-275
Brenn, Jim, 209-210
Bridge capital, 351, 356
Brown, Robert, 514-515
Buffett, Warren, 104-105
Burlington Resources, Inc., 292-299

C

Cálculo estocástico, 506
Campo marginal, problema de abandono com, 494-496, 494-495n
Canibalização da receita, 54-55
Capacidade de endividamento, 216-217, 225-232
Capacidade de endividamento, 216-217, 225-232
   de empresa combinada, 377
Capital, investido
Capital de expansão, 351, 353-354
Capital de giro líquido (WC)
   fluxo de caixa livre da empresa, 259-260
   fluxo de caixa livre do acionista, 59-60, 61n, 62-63
   fluxo de caixa livre do projeto, 72, 75-76, 79-80
   na simulação, 113, 113n
Capital de primeiro estágio, 351, 353-354, 359, 364
Capital de reestruturação e reorganização, 353-354
Capital inicial, 351, 353-354
Capital mezanino, 351, 356
Capital próprio. *Ver também* Custo do patrimônio líquido; Ação
   como capital investido, 150, 155-156
   emissão de, avaliação de investimento, 45
Capital semente, 351, 353-354, 356
Capital *start-up*, 351, 353-354, 356
Carlyle Group LLC, 347-348, 352
Carteira de monitoramento, 453-454, 464, 483-484
Carve-outs, 303-304
Cassidy, Kevin, 227-228
Cerberus Capital Management, LP, 275

Chew, D., 426n
Chicago Board Options Exchange (CBOE), 438
Chrysler Corporation, 30-31
Cisco Systems, 36-37
Cisões, 303-304
Classificação de crédito
   lucros, 396-397
   oportunidades estratégicas, 556-559
Clear Channel Communications, Inc., 352
Comitê de planejamento estratégico, 39-42, 44-46
Commodities. *Ver também* Indústria de petróleo e gás
   derivativos, 438n, 438-439, 464
   erros de percurso, 456
   preços a termo, 441-444
   preços reversíveis à média, 514-517, 521-522
Comparáveis. *Ver também* Abordagem de múltiplos; Avaliação relativa
   erro de percurso, 458
   preços derivativos, 438-439
   selecionando, 244, 274-276, 276n, 281-283, 306
Computer Associates, 200-201
Conceitos básicos, 438, 451, 469-474
   avaliando investimentos de capital próprio
   canibalização de fluxos de caixa incrementais, 54-55
   com modelo, 458-462, 477-480
      avaliando opções reais, 488-493, 489-490n, 501, 503-504
      com carteira, 453-455
   de dívida conversível, 162, 200
   investimentos em fases, 482-483
Concorrentes
   árvore de decisão, 123
   premissas com referência, 74-75
Conflitos de interesse, 45-46. *Ver também* Viés; Custos de influência
ConocoPhillips, 121, 292-299
Consórcios de *joint-ventures*, de empresas de petróleo, 31-33
Contabilidade
   demonstração *pro forma*, 58, 97
   provisão contábil *versus* dinheiro em espécie, 58
Contabilidade em regime de caixa, 58
Contabilidade em regime de competência, 58
Contango, 445-446
Contas a pagar
   assumidas na aquisição, 305-306
   excluídas do custo de capital, 150, 188

Contas a receber, como capital de giro, 62n, 62-63
Contratos a termo, 442-443, 485
Contratos a termo. *Ver também* Preços a termo
  hedging, 441-443
  introdução, 438, 440
  versus contratos de opção, 454
Contratos de opção. *Ver também* Preço de exercício; Opções financeiras
  conceitos básicos, 434-435, 438, 469-474
  risco-base, 457
  terminologia relacionada com, 451
Contratos futuros
  introdução, 438, 438n, 440
  New York Mercantile Exchange, 442-443, 457
Convenção de fim de ano, 153
Credores, fluxo de caixa livre do projeto, 58, 70-73
Crescimento do capital de desenvolvimento, 351, 353-354
Crescimento do PIB, custo do capital próprio, 183-184
Criação de riqueza,30-31, 82-83. *Ver também* Medidas de desempenho; Medidas, 397, 426-427
Crider, Keith, 55n
Crystal Ball, 112, 114, 122, 141-146, 521
Cunningham, Joe, 354-356
Curva de experiência, 77-78
Curva de juros invertida, 445-446
Curva de preço *forward*, 445-446, 475-476, 491-492n, 498
  malha binomial, 501-502
Curvas de rendimento para endividamento, 157-158
Custo da dívida, 157-162, 185-189. *Ver também* Títulos, corporativos
  abaixo do grau de investimento, 160-162, 188, 195-197, 199
  no exemplo de aquisição, 311
  para títulos conversíveis, 162, 197, 199-202
  WACC específico ao projeto, 226-228
Custo das mercadorias vendidas
  Cálculo, 77-80
Custo de capital. *Ver também* Taxas de desconto; Custo de oportunidade de capital; Custo médio ponderado do capital (WACC)
  como dívida conversível, 162, 197, 199-202
  critérios de lucro nos investimentos, 393-394, 396-407, 426-428
  no exemplo de aquisição, 308, 313-314
    análise de cenário, 320-321
    análise de sensibilidade, 318-319

otimismo gerencial, 181
  para financiamento de capital de risco, 354-357, 359
  recomendações nos cálculos, 156-157, 187-189
  taxa interna de retorno maior do que, 84-85
Custo de oportunidade de capital, 81-82. *Ver também* Custo de capital
  como taxa de desconto apropriada, 205
  como WACC, 149-150, 152, 231-232
  no investimento de capital privado, 347-348, 357, 359
  projetos mutuamente exclusivos, 231-233
Custo de oportunidade de capital próprio
  incremento/diluição de lucros, 402-403, 426-427
  lucro econômico, 409, 414
Custo de unidade variável, projeção, 78-80
Custo do capital preferencial, 156-158, 156-157n, 162-164
Custo do capital próprio. *Ver também* Custo do patrimônio; Custo do capital preferencial
  no exemplo de aquisição, 311, 318-319, 322-323, 326-327
  no exemplo de aquisição alavancada, 377-379, 381
  otimismo exagerado no cálculo, 181
  problemas no cálculo, 187-189
  WACC divisional, 213-215, 214-215n
  WACC específico ao projeto
    com financiamento corporativo, 226-228
    com financiamento do projeto, 222, 224
Custo do capital próprio desalavancado na análise do VPA, 322-323, 326-327
  WACC, 327n
Custo do endividamento esperado, 157-158, 160-162
Custo do patrimônio líquido. *Ver também* Modelo de apreçamento de ativos de capital (CAPM)
  modelos de fluxo de caixa descontado, 164-165, 179-186, 188
  recomendação no cálculo, 187-189
  visão geral, 163-165
  WACC, 150-151, 156-158
Custo fiscal, 177-178
Custo médio ponderado do capital (WACC)
  alteração para abordagem de VPA, 320-322, 329, 331-332

cálculo, 155-187, 189
  custo das ações preferenciais, 156-158, 156-157n, 162-164
  custo do endividamento, 157-162, 185-186, 195-197, 199
  passo final, 184-186
  patrimônio líquido. *Ver* Custo do Patrimônio líquido
  pesos da estrutura de capital, 152, 155-158, 185-189
  problemas, 152, 186-187, 189
  processo de três passos, 152
  setores industriais, 155-158
  sociedades de propósito específico, 202
como custo de oportunidade de capital, 149-150
definição, 149-152
em avaliação de investimentos, 307
juros dedutíveis de impostos, 151-152, 447-448
medida de bônus de desempenho, 209-210
metodologia do FCD, 150
na aquisição, 153-154, 311, 308, 313-314, 317-319, 324, 327, 327n
oportunidades estratégicas, 557-558
resumo da abordagem tradicional, 331-332
taxas de desconto do projeto, 204-207
  alternativas para, 210-212
  peso dos valores contábeis, 209-210
  WACC da empresa, 210-212
  WACC divisional, 210-217
  WACC específico ao projeto, 210-212, 216-232
usos de, 187, 189-190
valor da empresa, 153, 334
valor econômico agregado, 409, 414
Custos da ação, 54-55
Custos de influência, 208-209, 565-566
  taxa de desconto divisional, 213, 213n, 216-217
Custos de limpeza, opções de encerramento, 496
Custos de oportunidade, fluxos de caixa incrementais, 55, 55n
Custos de pesquisa e desenvolvimento, 54-55, 55n
  capitalização, 422-423, 428
Custos de publicidade, capitalização, 422-423, 428
Custos superiores ao previsto, 551-556

D

DaimlerBenz, 30-31
Data da colheita, 360-361
Dean, Joel, 49, 49n, 51-52

ÍNDICE 575

Decisão de fazer um investimento, 39-41, 45
Decisão e aprovação gerencial, 39-41, 46
Dell Computer Corporation, 174-177, 555-556
Demissão de empregados, 369-370
Demonstrações *pro forma*, 58, 97
Depreciação
  linear, 65-66n, 79-80
  lucro econômico, 421-425, 428
Depreciação e amortização (DA)
  comparado com CAPEX, 62, 62n
  fluxo de caixa livre do acionista, 59-61, 61n
  fluxo de caixa livre do projeto, 72, 75-76, 79-80
Depreciação econômica, 421-425, 428
Depreciação linear, 65-66n
  valor residual, 79-80
Derivativos financeiros. *Ver também* Contratos a termo; Contratos futuros; *Hedging*; Contratos de opção
  introdução, 438
  liquidez dos mercados, 456
Desconto em tempo contínuo, 460-461
Descontos de liquidez, 263
Desembolsos com financiamento em fases, 363-365, 382
  desenvolvimento de petróleo no Mar Cáspio, 32-33
  opção de abandono; Opção de adiamento
  opções associadas com, 33-35, 48, 482-483
    análise de opções reais, 484, 486-495
    para capitalista de risco, 364-365, 382
  valor da incerteza, 556-557
  valor presente líquido, 82-83n
Desencontro gerencial da teoria, 565-567
Desenvolvimento imobiliário
  dificuldades na avaliação, 519
  diversificação, 557-558
  modelos de apreçamento de opções, 508-510
  modelos de avaliação, 525-526
  opção de adiar, 492-493
Desigualdade de Jensen, 116-117n
Despesas operacionais
  calculando, 77-80
  como fator-chave, 117-120
Despesas operacionais fixas, projeções, 78-79
Despesas provisionadas, assumidas na aquisição, 305-306
Desvio padrão. *Ver também* Volatilidade
  modelo binomial, 459
  na simulação da opção de troca, 516-517

no modelo de apreçamento da opção de vida infinita, 508
volatilidade, 534
Diagrama tornado, 117-120, 554-556
Dick's Sporting Goods, 299-302
Diferenças geográficas, risco base, 457
Diretoria
  aprovação de projeto, 40-41, 45
  preocupação com lucros, 396-397
  sócios de capital privado, 347-350, 358
  como investidor de risco, 359
Dispêndios de investimento como percentual dos ativos totais, 30-31
Dissonância cognitiva, 560-561
Distribuição binomial, 458-459
Distribuição de probabilidade triangular, 108-112, 143
Distribuição de probabilidade uniforme, 108-112, 114
  na simulação Crystal Ball, 143-144
Distribuição lognormal, 112
Distribuições de probabilidades, 106-111
  escolha, 112, 121
  na simulação Crystal Ball, 141-144
  para a simulação de opção de troca, 518
Diversificação, 557-559
  capacidade de endividamento, 226-227, 377
Dívida *nonrecourse*, 33-34, 33-34n
  opção de inadimplência, 451, 460-461
  valor da opção, 452-454
  WACC específico ao projeto, 216-217
Dívida subsidiada, 322n, 333
Dividendo prometido, 163-164, 163-164n
Dividendos
  alíquota do imposto, 177-178
  avaliação do índice P/L, 266-271, 270-271n
  fluxo de caixa livre do acionista, 58-60
  nas ações ordinárias, 163-165, 179-184
  nas ações preferenciais, 162-164, 163-164n
  opções de avaliação, 500, 507, 509, 532
Duke Energy Corporation, 180-181

E

E.I. DuPont, 370
eBay, 29
EBITDA (lucro antes dos juros, impostos, depreciação e amortização)
  como fatores-chave do capital privado, 379, 381-382

FCLA, 60, 61n, 66-67
FCLE, 259-260
Economias de escala, 369
Einstein, Albert, 514-515
Ellberg, Daniel, 561-562
Empecilho, VPL, 508
Empresa de alto crescimento, múltiplo P/L, 269-273
Empresa plataforma, 369-377
  avaliando com VPA híbrido, 377-379, 381
  opção de empresa adicional (*add on*), 382
Empresas *buyout*. *Ver também* Aquisições alavancadas
  negócios de bilhões de dólares, 347-348, 352, 367
  tipos de investimento, 351, 353-354
Empresas com baixa produtividade
  investimento em capital privado, 366-367
  LBOs *bust-up* de, 369
Empresas comparáveis, para cálculo do WACC divisional, 213-216
Empresas de alto crescimento, problema do custo do capital próprio, 406
Empresas de crescimento estável, múltiplos P/L, 266-269
Empresas de grande porte, 172, 174-176
Empresas de médio porte, 172, 174
Empresas de pequeno porte, 172, 174-176
Empresas seguradoras, como investidores de capital privado, 349-350
Empréstimos bancários, 188
Encargos de capital, 409, 414, 414n, 422-423
Endividamento. *Ver também* Custo da dívida; Dívida *nonrecourse*
  avaliação do projeto, 33-34
  definição de WACC, 150-151
  valor da empresa, 153-156
Enron Corp., 202, 393-394, 426
Entrada de caixa, 52-53
Equity Office Properties Trust, 352
ERISA (Employment Retirement Income Security Act), 177-178
Erros de percurso, 455-458
Escândalos, corporativo, 393-394
Esperar. *Ver* Opção de adiar
Estoques, como capital de giro, 62n, 62-63
  definição, 150-151
  pesos da estrutura de capital, 155-156
Estratégia de expansão. *Ver* Opções estratégicas
Estratégia de fusão *roll-up*, 370
Estratégia escalonável, 539, 541, 551, 556-557, 565

Estratégia *status quo*, avaliação de empreendimento, 307-311, 313-314, 318-321, 325
   na abordagem de VPA, 329-331
Estrutura de capital. *Ver também* Alavancagem financeira
   avaliação para empresas específicas, 152, 188
   dependência do coeficiente beta, 167
   mudança ao longo do tempo
      nas aquisições alavancadas, 377-379
         WACC tradicional *vs* VPA, 303-304, 320-322, 329, 331-332, 334
   oportunidades estratégicas, 557-558
Esty, Benjamin, 31-32n
EVA®. *Ver* Valor Econômico Agregado (EVA®)
Excel (Microsoft)
   ferramenta *Solver*, 106
   função Atingir meta, 104-106, 104-105n
   função TIR, 82-83n
   função VPL, 84-85
   softwares de simulação para, 114, 141-146
Excesso de confiança, 44, 57
   gênero, 56-57
Excesso de otimismo, 44, 46-47, 57. *Ver também* Viés; Fluxos de caixa desejados
   custo de capital, 181
EXCO Resources, 275
Expansão de múltiplos, 374, 377
ExxonMobil, 213-216, 264-265, 276

F

Falência remota, 216-217
   entidades com fins especiais, 202
Fama, 172, 174n, 175-176
Fator de desconto, 81-82
Fatores específicos de carteiras, 172, 174
Fatores-chave
   análise de cenário, 103-104
   análise de sensibilidade do ponto de equilíbrio, 104-107
   capital privado, 379, 381-382
   dependências entre, 122
   incertezas, 97-99
   no cálculo do FCLP, 75-81
   no exemplo de aquisição, 314, 318-320
   no investimento estratégico, 540-541, 551-557
FCLA. *Ver* Fluxo de caixa livre do acionista (FCLA)
FCLP. *Ver* Fluxo de caixa livre do projeto (FCLP)
Fibonacci, 51-52

Financiamento. *Ver também* Custo de dívida; Alavancagem financeira
   avaliação de empreendimento, 37
   fluxo de caixa livre do acionista
      com projeto financiado exclusivamente com capital Próprio, 59-67
      financiamento com capital de terceiros, 66-71
   problemas de avaliação de projetos, 33-34, 33-34n
   processo de avaliação de investimento, 39, 45, 48
Financiamento abaixo do mercado, 322n, 333
Financiamento de dívida. *Ver também* Alavancagem financeira
   fluxo de caixa livre do acionista, 66-71
   oportunidades estratégicas, 557-558
Financiamentos não reportados em balanço, 33-34, 202
Fisher, Irving, 49, 49n
Flexibilidade
   desenvolvimento imobiliário, 525-526
   distância entre a teoria e a prática, 565-567
   inerentes ao investimento, 34-37, 39
   na implementação do projeto, 123-128
   ppções reais, 123, 434-435, 522-524
      estratégica, 536, 556-559, 562-563
      incentivo para esperar, 492-495
      simulação para troca, 514-515, 518-519
      supervalorização, 519, 521-522
Flexibilidade gerencial. *Ver também* Flexibilidade; Opções reais
   custos de influência, 209
   opções reais, 481-484, 512
Fluxo de caixa livre da empresa (FCLE), 393-408, 406n, 426-428
   avaliando
      EBITDA, 259-260, 261n, 262
   na abordagem de VPA, 322-325, 332, 377-380
   na abordagem do WACC, 153-154, 310-311, 308, 313-314, 316-318, 332
   simulações
      taxa interna de retorno, 210-212, 216-232
   utilizando índice de avaliação, 280
Fluxo de caixa livre do acionista (FCLA), 58-71
   definição, 59-60
   em LBO *build-up*
      empresa *add-on*, 374

      empresa plataforma, 371, 371n
   se alavancado, 374-375
   na avaliação de empreendimento. *Ver* Modelo de valor presente ajustado (VPA)
   para projeto alavancado, 66-73
   para projeto financiado exclusivamente com capital próprio, 59-67, 72-73
   taxa de desconto usadas com, 150
   valor do capital próprio da empresa, 154-156
   versus fluxo de caixa livre do projeto, 58
   volatilidade, 69-71
Fluxo de caixa livre do projeto (FCLP)
   avaliando, 81-85, 102-103
   exemplos
      Básico, 70-74
      Completo, 73-82
      Para análise de risco, 99-100, 102-103
   fluxo de caixa livre da empresa, 153
   simulações, 114-115
   taxa interna de retonro, 82-85
   versus fluxo de caixa livre do acionista, 58, 70-71
Fluxos de caixa. *Ver também* Análise de fluxo de caixa descontado (FCD); Fluxo de caixa livre do acionista (FCLA); Fluxo de caixa livre da empresa (FCLE); Fluxo de caixa livre do projeto (FCLP)
   cálculo de, 46-47
   certeza equivalente. *Ver* Método de certeza equivalente
   como uma medida de desempenho, 397
   conservador, 53, 56-57, 150
   convenção para fim do ano, 153
   de oportunidades adicionais, 36
   desejados. *Ver* Fluxos de caixa desejados
   EBITDA como uma medida rudimentar, 256, 259-260
   esperado *ver* Fluxos de caixa esperados
   exemplo básico, 52-53
   flexibilidade na implementação, 123
   livre, 59-60
   lucro por ação, 393-394
   mudanças no sinal de, 86
   opções reais e
      análise do FCD estático, 512, 514
      modelo Black-Scholes, 520-521
      modelo de vida infinita, 506-508, 510-511
      simulação, 516, 518-519
   oportunidades estratégicas, 537-538
   relevante, 53-57

ÍNDICE **577**

valor presente líquido, 30-31, 30-31n
viés gerencial nas projeções, 565-566
Fluxos de caixa desejados, 56-57, 150.
Ver também Fluxos de caixa otimistas
de títulos abaixo do grau de investimento, 195n
investindo em capital privado, 347-348, 382
com aquisição alavancada, 379
com capital de risco, 57, 361-362, 361-362n, 365
utilizando a abordagem de FCD, 355-356
Fluxos de caixa esperados, 52-53, 56-57, 150
abordagem do FCD tradicional, 354-356
estimativa viesada, 565-566
investimento em capital privado, 347-348, 382
valor presente líquido, 30-31n
versus fluxos de caixa de certeza equivalente, 441-442
Fluxos de caixa incrementais, 54-57
Fluxos de caixa livres, 59-60
Fluxos de caixa otimistas, 53, 84-85, 565. Ver também Fluxos de caixa desejados
taxas de atratividade, 232-234, 565-566
Fluxos de caixa relevantes, 53-57
Força de trabalho
avaliação estratégica, 75-76
demissões, 369-370
flexibilidade, 557-558
Formulário de requisição de investimento de capital, 43
Forrester, J, Jr., 82-83
Fração de propriedade do capitalista de risco, 349, 360-362, 364-365
Freescale Semiconductor, Inc., 347-348
French, Kenneth, 172, 174n, 174-176
Frito-Lay, 54-55
Função de desvalorização, 77-78, 77-78n
atraso na implementação, 88
Funcionários. Ver Força de trabalho
Fundos de doação da universidade, 349-350, 357
Fundos de pensão, 349-350, 367
Fundos urubus, 353-354
Furst, Jack D., 366-367
Fusões. Ver também Avaliação de empreendimento
desempenho, 30-31
estratégia *build-up*, 370
múltiplos de transação, 306-307

G

Garantias do governo, 33-34
Gás natural, troca entre óleo combustível e, 512-519

Gates, Bill, 52-53
Gearing, 59-60n
General Motors, 175-177
Geus, P, 104-105
Gitman, L., 82-83
Glaxo (Índia), 556-557
Globalização de mercados de valores mobiliários, 176-178, 177-178n
Glosten, L., 326n
Goodwill, como prêmio de compra, 306, 306n
Google, Inc., 29, 271, 273, 292-293
Gordon, Myron, 89, 164-165, 164-165n
Graduação
Graham, John, 82-83, 87n, 204n, 393-394n
Graziano, Cheryl de Mesa, 202n
Grupo de desenvolvimento de negócios, 40-42, 41-42n
Grupos industriais
estimativa de beta, 170
estimativa do WACC, 155-158
GS Capital Partners LP, 352
Gupton, G., 196-197n

H

Hamilton, D., 196-197n
Harrahs Entertainment, Inc., 352
Harris, Trevor, 397
Harvey-Campbell, 82-83, 87n, 204n, 393-394n
HCA, 352
Hedging
com avaliação de apreçamento de opções, 453-455
com contratos a termo, 441-443
para produção de petróleo, 497-499, 497n
probabilidades de risco neutro, 462
conceitos básicos, 441-442
liquidez dos mercados derivativos, 456
opção para adiar investimento, 491-494
processo de avaliação de investimento, 39-40
Heinz, Inc, , 555-557
Hertz IPO, 306
Hicks, Muse, Tate and Furst, 367, 370
Histograma, na simulação Crystal Ball, 145-146
História, investimento, 33, 37, 39-40
análise de cenário, 104-105
para exemplo de FCLP completo, 74-76
HM Capital Partners LLC, 366-367
Home Depot, 30-31, 157-160
Hook, Jonathan, 357
Horizonte de investimento
de capitalista de risco, 359n, 365

planejamento estratégico, 542-543
práticas para aumento do, 426-427

I

Ibbotson, Roger, 156-157
Ibbotson Associates, Inc., 155-158
modelo de crescimento de três fases, 182-185, 183-184n
pela classificação de empresas, 172, 174
procedimentos usados, 213-215
taxa livre de risco usada por, 166n
IBM, 176-177
Incentivos. Ver também Viés; Bonificações; Custos de influência
dos participantes do mercado de capital próprio, 358
projeções de fluxo de caixa, 56-57
viés, 44-46
Incerteza. Ver também Risco; Volatilidade
como uma vantagem estratégica, 551, 556-557
malha binomial, 532, 549
opções reais, 482-483, 492-495, 512
simulação, 518, 524, 542
Índice de endividamento
abordagem VPA, 320-322, 334, 377-379
capacidade de endividamento, 230-232
WACC divisional, 214-215
Índice de preço sobre lucro (P/L), 264-273, 278, 281-283
atual, 266-267
definições variadas, 266-267
projeto incrementador ou diluidor, 403-407
Índice de retenção, 266-271, 273
Índice do valor contábil sobre o valor de mercado, 277, 279
Índice lucro/preço (L/P), 403, 406
Índice P/L anterior, 266-267
Índice P/L futuro, 266-267
Índices de avaliação, 244-245. Ver também Abordagem de múltiplos; Avaliação de múltiplos
análise do FCD, 248-251, 281-283
consistência nos componentes de, 276-277
escolhendo, 244-245, 276, 278-283
informação financeira não confiável, 277
resumo, 281-283
Índices de avaliação de empreendimento, 277, 279-283
Índices de avaliação do capital próprio, 278-279, 281-283
Inflação, custo do capital próprio, 183-184
Informação assimétrica no mercado de capital privado, 358

Introdução ao produto, árvore de decisão, 123-124
Investidores anjo, 351, 353-354
Investidores privados ricos, 349-350, 367 (WACC)
Investimento de capital privado, 347-382. Ver também Aquisições alavancadas (LBOs); Capital de risco (VC); Investimentos
  alavancagem financeira, 367, 373
  alterações de 1970 a 1990, 367
  análise de sensibilidade, 379, 381-382
  avaliação em
    abordagem de VPA, 377-379, 381-382
    características únicas, 347-349
    método do setor, 377-379
  categorias de investimento, 351, 353-354
  ciclo de vida da empresa, 353-354
  cronograma de saída, 347
  entrevista sobre estratégias, 366-367
  informação assimétrica, 358
  introdução a, 347-350
  mercado, visão geral, 349-351, 353-354
  negócios de milhões de dólares, 347-348, 352, 367
  papel ativo dos investidores, 347-349, 359, 366-367
  resumo, 382
  taxa interna de retorno, 307, 347-348, 377-379
  taxas de retorno exigidas, 347-349, 357, 359
  versus investimento em capital privado, 349
Investimento diluidor. Ver Projeto diluidor de lucros
Investimento direto, 353-354
Investimento em capital privado, 349
Investimento estratégico
  características importantes de, 539, 541
  na proposição de valor, 39- 40
Investimento incrementador. Ver Projeto incrementador de lucros
Investimentos de capital (CAPEX)
  como fatores-chave do capital privado, 379, 381-382
  fluxo de caixa livre da empresa, 259-260
  fluxo de caixa livre do acionista, 59-60, 61n
  múltiplo EBITDA, 261, 261n
  visão geral, 61-62, 61-62n
Investimentos de capital de risco (VC)
  abordagem de avaliação, 354-356, 359-362

avaliação pós-investimento (post-money), valor, 354-355, 355n, 361-363
características exclusivas, 347-349
ciclo de vida da empresa, 353-354
financiamento gradual, 363-365, 382
fluxos de caixa desejados, 57, 355-356, 361-362, 361-362n, 365, 565
fluxos de caixa intermediários, 361-362n
fração de propriedade, 349, 360-362, 364-365
na estrutura de negócios, 349, 353-355, 359-365
tamanho do recurso, 354-356
taxas de retorno exigidas, 354-357, 359, 361-365
valor pré-investimento (pre-money), 363
Investimentos fracassados, 30-32
Investimentos líquidos
  desconto por liquidez, 263
  em capital privado, 347-349, 382
Investimentos mutuamente exclusivos
  custo de oportunidade de capital, 231-233
  opções de cronograma, 84-85, 88, 493-494
Investimentos privados em capital privado (PIPEs), 349-350n
  desconto de liquidez, 263
  valor do empreendimento, 258-259
Investimentos sequenciais, 48, 483-484.Ver também Opções estratégicas
  avaliação de empreendimento, 37
  avaliação de projeto, 36
Investment banking, 273-275
  métodos de avaliação de empreendimento, 306-307
Iteração no Crystal Ball, 141-142, 144-146

J
Juros dedutíveis de impostos. Ver Benefício fiscal dos juros

K
Kaminski, Vince, 485
Kane, Michael, 31-32n
Kaplan, Steven, 357n, 370n
Keown, Arthur J., 53n
Kinder Morgan, Inc., 352
Kohlberg Kravis Roberts & Co, 352

L
LBO build-up, 370-382
  Abordagem do setor de capital privado, 370-379
  Abordagem VPA, 377-379, 381-382
  Análise de sensibilidade, 379, 381-382
  Versus LBO bust-up, 369-370

LBO Bust-up, 369-370
Lee, Winyih, 77-78n
Leonardo de Pisa, 51-52
Limites de crédito no cronograma do investimento, 493-494
Linksys Group, Inc., 36-37
Liquidação do investimento. Ver Valor terminal
Lotus 1-2-3, Backsolver do, 104-105
LPA. Ver Lucro por ação (LPA)
Lucro
  residual, 34-35, 409, 414
  versus Fluxo de caixa, 58
Lucro bruto, projeção Crystal Ball, 141-146
Lucro econômico, 414-427
  bonificação, 426-427
  cálculo alternativo, 416-417n
  cálculo modificado, 421-425
  introdução, 408-409, 414
  lucros back-loaded, 416-418, 420-421
  lucros front-loaded, 417-422
  problema de custo de capital próprio, 414-417
  resumo, 426-429
  valor de mercado agregado, 414-416
  valor presente líquido, 414-422
Lucro residual, 34-35, 409, 414. Ver também Lucro econômico
Lucros, projeções, 75-78
Lucros. Ver também Preço sobre lucros Índice P/L
  como métrica de desempenho, 33-35, 394-397
  efeito de curto prazo do investimento, 33-35, 37, 39, 48
  índice de avaliação, 245
  padronizando, 277
  sensibilidade gerencial, 394-397, 426-427, 565-566
Lucros por ação (LPA)
  introdução, 393-394
  manipulação, 393-394
  seleção de projetos, 393-408, 406n, 426-428

M
Malha binomial, 440-439, 441, 475-476, 532-534
  avaliando opções reais, 500-506, 524-526
  no planejamento estratégico, 542-549, 551-553
Malha binomial de risco neutro, 532
Marcando a mercado, 440
Margem bruta
  análise do ponto de equilíbrio, 105-107
  fatores-chave, 105-106n
Margem de contribuição, 80-81
Margem de lucro no VPL, 231-232

Margens de lucro, alavancagem operacional, 262
Martin, John D., 53n, 77-78n, 370n
Marx, Groucho, 233-234
Matsuo. Hirofumi, 77-78n
Matta, Nadim F., 30-31n
McClees. Cheryl W., 79n
McColl, Steven, 121
McDonald, Robert L., 459n, 506
McDonald's Corporation, 535-536
McKean, H.P. Jr., 506
Média
    de distribuição triangular, 108-109
    de distribuição uniforme, 108-109
Média aritmética, 171-173
Média geométrica, 171-173
Medidas de desempenho, 394-395. Ver também Lucro por ação (LPA); Lucro econômico
    fluxos de caixa, 397, 426-427
    resumo, 426-429
Mercado de venda à vista, 440
Mercados de capital próprio, ampliado participação, 177-178
Mercados emergentes. Ver Países em desenvolvimento
Merck, 176-177
Merryl Lynch U.S. Domestic Bond Indices, 157-158
Merryll Lynch Global Private Equity Group, 352
Método BARRA, 170
Método de certeza equivalente, 434-435, 437-439, 441-443
    avaliando a concessão de petróleo, 444-446, 487-489
    com dívida e impostos, 447-448
    erro de percurso, 456, 458
    erro no risco de dupla contagem, 521-523
    estratégia de investimento, 547
    método de apreçamento de opções, 454, 461-462, 462n
    simulação de opção de troca, 516
Métodos de avaliação de opções, 448-449, 451-455. Ver também Modelos de apreçamento de opções; Opções reais
    investimentos em energia, 485, 524-526
    risco base, 457, 463
Métricas de avaliação, 244, 275, 281-283
Microempresas, 172, 174
Milgrom, Paul, 209n
Modelo Black-Scholes, 438, 473-474
    opções reais, 506-507, 519-521, 524
Modelo de apreçamento de ativos de capital (CAPM) 162, 164, 172
Modelo de apreçamento de opções binomiais, 458-462, 489-490n, 499-506
    graduando, 477-480, 504-506
    modelo Black-Scholes, 473

Modelo de apreçamento de opções de vida infinita, 506-511
Modelo de Bloomberg, 170
Modelo de crescimento de Gordon, 89, 89n
    capital próprio
        na avaliação do índice P/L, 266
        na estimativa do WACC, 179-182
        com a taxa de crescimento superando a taxa de desconto, 250-251n
    taxa de capitalização, 249-251
    valor terminal, 303, 307-308, 310, 313-314, 317-318
        com abordagem VPA, 325, 327
Modelo de crescimento de três fases, capital próprio, 180-186, 183-184n
Modelo de curva de aprendizado, 79-80
Modelo de Valor Presente Ajustado (VPA), 303-304, 320-332
    com múltiplo EBITDA como valor terminal, 328-331, 379
    comparado com a abordagem tradicional pelo WACC, 303-304, 320-323, 329, 331-332
    em investimento de capital privado, 377-379, 381-382
    implementação, 322-328
    introdução, 322
    resumo, 330-332
Modelo Fama-French de três passos, 172, 174-177, 186
Modelo *payback*, 87
Modelos de apreçamento de ativos, 163-165, 188
    Modelo de apreçamento de ativos de capital (CAPM) 162, 164, 172
Modelos de apreçamento de opções, 458, 462n
    binomial, 458-462, 473, 477-480, 489-490n, 499-506
    Black-Scholes, 438, 473-474, 506-507, 519-521, 524
    graduando, 463, 477-480, 504-506
    para problemas de opções reais, 506-511
Modelos de planilha eletrônica determinística, 141-142
Modelos de risco multifatores, 164-165, 172, 174-177, 186
Modelos fatoriais, 164-165, 172, 174-177, 186
Moody, John, 226-227
Moody's Investors, Service, 196-197, 227-228
Motorola, 347-348
Movimento browniano, 514-517. Ver também Passeio aleatório
Múltiplos de retorno, em capital de risco; Financiamento, 355-356
Múltiplos EBITDA, 256-263
    como fator-chave do capital privado, 379, 381-382

como preço de aquisição, 305-306
definição, 257
em LBOs *build-up*
    aquisição de empresa a ser agregada (*add-on*), 373-374
    aquisição de empresa plataforma, 370-373
índices de avaliação usando, 276-277, 279, 281-283
na avaliação da IPO, 273-274
no método de avaliação do capital privado no setor, 377
padronizando, 262
para empresa de capital fechado, 258-259
potencial de crescimento, 261-262
risco, 261-262
uso pelo capitalista de risco, 360-362
valor terminal, 303-304
    com a abordagem de VPA, 328-331, 379
    em investimentos bancários, 307
    no exemplo de aquisição, 310, 308, 313-314, 317-320
    no investimento em capital privado, 347-348, 382
versus múltiplos de fluxo de caixa, 260-261
Murphy, Kevin, 394-395n

N

Netflix, Inc., 30-31
New York Mercantile Exchange, Inc. (NYMEX), 442-443, 457
Nível de perpetuidade, valor presente, 153-156, 248n
Nível de vendas iniciais, 117-120
NOPAT (lucro operacional líquido após impostos), 67, 72
Novos mercados, 535-536, 538-539

O

Oak Investment Partners, 354-355
Obrigação *versus* opção, 34-36
Obrigações referentes a fundos de pensão, não integralizados, 150-151
Odean, Terrance, 56-57
Oferta pública inicial (IPO), 303-304
    depois da LBO *build-up*, 366-367, 370
    no apreçamento de ações, 273-275
    para avaliação de relativos, 306
Olson, Ken, 52-53
Omitted project risks, 455-456
Opção de abandono, 34-35, 483-484, 494-496
    dificuldades financeiras, 557-558
    exemplo no desenvolvimento de campo petrolífero, 499, 500, 560-561
    exercício subótimo, 525-526, 559-561

melhor implementação, 562-563
na árvore de decisão, 124-128, 495-496, 499-500
no exemplo estratégico, 539, 541-543, 546-552, 551-552n
no Texas Hold'em, 484, 486-487
paradoxo Ellsberg, 561-562
Opção de adiar, 34-35.Ver também Opções de oportunidade
 análise da árvore de decisão, 123
 exemplos de concessão de petróleo, 484, 486-487, 489-495, 498-505
 flexibilidade financeira, 557-558
 investimentos mutuamente exclusivos, 84-85, 88, 493-494
 modelo de vida infinita, 510-511
 razão para, 493-495
Opção de inadimplência, 434-435, 451-454, 460-461, 463
Opções. Ver também Opções americanas; Opções de compra; Opções europeias; Opções de venda; Opções reais; Opções estratégicas
 capitalização/desconto em tempo contínuo, 460-461
 versus obrigações, 34-36
Opções americanas
 avaliando opções reais, 481-482
  exemplo de campo petrolífero, 496-506
  fórmulas usadas para, 506-507, 520-521
 definição, 451, 469
Opções contratuais, 451. Ver também Contratos de opção
Opções de compra de ações
 alavancado, 426
 comparado com a opção de campos petrolíferos, 500
 decisões gerenciais, 396-397, 559
 história dos mercados, 438
Opções de crescimento, 483-484
Opções de encerramento, 483-484, 494-496
Opções de estoque alavancadas, 426
Opções de troca, 483-484, 511-519
Opções estratégicas, 535-563. Ver também Investimentos sequenciais
 capacidades da empresa, 537-539, 556-559
 exemplo de usina hidrelétrica, 536, 539, 541-556
  abordagem de apreçamento de opções, 546-551
  análise de sensibilidade, 551-552
  análise simplista, 544-546
  características atrativas, 551
  fábrica inicial, 539, 541
  instalação básica, 539, 541
  métodos de simulação, 542-543, 549, 552-556
  premissas, 541-542, 551-555

procedimento de avaliação de quatro passos, 542-543, 549
 relutância em abandonar, 560-561
 valor estimado do FCD, 549-551
exercício ótimo de, 562-563
fatores-chave, 555-557
incentivos gerenciais, 559-561
injustificável uso de, 522-523
introdução, 435-436, 483-484, 525-526, 535-536
premissas em análise, 541-542, 561-563
resumo, 561-563
Opções europeias, 451, 469, 473, 506-507
Opções financeiras. Ver também Métodos de avaliação de opções
 análise de opção real, 525-526
 avaliação com malha binomial, 524
 avaliação de investimento, 451-455
 definição, 451
 hedging de opções reais, 491-494
Opções incorporadas, 481, 536. Ver também Opções reais
Opções operacionais, 482-483
Opções reais. Ver também Opção de abandono; Opção de adiar; Investimentos em fases, opções associadas a; Opções estratégicas; Opções de oportunidade
 análise estratégica, 561-563
 avaliação
  dificuldades, 519
  entrevista com profissionais, 485
  erros, 519-523
  exemplo complexo, 496-506
  fórmula para, 506-511
  malha binomial, 500-506, 524-526
  na construção de uma fábrica química, 510-511
  no desenvolvimento imobiliário, 508-510
  para investimento em fases, 484, 486-495
  simulação, 511-519, 524-526
  três abordagens, 524
 flexibilidade, 123, 434-435, 522-524
  incentivo para esperar, 492-495
  simulação de troca, 514-515, 518-519
  supervalorização, 519, 521-522
 hedging com processo financeiro, 491-494
 resumo, 522-526
 Texas Hold'em, 484, 486-487
 tipos de, 482-484
 versus opções contratuais, 434-435
Opões de venda (Opções put), 438, 451, 469, 471-472

Oportunidades. Ver Opções estratégicas
Orçamento de capital, método para WACC tradicional, 332
Origem, investimento, 39, 45-46
Origem da ideia, 39, 45-46
Origem do investimento, 39, 45-46

P
Pagamento pelo desempenho. Ver Remuneração Políticas
Países em desenvolvimento
 fluxos de caixa desejados, 57
 opções estratégicas, 555-557
 risco, 33-34, 46-47
Para endividamento abaixo do grau de investimento, 162
 ajustado ao tamanho, 164-165, 172, 174
 cálculo do WACC final, 186
 modelo de FCD usado com, 179
 modelos multifatores, 164-165, 172, 174-177, 186
 taxa de desconto do projeto, 207
 tradicional, 163-171, 175-177
Paradoxo Ellsberg, 560-562
Parrino, R., 370n
Passeio aleatório. Ver também Movimento browniano
 movimento browniano, 514-515, 517
 preços de commodities, 521-522
Patrimônio líquido. Ver Custo do patrimônio líquido; ação
Payback descontado, 87
PepsiCo, Inc., 55, 176-177
Período de exploração. Ver também Horizonte; Vida do investimento
 de investimento de capital de risco, 359n, 361-362
 de investimento de capital privado, 377
Período de planejamento
 duração, 312
 introdução, 303-306
 na abordagem do VPA, 322-325, 328-331, 377-379
 na abordagem do WACC tradicional, 334
  com estratégia de crescimento, 314-320
  com estratégia status quo, 308-311
 perda relativa de foco, 347-348
Permira, 347-348
Perpetuidade, valor presente, 153-156, 248n
Peso de estrutura de capital, 155-156
 definição, 150-151
 modelo de apreçamento de ativos de capital (CAPM). Ver também Beta; Prêmio de risco

Peso de estrutura de capital. *Ver também* Custo médio ponderado de capital (WACC)
  mudando ao longo do tempo, com aquisição, 322
  no exemplo de cálculo, 185-186
  no futuro, 152, 187, 189
  valores de mercado *versus* valores contábeis, 152, 155-158, 187-189
  medida de bonificação de desempenho, 209-210
Petit, Justin, 182-184
Petty, J. William, 53n, 347n
Pfizer, 176-177
Política interna da empresa. *Ver* Custos de influência
Políticas de remuneração. *Ver também* Bonificação
  custos de influência, 208n
  do negócio, 39, 46
  início antecipado do projeto, 493-495
  lucro com base, 34-35, 394-397
    alternativas, 409, 414, 426-429
  opções estratégicas, 559-561
Posição *long* (posição comprada), 440
Posição *short* (vendida), 440
Precificação pela curva de preço a termo, 438-439, 444
Preço de exercício, 438, 451, 469
  modelo Black-Scholes, 520-521
  não fixada para opção real, 519, 521-522
  relação não linear para o valor da opção, 477-478
Preço de mercado, taxa de retorno no capital próprio, 172, 174-176
Preço sobre lucro sobre crescimento (PLC), 278
Preço *strike*. *Ver* Preço de exercício
Preços a termo
  avaliando investimentos de petróleo, 444-450, 452-454, 487-489, 497-498
  de *commodities*, 441-444
  distribuição binomial, 459, 462
  modelo de apreçamento de opções, 458-461
  preços *spot* esperados, 462n
Preços da ação. *Ver também* Índice do preço sobre o lucro (P/L)
  decisões estratégicas do gerente, 559
  lucros, 396-397
  passeio aleatório, 514-515, 517
Prêmio de controle, 263
Prêmio de risco. *Ver também* Bens imobilizados Modelo de precificação (CAPM)
  calculando, 169, 171, 187, 189
  calculando o beta, 167
  dados históricos, 176-182, 180-181n, 187-189

definição, 165
em modelos fatoriais, 172, 174-176
futuro, 179-185, 180-182n, 187-189
retorno em ações de classificação inferior, 162
valor da recomendação, 171, 188
Prêmio de risco futuro de capital próprio, 179-185, 180-182n, 187-189
Prêmio de risco relativo ao tamanho, 172, 174-175
Premissas
  análise de risco, 97-98, 120, 122
  em análise de opções estratégicas, 541-542, 561-563
  em avaliação estratégica, 74-76
  na simulação do Crystal Ball, 141-144
Princípio KISS, 112
Probabilidades de risco neutro, 462-463, 462-463n, 478-479, 503
  para estratégia de avaliação, 547, 551-552n
Problema de horizonte, 421-423, 426-429
Problema de lucros *back-loaded*, 396-397, 407-408
  lucro econômico, 416-418, 420-423, 426-429
Problemas de lucros *front-loaded*, 417-423, 426-429
Problemas do custo de capital próprio, 396-407
  lucro econômico, 414-417
  resumo, 426-428
Processo de avaliação de investimento, 38-41. *Ver também* Avaliação
  análise do fluxo de caixa descontado, 39, 51-52
  aspecto dispendioso de, 45
  estudo de caso, 40-45
  natureza subjetiva, 97-98
  necessidade de equilíbrio, 46
  triturando os números, 39, 51-52
  viés, 39-40, 44-46
Processo Wiener, 516
Produtos complementares, 74-75
Produtos de alta tecnologia. *Ver também* Tecnologia
  função de desvalorização de preço, 77-78, 77-78n
  modelo de curva de aprendizado, 79n
Projeções
  dificuldade, 52-53
  na simulação de Crystal Ball, 141-142, 144
Projeções de fluxo de caixa conservador, 53, 56-57, 150
Projeto alavancado
  fluxo de caixa livre do acionista, 66-73
  fluxo de caixa livre do projeto, 71-73

Projeto desalavancado, fluxo de caixa livre do acionista, 59-67, 72-73
Projeto diluidor de lucros, 34-35, 393-397
  back-loaded, 408
  credibilidade com investidores, 426
  critérios gerais, 406
  financiamento da dívida, 406-407
  lucro econômico, 416-417, 420-421
  preocupações gerenciais, 426-427, 565-566
Projeto dos campos petrolíferos do Mar Cáspio, 31-36
Projeto financiado exclusivamente com capital próprio, FCLA, 59-67, 72-73
Projeto incrementador de lucros, 34-35, 394-397
  back-loaded, 407-408
  com VPL negativo, 402-403, 406
  critérios gerais, 406
  financiamento de dívida, 406-407, 428
  lucro econômico, 416-417, 420-422
  preocupações gerenciais, 426-427, 565-566
Proposição de valor, 39-40
  no financiamento de capital de risco, 354-355n
Prowse, Stephen D., 357n
Psicologia, administração, 559-561

Q

Qualidade do produto, risco base, 457

R

Rabel, Jeffrey, 306-307
Rajgopal, Shiva, 393-394n
Ramsey, J. Douglas, 275
Reação dos clientes, premissas, 75-76
Receitas incrementais, 56-57, 75-78
Recibos de depósito, 384
Recompra de ações, 59-60, 183-184, 426
Reconhecimento da marca, 306, 556-557
Regency Energy Partners, 366-367
Regras governamentais, flexibilidade da força de trabalho, 557-558
Relatório e recomendação de avaliação de investimento, 39, 41-42, 44
Remuneração de executivos. *Ver* Políticas de compensação
Rendimento até o vencimento prometido, 157-158, 160-162, 187, 189, 195-199, 199n
Rendimento de conveniência, 500-501, 503, 532n, 534
Rendimento esperado até o vencimento, 195-197, 199

Rentabilidade até o vencimento, 157-162, 159n, 186-189
  dívida abaixo do grau de endividamento, 160-162, 195-197, 199, 199n
Retorno médio anual no período (HPR), 172-173
Retornos excedentes das ações, 166-167, 175-176, 187, 189
Reunião de preços para IPO, 274-275
Reuters Pricing Service, 159-160
Reversão à média, 122, 514-517, 521-522
Reverter ols galhos da árvore de decisão, 503-504, 549
Revisão gerencial
  recomendação, 39-40, 46
Risco
  abordagem de derivativos, 455-458
  alavancagem financeira, 70-71
  alavancagem operacional, 253-254, 265
  avaliação de opções, 472-473
  comparáveis, 256, 261-262, 276
  em investimento de capital privado
    com estratégia *build-up*, 377-379, 382
  de ação, no apreçamento de ativos de capital
  em regiões subdesenvolvidas, 33-34, 46-47
  modelo, 164-166
  premissa do empreendedor, 365
  taxa de retorno, 347-349, 356, 363
  taxas de desconto, 382
  fluxos de caixa de certeza equivalente, 439, 441-442, 521-523
  fracasso associado a, 31-32
  taxa de desconto, 52-53, 382, 437
    capacidade de endividamento, 225-229
    teoria *versus* prática, 565-566
    únicos *versus* múltiplos, 205-206, 209-210
    WACC divisional, 215-216
@Risco, 114, 141
Risco base, 455-458, 463
Risco diversificado, 164-165
Risco não diversificado, 164-165
Risco não sistemático, 164-165
Risco sistemático, 123n, 164-165. Ver também Beta
Riverstone Holdings LLC, 352
Road show, 274-275
Roberts, John, 209n
Rosernberg. Barr, 170

S

Saída de caixa, 52-53
Saídas
  cronograma, 347
  de *start-ups*, 354-356, 360-361
Samuelson, Paul A., 506
SBICs (empresas de investimento de pequenos negócios), 351
Schoar, Antoinette, 357n
Scholes, Myron, 438n, 473
Scott, David F. Jr., 53n
Second-stage capital, 351, 353-354, 364
Sedlacek, Scot, 368
Seguro, como garantia, 441-442
Seleção de projetos, lucro por ação
Setor de gás natural. *Ver também* Setor de Petróleo e Gás
  métodos de avaliação de opções, 485
Setor de petróleo e gás. *Ver também Commodities*; Setor de energia; Setor de gás natural
  diversificação, 557-558
  recuperáveis, 444
Setor de recursos naturais. *Ver também Commodities*; Setor de petróleo e gás
  Análise de opções reais, 521-522, 524-526
Setor energético. *Ver* Indústria de petróleo e gás; Opções estratégicas; exemplo de usina térmica
  métodos de avaliação de opções, 485, 524-526
  resposta do mercado, 522-523
Shell Oil, 104-105
Shopping.com, 29
Siegel, D., 506
Simulação de distribuição de frequência, 145-146
Simulação de Monte Carlo. *Ver* Análise de simulação
Sinergias, 36-37, 263, 377, 537-538
Sinergias de mercado, 36-37
Sinergias do produto, 36-37
Skype.com, 29
Sociedade limitada, capital privado, 347, 349-351
  de HM Capital Partners, 367
  informação assimétrica, 358
Sociedades de Propósitos Específicos (SPEs), 33-34, 202
Southwest Airlines, 138-140, 442-443
Spinelli, Stephen, 356n
Stern, J., 426n
Stern Stewart and Company, 34-35n, 394-395, 409, 414-415, 422-423, 426-427

Stewart, Bennett Jr., 423-424, 426
Stewart, G. Bennett III, 415-416, 426n
Stulz, René, 177-178n
Subscritores de IPO, 273-274
Subsídios do endividamento, 33-34
Svensson, Ola, 57
Swaps, 438n
Swift & Co., 99-100, 102

T

Taxa de atratividade no VPL, 508
Taxa de capitalização, 249-252, 250-251n, 254-256
Taxa de reinvestimento. *Ver* Índice de retenção
Taxa de retorno. *Ver também* Taxa interna de retorno (TIR); Taxa de retorno exigida
  da carteira, 207
  do lucros retido, 266-271, 273
Taxa de retorno exigida. *Ver também* Taxa interna de retorno (TIR)
  em avaliação de múltiplo P/L, 266-271
  em investimento de capital privado, 347-349, 357, 359
    por capitalistas de risco, 354-357, 359, 361-365
  em projeto de baixo risco, 206-207
  versus taxa de retorno realizada, 357
Taxa de retorno no capital próprio (ROE), lucros, 406
Taxa interna de retorno (TIR). *Ver também* Taxa de retorno exigida
  definição, 82-83
  em LBOs *build-up*, 374-376
    empresa *add-on* e, 374-375
    empresa plataforma, 372-373, 372-373n
  incrementação/diluição de lucros, 406-407
  investimentos mutuamente exclusivos, 84-85
  múltiplo, 86
  na aquisição, 307, 313-314, 318-319
  na avaliação do projeto, 82-85, 82-83n
  na estimativa do custo de patrimônio líquido, 164-165, 179
  no investimento de capital privado, 307, 347-348
    cálculo de, 377
    risco, 377-379
  simulação, 114-118, 116-117n, 141-142

Taxa livre de risco
　certeza-equivalente, 441-442, 445-448, 461-462, 521-522
　de Ibbotson Associates, 166n
　malha binomial, 532-533
　modelo Black-Scholes, 474
　modelo de apreçamento da opção binomial, 477-478
　na análise de simulação, 116-117, 116-117n, 120
　na avaliação da abordagem de derivativos, 437, 460-461
　na avaliação estratégica, 547
　na simulação da opção de troca, 516, 518
　no cálculo do valor presente, 88-89
　no modelo de apreçamento de ativos de capital, 165-167
　no modelo de apreçamento de opções de vida infinita, 508
　no modelo Fama-French, 174-175
　seleção, 166, 166n, 188
Taxa mínima de atratividade, 46-47, 231-234, 565-566
Taxas de crescimento. *Ver também* Modelo de crescimento de Gordon
　dos lucros na aquisição, 318-320
　índices preço/lucro, 265-273
　modelo de apreçamento de opções, 510-511
　múltiplos EBITDA, 261-262
　no exemplo de aquisição, 318-320
　reversão à média, 122
　valor terminal, 312
Taxas de desconto. *Ver também* Custo de capital; Custo médio ponderado do capital (WACC)
　distância entre teoria e prática, 565-567
　em um processo de três passos, 52-53
　fluxos de caixa desejados, 56-57, 355-356
　múltiplos
　　alternativos para, 210-212
　　introdução, 204
　　prós e contras, 205-211
　　resumo, 234-235
　　WACC divisional, 210-217
　　WACC específico ao projeto, 210-212, 216-232
　no exemplo de aquisição, 311, 313-314, 317-320
　no investimento de capital privado, 347-348, 382
　　capital de risco, 354-356
　　nos cálculos do valor presente, 88-89

para avaliação de FCLA *vs* FCLP, 72-73
risco, 52-53, 382, 437
　capacidade de endividamento, 225-229
　teoria *versus* prática, 565-566
　único *versus* múltiplo, 205-206, 209-210
　WACC divisional, 215-216
taxas mínimas de atratividade, 46-47, 231-234, 565-566
único, companywide
　benefícios, 208-209
　custos de influência, 565-566
　introdução, 204
　resumo, 234-235
　viés para projetos arriscados, 205-206
　WACC da empresa, 210-212
versus taxas de capitalização, 249-251
Taxas de inadimplência nos títulos corporativos, 196-199
Taxas de recuperação em títulos corporativos, 196-199
Taxas internas de retorno múltiplas, 86
Tecnologia. *Ver também* Produtos de alta tecnologia
　capacidade de endividamento, 228-231
　oportunidades estratégicas, 538-539, 541-543
Terceirização, 45
Texas Hold'em, 484, 486-487
Texas Pacific Group, 347-348
Timmons, Jeffry, 356n
Títulos, corporativo. *Ver também* Custo de dívida
　beta, 162, 169n, 327n
　classificação, 157-159, 225-228
　conversíveis, 162, 197, 199-202
　rendimento até o vencimento, 157-162, 159n, 186-189
　　abaixo do grau de investimento, 160-162, 195-197, 199, 199n
　retornos históricos, 171
　taxa de inadimplência, 196-199
　taxa livre de risco, 166n
　taxas de recuperação, 196-199
　títulos de alto risco e baixa rentabilidade, 369
Títulos, governo. *Ver* Ativos mobiliários dos Estados Unidos
Títulos conversíveis, 162, 197, 199-202
Títulos de alto risco e baixa rentabilidade, 369
Títulos do capital próprio. *Ver* Ação

Títulos do Tesouro dos EUA
　margem de lucro corporativa da Reuters, 159-160
　retornos históricos, 171, 176-178, 180-181n
　taxas livres de risco, 166n, 166-167, 174-175, 188
Títulos híbridos, 197, 199.*Ver também* Obrigação conversível; Ação preferencial conversível
Tomada de controle acionário pela administração da empresa, 368n
Tomada de decisão com ambiguidade, 560-562
Toyota, 538-539
Transações de "fechamento de capital", 303-304

U

Usina hidrelétrica. *Ver também* Opções estratégicas, exemplo de usina hidrelétrica
　opções de troca, 512-519
Usinas de pico (*peaker plants*), 522-523
Utilização de excedente para pagar os acionistas 370-371, 377-379

V

Valero Energy Corp., 214-216
Valor da empresa, 150, 153-156, 257. *Ver também* Avaliação do empreendimento
Valor de investimento *post-money*, 355-356, 355-356n, 361-363
Valor de Mercado, peso na estrutura de capital, 152, 155-158, 187-189
Valor de mercado agregado (VMA), 414-416
Valor do capital próprio, 150. *Ver* Investimento em capital privado
　de investimento em capital de risco, 360-363
　na aquisição, 154-156
　valor do empreendimento, 257
Valor do dinheiro no tempo. *Ver também* Valor presente
　cálculos, 88-89
　modelo de retorno do investimento, 87
　opções de oportunidade, 482-483, 489-494, 525-526, 551-552, 551n.
　opção de adiar
Valor do empreendimento, definição, 257
Valor econômico agregado (EVA®), 34-35, 34-35n, 394-395, 409, 414,

416-417, 419-420, 426-427. Ver Lucro econômico
Valor futuro, com capitalização em tempo contínuo, 460-461
Valor pré-investimento (*pre-money*), 363
Valor presente. *Ver também* Valor presente líquido 9VPL)
   cálculo, 88-89
   de nível de perpetuidade, 153-156, 248n
   depreciação econômica, 421-423
   fluxo de caixa descontado do projeto, 81-83
Valor presente líquido (VPL), 30-31, 82-85
   abordagem de apreçamento de opções, 453-455
   adiando investimentos, 492-494
   análise de risco, 97-99
      análise de sensibilidade do ponto de equilíbrio, 104-107
      diagrama tornado, 117-120
      simulação, 114-118, 116-117n, 141-142
   com fluxos de caixa de certeza equivalente, 446, 448-449, 487-489
   definição, 30-31n
   lucro econômico, 414-423, 426-429
   lucro por ação, 393-397, 399, 402-408, 426-427
   margem de segurança, 231-232
   modelo de apreçamento de opções, 508, 510
   múltiplos EBITDA, 261
   no processo de avaliação de investimento, 39-40
   opção de abandono, 495-496
   opções estratégicas, 483-484, 536-539, 541, 555-557
      no exemplo da usina térmica, 539, 541-555, 560-561
   opções reais, 489-492, 491-492n, 498-499, 501-505, 501-502n
      opções de troca, 512, 514-515, 518
   para exemplo de projeto, 102-104
   para o exemplo de aquisição, 314, 318, 320

taxas de retorno de múltiplos, 86
valor de mercado agregado, 414-416
Valor presente líquido (VPL), perfil, 86
Valor residual, 79-81
Valor terminal do empreendimento, 303-306
   abordagem de investimento bancário, 307
   duração do período de planejamento, 312
   em investimento de capital privado, 347-348, 382
      como LBO *build-up*, 374-375
      na abordagem de VPA, 322-325, 327-329, 331
      para LBO *build-up*, 377-379, 381
   na abordagem do WACC tradicional
      com estratégia de crescimento, 314, 317-320
      com estratégia *status quo*, 308, 310-311, 313-314, 318, 331
   resumo, 334
Valor terminal do projeto, 79-81
   cálculo, 102-103, 102-103n
   na simulação, 114, 119-120
Valores críticos na análise de sensibilidade, 104-106
Valores esperados
   na análise do ponto de equilíbrio, 104-107
   na simulação, 111, 111n, 114-115, 121
Vantagem comparativa, 33-34, 36, 537-539, 541, 556-557. *Ver também* Vantagem competitiva
Vantagem competitiva, 33, 267-269. *Ver também* Vantagem comparativa
Vencimento. *Ver também* Rendimento até o vencimento
   taxa livre de risco, 166-167
Vencimento da data de opção, 451
Vendas, utilizando índice de avaliação, 277, 280
Vendedor de opção da venda, 472
Vida do investimento, 99-100, 102. *Ver também* Período de exploração

Viés, 39-40, 44-45, 565-567. *Ver também* Custos de influência; Fluxos de caixa otimistas; Excesso de confiança
Viés de autoatribuição, 57
Viés de seleção, a maldição do vencedor, 232-234
VMA (valor de mercado agregado), 414-416
Volatilidade
   da carteira, risco da ação, 164-165
   do fluxo de caixa do capital próprio, 69-71
   dos fatores-chave no investimento estratégico, 542-543, 549, 551-556, 552-553n
   erros com opções reais, 519, 521-523
   malha binomial, 475-476, 503, 532-534
   modelos de apreçamento de opções, 462-463, 477-478, 500
      vida infinita, 507-509, 511
   na simulação da opção de troca, 514-515, 517
   valores derivados de opções, 462-463
Volatilidade implícita, 477-478

W

WACC divisional, 210-217
WACC específico ao projeto, 210-212, 216-232
   financiado pela empresa, 210-212, 216-218, 220, 225-232
WACC financiado pelo projeto, 210-212, 216-225
Wal-Mart, 29, 176-177, 538-539
Watson, Thomas, 52-53
Welch, Jack, 393-395
Wiener, Norbert, 514-516
WIlliams, John Burr, 164-165, 164-165n
Willyard, Charles H., 79n

Y

YouTube, 29